Markus Heitz
Die Vergessenen Schriften

PIPER

Zu diesem Buch

Die Fans der Albae führt *SPIEGEL*-Bestseller-Autor Markus Heitz in neue Abenteuer und enthüllt die Geschichten, die in den Romanen um die Albae noch nicht beleuchtet wurden. Die Vergessenen Schriften künden von den Eroberungen der Dorón Ashont, Horgàtas Kampf gegen die Elbinnen, den Zeitaltern der Niederlagen und Siege. »Die Vergessenen Schriften« lüften Geheimnisse, klären Schicksale und berichten von den legendären, vergessenen Taten der dunklen Geschöpfe.

Markus Heitz, geboren 1971, studierte Germanistik und Geschichte. Mit »Ulldart« begann der Saarländer seine einzigartige Karriere. Seine Romane um »Die Zwerge« wurden in zahlreiche Sprachen übersetzt und standen wochenlang auf den Bestsellerlisten. Mit »Die Legenden der Albae« führte Markus Heitz alle Fans in die Welt der Dunkelelfen. Dazu kamen viele weitere erfolgreiche Werke auf den Gebieten der Fantasy und Science Fiction sowie Thriller. Er gewann bereits elf Mal den Deutschen Phantastik Preis.

Markus Heitz

DIE VERGESSENEN SCHRIFTEN

Die Legenden der Albae 0

PIPER

Entdecke die Welt der Piper Fantasy:

PiperFantasy.de

Von Markus Heitz liegen im Piper Verlag vor:
Die Zwerge (Serie)
Ulldart (Serie)
Die Drachen-Reihe (Serie)
Die Legenden der Albae:
Die Vergessenen Schriften (Erzählungen)
Band 1: Gerechter Zorn
Band 2: Vernichtender Hass
Band 3: Dunkle Pfade
Band 4: Tobender Sturm

Unser Versprechen für mehr Nachhaltigkeit
• Klimaneutrales Produkt
• FSC®-zertifiziertes Papier
• Hergestellt in Europa

FSC www.fsc.org MIX Papier | Fördert gute Waldnutzung FSC® C021394

Ungekürzte Taschenbuchausgabe
ISBN 978-3-492-28173-7
1. Auflage Oktober 2018
3. Auflage September 2024

Umschlaggestaltung: Guter Punkt, München
Umschlagabbildung: Vadim Soltus
Satz: Greiner & Reichel, Köln
Gedruckt von ScandBook in Litauen
Printed in the EU

Dies sind die Vergessenen Schriften.

Sie erzählen von den bekannten und unbekannten Helden meines Volkes.
Von den größten Geschichtenwebern, den herausragendsten Künstlern.
Aber auch von den schrecklichsten Feinden und den innigsten Freunden.

Legenden, Geschichten, Märchen, Gedichte, Lieder
– sie wurden von mir gesammelt, dem Untergang entrissen und bewahrt, damit sie nicht gänzlich verloren gehen.

Wir Albae mögen unsterblich sein, und doch können wir vergessen werden.

Du, der diese Werke liest, schließe sie in dein Herz und halte sie. Halte sie sicher, trage sie weiter.
Verkünde sie und lasse sie erklingen.

DAS ist wahre Unsterblichkeit!

Die *Vergessenen Schriften*,
gesammelt und aufgezeichnet von
Carmondai
dem Meister in Bildnis und Wort

Inhalt

Es gibt kein Leben,
ohne den Tod,
es gibt keine Sonne,
ohne den Mond.

Es gibt keine Nacht,
ohne die Sterne,
es gibt kein Nah,
ohne die Ferne.

Es gibt keine Wahrheit,
ohne die Lüge,
und falls doch,
heißt dies nur
dass ich
betrüge.

Das Meisterstück

Es gab im alten Dsôn einst eine geheime Organisation aus den Jungen unseres Volkes, die sich Tyvoi nannte.

Sie war mit ein Grund, weswegen die Unauslöschlichen eine Garde auf die Straßen schickte, bei Sonne und bei Mond, obwohl es keine Feinde im Albaereich zu fürchten gab.

Ich erfuhr nur sehr wenig über die Tyvoi, die sich bei ihren Treffen maskiert einfanden und niemals ihre wahren Züge preisgaben. So vermochte niemand einen oder eine andere zu verraten.

Es mag tausende Geschichten über sie zu erzählen geben, aber nur diese eine Anekdote erreichte mich, ohne dass ich weiß, wann sie sich zutrug …

Ishím Voróo (Jenseitiges Land), Albaereich Dsôn Faïmon, Dsôn, Sommer

Cothóra eilte die enge, tiefnächtliche Gasse entlang, ihr dunkelgrau, schwarz und dunkelblau gemusterter Umhang wehte leicht hinter ihr her. Vor dem Hintergrund der meisten Gebäude in der Hauptstadt verschmolz sie aufgrund des Mantels mit den Mauern, ohne dass sie auf die albische Kunst der Schatten zurückgreifen musste. Es erleichterte vieles, wenn man nicht ständig Dunkelheit um sich aufrechterhalten musste.

Ich siege. Oh, Samusin, ich werde sie alle verblüffen! Die junge Albin kicherte, während sie die schwarze Maske aus Samt anlegte, welche um die Augen, über der Stirn und an den Wangen hinab bis zum Kinn lag. Als Erkennungszeichen trug sie einen Smaragd oberhalb des rechten Auges auf der Außenseite der Larve. Er gab ihr auch ihren Namen innerhalb der Tyvoi: Maràkata, die alte Bezeichnung für Smaragd.

Cothóra blieb stehen, als sie ein leises Geräusch hörte. *Die Garde. Jetzt schon?*

Weil sie es nicht mehr zurück zum Ausgang des Sträßchens schaffen würde, ehe die Soldaten in die Gasse traten, sprang sie nach rechts, anderthalb Schritte in die Höhe gegen die Wand, nutzte eine Fuge zum Abdrücken, katapultierte sich nach links und weiter an der

Mauer empor, stieß sich erneut ab und erreichte mit einem beherzten Sprung die untere Dachkante.

Cothóras behandschuhte Finger schlossen sich um die Abwasserrinne, und mit einer schwungvollen Pendelbewegung gelangte sie auf die Schindeln. *Hier bin ich in Sicherheit.*

Gleichzeitig marschierte die Garde in die Gasse: fünf Krieger unter Führung eines Gardanten; die Bewaffnung bestand aus Kurzstöcken, Unterarmschilden und Dolchen. Diese kleine Einheit kam überwiegend in den engen Straßen der Stadt zum Einsatz.

Cothóra sah ihnen grinsend dabei zu, wie sie ahnungslos unter ihren dunkelbraunen Augen vorbeiliefen. *Dabei suchen sie uns bestimmt.*

Die Tyvoi existierten nicht in den Gedanken der herkömmlichen Albae. Und das musste auch so bleiben.

Die Unauslöschlichen wussten von den dreisten, jungen Dieben und Diebinnen; auch mancher Gardant kannte sie, nachdem er einen oder eine von ihnen durch Dsôn gejagt hatte.

Wurde ein Tyvoi gefasst und als solcher erkannt, galt er als besonders aufmüpfiger und gefährlicher Dieb.

Er kam mit einer zunächst harmlosen Strafarbeit davon, was das Fegen von öffentlichen Plätzen, das Ausmisten von Gardeställen oder die Arbeit auf einer Inselfestung zur Folge hatte.

Jedoch erwartete ihn Züchtigung an jedem Moment der Unendlichkeit, solange er seine Strafarbeit verrichtete.

Cothóra hatte von Tyvoi gehört, denen die Haut in Streifen sowie das rohe Fleisch vom Rücken hing. Selbst nach Teilen ihrer Unendlichkeit litten sie Schmerzen wegen der Prügel in ihrer Jugend.

Die Albin war sich der Gefahr bewusst, in der sie schwebte, solange sie der Organisation angehörte, in der die Aufsässigen zusammenfanden und im steten Wettstreit zueinander standen. Es ging nicht um das Erlangen von Reichtum, sondern einzig um Einfallsreichtum, Wagnis und Dreistigkeit.

Doch sie konnte nicht anders. Es kribbelte in Cothóra, auf die Jagd zu gehen und mit ihrer Ausbeute jeden anderen Tyvoi auszustechen, um die Trophäe zu erlangen. In diesem Zehnt würde es ihr gelingen, sie spürte es.

Einer der Gardisten stieß einen Pfiff aus und blieb stehen, die Einheit kam zum Halten.

Er bückte sich und hob etwas auf, das er zwischen den weißen Knochenperlchen gefunden hatten. Der Gardant eilte zu ihm und bekam den handtellergroßen Gegenstand überreicht, der im Schimmern der Gestirne rötlich aufleuchtete.

Das ist mein Medaillon. Cothóra überlief ein kalter Schauder. In den Händen der Garde wäre ihre Beute nutzlos und sie dem Spott der Tyvoi ausgeliefert.

Der Gardant drehte und wendete das Schmuckstück aus Gold mit Runen aus Rubinsplittern, das noch vorhin in einer Panzertruhe mit acht Schlössern im Tempel von Samusin aufbewahrt worden war. Die Verblüffung stand dem Befehlshaber ins Antlitz geschrieben.

Dabei lief es bislang so gut. Cothóra seufzte. Sie war keine Kämpferin und nicht auf eine Auseinandersetzung mit den Kriegern vorbereitet. Ihr blieb einzig die Überraschung und ihre Wendigkeit. *Samusin scheint mich besonders auf die Probe stellen zu wollen.*

Cothóra richtete sich auf, pirschte auf dem Dach entlang, bis sie sich genau über der Garde befand, und kniete sich hin. *Ich werde die Trophäe zurückbekommen.*

Mit diesem Gedanken glitt sie in die Tiefe, die Füße voran, auf die Schultern des Gardanten zielend.

Der Alb unter ihren Sohlen wurde gestaucht, sodass er mit einem leisen Schrei zusammenbrach und das Medaillon fallen ließ; leise raschelnd sank es in die Perlen, aus denen es geborgen worden war.

Die Wachen brauchten keinen halben Herzschlag, um sich von ihrer Überraschung zu erholen – als hätten sie das Auftauchen einer Tyvoi erwartet.

Sie zückten die Kurzstöcke und drangen auf die Albin ein, wobei die Gasse nur zwei Angreifer gleichzeitig nebeneinander erlaubte, ohne dass sie sich gegenseitig bei ihren Hieben trafen und verletzten.

Cothóra trug keine Waffen mit sich, was ein wichtiger Punkt im Kodex der Vereinigung war. Das Messer diente ihr als Werkzeug und nicht, um damit Albae zu töten.

Den heranschießenden Stock fing sie mit einem Mantelwirbeln ab, das Holz wickelte sich in eine Falte und saß fest; dem zweiten wich sie aus und versetzte dem Angreifer aus Verzweiflung einen Schlag mit dem Handballen gegen die Stirn.

Sein Helm fing viel von der Wucht ab, doch es reichte aus, um den überrumpelten Soldaten auf die Knochenperlchen zu schicken.

Cothóra trat dem ersten Gardisten gegen die Rüstung und trieb ihn rückwärts gegen die verbliebenen drei, sodass ihr die Zeit blieb, das Medaillon aus den weißen Kügelchen zu wühlen. *Da ist es!* Erleichtert schnappte sie nach der Scheibe. *Wie konnte ich es nur verlieren?*

Die Gardisten griffen erneut an.

Wieder nutzte Cothóra ihre schnell geschwungenen Mantelschöße zur Abwehr der Stöcke, dann trieb sie einen Ellbogen mit Härte gegen das Kinn des Vorderen, drehte sich unter der Attacke seines Nebenmannes weg und rammte ihm das Knie in den Schritt.

Dafür bekam Cothóra einen Kurzstock gegen die linke Schulter, die sogleich wie Feuer brannte und sich taub anfühlte. Das abgerundete Ende bohrte sich schmerzhaft in die Magengrube, was neue Pein hervorrief.

Sie sackte leise ächzend in die Knie, womit sie dem nachfolgenden Schlag gegen ihren Kopf durch Zufall entkam.

Nur weg! Mit einer geistesgegenwärtigen Rolle vorwärts entging sie den zugreifenden Fingern eines Gardisten, warf sich nach links und hörte das Zischen einer weiteren Stockattacke.

Cothóra sprang auf die Beine, hetzte taumelnd die Gasse entlang und bog nach rechts ab, während sie hinter sich die Alarm-Pfiffe der Wache hörte, die nach Verstärkung rief. Sie wussten, dass sie die ungepanzerte, schnellere Tyvoi nicht mehr einholen würden.

Die Albin hatte das Gefühl, an der Schulter von einer Klinge getroffen zu sein, doch es quoll kein Blut hervor. Die Nerven spielten ihr einen Streich; ihre rechte Hand umklammerte das Medaillon, weil die linke sich als Auswirkung des Hiebs kaum bewegen ließ.

Das Ziehen im Magen, wo das Stockende sie getroffen hatte, wurde übermächtig. Gurgelnd schoss ihr das Essen die Kehle hinauf.

Cothóra hielt mitten im Laufen inne und übergab sich, stützte sich an der Mauer ab und rang mit dem Schwindel. Und doch musste sie grinsen, spuckte aus und rückte die Maske zurecht. *Ich habe meine Beute wieder. Das war es wert.*

Sie rannte weiter und tauchte tiefer in den Bereich von Dsôn, in dem die Gassen noch enger und verwinkelter waren.

Cothóra wusste, dass sie die Versammlung erreichen würde. Kein

Gardist bekam eine geschickte Tyvoi wie sie in diesem Wirrwarr zu fassen.

Cothóra erreichte die Stelle mit dem geheimen Durchgang unter der Blutbrücke.

Sie sah sich hastig um, dann zog sie den Schlüssel, der in die zweite Fuge von unten geschoben werden musste, wo sich das Schloss verbarg.

Mit ein wenig Stochern gelang es ihr, den Mechanismus zu entsperren und sie drückte den Durchgang auf, hinter dem ein langer Gang wartete, in dem Öllampen an den Wänden brannten.

Cothóra huschte hinein, die Mauer schloss von selbst hinter ihr.

Um den Korridor unbeschadet passieren zu können, durfte sie beim Gehen nur auf bestimmte Bodenplatten treten, sonst wurden Fallen ausgelöst.

Bislang hatte es die junge Tyvoi stets geschafft, nicht Opfer des Abwehrmechanismus zu werden, aber sie hatte gehört, dass sich Fallgruben öffneten, Wasser hereinflutete oder man an Schlingen in die Höhe gezogen wurde.

Das wäre mir zu viel Spott. Cothóra gelangte an das Ende des Ganges und zog den Schlüssel erneut, um dieses Mal das Schloss in der zweiten Fuge von oben zu entriegeln, dann trat sie in die Versammlungshalle.

Mit einem Blick erfasste sie, dass sie als Letzte eintraf.

Die mehr als dreißig Tyvoi, die es in Dsôn gab, standen und saßen in dem runden Raum, der mit einem Durchmesser von zwanzig Schritte und seiner Kuppelform an einen Tempel erinnerte. Die maskierten Albae unterhielten sich, es wurde gelacht und gescherzt.

Einige sahen auf und wandten sich um, nickten oder prosteten ihr mit den Bechern zu. Keine Maske sah aus wie die andere, dazu kamen die besonderen Merkmale wie Edelsteine, Muster oder Markierungen. Niemand kannte die wahren Namen dahinter.

Auf aufwendige Kleidung verzichteten die Tyvoi; man trug schlichte Gewänder, die bequem und praktisch waren. Die Diebe versammelten sich nicht, um mit kostbaren Stoffen anzugeben.

Gepolsterte Stühle, Sessel und Bänke luden zum Verweilen ein. Im großen Kamin brannte ein Feuer, um die Kühle zu vertreiben, die trotz des Sommers herrschte. Im Mittelpunkt des Kuppelraumes stand eine große Tafel, an der sämtliche Tyvoi zum Beratschlagen und Feiern Platz fanden.

Cothóra erwiderte den Gruß, anschließend hob sie den Kopf und lächelte in das warme Licht, das sie von allen Seiten umschmeichelte.

In den mit poliertem Blattgold verkleideten Wänden befanden sich rundum kleine Nischen, in die Tafeln mit den Namen der Besten eingelassen waren. Der gewaltige Leuchter, in dem zehn Ölfackeln steckten, schwebte in der Mitte etwa sieben Schritte über dem Boden, die Feuer brannten rauchlos und verbreiteten den schwachen Geruch von Kräutern.

Cothóras Blick wanderte hinüber zur diamantverzierten Trophäe in Form einer Maske, die dem oder der Tyvoi gebührte, die den wertvollsten Fang mit in die Versammlungshalle brachte. *Oh, ja. Leuchte und glitzere. Bald darf ich dich für mich beanspruchen.*

Zwei laute Schläge erklangen, die mit einem metallischen Klirren einhergingen.

Cothóra sah hinüber zu Nâgal, dem Alb mit dem Zeremonienstab, der aus Schwarzholz gemacht war und bis an die Schulter reichte; Intarsien aus weißem Gebein und eine silberne Spitze verliehen ihm etwas sehr Edles, ein Ring aus schwarzen Onyxen bildete den oberen Abschluss.

Die Gespräche verstummten abrupt.

»Da nun Maràkata ebenfalls zu uns gestoßen ist«, rief der älteste Alb im Saal deutlich, »kann die Bewertung der Beutestücke beginnen. Tretet vor«, die Spitze deutete auf die lange Tafel, »und zeigt, was ihr genommen habt. Berichtet, wem ihr es nahmt und wie sich das Ganze zutrug. Ich werde bewerten, welches das Wertvollste ist.« Nâgal begab sich an den langen Tisch und setzte sich.

Diamàs, eine Albin mit kurzen, grauen Haaren und einer in dunkelrot gehaltenen Maske mit schwarzem Emblem, machte den Anfang und zog eine vergoldete Speerspitze aus dem Beutel.

Cothóra zog die Augenbrauen hoch, was natürlich keiner sehen konnte, und doch war sie sich sehr sicher, dass andere Tyvoi ihr Gefühl der Überraschung teilten. *Ist das … die Speerspitze des Tion-Standbildes?*

Der Platz, an dem sich die elf Schritte hohe Statue des finsteren

Gottes erhob, war bei Tag und Nacht belebt, hierher kamen die unbekannten Dichter, die ihre schönen Worte und Verse unentgeltlich an die Einwohner vortrugen, weil sie hofften, von der Masse entdeckt zu werden. Es gab sogar Künstler, die ihre Gedichte nur bei Dunkelheit rezitierten, weil sie die größte Wirkung entfalteten. *Wie gelang ihr das? Es ist unmöglich, nicht von der Garde bemerkt zu werden.*

Diamàs legte die Speerspitze vor Nâgal ab, dann stieg sie auf einen Sessel, damit sie besser gesehen und gehört wurde. »So vernehmt meine Geschichte, geschätzte Tyvoi!«, sprach sie und konnte ihre Siegessicherheit in der Stimme kaum verbergen.

Cothóra hörte der Albin kaum zu. Das Medaillon hatte sie aus dem stark besuchten Samusin-Tempel entwendet, und es war ihr sehr leicht gefallen. Sie hatte eine Pause zwischen den Gebeten abgewartet, in der die Gläubigen zum Essen und Trinken das Gebäude verließen. Das Tor, aus dem Wächter zu Sicherung kamen, hatte sie zuvor sorgfältig verkeilt. Für die Truhe mit den acht Schlössern hatte sie nicht lange gebraucht.

Das darf ich so nicht erzählen. Sie legte sich eine neue Geschichte zurecht, wie sie an das Medaillon gekommen war, und schmückte das Ganze gedanklich aus, um mehr Eindruck zu machen. Bei aller Meisterlichkeit der Kunst des Stehlens, war die Darbietung der Geschichte vor der Versammlung ein wichtiger Bestandteil. Nâgal würde genau hinhören und am Ende vielleicht nachfragen. Eine gute Lüge durfte keine Schwächen offenbaren.

»... gelang es mir, Tions Speerspitze zu stehlen«, schloss Diamàs und sprang auf den Steinboden zurück.

Applaus brandete auf, der recht ordentlich ausfiel, aber nicht überschwänglich. Die Tyvoi nahmen es ihr übel, dass sie sich bereits als Trägerin der Trophäe präsentierte.

Als nächstes ging Moìgok zur Tafel und nahm beinahe verschämt eine schwarze Haarnadel aus Tionium hervor, an der Diamantsplitter glitzerten. »Dies bringe ich«, hob er an und berichtete stehend und stockend mehr an Nâgal denn zur Versammlung gewandt, wie er einer bekannten Sängerin ihren Glücksbringer entwendet hatte. Moìgok war mit seiner Erzählung viel zu schnell am Ende, um Eindruck zu machen, so bekam er mitleidigen Höflichkeitsbeifall.

Zwei Tyvoi zogen sich ganz zurück und verzichteten darauf, ihre

Beute zu weisen. Sie wussten, dass es gegen Diamàs nicht ausreichte, und bevor sie sich wie Moìgok blamierten, ließen sie es ganz sein.

Cothóras Hände wurden kalt und schweißnass. Ihre Aufregung stieg.

Sie spürte den Blick des ältesten Albs auf sich, was eine Aufforderung war, an den Tisch zu treten. Die Schmerzen im Magen und an der linken Schulter brannten nach wie vor.

»Maràkata, was brachtest du uns?«, wandte sich Nâgal an sie und zeigte mit der Silberspitze des Stabes auf sie. »Nur nicht schüchtern.«

Cothóra räusperte sich und legte das Schmuckstück neben Tions Speerspitze, was ein Raunen auslöste. Somit traten zwei Götter in Wettstreit miteinander. *Gott des Windes und des Ausgleichs, leite meine Zunge und meine Worte recht.*

»Geschätzte Tyvoi«, rief sie und sprang ebenfalls auf den Sessel, wie es Diamàs getan hatte. »Ich bringe euch das Medaillon von Samusin, das er in der Schlacht von Ushónai dem Scheusal Tros'hkál entriss, das als Tions bester Krieger galt«, rief sie und reckte sich. »Vernehmt die Geschichte, wie es mir gelang, die Heerscharen von Gläubigen zu übertölpeln, die Priester zu täuschen und die Wächter abzuschütteln, die mir auf den Fersen waren.« Sie zog ihr Gewand an der Schulter nach unten und wies auf den dunkelblauen Fleck. »Um ein Haar hätte ich meine Unendlichkeit verloren.«

Nun richteten sich alle Augenpaare auf sie. Die Feindseligkeit, die Diamàs verströmte, lag regelrecht als ätzender Duft in der Hallenluft.

Cothóra redete und redete, dachte sich immer neue Wendungen aus, bis sie nicht mehr weiter wusste. Sie hatte kein Gefühl, wie lange sie sprach, doch es erschien ihr endlos. Als sie auf den Boden zurücksprang, klatschten die Tyvoi begeistert und ein bisschen mehr als bei Diamàs.

Nâgal nickte ihr zu und schrieb mit seiner Feder auf das Blatt vor sich. »Der nächste möge vortreten.«

Cothóra zog sich von der Tafel zurück, Acátor reichte ihr einen Becher mit Wein, den sie gierig hinabstürzte und den er mit einem leisen Lachen auffüllte.

»Du könntest die Trophäe erringen«, raunte er ihr zu und berührte sie an der unverletzten Schulter. »Eine Meisterin der Lüge und des Stehlens.«

Sie lächelte ihm dankbar zu und freute sich über seinen Zuspruch. Schweiß rann ihr den Rücken hinab. *Das war anstrengender gewesen als die Flucht vor der Garde.*

Ôpailos trat nach vorne und ging bereits theatralisch wie ein Mime. Sein wiegender Schritt, das Biegen des Oberkörpers nach rechts und links sorgte für leise Belustigung. Dann riss er vor der Tafel die rechte Hand ruckartig in die Höhe und hielt etwas zwischen Daumen und Zeigefinger, das er mit großer Geste vor Nâgal auf dem Tisch ablegte.

Cothóra konnte nicht erkennen, was das sein sollte. *Entweder es ist unsichtbar oder meine Augen sind unsagbar schlecht.* Da aber auch der Älteste ein verdutztes Gesicht machte, schien sie nicht die Einzige zu sein, die sich wunderte.

Das Raunen wurde lauter.

»Verehrte Tyvoi«, rief er, sprang auf den Sessel und von dort auf die Tafel. »Ich präsentierte euch: ein Haar von Nagsar Inàste!« Nun riefen alle durcheinander. Nur das laute Klopfen mit dem Zeremonienstab konnte die Ruhe in die Halle zurückzwingen.

»Glaube mir, Ôpailos«, sagte Nâgal, »ich bin *sehr* neugierig auf deine Geschichte.«

»Oh, das darfst du. Es ist ein Diebesstück der besten Sorte, mit allem, was es braucht, um legendär zu sein.« Der Alb breitete die Arme aus und drehte sich aufmerksamkeitsheischend um die eigene Achse. »Ihr werdet mir danach die Trophäe aufzwingen. Ich verwette darauf sogar meine Unendlichkeit.« Dann begann Ôpailos mit glühendem Eifer zu berichten: von der Beobachtung des Beinturms, von seinem Eindringen, von den unzähligen Fallen, von den blinden Wächtern, die ihn hetzten, von der Schönheit Nagsar Inàstes, die er in einem Spiegel sehen durfte, von der Einrichtung ihres Schlafgemachs, von seiner Flucht und seinem Sturz am Turm hinab und der Jagd quer durch Dsôn.

Cothóra hing an seinen Lippen. *Das ist ein wahrer Meistererzähler,* dachte sie kurz und tauchte sofort wieder in die Geschichte ein, die Ôpailos zum Besten gab.

Niemand sprach, alle lauschten und tranken, stießen sich gegenseitig an, wenn es sich doch zu ungeheuerlich anhörte. Aber keiner unterbrach den Tyvoi, der sich mehr und mehr steigerte, um zum Abschluss seiner Schilderung zu kommen.

»So eilte ich zu euch. Lebendig. An einem Stück.« Ôpailos lachte und stampfte mit dem Fuß auf den Tisch, sodass Speer und Medaillon klirrend hopsten. Seine Miene nahm einen schelmischen Ausdruck an, während er seine Kumpanen betrachtete. »Und soeben gelang es mir, den größten, den besten, den einmaligsten Diebstahl zu begehen. Vor euer aller Augen«, setzte er hinzu. »Denn nach nichts anderem trachtete ich.« Wieder drehte er sich um sich selbst. »Ich bestahl *euch*! Jeden Einzelnen und jede Einzelne.«

Mich auch? Sofort tastete Cothóra an sich herum. »Bei mir versagtest du«, rief sie sofort. »Mir fehlt nichts.«

»Mir auch nicht«, stimmte Acátor ein; nach und nach gesellten sich die zweifelnden Stimmen der anderen hinzu.

Nâgal blickte zu dem Tyvoi hinauf. »Ich verstehe, dass du uns zum Narren halten wolltest, aber noch sehe ich nicht, worauf es hinausläuft.«

»Nun, da ich euch nicht das Haar von Nagsar Inàste bringen konnte …«, setzte er an und wurde unverzüglich von Diamàs wütend unterbrochen.

»Damit bist du nicht nur aus dem Wettstreit um die Trophäe«, rief sie, »sondern wirst auch aus der Gemeinschaft ausgeschlossen.« Sie starrte zu Nâgal. »Sag es ihm! Auch wenn die Geschichten von der Erbeutung ausgeschmückt werden dürfen, ein Tyvoi muss stets seine Eroberung vorweisen.« Diamàs reckte das Kinn.

Schade. Aber sie ist im Recht. Cothóra bedauerte die Wende. *Doch was meinte er damit, als er davon sprach, dass er uns bestahl?*

Dass Ôpailos schallend lachte, verwunderte die Albae. Es schien ihn nicht zu kümmern, dass ihm die Mitgliedschaft entzogen wurde. »Oh, ich behauptete niemals, dass ich das Haar hatte.«

»Doch«, keifte Diamàs und eilte auf ihn zu. »Steig vom Tisch herab, damit ich …«

Der Alb ging lässig in die Hocke und sah die Aufgebrachte erheitert an. »Ich sagte ich *präsentierte* euch, und das war ganz bewusst die Möglichkeitsform. Anschließend unterhielt ich euch mit meiner Fassung, wie der Diebstahl wohl verlaufen *wäre*, hätte ich ihn tatsächlich begangen. « Er legte einen Finger gegen das Kinn und tippte dagegen. » Und damit bestahl ich dich, Cothóra und Acátor sowie alle Tyvoi in dieser Halle. « Er wandte sich an Nâgal. » Sogar dich. « Er zwinkerte. » Außerdem kann ich gar nicht ausschließen, dass es kein Haar der Unauslöschlichen ist. Ich fand es in der Nähe des Turms. Mag sein, dass Samusin es mir sandte. «

Wieder wurde es laut in der Halle. Die Tyvoi rätselten über den merkwürdigen Auftritt.

Cothóra tastete sich erneut ab. *Nein, es fehlt nichts*, befand sie – und stutzte. *Ihr Götter! Aber natürlich.* Sie prustete und klatschte langsam Beifall, wurde immer schneller und lachte laut, sodass sich alle zu ihr umwandten.

» Mir scheint, bei einer hatte er Glück «, kommentierte Diamàs schneidend. » Er entwand Maràkatas Verstand. «

Cothóra beruhigte sich allmählich und stellte den Applaus ein, während Ôpailos und auch Nâgal neugierig zu ihr blickten. » Ich fand die Lösung «, verkündete sie und zeigte auf den Tyvoi. » Ich sah mich heimlich bereits mit der Trophäe nach Hause gehen, doch nun kann ich nicht anders als zu fordern: Lasst sie ihm. « Sie senkte den Arm, danach andeutungsweise ihr Haupt. » Ôpailos stahl uns allen: Zeit. «

Der Tyvoi grinste sie an. » Du bist eine gute Tyvoi, Cothóra, und dazu noch klug. Genau das tat ich, und ich muss gestehen, dass ich niemals zuvor aufgeregter war als vor diesem Diebeszug. Denn wie kann man die Meister des Stehlens hintergehen, ohne dass sie es bemerken? « Er erhob sich und verneigte sich in alle Richtungen, dann sprang er vom Tisch und landete genau vor Diamàs, die ihn fassungslos anstierte. » Es war mir ein großes Vergnügen. «

Die schweigenden Tyvoi betrachteten Ôpailos, als sei er ein hässliches Scheusal, das wie aus dem Nichts in Dsôn aufgetaucht war und ihnen gerade erklärt hatte, dass man verwandt sei.

Der metallische Schlag, der unvermutet erklang, ließ Cothóra vor Schreck zusammenzucken, weitere folgten: Nâgal stieß den Stab rhythmisch auf die Steinplatten, steigerte von Mal zu Mal die Geschwindigkeit.

Nach und nach fielen die Albae mit Applaus ein, dann flogen erste Hochrufe zur Hallendecke hinauf.

So ein gerissener Kerl. Cothóra klatschte sich die Finger wund. *Ich gönne ihm den Titel von ganzem Herzen.*

Und als Nâgal die Maske aus der Nische nahm und sie feierlich an Ôpailos überreichte, der sie nun mit glücklichem, aber weniger hochmütigem Lächeln in Empfang nahm, konnte sogar Diamàs nicht anders, als Beifall zu spenden.

Cothóra atmete die Enttäuschung, dass sie leer ausgegangen war, mit einem Seufzen aus. Acátor schenkte ihr wieder Wein nach. »Ich denke«, sagte sie und prostete über die Köpfe der Tyvoi hinweg dem Sieger zu, »ich werde das nächste Mal bei Ôpailos einsteigen. Oder noch besser«, sie sah Acátor an, und ihre Augen verengten sich, »ich stehle ihm die Trophäe. Dann kann ich sie gleich behalten.«

Acátor nickte. »Da wirst du dich mit Diamàs vor seinem Haus treffen und darum prügeln müssen, als Erste hinein zu dürfen«, schätzte er.

Cothóra lachte und genoss den Wein. Es war keine einfache Sache, eine Tyvoi zu sein. *Doch es ist die beste.*

... ob es die Überlebenden nach dem Untergang des Sternenreichs bis nach Dsôn Balsur schafften, ob ihr Kodex nach dem Stern der Prüfung erhalten geblieben war, ob einige Tyvoi in Dsôn Sòmran überlebten und mit den Drillingen nach Tark Draan einfielen – ich weiß es nicht.

Doch nach allem, was ich vage hörte, würde es mich nicht wundern.

Schreite,
wenn du die Zeit genießt.

Laufe,
wenn du erwartet wirst …

Renne,
wenn dein Geliebter ruft.

Verharre,
wenn der Angriff naht.

Sei des Gegners Tod,
sei deren Endlichkeit.

So mag es sein,
dass du danach
über das Schlachtfeld
schreitest.

Die Klinge Tadellos

Einst erschuf ein Schmied ein Schwert von solcher Güte, dass es niemand führen durfte, denn nicht einmal der beste Krieger oder die beste Kriegerin seiner Zeit sei würdig genug, so befand sein Schöpfer. Auch vor den Unauslöschlichen hielt er die Waffe verborgen, und er nannte die Klinge Tadellos.

Der Schmied versteckte das Schwert hinter einer doppelten Wand in seiner Werkstatt und schwor, dass er die Klinge demjenigen als Geschenk überreichte, der die größte Heldentat des Albaereichs vollbringen werde.

So vergingen die Teile der Unendlichkeit.

Der Schmied wartete auf einen Helden oder eine Heldin, dem er sein Werk vermachen könnte.

Doch so groß die Anzahl der Heldinnen und Helden war, die das Volk der Albae hervorbrachte, niemand erschien ihm gut genug.

Verbittert nahm er die Klinge Tadellos aus ihrem Versteck und sagte: »Alles Warten war vergebens. Ich werde dich dem Nächsten schenken, der durch die Tür meiner Schmiede tritt.«

Und als sich die Sonne neigte, geschah es, dass schnelle Schritte herbeieilten und der Eingang geöffnet wurde. Auf der Schwelle stand eine Albin, jung, nicht einmal halb erwachsen, die ihm ein altes Hufeisen brachte. Sie sagte: »Schau, was ich fand. Ich dachte, dass du es vielleicht einschmelzen und zu etwas anderem formen möchtest.«

Der Schmied nahm das Eisen und bedankte sich. Als die Albin sich zum Gehen wandte, sagte er: »Warte. Ich will es dir wiedergeben, wenn du mir versprichst, dass du es ehrst.«

Als das Mädchen nickte, stellte er sich so, dass sie nicht sehen konnte, was er auf dem Amboss schmiedete, und tat, als formte er aus dem Hufeisen etwas Neues.

Heimlich jedoch nahm er das Schwert hervor und wandte sich zu der kleinen Albin um. »Sieh, was ich aus deinem Hufeisen machte«, sprach er lächelnd. »Nimm das Schwert und halte es in Ehren, wie du es mir versprachst.«

Die kleine Albin strahlte und trug die Waffe von nun an immer bei sich.

Jedem, der sie fragte, woraus diese wunderschöne Stück geschmiedet sei, antwortete sie: aus einem Hufeisen.

Als die Albin älter wurde, schlug sie den Weg einer Sängerin ein, und doch trug sie die Klinge Tadellos stets bei sich. Ganz gleich, wo sie auftrat, die Waffe begleitete sie. Man bewunderte ihre Stimme, ihre Kleider und die einmalige Waffe.

Doch sie wurde nicht einmal gezogen, um den Tod zu bringen.

Da ließ ihr Gefährte, der ein großer Krieger war, die Hülle im Geheimen nachbauen und tauschte die Klinge Tadellos gegen eine Fälschung aus, denn er wollte das herrliche Schwert auf dem Schlachtfeld sehen.

Aber die Klinge Tadellos kannte nur eine Herrin.

Kaum ritt der Gefährte damit ins Feld und schwang sie gegen eine Unzahl Óarcos, ging jeder seiner Hiebe fehl.

So sehr sich der Krieger mühte, die Schneide wich den Feinden aus und surrte an ihnen vorbei. So wurde der Alb bald von der Übermacht niedergestreckt und lag erschlagen zwischen den Scheusalen.

Auf diese Weise gelangte die Klinge Tadellos in die Hände einer üblen Bestie, die sich damit brüstete, sie erlangt zu haben.

Und weil sie sich sicher wähnte, unzählige Gegner damit zu zerteilen, rannte sie damit brüllend und höhnend in die Schlacht.

Aber die Klinge Tadellos kannte nur eine Herrin.

Bald lag der Óarco von Gnomen erschlagen in seinen eigenen Gedärmen im Dreck. So geriet das Schwert in die Hände eines Gnoms, der jedoch mit seinen kleinen, listigen Äuglein genau gesehen hatte, dass die Schneide absichtlich ihr Ziel verfehlte.

Damit es ihm nicht ebenso ergehe wie dem Óarco, verkaufte der Gnom die Klinge Tadellos an einen Barbarenhändler, der ihm dafür einen guten Preis machte.

Der Händler wiederum verkaufte sie an einen Fürsten, der Fürst an einen König, und der König schenkte sie seinem besten Krieger.

Der Barbar zog alsbald mit einem Heer in den Kampf gegen die Albae und beteiligte sich an einem Hinterhalt, der den Nachschub der edlen Krieger unterbrechen sollte.

Doch sie irrten sich in ihrer Wegstrecke und gerieten an einen kleinen Tross, der nichts von Bedeutung mit sich führte – außer einer Sängerin, die sich auf dem Weg zu den Truppen befand, um ihnen mit ihren Liedern und ihrer Stimme Beistand für die Schlachten zu geben.

Die Handvoll Albae wurde gefangen genommen und sollte hingerichtet werden.

Als nun der Barbar die Klinge Tadellos zog, um den ersten Alb zu enthaupten, erhob sich die Sängerin, welche ihre Waffe sogleich erkannt hatte.

»Wenn es dir gelingt, mich mit diesem Schwert zu verletzen, folge ich dir bis ans Ende deiner Tage und bin dir zu Willen«, sprach sie mit wunderschöner Stimme. »Gelingt es dir nicht, musst du mich und meine Leute freilassen.«

Der Barbar und seine Soldaten lachten die Albin aus, und er hob das Schwert, um ihr den Schädel vom Rumpf zu trennen.

Aber die Klinge Tadellos kannte nur eine Herrin.

Die Schneide verfehlte die Albin und fuhr stattdessen einem der Barbaren durch den Leib.

Der Soldat holte erneut aus, und wieder und wieder, und drosch schließlich wie von Sinnen auf die Albin ein, doch jedes Mal erstach und durchbohrte die Klinge Tadellos einen seiner Leute, bis nur noch er selbst übrig war.

Da warf der Barbar das Schwert auf den Boden und riss seinen Dolch aus dem Gürtel. »Diese Waffe ist von einem bösen Geist besessen. Nun bekommt ihr meinen treuen Stahl zu schmecken!«

Sogleich hob die Albin die Klinge Tadellos auf und stieß sie dem Barbaren durchs Herz, sodass er tot niederfiel, wo er gerade gestanden hatte.

Und obwohl sie das Kriegerhandwerk niemals erlernte, zog sie in die Schlacht und wütete sie unter den Feinden, als habe sie nichts anderes in ihrer bisherigen Unendlichkeit getan.

Als die Albae das sahen, baten sie die Sängerin, sie fortan mit der Klinge Tadellos anzuführen.

So kam es, dass aus einer Sängerin die größte Heldin wurde, welche das Reich der Albae jemals gesehen hatte, und wie es sich der Schmied immer für seine Waffe gewünscht hatte.

Und niemals verweigerte die Klinge Tadellos ihrer Herrin den Dienst.

Die Inagsàri

Die wenigsten Albae wissen von den Inagsàri.

So sehe ich es als meine Pflicht und Ehre, einen Einblick in die wichtige Aufgabe von Drâcoràs, Ishînaia, Hëironî und Tólanôri zu geben, die abseits von beinahe sämtlichen Augen und Ohren von den drei Veteraninnen und dem Veteranen verrichtet wurde.

Dies ist ihre Geschichte …

Ishím Voróo (Jenseitiges Land), Albaereich Dsôn Faïmon, Strahlarm Shiimīl, 4370. Teil der Unendlichkeit (5189. Sonnenzyklus), Sommer

Drâcoràs stieg von seinem Nachtmahr, keine hundert Schritte von dem Gehöft entfernt, das ihm genannt worden war. Hinter ihm saßen seine Begleiterinnen, Ishînaia, Hëironî und Tólanôri, ebenfalls von ihren Rappen ab und betrachteten gemeinsam mit ihm die Ansammlung von Gebäuden, die sich inmitten der wogenden Haferfelder erhob.

Die Albinnen und er waren Veteranen, versiert im Kampf und schwerlich zu erschüttern. Genau diese Eigenschaften benötigten sie für ihre Aufgabe.

Äußerlich waren sie durch nichts von gewöhnlichen Bewohnern zu unterscheiden. Unter ihren leichten, knochenweißen Mänteln waren die schwarzen Lederrüstungen und die Kurzschwerter lediglich zu erahnen. Keiner der Vier trug militärische Insignien, man konnte sie allenfalls für die Leibwache einer hohen Persönlichkeit des Reiches halten.

Die abendliche, warme Luft war erfüllt vom Geruch nach Staub, nach reifendem Getreide, an dem sich der Nachttau bildete, und Rauch, der aus den Kaminen des Hofs stieg. Der Duft von schmorendem Fleisch und Gemüse gesellte sich hinzu; anscheinend wurde das Essen für die Sklaven und die Albae vorbereitet.

Der sanfte Wind aus dem Süden spielte mit den gelben Rispen, bog die Halme und erschuf Muster in den Feldern.

Drâcoràs gefiel der Anblick. *Samusin scheint Gefallen daran zu finden, sich unaufhörlich verändernde Bilder zu malen. So rasch, wie sie entstehen, so vergehen sie.* Er fasste die langen, schwarzen Haare zusammen und band sie zu einem Knäuel am Hinterkopf. Mit einer Nadel, die er aus seinem Gürtel zog, fixierte er den Schopf.

Das war das Zeichen für seine drei Begleiterinnen, die Mäntel abzulegen. Jetzt erst kamen die zahlreichen Wurfdolche und -sterne zum Vorschein, die sie an Brust- und Rückengurten trugen. Die Albinnen legten ihre schlichten, blutroten Masken an, auf deren Stirn die weiße Segensrune der Unauslöschlichen prangte.

Drâcoràs tat es ihnen gleich und löste den weißen Umhang von seinen Schultern, um ihn am Sattel festzubinden, dann trabte er auf die kleinste der Scheunen zu.

Das Getreide um sie herum raschelte, die reifen Körner an den Rispen rieben aneinander; dann schlug der Wind um und wechselte auf Norden, als wüsste er, was den Bewohnern des Gehöfts bevorstand.

Das letzte Mal, als sie fündig geworden waren, hatte es geregnet. Sie mussten mitten in Dsôn, im Schwarzen Herzen, zuschlagen und dabei darauf achten, dass niemand erfuhr, was geschah.

Kein Laut durfte erklingen, kein Schrei ertönen und unter allen Umständen durfte niemals bekannt werden, was der Grund für den tödlichen Besuch der Inagsàri war, so lautete die Maßgabe.

Die Abgeschiedenheit ist von enormem Vorteil für uns. Drâcoràs zog seine Kurzschwerter, deren eine Seite gerade geschliffen, die andere fein gewellt und gezackt war. Die Parierstangen bogen sich ungewöhnlich weit nach oben und verliefen eine Handbreit parallel zur Klinge. Damit war es möglich, gegnerische Waffen abzufangen und einzuklemmen. *Es ist lange her, dass wir keine Rücksicht auf die Umgebung nehmen mussten.*

Er erreichte das Tor und blieb stehen.

Ishînaia erklomm lautlos das Dach, Hëironî umrundete das Gebäude, Tólanôri begab sich an die Seite, wo sich ein einfaches Holzfenster befand.

Nachdem zehn Herzschläge vergangen waren, öffnete Drâcoràs den Eingang mit einem kräftigen Tritt und schritt gemächlich ins Innere, die Kurzschwerter am langen Arm schräg vor sich haltend.

Der Anblick, der sich ihm bot, brachte den Alb unter seiner Maske zum Lächeln. *Wir sind richtig!*

Zwei überraschte Albinnen saßen in der Mitte der kerzenbeleuchteten Scheune, beide trugen einfache Unterkleider, die von Blut getränkt waren, und hielten Dolche in den Händen.

Vor ihnen lag ein Alb mit aufgeschlitzter Kehle und herausgeschnittenem Herzen sowie verschmiertes Werkzeug, das sie benötigt hatten, um seinen Brustkorb zu öffnen. In einer Wanne mit glühenden Kohlen verbrannte das Herz rauchend, der Qualm wirbelte und schien eine Fratze zu formen.

Abseits der Albinnen befand sich ein nackter Säugling auf einer Decke, der zum Rauch starrte, aber nicht schrie; der Anblick des sich bewegenden Dunstes schien ihn abzulenken. Die Runen, die ihm mit dem Blut des Toten auf den Leib gemalt worden waren, ließen keinen Zweifel daran, dass sie ihn ebenfalls umbringen wollten.

Ich hatte mit mehr Ungetreuen gerechnet. Drâcoràs blickte sich lange um, doch er entdeckte niemanden sonst, der sich am Ritual beteiligte. »Ihr beiden«, sprach er währenddessen, »habt euch der Abkehr schuldig gemacht. Die Beweise sind eindeutig.«

»Endlich! Oh, wie ich mich freue, dich zu sehen! Ich sage mich von den Infamen los!«, rief die Blonde der Albinnen sofort und erhob sich. Flehend reckte sie die blutverschmierten Arme, ohne jedoch den Dolch fallen zu lassen. »Schau! Ich wurde gezwungen! Sonst hätten sie mich geopfert.«

»Lügnerin!«, hielt die Braunhaarige dagegen und sprang auf die Füße. Sie warf ihre Waffe vorsichtig auf die Erde. »*Sie* ist die Priesterin! Sie wob einen Zauber und …«

Drâcoràs richtete das rechte Schwert auf die beiden, und sie verstummten. »Wir sind die Inagsàri.« Erst dann drehte er den Kopf, der Blick seiner dunkelblauen Augen traf sie. »Die Unauslöschlichen haben das Gebot erlassen, dass den Infamen nicht mehr zu huldigen ist und den alten Riten abgeschworen werden muss.« Die Waffenspitze zeigte nun auf die Leiche. »Die Unauslöschlichen dulden nicht länger Götter, die kostbares Albaeblut verlangen.« Etwas leiser fügte er hinzu: »Wie konntet ihr nur? Dazu noch einen Säugling! Welche Gunst vermag ein Infamer zu gewähren, dass es diese Taten rechtfertigt?«

Die Brauhaarige deutete erneut anklagend auf die andere Albin. »Sie tut es, damit die Felder mehr Ertrag bringen, behauptet sie.«

Hëironî betrat in der Zwischenzeit die Scheune lautlos von der anderen Seite, Tólanôri kletterte leise durch das Fenster. Die beiden Veteraninnen hielten sich im Schatten und warteten auf das Zeichen ihres Anführers. Ishînaia fehlte noch.

Die Blonde gab das Verstellen auf. »Ich gebe Ríodh'ogîs, was er verlangt. Dafür wächst so viel Korn an den Rispen, dass ich damit halb Dsôn ernähren kann«, giftete sie. »Ich gebe zwei läppische Leben an einen Infamen, und dafür verhindere ich eine Hungersnot und den Tod von Tausenden! Was ist daran schlecht?«

»Kam dir in den Sinn, dass deine Äcker von Samusin gesegnet sind? Er wacht über uns. Er und unsere Schöpferin Inàste wissen, was sie den Unauslöschlichen raten müssen, damit unser Volk nicht zugrunde geht«, hielt Drâcoràs mit Abscheu vor so viel Verblendung dagegen. »Wem gehört das Kind?«

»Sie hat es ihrer Tochter abgenommen«, haspelte die Braunhaarige. »Das arme Mädchen freute sich so über ihren Nachwuchs, und nun soll ...«

Mit einer schnellen Bewegung versetzte die Blonde ihr einen Dolchstich mitten in die Brust. »Nimm dieses Leben, Ríodh'ogîs!«, rief sie voller Inbrunst. Der Rauch verwirbelte schneller, die Fratze erschien deutlich. Zischend brannten die kleinen Flämmchen um das schmurgelnde Herz. »Es sei dein!«

Die Braunhaarige taumelte keuchend zur Seite und stürzte neben den Säugling.

»Nimm ihre Unendlichkeit und ...«

Drâcoràs machte einen raschen Schritt nach vorne und rammte ihr das Schwert mitten durch den Mund, sodass weitere Worte von der Klinge erstickt wurden. »Deine Unendlichkeit ist vertan. Dein Tod heißt Drâcoràs, und ich nehme dir das Leben anstelle der Unauslöschlichen. Von dir wird nichts bleiben, nicht einmal dein Name.« Die Spitze trat im Nacken aus, Blut rann über die Lippen und die Haut im Genick, dumpf aufkeuchend brach die Albin zusammen.

Dass die Einfältigen nie aussterben. Drâcoràs kippte das Kohlebecken mit dem Fuß um, sodass das Herz aus dem heiß lodernden Feuer herauskullerte und kokelnd auf den Gang rollte. Die Fratze im Rauch löste sich indes auf, als hätte es sie niemals gegeben. *Einem Infamen vertrauen. Närrin.*

Der Alb durchsuchte die Ungetreuen, die er so oder so umgebracht hätte. Die Unauslöschlichen verbaten jede Gnade, jedes Mitleid. Der Glaube an die Infamen sollte mitsamt ihren Trägern ausgerottet werden.

Drâcoràs sah es nur als eine Frage der Zeit an, wann die bloße Erwähnung der alten Götternamen unter Strafe stand. Bis dahin musste jeder Hinweis auf sie und ihre vermeintliche Existenz verschwunden sein.

Da ist es ja. In einer Tasche der Blonden fand er einen kleinen Beutel, aus dem er einen bemalten Zahn und ein Gebeinstückchen schüttelte. *Artefakte und Relikte. Stets der gleiche Huldigungszinnober der Ungetreuen.* Er schob die Reste zwischen die glühenden Kohlen und verfolgte, wie das Knöchelchen verbrannte und der Zahn leise klickend zersprang. Dass die Flammen sich dabei für die Dauer weniger Herzschläge verfärbten, schob er auf das Material.

»Setzt die Felder in Brand«, befahl er ruhig. »Es mag sein, dass Ríodh'ogîs wirklich seine Macht im Spiel hatte. Es wird nicht im Sinn der Unauslöschlichen sein, wenn das Korn, das ein Infamer gedeihen ließ, als Mehl nach Dsôn und in die Mägen der Unbefleckten gelangt.« *Wer weiß, was es mit ihrem Verstand anrichtet.*

Drâcoràs ging zum stummen Säugling und wickelte ihn in die Decke, hob ihn auf und verließ die Scheune, um nach Ishînaia zu sehen.

Noch bevor er zum Tor hinaustrat, roch er das Metallische, das bei ihrer Ankunft nicht in der Luft gehangen hatte. Dann sah er die vermisste Albin, die mit gezogenen Schwertern auf dem Hof stand, umringt von den Leichen zwei Dutzender Albae, die in den Händen Sensen, Dreschflegel und Sicheln hielten; hier und da brannten fallen gelassene Fackeln.

Ishînaia reinigte ihre Klingen an der Kleidung eines Erstochenen und blickte zu ihrem Anführer. »Sie kamen schlagartig angerannt«, berichtete sie und öffnete die Kleidung des Toten bis zum Nabel. Eine eingeritzte Rune wurde in der Haut sichtbar. »Ich fand sie bei allen.«

Drâcoràs nickte und dachte an den Rechtfertigungsversuch der Braunhaarigen. Es bedeutete keinen Unterschied, ob sie zu den Infamen gezwungen worden waren oder nicht. *Sie wären so oder so in die*

Endlichkeit gegangen. »Bringt sie in die Scheune und zündet sie an.« Er sah auf den Säugling auf seinen Armen.

»Was ist mit ihm?« Ishînaia erhob sich, die roten Spritzer auf ihrer Maske wurden nun erst erkennbar; im Licht der Nachtgestirne wirkten sie beinahe schwarz.

»Ein Opfer für den Infamen. Das Kind ist unschuldig und darf leben.« Drâcoràs begab sich auf den Weg zu den Nachtmahren und hob im Vorbeigehen eine der Fackeln auf. »Ich suche eine Familie für den Knaben.«

Während er durch die wiegenden Rispenhalme schritt, hielt er das brennende Ende mal nach rechts, mal nach links und schuf das erste der Feuer. Als sich die Inagsàri auf den Rappen vom Gehöft entfernten, schlugen die Lohen viele Schritte hoch in den Nachthimmel. Spreu flog auf, Funken stoben empor, und die Gebäude mit dem Leichen der Ungetreuen vergingen in dem Inferno.

Am Horizont zogen sich dunkle Wolken zusammen, die der Westwind herantrieb. Die Luft roch bereits nach Regen. Aber es ging nicht darum, das vom Infamen verseuchte Getreide zu retten. Es war nicht die Macht von Ríodh'ogîs, welche das Unwetter heraufbeschwor.

Samusin ist wachsam. Drâcoràs wusste, dass der Gott des Ausgleichs verhindern würde, dass aus den Flammen ein Flächenbrand in Shimāl erwuchs. *Wir sind seine Diener,* dachte er und hielt den Jungen an sich gedrückt, der weder schrie noch andere Laute von sich gab, die auf Unwohlsein schließen ließen. *Er spürt, dass er bei mir in Sicherheit ist.*

Die Nachtmahre donnerten schnaubend durch die Felder. Die Blitze um ihre Fesseln hinterließen vier feurige Linien in dem zundertrockenen Hafer, von denen aus sich der Brand verteilte und sein Vernichtungswerk vor dem tiefschwarzen Himmel fortsetzte.

Polternd brachen die Häuser und Stallungen zusammen. Die Relikte vergingen zusammen mit denen, die an die Infamen geglaubt hatten.

Drâcoràs wusste, dass es nicht das letzte Mal gewesen war, dass er sein Schwert ziehen musste. Doch selten war es für die Inagsàri so einfach gewesen.

Ishím Voróo (Jenseitiges Land), Albaereich Dsôn Faïmon, Strahlarm Ocizûr, 4370. Teil der Unendlichkeit (5189. Sonnenzyklus), Spätsommer

»Eine milde Mehlsuppe vorweg, danach die langsam geschmorten Büffelbäckchen, dazu etwas dunkles Brot. Und den Rotwein mit einem Schuss süßem Gewürzsud und etwas gestoßenem Eis versehen.« Drâcoràs nickte der Bedienung zu, die sich kurz verneigte und rasch den Raum verließ, in dem der Alb alleine saß.

Die Rüstung hatte er abgelegt, die Wurfdolche und -sterne lagen verborgen in Falten seines weiten Gewands. Nur auf ein offen erkennbares Schwert konnte und wollte er nicht verzichten. Die Handwerker durften ruhig wissen, dass er keiner von ihnen war.

Er traf sich mit seinen drei Veteraninnen in der Nebenstube des Wirtshauses Schwarzstein zum Mahl, um ungestört von anderen Gästen zusammenzukommen und eine Unterredung zu führen.

Die vier Inagsàri hatten sich während der letzten Momente der Unendlichkeit überall im Albaereich verteilt, um Erkundigungen über weitere Ungetreuen zu sammeln. Zum vereinbarten Zeitpunkt wollten sie nach Ocitrêion zurückkehren und sich austauschen.

Die kleine Handwerkerstadt lag günstig. Von ihr gelangte man schnell in die übrigen Strahlarme, saß jedoch nicht auf dem Präsentierteller wie in Dsôn, wo alles und jeder genau beäugt wurde. Auf Ocitrêions Straßen war viel los, das Kommen und Gehen bedeutete ebenso wenig Ungewöhnliches wie Besprechungen in Nebenzimmern. Verhandlungen wurden ständig geführt.

Was sie wohl herausfanden? Neben Drâcoràs lag ein in Leder eingeschlagener Stapel mit Blättern, auf denen er sein neues Wissen, Skizzen der Funde sowie die abgeschlossenen Fälle notiert hatte.

Er schlug die Blattsammlung auf, überflog die Namen der Orte und Städte, in denen er tätig gewesen war, las die Zahl der aufgespürten und vernichteten Ungetreuen sowie die Menge und Art der vernichteten Relikte. *Gute Ausbeute.*

Ein Schatten fiel auf ihn, und als er aufsah, stand Hëironî neben dem Tisch, ebenfalls mit einem schmalen Bündel Blätter ausgestattet, die sie unter dem rechten Arm trug. »Du hast hoffentlich keine Suppe für mich bestellt?«, begrüßte sie ihn neckend und umarmte ihn kurz.

»Ich weiß, dass du sie nicht magst, und die doppelte Menge liegt mir nicht«, erwiderte er lachend.

Die Albin mit den halblangen, roten Haaren setzte sich und wirkte im weiten, dunkelgrauen Kleid mit den eingewobenen schwarzen Streifen nicht einmal im Ansatz so bedrohlich und tödlich, wie sie es im Kampf war. »Wie war die Jagd?«

»Erfolgreich«, antwortete er und wartete, bis die Bedienung ihre Bestellung aufgenommen hatte. »Sechsundvierzig Ungetreue und acht Relikte der Infamen.«

»Achtundzwanzig Ungetreue, vier Relikte«, fügte Hëironî hinzu.

»Sechsundsechzig Ungetreue, elf Relikte«, hörten sie eine leise Stimme von der Tür, in welcher der Triumph für das bislang beste Ergebnis zu hören war. Tólanôri kam herein, in eine eng anliegende Rüstung gekleidet und ihre beiden Kurzschwerter auf dem Rücken tragend. Der Staub der Straße haftete noch daran, sie musste eben erst eingetroffen sein. »Verzeiht, dass ich so erscheine und die armen Handwerker verwirre, aber ich wollte keinen Splitter unseres Wiedersehen versäumen.« Sie umarmte Drâcoràs und Hëironî, dann setzte sie sich und ließ sich einen großen Pokal mit kaltem Gewürzwein bringen. Sie zog das Kopftuch ab, und die langen, braunen Haare fielen ihr bis auf die Schultern. »Mir scheint, ich war die Erfolgreichste.«

Drâcoràs lachte. *Die Ausbeute wird immer besser.* Er verspürte keinen Neid, da jeder ausgelöschte Ungetreue einen Sieg bedeutete. *Einen Sieg für die Inagsàri.* »Noch ist es zu früh, dir zu gratulieren.«

»Ich verweise auf den Spürsinn und die Ausdauer von Ishînaia«, fügte Hëironî genießerisch hinzu. »Es wird schwer sein, deine Ausbeute zu übertrumpfen, doch es *könnte* ihr gelingen.«

Die Mahlzeiten von Drâcoràs und Hëironî wurden gereicht, Tólanôri bestellte das gleiche, um dem Wirt die Arbeit zu erleichtern.

Da Ishînaia auf sich warten ließ, tauschten sie ihre Erkenntnisse aus und mussten feststellen, dass sie nach ihren letzten Streifzügen keine weiteren Hinweise mehr auf Ungetreue in Dsôn Faïmon gefunden hatten.

»Sollten wir es geschafft haben?« Drâcoràs vermied es, sich deswegen schon gut zu fühlen. Solange Ishînaia nicht zu ihnen stieß und ihren Bericht ablieferte, wäre es zu früh für eine solch grandiose Erfolgsmeldung an die Unauslöschlichen.

» Weswegen nicht? Seit drei Teilen der Unendlichkeit jagen wir die Ungetreuen und stöbern in den letzten Winkeln nach ihnen und den Relikten. Ich finde, es wird Zeit «, befand Hëironî und prostete in die Runde. » Auf uns Inagsàri. «

» Wir haben so viele Skelettteile gefunden und vernichtet, wir hätten eintausend Infame daraus zusammenfügen können «, sagte Tólanôri. » Diese Verblendeten. Glauben den Worten dieser sogenannten Priester vorbehaltlos. «

» Wenn es überhaupt noch einen oder eine davon geben sollte «, fügte die Rothaarige hinzu, und um ihre Lippen zuckte ein böses Lächeln.

Drâcoràs hörte ihnen zu, während er innerlich überschlug, was sie alles erreicht hatten. Als es für ihn bei Virssagòns Sichtung zur Anwärterschaft nicht gereicht hatte, da ihn der Meistermörder als bereits zu alt einstufte, war er am Boden zerstört gewesen, bis ihn die Anfrage der Unauslöschlichen erreichte: Sie brauchten einen erfahrenen Veteranen, der ihren Willen im Geheimen erfüllte, um das Volk vor dem schädlichen Tun der Ungetreuen zu bewahren.

Lange Zeit zuvor waren schon die Handlungen verboten worden, und um den Glauben an die Infamen an der Wurzel auszurotten, sandten sie Drâcoràs aus. Ohne Aufsehen. Damit es keine Unruhe in den Strahlarmen gab und die Priester der Infamen nicht abtauchten. Solange sie sich vor Verfolgung sicher glaubten, konnte man sie mit ein wenig Gespür ausfindig machen.

Und genau das gelang uns. Scheinbar restlos. Drâcoràs nippte an seinem Eiswein, genoss den Geschmack der Gewürze und die Süße. Manche der Priester brüsteten sich sogar noch im Angesicht der Veteranentruppe, die Infamen beschwören und Gegenleistungen von den Kreaturen einfordern zu können, wie das üppige Wachsen von Getreide oder ähnliches. *Um so erstaunlicher, dass kein Infamer herbeieilt, um sie vor unseren Klingen zu bewahren.*

Noch wurde das Beten zu den Infamen oder ihr Name geduldet, aber Drâcoràs wusste, dass die Unauslöschlichen rigoroser gegen den Glauben vorgehen würden, sobald es keine Wunder mehr im Namen der Infamen gab.

Das brachte ihn auf einen Gedanken.

»Wie viele Köpfe fandet ihr?«, erkundigte Drâcoràs sich beinahe beiläufig und öffnete seine Unterlagen, blätterte bis zur Gesamtübersicht ihrer erbeuteten Stücke der letzten drei Teile der Unendlichkeit. »Dieses Mal, meine ich.«

»Keinen«, sagte Hëironî pfeilschnell.

»Zwei.« Tólanôri grinste siegessicher. »Von Kâsha'Lo und Try'palakis.«

»Ich habe auch keinen vernichtet, und wenn Ishînaia uns keinen mitbringt« – er sah auf und ließ die Blicke zwischen den beiden Albinnen hin und her wechseln – »fehlt uns *ein* Kopf. Es müsste das Haupt von Shëidogîs sein.«

Die rothaarige Veteranin wirkte besorgt. »Ich dachte, wir fanden Relikte in Überzahl?«

»Viele Stücke, ja, wie Wirbel, Fingerteile, Schienbeine, aber« – Drâcoràs verglich die Zahlen nochmals und gelangte zum gleichen Ergebnis – »uns fehlt eben *dieser* Kopf.«

Hëironî stieß einen Fluch aus und setzte den Becher ab. »Jetzt ist mir die Lust am Trunk vergangen. Sogar der Wein schmeckt leer.«

»Prüfe es.« Drâcoràs schob die Übersicht zu Tólanôri, die mit schnellen Blicken die Aufstellungen überflog und die Mundwinkel zusammenkniff. Das genügte als Aussage.

Die Inagsàri aßen stumm ihr Mahl, verzichteten auf weiteren Wein und hingen ihren Gedanken nach, zu denen sich mehr und mehr nicht nur Ungeduld, sondern auch die Sorge mischte, während draußen die Sonne versank und die milde Dunkelheit des Abends über Dsôn heraufzog.

Das Rattern der Fuhrwerke und das geschäftige Treiben auf der Straße vor dem Gasthaus wurden weniger, die Handwerker und Händler stellten allmählich ihre Liefergeschäfte ein. Die Gestirne funkelten bereits leicht am Firmament, wie Drâcoràs mit einem knappen Blick aus dem Fenster bemerkte.

»Sie hätte eine Nachricht geschrieben, wenn sie sich verspätete«, äußerte Hëironî, was unausgesprochen im Raum schwebte.

Tólanôri überlegte. »Vielleicht hatte sie einen Unfall. Ihr Nachtmahr könnte sich das Bein gebrochen haben.«

Oder sie fand ein Nest von Ungetreuen, die zu viel für ihre Kriegskunst ge-

wesen waren. Drâcoràs mochte nicht glauben, was er gedacht hatte. Er selbst sah die schwarzhaarige Albin Schlachten gegen eine unglaubliche Überzahl bestehen, und in den Übungskämpfen gegen Gardisten ging sie gegen zehn Gegner gleichzeitig vor, ohne einmal geschlagen zu werden. *Nein, das kann nicht sein.* Er ertappte sich dabei, lieber an einen unzuverlässigen Nachtmahr oder ein Missgeschick zu glauben.

Als Ishînaia bei Sonnenaufgang noch immer nicht erschienen war, schwangen sich Hëironî, Tólanôri und Drâcoràs in die Sättel und ritten nach Wèlèron.

Dort war die Veteranin abhanden gekommen.

Und genau da würden die Inagsàri ihre Suche beginnen. Unauffällig wie immer, doch härter als jemals zuvor – was keiner von den dreien aussprach, doch jeder insgeheim wusste.

Ishím Voróo (Jenseitiges Land), Albaereich Dsôn Faïmon, Strahlarm Wèlèron, 4370. Teil der Unendlichkeit (5189. Sonnenzyklus), Spätsommer

Die drei Inagsàri standen im Schutz einer riesigen Schwarzeiche und betrachteten den gewaltigen festungsähnlichen Bau, der sich am Hang über einem Tal erhob und dessen Fenster hell in der Finsternis erstrahlten.

Er bestand aus einzelnen eckigen, in sich gewundenen Türmen aus silbernen und schwarzen Quadern, zu denen sich breite, überdachte Brücken spannten. Dazwischen reckten sich die viereckigen Mauern von hellgrauen, runenverzierten Gebäuden, die an Getreidespeicher erinnerten; in Wahrheit waren es Bücherhorte, bis unter das Dach mit Schriften, Rollen, Zeichnungen und sogar Steintafeln gefüllt. Durchbrüche mit Holzkunstwerken darin, gewaltige bunte Fensterfronten und Treppen nahmen diesen Klötzen die Schwere.

Es war eine Akademie, in der die Gelehrten ohne Unterlass an den Fertigkeiten der Albae forschten, wie man sie stärken und ausweiten konnte, um fähige Magier und Zauberkundige zu formen. So sehr die Albae allen anderen Völkern überlegen waren, fanden sich ganz selten starke Cîanai und Cîanoi unter ihnen.

Wie viele Gelehrte mögen darin leben? Drâcoràs vermutete nicht eine einzige Wache hier. *Wozu auch? Es gibt in Dsôn nichts, wovor man sich fürchten muss. Außer den Ungetreuen.* Seine Augen verengten sich für wenige Herzschläge. *Und sie wiederum müssen uns fürchten.*

»Knappe zwei Meilen«, schätzte Hëironî. »Auf den Nachtmahren werden sie uns kommen sehen.«

»Sollen sie doch. Niemand ahnt, was wir beabsichtigen, zumal« – Drâcoràs deutete auf das Tal und das kleine Dorf – »dort unten die Ungetreuen leben.«

»Aber sie gehören zur Akademie. Denkst du, der oberste Cîanoi wird nichts unternehmen?« Tólanôri kreuzte die Arme vor der Brust. »Wäre dies eine herkömmliche Stadt, hätte ich keinerlei Bedenken, doch was ist, wenn es so etwas wie eine magische Sicherung gibt?«

Drâcoràs richtete sich auf. *Sie hat recht.* »Wir laufen. Die Nacht ist zu hell. Wenn sie Ishînaia wirklich gefangen haben, können sie erahnen, dass es mehr als eine gibt, die den Kopf des letzten Infamen in Dsôn Faïmon jagt.« Er verfiel in leichten Dauerlauf. »Seid wachsam. Ich befürchte, dass es unsere härteste Prüfung wird.«

Die Inagsàri eilten durch das nächtliche Wèlèron und strebten auf das Dorf unterhalb der Akademie zu, ohne dass sie dabei Äste zerbrachen oder ein Geräusch von klappernden Waffen oder der Ausrüstung erklang.

Drâcoràs hatte durch die kurze Zeit bei Virssagòn Tricks erlernt, die er an seine Veteraninnen weitergab. Sicherlich konnten sie sich nicht mit ausgebildeten Meistermördern messen, aber ihre Kenntnisse genügten, um die Wurfgeschosse tödlich genau zu schleudern und die Schwerter unparierbar zu führen. Ihre Kenntnisse und Erfahrungen vom Schlachtfeld verbanden sich ausgezeichnet damit.

Nach ihrer Ankunft im Strahlarm der Gelehrten hatten sie sich umgehört. Rasch, schnell und hart hatten sie Sklaven herangeschafft und sie vernommen, danach umgebracht und verscharrt, bis sie endlich einen Hinweis auf Ishînaia erhalten hatten.

Und jener Hinweis führte sie zu einer kleinen Schülerin namens Marandeï, die ihnen nach Androhung von Schlägen und Verfolgung ihrer Familie zähneknirschend Beistand versprach. Da ihr Leib keinerlei Runen der Ungetreuen auf sich trug, wie sie sorgsam prüften, und Marandeï sowohl Inàste als auch dem Herrscherpaar aufrichtige

Treue schwor, schenkten sie ihren Ausführungen zu einem großen Teil Glauben.

Es stellte sich heraus, dass Ishînaia ihrem sicheren Sinn für Ungetreue gefolgt war.

Marandeï erinnerte sich nach Drâcoràs' Beschreibungen an den Besuch der vermissten Inagsàri und daran, dass sie öfter im Dorf unterwegs gewesen war. Es gäbe das Gerücht an der Akademie, ein Priester der Infamen befände sich dort als Gast und würde einen Schädel anbeten. Natürlich nicht, um das Getreide höher wachsen zu lassen, sondern um die Gabe der Magie genauer zu ergründen. Da man ihn nicht in der Akademie wissen wollte, wurde sein Quartier in der Siedlung aufgeschlagen.

Somit betrachteten die Inagsàri Shëidogîs' fehlenden Schädel als gefunden.

Aber was mit Ishînaia geschehen war, wusste die Schülerin nicht zu sagen. Die Veteranin sei wie von einem Dämon verschlungen.

Drâcoràs wich tief hängenden Ästen aus und langte an den Gürtel, wo er die Maske mit dem Segen der Unauslöschlichen aufbewahrte. *Welche schreckliche Art von Zauberei!* Er sah die Lichter der Akademie herannahen. *Wir werden sie beenden, ganz gleich, was die Cîanoi sagen. Wir sind die Inagsàri und erfüllen den Willen der Unauslöschlichen.*

»Masken auf«, befahl er leise und zog die seine über das Antlitz; dann nahm er das Schwert aus der Scheide, das wie alle Waffen seiner Truppe geschwärzt war, damit man die Klingen in der Nacht nicht blitzen sah.

Sie huschten zum Dorf hinein, immer im Schatten bleibend oder welchen um sich legend, wenn es notwendig war.

Ihr Ziel kannten sie. Marandeï hatte ihnen gesagt, dass sie Ishînaia zum letzten Mal am Haus von Enòras gesehen hatte, in dem auch der Priester abgestiegen sei. Enòras sei an diesem Abend nicht zu Hause, sondern Gast in der Akademie.

Drâcoràs näherte sich dem Eingang. Hëironî umrundete das zweistöckige, einfache Fachwerkhaus aus dunkelrotem Holz, schwarzen Steinen und silbernen Fensterrahmen; die Läden aus zusammengefügten Gebeinplättchen waren geschlossen, doch dahinter brannte Licht. *Jemand ist noch wach.*

Tólanôri blickte kurz zu Drâcoràs und schwang sich dann an der

Fassade hinauf auf das Dach, was einst Ishînaias Aufgabe gewesen war.

Die Inagsàri hatten ihre Positionen eingenommen – und doch zögerte der Alb.

Ihre kleine Spionin hatte keinerlei Zweifel an ihrer Ehrlichkeit aufkommen lassen, und doch … *Ich konnte mich auf mein Gefühl stets verlassen.*

Anstatt die Tür aufzutreten, öffnete Drâcoràs sie behutsam, damit kein Ächzen der Scharniere ihn verriet.

Im Innern roch es nach kaltem Essen und nach Duftessenzen. Obwohl das Licht brannte, herrschte vollkommene Stille im Haus, als seien die Bewohner zu Bett gegangen und hätten vergessen, die Flammen zu löschen.

Dann von Raum zu Raum. Drâcoràs legte eine Hand auf die Klinke zu seiner Rechten, drückte sie behutsam herab und schob die Tür auf.

Goldener Lichtschein fiel heraus.

Das Gesicht von ihm abgewandt saß ein älterer Alb in einem weiten, roten Gewand an einem Pult und schrieb in großer Eile Zeilen nieder.

Als wollte er dringend eine Nachricht hinterlassen und verschwinden.

Da die Kerzenflämmchen flackerten, wandte er sich um, sah Drâcoràs. Sofort legte er eine Hand schützend über das Geschriebene. »Ihr bekommt nichts!«, raunte er.

»Bist du der Priester der Infamen?«

Der Mann sog die Luft ein und setzte zu einem Schrei an.

Dies sei dir nicht erlaubt. Der Anführer der Inagsàri langte an den Gürtel und schleuderte zwei Wurfsterne zugleich. *Dein Tod heißt Drâcoràs.*

Ein Geschoss drang dem Alb durch die Kehle, das andere in den Mund, sodass er stumm zu Boden sackte und von Drâcoràs aufgefangen wurde, bevor er auf die Dielen poltern konnte und damit die übrigen Ungetreuen warnte.

Sie wussten also, dass wir kommen. Unsere Nachforschungen werden sie aufgerüttelt haben. Ohne sich aufzuhalten, setzte er seinen Weg durch das Gebäude fort, fand jedoch keine weiteren Bewohner vor. *Wo stecken sie?*

Auf der Treppe nach oben erschien Tólanôri, von ihrer schwarzen Klinge tropfte Blut. Sie hob drei Finger in die Luft, um zu zeigen, wie viele Ungetreue sie getötet hatte.

Wo ist Hëironî? In dem Moment trat die Albin durch die Vordertür und gab ihnen das Zeichen, ihr zu folgen und verschwand wieder hinaus.

Drâcoràs und Tólanôri gingen ins Freie.

»Es waren drei«, raunte die braunhaarige Albin. »Sie lagen in den Betten und hatten die Dolche griffbereit neben sich.« Sie zog einen aus ihrem Gürtel. Auf der Klinge war das Zeichen des Infamen eingraviert.

Drâcoràs fühlte unverhofft Erleichterung, keine Unschuldigen ermordet zu haben. *Wie auch? Es ist alles deutlich.*

Hëironî führte die beiden zu einer verborgenen Klappe neben dem Haus, die kaum erkennbar war. »Ihr Versteck. Der Ring stand hoch«, wisperte sie. »Sonst hätte ich sie übersehen.«

Ich bete zu dir, Inàste, dass wir Ishînaia lebend finden. Drâcoràs langte nach dem unscheinbaren runden Eisengriff und riss ihn ruckartig in die Höhe.

Sofort sprang ein Bewaffneter heraus und stach mit einem langen Schwert nach ihm.

Blitzschnell blockierte Hëironî von rechts den Angriff, Tólanôri stach ihm von links seitlich durch den Hals, und Drâcoràs versetzte ihm einen Tritt gegen die Brust, sodass der Alb gurgelnd und Blut sprühend rücklings die Stufen hinabfiel.

Überraschte Rufe erklangen von unten.

»Löschen wir sie aus!« Hëironî schwang sich mit den Füßen voraus durch die Luke, es krachte erneut. Dann rannte Drâcoràs hinab, während Tólanôri den Schluss bildete.

Die Inagsàri fanden sich in einem von Laternen beleuchteten Keller wieder.

Hëironî kniete bereits auf einem weiteren überwältigten Feind und bohrte ihm ihr Schwert durch die Brust, schleuderte drei Wurfsterne nach den heraneilenden drei Gegnern und spickte einen damit. Schreiend stürzte er nieder, die anderen hetzten mit Schilden und Kurzspeeren weiter.

Tólanôri sprang an Hëironî vorbei, täuschte einen Doppelangriff vor, was dazu führte, dass die Feinde die Schilde in die Höhe rissen, um die Köpfe zu schützen.

Doch die Inagsàri ließ sich auf die Knie nieder, bog den Oberkörper weit nach hinten und rutschte unter den Deckungen hindurch. Während sie unter den Ungetreuen vorbeiglitt, drosch sie die Klingen in die Genitalien, woraufhin die Albae zusammenklappten und niederfielen.

Niemand hält uns auf! Drâcoràs zog Hëironî auf die Beine und schleuderte in rascher Folge Wurfdolche nach zwei weiteren Feinden, die mit gezogenen Schwertern aus einem Nebenraum drängten.

Die Spitzen drangen ihnen in die Brust; sterbend wankten sie zwei, drei Schritte, fielen gegen die Wände und stürzten.

»Hilfe!«, vernahmen die Inagsàri eine bekannte Stimme, die jedoch nicht zu Ishînaia gehörte.

»Das ist Marandeï!«, wunderte sich Tólanôri und deutete mit dem Schwert auf einen kleinen Durchgang.

Wie kommt sie hierher? Drâcoràs übernahm die Führung.

Es erschien kein weiterer Ungetreuer, um sie aufzuhalten. Stattdessen gelangten sie in einen kleinen Raum, der an einen Schrein erinnerte, über und über mit den Zeichen des Shëidogîs bemalt. Dessen unförmiger Schädel selbst ruhte auf einem Altar, die Schülerin lag gefesselt daneben und hatte es geschafft, den Knebel aus dem Mund zu schieben.

»Drâcoràs! Dort!«, machte ihn Hëironî entsetzt aufmerksam.

In der Ecke lag Ishînaias Leichnam, mit dem geöffneten Brustkorb und dem fahlen Äußeren, wie es Tote aufwiesen, wenn ihnen das Blut abhanden gekommen war.

Sie kann noch nicht lange tot sein. Drâcoràs biss die Zähne zusammen, um den wütenden Schrei zu unterdrücken. »Bindet sie los«, wollte er befehlen, doch es kam nichts über seine Lippen. Die Kehle war wie zugeschnürt, sein Mund schmeckte sauer.

Hëironî und Tólanôri rührten sich nicht, sondern starrten auf den Kadaver, der einmal eine Inagsàri, eine Kampfgefährtin, eine Freundin gewesen war.

Er muss zerschmettert werden. Drâcoràs hastete an ihnen vorbei, hob den Fuß und zerstampfte den bemalten und mit Edelsteinen besetzten Schädel des Infamen mit dem Stiefel, sodass er unter der Wucht in viele kleine Splitter zersprang; der Knochen schien uralt und porös gewesen zu sein. »Das ist dein Ende, Shëidogîs«, schrie er die Überreste an, als vermochten sie ihn zu hören und zu verstehen. *Damit sind die Infamen bis auf den letzten vergangen.*

Er trat noch einmal mit einem Schrei in die Überreste, die Steine flogen umher, dann schnitt er Marandeïs Fesseln durch.

»Danke«, stammelte sie sichtlich bleich. »Die Ungetreuen fanden mich und befragten mich zu euch. Sie wussten, dass ihr sie sucht«, erzählte sie gefasst. »Doch ich verriet ihnen nichts, und ...«

Drâcoràs hob die Hand. »Verschwinde«, raunte er heiser. »Und berichte niemandem hiervon, oder du endest wie die Ungetreuen.«

Die Schülerin wankte an ihm vorbei, stützte sich an der Mauer ab und rannte schniefend und schluchzend hinaus. Leise verklangen ihre Schritte auf den Treppenstufen.

»Nehmt sie mit«, wies Drâcoràs die Inagsàri an. Als sie unbeweglich blieben, schrie er sie an. »Ihr sollt sie mitnehmen!«

Ungelenk wie betrunkene Barbaren nahmen sie Ishînaias Leiche und trugen sie hinaus, während Drâcoràs eine Lampe nach der anderen gegen die Holzdecke des Gewölbes warf, damit das Petroleum auslief und die Balken in Brand steckte.

Danach setzte Drâcoràs sein Vernichtungswerk im Haus selbst fort und übergab es mitsamt den Toten darin den Flammen. »Ungetreue, euer Tod hieß Inagsàri«, murmelte er. Der Alb verließ das Gebäude und beobachtete aus dem Schatten heraus, welchen Verlauf der Brand nahm.

Die geschlossenen Läden verhinderten ein frühes Bemerken der Feuersbrunst im Dorf. Erst nach einer Weile schlugen die Lohen aus dem Dach und machten das Feuer weithin sichtbar.

Die Dorfbewohner rannten herbei und erkannten sofort, dass sie auf das Löschen verzichten konnten. Durch gemeinsames Wirken verhinderten sie lediglich, dass sich der Brand in der Siedlung ausbreitete.

Nicht lange danach brach das Fachwerkhaus zusammen – die Stützen im verborgenen Keller waren eingebrochen und rissen das Gebäude mit ein.

Doch das sah Drâcoràs nicht mehr. Er folgte Hëironî und Tólanôri zurück zu den Nachtmahren.

Der Gedanke, dass er vor die Unauslöschlichen treten durfte, um ihnen zu berichten, dass sie alle Priester der Infamen ausgerottet und die Relikte vernichtet hatten, bescherte ihm keinen Trost. *Aber Ishînaia gab ihre Unendlichkeit für eine großartige Sache. Durch sie wurden die Leben unzähliger Albae gerettet.*

Drâcoràs holte die verbliebenen Inagsàri kurz vor dem Erreichen der Hengste ein und half ihnen beim Tragen.

Den Leichnam wickelten sie in eine Decke und nahmen ihn in aller Heimlichkeit mit nach Dsôn. Nicht nur er, Hëironî und Tólanôri sollten Nagsar Inàstes Segen für ihr erfolgreiches Wirken gegen die Ungetreuen erhalten. Auch Ishînaia sollte mit dem Siegel der Unauslöschlichen auf ihrer Stirn bestattet werden. *Das wird man ihr sicherlich nicht verweigern.*

Und Drâcoràs würde Recht behalten.

Ishím Voróo (Jenseitiges Land), Albaereich Dsôn Faïmon, Dsôn 4370. Teil der Unendlichkeit (5189. Sonnenzyklus), Frühherbst

Drâcoràs schlüpfte in seine alte Rüstung, die ihm auf zahlreichen Schlachtfeldern gute Dienste geleistet hatte, prüfte ihren Sitz und langte nach dem Helm.

Dann überlegte er es sich anders.

Heute soll jeder sehen, dass ich den Segen der Unauslöschlichen trage. Er befestigte den Kopfschutz mit dem Riemen am Gürtel und trat hinaus auf den Hof der Kaserne.

Morgennebel waberte umher, die Sonnenstrahlen fielen über den Kraterrand und verjagten die letzten zäh dahinziehenden Gespinste.

Seine Truppe wartete bereits auf ihn, den Gardanten, damit er sie in Augenschein nahm, bevor sie durch die Straßen des Schwarzen Herzens marschierten, um für Ordnung zu sorgen, wo es nötig werden würde.

Drâcoràs betrachtete die zwanzig Kriegerinnen und Krieger, die alle noch jung und unerfahren waren. *Ich schleife euch schon in Form.*

Er fühlte sich gut und dachte an die Inagsàri, die nach der Erfüllung ihres Auftrags zu ihren Einheiten zurückgekehrt waren und den

Rang einer Benàmoi erhalten hatten. Man munkelte, dass die Unauslöschlichen in letzter Zeit sehr viele Veteranen zu Offizieren erhoben, was dafür sprach, dass ein Feldzug bevorstand.

»Garde«, rief er, und die jungen Krieger und Kriegerinnen richteten sich auf, hielten die Schilde so, dass sie bis knapp ans Kinn reichten und zogen die Speere zu sich. Ihm entging nicht, dass alle ehrfürchtig auf ihn und sein Zeichen an der Stirn blickten. Dass niemand wusste, warum er von den Unauslöschlichen gesegnet worden war, machte ihn noch geheimnisvoller. »Fertigmachen zum Abmarsch!«

Die Abteilung drehte sich zum Tor, das für sie aufschwang.

Von draußen kam die Nachtwache herein, die Züge von der Müdigkeit gezeichnet, doch mit wachem Blick.

Die Garden grüßten sich mit knappen Rufen.

Drâcoràs wollte eben den Befehl zum Ausrücken geben, als ein einzelner Reiter auf einem Nachtmahr hereindonnerte und den Rappen mit einem sehr gewagten Manöver zwischen den Kriegern hindurchjagte.

Hëironî? Drâcoràs machte einen Schritt nach vorne und griff ins Zaumzeug des Nachtmahrs, um ihn zum Stehen zu bringen. Das schwarze Tier troff vor Schweiß, am Sattel und an den Flanken stand der Schaum. Schnaubend versuchte das Tier, nach seiner Hand zu schnappen, so aufgepeitscht war es von der wilden Jagd.

Drâcoràs wich behände aus. Er kannte die Eigenheiten der Rappen.

Die Albin sprang auf den Boden, packte ihn am Arm und führte ihn einige Schritte weg von der Truppe. »Wir wurden betrogen«, stieß sie wütend hervor.

Er wusste nicht, was sie so aufgebracht wie den Nachtmahr gemacht hatte, doch da sie ihren einstigen Anführer nicht einmal gegrüßt hatte, musste es etwas Ernstes sein. »Erkläre mir, was geschehen ist.«

»Damals, in Wèlèron«, sprach sie gedämpft. »Die kleine Cîanai namens Marandeï. Sie muss eine Ungetreue gewesen sein. Nicht die anderen, die wir umbrachten.«

Eine eiskalte Faust umklammerte Drâcoràs' Herz und presste es zusammen. »Was?«

»Die Akademie ist Schutt und Asche, sagt man. Eine schwarze Wolke stieg über dem Strahlarm der Gelehrten auf, und nach allem, was ich hörte, ist Marandeï beteiligt gewesen.« Hëironî nahm ihm die Zügel aus der Hand und übergab sie einem der Gardisten, um den Inagsàri noch weiter von den Kriegern zu führen. »Sie täuschte uns, Drâcoràs! Sie war die Ungetreue, und wir tappten in ihre Falle wie zuvor Ishînaia.«

»Aber …« Für ihn klang es zu unglaublich. *Nein, das kann nicht …* »Wir untersuchten sie. Keiner von uns entdeckte das Zeichen eines …«

»Nachdem ich von dem Vorfall in Wèlèron hörte«, unterbrach ihn die Inagsàri gnadenlos, »zog ich Erkundigungen über jene Nacht ein, in der wir den vermeintlichen Priester und seine Gefolgsleute töteten. Dabei kam heraus, dass in jenem Haus nur ein einfacher Schreiber und seine Schüler wohnten. Die Albae, die uns im Keller angriffen und unseren Klingen zum Opfer fielen, gehörten zur Wache der Akademie, die der Ungetreuen auf den Fersen waren.« Hëironî atmete schnell, ihre Augen sprühten vor Wut. »Wir taten Marandeï den Gefallen, von ihr abzulenken und ihre Häscher für sie umzubringen.«

»Dann …« – Drâcoràs musste sich räuspern. In seinem Verstand schossen die Bilder jener Nacht empor, er sah sie vor seinem inneren Auge. »Dann war sie die Priesterin?«

»Nur das ist die Erklärung für ihr Schauspiel«, stimmte die Albin finster zu.

Dann war der Schädel niemals der echte. Sie hätte sonst eingegriffen. Drâcoràs hatte das Bedürfnis, sich sofort aufzumachen und nach der Ungetreuen zu suchen. »Verflucht«, schrie er, und seine Stimme hallte im Hof wider. Seine rechte Hand ging an die Stirn, die Kuppen ertasteten die Rune der Unauslöschlichen. *Ich verdiene den Segen nicht. Bei Inàste, ich verdiene ihn nicht.* »Wir …« Er starrte Hëironî an. »Weiß es Tólanôri schon?«

Die Albin nickte. »Sie kommt nach Dsôn.«

Drâcoràs hatte bereits einen Entschluss gefasst. »Wir gehen zu den Unauslöschlichen, und ich gestehe meinen alleinigen Fehler ein. Ihr folgtet lediglich meinem Befehl.«

Hëironî legte ihm eine Hand auf die Schulter, dann langte sie auf den Rücken und zog eine versiegelte Pergamentrolle hervor. »Ich war bereits beim Herrscherpaar, um unser aller Schuld zu gestehen, da ich ahnte, dass du etwas Derartiges tun würdest.« Sie lächelte tapfer. »Das könnte ich niemals zulassen.« Sie hielt die Rolle mit einer Hand. »Wir sollen sie öffnen, sobald Tólanôri bei uns erschienen ist. So lautet die Anweisung.«

»Bei Inàste.« Drâcoràs lehnte sich gegen die Mauer und schloss die Lider. »Was ist mit Marandeï?«

»Niemand weiß es. Sie floh. Die einen sagen, sie verbirgt sich in Wèlèron, die anderen behaupten, sie sei nach Phondrasôn geflüchtet, um dem Zorn der Unauslöschlichen zu entgehen.« Hëironî atmete tief ein, doch ihre Wut brannte unüberhörbar. »Oh, ich wünsche mir ihren Tod im Maul einer Bestie, die sie langsam verschlingt und Teile der Unendlichkeit lange in ihrem Gedärm verdaut.«

Drâcoràs spürte die kalte Wand am Hinterkopf und die Sonnenstrahlen im Antlitz. *Ich muss mir die Rune entfernen ... zerschneiden ... unkenntlich machen.* Der Hass auf die Priesterin, die ihn dazu gebracht hatte, Unschuldige zu töten und dazu noch Ishînaia ermordet hatte, ließ Wutlinien auf seinen Zügen entstehen. Was sich wirklich im Haus sowie im Keller des Schreibers abgespielt hatte, würde solange im Verborgenen bleiben, bis sie Marandeï gefunden und befragt hatten. *Das finde ich heraus.*

Das Trommeln von Hufen brachte ihn dazu, die Augen zu öffnen.

Tólanôri nahte auf einem Nachtmahr, stieg ab und eilte unverzüglich zu ihnen. Da Drâcoràs nicht in der Verfassung war, die Geschehnisse zusammenzufassen, übernahm es Hëironî; dabei gingen sie in die Wachstube, wo Drâcoràs seinen Stellvertreter rasch bat, die Garde zu führen.

Dann waren die drei alleine.

Tólanôri sprach nicht ein einziges Wort, doch auch auf ihrem Antlitz zuckten die schwarzen Striche, geboren aus Wut und Hass auf die Ungetreue.

Wie wird unsere Strafe ausfallen? Drâcoràs nahm die Rolle, erbrach das Siegel und entrollte sie. Langsam las er vor, was die Unauslöschlichen sie wissen lassen wollten.

Meine tapferen Inagsàri,

die ihr so schändlich hintergangen worden seid – von euer eigenen Gutgläubigkeit!

Ihr hattet uns so wertvolle Dienste geleistet, und ausgerechnet bei der widerlichsten von allen Ungetreuen, der frevelhalten, schändlichen Cîanai Marandeï, musstet ihr versagen.

Grausam, wie es sich rächte.

Ein jeder und eine jede von euch tragen die Bürde der Schuld. Die Schuld am Tod von guten Albae, von ausgezeichneten Cîanai und Cîanoi.

Und dazu erhieltet ihr noch meinen Segen.

Behaltet den Segen, er mag euch von Nutzen für das Kommende sein.

So lautet die Anweisung: Zieht durch Dsôn Faïmon, sucht nach Marandeï.

Sollte sie sich nachweislich nicht mehr in unserem Reich befinden, werdet ihr, meine tapferen Inagsàri, ihr nicht etwa folgen.

Ihr werdet fortan das Reich durchstreifen und nach Ungetreuen suchen, wie ich es euch schon mal auftrug. Denn ich hege den Verdacht, dass sie sich besser zu tarnen wissen, als wir uns ausmalen.

Dazu erhaltet ihr besondere Befugnisse und mein Siegel, die dem Brief beigefügt sind.

Ihr werdet nichts anderes tun, bis zu eurer Endlichkeit, und alleine in meinen Diensten stehen.

Dazu erhaltet ihr meinen Segen.

Nun begebt euch auf die Suche.

Spürt die Ungetreuen auf, vernichtet den Glauben an die Infamen, denn ihr musstet schmerzlich wie ich erleben, wie viele Leben sie kosten.

Drâcoràs senkte das Schreiben und sah die Inagsàri an. »Ihr habt den Willen der Unauslöschlichen vernommen«, sprach er nach einer Weile.

»Ich werde einen Gefährten aufgeben müssen«, sagte Hëironî bedrückt.

»Ich nicht minder«, fügte Tólanôri an und legte die Unterarme auf den Tisch, spannte die sehnigen Muskeln für einen Lidschlag an. Sie nahm sich Wasser aus der Karaffe, die auf dem Tisch stand.

»Ich tue es nicht einmal für die Unauslöschlichen. Ich tue es für

Ishînaia«, raunte Hëironî plötzlich. Die anderen beiden schauten sie fragend an. »Wir dachten, wir hätten ihren Tod gerächt, doch wir täuschten uns.« Sie nickte entschlossen. »Also holen wir es nach.«

»Für Ishînaia«, stimmte Drâcoràs ein und berührte erneut die Rune auf seiner Stirn. *Und damit ich den Segen wieder mit Stolz tragen kann.*

Tólanôri schnaubte und legte eine Hand an ihren Dolch. »Jagen wir die Ungetreuen. Für Ishînaia.«

»Wir sind die Inagsàri«, sprach Drâcoràs getragen und fühlte das Zaudern von sich abfallen. »Und wir kommen, um die Ungetreuen zu strafen.«

Gemeinsam wiederholten sie den Schwur.

… Drâcoràs, Hëironî und Tólanôri hielten ihren Eid, bis das Verderben über Dsôn hereinbrach.

Danach ist nichts mehr von ihnen überliefert.

Als Inagsàri spürten sie noch zahlreiche Ungetreue im alten Reich der Albae auf.

Ihnen sei diese Erzählung gewidmet.

Von den Dorón Ashont und wie sie uns schlugen

Ich gestehe, dass ich meine Vorstellungskraft bemühte, um diese Episode zu beschreiben.

Aber sie ist gespickt mit kleinen Wahrheiten, die ich inzwischen herausfand über die Dorón Ashont und alles, was mit ihnen zusammenhängt.

Ob sich jener Moment der Unendlichkeit so zutrug, wie ich ihn ersann, werden wir niemals herausfinden. Es ist geschehen und vorbei.

Doch ich durfte inzwischen etliches über die Kultur der stärksten Gegner lernen, aus erster und aus zweiter Hand.

Seid gespannt, was ich euch alles näherbringen werde – denn ich war dort!

In ihrem Stock.

Aber das mag Gegenstand einer weiteren Vergessenen Schrift sein.

Nun taucht ein in jenen Tag, als das Unheil seinen Lauf für uns nahm.

Ishím Voróo (Jenseitiges Land), einstiges Reich der Fflecx, 4371. Teil der Unendlichkeit (5199. Sonnenzyklus), Frühjahr

»Noch einen Pfeil mehr, und *ich* hätte dieses Biest erlegt.« W'shar schlug seinem Freund Reg'sain auf die Schulter, sodass er leicht taumelte. Beide trugen leichte, hellbraune Lederkleidung, die auf der Jagd gut genug vor kratzenden Ästen und Zweigen schützte, die Bewegungsfreiheit aber nicht einschränkte.

»Dennoch lasse ich dir den Abschuss.« W'shar rückte auf der Schulter die schweren Bögen und Köcher mit den langen Geschossen zurecht, die er für sie beide schleppte.

Reg'sain trug dafür den erlegten, nackten Ishmanti-Barbaren. »Sicher. Wir beide wissen, dass du nur auf kurze Entfernungen triffst.« Seine Art zu sprechen war zischelnd, die gespaltene, blaue Zunge ließ auf die schlangenartige Abstammung schließen; ansonsten ähnelten sie den Barbaren, die sie jagten. Lediglich die dunkellila Schopfhaare waren dicker, wirkten wie dünne Kordeln aus Hornplättchen.

Sie hatten den Ishmanti einen halben Sonnenmarsch vor ihrer

Stadt aufgescheucht und seine Beine mit Pfeilen gespickt, bis er niedergestürzt und verblutet war. An Ort und Stelle brachen sie ihren Fang auf, entnahmen die Gedärme und ließen den Barbaren den letzten Lebenssaft durch einen Kehlenschnitt verlieren.

Nun befanden sie sich auf dem Rückweg in ihre junge Stadt, die sich Pt'rai nannte. Sie sehnten sich nach der Wärme der zahllosen Feuer in ihren Behausungen, denn sobald die Sonne versank, kühlte das Blut in ihnen ab und floss langsamer. Damit wurden W'shar und Reg'sain träger. Schon jetzt war es viel zu frisch für ihr Empfinden.

Sie gehörten dem Volk der Oudwen an, das sich in den letzten Sonnenreisen ein großes Stück Land sicherte und seinen Einfluss gewaltsam ausweitete, nachdem sich die Welt durch den Silbernebeldämon gewandelt hatte. Niemand wollte auf dem Boden bleiben, den das Wesen mit seiner Macht vergiftet. Dabei nahmen die Oudwen keinerlei Rücksicht, weder auf Barbaren noch andere Bestien.

Dass ihnen die Eroberungen und die Behauptung ihres Besitzes gelang, lag an einem unschlagbaren Vorteil ihrer Art: zahlreicher Nachwuchs.

W'shar und Reg'sain schritten nebeneinander her und näherten sich ihrem Zuhause.

Pt'rai war rings um einem kegelförmigen Hügel erbaut; um den Fuß der Erhebung zog sich eine hohe, starke Mauer. Noch bestanden die meisten Häuser aus Holz, die Gründung der Stadt lag nicht allzu lange zurück. Es würde dauern, bis die Stämme gegen massive Steinquader ausgetauscht sein würden. Allein die schützende Mauer bestand aus massiven Granitblöcken.

»Ich verlange die Schinken«, betonte Reg'sain und tätschelte die blutüberströmten Schenkel des Ishmanti, auf dem das Rot bereits getrocknet war.

W'shar wollte etwas erwidern, doch ein erschreckender Anblick forderte seine Aufmerksamkeit: Das massive Tor in der Mauer stand nicht einfach nur offen – es war regelrecht zersprengt, als wären fünf Rammböcke auf einmal dagegen geschmettert worden. »Sieh doch!«

Reg'sain wandte den Blick nach vorne, zischte einen Fluch und warf den erjagten Barbaren achtlos an den Wegesrand. »Ein Angriff! Wieso haben wir das Signalhorn nicht vernommen?«

»Zu weit weg?«

Sie schnallten sich die Köcher um, nahmen die Bögen zur Hand und huschten voran, auf den Eingang der Stadt zu.

Behutsam arbeiteten sich die beiden Oudwen durch das zerstörte Tor, stiegen über die hölzernen und metallenen Trümmer hinweg und an Toten vorbei, die halb darunter begraben lagen. Das Ende war diesen durch eine breite Klinge gebracht worden: In den Brustkörben klafften Einstiche, das ausgetretene grünlichblaue Blut sammelte sich in Pfützen und Bahnen um sie herum. Der süßlich-holzige Duft schien allgegenwärtig.

W'shar und Reg'sain tauschten einen raschen Blick. Die Wundenform kannten sie, doch wollte es keiner der beiden glauben. Die Oudwen hatten geglaubt, in Sicherheit zu sein. Die vernichtende Arbeit der Schwarzaugen an den Völkern, die hier einst lebten, erwies sich als nicht gründlich genug.

»Sind sie noch da?«, zischelte Reg'sain und schien nicht weiter in die schrecklich stille Stadt vordringen zu wollen. Am Himmel zogen Aasfresser zögerlich ihre Kreise, mutigere Rabenvögel hopsten krächzend zwischen den Leichen umher und zupften am weichen Fleisch, rupften Augenlider ab und hackten mit spitzen Schnäbeln durch Haut, labten sich am Blut.

W'shar erwiderte nichts und hielt den Bogen gespannt, um sofort schießen zu können, sollte sich einer der gefürchteten Angreifer blicken lassen.

Er lauschte, doch es rührte sich nichts.

Dreißigtausend Oudwen hatten sich einst in Pt'rai niedergelassen, und die Brutkammern mit den Eiern versprachen binnen einer halben Sonnenreise weitere vierzigtausend.

W'shar brauchte die Gelege nicht zu prüfen. Er wusste, dass sie vernichtet waren. Vernichtet wie jeder und jede Oudwen – bis auf ihn und seinen Freund. Ihre Leben verdankten sie dem kleinen Jagdausflug.

Reg'sain züngelte. »Es riecht merkwürdig hier.«

»Das ist das Blut.«

»Nein. Etwas anderes. Es riecht nach ... Talg. Talg und eine Beimischung.« Er schlich vorwärts, die blaue Zunge zuckte zwischen den Lippen hervor. Vorsichtig bog er um die Ecke in die breite Straße, die auf den Umschlagplatz für Waren zuführte, dann war er aus W'shars Sicht verschwunden.

Der Oudwen wartete angespannt darauf, dass sein Freund ihn zu sich rief oder zurückkehrte.

Nichts dergleichen geschah.

Die Angreifer befanden sich also noch in der Stadt, aus der sie jegliches Leben getilgt hatten. W'shar rechnete nicht damit, Reg'sain lebend wiederzusehen; daher schob er sich langsam rückwärts, den Bogen angehoben und gespannt.

Sein Stiefel blieb an einem Holzstück hängen; das Trümmerteil verrutschte und verursachte einen unsäglichen Lärm.

»Was treibst du denn?«, erklang Reg'sains Stimme, und sein Freund tauchte vor ihm auf. Er hatte den Bogen auf den Rücken gehängt, in der Rechten hielt er einen Stock, an dem eine weißlich-grüne Substanz haftete.

»Wo warst du so lange?«, erwiderte W'shar ungehalten und züngelte. Sein Herz hatte den Schreck noch nicht verwunden und klopfte schneller. »Dachte, sie hätten dich erwischt.«

»Nein, haben sie nicht. Sie sind gegangen, aber sie ließen etwas in Pt'rai zurück. Ich sah mich um.« Er wackelte mit dem Stock. »Hier, das ist es! Das verursacht den Geruch. Ich denke, es ...«

Etwas surrte aus dem Nichts heran.

Reg'sains Kopf zuckte herum, doch es war zu spät. Ein radgroßes Geschoss traf zuerst den Stock, den er hochhielt, und zerteilte das Holz; dann durchschlug es Reg'sains Brustkorb und warf ihn augenblicklich nieder. Beinahe vollständig durchtrennt lag der Freund auf der Erde, blubbernd ergoss sich sein grünlichblaues Blut aus ihm und füllte die vorhandenen Pfützen.

W'shar erkannte einen immensen Rundschild, dessen Ränder geschliffen blitzten. Er lag mit Lebenssaft besudelt einige Schritte neben dem Toten.

Der Werfer blieb im Verborgenen und wartete. Lauerte.

W'shar warf den Bogen von sich, schleuderte den Köcher davon, der ihm beim Laufen behinderte. Der letzte Überlebende von Pt'rai wandte sich um und rannte zum Tor hinaus, um den Weg entlang und in den Schutz des Waldes zu fliehen. Die Mauern seiner Stadt bedeuteten nun nicht mehr größten Schutz, sondern sicheren Tod.

W'shar schlug Haken, um möglichen Geschossen ein schweres Ziel zu sein. Weder sah er über die Schulter noch wusste er, was er nach der gelungenen Flucht tun sollte. Er war alleine, ohne den Schutz weiterer Artgenossen. Der Letzte der Oudwen.

Mit einem Satz warf er sich kopfüber ins Unterholz – als ihm ein gepanzerter Arm entgegenschnellte, die weit gespreizten, stählernen Finger eines gewaltigen Panzerhandschuhs schossen auf sein Gesicht zu.

W'shar bekam keine Gelegenheit, seinen Fall aufzuhalten. So zischte er hilflos und riss den Mund weit auf, die Giftzähne schnellten aus den verborgenen Gaumentaschen. Vielleicht ließ sich sein Widersacher beeindrucken.

Dann krachte er schon mit dem Gesicht gegen die Handinnenfläche. Die fünf Stahlfinger schnappten fallenartig zu, umspannten den oberen Schädel und das Gesicht; der ausgestreckte Arm hielt seinen Sprung abrupt auf.

Dann wurde W'shar angehoben.

Das Krachen des eigenen Schädels beim Einschlag dröhnte in seinen Ohren, Schmerzen jagten durch seinen Kopf. Das Schreien wollte dem Oudwen nicht gelingen, die Eisenhand drückte zu fest und bannte die Worte in seiner Kehle. W'shar pendelte über dem Boden, erschlafft und voller Qual.

Ein durchdringendes, tiefes Grollen ertönte, gefolgt von einem Laut, den man nur als finsterstes Lachen deuten konnte.

Er spürte, dass sich die schraubstockhafte Kraft auf seinen Kopf verstärkte, seine Sicht trübte sich und wurde unvermittelt tiefgrün mit blauen Schlieren.

W'shar glaubte, das laute, helle Splittern zu hören, mit dem der Gegner seinen Schädel zerquetschte, als bestünden die Knochen aus Glas. Die Pein steigerte sich, er kreischte und warf sich herum, so gut es ihm möglich war.

Dann platzte sein Kopf mit einem dumpfen Geräusch.

Damit wich das Leben des Letzten der Oudwen.

Genugtuung und Stolz.

Das fühlte Lrashàc thar Draigònt, als er den hässlichen Kopf des Oudwen zerpresste und dessen Hirnmasse auf dem Laub des Waldes verteilte. Es hatte sich gelohnt, die Stellung des vorgeschobenen Beobachters einzunehmen, auch wenn er lieber mit in die letzte Siedlung vorgerückt wäre, um den Willen der Srai G'dàmá, der Heiligen Kaisermutter, zu erfüllen.

Doch Lrashàc fügte sich. Nur mit strikter Disziplin konnten sie ihren Auftrag erfüllen.

Seine purpurfarbenen Augen betrachteten das, was zwischen den stahlgeschützten Fingern herausquoll: weißliche Splitter, Blut, Haarsträhnen, graue Masse, die zu nichts mehr taugte.

Achtlos schleuderte er den Kadaver zur Seite, der Oudwen flog ins Unterholz. Mochten die Tiere seine Überreste fressen, es kümmerte Lrashàc nicht. Er verspürte momentan keinen Hunger.

Er trat aus dem Waldessaum heraus und blickte zur hölzernen Stadt, in der die Nachhut den vorbereiteten Brenntalg verteilt hatte. Seine Rüstung schuf dabei ein beinahe unhörbares Reiben; die Schmiede hatten ihr Bestes gegeben und dämpfende Lederschichten eingezogen, damit der Ganzkörperharnisch möglichst wenig Geräusche verursachte. Gelegentlich mussten auch sie so rasch und lautlos wie möglich vorgehen.

Qualmwolken stiegen bedrohlich in den dunkelblauen Abendhimmel, Lohen zuckten an den Bauten empor; sie schienen sich abzustoßen und in die Höhe schwingen wollen, um ihr Vernichtungswerk an den Wolken fortzuführen. Alles musste ausgelöscht werden, so sah es der Befehl der Srai G'dàmá vor.

Lrashàc gab ein zufriedenes Grollen unter seinem Helm von sich, der in Form eines Dämonenkopfes geformt war.

Der Zug gegen die Oudwen stellte die Bewährungsprobe für die Krieger dar, die sich auf die letzte Stufe ihrer Ausbildung aufgeschwungen hatten. Sollte sie bestanden werden, und danach sah es aus, gehörten sie zu den Besten und standen in den Kriegszügen in der vordersten Reihe. Die höchste Ehre.

Sein Volk trug viele Namen, und keiner davon war schmeichelhaft.

Völkerverzehrer.

Brudervertilger.

Ausmerzer.

Am besten gefiel ihm, wie sie von ihren schlimmsten Feinden genannt wurden: Dorón Ashont – Wandelnde Türme.

Das war eine regelrechte Ehrenbezeichnung, was die Albae jedoch nicht davon abgehalten hatte, vor langer, langer Zeit erfolgreich einen feigen Giftanschlag auf das beste Heer seines Volkes zu verüben. Doch die Schwarzaugen wussten zu wenig über Lrashàc thar Draigònt und seinesgleichen: Sie hatten geglaubt, damit einen tödlichen Schlag geführt zu haben.

Gravierend, das war treffender.

Beinahe vernichtend.

Aber eben nur beinahe.

Der entscheidende Stoß konnte nicht gelingen. Nicht auf diese Weise. Man musste mehr umbringen als einen verlängerten, gepanzerten Arm der Heiligen Kaisermutter und ihrer Töchter.

Lrashàc sah, wie mehr und mehr Flammen aufloderten und Funkenstürme entfachten, die aufwärtswirbelten, tanzten und erst in großer Höhe erstarben. Die hölzerne Stadt würde nicht lange widerstehen, und die verrußten, einsamen Mauern würden jeden gemahnen, sich nicht zum Ziel der Acïjn Rhârk zu machen. Das war der Name, den sie sich selbst gegeben hatten.

Inzwischen hatte der Brand auch das zerstörte Tor erfasst und durch das Inferno am Zugang zur Stadt stapfte Rhârgann thar Draigònt. Dass er durch eine Feuerwand marschierte, störte ihn nicht. Der Schein gab seinem Dämonenfratzenvisier eine besonders starke Wirkung. Die tiefschwarze Rüstung ließ ihn noch breiter und größer wirken, die silbernen und weißlichen Intarsien sowie die Ziselierungen schienen durch die Hitze aufzuglühen. Er hob die Hand mit der zwei Schritt langen Klingenaxt und gab damit das Zeichen, dass der Auftrag erfüllt sei.

Lrashàc grollte erneut und freute sich aus tiefstem Inneren. Das Ziel, nach dem er sich seit Beginn seines Denkens sehnte, war nah: Damit gehörten sie zu den Nro'tai, der ersten Welle, sollte es zu einem großen Kriegszug kommen.

Sein Blick richtete sich zufällig auf den ausgeweideten Barbaren, der am Straßenrand lag. Diese Rasse war vor ihnen sicher, solange sie sich nicht berufen fühlte, unbedingt in den Krieg gegen sie zu ziehen. Fragile Körper, findiger Verstand, aber vor Torheiten nicht gefeit.

Barbaren galten als lästig, doch sie wurden nicht als Bedrohung für das Gleichgewicht angesehen. Dafür waren sie zu leicht zu töten, sogar wenn sie in scheinbar erdrückender Überzahl aufmarschierten. Er selbst würde hundert in den Tod schicken, bevor ihre Waffen ihn zum ersten Mal treffen könnten.

Wie sollten sie ihm etwas anhaben?

Selbst die unglaublich starken Krieger der Albae vermochten den Dorón Ashont im Zweikampf kaum etwas entgegensetzen.

Er verfolgte, wie sich Rhârgann näherte, wie der Staub unter den beschlagenen Stiefeln aufstieg, welche Abdrücke die Sohlen hinterließen, wie Erde unter seiner Gewalt zurückwich. Stattlichkeit.

Die Götter hatten sein Volk auserkoren, für das Gleichgewicht unter den Übelsten zu sorgen, und dafür verliehen sie den Hütern unglaubliche Fertigkeiten.

Ein jeder von ihnen maß drei Schritte in der Höhe, mit beeindruckenden Muskeln voller Kraft, die sich unter der grauen Haut spannten. Die Häupter waren haar- und fleischlos, und das Antlitz eines Acïjn Rhârk flößte durch den bloßen Anblick Furcht ein: Anstelle einer Nase saßen schmale Löcher im Gesicht, mit den kräftigen Kiefern und den nadelspitzen Reißzähne fetzten sie das Fleisch von den Knochen ihrer besiegten Feinde. Des Weiteren vermochten sie ihre Augen hell wie violette Blendlaternen aufleuchten zu lassen, um die Gegner einzuschüchtern.

Und nichts, wirklich nichts, übertraf die Stimme.

Rhârgann hatte ihn erreicht. »Ein großartiger Tag«, rief er dröhnend und riss die Arme triumphierend hoch. »Der Wille der Heiligen Kaisermutter ist erfüllt. Die Oudwen sind ausgemerzt.«

»Das Gleichgewicht der Welt rückt wieder näher«, antwortete Lrashàc. Sie teilten sich ihren zweiten Namen, wie es üblich für ihre Art war, wenn man aus der gleichen Brutkammer stammte; insgesamt waren es zwanzig der einhundert Krieger, die *Draigònt* genannt wurden; *thar* wiederum war die Ordnungszahl; sie zeigte an, aus welcher Brut der *Draigònt* sie stammten.

Wie stets, wenn sie einen Gegner niedergeworfen hatten, musste er die Frage stellen. »Haben wir etwas gefunden?«

Rhârgann senkte die Arme, dann schüttelte er den behelmten Kopf.

Lrashàc spürte die Enttäuschung. Sein Volk verfolgte seit dem niederträchtigen Anschlag die größten Anstrengungen, Neuigkeiten und Wissen über die Schwarzaugen zu sammeln, um einen Schlag gegen ihr Reich zu führen. Nicht unbedingt wegen des Gleichgewichts der Welt, sondern als Erwiderung, als Vergeltung, als Strafe. Dieses Mal wollten sie nicht weniger niederträchtige Mittel zum Einsatz bringen, um die Albae zu vernichten. Sollte es gelingen, diese Rasse aus der Welt zu fegen, gäbe es nichts, was den Acïjn Rhârk an Kampfkraft im Feld widerstände. Gar nichts.

»Die Oudwen besaßen keine wertvollen Aufzeichnungen. Wir übergaben alles dem Feuer. Möge ihr aufgeschriebenes Wissen mit den Verfassern zusammen untergehen.« Rhârgann sah auf den beschmutzten Panzerhandschuh seines Gegenübers. »Bedanke dich bei mir. Ich habe ihn dir in die Arme getrieben«, sprach er amüsiert, »anstatt ihn selbst zu töten wie seinen Begleiter. Damit du nicht einschläfst.«

»Ich preise deinen Großmut, mir Abwechslung verschafft zu haben«, gab Lrashàc zurück und lachte. »Haben wir unserer Brutstatt Draigònt Ehre gemacht?«

»Das soll nicht anmaßend klingen, doch ich wage zu behaupten, dass jeder von uns Tausend umbrachte. Außer dir, natürlich.« Er lachte freundlich. »Es sei dir verziehen, dass du unsere Leistung geschmälert hast.«

Lrashàc wusste, wie es gemeint war, bedauerte aber dennoch, nicht gewütet zu haben. Sein Leben bestand aus Kampf, er wollte töten, den Ausgleich bringen, für eine Zeit des Friedens und Einklangs streiten. Aber einer hatte Wache halten müssen.

Durch das Tor marschierte die restliche Einheit.

Keine der Rüstungen sah beschädigt aus, an keiner Stelle sickerte Blut hervor, welches gelb leuchtete, sobald es an die Luft gelangte.

Still hatten sich die Hundert in der Stadt verteilt, nachdem sie innerhalb weniger Lidschläge das Tor durchbrochen und die Wächter ausgeschaltet hatten. Mordend ging es von Haus zu Haus, und nachdem sich ihre Anwesenheit nicht länger verbergen ließ, war es zu Scharmützeln gekommen, wie Lrashàc aus seinem Versteck heraus beobachtet hatte. Er fühlte großen Stolz, zu ihnen gehören zu dürfen.

Die Acïjn Rhârk nahmen Aufstellung.

Die thar Draigònt scharten sich als eigene Gruppe zusammen. Außer ihnen waren noch son Cratai, kry Kalan und thar Qelt losgezogen; ihr Anführer Mrotòn entsprang den xa Watarh. So war es Brauch, damit sich keine der an einem Kriegszug beteiligten Brutkammern im Vorteil sehen konnte.

Laut knisterte und knackte das Feuer, die Hitze wallte zu ihnen herüber. Der ganze Berg schien in Flammen zu stehen und wandelte sich zu einem Fanal. Der grelle Schein beleuchtete die Krieger, die Panzerungen, Waffen und Helme ließen sie überirdisch wirken.

Göttergleich.

»Wir rücken ab«, hob Mrotòn an, der den Rang eines Ji'Osai innehatte. Seine Stimme übertönte spielend das Prasseln des Infernos. »Es geht nach Osten.« Er wandte sich um und verfiel in einen lockeren Marsch.

Im Gleichschritt schlossen sich die Acïjn Rhârk an, das Stampfen ihrer schweren Stiefel war unüberhörbar und eine Warnung an alle, die sich ihnen in den Weg stellten. Niemand hielt den schwarzstählernen Tross aus Muskeln und Stahl auf.

Lrashàc und Rhârgann tauschten beim Marschieren knappe Blicke: Sie drangen in Dämonenland vor!

»Was bezweckt Mrotòn damit?«, fragte Lrashàç leise. Sein Volk widerstand zwar vielfältigen Formen von Zauberkraft und Magie oder Flüchen, indem sie Schutzzeichen in ihre Rüstungen einbanden, doch gegen den Nebeldämon würde es schwerlich helfen.

Rhârgann wusste nichts zu entgegnen. Er war ebenso ratlos.

Lrashàc verspürte keine Furcht. Jedoch ließ es sich nicht vermeiden, dass er immer wieder darüber sinnierte, was man gegen flüchtige Gespinste mit Klingen und Keulen ausrichten könne.

Seine Erkenntnis lautete: nichts. Man benötigte ein Gefäß, um Nebel zu fangen.

Ishím Voróo (Jenseitiges Land), einstiges Reich der Fflecx, 4371. Teil der Unendlichkeit (5199. Sonnenzyklus), Frühjahr

Die hundert Acïjn Rhârk hatten ihr Lager an einem breiten Fluss, nahe der Kante eines Wasserfalls aufgeschlagen.

Um sie herum gab es genug Wald; aus jungen Stämmen hatten sie eilig Palisaden zugehauen und sie zur Absicherung mit den geschnitzten Spitzen nach oben in den Boden gerammt. Es war in dieser friedlichen Umgebung zwar nicht notwendig, aber es gehörte dazu. Nur so gingen einst erlernte Abläufe zu jeder Zeit leicht von der Hand.

Jede Brutkammer bildete eine kleine Gruppe, die ihr eigenes Feuer unterhielt und sich selbst versorgte; bei Mangel wurde geteilt, soweit es möglich war. Ihr Anführer bekam wiederum von jedem Essen etwas ab, sodass er sich nicht um Verpflegung kümmern musste. Das Privileg eines Ji'Osai.

Lrashàc hatte den Helm abgezogen und kostete von dem Fleisch, das er getrocknet hatte und in kleinen Stückchen in einem Beutel mit sich führte. Er mochte den Geschmack, Hunger spürte er keinen. Ein Acïjn Rhârk benötigte nicht viel, man aß nach einer Schlacht und stillte den Hunger an den Leibern der Feinde. Es durften viele Sonnenmärsche vergehen, ehe der Körper nach Essen verlangte.

»Bist du zu einer Erkenntnis gelangt, was wir im Dämonenland wollen?«, fragte ihn Rhârgann von der Seite. Auch er hatte den Kopfschutz abgelegt, sein knöcherner Schädel färbte sich durch den Flammenschein rot. Den Blick hatte er auf die Ebene unter dem Feuer gerichtet; er schweifte darüber, ohne ein Ziel zu suchen.

»Nein.« Lrashàc kaute und genoss den Geschmack der Gewürze, die sich durch den Speichel entfalteten. »Mrotòn erklärte sich nicht.«

»Muss er nicht. Er führt den Willen der Kaisermutter aus.« Man hörte Rhârgann an, dass er trotzdem gerne wüsste, was ihnen bevorstand.

Wie alle ihrer Art hassten die beiden jegliche Scheusale und jegliche schlechte Wesen. Daraus erwuchs der Drang, Monster und Ungeheuer zu fressen und zu vernichten. Ohne Ausnahme, vom kleinsten bis zum größten. Es lag in ihrer Natur, den Feind restlos zu tilgen, in welcher Gestalt auch immer er daherkam.

Aber Dämonen ließen sich nicht einfach verschlingen wie die Oudwen.

»Kann es sein, dass die Srai G'dàmá die Fflecx als unser nächstes Ziel auserkor, nachdem wir die Oudwen auslöschten?«, schlug Lrashàc mangels besserer Eingebungen vor. »Das ist doch ihr Land, jenseits des Wasserfalls.«

»Die kleinen, hässlichen Giftmischer?« Rhârgann lachte grollend. »Ich kann mir nicht vorstellen, dass sie eine entscheidende Rolle spielen. Ich bin noch nie zuvor gegen sie gezogen.« Er sah sich am Lagerfeuer der Draigònt um. »Hat einer von euch vernommen, ob die Fflecx von Bedeutung geworden sind? Oder sprach einer von euch mit einem Späher?«

Die Acïjn Rhârk verneinten und widmeten sich der Waffenpflege. Niemand war aus der Vollrüstung gestiegen. Sie wurde nur bei seltenen Gelegenheiten abgelegt. Die Körperreinigung geschah, indem man mit dem Harnisch in den Fluten badete, sollte es wirklich notwendig sein.

Lrashàc kannte leider keinen Späher, der ihm Neuigkeiten hätte verraten können. Die Aufklärer der Heiligen Kaisermutter bewegten sich im Gegensatz zu den Kriegertruppen einzeln und weitestgehend heimlich durch die Länder, kundschafteten Bestien und Scheusale aus, notierten deren Verhalten, deren Entwicklung, deren Anzahl, um die Berichte zur Heiligen Kaisermutter zu bringen. Dort wurde alles gesammelt, verglichen und entschieden, gegen wen die Streitmächte auszogen. »Dann doch der Dämon? Wir sind noch nie gegen ein magisches Wesen marschiert. Und ich sehe es auch nicht als unsere Aufgabe.«

Rhârgann wandte sich ihm erstaunt zu. »Achte auf deine Worte. Wir sind Draigònt. Wir folgen dem Wort unserer Herrscherin«, sprach er leise.

»Das tue ich. Doch wenn wir gegen Nebel antreten« – er hob seine dornenbesetzte Keule – »wie soll ich ihn niederschmettern?«

»Wer sagte etwas von dem Dämon?«, erklang Mrotòns Stimme sachte neben ihnen, dann setzte sich der Ji'Osai zu ihnen ans Feuer.

Lrashàc biss die Zähne zusammen, er schluckte das Fleischbröckchen. »Verzeih mir meine Gedanken.«

»Sie sind gut. Harte Waffen helfen nicht gegen Gespinste.« Mrotòn gab einen grollenden Ton von sich und zeigte in die Ebene. »Ich möchte mich dort umsehen. Das ist alles.«

»*Umsehen*, Ji'Osai?«

Er nickte langsam. »Nenn es Eingebung. Das Erscheinen dieses nebelhaften Wesens brachte nie dagewesene Veränderungen, für jede Kreatur sowie die Natur. Veränderungen wiederum beflügeln Dinge, mit denen niemand rechnet.« Mrotòn wandte sich der Gruppe zu. »Ganze Völker wurden aufgeschreckt, und die Albae bereiten einen Kriegszug vor, so heißt es. Sie werden einen Teil ihrer Truppen verlegen, an einen Ort, weit weg von hier, an den nur unsere Daajerhûn gelangten.«

Die Draigònt lauschten den Neuigkeiten.

»Soll das heißen ...«, hob Rhârgann aufgeregt an.

»... es bietet sich eine Gelegenheit. *Die* Gelegenheit.« Mrotòn ballte die Hände zu Fäusten, die Stahlfinger schimmerten im Feuerschein, die Scharniere knirschten hörbar. »Was uns fehlt, ist Wissen und Gewissheit. Daher begeben wir uns auf die Suche. Seid ihr damit einverstanden wie alle anderen Brutkammern?«

Die Draigònt gaben ihre Zustimmung.

Lrashàc hörte das begeisterte, rollende Knurren und wusste, dass sie sich soeben schuldig machten. Kein Kriegszug durfte ohne die Zustimmung der Heiligen Kaisermutter über das Ziel hinaus fortgeführt werden. Ihre Pflicht wäre es gewesen, nach der Vernichtung der Oudwen sofort zurückzukehren und auszuharren, bis ihre Herrscherin neue Befehle erteilte. Mrotòn handelte gefährlich und zog sie mit hinein.

Der Ji'Osai bemerkte, dass Lrashàc sich enthalten hatte. »Findet mein Vorhaben deine Ablehnung?«

Die Augen aller richteten sich auf den rebellischen Draigònt.

»Vermagst du zu ermessen, wie es wäre, das höchste Ziel zu erreichen?«, raunte Rhârgann begeistert. »Kân Thalay!«

Kân Thalay. Lrashàc kannte das mystische Wort, das den Zustand des vollkommenen inneren Friedens beschrieb.

Ein Acïjn Rhârk wäre erst dann davon ergriffen, wenn sich ein Gleichgewicht in der Welt einstellte und die Gesamtheit der Scheusale zu gleichen Teilen existierte. Dann, so sagte die Legende, käme die Zeit der Ruhe und des inneren Friedens für jeden Draigònt und einen jeden Acïjn Rhârk. Der unzähmbare Jagdwille, der unstillbare Hunger, die Blutlust und der Hass endeten. Das bedeutete ihr höchstes Ziel: Kân Thalay.

»Vielleicht will ich das gar nicht«, gab Lrashàc leise zurück.

Alles in seinem Leben war auf den Kampf eingestellt. Die Heilige Kaisermutter und die Mütter vor ihr griffen auf Tausende Schriftrollen und Aufzeichnungen über die Völker zurück, gegen die sie in den Krieg zogen. Jedes Volk wurde studiert, die Schwachstellen und Eigenheiten herausgefunden, um sie besser bekämpfen zu können. Lrashàc kannte es nicht anders. Und er mochte es, so zu sein.

»Was soll ich mit Kân Thalay?«, murmelte er.

Mrotòn legte ihm eine Hand klirrend auf die Schulter. »Es geht nicht um *dich*, Draigònt. Es geht um unser *Volk*. Wir könnten ihm den Frieden bringen, den wir niemals kennen lernen durften. Wie wäre es, keinen Hass, keinen Hunger, *nichts* von dem zu empfinden?« Er stand auf. »Ich bin sehr neugierig auf diesen Zustand. Und deswegen werden wir umherreisen und suchen.«

Lrashàc schnaufte. »Was wird die Srai G'dàmá dazu sagen?«

»Das werden wir hören, so die Zeit gekommen ist. Ich übernehme die Verantwortung für unseren Marsch. Ihr werdet nicht zur Rechenschaft gezogen werden.« Mrotòn entfernte sich von ihrem Feuer und begab sich in die Mitte des Lagers, wo er seine Schlafstatt errichtet hatte.

Rhârgann betrachtete den Freund an seiner Seite nachdenklich und schien jeden Vorwurf zurückzuhalten. So schwieg er und richtete den Kopf langsam geradeaus, auf die Ebene. Er wollte Kân Thalay.

Obwohl er bei seinen Draigònt saß, kam Lrashàc sich zum ersten Mal einsam vor.

Ishím Voróo (Jenseitiges Land), einstiges Reich der Fflecx, 4371. Teil der Unendlichkeit (5199. Sonnenzyklus), Sommer

Ji'Osai Mrotòn führte sie zunächst tiefer in das Dämonenland, auf dem sich Lrashàc nicht wohlfühlte, dann schwenkten sie nach Süden. Noch immer war die unheilvolle Macht des Wesens zu spüren.

Das Gras der Ebene, durch welche die hundert Krieger marschierten, hatte sich grau verfärbt. Unrettbar verändert. Tot. Gelegentlich wuchsen schwarze Bäume darin, in finsteren Tümpeln stemmten sich triste Schilfrohre in die Höhe; ständig roch es nach schwelenden Bränden, ohne dass sie Feuer entdeckten.

Auf ihrem Erkundungszug gab es viel zu tun, was Lrashàcs Innerstes erfreute: Órcos zogen zuhauf umher und hetzten die Fflecx aus den Behausungen, um sie auszurotten. Bislang hatten sie beide Scheusalrassen gleichermaßen vernichtet.

Lrashàc sah es als gesichert an, dass das Reich der Fflecx nicht mehr existierte. Das gnomartige Volk hatte sich den Hass zu vieler Feinde aufgeladen, wie es den Anschein hatte. Rhârgann hingegen behauptete, dass die Albae dahintersteckten. Sie fanden tote Fflecx, die mit den langen, schwarzen Pfeilen ihrer Erzfeinde gespickt waren.

Die Acïjn Rhârk lernten auch, dass es nicht mehr ausreichte, einen Órco zu durchbohren, um ihn zu töten. Die Macht des Dämonenlandes hielt den Leichnam so lange am Leben, bis man den Schädel zerstörte. Eine neuerliche Herausforderung.

Mrotòn gab das Handzeichen zum Anhalten und Abducken. Er hatte etwas entdeckt.

Lrashàc und die Draigònt warfen sich zusammen mit den anderen in die hohen Schilfhalme eines brackigen Teichs, die ihnen etwas Schutz boten. Seine purpurfarbenen Augen ließen die wachsamen Blicke schweifen, doch er sah nur das triste Meer aus scheinbar steinernem Gras, das sachte wogte.

Zunächst tat sich nichts.

Dann hob sich eine lange, schwarze Nase aus dem Grau: Ein vorsichtiger Fflecx prüfte schnuppernd den Wind, ob er darin Feinde roch. Doch die Böen kamen von der falschen Seite, hin zu den Kriegern, und würden sie nicht verraten.

Bald richtete sich das gnomartige Geschöpf auf, das einem Acïjn Rhârk bis knapp ans Knie reichte. Das hellrote Wams leuchtete, während es den Rucksack auf den Rücken warf und mit müdem Gang vorantappte.

Lrashàc gab einen unterdrückten Laut der Enttäuschung von sich. Solche Gegner konnte man allenfalls zerstampfen, um das Bücken beim Schlag zu vermeiden und den Rücken zu schonen.

Rhârgann lachte leise. »Welch ein Anblick wäre das wohl für das Kerlchen, wenn wir alle aufspringen und hinter ihm her stürmen?«

»Er würde bereits vor Schreck tot umfallen«, gab Lrashàc grinsend zurück. Der Gedanke war zu komisch, wie das mickrige Wesen vor der Wand aus Stahl erbebte. »Sollen wir den Ji'Osai bitten, uns das Vergnügen zu erlauben?«

Der Fflecx geriet ins Stolpern, bückte sich und hob eine Mappe aus dem grauen Gras. Das Fundstück wurde durchwühlt, inspiziert, dann fluchte er laut und warf sie in einem hohen Bogen davon, um seinen Weg fortzusetzen.

Aus der trudelnden Mappe lösten sich einzelne Blätter.

Der Wind erfasste sie und machte sich einen Spaß daraus, mit ihnen zu spielen. Vereinzelte blieben lange in der Luft, andere gingen nach wenigen Schritten schon wieder nieder, landeten in einem Baum oder in einem Pfuhl.

Lrashàc kam es vor, als würden die Seiten eine Spur legen, eine Bahn, die genau zum Einschlagsort der Mappe führten – und das letzte Blatt der Sammlung trudelte auf Mrotòn zu.

Ihr Ji'Osai erhob sich aus der Deckung, der Panzerhandschuh stieß nach vorne und packte das leichte Papier, ehe es im Schilf verschwand. Er hielt sich die Seite vor das Totenkopfvisier, betrachtete es, und seine Augen leuchteten unvermittelt blauviolett.

»Dsôn! Das ist eine Zeichnung von Dsôn!«, schrie Mrotòn begeistert. Die mächtigen Finger pressten das Blatt zusammen, dann stieß er die Faust in die Höhe. »Sammelt die Blätter ein! Jedes Einzelne will ich haben! Ich muss wissen, was der Fflecx gefunden hat.« Er sah zu Lrashàc. »Erledige ihn. Ich will nicht, dass er uns verrät.«

Die Krieger erhoben sich und machten sich daran, die Seiten aufzusammeln, während Lrashàc aufsprang und mit langen Schritten die Verfolgung des Gnomwesens aufnahm. Es war keine Auszeichnung, für diese Aufgabe auserkoren worden zu sein. Vermutlich der Lohn für seine zweifelnden Gedanken.

Der Fflecx hörte ihn und blickte nach hinten. Auf dem hässlichen, warzenübersäten Gesicht entglitten die Züge jeglicher Kontrolle, Todesangst zeichnete sich ab, als er erkannte, wer ihm nachsetzte. Gnade war normalerweise von einem Acïjn Rhârk nicht zu erwarten. Er rannte los, warf den Rucksack von sich und erreichte eine erstaunlich hohe Geschwindigkeit.

Dennoch blieb ihm Lrashàc auf den Fersen.

Kurz bevor er ihn eingeholt hatte, warf sich der Fflecx voller Verzweiflung in einen hohlen, schwarzen Baumstamm, kroch hastig hinein und zog die Füße mit den Schnabelschuhen an. Das dünne Stimmchen kreischte grell: »Nein, nein! Lass mich! Lass mich!«

Lrashàc stellte einen Fuß vor das schmale Loch, durch das sich sein Opfer gedrängt hatte, nahm mit der Keule maß und zerschmetterte den oberen Teil des Baumes mit einem brachialen, waagrechten Hieb.

Das Kreischen des Fflecx schwoll an, als sich der Acïjn Rhârk über den Stamm beugte und die Augen aufleuchten ließ – und plötzlich sackte der Gnomartige stumm zusammen, die schmale Brust hob und senkte sich weiter. Er war vor Furcht ohnmächtig geworden. So machte das Töten gar keinen Spaß.

Beim Anblick des Wesens kam Lrashàc jedoch ein Gedanke. Wie viel er taugte, musste ihr Ji'Osai entscheiden.

Lachend packte Lrashàc den Fflecx im Nacken und zog ihn heraus, trug ihn angewidert vor sich her und zurück zur Einheit.

Mrotòn sah kurz zum schlaffen Bündel zwischen den Stahlfingern. »Ich sagte nicht: *lebendig.*« In seiner Hand hielt er die schmutzige Mappe, während die Krieger nach und nach die losen Blätter bei ihm ablieferten. Im Lederschutz befanden sich noch viele weitere, die nicht vom Wind davongetragen worden waren.

»Mag sein, dass die Angst ihn *vor mir* umbrachte.« Die Acïjn Rhârk lachten laut. Er schüttelte den Fflecx, doch der Gefangene hielt die Lider geschlossen und blieb ohne Regung. »Aber ich bin guter Dinge, dass er die Lider hebt.«

Mrotòn strich mit der Linken über die Mappe. »Wir haben einen Schatz gefunden«, rief er weithin hörbar. »Darin befinden sich Zeichnungen, die albischen Ursprungs sind und von einem Bewunderer der Stadt herrühren. Wehranlagen, Turminseln, Straßenzüge, der Beinturm, jede kleine Einzelheit ist darauf festgehalten.« Er grollte. »Einer von ihnen muss sie verloren haben. Damit gaben sie uns alles in die Hand, was wir benötigen, um ihr Reich zu schlagen. Ich muss alles sichten! Oh, ich freue mich auf jedes Geheimnis, das uns dadurch offenbart wird.«

Lrashàc bemerkte, dass das Leben in den Fflecx zurückkehrte, aber der Gefangene versuchte, sich weiterhin ohnmächtig zu stellen. Er gratulierte sich dazu, ihn nicht umgebracht zu haben. »Ji'Osai, ich habe einen Einfall.« Er hob den Fflecx. »Er könnte in diesem Zusammenhang wichtig sein. Wichtiger, als es im ersten Moment erscheint.«

Mrotòn sah ihn an, während der letzte Kämpfer zu ihnen aufschloss und sie ihre alte Formation einnahmen. Alle Blätter waren eingesammelt. »Ich höre?«

»Die Giftmischer besitzen für jede Rasse das passende Mittel, um sie zu töten, sagt man.« Lrashàc zeigte auf die Mappe. »Verbinden wir das Wissen über Dsôn mit dem Wissen des Fflecx. Verhören wir das Kerlchen. Lassen wir es ein Gift brauen, das uns gegen die Schwarzaugen einen Vorteil verschafft.«

»Um das Gift einzusetzen, müssten wir nahe genug an die Albae gelangen«, erwiderte Mrotòn gespannt. »Sie werden sich nicht zu uns ans Feuer setzen, wenn wir sie zu einem Mahl bitten.«

»Das nicht. Doch wie wäre es, wenn wir einen Gefangenen nehmen, ihn entkommen lassen und er für uns die Arbeit verrichtet, an seinem eigenen Volk? Ohne dass er es ahnt?«

Die Augen des Ji'Osais glommen vor Begeisterung erneut auf. »Du meinst eine Art Krankheit?«

Lrashàc nickte, sein Kopf drehte sich, der Blick richtete sich auf den Fflecx. »Er wird uns dabei helfen. Viele gibt es nicht mehr von den Gnomartigen. Wir sollten ihn schützen, solange wir ihn brauchen. Die Heilige Kaisermutter soll uns eine Übersetzerin schicken, damit wir uns mit dem Fflecx unterhalten können.«

Mrotòn überlegte nicht lange. »Ich bin sicher, sie wird sofort einwilligen. Und unser kleines Kerlchen wird sich freuen, den Albae durch Giftmischkunst den Tod bringen zu dürfen.« Er nickte dem Draigònt zu. »Gut gemacht. Meine Zweifel an dir sind verflogen. Es mag sein, dass du heute den entscheidenden Einfall hattest, um Dsôn und seine Schwarzaugen zu Fall zu bringen und die Schmach von einst auszumerzen.« Er gab ihm das Zeichen, zu seinen Brutstatt-Geschwistern zu gehen. »Achte auf deinen Fang. Er darf nicht sterben.«

Lrashàc deutete eine Verbeugung an und gesellte sich zu den Draigònt, wo er mit anerkennenden Blicken begrüßt wurde.

Die Acïjn Rhârk setzten sich in Bewegung und kehrten in ihr Lager am Wasserfall zurück; zwei von ihnen wurden noch unterwegs zurück zur Heiligen Kaisermutter entsandt.

Der Rest erwartete mit Spannung, was ihre Herrscherin antwortete. Allen voran Lrashàc.

Ishím Voróo (Jenseitiges Land), einstiges Reich der Fflecx, 4371. Teil der Unendlichkeit (5199. Sonnenzyklus), Frühjahr

»Er sagt, sein Name sei Linschibog und er habe etwas Besseres als Gift.« Rîm wandte sich Mrotòn und Lrashàc zu; sie hatte sich einige Worte als Gedächtnisstütze mit Federkiel auf ein Blatt geschrieben. Einen halben Sonnenmarsch hatte sie dem Fflecx zugehört, nun fasste sie das Gehörte zusammen.

Rîm, die ein einfaches Gewand trug, war eine Ubari, eine Untergründige, die wegen ihres Aussehens gerne mit den Volk der Zwerge verwechselt wurde, das jedoch weit weg von ihnen lebte.

Linschibog hockte am Boden der kargen Scheune, trank von dem Wasser, das sie ihm in einem Becher hingestellt hatten, und blickte wie ein ängstlicher Hund zwischen ihnen hin und her. Die Ohren hingen herab, sogar die lange Nase schien an Standkraft verloren zu haben.

Die Acîjn Rhârk und ihr Gefangener hatten sich in einem der zerstörten Dörfer der Fflecx niedergelassen, um zu prüfen, welche Utensilien sie für ihre Pläne benutzen konnten. Aber der Brand war gründlich gewesen. Nur zwei Bauten taugten als ausbruchssicherer Unterschlupf für Linschibog. Die Hütten waren für die Krieger viel zu klein, man errichtete das übliche Lager.

Lrashàc kannte die Zwerge lediglich aus Geschichten, doch auch sie gehörten wie die Barbaren nicht in erster Linie zu den Rassen, die seinen Hass entfachten. Rîm war mit Ru'Osai Hôkdra vermählt, der zusammen mit den neuen Truppen ankam und wegen seiner Erfahrung die Angriffe gegen das Reich der Schwarzaugen befehligen sollte. Er stand in der Hierarchie weit über Mrotòn, was dieser mit Ruhe hinnahm. Nach außen hin zumindest. »Etwas Besseres als Gift also. Und was könnte das sein?«

»Er sagte, wir hätten mit ihm genau den Verbündeten …«

Mrotòn musste laut auflachen, und der Fflecx zuckte vor Schreck, kroch bebend am ganzen Leib zur Seite. Er fürchtete wohl fortwährend, gefressen zu werden. »Von *Verbündeten* war niemals die Rede.«

Rîm grinste. »Das weiß ich, doch das werden wir ihm nicht sagen.« Sie überflog ihr Aufgezeichnetes. »Er habe alte Schriften gelesen, die darauf schließen lassen, dass die Schwarzaugen anfällig für einen bestimmten Parasiten sind. Die Fflecx hatten diese larvenartigen Tiere untersucht, ob sie zum Giftbrauen gegen die Albae nutzbar seien, aber davon wieder Abstand genommen. Es war einfacher ohne diese Tiere.«

»Was nutzen uns zwei, drei tote Schwarzaugen?« Mrotòn richtete sich auf und ragte ins Gebälk des Gebäudes.

»Er sagt, diese Parasiten seien extrem wild, würden sich schnell in einem lebenden Alb unbemerkt vermehren und ihn im Inneren vernichten, ehe sein Körper platzt und sie sich aus ihm ergießen und sich neue Wirte suchen.« Rîm wackelte zweifelnd mit ihrem kahlen Schädel, um ihre Vorbehalte deutlich zu machen. »Ob das die Wahrheit ist, weiß ich nicht.«

»Hat er gesagt, wo wir diese Würmer finden?«, hakte Lrashàc nach.

»Linschibog behauptet, er wisse es.« Rîm fuhr sich über ihren kahlen Kopf. »Die gewünschten Substanzen, derer es bedarf, um Wasser zu verwandeln, könne er brauen. Wir brauchen nur ein Dorf, in dem die Kessel noch stehen: eine alchemistische Destille von großem Ausmaß sowie eine Wärmekammer samt Brennern, damit er das Pulver trocknen kann. Und Glasfässer. Einige der Säuren seien zu aggressiv, um sie in anderen Behältnissen zu transportieren und zu lagern.«

»Sag ihm, dass er all das von uns bekommt. Wir machen uns auf die Suche nach einer passenden Behausung und sämtlichen Gerätschaften, sobald er uns zu der Stelle geführt hat, wo er die Parasiten vermutet.« Mrotòn sah zu Lrashàc, als sinnierte er.

Rîm redete daraufhin auf den Fflecx mit dem albernen Namen ein, der gleich mehrfach ängstlich nickte und hastig erzählte. Die Ubari schrieb eilends mit.

Der Ji'Osai packte Lrashàc am Oberarm und führte ihn einige Schritte zur Seite, als könnte der Fflecx doch verstehen, was sie sprachen. »Ich will, dass du mir eine Handvoll Albae fängst.«

»Lebend, vermute ich?«

»Ja. So viele es geht.«

»Um das Wirken der Parasiten zu erforschen.« Lrashàc hatte verstanden, was der andere im Sinn hatte. »Ein guter Gedanke.«

»Zeigt das Experiment den gewünschten Erfolg, wissen wir, dass uns der Mickerling nicht anlügt. Ich vertraue keinem Fflecx, ohne einen Beweis für seine Worte.« Mrotòn stieß ein ungehaltenes Schnauben aus. »Ru'Osai Hôkdra wird Vorkehrungen treffen, um die militärischen Züge gegen die Albae in die Wege zu leiten. Die Heilige Kaisermutter übertrug ihm diese ehrenvolle Aufgabe.«

Lrashàc nickte. *Nun* wusste er, dass es an seinem Vorgesetzten nagte. Ihr Ji'Osai hatte die Hoffnung gehegt, selbst die Truppen gegen die Todfeinde zu führen, aber es stand zu viel auf dem Spiel.

Hôkdra wiederum gehörte zu den Besten, zu den wenigen Daajerhûn, die geblieben waren, anstatt auszuschwärmen und sich nie wieder zu melden. Ein Krieger durch und durch.

Ein Daajerhûn erfüllte den Willen der Heiligen Kaisermutter, und war dabei auf sich alleine gestellt. Abseits, ohne jegliche Unterstützung, auf die eigene Macht und Kraft vertrauend. Alles in allem befand sich ein Dutzend von Hôkdras Stärke unter den knapp fünfhundert Acïjn Rhârk, die ihnen zur Verfügung standen. Lrashàc versuchte sich zu erinnern, ob er jemals einen komplett geflügelten Acïjn Rhârk gesehen hatte. Er konnte sich nicht entsinnen.

»Und welche Aufgabe kommt *dir* im Feldzug zu, da die Streitmacht ihm zugeschlagen wurde?«, fragte Lrashàc.

»Die Niedertracht.« Mrotòn grollte leise. »Linschibog.« Er lachte verächtlich. »Sie haben so alberne Namen, nicht wahr? Und doch sitzt da eines der besten Mittel gegen die Schwarzaugen. So kümmerlich. So klein. So leicht zu zertreten.« Er legte ihm die Hand auf den breiten Rücken. »Deine Weitsicht schenkte ihn uns. Hättest du ihn getötet …«

»Hättest du den Befehl der Srai G'dàmá erfüllt und wärst in den Stock zurückgekehrt, wären wir nicht so nahe an einem Sieg gegen die Albae«, fiel Lrashàc ein. »Gehorsam ist anscheinend nicht immer eine Tugend.« Sie lachten beide.

»Fang mir die Albae, Lrashàc.« Mrotòn schob ihn sachte an. »Sobald wir wissen, dass die Parasiten etwas taugen, nimmt unsere Rache in zweifacher Form Gestalt an. Ich zweifle nicht an Hôkdra, aber wir können uns einen weiteren Vorteil verschaffen.«

Er nickte und eilte hinaus. Diesen Auftrag wollte Lrashàc alleine erledigen, nachdem er bei den Oudwen nicht zum Zuge gekommen war.

Ishím Voróo (Jenseitiges Land), einstiges Reich der Fflecx, 4371. Teil der Unendlichkeit (5199. Sonnenzyklus), Sommer

Lrashàc musste einsehen, dass die Aufgabe nicht leicht zu erfüllen war: Die Albae schienen sich vom ehemaligen Reich der Fflecx fernzuhalten und sich scheu auf ihr eigenes Gebiet zurückziehen.

Das mochte daran liegen, dass sie einen Großteil ihrer Krieger ausgesandt hatten. Außerdem hatten sie keinerlei Veranlassung, sich in der einsamen, wertlosen Gegend herumzutreiben. Es gab nichts von Interesse.

Oder war es Vorsicht?

Der Acïjn Rhârk streifte inzwischen an der Südgrenze entlang und erwog, wie lange er noch vom Lager entfernt bleiben durfte, ohne dass Sorge und Unmut bei Mrotòn aufkamen. Die Hitze, die um ihn herum flirrte, störte ihn nicht.

Wenigstens hatte er nahe des niedergebrannten Walls die Reste eines Fflecx-Dorfes gefunden, in denen die Gerätschaften zum Herstellen von Gift, Säuren und Pulvern beinahe vollständig erhalten waren. Ob sie für das Vorhaben ausreichten, musste Linschibog entscheiden.

Lrashàcs purpurfarbenen Augen machten eine Bewegung am Horizont aus: Ein kleiner berittener Tross näherte sich den verkohlten Befestigungen, hielt zielstrebig darauf zu.

Ein vorfreudiges Grollen drang ungewollt aus Lrashàcs Kehle: Albae! Und gleich sieben von ihnen!

Sie saßen auf diesen kolossalen, schwarzroten Stieren, die man im Kampf nicht unterschätzen durfte; auf den Hörnern staken Klingen, mit denen sie Wunden schnitten, die einem Acïjn Rhârk gefährlich werden konnten – vorausgesetzt er war unachtsam.

Die Gruppe eilte auf das niedergebrannte Tor zu.

Lrashàc musste sie nicht einmal jagen: Sie begaben sich freiwillig in seine Hand!

Er sah Lanzen, Schwerter, leichte Lederpanzerungen und schloss daraus, dass es sich nicht um erfahrene Krieger handelte. Vermutlich eine Aufklärungsmission. Eine Handvoll Kämpfernachwuchs sollte Erfahrungen sammeln.

Lrashàc grinste dämonisch. *Diese* Lektion würden sie niemals mehr vergessen.

Er suchte sich ein gutes Versteck, ohne den kleinen Zug aus dem Blick zu verlieren. Das Gute an den Stieren war, dass sie eine leicht zu verfolgende Spur in dem toten, grauen Gras hinterließen. Er würde den Ausgangspunkt der Albae spielend leicht finden.

Der Trupp schwenkte auf den breiten Torweg ein.

Lrashàc konnte die Anstrengung in ihren widerlich schmalen Gesichtern ausmachen. Sie litten unter der Wärme, die Sonne brachte sie in ihren Rüstungen zum Schmoren. Die Ermattung machte sie unaufmerksam, die Stiere schnauften und trotteten vorwärts; fahler Staub rollte mit jedem Schritt an den Hufen empor.

Die Albae betraten das Fflecx-Reich und scharten sich unter einem sterbenden, schwarzen Baum zusammen, dessen blattloses Geäst kaum Schutz gegen den sengenden Schein des Taggestirns brachte. Die Stiere witterten, doch sie nahmen den Acïjn Rhârk nicht wahr.

Lrashàc hielt sich bereit, jederzeit aus seiner Deckung zu springen und in den Angriff überzugehen. Der Geruch, der Anblick machten ihn gierig.

In ihm erwachte der kaum zu bändigende Drang, die Feinde zu vernichten, seine Zähne in die dünnen Körper zu schlagen, sie aufzufressen und restlos auszulöschen.

Aber einer von ihnen musste lebendig bleiben.

Mindestens einer.

Das bedeutete die größere Herausforderung als es der Kampf gegen sie war.

Die Albae berieten sich, dann schwärmten sie aus. Sie hatten offensichtlich den Auftrag, die Siedlung auszukundschaften. Sie verteilten sich, sahen sich um, stocherten mit ihren Lanzen in den Trümmern und verkohlten Resten; gelegentlich schrieben sie ihre Beobachtungen nieder.

Lrashàc kam es entgegen, dass sie sich trennten.

Seine Sinne erhöhten sich, das Jagdfieber ergriff gänzlich von ihm Besitz.

Und er wurde hungriger.

Er hob seine Keule, zog mit der anderen Hand den langen Dolch, der für Albae einem großen Schwert gleichkam.

Als eine Albin an der Ruine vorbeiritt, in der er sich verborgen hatte, schlug Lrashàc um die Mauer herum und zerschmetterte dem überraschten Stier den breiten Schädel, sodass seine Beine sofort unter ihm zusammenbrachen und er zuckend niederfiel.

Die Stiefel der Albin verfingen sich in den Steigbügeln, und so wurde sie halb von dem Tier begraben. Sie öffnete den Mund zu einem hilfesuchenden Ruf und bekam Lrashàcs Klinge zwischen die Kiefer. Der Stahl verbreiterte die Mundwinkel und jagte aus dem Nacken, trennte den Kopf mittig entzwei. Der Schrei verließ niemals ihre Kehle.

Das Schnauben hinter Lrashàc warnte ihn.

Der Acïjn Rhârk zuckte herum, und die eisenbewehrten Hörner des nächsten Stieres rammten sich an ihm vorbei in die Hauswand, durchbohrten den Lehm und blieben stecken.

Dafür prallte eine Lanzenspitze gegen seine Brustpanzerung, verbog sich und zersprang mit einem hellen Klirren. Der Alb, der sich im Sattel des Tieres beinahe auf Augenhöhe mit ihm befand, starrte ihn entsetzt an.

Lrashàc lachte und vollführte eine halbkreisförmige Bewegung mit dem Dolch, der die komplette Seite des Reittieres aufschlitzte und die Gedärme auf den ausgetrockneten Boden klatschen ließ. Ein Fußtritt gegen den Oberkörper schleuderte den Reiter auf die Erde.

Der Alb ließ die Lanze los, rollte sich ab und wollte sein Schwert ziehen, aber Lrashàcs schwingende Keule erfasste ihn an der rechten Seite, riss die Lederpanzerung in Fetzen und schickte ihn erneut durch die Luft.

Der Blutgeruch fachte seine Gier an. Er wollte fressen!

Zwei weitere Albae preschten auf ihren Stieren heran, die Lanzen zum Stoß gereckt; ein dritter herrenloser Stier näherte sich von der rechten Flanke.

Der Acïjn Rhârk ließ seine Augen aufleuchten und hob das rechte Bein trittbereit. Als der erste Reiter ihn fast erreicht hatte, ließ er die Sohle auf den zum Stoß gesenkten Schädel des Tieres krachen und drückte ihn nieder.

Die Schnauze grub sich tief in den Dreck, die Nüstern füllten sich mit Erde. Derart abrupt gebremst, schoss das Hinterteil in die Höhe und katapultierte den Alb genau in die nach vorne gereckte Dolchklinge; durch die Brust aufgespießt hing er daran und starb ächzend.

Lrashàc wich dem sich überschlagenden Stier aus, der gegen den schwarzen Baum prallte und tot herabrutschte. Gleichzeitig schleuderte er den Alb von seiner Klinge gegen den zweiten Reiter und fegte ihn damit aus dem Sattel. Ein erster harter Keulenhieb zermalmte den Kopf des wütenden Tieres, ein zweiter beendete das Leben des dritten Stieres, der ihn beinahe erreicht hatte.

Lrashàc wandte sich vor überbordender Siegeslust brüllend um – und sah eine Albin, die einen Pfeil auf die Sehne legte und auf ihn zielte. Er schleuderte den Dolch, während sich das schwarzgefiederte Geschoss zur gleichen Zeit löste.

Klinge und Pfeil trafen sich auf halber Strecke.

Der dunkle Schaft wurde beim Zusammenstoß regelrecht pulverisiert, die Spitze schwirrte ungelenkt davon; der Dolch hingegen surrte unbeirrt voran und drang der Gegnerin durch den Unterleib.

Lrashàc schickte seine schwere Keule hinterher und beendete damit das Leben des Stieres keinen halben Herzschlag später. Erneut vermochte er sich gegen den gefühlsstarken Schrei nicht zu wehren, sein Blut rauschte in den Adern. Vom Kampffieber gepackt, wusste er nicht genau, wie viele er von der Truppe getötet hatte. Fünf? Sechs?

Zuerst galt es, seine Waffen einzusammeln, und …

Die Erde donnerte, als sich ein reiterloser Stier näherte.

Lrashàc wirbelte herum, sah das Tier dicht vor sich – und packte es im letztmöglichen Augenblick bei den klingenbesetzten Hörnern; die Panzerhandschuhe verhinderten, dass er sich schwer verletzte.

Der Acïjn Rhârk ließ sich auf ein Knie hinab und nutzte den Schwung des Stiers, um ihn von der Erde zu hebeln und ihn mit einem lauten Grollen über sich hinweg zu hieven; dabei brach ein Horn ab.

Das Tier segelte laut brüllend in eine Hütte und riss sie ein.

Lrashàc wurde keine Ruhe gegönnt. Ein Alb tauchte aus dem Schilf eines schwarzen Tümpels auf und schleuderte den Speer, dem der Acïjn Rhârk auswich.

Blitzschnell stand der Gegner gleich darauf vor ihm.

Ohne sich aus der knienden Haltung zu erheben, parierte Lrashàc mit dem abgebrochenen Stierhorn die Angriffe des Albs, bevor er dem Todfeind die Klinge durchs Gesicht zog und den Helm samt Antlitz zerstörte.

Aufkeuchend fiel das Schwarzauge nieder, krümmte sich und wimmerte.

Aber der Feind lebte noch.

Einer.

Hastig sah sich Lrashàc um, die Luft schoss pfeifend aus seinen Nasenlöchern. Er kam auf sechs geschlagene Gegner und sieben tote Stiere.

Wo steckte der siebte Reiter?

Befand er sich auf der Flucht, um die Albae zu warnen?

Das durfte Lrashàc nicht zulassen.

Liebend gerne hätte er die besiegten Albae gefressen, verzehrt und gänzlich getilgt, doch er musste dem Geflüchteten hinterher.

So köpfte er allesamt zur Sicherheit, schleifte die Kadaver zu einem größeren Tümpel, um sie darin zu versenken. Bevor er sie über den Rand in das schwarze Nass gleiten ließ, riss er sich noch vier Albae-Arme heraus, damit er unterwegs etwas zu essen hatte. Den verletzten Alb verbarg er geknebelt und gefesselt in einer Hütte. Er würde ihn auf dem Rückweg mitnehmen.

Lrashàc hängte sich seine Waffen um, verließ den Fflecx-Wall und folgte dem Trampelpfad, den die Hufe der Stiere im Gras hinterlassen hatten; immer wieder schlug er die Zähne in das noch warme Fleisch seiner getöteten Feinde.

Eines musste er den Albae lassen: Sie schmeckten köstlich!

Lrashàc bemerkte bald, dass es keinen Entflohenen einzuholen gab.

Er lief mindestens ebenso rasch wie ein Alb und hätte den fehlenden siebten Krieger schon lange erreichen müssen. Demnach befand sich das Schwarzauge noch in der Siedlung und hielt sich verborgen, bis es zu seinem eigenem Lager zurückkehren konnte, um Hilfe zu holen.

Also musste Lrashàc dorthin.

Bald veränderte sich die Landschaft um ihn herum. Das graue Gras wich Büschen und Bäumen, die Umgebung wurde hügeliger und dichter bewachsen.

Nicht lange, bevor sich die Sonne in die Nacht verabschiedete, erkannte er einen Pass, zu dem sich der Weg die Steigung hinaufschlängelte. Auf der Kuppe, wo drei Felsbrocken wie große, vergessene Dracheneier aufragten, harrte ein Alb aus. Er war damit beschäftigt, ein Feuer in Gang zu setzen, und abgelenkt genug, den nahenden Widersacher nicht zu bemerken.

Lrashàc schlug sich sofort seitlich ins Unterholz, duckte sich und kroch sogar, was man einem Koloss in einem solchen Harnisch schwerlich zutraute. Er schlich vorwärts, um das Schwarzauge zu überraschen, was nicht die leichteste Aufgabe war.

Doch der Alb schien arglos zu sein und sich sicher zu fühlen. Wer Flammen an dieser Stelle des Passes entfachen wollte, weithin sichtbar und als Signal gedacht, hegte kaum Argwohn.

Lrashàc pirschte sich geduldig an. Die Sohlen, die vorhin den breiten Kopf eines Stieres zerstampft hatten, schmiegten sich geradezu mit einer unglaublichen Leichtigkeit an den Boden, drückten sich vorsichtig ab. Behutsam erklomm er den Pass und rückte an den Feind heran.

Der Alb hatte sein Feuer entzündet und nährte es mit trockenen Zweigen und Ästen, die er zusammengesammelt hatte. Er trug im Gegensatz zu den ersten Gegnern eine Metallrüstung. Er schien ihr Befehlshaber zu sein, der auf die Rückkehr seiner Späher wartete.

In die eiförmigen Steinbrocken, die einen gewissen Schutz gegen starken Wind boten, waren Eisenbolzen getrieben worden, die keinen Sinn ergaben und schon lange darin zu stecken schienen. Vielleicht war dort vor unzähligen Sonnenreisen etwas angebunden gewesen?

Lrashàc kam bei ihrem Anblick eine Eingebung.

Der Alb sah in den roten Glutball am Horizont. Er schien ungeduldig zu werden und konnte sich die Verspätung seines Trupps nicht erklären.

Der Acïjn Rhârk erhob sich und trat ohne Scheu auf ihn zu.

Sein Gegner hörte ihn und riss das Schwert aus der Hülle, erst dann wandte er sich um – und erschrak sichtlich. Er hatte eher mit einem Fflecx oder einem Órco gerechnet. »Ihr Unauslöschlichen!«, entfuhr es ihm, und er zog seinen Dolch. Lrashàc ragte so dicht vor ihm auf, dass er den Kopf halb in den Nacken legen musste; es wirkte unfreiwillig komisch. »Ich glaubte … ihr seid tot!«

Die purpurfarbenen Augen schimmerten auf, er grollte ankündigend und hob die Keule – um dann blitzschnell das Knie hochzureißen, das den Alb mitten ins Gesicht traf. Dessen Ausweichbewegung vor dem vermeintlichen Angriff mit der schweren Waffe hatte ihn genau in die Beinattacke getrieben.

Der Gegner flog rückwärts, prallte gegen den Stein und sackte bewusstlos daran herab.

Lrashàc löschte das Feuer und zog die Bolzen mit den bloßen Fingern aus dem Gestein. Danach legte er die Keule zur Seite, hob den ohnmächtigen Alb auf und rammte ihm die langen Eisenstücke durch die Rüstung, um ihn mit dem Brocken dahinter zu verbinden. Knackend glitt das Metall durch Harnisch, Fleisch und Knochen. Er musste fest drücken und hinterließ Dellen in der Panzerung.

Der Alb erwachte schreiend und konnte sich dennoch nicht rühren. Gleich einem aufgespießten Insekt hing er am Gestein. Die Bolzen gingen ihm durch Stellen an Schultern, der Brust sowie dem seitlichen Hals, die schmerzten, aber ihn auf absehbare Zeit nicht töten würden.

Lrashàc begutachtete sein Werk und fand es passabel. So wurde der Anschein erweckt, der Alb warte stehend auf die Rückkehr der Späher. Dann zog sich Lrashàc hinter einen der Felsen zurück und verharrte.

Kurz nach Einbruch der Dämmerung kam ein weiteres Schwarzauge den Weg hinauf. Es hatte sich seiner Lederrüstung entledigt, ächzte und wirkte vollkommen entkräftet. Mit rasselndem Atem gelangte der Alb auf die Kuppe und hielt wankend auf seinen Befehlshaber zu, der vermeintlich an einem der Felsbrocken lehnte.

Lrashàc musste sich beherrschen, nicht aufzulachen und sich zu verraten.

»Phinoïn!«, rief der Alb schwach und näherte sich. »Ich … Im Nordwesten, beim Grenzposten der Fflecx …« Der Schreck beim Anblick seines Vorgesetzten raubte ihm die Stimme, der Blick richtete sich auf die Blutlache, die sich zu dessen Füßen gebildet hatte. Erst jetzt durchschaute er die Falle.

Der verletzte Alb ächzte. »Lauf …!«, seufzte er qualvoll. »Warne Dsôn vor ihnen! Wenn es dir nicht gelingt …«

Lrashàc fand, dass es an der Zeit war, den siebten Späher zu fangen. Lebendig.

Danach würde er den Alb in der Metallrüstung auffressen. Das Blut roch einfach zu gut.

Er trat um den Stein herum, seine Augen leuchteten grell auf.

Der Gegner wollte sich umdrehen und dabei zur Seite hechten, doch damit hatte Lrashàc gerechnet. Er versetzte ihm einen Hieb mit der Faust in den ungeschützten Rücken, der Alb wurde bäuchlings auf den Felsen geschleudert. Bewusstlos sackte er zusammen und wurde von dem Acïjn Rhârk sofort gefesselt.

Dann begab sich Lrashàc vor den aufrecht verankerten Alb, sog den Geruch tief ein und zog seinen eigenen Helm ab, damit er besser zubeißen konnte.

Die zahnbewehrten, kräftigen Kiefer schoben sich auseinander, seine lange Zunge leckte über das verschwitzte Gesicht des stöhnenden Schwarzauges und nahmen das Aroma auf.

Der Schrei des Alb war gellend vor Furcht und endete in einem unverständlichen Gurgeln, als ihm Lrashàc das Antlitz einfach wegbiss. Er hatte sich nicht länger beherrschen können. Die Gier, seine Natur und der Hunger waren eine fatale Mischung. Für jeden Gegner.

Ishím Voróo (Jenseitiges Land), einstiges Reich der Fflecx, 4371. Teil der Unendlichkeit (5199. Sonnenzyklus), Sommer

Lrashàc sah neugierig dabei zu, wie sich die winzigen Raupen durch die offenen Stellen im Antlitz des schlafenden Albs mit den zerschrammten Zügen bohrten. »Das wirkt«, brummte er leise. Um ihn herum standen Rîm, Linschibog, Mrotòn und Ru'Osai Hôkdra, die keinen Ton von sich gaben.

Perfiderweise schlossen sich die Stellen wieder, an denen die Parasiten eingedrungen waren. Nichts wies auf den Befall hin. Es gab keinerlei Zeichen, um einen Gesunden von einem Erkrankten zu unterscheiden, bis es zu spät war.

In dem Unterstand, den sie im Dorf errichtet hatten, blieb es still. Jeder hing seinen Überlegungen nach, die mit den Raupen und dem bevorstehenden Kriegszug zu tun hatten.

Von draußen erklangen die Axtklingen, die unaufhörlich in Bäume getrieben wurden. Die Rodungen schritten voran, der Bau der Katapulte machte Fortschritte. Lrashàc fand, dass Hôkdra ein sehr guter Stratege war, der nichts dem Zufall überlassen würde. Die Destillen waren dank des Fflecx zusammengebaut und brauten unaufhörlich.

Der Alb auf dem Tisch vor ihnen war ohne Bewusstsein, sie hatten ihn kaltgestellt, damit er sich nicht zu heftig zur Wehr setzte. Sie hatten absichtlich den verletzten Gefangenen für den Versuch auserkoren; den zweiten brauchten sie für die Umsetzung des Plans – sofern die Parasiten hielten, was sie versprachen.

Mrotòn sah zum Fflecx. »Wie lange benötigen sie, um sich zu vermehren?«

Rîm übersetzte, Linschibog redete haspelnd und verängstigt. »Kann er nicht sagen«, gab Rîm sogleich die Antwort. »Sie breiten sich im Leib aus, bis sie in die Gedärme gelangen. Dort ist es am wärmsten und angenehmsten für sie. Danach muss einige Zeit vergehen.«

»Dann werden wir das Schwarzauge fesseln und beobachten.« Ru'Osai Hôkdra nickte in die Runde. »Doch ich habe die sichere Hoffnung, dass wir die Niedertracht zum Einsatz bringen können. Nicht nur mittels dieser Würmer. Die Ausbeute aus den Zeichnungen, die wir fanden, verrieten manches Geheimnis über das Reich der Albae.« Er lachte. »Wer hätte gedacht, dass ihre eigene Kunst sie ans Messer liefern wird?«

Lrashàc stimmte in das allgemeine Gelächter ein. Mrotòn fiel es etwas schwerer, er trauerte offenkundig dem Umstand weiterhin nach, nicht Führer des Angriffs zu sein.

Lrashàc hatte den Geschmack des zuletzt am Pass verzehrten Albs noch auf der Zunge und am Gaumen. Bald konnte er sich vollstopfen, satt essen, sich im Überfluss daran laben und dabei der Stadt der verhassten Feinde bei ihrem Untergang zusehen!

Und heimlich fragte er sich, ob er mit dem Tod des letzten Schwarzauges Kân Thalay empfinden würde.

Lrashàc hoffte insgeheim, dass es nicht so kam.

Das einmalige Werk

Einst grämte sich ein Künstler, dass er nichts Einmaliges erschaffen konnte.

Denn was immer er ersann, sah es einer seiner Widersacher oder Neider und ahmte es nach, um sich vom Erfolg eine Scheibe abzuschneiden.

Ob Worte, ob Töne, ob Bild, ob Skulptur – nichts von ihm blieb einzigartig, sodass seine Werke an Wert und Anerkennung verloren.

Er haderte mit sich und seinem eigenen Tun, bis seine Gefährtin ihm riet: »Bereise Ishím Voróo und halte die Augen sowie deinen Geist offen, sodass du etwas entdeckst, was so selten und einmalig an Beschaffenheit ist, dass es dir niemand nachmachen kann.«

Und so verließ der Künstler seine Heimat und durchstreifte die Ödnis.

Zuerst gelangte er zu den Barbaren.

Als er sie darum bat, ihm das schönste Kunstwerk zu zeigen, das sie bislang erschaffen hatten, führten sie ihn in eine Höhle, an deren Wände die herrlichsten Bilder hafteten.

Sodann fragte der Künstler, wer die Werke gefertigt habe, und als sie ihn geehrt zu dem Barbaren führten, schlug ihm der Alb die Hände ab und sagte: »Somit nahm ich mir, was die Kunst erschuf. Sei unbesorgt, ich verlieh dir Einmaligkeit.«

Danach gelangte er zu den Óarcos.

Und als er sie darum bat, ihm das schönste Kunstwerk zu zeigen, das sie bislang erschaffen hatten, führten sie ihn zu einem Schädel, den sie mit Farbe bemalt und mit Edelsteinen beklebt hatten.

Sodann fragte der Künstler, wer den Einfall gehabt habe, und als sie ihn geehrt zu dem Óarco führten, schlug ihm der Alb den Kopf ab und sagte: »Somit nahm ich mir, was die Kunst ersann. Sei unbesorgt, ich verlieh dir Einmaligkeit.«

Danach gelangte er zu den Elben.

Und der Alb tötete jeden, den er fand, brannte ihre Siedlung nieder und reiste weiter.

Danach gelangte er zu den Trollen.

Und als er sie darum bat, ihm das schönste Kunstwerk zu zeigen, das sie bislang erschaffen hatten, führten sie ihn zu einer Sängerin, die ein Lied zum Besten gab, das schrecklich für die Ohren eines Albs klang.

Sodann schnitt ihr der Alb die Kehle heraus und sagte: »Somit nahm ich mir, was das Lied hervorbrachte. Sei unbesorgt, ich verlieh dir Einmaligkeit.«

Fünf Teile der Unendlichkeit bereiste der Alb Ishím Voróo, unerschrocken und stets auf der Suche nach dem, was andere Völker die höchste Kunst nannten.

Schwer beladen kehrte er mit Händen, Fingern, Kehlen, Augen, Zungen und vielen weiteren Körperteilen nach Dsôn zurück, um sich nicht weniger als einen weiteren Teil der Unendlichkeit in seine Werkstatt einzuschließen und aus dem Erbeuteten eine Skulptur zu erschaffen.

So kam der Splitter der Unendlichkeit, an der sein Werk ausgestellt wurde. Sie besuchten und bestaunten es in Scharen: die Neider, die Widersacher und die wahren Freunde seines Schaffens. Ihnen allen fehlten die Worte, angesichts der Unübertrefflichkeit der Form und der Gegenstände, welche der Künstler verwendet hatte.

Niemandem entging, wie dünn und ausgezehrt der Alb bei seinem Schaffen geworden war, und als er den letzten erklärenden Satz über seine Lippen gebracht hatte, sank er neben der Statue nieder und starb.

Seine Gefährtin hob ihn zärtlich auf und setzte ihn in die Lücke, die er in seinem Werk eigens für sich gelassen hatte.

So wurde der Künstler eins mit seiner letzten Arbeit und machte sie endgültig einmalig.

Wer niemals den Gedanken hatte, dass
Schönheit
auch aus
Hässlichkeit
geboren werden kann,
der tötet
unbedacht.

Die Aufgabe

Wie weit Künstler gehen, um ihre Werke unvergessen zu machen, soll diese kleine Erzählung zeigen.

Ich selbst sah etliche Stücke, die Ûtralor und Hâtiràs anfertigten, und würde man von mir verlangen, dass ich bewertete, welche gelungener seien, müsste ich passen.

Für mich standen die Skulpteure stets auf einer Stufe, wenngleich Ûtralor und Hâtiràs das anders sahen.

Letztlich nahm der Wettstreit zwischen ihnen einen tragischen Verlauf.

Ishím Voróo (Jenseitiges Land), Dsôn Faïmon, Dsôn, 4371. Teil der Unendlichkeit (5199. Sonnenzyklus), Sommer

»Halt!«

Der vorwurfsvolle Ausruf verlor sich in der gewaltigen, aber penibel aufgeräumten Werkstatt, in welche die Sonne durch die dunkelblauen Glasdachfenster schien.

Cîphoras zuckte zusammen und schaute sich um, ohne dass er jemanden sah. Irgendwo zwischen den Regalen, in denen sich die verschiedensten Gebeine fein säuberlich stapelten oder senkrecht nebeneinander reihten, verbarg sich einer seiner besten Kunden. Der Skulpteur schien einen Makel an der Lieferung entdeckt zu haben, die er ihm soeben gebracht hatte.

Cîphoras hatte den Lohn, der auf dem Tisch abgezählt worden war, bereits eingestrichen und den Ausgang beinahe erreicht, als ihn das Wort in den Rücken traf.

Seufzend blieb der breit gebaute Alb stehen. »Was heißt *Halt*, Hâtiràs?« Er richtete seine Lederschürze, die er über seinem dunkelgrauen Gewand trug.

»Das heißt«, drang es von irgendwo aus dem Raum, »dass ich sagte, ich wolle *sämtliche* Schienbeinknochen der Riesen, die du finden kannst.« Ein leises Klappern erklang, dann erschien der Skulpteur hinter einem Regal, auf dem die ausgekochten Schädel von Gnomen lagerten; in seiner Rechten hielt er einen dicken Knochen, der beinahe so lang wie er selbst war und den Durchmesser eines Unterarms hatte. »Mir wurde geflüstert, dass du eine zweite Ladung vor mir verborgen hältst.« Der Alb mit den halblangen, dunkelblonden Haaren kam näher. Sein hellbraunes Gewand, auf dem feine, weiße Spänchen hafteten, wallte leicht durch die betonte Bewegung.

Cîphoras nahm das Gebein entgegen, ohne Anstalten zu machen, etwas von den viereckigen Goldmünzen zurückzugeben. »Deine Quelle täuschte sich«, erwiderte er freundlich, weil er das Aufbrausende seines Kunden genau kannte. »Es sind keine Schienbeinknochen, es sind Ellen und Speichen, und zwar von Trollen. Nicht von Riesen.« Er lächelte. »Du hast erhalten, wonach du verlangtest.«

Hâtiràs verzog den Mund. »Sind sie für Ûtralor?«

Cîphoras machte ein entschuldigendes Gesicht. »Das darf ich dir nicht sagen. Ich bin nur der Lieferant, der durch Ishím Voróo streift und Scheusale …«

»Du magst sämtliche Münzen behalten«, fiel ihm der Alb ins Wort. »Also?«

Cîphoras schwieg kurz. »Ja. Er orderte sie.«

»Was will er damit?«, kam es wie von der Sehne geschnellt.

Cîphoras räusperte sich und legte eine Hand an den Beutel, klimperte mit dem Gold. Fluchend kramte Hâtiràs in seinem Gewand und warf ihm zwei weitere blinkende Plättchen verächtlich vor die Füße.

»Es könnte sein, dass er eine große Statue plant«, verriet der Händler nachdenklich. »Und es könnte auch sein, dass er sie zu Ehren von Inàste errichtet.«

»Wie weit ist er damit?

Cîphoras hob die Augenbrauen, Hâtiràs warf ihm zwei weitere Münzen hin.

»Wenn ich ihm die Gebeine liefere, wird er höchstens zehn Momente der Unendlichkeit beschäftigt sein. Sie soll im Samusin-Tempel ausgestellt werden.« Cîphoras ging in die Hocke und sammelte die Belohnung ein.

»Im Samusin …?« Hâtiràs verschlug es die Stimme. Dort stand *seine* Arbeit, seit einem Zehntteil. Er ballte die Fäuste. »Überlasse mir die Ellen und Speichen.«

Cîphoras runzelte die Stirn und blickte von unten am Skulpteur hinauf. »Nein, das kann ich nicht. Die Lieferung wird ankommen.«

»Ich zahle dir …«

Der Jäger und Händler schüttelte den blond gelockten Schopf und richtete sich auf. »Nein, Hâtiràs. So viel Ehre besitze ich.« Er wandte sich um und verließ die Werkstatt, um auf der Straße nach rechts abzubiegen und zu verschwinden.

»Dann bringe mir … die kostbarsten Knochen, die du hast«, schrie ihm Hâtiràs nach. »Hörst du? Die kostbarsten! Von Drachen! Irgendeine Bestie, die man zuvor noch nicht sah?«

Cîphoras kehrte mit langsamen Schritten zurück und blieb am Eingang stehen. »Ich dachte mir, dass du Verlangen nach Einmaligkeit entwickelst«, sprach er lächelnd. »Und wie es die Fügung will, kreuzte eine ganz besondere Ausgeburt meinen Weg.«

Hâtiràs war sofort entflammt. »Zeige mir die Gebeine!« Er eilte hinaus, wo sich der Wagen des Händlers befand. Er musste Ûtralor übertrumpfen und eine Statue vor seinem Widersacher beenden, um sie dem Priester zu zeigen.

Wenn seine alte Statue schon ausgetauscht wurde, dann nur gegen seine eigene Arbeit.

Etwas später erreichte Cîphoras Ûtralors Werkstatt und trat durch das große, offen stehende Doppeltor.

Diese Halle beherbergte das Gegenteil von Hâtiràs' Wirkungsstätte: Durcheinander.

Die verschiedensten Gebeine lagen in wirren Haufen auf dem Boden und auf Regalen, deren Bretter sich unter der Last durchbogen, sowie achtlos reingeworfen in Schränke, die schief und kurz vor dem Zusammenbrechen an den Wänden lehnten. Zwischendrin erhoben sich Kunstwerke in verschiedenen Schaffensstadien und unterschiedlichen Größen. Es wunderte den Händler jedes Mal, dass Ûtralor überhaupt irgendetwas fand.

Er entdeckte den Skulpteur nach etwas Umschauen auf dem Gerüst an einer Statue, die eine sehr eigentümliche, doch faszinierende Auslegung der Unauslöschlichen sein würde. Sie war mindestens sieben Schritte hoch, und es klafften noch große Lücken im Korpus.

»Ich grüße dich«, rief Cîphoras hinauf.

»Und ich dich«, gab Ûtralor zurück, ohne sich umzuwenden. Er zog eben Silberdraht fest und verband die Gebeine eines Einhorns mit denen eines Óarcos. »Ist das nicht unglaublich, wie gut sie sich fügen und die Schulter von Nagsar Inàste ergeben?«, rief er freudestrahlend und trat einen halben Schritt zurück, um seine Arbeit besser begutachten zu können. »So stellte ich sie mir immer vor.«

»Gib acht!«, rief Cîphoras und warnte seinen Kunden davor, von der Kante zu stürzen.

»Oh, danke.« Elegant fing sich Ûtralor ab und rutschte die Leiter hinab. »Du bringst mir meine Ellen und Speichen?«

»Das tue ich.« Cîphoras hielt die Hand auf. »Und Neuigkeiten.«

»Die wären?« Der Skulpteur reichte ihm den Beutel mit den Münzen. »Oh, es geht um Hâtiràs? Du weißt, was er vorhat?«

»Ja.« Cîphoras wartete, bis zum ausgemachten Lohn eine Zugabe in Form weiterer Goldplättchen kamen. »Nachdem er hörte, dass du die neue Statue in den Samusin-Tempel bringen darfst, machte er sich mit blindem Eifer daran, ein Ersatzwerk zu erschaffen, um dich auszubooten. Er sprach bereits mit dem Priester, wie man sich erzählt.«

»Was?«, schrie Ûtralor, und Wutlinien schossen über sein Antlitz, als tobte ein Gewitter mit schwarzen Blitzen in seinem Kopf. »Wie kann er es wagen?«, setzte er leiser und bebend vor Zorn hinzu. »Ich wartete einen Zehntteil auf diese Gelegenheit, und das will er mir nicht gönnen?« Er sah Cîphoras an. »Was plant er? Was bestellte er bei dir?«

Der Händler zuckte mit den Achseln, ohne etwas zu sagen. Erst nach weiteren Münzen, die ihm in die Hand gedrückt wurden, erzählte er von den Riesenknochen, die er Hâtiràs verkauft hatte, und was der Skulpteur damit beabsichtigte.

Ûtralor schäumte und trat in einen Gebeinhaufen, schleuderte Knochen umher, bis er keuchend eine Säge zu fassen bekam und sie nachdenklich betrachtete. »Was würdest du für eine ordentliche Bezahlung tun?«, raunte er Cîphoras zu.

Der Alb verstand sofort. »Oh, nein. Ich trage dir gerne Neuigkeiten und Geheimnisse aus den anderen Werkstätten zu, doch ein Mord?« Er schüttelte den Kopf. »Das müsstest du selbst tun.«

Ûtralor keuchte und betrachtete die blinkenden, geschliffenen Metallzähne. »Du bist weise. Zudem würde mit seinem Tod der Wert seiner Werke in die Höhe schnellen.« Er dachte nach, legte die Säge an das Kinn. »Und wie sieht es mit einem Brand aus? Wärst du dazu imstande?«

Cîphoras steckte die Münzen ein. »Ich tue nichts, Ûtralor, was einem von euch schadet. Ein wenig Spionage, das ist in Ordnung, aber jemanden umbringen oder eine Feuersbrunst, die unter Umständen auf Dsôn übergreift? Niemals. Ich will nicht nach Phondrasôn.«

»Verzeih.« Ûtralor legte ihm plötzlich die Hand auf die Schulter. »Dann bitte ich dich um einen Gefallen, der dir leichtfallen wird: Besorge mir bei deinem nächsten Besuch in Hâtiràs' Werkstatt seine besten Werkzeuge, mit denen er gerade arbeitet. Wenn ich ihn schon nicht aufhalten kann, werde ich ihn wenigstens verlangsamen, damit ich vor ihm fertig bin.«

Cîphoras dachte lange nach und schien nicht einwilligen zu wollen. »Der Verdacht wird sofort auf mich fallen«, erwiderte er. »Hâtiràs wird nie wieder bei mir Gebeine bestellen, und es wird sich herumsprechen, dass ich Künstlern die Werkzeuge stehle. Damit kann ich mein Geschäft beenden.«

Ûtralor schluckte und blickte ihm lange in die Augen. Dann ging ein Ruck durch den Skulpteur, er richtete sich auf. Er hatte offenkundig eine Entscheidung gefällt. »Dann belasse es bei seinem besten Schabemesser und dem Knochenschneider. Ich schwöre, dass dein Diebstahl nicht auffallen wird.« Er ließ Cîphoras los und verschwand im hinteren Teil, um gleich darauf mit einem weiteren Beutel Gold zurückzukehren. »Nimm dies. Und bringe mir die Werkzeuge so schnell es geht.«

Cîphoras wog das Säckchen mit einer Hand – dann nickte er. »Morgen.«

Ishím Voróo (Jenseitiges Land), Dsôn Faïmon, Dsôn, 4371. Teil der Unendlichkeit (5199. Sonnenzyklus), Spätsommer

Cîphoras fuhr seinen beladenen Wagen in bester Laune durch Dsôn und steuerte auf das Haus eines neuen aufstrebenden Skulpteurs zu. Er beschäftigte sich in Gedanken mit den Neuigkeiten, die wie ein Lauffeuer durch die Hauptstadt gingen.

Vor Kurzem hatte die Garde Ûtralor ermordet in seiner Werkstatt neben seiner vollendeten und wundervollen Inàste-Statue gefunden. Der Täter war schnell ermittelt worden: Im toten Skulpteur steckten Schabemesser und Knochenschneider seines ärgsten Rivalen Hâtiràs.

Alle in Dsôn wussten von der Feindschaft, ein jeder kannte die Drohungen, die beide ausgestoßen hatten; Schlägereien hatte es mehr als einmal auf offener Straße oder vor einer Skulptur gegeben.

Hâtiràs' Unschuldsbeteuerungen glaubte niemand, und so wurde er nach Phondrasôn verbannt. Sämtliche seiner Werke wurden geächtet und trotz ihrer Meisterlichkeit für wertlos erklärt. Die Statue, die er für den Samusin-Tempel so gut wie fertiggestellt hatte, übergab man den Flammen.

Dafür stiegen die Preise für Ûtralors Kreationen ins Unermessliche.

Cîphoras pfiff ein leises Lied und lenkte den Karren in die Straße, wo sein Kunde wartete. Ûtralor hatte Wort gehalten: Niemand verdächtigte ihn, in die Geschehnisse verwickelt zu sein. Selbst Hâtiràs kam nicht auf diesen Gedanken, sondern nannte bei seiner Verhandlung ein halbes Dutzend Namen von Rivalinnen und Rivalen, die aus dem Tod Ûtralors einen Vorteil zogen.

Cîphoras war der Einzige in Dsôn, der wusste, was in Ûtralors Schaffensstätte mit großer Sicherheit geschehen war: Um seine eigenen Werke unsterblich zu machen und seinen größten Rivalen für immer zu beseitigen, brachte sich der Skulpteur selbst um und tarnte seine Tat als Mord. Denn es war dermaßen undenkbar, dass ein Alb seine Unsterblichkeit aufgab, dass es niemand in Betracht zog.

Doch genau damit hatte Ûtralor sein Ziel erreicht. Er gab sich selbst für die Erhöhung seiner Kunst.

Cîphoras hielt vor der kleinen Werkstatt an und sah nach hinten auf den vollgestopften Wagen. Er hatte sich rechtzeitig alles an Gebein, was in den Werkstätten des Toten und des Verbannten lagerte, für einen Spottpreis gesichert, den er großzügig an Ûtralors Hinterbliebene zahlte.

Damit konnte er seine Ware zweimal verkaufen und mehr als den doppelten Gewinn einfahren. Die Gebeine aus Ûtralors Lager würden sogar ein Vielfaches einbringen, weil sie plötzlich als besonders wertvoll galten. Wie dessen Kunstwerke.

»Verstehe einer die Künstler«, brummte Cîphoras und sprang auf den Boden, klopfte gegen die Tür. »Die Lieferung«, rief er fröhlich.

Das schmale Tor wurde aufgerissen.

Ein sehr hagerer, bleicher Alb blickte ihn nur kurz an, ehe sich seine Aufmerksamkeit auf die Ladefläche richtete. Seine abweisende Miene hellte sich auf. »Oh, das ist wundervoll«, wisperte er. Er wieselte hinaus, umrundete den Wagen wieder und immer wieder, berührte die Gebeine und wählte mit sicherem Griff Stück um Stück aus.

Cîphoras fand den jungen Alb seit ihrem ersten Treffen unheimlich. Er besaß den Wahnsinn, den man besonders herausragenden Künstlern nachsagte, was ihn jedoch keineswegs einnehmend wirken ließ.

Aber er zahlte gut, auch für die Sonderleistungen.

Anfangs hatte sich Cîphoras gewundert, warum ihn der aufstrebende Skulpteur bezahlte, damit der Händler Spionage sowohl für Ûtralor als auch Hâtiràs betrieb. Beide wurden mit Wissen über den Widersacher beliefert.

Nun ahnte Cîphoras, dass sein unheimlicher Kunde die beiden Künstler bewusst gegeneinander ausgespielt und von Anfang an beabsichtigt hatte, sich auf den frei werdenden Skulpteurthron zu erheben.

Der dürre Alb hatte seine Wahl beendet. »Wie viel?«, fragte er und hielt einen kleinen Stapel Gebeine wie Brennholz auf den schlanken Armen. Zielsicher hatte er die perfektesten Knochen ausgesucht.

»Vierzig«, antwortete Cîphoras und wagte es nicht, mehr zu verlangen. Nicht von diesem Verrückten.

»Ein guter Preis!«, jauchzte der Skulpteur und verschwand mit der Auswahl durch das Tor. »Du bleibst draußen«, rief er drohend. »Schnüffle bei anderen!«

Cîphoras verdrehte die Augen. Als ob er sich freiwillig in das Reich des Wahnsinnigen begeben würde. Er traute ihm alles zu.

Der junge Alb erschien und drückte ihm zwei große Goldplättchen in die Hand. »Nimm.« Cîphoras überlief es kalt, als der Blick des Künstlers plötzlich an seinem Unterarm hängen blieb. »Du hast schöne Knochen«, flüsterte er. »Perfekt. Perfekt, um eine …«

Cîphoras zog den Arm zurück und flüchtete regelrecht auf den Kutschbock. »Ich wünsche dir genügend Eingebung, Insàlor.« Er gab den Pferden die Peitsche, um schnell weg zu kommen. »Die Winde stehen gut für dich.«

»Tossàlor!«, brüllte ihm der Alb wütend nach. »Mein Name ist Tossàlor! Merke ihn dir! Dsôn wird meinen Namen bald kennen.«

Cîphoras zweifelte nicht daran.

… sein Name wurde bekannt, wenn auch nicht mehr im alten Dsôn.

Doch Ûtralor und Hâtiràs zeigten, wie weit unser Volk gehen kann, um die Kunst unvergänglicher als den Schöpfer zu machen.

Nennt es Wahnsinn, nennt es Unvernunft oder Besessenheit – doch das unterscheidet uns von allen anderen Völkern: Wir sind wahre Künstler.

Von Horgàta und Narósil und was ihnen widerfuhr

Eines der größten Geheimnisse unseres Volkes: Was geschah mit Horgàta und dem Heer, das sie aus Tark Draan führte, als sie die Elbinnen nach der Schlacht bei Mühlenstadt hetzte?

Ich durfte es erfahren und denke, dass es an der Zeit ist, das Rätsel zu lüften.

Denn die Albae, die aus dem Süden stammen und zu uns stießen, sind uns tatsächlich näher, als die meisten von uns glaubten.

Auch wenn manche sie mit Abscheu betrachten und nicht wissen, woher ihr unstetes Wesen rührt, so sind sie unsere Verwandten.

Mehr, als wir erahnten.

Mehr, als wir möchten.

So lest und staunt und hört, dass Horgàta nicht selbst nach Tark Draan zurückkehrte – jedoch ihre Blutlinie, in die möglicherweise der Einfluss unserer Todfeinde geriet. Ob es uns nun gefällt oder nicht.

Ishím Voróo (Jenseitiges Land), viele Meilen südlich des Blauen Gebirges, 4371. Teil der Unendlichkeit (5200. Sonnenzyklus), Winter

Horgàta preschte auf dem Rücken ihres Nachtmahrs über den Schnee; das Weiß explodierte regelrecht um die blitzenden Fesseln des Rappen, verging zischend in den magischen Entladungen.

Die Albin duckte sich unter den heranschnellenden Ästen hinweg, um nicht getroffen zu werden. Die Kapuze des langen, schwarzen Mantels war nach hinten gerutscht, Strähnen ihres weißblonden Haares verfingen sich gelegentlich in den Zweigen und entglitten ihnen wieder. Die Schmucksteine und das Knochenschnitzwerk erzeugten leise Geräusche, die nicht gegen das Donnern der Nachtmahrhufe ankamen.

Horgàta hielt die gänzlich schwarz verfärbten Augen auf ihre Beute gerichtet, die keine zehn Schritte vor ihr durch den winterlichen

Wald dahinjagte. Weder das Unterholz noch der aufkommende Nebel konnten sie beschützen.

Eine der elbischen Lanzenreiterinnen kam in Sicht. Ihre acht Schritt lange Lanze behinderte sie bei der Flucht, aber sie schien nicht gewillt zu sein, die Waffe wegzuwerfen, sondern reckte sie wie zum Stoß nach vorne, um sich nicht im Unterholz zu verheddern. Die schwere, ungepflegte Rüstung klapperte verräterisch.

»Gleich haben wir sie«, raunte Horgàta dem Nachtmahr ins Ohr, der daraufhin ein wütendes Schnauben ertönen ließ und beim Wiehern seine messerscharfen Zähne entblößte. Die glutroten Augen glommen in Vorfreude auf. »Du bekommst Elbenfleisch zu fressen!«

Seit Horgàta und ihre Krieger bei ihrer Verfolgung durch das Reich der südlichen Unterirdischen geritten waren und Tark Draan verlassen hatten, dezimierten sie die Elbinnen eine nach der anderen. Aus den Leibern brachen sie Knochen und formten daraus Schmuck als Zeichen des Triumphs, doch das meiste mussten sie an Ort und Stelle verbrennen, da ihnen die Zeit fehlte. Die Hatz duldete keinerlei Aufschub.

Inzwischen hatte Horgàta aus Verhören erfahren, dass der gegnerische Anführer ein Elb namens Narósil war, ein Adliger und Verwandter der vernichteten Fürstin der Goldenen Ebene. Von ihm abgesehen bestand die Einheit ausschließlich aus Elbinnen, sie hatte einst die Ehrengarde der ausgelöschten Herrscherin dargestellt.

Aber auch Horgàtas Truppen lichteten sich.

Ihre Krieger fielen den heimtückischen Pfeilen der Todfeinde oder deren zielsicheren Lanzen sowie den Unwägbarkeiten des Gebirges zum Opfer.

Doch die Albin mit den geflochtenen, weißblonden Haaren setzte ihnen unerbittlich nach. Nur weil sie Tark Draan verlassen hatten, bedeutete es nicht, dass sie die Elbinnen entkommen ließ.

Erst wenn sie Narósil und dessen letzte Streiterin vor sich liegen sah; wenn sie aus ihren Schädeln kunstvolle Trinkschalen gemacht hatte; wenn sie auf die abgezogenen Häute Bilder malte, *dann* dachte sie an Rückkehr. Die eigenen Verluste sollten nicht umsonst gewesen sein. Die Nostàroi verfügten über genug herausragende Helden, um den Rest des Landes zu erobern.

Horgàta lenkte den Nachtmahr einen langgezogenen, kaum bewachsenen Hügel hinauf, der sich parallel zum Weg der Elbin erstreckte, und ließ den Rappen galoppieren. Der muskulöse Körper des Tieres steckte sich unter ihr, er flog über die Kuppe und befand sich zwei Herzschläge darauf dicht neben der Verfolgten.

Die Elbin bemerkte Horgàta, konnte die Lanze jedoch wegen der Bäume nicht herumschwenken und sie zwischen die Läufe des Nachtmahrs schieben, um ihn zu Fall zu bringen.

Horgàta zog hoffnungsvoll ihre Kurzschwerter, die sie in der Rückenhalterung ihrer tioniumverstärkten Lederrüstung trug.

Vor ihnen tauchte eine unbewachsene Stelle im Wald auf und bot den Widersacherinnen eine gleichermaßen günstige Gelegenheit.

Die Elbin richtete sich auf und hielt sich sichtlich bereit, um den überlangen Spieß zum Einsatz zu bringen.

Horgàta sprang im gestreckten Galopp auf den Sattel und drückte sich erneut ab. Der Satz trug sie schräg zu einem dicken Ast, von dort stieß sie sich wieder ab und katapultierte sich herab, genau in den Rücken der Elbin.

Die Lanzenreiterin konnte wegen ihres Helms nicht sehen, was die Gegnerin tat, und brachte ihr Tier mehr aus einer Eingebung heraus zum Stehen.

Aber das bewahrte sie nicht vor Horgàta, die mit den Sohlen auf dem hinteren Pferderücken landete. Der Schwung warf sie nach vorne, eine aufgereckte Schwertklinge fuhr durch die schmale Lücke zwischen Halsbeuge und Helm genau in den Nacken der Elbin.

Sofort erschlaffte die Gegnerin mit einem röchelnden Geräusch und kippte seitwärts in den Schnee, wo sich der Leichnam mehrmals überschlug, den Schild und die Lanze verlor.

Das Pferd tänzelte aufwiehernd zur Seite, um die fremde Reiterin abzuschütteln.

Horgàta warf sich in den Sattel, stieß die Kurzschwerter dabei überkreuz wie Scherenklingen gegen den Nacken des Tieres und kappte die Wirbel, ohne den Kopf gänzlich abzuschlagen.

Der Schimmel sackte zusammen und lag gleich danach neben seiner Herrin.

Horgàta war noch vor dem Zusammenbruch des Tieres abgesprungen, die blutfeuchten Schwerter in den Händen, und keuchte leicht vor Anstrengung und Triumph. *Eine weniger!*

Ihre Taktik, die Formation der Lanzenreiterinnen aufzubrechen, um Einzelne aus dem Verband zu drängen und zu jagen, ging erstaunlich oft auf. Narósil musste ein schlechter oder unerfahrener Anführer sein, dass er es immer noch zuließ.

Ihr Nachtmahr nährte sich ungeduldig, versenkte auf ihren Wink hin die Reißzähne in dem warmen Hals des Schimmels und riss das Fleisch auf. Gierig soff er das Blut, zerrte Brocken heraus und verschlang sie; die zähe Haut mit dem weißen Fell dehnte sich, bevor sie riss. Die roten Augen des Nachtmahrs blieben dennoch verlangend auf die tote Elbin gerichtet.

»Gleich, mein Starker.« Horgàta steckte ein Kurzschwert weg, rammte das andere in den Schnee und schälte die Elbin zügig aus der Panzerung samt Unterkleidern, um ihren bloßen Leib betrachten zu können. Sie begab sich auf die Suche nach dem perfektesten Körperteil.

In diesem Fall entschied sich die Albin für den rechten Oberschenkelknochen. Sie beabsichtigte, ein Knochenbäumchen anzufertigen, und das entnommene Gebein sollte für den Anfang als gerade gewachsenes Stämmchen dienen.

Mit sicheren Schlägen und Schnitten der halblangen Klinge ging Horgàta ans Werk, befreite den Knochen aus der Leiche und rieb das daran haftende Blut im lockeren Schnee ab, bis er ganz weiß war und glänzte.

»Nun friss«, murmelte sie abwesend und hatte nur Augen für ihre Ausbeute. *Wunderschön.*

Ihr Nachtmahr schlug unverzüglich die Kiefer in die Elbin, riss und rüttelte wolfsgleich an ihr, um sich zu sättigen. Er zerrte den Kadaver durch das Weiß, der Lebenssaft verteilte sich und spritzte. Nach kurzer Zeit gab es nichts Intaktes mehr an der Leiche.

Das leise Geräusch wie von einer hart angerissenen Saite drang an Horgàtas Ohr, und sie zog den Kopf nach hinten – der Pfeil sirrte an ihr vorbei, kappte eine weißblonde Strähne und bohrte sich in den Baum. Die zurückschnellende Sehne hatte den hinterhältigen Schützen verraten.

Die Albin warf sich hinter den Stamm und sah sich um. »Oltai, gib Acht«, warnte sie.

Der Nachtmahr riss den breiten Kopf in die Höhe, die Nüstern blähten sich, während das Blut der besiegten Gegnerin von den Lippen troff. Gerade als die glutglimmenden Augen die Angreifer ausgemacht hatten, fuhren zwei lange Geschosse in den Hals und durch den Schädel.

Der Hengst taumelte, wieherte kehlig und brach zuckend zusammen, die Hufe blitzten schwach.

Horgàta verfluchte die Ablenkung durch das Elbenbein. Das Stampfen von Hufen sagte ihr, dass es mehr als zwei Gegner waren, denen sie sich gegenübersah.

Ihr Blick wanderte zum zerstückelten, blutigen Leichnam. Eine Falle? Hatte die Elbin sich geopfert?

Raschelnd fiel Schnee von Ästen und Zweigen, lautes Schnauben erklang und verband sich mit dem Klappern der Rüstungen und dem Klirren von Ledergeschirr.

Horgàta wagte einen spähenden Blick um ihre Abschirmung.

Etwa vierzig Schritte von ihr entfernt nahmen zwanzig Reiterinnen Aufstellung, die Lanzen in die Höhe gereckt, gesichert durch fünf Bogenschützinnen. In Schritt rückten sie vor, eine nach der anderen senkte die Spitze stoßbereit und den Schild zur Abwehr am anderen Arm.

Horgàta würde dem Klingenwald nicht so leicht entgehen und durchschaute, dass sie nach vorne getrieben werden sollte. Vermutlich lauerte auf der anderen Seite des Waldes eine zweite Abteilung.

Schlagartig wurde sie gewahr, dass Narósil ihre Taktik des Absonderns gegen sie selbst anwandte. *Die Elben hatten es von Anfang an auf mich abgesehen! Nur auf mich.* Und es war ihnen gelungen, sie von ihren Leuten zu trennen – mit Hinterlist und Schläue. Dem Lockmittel Kunst entkam kaum eine Albin oder ein Alb.

Grimmig sah sie zum verendeten Nachtmahr und schob das Elbenbein unter den Gürtel. So leicht war sie nicht zu fassen.

Horgàta schob das zweite Schwert in die Rückenhalterung, schwang sich am Stamm in die Höhe – immer darauf achtend, dass sie den Schützinnen kein Ziel bot; ihr schwarzer Mantelsaum und ihre hellen Haarzöpfe schwangen hin und her, während sie an Höhe gewann.

Es wurde dennoch auf sie geschossen. Die Pfeilspitzen verfehlten die Finger knapp, mit denen sie um die Rinde griff. Eine Schneide ritzte sie, sie fluchte laut. Bei einem richtigen Treffer würde ein Glied abgetrennt werden.

Als die Albin sich in vierzig Schritt Höhe befand, gab es nicht mehr viele Bäume um sie herum. Die verschneiten Wipfel erinnerten an gemahlenen Knochenstaub, der bizarre Fischgerippe bedeckte, die ein Gigant aufrecht in den Boden gerammt hatte.

Ihre schwarzen Augen suchten das Taggestirn, das sich viel zu langsam neigte. Die Dunkelheit wäre ihr Vorteil gewesen. Bis dahin dauerte es noch lange.

Horgàta beabsichtigte, sich von Krone zu Krone springend nach Osten zu bewegen, wo sie ihre Einheit bei dem wilden Ritt hinter sich gelassen hatte. Auf diese Weise wäre sie vor den Pfeilen einigermaßen geschützt, und die Lanzen erreichten sie nicht einmal im Ansatz.

Der nächste geeignete Baum lag etwa acht Schritte entfernt.

Unter normalen Umständen hätte keine Bedenken gehabt, bis dorthin zu gelangen. *Aber ohne Anlauf von einem verschneiten Ast abspringen?* Ihr Gewicht würde nicht ausreichen, um die Spitze des Baumes in Schwingung zu versetzen und daraus den notwendigen Schwung zu ziehen.

Unter ihr erklangen die Elbenstimmen, Geschosse sirrten durch die Äste, zischten jedoch weit an ihr vorbei. Diesen Schutz konnte ihr keiner nehmen.

Horgàta suchte sicheren Halt mit den Stiefeln und sprang mit einem lauten Schrei, um sich anzuspornen.

Sie glitt über die kleineren Wipfel hinweg, sah die Wimpel an den Lanzen unter sich flattern, die helmgerahmten Gesichter der Feinde, die hasserfüllt zu ihr hinaufstarrten und ihr den Tod wünschten.

Dann krachte Horgàta in die Äste einer Tanne, wesentlich tiefer als gedacht. Ihre Finger krallten sich in die langen Zweige, bekamen Halt und fassten sofort nach, um sich dichter an den schützenden Stamm zu ziehen. Ein Pfeil schrammte über ihren Rücken, das Tionium gab ein klingendes Geräusch von sich.

Horgàta arbeitete sich fluchend hinauf bis zum Wipfel, hörte das Schnellen einer Sehne und zog den Kopf ein, sah sich dabei um: Auf dem Baum neben ihr hatte eine Elb Position bezogen, legte das nächste Geschoss auf und stieß einen langen Ruf aus.

So viel zu ihrem Plan, ungeschoren und ungestört von Baum zu Baum zu gelangen.

Horgàta kroch abwärts, bis der Gegner sie nicht mehr sehen konnte, und sprang jetzt von Stamm zu Stamm, hoffend, dass den Elben irgendwann die Pfeile ausgingen. Die Zeit stand auf der Seite der Albin, sie fühlte sich kräftig genug.

Doch bald musste Horgàta einsehen, dass ihr Vorhaben an einem beachtlichen Fehler krankte: Der Wald war unvermittelt zu Ende.

Vor ihr breitete sich eine sachte abfallende, geschwungene Ebene aus, die sich eine Meile von ihr entfernt senkte und in schneefreies Gelände führte. *Ich bewegte mich in die falsche Richtung!* Weit und breit sah sie keine Anzeichen ihrer eigenen Truppen.

Horgàta vernahm den Hufschlag ihrer Verfolger am Boden, hörte wieder die Rufe unter sich. Die Elben mutmaßten, auf welchem Stamm sie sich befand.

Bald krachten die ersten Axtschläge, während die Bogenschützinnen in der Ebene aufmarschierten, Pfeile auf den Sehnen und bereit, ihn gegen ein Ziel zu senden.

Der Albin kam ein Gedanke.

Sie nahm den Oberschenkelknochen der getöteten Feindin aus dem Gürtel, prüfte ihn erneut. *Es könnte gelingen!* Sie zückte ihren Dolch und schnitzte das Gebein in Form. Zwar konnte sie es danach nicht mehr für ihr anfängliches Vorhaben nutzen, aber sollte es gut gehen, bekam sie in kurzer Zeit genügend Material, um einen kleinen Wald aus Knochenbäumchen anzufertigen. *Doch ein Fehler, und es ist aus mit mir.*

Die Sonne versank, die Schatten der Tannen fielen langgezogen auf den Schnee.

Die ersten gefällten Bäume krachten nieder, und die Erschütterungen rollten durch Horgàtas Refugium. Die Zeit wurde zu ihrem Feind, die Dunkelheit kam nicht mehr rechtzeitig zur ihrem Vorteil und ihrer Rettung.

Sie wischte die letzten Spänchen von ihrem Werk, bohrte die angedeuteten Löcher mit der Dolchspitze nach, schob die letzten Reste des Knochenmarks mit Zweigen und Ästen heraus. Nach einem letzten Abreiben setzte sie die Lippen an die Mundöffnung und legte die Finger auf die Löcher. Behutsam blies sie hinein.

Die Beinflöte klang leicht verstimmt. Horgàta würde die Bohrungen für ein gelungenes Spiel korrigieren müssen, doch vorerst erfüllte sie ihren Zweck. Bei aller Eile, die aufgrund der Umstände geboten war, nahm sie sich die Muße, die albische Melodie mit aller Würde, mit aller Herrschaftlichkeit, die ihr gebührte, zum Besten zu geben. Sie blies stärker, damit die Weise gehört wurde.

Die finsteren, beängstigend und zugleich wunderschönen Töne drangen durch den dunklen Tann, flogen über die Ebene und strömten durch Ishím Voróo.

Die Elben wussten nun, wo sich Horgàta befand, und vermehrten ihre Anstrengungen. Die Klingenhiebe prasselten gegen den Baum und versetzten den Stamm in anhaltendes Schwingen; Schnee rieselte von den Ästen.

Horgàta spielte und spielte, hatte den Geschmack des feuchten Knochens an den Lippen und den Geruch in der Nase. Erst als sie ein ankündigendes Knistern und Splittern vom Boden her vernahm und die Schläge endeten, stand sie auf und verstaute die Flöte.

Behutsam senkte sich die Tanne nach vorne, in Richtung der Ebene. Die Elben wollten sichergehen, dass es kein schützendes Unterholz gab, in dem sich die Albin vor den geschliffenen Lanzen verbarg.

Die Abwärtsbewegung beschleunigte sich.

Horgàta verlagerte ihren Stand, passte ihre Haltung dem Winkel des Falls an, bis sie beinahe waagerecht auf dem Stamm balancierte und kurz vor dem Aufschlag auf den Boden in die Höhe sprang.

Die Landung misslang ihr gründlich. Sie schlug neben dem Baum im Astwirrwarr auf, dabei bohrte sich ein abgebrochenes Stück durch Rüstung und Unterarm.

Die Albin biss die Zähne so fest zusammen, dass sie knirschten. Was den gegnerischen Geschossen nicht gelungen war, schaffte die einfache Tanne: Sie war verletzt worden.

Zum Ausgleich für die Wunden verbarg das Nadelgrün Horgàta vor dem Hass der Elben.

Hufschlag näherte sich, der Baum wurde umstellt, dann erklang wieder das Hacken. Die Feinde befreiten den Stamm von den Ästen, von unten nach oben, als würden sie es genießen, Horgàta mehr und mehr in die Enge zu treiben.

Sie lugte behutsam zwischen den Zweigen hindurch und sah keinen halben Schritt vor sich eine Lanzenspitze. Sie schätzte die Zahl der Gegner in ihrer unmittelbaren Umgebung auf zehn; die Schützinnen sah sie nicht, doch sicher waren sie ihr nahe und hielten sich bereit.

Also musste Horgàta das Kunststück gelingen, bei ihrem Ausfall stets ein Hindernis zwischen sich und den Pfeilen zu haben. Die schwer gepanzerten Reiterinnen machten ihr kein Sorgen, solange sie auf der Stelle standen und die Spieße hielten – denn dadurch hatten sie keine Hand für eine andere Waffe im Nahkampf frei.

Horgàta wollte nicht länger warten, ihre Lage verbesserte sich allenfalls durch eigenes Zutun.

Leise zog sie die Kurzschwerter, stürmte aus ihrem Sichtschutz und befand sich augenblicklich zwischen zwei verdutzten Elbinnen, denen sie die Klingenspitzen von unten durch die schmale Panzerungslücke auf Gürtelhöhe in die Unterleibe trieb. Die warnenden Rufe kamen zu spät.

Während die Reiterinnen schreiend aus den Sätteln stürzten, huschte Horgàta unter einem Pferdeleib hindurch, sprang an der nächsten Elbin hinauf und stach ihr ins Visier.

Aufkreischend kippte die Gegnerin nach hinten und blieb mit ausgestreckten Armen auf dem Tier liegen, Lanze und Schild polterten auf den gefrorenen Boden.

Die Albin befand sich da bereits im Flug, sprang gegen die vierte Feindin und riss sie nieder, schnitt ihr dabei unter der Achsel entlang und durchtrennte die Schlagader. Der rote Lebenssaft sprühte aus dem tiefen Schnitt, die Elbin versuchte vergebens, die Blutung zu unterbinden.

Samusin, ich danke dir! Als Horgàta sich gegen die fünfte Elbin wandte, traf sie eine Schildkante gegen die Brust und schleuderte sie rücklings in den aufgewühlten Schnee. Geistesgegenwärtig rollte sie sich zur Seite, die Hufe verfehlten sie, die Lanzenspitze ebenso. Die Elbinnen hatten sich von ihrer Überrumplung befreit und sich auf die Attacken eingestellt.

Doch Horgàta war noch lange nicht am Ende.

Wuchtig schleuderte sie eines ihrer Kurzschwerter gegen eine weiter entfernt stehende Gegnerin, die mit einem Wurf nicht gerechnet hatte, und sandte sie sterbend auf den Boden; das zweite Schwert fand ebenso ein Ziel.

»Ihr bekommt mich nicht!« Die Albin bückte sich und hob eine verlorene Lanze auf, um sie einer Elbin beidhändig durch das Brustbein zu rammen. Aber der verletzte Arm wurde mit einem Mal kraftlos, die Finger öffneten sich ohne ihr Zutun.

Ein Pfeil schwirrte heran und durchstieß ihre gehärtete Lederrüstung an der Schulter.

Horgàta schrie dumpf auf vor Schmerz und langte nach ihrem Dolch, da traf sie eine Lanze gegen die Seite.

Nur dem widerstandsfähigen Tionium verdankte sie, den Angriff zu überleben. Dennoch ging sie zu Boden und wurde von dem langen Schaft unbarmherzig ins glitzernde Weiß gepresst. Ein Blinzeln danach richtete sich eine weitere Klinge auf ihren Hals, eine dritte zielte auf ihren Kopf.

Horgàta verstand, dass es vorerst keine Möglichkeit gab, der Bedrohung zu entkommen. Sie verhielt sich still, legte die Hand dennoch um den Dolchgriff.

Hätten die Elben sie umbringen wollen, wäre sie bereits tot. *Was wollen sie?* Verhandeln? Sie als Druckmittel einsetzen? Oder einfach genüsslich foltern?

Horgàta sah Augen hinter den Visieren funkeln. Gnade gab es nicht, doch das hätte sie weder erwartet noch hingenommen. Eher starb sie.

Es war still um sie herum; mal scharrte ein Pferd ungeduldig oder schnaubte, doch keiner ihrer Feindinnen sprach zu ihr.

Dann bewegte sich ein Reiter gelassen auf sie zu, wie sie am gemächlichen Stampfen der Hufe vernahm, und hielt erst an, als er sich in Horgàtas Sichtfeld geschoben hatte.

Es war ein Elb, das sah sie an der Statur sowie der Form der Rüstung: Vor ihr erschien Narósil, um seinen Sieg über sie auszukosten.

Eine Faust stützte er in die Seite, am gleichen Arm war der Schild befestigt. Die Lanze hielt er aufgereckt gleich einem Herrschaftsinsignium, sein weiß-goldener Wimpel an der Spitze flatterte im eisigen Abendwind. Eindringlich begutachtete er sie, musterte sie von Kopf bis Fuß.

Etwas in seinen Augen verwirrte Horgàta. Wieso entdeckte sie keine vollkommene Abscheu darin? Stattdessen lag darin … schlecht verborgenes Begehren?

Das überraschte selbst sie.

Bedeutete es für ihn die allerhöchste Erniedrigung einer Albin, wenn er sie nahm, bevor er sie abschlachtete? *Das passte zu den Elben.*

»Du verstehst meine Sprache«, sagte Narósil hochmütig und schob das Visier in die Höhe, um ihr sein Antlitz zu weisen. »Ich weiß es.«

»Was sollte ich mit dir zu besprechen haben?«, schleuderte sie ihm entgegen und fühlte, dass der Druck der Speerspitze an ihrer Seite zunahm; das beanspruchte Tionium gab ein hässliches kratzend- metallisches Geräusch von sich.

»Ich möchte viel von dir erfahren«, erwiderte er. »Wie viele Schwarzaugen du noch führst, wo ich sie finde«, zählte er hart auf. »Und danach reicht es mir aus, wenn ich dich zum letzten Mal schreien höre.«

»Darauf wirst du lange warten!«, spie sie ihm entgegen. Sie zog ihre angeborenen Kräfte zusammen und fokussierte sie, um größte Angst gegen ihn und die Elbinnen sowie ihre Pferde um sie herum zu wirken. Es könnte ihr den entscheidenden Vorteil bringen, den sie benötigte, um sich von den Speeren zu befreien – oder ihren Tod bedeuten. Noch wartete sie ab.

»Das denke ich nicht. Ihr mögt von Natur aus grausam sein und euch daran ergötzen, doch wir nutzen dieses Mittel, um unsere Feinde zum Sprechen zu bringen«, hielt er dagegen und ließ sein Reittier mit sanftem Schenkeldruck nach vorne gehen. »Glaub mir: Wir bringen dich zum Sprechen.«

Ein beschlagener Huf stellte sich auf Horgàtas Bauch, der Vorderlauf wurde jedoch noch nicht voll belastet.

Die Albin spürte, wie sich feine Nägel durch das Leder drückten. Die Dornen an den Eisen gaben den Tieren besseren Halt auf rutschigem Untergrund – oder bohrten sich krallengleich in Körper. »*Damit* willst du mich zum Schreien bringen?«, höhnte sie und zog die Kraft aus allen Ecken ihres Körpers zusammen.

Derweil war es dunkler geworden, und an dem Ziehen in den Augen spürte sie, dass das Schwarz gewichen war. Nun gab es keine äußerlichen Unterschiede mehr zwischen Albae und Elben. Das Taggestirn hatte seine entlarvende Macht verloren.

»Es ist ein Vorgeschmack.« Narósil schnalzte mit der Zunge und beugte sich im Sattel leicht nach vorne.

Sein Schimmel verstärkte den Druck.

Die eigene Rüstung senkte sich tiefer und tiefer auf Horgàta, der Brustkorb und die Rippen knirschten. Sie bekam kaum mehr Luft; dazu durchdrangen die Spitzen das Leder und stachen durch das Untergewand in ihre Haut.

Der Albin gelang es nicht zu sprechen. Ihre Sinne schwanden von Herzschlag zu Herzschlag, sogar die Schmerzen in Hand und Schulter vergingen in dem schwarzen Nebel, der vor ihren Augen aufzog. Die mühsam zusammengezogene Energie, um Angst zu den Elben zu tragen, verflüssigte sich und glitt ihr davon.

Narósil lachte kalt. Horgàta fand es nicht einmal im Ansatz furchteinflößend, sondern gespielt und lästig. »Schon ist dein Hochmut niedergedrückt?« Er schnalzte erneut mit der Zunge, und der Schimmel hob den Huf.

Aufstöhnend sog Horgàta die Luft ein, der Nebel wich und machte der sternenklaren Nacht Platz. Sie betrachtete das Funkeln über ihr, sah den Mond, der sie mit seinem herrlichen Licht übergoss. Tiefe Ruhe überkam sie im Angesicht der Endlichkeit. »Ihr werdet niemals mehr nach Tark Draan zurückkehren«, versprach sie heiser. »Euer Tod erwartet euch hier. Eure Körper werden verbrannt, den Tieren zum Fraß überlassen oder von Monstren geschändet«, wisperte sie zufrieden. »Ihr werdet in Zukunft keine Rolle spielen, und eure Namen werden vergessen.«

»Wie deiner.«

»Nein. Mein Name wurde festgehalten, von Carmondai, dem Meister in Wort und Bild. Ich *bin* bereits eine unsterbliche Heldin.«

»Und doch stirbst du vor mir.«

»Mein Körper mag sterben, aber mein Tod bedeutet nichts und bringt euch keinerlei Sicherheit. Meine Soldaten wissen euch zu finden und zu vernichten.«

Narósil musterte sie erneut, als könnte er ihre Gedanken erfassen und sehen, welcher verführerische Leib unter der Rüstung steckte.

»Welchen Plan verfolgtet ihr in Mühlenstadt? Magst du mir das verraten, bevor …«

»Warum sollte ich dir erzählen, was wir beabsichtigten?« Sie hob den Kopf, die eingeflochtenen Schmucksteine und Knochenschnitzereien klickten leise, dann lachte sie. »Du wirst sterben, Narósil! Tote brauchen kein Wissen. Tion wird deine Seele verschlingen. Du bist weder auf Elrias Boden noch auf Sitalias Land.« Sie sah verächtlich in die Runde. »Ihr seid *alle* verloren.«

»Unsere Götter sind überall, Horgàta«, gab der Elb zurück und wendete seinen Schimmel. »Aber deine scheinen dich im Stich gelas…«

Im selben Moment schoss ein langer, schwarzer Pfeil an ihm vorbei und jagte mit einem lauten Klingen durch den Helm der Panzerreiterin neben ihm, die nach vorne auf ihr Pferd sackte. Blut rann aus dem Visier und über das weiße Fell des Tieres.

Gleich darauf prasselte und schepperte es, als ginge unsichtbarer Hagel auf den eisernen Harnischen der Gegnerinnen nieder. Sie stürzten mal schreiend, mal stumm nieder, von Geschossen verwundet oder getötet. Horgàta wusste, was geschah: Die dunklen Albaepfeile mit den geschwärzten Spitzen wurden in der Finsternis unsichtbar, niemand sah sie kommen. Verletzte Pferde gingen durch, stoben erschrocken in die Höhe und warfen ihre Reiterinnen ab. Ihr Schicksal hatte sich innerhalb von Herzschlägen umgekehrt.

Los! Horgàta schaffte es im allerletzten Moment, zwei der Lanzen mit dem Dolch abzulenken und sich aus der dritten Klinge herauszudrehen, die ihr fast den Tod gebracht hätte. Sie hob einen verlorenen Spieß auf, zerbrach ihn mit einem harten Tritt, nahm sich den vorderen, dünnen Teil und nutzte ihn einhändig wie einen Speer.

Um sie herum ging das Sterben weiter. Unaufhörlich jagten die Pfeile in die Reihen der Panzerreiterinnen, spickten sie am ganzen Leib und brachten den sicheren Tod. Albae-Augen sahen in der Dunkelheit äußerst gut und genau. Horgàta überschlug die Zahl der vernichteten Feinde und kam auf etwa dreißig.

Als sich vier Reiterinnen anschickten, auf sie einzuschwenken, trotz der Geschosse, die ihre Schilde und Rüstungen durchdrangen, musste die Albin erneut ihre besondere Kraft einsetzen. Sie sammelte blitzartig die in ihr steckende Magie und wandelte sie in abgrundtiefe Furcht.

In schwarzen Gespinsten flog diese den Elbinnen und Tieren entgegen, drang in sie ein und umfing den Verstand, das Gemüt, das Herz.

Als die Tritte der heranpreschenden Tiere unsicher wurden und die Lanzen zu zittern begannen, wusste Horgàta, dass sie gewonnen hatte. Sie setzte zu einem gewaltigen Satz an, nutzte einen weichen Pferdekadaver als Sprungbrett und gelangte auf Augenhöhe mit den vier zaudernden Elbinnen. Um die eigene Achse wirbelnd, führte Horgàta einen unparierbaren Schlag mit der Lanzenspitze am ausgestreckten Arm.

Die Schneide pfiff grell, der halbrunde Hieb zerfetzte die Kehlen und Kinne der Getroffenen und sandte sie aus dem Sattel, während die Albin hinter ihnen landete, strauchelte und auf die Knie stürzte. Keuchend musste sie innehalten, Schulter und Arm schienen in Flammen zu stehen. Die Schmerzen und Anstrengungen waren zu groß geworden.

Wie aus dem Nichts wurde sie von zwei gewaltigen Nachtmahren flankiert, die sie mit ihren Leibern gegen den Beschuss sicherten, ihre Reiter hielten erbeutete Schilde als zusätzlichen Schutz in die Höhe. Damit war die Schlacht entschieden.

In dieser Nacht verschonte mich die Endlichkeit. Horgàta sah zum Waldrand, wo Narósil mit zwei seiner Elbinnen im Dickicht verschwand. Uneinholbar. Es gab demnach ein Wiedersehen. *Früher oder später.*

Sie atmete tief ein und betrachtete nun erst ihre Schulterwunde. Der Pfeilschaft war abgebrochen, es fühlte sich an, als stecke die Spitze im Knochen. Ihr Unterarm schien mit einer Fleischwunde davongekommen zu sein. Der Blutverlust bereitete ihr Kummer, die Schwäche weitete sich mehr und mehr in ihr aus, leitete Kälte in jeden Winkel ihres Körpers.

»Nichts gegen dein Flötenspiel, Horgàta, doch du solltest mehr üben«, traf sie die Stimme ihres Benàmoi in den Rücken. »Die Melodie von *Ziehende Wolken* hatte ich wohlklingender in Erinnerung.«

Sie wandte sich um und sah Ecatòn grinsend vor ihr stehen, ebenfalls in einer verstärkten, schwarzen Lederrüstung. Der Ausdruck seiner grauen Augen zeigte die Erleichterung. Sie langte auf den Rücken, nahm den zurechtgeschnitzten Elbenknochen und wies ihn vor. »Ist es nicht vielmehr ein Wunder, dass es mir damit gelang?«

Seine Augenbrauen wanderten langsam in die Höhe. »Oh, verzeih mir mein hartes Urteil. Du hast ein Meisterwerk vollbracht. Unter diesen Umständen.« Er betrachtete die Flöte. »So muss ich dich tadeln, ein miserables Musikinstrument aus einem wundervollen Knochen gemacht zu haben.«

Sie lachten beide.

»Wir finden genug Ersatz.« Horgàta sah sich um. Ihre Krieger waren bereits abgestiegen und machten sich an die Ernte. Ihr entging nicht, dass sie von Darinór vorwurfsvoll betrachtet wurde. Er saß abseits auf seinem Nachtmahr und befehligte die Nachhut, die für die Sicherung während des Ausbeinens verantwortlich war. »Was ist mit ihm?«

»Das wird er dir später sagen.« Ecatòn senkte die Stimme. »Bereite dich auf ein hartes Wortgefecht mit ihm vor. Er hat nicht wenige Freunde in den Truppen.« Er winkte einen reiterlosen Nachtmahr herbei und drückte ihr die Zügel in die Hand. »Ich nehme an, wir kehren ins Lager zurück? Deine Wunden muss sich der Heiler ansehen.«

»Unbedingt.« Horgàta schwang sich in den Sattel und wartete nicht, bis sie die Elbenleichen aufgebrochen und geplündert hatten. Zusammen mit Ecatòn und einer kleinen Eskorte ging es im Sternenglanz zurück, mit dem süßen Knochengeschmack eines weiteren Sieges gegen die Elben auf den Lippen.

Horgàta beschloss, die Beinflöte im Ton ungenau zu lassen. Es war von nun an kein Instrument mehr, sondern ein Andenken an eine zunächst aussichtslose und doch gewonnene Schlacht.

Ishím Voróo (Jenseitiges Land), viele Meilen südlich des Blauen Gebirges, 4371. Teil der Unendlichkeit (5200. Sonnenzyklus), Winter

»Seit wir Tark Draan verließen, verloren wir zu viele gute Krieger!« Darinórs unverhohlener Vorwurf schallte durch die Höhle, haftete scheinbar an den Wänden und blieb vor aller Augen. Er hatte sich erhoben und ließ seinen Blick von oben herab über die Versammelten schweifen.

Horgàta und ihre vier Benàmoi hatten sich in eine abgeschiedene Ecke ihres Lagers zurückgezogen, um nach elf Momenten der Unendlichkeit und Horgàtas halbwegs abgeschlossenen Genesung über ihre Lage zu sprechen. Sie saßen auf großen Steinblöcken um einen ovalen Felsbrocken, der ihnen als Tisch diente.

Ecatòn befehligte die Vor-, Darinór die Nachhut mit jeweils fünfund dreihundert Soldaten, Fatalór und Ocalòs kommandierten zwei Einheiten zu je sechshundert. Der Albin mit den weißblonden Haaren oblag unwidersprochen der Oberbefehl.

»Ich wusste nicht, dass wir auch *schlechte* Krieger haben«, lautete Horgàtas ätzende Entgegnung; sie bekam ein verhaltenes Schmunzeln von ihren übrigen Benàmoi. »Wäre es mir bekannt gewesen, hätte ich sie anstelle der Guten in die Endlichkeit gesandt.«

Darinórs Augen verengten sich. »Ich weiß, dass es mir nicht zusteht, dich infrage zu stellen. Ich folge dir, Horgàta, und ich will die Elbinnen samt Narósil nicht weniger tot sehen als du …«

»Sollte ich jetzt ein *aber* hören, verlierst du deinen Posten«, fuhr sie ihm drohend in die Rede.

»Es ist kein *aber*«, erwiderte er kühl. »Ich dachte an das Kommende.«

Keiner der verbliebenen drei Benàmoi mischte sich ein; man lauschte und hielt den Atem an.

»Was meinst du damit?«

»Ich gehe fest davon aus, dass du uns zum Sieg über Narósil und seine Panzerreiterinnen führst«, sprach Darinór und gab sich wenig Mühe, nicht herablassend zu klingen. »Wann auch immer das sein möge.«

»Bald«, warf sie mürrisch ein und wünschte sich, sie hätte geschwiegen. Dass sie überhaupt darauf reagierte, konnte er ihr als Schwäche auslegen, was er mit seinem Grinsen unverzüglich tat.

»Wie schön. Dann also *bald*.« Darinór zeigte nach Norden. »Wir reiten sodann ohne weitere Verluste mit unseren zweitausend von einst fünftausend Kriegern durch das unbekannte Ishím Voróo bis zur Pforte, wo die Unterirdischen aus dem Stamm der Zweiten ein Bollwerk errichtet haben, das allenfalls mit einem Heer zu stürmen wäre, wie es Sinthoras und Caphalor am Steinernen Torweg anführten. Den Dämon nicht zu vergessen.« Er stützte die Hände auf den Fels und lehnte sich nach vorne. »Oder rechnest du damit, dass die Unterirdischen im Süden von Tark Draan bereits gefallen sind?«

»Ich gestehe, dass die Rückkehr nicht meine oberste Sorge ist.« Horgàta hielt seinem wütenden Blick stand. Andeutungsweise erkannte sie die schwarzen Linien, die sich wie dunkle Adern über sein Antlitz unter der Haut zogen. Da er seine langen, dunkelgrauen Haare zu einem Zopf trug, gab es keine losen Strähnen, die es verbargen. Noch beherrschte sich der Benàmoi der Nachhut. Er *durfte* es sich nicht leisten, die Beherrschung zu verlieren.

»Das sollte sie aber. Meine Krieger ...«

»*Meine* Krieger!« Horgàta sprang auf. »Du befehligst *meine* Krieger, Darinór, und ich sage dir, was sie zu tun haben. Sollte *dich* demnächst ein Elbenpfeil treffen, wird die Nachhut von einem anderen angeführt.«

Darinór sackte ein wenig in sich zusammen und täuschte ein Einlenken vor; doch die geschnörkelten Striche hielten sich. »Die Krieger wollen zurück und nicht vor dem Blauen Gebirge warten. Sie fiebern darauf, sich in den Kampf zu stürzen und die Nostàroi zu unterstützen. Vor dem Tor zu warten beschert uns nur weitere Verluste.« Er setzte sich. »Enthebe mich meinetwegen des Amtes, aber ich sage es frei heraus: Es war ein Fehler, die Elben bis nach Ishím Voróo zu verfolgen.« Er sah sich erneut in der Runde um und wartete auf Zustimmung. Sie erfolgte nicht, was ihn zum leisen Fluchen brachte.

Horgàta schwieg lange genug, um keine Unbesonnenheiten über ihre Lippen kommen zu lassen. »Du irrst. Es war kein Fehler.«

»Es hätte ausgereicht, die Elben zum Tor hinaus zu jagen«, giftete er.

»Und dann?« Horgàta hatte sich mehr Gedanken gemacht, als Darinór ahnte. »Hätten wir uns damit begnügt, sie hinter die Mauer der Unterirdischenfestung zu treiben, wären sie uns bei einer unpassenden Gelegenheit in den Rücken gefallen. Dass die kleinen Missgeburten uns ebenfalls die Tore öffneten, zeigt, wie sehr sie die Elben hassen.«

»Oder sie verwechselten uns mit anderen Elben«, warf Darinór ein.

»Einerlei. Hätten wir auf dem Zug durchs Gebirge nur *einmal*« – sie hob den Zeigefinger – »angehalten, wären die Bergmaden über uns hergefallen. Die Höhlen, Schächte und Tunnel sind ihr Zuhause. Dort können wir sie nicht besiegen. Nicht mit ein paar tausend Reitern.« Horgàta nahm zufrieden die Zustimmung der übrigen Benàmoi zur Kenntnis. »Um sicherzugehen, dass die Maden sich nicht doch mit den Elben zusammentun und uns angreifen, blieb uns nur die Hatz zum Tor hinaus.«

Darinór schien nicht überzeugt. »Ich denke eher, es verhielt sich wie vor elf Momenten der Unendlichkeit.«

»Was meinst du damit?«

»Du dachtest, *du* jagst die Elbin – stattdessen hätte Narósil beinahe *dich* getötet.« Er legte die Unterarme ruhig auf den Stein, um den sie saßen. »Ich bin mir sicher, dass die Elben den Unterirdischen befahlen, uns gehen zu lassen. Damit es weniger Albae in Tark Draan gibt. Wir fielen darauf rein und freuen uns auch noch darüber.«

»Aber die Feindschaft zwischen Elben und Unterird…«, hob der blonde Ocalòs an.

»Würden sie ihre Fehde *über* den Fortbestand ihrer beider Heimat stellen?«, warf Darinór ein. »Vraccas gebot ihnen, Tark Draan gegen Angreifer von außen zu beschützen. Was sind wir? Besucher auf der Durchreise?« Er lachte. »Doch es ist nun einmal geschehen, dass wir auf die List hereinfielen. Kümmern wir uns beizeiten darum, dass *wir sie* dieses Mal tücken!«

Horgàta sah zu Ecatòn und las die gleiche Eingebung in dessen grauen Augen. »Da du dir so umfassende Gedanken machst, Darinór, schlage ich vor: Richte sie auf etwas Vernünftiges. Sei *du* der Held, den wir später lobpreisen, weil er uns mit einem Handstreich, einem unerreichten Einfall oder wie auch immer an den Unterirdischen vorbeibrachte.« Sie legte die Handflächen zusammen. »Was hältst du davon?«

Der Benàmoi der Nachhut sah unvermittelt unschlüssig aus.

»Du zögerst? Weil du Angst hast, zu versagen?« Horgàta verzog das Antlitz. »Dazu ist es zu spät. Der Befehl ergeht an dich: Finde eine Möglichkeit oder scheitere und werde auch damit in den Heldenepen erwähnt. Denn nach unserer Rückkehr werde ich Carmondai genau berichten, was ich dir auftrug.« Die Albin stand auf. »Haben unsere Späher ausgekundschaftet, wohin Narósil und seine Kriegerinnen ritten?«

Ecatòn nickte. »Wir fanden ihre Spuren, die weiter abwärts führen. Aus dem Gebirge heraus.«

Darinór lachte leise. »Ich sagte doch: Sie locken uns weg von Tark Draan. Und wir tun ihnen den Gefallen und folgen.«

Horgàta ignorierte ihn. »Wie viele sind es noch?«

»Die Hufspuren lassen auf fünfhundert schließen, aber einige Abdrücke sind nicht tief genug, und andere ungewöhnlich tief«, erläuterte Ecatòn. »Die Erklärung wäre: Sie führen Proviant mit oder wollen uns über ihre wahre Anzahl täuschen.«

»Oder beides«, fügte Fatalór hinzu und strich sich die braunen Haare aus dem Antlitz, die nach vorne gerutscht waren.

»Dann folgen wir ihnen, sobald die Sonne sich erhoben hat.« Horgàta verließ die Nische und kehrte in die große Höhle zurück, wo ihre Truppen und die Nachtmahre lagerten.

Es roch nach frisch Geschlachtetem und rohem Fleisch. Die Rappen waren mit den Überresten der Elben gefüttert worden, was sie empfindsamer für den Geruch der Todfeinde machte. Ein Bissen genügte, und die Nachtmahre vermochten die verbliebenen Gegner auf viele Meilen auszumachen, sofern der Wind günstig stand.

Die Kriegerinnen und Krieger grüßten sie ehrerbietig, sobald Horgàta in deren Nähe an den Feuern vorbeischritt. Die meisten von ihnen widmeten sich entweder der Pflege ihrer Tiere oder der Rüstungen sowie Waffen. An einigen Flammen wurde geschnitzt, mal Figürchen, mal Schmuck, mal handliche Instrumente. Da sich die Albae beständig auf dem Ritt befanden, gab es keine Gelegenheit, große Bilder oder Statuen oder größere Kunstwerke mit sich zu führen.

Einer der Soldaten versuchte sich zumindest an einer zusammensteckbaren Flöte, die groß wie ein Alb werden würde und über ein außen anbringbares Mundstück mit Luft versorgt wurde.

Sie sind geduldig und treu ergeben. Ich werde sie nicht zu lange auf die Rückkehr warten lassen. Horgàta nickte anerkennend, und er neigte den hellen Schopf. Sie war eine Heldin, eine Legende, mit Tausenden getöteter Feinde an ihren Klingen, wie die Markierungen ihrer Rüstung verkündeten. Wenige konnten es mit ihrer Kampferfahrung aufnehmen.

Nur Darinór hielt es anscheinend für klug, sie herauszufordern.

Horgàta beschloss, dass es an der Zeit war, der Nachhut eine Aufgabe zu erteilen, die Darinórs Aufmüpfigkeit ein Ende setzen würde. Unwiderruflich.

Sie verließ sich auf ihre Eingebung, nicht zu lange auf diese Gelegenheit warten zu müssen.

Ishím Voróo (Jenseitiges Land), viele Meilen südlich des Blauen Gebirges, 4371. Teil der Unendlichkeit (5200. Sonnenzyklus), Winter

»Es muss begonnen haben, kurz nachdem sie das Gebiet passierten.« Ecatòn sah von dem kleinen Hügel auf die Heerlager, die sich in geringem Abstand gegenüberlagen und aus denen immerzu Truppen aus ihren Unterkünften strömten, um sich in die Schlacht zu werfen.

Horgàta saß neben ihm auf ihrem Nachtmahr, drei Krieger begleiteten sie bei ihrer Erkundung.

Bereits so früh am Morgen kannten die Gegner keine Gnade, während das gelbe Taggestirn eben erst über dem Gebirgshügel im Osten aufzog. Der Wind wehte ihnen die leisen Geräusche zu: Waffenklirren, helles und dunkles Sirren, Geschrei und das monoton mechanische Klacken von schwerem Kriegsgerät.

Die Albin schüttelte den Kopf. *Das hatte noch gefehlt.*

Eine halbe Meile vor ihnen tobte das Gemetzel. Menschenähnliche Kreaturen bekämpften sich, Katapulte schossen unaufhörlich in das Durcheinander und verschleuderten den Tod großflächig auf Freund und Feind. Es schien die Feldherren nicht zu kümmern.

»Es sieht nicht danach aus, als würde eine Seite bald den Sieg davontragen«, schätzte Horgàta das Geschehen ein. »Was den einen fehlt, vermögen die anderen nicht auszunutzen. Barbaren! Zu dumm zum Siegen.«

Ecatòn lachte leise und zog den Helm ab, die schwarzen Haare fielen bis über die Schulterpanzerung. »Dennoch sind sie uns im Weg.« Er zeigte zu den Pässen, die voller Schnee lagen. »Wir könnten sie zwar umgehen, doch es würde uns viele Splitter der Unendlichkeit kosten. Eventuell verlieren wir die Spur der Elben.«

Das würde Horgàta keinesfalls in Kauf nehmen.

Sie überdachte die Möglichkeiten, die sie hatten: Mitten durchs Kampffeld oder quer durch eines der Lager. Ihre Augen richteten sich auf die Stellungen zur ihrer Linken, die hastig und nachlässig errichtet wirkten, als fürchteten sie keinerlei Ausfälle gegen die Flanken und in die Unterkünfte. »Denkst du, wir kommen verlustfrei hindurch?«

Ecatòns Blicke huschten hin und her. »Nachts sicherlich. Tagsüber könnten uns die schweren Katapulte Ausfälle bescheren. Vor ihren Kriegern und deren Waffen fürchte ich mich nicht.«

Horgàta dachte das Gleiche, wollte aber keine Zeit verlieren. Die Vernunft gebot, auf die Finsternis zu warten. Aber die Sonne stand hoch, das Wetter war herrlich und die Beschaffenheit der Umgebung für einen schnellen Galopp geeignet – somit machten die verfolgten Todfeinde viele Meilen gut, ehe Horgàtas Truppe sich an ihre Hufe hängen konnte.

Sie richtete die Aufmerksamkeit auf die schiefen Palisaden, die achtlos in den Boden gerammt waren und Lücken von der Breite eines Nachtmahrs aufwiesen.

Ecatòn stellte sich im Sattel auf. »Es sieht trügerisch aus, nicht wahr? Der Boden könnte auf der anderen Seite zu einer Fallgrube ausgehoben worden sein.« Horgàta schwieg. Kämen die Barbaren auf solch einen Einfall?

Das Schlachten vor ihnen ebbte nicht ab. Reihenweise fielen die unbekannten Krieger in den Salven der Speere und Pfeile, Zweikämpfe endeten abrupt durch die hereinschießenden Geschosse und wurden gelegentlich zugunsten des Unterlegenen entschieden, bevor ein zweiter Pfeil auch dem vermeintlichen Sieger das Ende brachte.

Hier ist die Gelegenheit. Horgàta entschied sich für ein Wagnis, das ihr Gewissheit über eine mögliche Falle bringen würde und nur Vorteile in sich trug. »Ich werde Darinór beauftragen, eine Bresche für uns zu schlagen«, verkündete sie laut.

»Die Nachhut soll …?«, setzte Ecatòn staunend an.

»Darinór beschwerte sich, dass es nichts für ihn zu tun gäbe. Jetzt mag er beweisen, welch guter Krieger er ist.« Horgàta lächelte böse. »Setz deinen Helm wieder auf. Wir reiten zurück. Sage Fatalór und Ocalòs Bescheid. Die übrigen Truppen sollen sich hier oben versammeln und bereithalten, um sofort durch die Lücke zu stoßen, die er für uns schuf.« Sie wendete den Nachtmahr und ließ ihn antraben. Ecatòn und ihre drei Soldaten folgten ihr.

Horgàta hoffte, dass Samusin seine Pflicht erfüllte und für einen Ausgleich sorgte: Darinór durfte fallen. Eine zweifelnde Stimme weniger – was sie gerne mit dem Blut von zehn Kriegern bezahlte. Vorzugsweise mit dem Blut von schlechten.

Nicht lange danach waren die knapp zweitausend Albae versammelt, formierten sich im Schutz des Hügels.

Horgàta sah zu Darinór, der seine Nachhut ungewohnterweise nach vorne befehligt hatte. Die Anspannung strahlte von den Kriegern ab, machte ihre Reittiere unruhig.

Sie ließ ihren Rappen zu ihm traben und hielt an, reckte den Kopf und sprach nicht einmal im Ansatz leise. Jeder sollte ihre Worte vernehmen. »Du freust dich über mein Vertrauen, wie ich sehe, Benàmoi.«

»Das tue ich, Horgàta.« Darinór nickte und deutete auf seine Einheit. »Wir brennen darauf, deinen Auftrag zu erfüllen.«

Sie sah hinter den Visieren keine Furcht in den schwarzen Augen, doch bemerkte sie Erstaunen und die schwelende Frage, weswegen die Einheit, die bislang den Rücken deckte, die Hauptaufgabe erhalten hatte.

»Wisset, dass Darinór mich darum bat, diese Bresche schlagen zu dürfen«, sprach Horgàta. »Bei unseren Beratungen lobte er die Kampfkraft seiner Soldaten, und wie sehr sie sich danach sehnten, ihr Geschick unter Beweis zu stellen.« Sie deutete mit ihrer Linken auf den Benàmoi. »Dankt es ihm, indem ihr einen furiosen Sieg erringt und keinen einzigen Verlust erleidet.«

Darinór fixierte sie. Die schwarzen Augen glänzten auf, als wollten sie Blitze verschießen. Er wusste genau, weswegen er den Vorstoß anführen musste: Widerworte. »Ich werde in der Tat keinen Einzigen verlieren«, erwiderte er kühl.

»Weil du nur gute und keine schlechten Krieger hast«, fügte sie mit einem Lächeln hinzu. *Gleich habe ich dich.*

»So verhält es sich.«

»Wie beruhigend für uns beide.« Horgàta hatte ihn geschickt in den Hinterhalt manövriert, aus dem er sich nicht zu befreien vermochte, ohne sein Ansehen bei der Nachhut einzubüßen. »Da du derart überzeugt bist, nehme ich dein Versprechen an, keinen meiner Soldaten zu verlieren. Du bürgst mit deinem Leben.« Ein Rückzieher war nicht denkbar – er hätte ihn sofort das Vertrauen der Dreihundert verlieren lassen. »Nimm meinen Respekt entgegen. Ich kenne keinen Benàmoi, der ein nobleres Gelübde vor einer Schlacht abgelegt hätte.« Sie ließ ihren Nachtmahr demonstrativ rückwärts weichen. »Sodann reite, weise uns den Weg. Wir folgen dir, um die Elben zu hetzen.«

Ecatòn schlug mit der Faust einmal auf Herzhöhe gegen die Rüstung, als Zeichen seiner guten Wünsche. Horgàta konnte spüren, wie vergiftet diese Geste war.

Darinór wollte etwas entgegnen, doch er nickte nur, presste die Zähne fest zusammen und setzte sich den Helm auf, bevor sich die Wutlinien erneut zeigten. Er gab das Signal zum Vorrücken, und seine Krieger ritten auf die Kuppe zu, um sie zu überwinden und sich im Galopp nach unten zu stürzen, gegen die kaum befestigte Lagerflanke zu ihrer Linken.

Horgàta wartete, bis der Letzte der Nachhut sie passiert hatte, dann folgte sie auf die Anhöhe, um zu verfolgen, wie sich der Benàmoi anstellte. »Langsam nachziehen«, befahl sie und trabte vorwärts.

Sie wünschte keinem Soldaten die Endlichkeit, damit sie Darinór vollkommen gerechtfertigt umbringen konnte, aber sie erbat sich einen verirrten Pfeil, einen Unfall, etwas, was den lästigen Alb beseitigte.

Horgàta erreichte die Spitze der Erhebung, von der sich die Nachhut eben hinabwarf und mit Gewitterhufen gegen die Barbaren jagte. Obwohl die Sonne hoch stand und das Blitzen um die Fesseln der Nachtmahre nicht richtig zur Geltung kam, war es ein Schauspiel, das sie immer wieder gerne betrachtete. Das Donnern passte zu der Sturmwolke, die sich am Boden manifestierte und auf die Unterkünfte der Barbaren zuraste.

Ecatòn erschien neben ihr. »Die Truppen haben Aufstellung genommen, Fatalór und Ocalòs sind bereit«, erstattete er Bericht. Er legte die Hände auf den Sattelrand und beobachtete, wie seine Befehlshaberin beobachte, was Darinór unternahm.

Um die dahinjagende Nachhut verringerte sich das Licht, als riefe sie die Dämmerung herbei. Die Albaekriegerinnen und -krieger nutzten ihre Kräfte, um Dunkelheit zu bringen, was im Tageslicht nicht möglich war – aber es erzielte auch jetzt einen sichtbaren Effekt. Die kleinen Geister der Menschen würden sich vor Angst die Rüstungen beschmutzen.

»Was geschieht wohl, wenn er die Furcht gegen die Barbaren schleudert?«, sagte Ecatòn vorfreudig. »Ich sehe die Bresche bereits vor uns. Die Menschen werden in Scharen flüchten.«

Horgàta beobachtete, wie es zwischen den Zelten des Heeres hektisch wurde. Man hatte die Angreifer bemerkt und wusste nichts gegen die galoppierende Einheit auszurichten, die sich deutlich von ihren Widersachern auf dem Schlachtfeld unterschied.

Signalhörner tönten leise. Die Barbaren schienen sich auf den Zusammenprall vorzubereiten.

»Mir wäre es recht, einen einzigen Krieger zu verlieren«, murmelte Ecatòn. »Nur *einen*, damit er seinen ungewollten Schwur erfüllen muss. Übrigens eine feine List.«

Horgàta lächelte unterdrückt. »Möchtest du seinen Posten? Ist dir die Vorhut zu gefährlich geworden?«

Der Alb lachte. »Nein, ich bin sehr gerne in der ersten Linie. Aber wir brauchen den Zusammenhalt, um in Ishím Voróo zu bestehen. Zweifler müssen verstummen.« Er nickte und hielt den Kopf ebenso wie seine Stimme gesenkt. »Ich denke, dass Samusin ein Einsehen haben wird, sofern er möchte, dass wir überleben.«

Darinórs Einheit hatte den Fuß der Anhöhe erreicht und schoss an verschiedenen Stellen der lückenhaften Palisaden wie schwarzes Quicksilber ins Lager der Widersacher.

Horgàtas Atem stockte kurz. *Was geschieht nun?*

Doch weder tat sich die Erde unter den Nachtmahrhufen auf noch schossen Flammen aus dem Untergrund. Es schien der Nachhut ganz leicht gemacht zu werden, die Unterkünfte zu überrennen.

Ein Teil der Berittenen riss die Befestigungen gänzlich nieder, ein anderer schoss mit Brandpfeilen auf die Katapulte, die viel zu behäbig gedreht wurden, um eine rasche Gegenwehr zu leisten. Noch bevor sie ihre tödlichen Ladungen aussandten, hatten die züngelnden Flammen die Sehnen und Seile durchgebrannt.

»Da unten reitet ein Freund der Götter.« Ecatòn sah Horgàta von der Seite an und erwartete ihren Befehl zum Losschlagen.

Aber die weißblonde Albin rührte sich nicht, sondern hielt die schwarzen Augen auf die Nachhut gerichtet. »Noch nicht«, wisperte sie.

»Hast du Hoffnung? Vertraust du Samusin?«

Horgàta antwortete nicht und betete stumm zum Gott des Ausgleichs.

Darinór schien zu wissen, dass seine Befehlshaberin ihn unverändert auf die Probe stellte und daran messen würde, welchen Erfolg er mit seinen dreihundert Tapferen errang. Vor dem gesamten Heer. Er schrie Befehle und begann, das Vernichtungswerk in die letzte Ecke des Lagers zu tragen.

Fließenden Tintenlinien gleich preschten die Albae durch die Zeltstadt, mordeten mit genauen Schlägen, setzten die Wände aus Leinen in Brand, brachten Tod und Zerstörung. Bald loderte es überall, die Leichen der Barbaren stapelten sich in den Gängen und auf den Plätzen, sodass die Nachtmahre über sie hinwegspringen mussten.

Darinór ist kein Freund der Götter. Horgàta beobachtete noch immer. *Er ist ein verfluchter Liebling!* Sie wandte den Kopf zum Schlachtfeld.

Dort war die Attacke bemerkt worden: Die Barbaren, deren Vorräte, Nachschub, Marketender und Unterkünfte in Rauch aufgingen, versuchten, sich von den eigentlichen Gegnern aus den Scharmützeln zu lösen, um im Lager zu retten, was zu retten war.

Doch dieses Mal ließ der feindliche Feldherr nachsetzen, sodass die Barbaren mehr und mehr aufgerieben wurden.

Als sich abzeichnete, wer den Sieg davontrug, gab Horgàta das Signal zum Nachziehen und setzte sich an die Spitze der schwarzen Flut, die von der Anhöhe schwappte. Die rotleuchtenden Augen der Nachtmahre glommen wie glühende Kohlestücke.

Das Albaeheer jagte durch die untergehende, lichterloh brennende Stätte, wurde von den Feinden der Barbaren auf dem Schlachtfeld bejubelt, und setzte seinen Weg fort, als sei nichts geschehen.

Horgàta schloss zu Darinór auf, dessen Rüstung und Rappen vor Blut der getöteten Feinde troff, und nickte ihm zu. »Gut gemacht, Benàmoi!«

»Keinen einzigen Verlust«, erwiderte er grimmig. »Ich habe meinen von dir auferlegten Schwur gehalten.« Er ließ sich ohne Gruß zusammen mit den Dreihundert an das Ende des Trosses fallen, wo ihr angestammter Platz als Nachhut war.

Horgàta gab ihrem Nachtmahr die Sporen, preschte über die Leichen erschlagener Barbaren hinweg und führte ihre Krieger auf den Spuren der Elben weiter nach Süden, tiefer ins unbekannte Ishím Voróo.

Freue dich nicht zu früh, Benàmoi. Sie sah den Eid noch lange nicht erfüllt, denn sie hatte ihn nicht zeitlich begrenzt. Nach wie vor bürgte der Anführer der Nachhut mit seinem Leben für jedes einzelne seiner Soldaten. Das mochte Darinór anders sehen, doch sie wusste, wie sie vorgehen würde.

Nach drei Meilen erschien vor ihrem schnaubenden Nachtmahr ein kleines Dorf. Einzelne Hütten waren niedergebrannt, vermutlich heimgesucht von einem der Heere oder gar beiden, auf der Suche nach Proviant und Schmuck.

Die zerlumpten Bewohner, nicht mehr als hundert Seelen, hatten sich auf der Straße versammelt. Anstelle von Waffen trugen sie Körbe, Brote, kleine Tiegel und Krüge. Sobald die Albae bemerkt wurden, hoben sie die Arme anbietend mit den Dingen in die Höhe.

Ecatòn ritt neben Horgàta. »Sie wollen uns Geschenke machen. Es wurde bemerkt, dass wir ihre Feinde vernichteten. Das ist nicht das Schlechteste. Wir brauchen Brot.«

Horgàta dachte an die furchtbaren Speisen der Bergbarbaren, die sie notgedrungen unterwegs gegessen hatten. Brot stellte das einzige Nahrungsmittel dar, das man in Ishím Voróo verzehren konnte, ohne sich den Magen zu verderben, abgesehen von erlegtem Wild. Das Stallvieh dagegen schmeckte grässlich. »Vorhut und Haupttross rücken weiter vor, die Nachhut bleibt bei mir und nimmt auf, was essbar erscheint«, befahl sie und ließ sich zurückfallen, während Ecatòn die Führung übernahm.

Die Bewohner wichen eingeschüchtert zur Seite, mieden die Nähe zu den Nachtmahren und warteten geduldig, bis sich die Albin und ihre dreihundert Mann starke Truppe vor ihnen aufreihte. Erneut reckten sie die Waren. Es schien Sitte zu sein, dass jeder das Haupt mit einem auftürmenden Turban bedeckte; der bunte Stoff war von geringer Qualität.

»Darinór, prüfe, was wir davon nutzen können«, befahl Horgàta und versuchte zu erkennen, welcher der grobschlächtigen Menschen das Sagen haben könnte. Dies war wichtig, um eventuellen Widerstand sofort auszuschalten. Sie sehnte sich nach Tuch, um deren hässliche Münder, Nasen und Augen darunter verstecken zu können. Sie waren eine Beleidigung für ihr Schönheitsempfinden.

Einer der Barbaren, der älter wirkte und bessere Kleidung trug, trat näher an ihren Nachtmahr heran, ohne sich der Gefahr bewusst zu sein, und hielt eine Schale mit Obst hin. Die Früchte rochen süßlich und widerlich, überreif und nicht ansprechend.

»Das jedenfalls nicht«, sprach Darinór würgend.

Horgàta lehnte mit einer entschiedenen Geste ab und wies auf die großen, runden Brotlaibe. »Das. Alles.«

Der Barbar verstand das Zeichen und gab Anweisungen.

Die Laibe wurden daraufhin in fleckige Laken eingeschlagen und in Weidenkörbe gepackt, bis sie voll waren. Vermutlich gab es wirklich keine Krume mehr in dem Dorf. Alles war den Befreiern für ihre Tat überlassen worden.

»Dann weiter«, befahl Horgàta und wollte endlich dem durchdringenden Geruch entkommen, der von allen Seiten auf sie einströmte.

Der Barbar neigte sein Haupt vor ihr und wich von der zerstampften Straße zurück, um dem Zug Platz zu machen.

Da schnappte der vorwitzige Nachtmahr dunkel wiehernd zu. Das Maul verfehlte das Gesicht des Mannes knapp, riss ihm aber das Ohr ab und den Turban herunter.

Schreiend sprang der Barbar zurück, hielt sich die verletzte Stelle – und langes, dunkelblaues Haar wickelte sich wallend von seinem Kopf, hing ihm bis zu den Knien. Es wogte und leuchtete intensiv im Sonnenlicht.

Knurpsend verschlang der Nachtmahr das Ohr, schnupperte hungrig in Richtung seines Opfers. Die Zunge leckte über die blutigen Nüstern.

Der verletzte Barbar schrie und keuchte, das Blut rann sprudelnd zwischen seinen Fingern hervor. Zwei Frauen liefen zu ihm, pressten Tücher gegen die Wunde. Unter den Bewohnern entstand Aufregung, die Befreier wurden sogleich mit entsetztem Misstrauen beäugt.

Ihr ... Götter! Horgàta interessierte sich nicht für die Verletzung oder die Schmerzen des Barbaren. Sie hatte nur Augen für die schimmernden Strähnen, in einem nie gesehenen Blau, wie leuchtende Edelsteine oder ein klarer Sommerhimmel. »Das ist wundervoll«, wisperte sie.

Hunderttausend Einfälle bestürmten sie, was man aus den einmaligen Haaren fertigen könnte, nachdem sie gewaschen und bearbeitet waren: verweben, einweben, Befestigungen, in eine Skulptur einbringen. Sie wollte jede einzelne Strähne haben.

Horgàta betrachtete die übrigen Barbaren. Die Kopfbedeckungen legten nahe, dass sie ebensolche Schätze verbargen. *Ist das so? Ein Dorf mit einem geheimen Schatz?*

Horgàta sah zu Darinór, der nicht minder beeindruckt von den leuchtend blauen Haaren war. »Wir nehmen sie mit. Alle.«

»Die Barbaren?«

»Ihre Haare, Benàmoi.« Horgàta zog ihr Kurzschwert. »*Nur* ihre Haare. Danach tötet sie.« Niemand sollte nach ihnen die Gelegenheit haben, einen solchen Fund zu machen.

Ishím Voróo (Jenseitiges Land), viele Meilen südlich des Blauen Gebirges, 4371. Teil der Unendlichkeit (5200. Sonnenzyklus), Spätwinter

»Vorhut und erste Abteilung: Umreitet sie! Die Pfade hoch und vorbei an ihnen!« Horgàta sah die elbischen Panzerreiterinnen vor sich in die schmale Schlucht einschwenken. Obgleich Narósil sicherlich genau wusste, in welche Gefahr er seine geschrumpfte Truppe brachte, indem er sie durch die Enge reiten ließ, gab es für ihn keine andere Möglichkeit: Das Gewicht sowie die Bewegungseinschränkungen der schweren Rüstungen an Kriegerinnen und Pferden hinderte sie daran, die kleinen Wege rechts und links hinaufzupreschen.

Die Nachtmahre dagegen vermochten dies ohne Schwierigkeiten.

»Nachhut und zweite Abteilung, folgt ihnen durch die Schlucht! Aber bedrängt sie nicht zu sehr. Je langsamer sie sind, desto besser für uns.« Wenn es ihrem kleinen Heer gelang, die Gegnerinnen zu überholen, dann ... Horgàta wollte noch nicht daran glauben. Wie schnell konnte sich ihr Traum in Luft auflösen. Die Jagd verlief schon so lange und stets nur mit kleinen, unbefriedigenden Erfolgen.

Die weißblonde Albin gab ihrem Rappen die Sporen und setzte sich an die Spitze der Vorhut, die rechts des Felseinschnitts emporgaloppierte und sich auf den schmalen Grat schwang. Eine lange, dunkelblaue Haarsträhne hatte sie an ihrer Schulterpanzerung befestigt, die nun hinter ihr her wehte.

Sie verließ sich auf die Trittsicherheit ihres Nachtmahrs, ohne weiter auf den Pfad zu achten, der nicht breiter als eine halbe Schwertlänge war. Auf der einen Seite ragten Felswände steil auf, neben ihr ging es senkrecht nach unten.

Rasch schwang sich der Weg bergauf, Horgàta schätzte, dass sie sich siebzig Schritte über den Köpfen der Elben befand.

Ihr gegenüber auf gleicher Höhe führte Fatalór die weitaus größere Abteilung von sechshundert Albae vorwärts. Er grüßte kurz und spornte sein Tier an, schneller dahinzujagen: Er forderte Horgàta spielerisch heraus, wer zuerst das Ende der Schlucht erreichte und die Gegnerinnen bei ihrem Erscheinen mit Pfeilen zu Fall brachte, um den armseligen Rest mit einem einzigen Angriff niederzuschmetterten.

Horgàta grinste und machte sich im Sattel kleiner, um nicht von den pfeifenden Böen erfasst zu werden. Sie ließ ihren Hengst galoppieren, hörte das Stampfen und Zischen der Hufe der Vorhut hinter sich. Das Rennen hatte begonnen.

Gelegentlich sah die Albin in die Schlucht.

Sie hatten die Gegnerinnen überholt. Es wäre ein Leichtes gewesen, Felsbrocken aus den Hängen zu stemmen und auf die Elbinnen regnen zu lassen, doch Horgàta verlangte es nach dem allerhöchsten Sieg, dem größtmöglichen Glücksgefühl, und das erhielt sie alleine durch das eigenhändige Töten.

Sie lechzte danach, in die brechenden Augen einer Feindin zu schauen und zu beobachten, wie sich das von Qualen verzerrte Gesicht entspannte und die Seele auszog. Jede von ihnen sollte in Tions Hände geraten und zerrissen werden.

Horgàta drehte den Kopf weiter und wagte einen Seitenblick, trotz des gefährlich schmalen Pfads, der all ihre Aufmerksamkeit und die ihres Nachtmahrs verlangte.

Weiter hinten in der Klamm folgten Ocalòs und Darinór mit ihren neunhundert Tapferen. Sie hielten allerdings nicht mehr den befohlenen Abstand zu den Feinden und rückten näher an die Nachhut der Elbinnen. Das Verlangen, endlich das Ende über die Todfeinde zu bringen, schien zu groß.

Horgàta fühlte sich trotzdem milde gestimmt. Der Sieg war ihr nicht mehr zu nehmen.

Fatalórs sechshundert Kriegerinnen und Krieger auf dem Pfad gegenüber befanden sich nun auf der gleichen Höhe wie Narósils Elbinnen. Der Benàmoi verlor mehr und mehr den Anschluss.

Aber ans Aufgeben dachte er nicht. Fatalór gab dem Nachtmahr die Sporen, wisperte etwas in die aufgereckten Ohren, woraufhin sich der muskulöse Leib des Tieres streckte, um noch schneller zu werden.

Das bringt dir nichts. Horgàta wollte sich nach vorne wenden, als sie sah, wie unter dem aufblitzenden rechten Vorderhuf ein ganzes Teilstück des Pfades weggesprengt wurde, auf dem der Alb dahinpreschte. Die magischen Entladungen um die Fesseln schienen in eine empfindliche Stelle geschlagen zu haben.

Fatalór sackte zusammen mit dem abbrechenden Gestein schreiend in die Tiefe, ohne den Hauch einer Gelegenheit zu erhalten, etwas gegen den Sturz zu unternehmen. Der Rappe galoppierte im freien Fall, als befände er sich auf sicherem Boden, und versuchte wiehernd, Halt zu finden.

Vergebens.

Die nachfolgende erste Abteilung donnerte in die Lücke. Noch mehr Steilkanten lösten sich und ließen die Albae in den Abgrund rutschen. Mit den Hufen schlagend stürzten die Nachtmahre; die Reiter versuchten, sich an den vorbeihuschenden Wänden festzuhalten, doch den wenigsten gelang es.

Eine vernichtende Moräne aus gerüsteten Albaekriegern, ihren Reittieren und tosenden Felsbrocken ging auf die Elbinnen nieder.

Horgàta zügelte ihren Hengst, um das grausame Schauspiel zu verfolgen. »Nein!«, schrie sie, die Wutlinien schnellten schmerzhaft durch ihr Antlitz und schienen sich einzubrennen. Was immer sich Samusin unter Ausgleich vorstellte, das durfte nicht sein!

Die Vorhut von Narósils Truppe entging dem ungewollten Angriff, indem sie bereits beim Niedergehen der ersten Steinsplitter die Geschwindigkeit verschärfte, aber der Rest verschwand unter den einschlagenden Geschossen, ob es nun Albae, Nachtmahre oder Felsbrocken waren. Die Schreie der Stürzenden vermengten sich mit denen der Getroffenen, es polterte schabend und reibend; die dunkle Schlucht füllte sich mit grauen Staubwolken.

Damit endete die Katastrophe nicht.

Der gratähnliche Pfad gegenüber löste sich in Gänze auf und rutschte in den Spalt, als wollte er ihn mit Schutt auffüllen.

Dabei brachen weitere Teile aus den darunterliegenden Wänden, Vorsprünge wurden mitgerissen und krachten in die Reihen von Ocalòs' nachfolgender zweiter Abteilung sowie Darinórs Nachhut.

Der mehlige Dunst breitete sich weiter aus und raubte Horgàta die Sicht. Doch sie wusste: Innerhalb weniger Lidschläge verlor sie neunhundert Soldaten. Wegen der Laune der Natur oder eines Gottes, der sicherlich den Namen Samusin trug. Nun hatte sie neunhundert Leben aufgeben müssen, um Darinór loszuwerden. Ein zu hoher Preis.

Aus dem Staub schoss Narósil, wie Horgàta von ihrer erhöhten Position aus verfolgte. Hinter ihm befanden sich weniger als fünfzig Elbinnen, alle verdreckt und teilweise verletzt, wie sie an den Haltungen zu erkennen glaubte; die Schilde und Harnische wiesen Dellen auf, kaum eine hielt noch eine Lanze in den Händen. Die Schwächung war offenkundig.

Horgàta dagegen befehligte fünfhundert Albae. Niemals war das Kräfteverhältnis günstiger gewesen, so tragisch der Verlust anmutete.

»Weiter«, schrie sie hasserfüllt. »Gleich haben wir sie vor unseren Klingen!« Sie trieb ihrem Nachtmahr die Fersen in die Flanken und nahm die halsbrecherische Hatz auf, um den Feinden keinen Vorsprung zu gönnen.

Die Vorhut unter Ecatòn folgte ihr unverdrossen. Die Albae zogen an Narósil vorbei.

Bald neigte sich der Pfad, und sie erreichten sicheren Boden.

Vor dem Ausgang aus der Schlucht breitete sich ein Tal aus, in dessen hinterem Bereich sich ein stattlicher Wald mit gigantischen Bäumen erhob; die Stämme ragten an die zweihundert Schritte in die Höhe und besaßen ausladende Äste von der Dicke einer herkömmlichen Rotrindentanne. Der leichte Abendwind trug den Geruch von ergrünendem Gras mit sich.

Horgàta ließ zweihundert Krieger absitzen und die Bogen zur Hand nehmen, zweihundert befahl sie in Bereitschaft, hundert hielt sie als Reserve zurück.

Stumm und gehorsam wurde die Aufstellung eingenommen. Die Albae erwarteten die Ankunft ihrer Todfeinde und das letzte Gefecht. Es gab keinerlei Rückzugsmöglichkeit für Narósil.

Ecatòn begab sich an ihre Seite, einen langen Bogen und einen Pfeil in den Händen, der gefüllte Köcher baumelte am Hals des Nachtmahrs. »Ein denkwürdiger Moment der Unendlichkeit«, sprach er ergriffen.

»Das wird er bald sein«, erwiderte Horgàta. Sie freute sich auf das Gefecht, auf das Töten, auf das Ausbeinen. Und die Rückkehr nach Tark Draan. Dort würde man den Gefallenen gedenken, indem man aus den Knochen der Besiegten einen Altar zu deren Ehren anfertigte. Sogar für Darinór.

Zunächst geschah nichts.

Dann ritt eine einzelne, staubbedeckte Panzerreiterin aus dem Zugang der Schlucht, die ein weißes Stück Stoff an die Lanzenspitze gebunden hatte. Die Elbin kam behutsam näher und näher; grauweiße Dreckschlieren lösten sich von ihrem Harnisch und schienen einen gespenstischen Mantel zu bilden, der hinter ihr her wehte.

»Soll ich sie …«, hob Ecatòn an und machte sich bereit, die Sehne mit dem Pfeil darauf zu spannen.

»Nein«, hielt Horgàta ihn zurück. »Wenn wir sie erledigen, trauen sich die anderen nicht heraus.«

Die Nachtmahre nahmen die Witterung der Feindin auf, schnaubten begierig und bleckten die scharfen Zähne. Sie stampften auf, Blitze zuckten.

Horgàta lächelte kalt. Es musste für die Elbin ein furchterregender Anblick sein, auf eine Wand aus Schwärze und rotglühenden Augen zuzukommen. Sie machte sich bereit, ihre albischen Kräfte einzusetzen und den Eindruck für die Unterhändlerin zu verstärken.

Die Elbin hielt fünfzig Schritte vor der Linie der Albae an und senkte ihre lange Waffe. Ein Zeichen, dass sie jemanden zum Unterreden erwartete.

Was wirst du mir anbieten? Horgàta tat etwas Unvernünftiges: Ehe Ecatòn sie zurückhalten konnte, jagte sie auf die Feindin zu und bremste ihren Nachtmahr kurz vor der aufblinkenden Spitze, die sie mit einem ihrer Kurzschwerter zur Seite schlug.

Sie ritt sogar weiter, um dicht vor der Elbin anzuhalten. »Was immer Narósils Begehr ist«, sprach Horgàta harsch, ohne die Unterhändlerin zu Wort kommen zu lassen, »ich will seinen Kopf auf« – sie pochte mit der Klinge gegen den Schaft – »*dieser* Lanze sehen. *Dann* können wir über alles andere verhandeln.«

»Ich ...«, setzte die Elbin empört an.

»Er hat das Schicksal seiner Kriegerinnen in der Hand: Weigert er sich, werden *alle* sterben. Geht er freiwillig in die Endlichkeit, wird er viele von euch retten.« Bewusst vermied sie es, eine genau Zahl zu nennen. Horgàta dachte ohnehin nicht daran, auch nur eine einzige Gegnerin zu schonen. Der Gedanke, mit ihrem Vorschlag einen Seelenkampf in Narósil ausgelöst zu haben, bereitete ihr unsagbare Freude. »Er kann unter Beweis stellen, was er für euch bereit ist zu tun.« Sie zeigte mit dem Schwert zur Schlucht. »Nun entscheidet selbst, was geschehen wird.« Sie wendete den Nachtmahr auf der Hinterhand und kehrte zu ihren Truppen zurück.

Ecatòn sah sie an. Er hatte Pfeil und Bogen nicht aus den Händen gelegt. »Was haben sie geboten, um ihre Knochen vor uns zu retten?«

»Ich ließ ihr keine Gelegenheit, ein Angebot zu unterbreiten. Wir diktieren ihnen«, erwiderte Horgàta und setzte sich aufrecht in den Sattel, während die Unterhändlerin umkehrte und im schwarzen Eingang der Klamm verschwand.

Sie warteten lange, bis sich etwas tat.

Die Bogenschützen entspannten die Sehnen, die Rappen wieherten laut und forderten die Elben heraus.

Plötzlich erklang schallender Hufschlag in der Stille, der sich ankündigend zwischen den Steilwänden herauswälzte. Eine Panzerreiterin nach der anderen kam heraus, reihte sich Seite an Seite ein, sodass sie einen Eisenwall bildeten, die Visiere waren heruntergeklappt. Die übrig gebliebenen Lanzen hielten sie aufgereckt in den Abendhimmel; Lampen brannten auf der Vorderseite der Schilde, um die Albae zu blenden. Hinter ihnen formierte sich eine zweite Reihe, ohne die langen Spieße.

»Es sieht nicht so aus, als würden sie uns Narósils Kopf bringen«, murmelte Horgàta bedauernd.

Ein kurzer Befehl aus Ecatòns Mund reichte aus, und die Albae spannten ihre Bogen wieder an, um die Geschosse jederzeit schwirren zu lassen. Die langen Pfeile durchdrangen die Panzerungen, wenn sie an den richtigen Stellen einschlugen. Bei zweihundert Schützen und fünfzig Gegnerinnen sollten nur wenige bis zur ersten Reihe der Albaekrieger vordringen. Die Entfernung reichte ihren Leuten aus, mindestens vier bis fünf gezielte Pfeile abzuschießen.

Als Letzter nahm Narósil seinen Platz ein, exakt in der Mitte der dreißig Kriegerinnen starken ersten Linie, die seine Elbinnen gebildet hatten; die Verletzen formierten sich für eine zweite, wesentlich kleinere Welle dahinter.

»Deine Offerte wurde abgelehnt, Horgàta«, rief er laut durch den Abend. »Wir stellen uns euch entgegen und werden etliche von euch Kreaturen des Bösen in die Endlichkeit treiben. Wir mögen dabei vergehen, aber das Geborgene Land muss euch nicht fürchten. Niemals werdet ihr zurückkehren. Die Zwerge bewachen die Festung zu gut.«

»Aber wir werden leben und die Hoffnung behalten, es doch zu vermögen. Die Zeit kann uns Unsterbliche nicht schrecken«, entgegnete sie. »Ihr dagegen baumelt als Schmuck an unseren Gürteln, als Trophäen in unseren Haaren, als Andenken an unseren Stiefeln, ohne zu wissen, dass Teile von euch nach Tark Draan gelangten.« Ihre Albae lachten. »Nur zu, Narósil. Dann führe deine Elbinnen in die Vergänglichkeit. Meine Bogenschützen warten.«

Der Elb hob den Arm, und die Lanzen der Reiterinnen senkten sich. Dann langte er an den Schwertgriff und zog die Klinge heraus, auf der sich das Licht der aufziehenden Nachtgestirne spiegelte. »Ich werde dich töten, Horgàta«, versprach er ihr und reckte seine Waffe empor.

»Du irrst. *Dein* Tod heißt Horgàta. Ich werde deinen Leib erkalten lassen, und Tion wird deine Seele verschlingen«, erwiderte sie und nickte Ecatòn zu.

Gerade als Narósils Hand mit dem Schwert leicht zitterte und nach unten fahren wollte, erklang ein dumpfes Grollen, unter dem die Erde erbebte. Es nährte sich von hinten, aus dem Wald.

»Wartet!« Horgàta warf einen Blick über die Schulter.

Ein Lichtermeer ergoss sich zwischen den Stämmen und rollte auf breiter Front auf die Albae und Elben zu. Bei genauerem Hinsehen erkannte man spärlich gerüstete Krieger mit langen Speeren, die auf Pferden ohne Sattel heranrauschten und Fackeln hielten.

»Das müssen zweitausend und mehr sein.« Ecatòn klang angespannt. »Sie könnten uns niederreiten.«

»Können sie nicht, solange wir uns dagegen schützen.« Horgàta befahl ihre Einheit in einen Verteidigungsring, die Bogen in die Mitte, der Rest als Schutz darum herum.

Die Elben nahmen eine ähnliche Formation ein und warteten ebenso ab. Narósil hatte wie sie erkannt, dass ein Angriff auf die Neuankömmlinge sinnlos war.

Er spekuliert wie ich, sie auf unsere Seite zu ziehen. »Niemand gibt einen Schuss ab«, befahl Horgàta. »Lasst sie herankommen und abwarten, was sie wollen.« Sie verließ sich auf die angeborenen magischen Kräfte ihres Volkes und die Schlagkraft ihrer Kriegerinnen und Krieger. Beides wollte sie überraschend einsetzen und nicht aus blinder Verteidigungswut heraus.

Die unbekannten Kämpfer umzingelten beide Gruppen, die Speere waren aber nicht zum Angriff gesenkt. Es hatte den Anschein, dass sie erschienen, um nach dem Rechten zu sehen – wie besorgte Eltern, die streitende Kinder voneinander trennten.

Horgàta sah die leicht spitz zulaufenden Ohrenmuscheln. »Elben?«, entfuhr es ihr wütend.

»Oder Albae, die wir heute zum ersten Mal sehen«, warf Ecatòn leise ein. »Bedenke, dass es Nacht ist.«

»Albae?« Horgàta wunderte sich, dass sie nicht selbst auf den Gedanken gekommen war. *Warum sollte es keine glückliche Fügung sein?* Aber ein Blick auf die einfache Kleidung, den schlicht, beinahe kindlich hergestellten Schmuck und die handwerklich ungenau ausgeführten Bemalungen der Rüstungen ließen sie daran zweifeln.

Sie starrte hinüber zu Narósil, der sein Visier in die Höhe schob und ein nachdenkliches Gesicht machte. Auch er konnte die Lage nicht einschätzen. *Das* war beruhigend. Kein Vorteil für beide – daher musste sie den Vorteil für sich gewinnen.

Ein in bunte Stoffe gehüllter Fremder, der ein breites Kreuz hatte und eine wilde, blond gelockte Frisur trug, begab sich auf seinem Pferd in die Mitte zwischen Elben und Albae, deutete mit den Händen auf die Gruppen, hob je einen Finger und zeigte rechts und links neben sich.

»Er will uns sprechen«, übersetzte Ecatòn überflüssigerweise. »Soll ich das erledigen?«

Horgàta schüttelte das weißblonde Haupt. »Ich reite und kläre das. Sollte mir etwas zustoßen, unternimm alles, um die Elben aus Tark Draan auszurotten. Danach magst du mit den anderen tun, was immer du möchtest.«

Sie ließ ihren Nachtmahr neben den Unbekannten traben. Für ihren Geschmack lebten noch zu viele Todfeinde und es wurde zu viel verhandelt.

Narósil erreichte den Unbekannten im gleichen Moment wie die Albin. Er wunderte sich erkennbar über die Begegnung. »Ich grüße dich«, eröffnete er langsam sprechend seine elbische Rede, um herauszufinden, ob der Fremde ihn verstand.

»Meinen Gruß und Segen«, hielt Horgàta auf Albisch dagegen. »Sag mir …«

»… wer du bist«, führte Narósil fort.

Der Unbekannte sah von einem zum anderen, musterte ihre Züge ganz genau. »Ich«, sprach er stockend und in einem primitiven Dialekt, der ungefähr zwischen den Sprachen der Todfeinde lag, »Shàtra. Ihr auf meinem Land. Ihr Krieg? Ihr euch töten? Warum?«

»Samusin stehe uns bei«, ächzte Horgàta. »Ein dummer Elb!« Anscheinend wusste der Anführer der ungebetenen Besucher nicht einmal im Ansatz, wen er vor sich hatte.

»Ein törichter Alb«, verbesserte Narósil. Er hatte eine Hand am Schwertgriff, was ihr nicht entgangen war. »Wir«, sagte er langsam und deutlich zu Shàtra, »sind Gegner.« Er zeigte auf Horgàta, »Alb, schwarze Augen«, dann wies er auf sich, »Elb. Weiße Augen.« Er richtete den Finger auf Shàtra. »Welche Augen hast du, wenn die Sonne scheint?«

Dieser machte ein irritiertes Gesicht und schien nicht zu begreifen, was Narósil herausfinden wollte. Stattdessen nickte er auf Horgàta, dann auf den Elb. »Ihr Ohren wie ich und meine Leute. Ihr wie wir. Wir gleich.«

Horgàta schürzte die Lippen. Sie rang mit sich, Shàtra aus dem Sattel zu stechen. Doch die vielen Lichter, die zwischen den Bäumen sichtbar wurden, hielten sie davon ab. *Ich brauche eine andere Taktik.* »Ja, wir sind gleich. Aber wir hassen uns und müssen …«

Shàtra hob unterbrechend die Hand, sein Gesicht verhärtete sich. »Ihr euch *nicht* töten. Leben zu kurz. Leben kostbar.«

»Zu kurz?« Narósil begriff wohl im gleichen Moment wie Horgàta, dass diese Verwandten nicht unsterblich waren. »Zu wertvoll meinst du.«

»Kurz«, beharrte Shàtra. »Ihr euch nicht töten.«

Horgàta knurrte ungeduldig. »Zieht euch zurück, wir führen unsere Händel zu Ende, und danach verschwinden wir.«

»Du bist dir sehr sicher, was den Sieg angeht«, schleuderte ihr Narósil zu.

Shàtra betrachtete sie wieder abschätzend, rief Befehle, die Horgàta nicht verstand, aber seine Krieger in Jubel ausbrechen ließ.

»Was?«, zischte sie. »Was hast du gesagt?«

»Ihr beide Gäste von mir. Ihr leben hier. Getrennt, und wir beschützen euch, bis ihr nicht mehr streitet und friedlich.« Shàtra sah sehr zufrieden aus. »Ist Gesetz. Kein Isconi tötet einen anderen.«

»Das ist nicht *mein* Gesetz!« Narósil wurde wütend. »Du hast nicht das Recht …«

»Ihr auf meinem Land. Mein Gesetz«, unterbrach ihn Shàtra. »Waffen weglegen. Oder wir zwingen.«

Horgàta überlegte fieberhaft, was sie dagegen unternehmen konnte. Behutsam versuchte sie, den Isconi mit einer Welle aus Angst einzuschüchtern, doch er reagierte nicht darauf. Die schwarzen Gespinste umschwebten ihn, aber er schien immun gegen die Kräfte zu sein.

»Auch das noch«, sagte sie stöhnend. Gleichzeitig erstand die Hoffnung, es mit einer Art Alb zu tun zu haben. *Das könnte die Widerstandskraft erklären.*

»Waffen weg«, verlangte Shàtra erneut. »Oder wir tun. Würde wehtun. Euch.«

Narósil stieß einen Fluch aus und befahl seinen verdutzten Panzerreiterinnen, die Lanzen, Schilde, Schwerter und Dolche auf den Boden zu werfen.

Horgàta wandte sich an Ecatòn. »Wir begeben uns in die Hände von Shàtra und seinen Isconi«, rief sie laut. »Werft die Waffen weg und verhaltet euch friedlich.«

»Ist das dein Ernst?«, konnte Ecatòn nicht unterdrücken zu fragen. »Wir können sie in Windeseile …«

»Ich erkläre dir gleich, warum.« Horgàta hielt den Blick weiter auf ihren Benàmoi gerichtet – dabei riss sie ihr Kurzschwert aus der Scheide und schleuderte es auf das auserkorene Ziel.

Das Geräusch der einschlagenden Spitze zeigte ihr, dass sie getroffen hatte; es folgte ein dumpfes Stöhnen und gleich darauf der Fall eines Körpers ins Gras.

Danke, Samusin! Horgàta sprang aus dem Sattel, rollte sich unter dem Nachtmahr und dem Bauch der beiden Pferde durch, um an Narósils Seite zu gelangen, bevor sie von Shàtras Soldaten ergriffen wurde.

Der Elb hatte ihr Schwert im Hals stecken und versuchte zu schlucken, was wegen der Klinge misslang. Ächzend sog er die Luft ein, die Augen weit aufgerissen und auf die Albin gerichtet.

»Dein Tod heißt Horgàta, das versprach ich dir«, raunte sie ihm genüsslich zu, während die Isconi-Krieger auf sie zusprangen und sie ergreifen wollten. »Der Kampf gegen deine Elbinnen ist noch nicht zu Ende, ganz gleich, wie lange ich warten muss, um sie meine Schwerter spüren zu lassen. Und *deine* Art wird aussterben. Weil du deinen Samen nicht mehr säen wirst. *Ich* gewinne, Narósil. Früher oder später.«

Der Elb setzte zu einer Erwiderung an, aber seine Augen brachen, der Körper entspannte sich.

Der Feind war tot.

Horgàta stieß ein finsteres, kaltes Lachen aus. Da wurde sie gepackt, mehr davongeschleift als geführt und in die Reihen ihrer Truppen zurückgestoßen.

Shàtra ragte unvermittelt vor ihr auf seinem Pferd auf. Wütend und aufgebracht funkelte er zu ihr nach unten. »Das nicht gut! Du noch einmal, und du sterben! *Mein* Gesetz! Mein *Gesetz*!« Er gab Befehle, und die zwei verfeindeten Gruppen wurden, umringt von den Unbekannten, zum Wald hin eskortiert. Die Waffen blieben gleichermaßen achtlos auf dem Feld liegen wie Narósils Leichnam. Niemand kümmerte sich um die Überreste.

Ecatòn sah sie ergründend an. »Was tun wir hier, Horgàta? Wieso vernichten wir die Wilden nicht einfach? Mit ein bisschen Dunkelheit und Furcht …«

»Sie sind immun gegen die Macht der Angst. Das könnte bedeuten, dass sie mit den Albae verwandt sind. Morgen früh sehen wir im Schein der Sonne, ob sie unserem Volk angehören oder den Elben«, erklärte sie bedächtig. »Eile ist verfrüht, Benàmoi.«

»Und dann?«

»Entscheide ich, was wir tun. Sie sind nicht unsterblich, wie ich denke. Wir schon.« Horgàta sah, wie die Feindinnen immer weiter weg von ihnen gedrängt wurden und zwischen den Stämmen verschwanden. »Alles, was wir brauchen, sind Gelegenheiten, um eine Elbin nach der anderen auszuschalten. Wann immer das sein möge. Wir brauchen Geduld und formen uns diese … Wilden nach unserem Willen, ohne dass sie es merken.«

Ecatòn kniff die grauen Augen leicht zusammen. »Wie meinst du das?«

»Wir mischen uns unter sie, tragen unser Blut in ihre Linien und formen damit Unsterbliche, die wir beliebig nach unseren Vorstellungen und albischen Traditionen erziehen. Sofern uns das Sonnenlicht zeigt, welcher Natur die Isconi sind.« Horgàta räusperte sich. »Sollten es Verwandte der Elben sein, schlagen wir mit List zu.«

»Das ist brillant!« Nun hatte er verstanden. »Wir verdrängen diese Generation, die von Shàtra angeführt wird, und formen unsere eigenen Albae!«

»So soll es sein.« Horgàta wandte die Augen nach Norden. »Wir kehren nach Tark Draan zurück, Ecatòn, und zwar mit einer gewaltigen Armee. Einer Armee, die *wir* großzogen und erzogen. Es mag sein, dass wir in dem Moment der Unendlichkeit an den Toren des Blauen Gebirges erscheinen, wo unser Volk uns am dringendsten in Tark Draan benötigt.«

Ecatòn nickte zustimmend. »Was tun wir, wenn die Elbinnen einen ähnlichen Plan ersannen?«

Horgàta stieß ein verächtliches Lachen aus. »In meinen Truppen gibt es mehr Männer als Frauen. Was denkst du, wer schneller die Oberhand gewinnen wird? Und die Handvoll Elbenbastarde, die sie in der Zwischenzeit austragen, fürchte ich nicht. Sie sterben.« Sie schlug ihrem Benàmoi auf die Schulter. »Durch unsere Klingen! Und nun verbreite meine Vorhaben in unseren Truppen.«

Der Alb ließ sich zurückfallen und verkündete ihren Willen und die Pläne. Das Taggestirn brachte in wenigen Splittern der Unendlichkeit die Entscheidung darüber, was getan werden würde.

Horgàta sah die Elbinnen nicht mehr, die großen Stämme verbargen sie vor ihren Blicken. *Doch das bewahrt euch nicht vor uns.*

Während sie durch den Wald ritten, umgeben von den Isconi, breitete sich in ihr die absolute, unerschütterliche Gewissheit aus: Tark Draan würde sie wiedersehen – und sie käme mit Tausenden Kriegern zurück!

Die Unendlichkeit
birgt für diejenigen Vorteile,
die etwas mit der Zeit
anzufangen wissen.

Die Unendlichkeit
birgt für diejenigen Schrecknisse,
die nichts mit sich
anzufangen wissen.

So schreckt die Endlichkeit
gerade die Besten,
aber nicht die Faulen und Dummen.

Der Nachtmahr

Einmal lebte in Dsôn eine Albin, die war unermesslich reich, sodass sie von allem zu viel hatte. Sie wusste den Überfluss aber nicht zu schätzen und nahm ihn als gegeben an.

Und sie konnte nicht aufhören, nach mehr zu verlangen.

Als sie Samusin eines Moments der Unendlichkeit nach dem schönsten, kräftigsten Nachtmahr des Reiches bat, hatte der Gott genug von ihrem Flehen nach Übermaß. Er selbst schlüpfte in die Statur eines Händlers, der den prächtigsten, herrlichsten Rappenhengst des Reiches anbot, und sprach zu der Albin: »Was immer du dir für ihn wünschst, es wird geschehen. Aber bedenke, dass alles seinen Preis hat.«

So geschah es, dass sie auf dem Markt den schönsten, kräftigsten Nachtmahr erstand, den man in Dsôn zu kaufen bekam.

Und als der Neid auf sie wuchs, machte dies die Albin nur noch stolzer auf das Tier.

Sie führte den Hengst in die Stallungen und sagte: »Morgen möchte ich auf dir ausreiten, und ich will, dass dein Fell noch schöner glänzt.«

Der Nachtmahr wieherte, und die roten Augen glommen.

Als die Albin am nächsten Morgen in die Stallungen kam, waren all ihre Pferde und sonstigen Tiere verschwunden. Aber das Fell des Nachtmahrs schimmerte schwarz, und er übertraf jedes andere Exemplar.

Die Albin rief die Garde, um den Diebstahl anzuzeigen, und ritt aus. Der Neid auf sie wuchs weiter, und das beflügelte sie.

Aber sie wollte mehr.

Als sie zurückkehrte, sprach sie zu dem Hengst: »Morgen reiten wir wieder aus, und ich will, dass du größer bist als jeder Nachtmahr in Dsôn.«

Der Nachtmahr wieherte, und die roten Augen glommen.

Als die Albin am nächsten Morgen in die Stallungen kam, fehlten auch sämtliche Hausdiener.

Der Nachtmahr schien jedoch gewachsen zu sein und übertraf jedes andere Tier.

Die Albin rief die Garde, um die Flucht ihrer Sklaven und des Gesindes anzuzeigen, und ritt aus. Der Neid auf sie wuchs weiter und weiter, und das beflügelte sie erneut.

Aber sie wollte mehr.

Als sie zurückkehrte, sprach sie zu dem Hengst: »Morgen reiten wir wieder aus, und ich will, dass nicht nur dein Fell mehr glänzt und du größer bist als jeder andere Nachtmahr, du sollst auch die leuchtendsten Augen haben.«

Der Nachtmahr wieherte, und die roten Augen glommen.

Als die Albin sich zu Bett begab und die Decke über sich zog, wurde ihr bewusst, dass sie nun alleine in ihrem großen Haus war und sich um alles selbst kümmern musste, da ihr Dienerschaft und Sklaven fehlten. »Die kann man beliebig oft kaufen«, sagte sie zu sich. »Aber einen Nachtmahr wie meinen gibt es kein weiteres Mal.«

So schloss sie beruhigt die Augen.

Mitten in der Nacht erwachte die Albin, da sie ein Geräusch hörte.

Als sie die Lider hob, stand ihr Nachtmahr neben ihr, größer und glänzender als zuvor, und seine großen Augen funkelten sie gierig an.

Und als die Albin vor Furcht aufschreien wollte, fletschte er die messerscharfen Zähne und biss ihr in den Hals, um das Kreischen zu ersticken.

Sterbend sah die Albin, dass die Augen des Nachtmahrs rot und eindringlich leuchteten, wie sie es noch niemals gesehen hatte.

Und niemals wieder sehen würde.

Das Bild der Dunkelheit

Ein berühmter Maler hatte nach vielen Teilen der Unendlichkeit alles gemalt und erreicht, was ein Künstler erreichen konnte.

Jedes Motiv war von ihm festgehalten, jede Farbe war gemischt, jedes bekannte und unbekannte Blut zur Anwendung gebracht worden sowie jede Haut als Leinwand zum Einsatz gekommen.

Und doch verlangte es ihm nach mehr.

»Ich will die Dunkelheit meine Hand und meine Gedanken leiten lassen«, sagte er zu sich.

Sodann begann er mit den Vorbereitungen, und weil er sein Vorhaben laut in Dsôn verkündete, waren die Einwohner sehr gespannt, was er dieses Mal erschaffen würde.

Der Alb stellte die beste Hautleinwand auf die Staffelei, verteilte die offenen Farbtiegel davor und steckte Pinsel hinein, damit er sie nur zu greifen brauchte.

Alsdann verdunkelte er den Raum vollständig, sodass nicht der kleinste Schimmer hineinfiel und er nichts zu sehen vermochte.

Er wartete, dass die Finsternis zu ihm sprach.

Aber es geschah nichts.

Weder fühlte er die Eingebung, nach einem Pinsel zu greifen, noch befiel ihn ein Gedanke, was er malen könnte.

Der Alb wartete und wartete.

Nach einiger Zeit dürstete ihn, und er tastete sich zur Tür, die in die Küche führte.

Doch in der vollkommenen Schwärze fand er sich nicht zurecht. Es war, als hätten Dämonen sein Zimmer verflucht und die Seiten vertauscht. Nichts schien dort zu sein, wo er es vermutete. Er wurde zunehmend unruhig und lief im Raum auf und ab.

Blind rammte er die Staffelei, stürzte über die Pinsel, rutschte in den Farben aus. Er brach sich die Knochen und die Nase, blutete aus verschiedenen Wunden.

Schließlich vernahmen die Sklaven seine Schreie und öffneten die Tür zur Werkstatt.

Als das Licht in das Atelier fiel, sahen sie, dass sich auf der Leinwand die Farben mit dem Blut des Malers vermengt hatten.

Der Alb sah auf das Werk herab und musste laut lachen, trotz seiner Pein und dem Durcheinander, das er selbst angerichtet hatte, denn auf dem Untergrund war nichts anderes entstanden als: Schwarz.

»Seht«, rief er und erhob sich lachend, doch unter Schmerzen, »das kommt dabei heraus, wenn man die Dunkelheit festhalten will: nichts als Dunkelheit.«

Das Bild wurde so berühmt, dass es auf dem großen Platz von Dsôn öffentlich ausgestellt werden musste, weil der Maler den großen Andrang in seinem Haus nicht länger ertrug.

Bis heute verkaufte er es nicht.

»Gegen kein Geld und keine Annehmlichkeit der bekannten Welt«, sprach er, »überlasse ich meine eigene Finsternis einem anderen.«

Von Arviû und was ihm alles gelang

Lasst mich von einem Alb berichten, über dessen Taten und Verdienste ich ein Werk von solchem Umfang schreiben könnte, dass es mehr als einen Winter benötigte, um sämtliche Geschichten und Einmaligkeiten zu lesen.

Doch da viele andere Persönlichkeiten und Begebenheiten darauf warten, gewürdigt zu werden, muss ich mich einschränken und es bei einigen kleinen Episoden belassen, die ich für wichtig erachte. Vielleicht schreibe ich zu einem anderen Zeitpunkt noch mehr Geschehnisse in jeder Einzelheit nieder.

Oh, lasst mich vorwegschicken, dass Arviû und ich uns beim ersten Zusammentreffen nicht sonderlich gut leiden konnten.

Das änderte sich nach jener Schlacht gegen die Elben der Goldenen Ebene, in der er sein Augenlicht verlor.

Er streifte seine Abneigungen gegen mich ab, und wir verbrachten viele Nächte damit, dass er mir seine Erlebnisse schilderte und ich seine Worte festhielt.

Selten erlebte ich einen Alb von solcher Härte gegen sich und andere, mit solchem Hass auf Elben – und doch von solcher Güte und Einfühlungsvermögen wie Arviû.

Er verstand es, seine Helfer mit einer kleinen Geste und einem geflüsterten Wort zu lenken. Und, wahrlich, niemals sah ich edlere Geschöpfe!

So erfahrt, welche Besonderheiten ihn ausmachten und was wir ihm zu verdanken haben. Drei Episoden aus seinem bewegten Leben seien nun berichtet.

Behaltet stets in Erinnerung, dass ein Gegner ohne Augenlicht keine leichte Beute ist, schon gar nicht, wenn im Dunkeln gekämpft wird.

Denn dann *werden die Sehenden zu Blinden.*

Wie Arviû seine Helfer fand und band

Ishím Voróo (Jenseitiges Land), Dsôn Faïmon, Dsôn, 4371/72. Teil der Unendlichkeit (5199./200. Sonnenzyklus), Winter

Es wäre allmählich Zeit, dass sie anhalten und ich mich hinausstehlen darf. Meine Beine schlafen ein. Arviû veränderte behutsam seine Lage, doch es wurde nicht besser. *Ich muss mich bewegen, bevor das Blut sich staut.*

Er hatte es sich heimlich im siebten der insgesamt acht großen Gespanne so eingerichtet, wie es die Ladung erlaubte; einen Teil seiner Waffen hatte er mitgenommen und in Lücken gestopft.

Nach seinem überstürzten Aufbruch aus dem Reich der Albae lag er nun verborgen zwischen Möbeln, Teppichen und Kisten der Unauslöschlichen, die ihre wertvollsten Dinge aus Dsôn bringen ließen. Seine Erkenntnis lautete: Die Herrscher flohen wie er aus der seuchengeplagten Hauptstadt, und das taten sie nicht weniger heimlich, sicherlich aber bequemer als Arviû.

Rumpelnd ging es voran. Peitschen knallten, und die Kutscher riefen, während sich die Ochsen durch den Matsch kämpften. Mehrfach waren die Tiere ausgetauscht worden, die erschöpften zurückgelassen oder von den Nachtmahren verspeist worden.

Unaufhaltsam rollten die Räder.

Leise prasselte der Regen auf die Plane aus Segeltuch, die das Hab und Gut von Nagsor und Nagsar Inàste schützte.

Es wird kälter. Der Winter machte sich deutlicher bemerkbar, je näher sie dem Steinernen Torweg rückten. Arviû schlug den dicken Teppich um seine Schultern.

Gelegentlich hörte er den Hufschlag und das Schnauben eines Nachtmahrs, der am Wagen vorbeitrabte. Wie es den Anschein hatte, wurde genau achtgegeben, dass sich nichts und niemand anschlich. Der Tross verfügte über einen beachtlichen Schutz an Kriegern, die unter dem Befehl von Benàmoi Sajùtor standen. Er hatte bereits fünfzig solcher Wagen sicher nach Tark Draan geschafft, und dieses war die letzte Fuhre.

Dass sie einen ungewollten Mitreisenden hatten, ahnte niemand.

Arviû gelang das Kunststück, gänzlich unsichtbar zu bleiben. Er kam nur nachts aus seinem Versteck und schlief tagsüber, stahl sich vom Proviant der Kutscher gerade so viel, dass es nicht auffiel. Seine Blindheit machte es ihm nicht eben leichter, sich zurechtzufinden, doch die besondere Ausbildung der geblendeten Leibwächter der Unauslöschlichen hatte Früchte getragen.

Der dunkelhaarige Alb fröstelte. Seine leichte Kleidung schützte schlecht gegen die Kälte, die unter sein dünnes Dach kroch. Gewiss konnte man seine Adern durch die bleiche Haut sehen.

Lange hielte er das Verbergen bei dieser Witterung nicht mehr durch, es zehrte seinen Körper mehr und mehr aus. Er freute sich auf eine echte Mahlzeit, die er sich nicht kärglich zusammenstehlen musste. *Noch ein paar Meilen, und ich gebe mich zu erkennen,* beschloss er.

Sein Plan sah vor, dass er sich nachts vom Tross entfernte, um einen Bogen zu schlagen und sich den Wagen zu nähern. Dabei wollte er tun, als habe er sich bei der Jagd auf die Dorón Ashont verirrt. Sajùtor würde ihn mitnehmen, denn ein Umkehren käme aufgrund seines Auftrags nicht infrage. Zurücklassen durfte er den blinden Helden nicht.

In Tark Draan, weit weg von den Phaiu Su und dem sicheren Tod, kann mir vieles gleich sein. Niemand würde ihn dann mehr für den Mord an seinem alten Lehrmeister zur Rechenschaft ziehen.

Wieder jagte ein Nachtmahr heran, und dieses Mal zügelte der Reiter das Tier.

»Gebt acht«, vernahm Arviû die Worte, die an die beiden Kutscher gerichtet waren. »Die Vorhut fand Spuren von Vena-Katzen. Es scheint ein Rudel auf Wanderschaft zu sein. Unsere Ochsen kämen denen gerade recht. Achte auf tief hängende Äste. Darauf sitzen sie gerne.«

»Das werde ich«, erwiderte einer der Wagenlenker. »Die Nacht bricht bereits an. Wäre es nicht besser, wenn wir anhalten? Feuer hält sie auf Abstand.«

»Nein. Sajùtor will noch bis zum nächsten Gehöft, das knapp zehn Meilen von hier liegt.«

Der Kutscher schnalzte unzufrieden mit der Zunge und ließ die Zügel knallen. »Na, der Benàmoi wird wissen, was er tut.«

»Ein Lager und ein Dach über dem Kopf werden dir besser gefallen als im Schneeregen unter deinem Bock gekauert zu frieren«, erwiderte der Krieger unwirsch und ließ seinen Rappen antraben. »Haltet die Augen offen«, rief er.

Unter diesen Umständen war Arviû froh, unter der Plane im Trockenen und sicher zu sein. *Vena-Katzen.* Sie waren einst auch in Dsôn Faïmon vorgekommen, aber durch rigorose Jagd ausgerottet worden. Ihre Statur ähnelte der eines Luchses, doch das Fell war bräunlichgrün gemustert, und sie waren wesentlich kräftiger, größer und angriffslustiger. *Und schlau.* Ein Rudel fiel über kleinere Siedlungen her, um Schafe und Kühe ebenso zu reißen wie die Bewohner.

»Bei den Infamen«, brummelte der gleiche Wagenlenker, der mit dem Soldaten gesprochen hatte, auf dem Bock. »Erst dieses Wetter, dann noch diese Viecher in der Nähe.«

»Du achtest auf die Ochsen, ich sichere die Umgebung«, antwortete der zweite. »Ich entfache noch ein paar Lampen und drehe die Dochte höher. Die Helligkeit wird sie abhalten.«

Arviû schloss aus dem Rumpeln, dass er sich um den Wagen hangelte und Laternen mit einer Fackel entzündete. Sein Gehör war extrem geschult, und seine aus Geräuschen gezogenen Folgerungen trafen meistens zu. Aber er musste zugeben, dass es in diesem Fall nicht schwer war zu erraten, was vor sich ging.

Dann endete das Ächzen der Seitenplanken und Klicken der Lampenklappen. Das Knistern der Fackel verharrte ganz in der Nähe des blinden Albs.

»Endôras, hast du die Seile der Abdeckung gelockert?«, rief der Kutscher nach vorne.

»Ich? Nein.«

Arviû wurde kälter. *Die Knoten haben nach meinem letzten Ausflug nicht gehalten. Verflucht! Ich hätte mich vergewissern müssen.* Er rutschte rückwärts und versicherte sich tastend, dass er im Teppich weitestgehend verschwand und auf den ersten Blick nicht zu erkennen war.

Es raschelte, der Strick wurde aus mehreren Ösen gezogen.

»Was tust du, Udalór?«, kam der ungehaltene Ruf von vorne.

»Nachsehen. Zur Sicherheit.«

»Unsere *Sicherheit* hängt davon ab, ob wir eine Vena-Katze rechtzeitig entdecken oder nicht«, befand Endôras.

Udalór schien nicht gewillt zu sein, von seinem Vorhaben abzulassen. Arviû hielt die Luft an. »Aber …«

»Was denkst du, was sich da drin versteckt? Ein Gnom? Oder ein Óarco? Und was sollten sie da tun? Die Bücher lesen?« Endôras lachte, doch es klang angespannt. »Die Erschütterungen werden den Strick gelockert haben. Setz dich von mir aus obendrauf, damit du alles im Blick hast, und achte auf die Äste! Der Wald wird dichter. Ich will nicht von diesen Bestien gerissen werden und als Mahlzeit enden.«

Arviû hörte zu seiner großen Erleichterung, dass das Segeltuch wieder angebracht und festgezurrt wurde.

»Wenn sich da irgendwelches Ungeziefer hineinverirrt und Schaden angerichtet hat, werden uns die Unauslöschlichen auf grausamste Weise hinrichten lassen«, murmelte Udalór mehr zu sich als zu seinem Begleiter. »Wir sollten …«

Ein langer Schrei erklang von vorne, wo sich die ersten Wagen des Trosses befanden.

»Vena-Katzen! Die Infamen mögen sie verbrennen«, fluchte Endôras.

Dann wieherten Nachtmahre voller Hass, und mitten hinein gellten erste albische Todesschreie. Man musste kein feines Gehör besitzen, um zu vernehmen, dass Metall gegen Metall traf, Körper von Klingen durchbohrt und Schilde in Fetzen geschlagen wurden: Am Kopf des Zuges tobte ein brachiales Gefecht!

Das hat nichts mit den Katzen zu tun! Es sei denn, jemand lehrte sie das Kriegshandwerk. Das dunkle Surren von Keulen, das laute Krachen der Einschläge und die Schreie der Getroffenen aus unterschiedlichen Richtungen kündeten deutlich davon, dass es sich weder um Barbaren noch kleinere Scheusale handelte. Arviû vermutete einen Überfall durch die Dorón Ashont.

In seinem Leben *vor* der von Elben herbeigeführten Blindheit wäre er aufgesprungen, hätte seinen Bogen genommen und die gewaltigen gepanzerten Krieger mit langen Pfeilen gespickt, um ihnen möglichst viele Wunden zuzufügen und sie zu schwächen oder ihnen gar Geschosse durch den Schädel zu jagen. Früher hätte er die Wandelnden Türme zu Fall gebracht.

Früher …

Doch als Blinder, der gerade einmal mit seinen neuen Waffen umzugehen verstand, taugte er rein gar nichts im Nahkampf gegen diese

Übergegner. Nicht einmal mit seinen Wurfdolchen richtete er etwas gegen die dicken Harnische aus.

In Arviû bäumte sich alles auf, doch was sollte er unternehmen?

Im Weg stehen?

Von Nachtmahren niedergetrampelt werden?

Von einer klingenbesetzten Keule oder einem dreikugeligen Morgenstern ausgelöscht werden?

Er atmete tief ein und streifte sich wider besseres Wissen seine Klingen über. *Samusin, du wirst entscheiden, wie es mir ergeht!*

Seine Waffen bestanden aus Röhren, die um den Unterarm geschnallt wurden und aus einer besonders resistenten Legierung erschaffen waren. Virssagòn hatte sie eigens ersonnen. Eine stabile, schlanke Klinge – so lang wie ein Dolch – ragte jeweils vorne und hinten aus der Schiene heraus. So konnte er blitzschnell um sich stechen. Das Blocken eines feindlichen Angriffs war damit möglich, die dicke Polsterung auf der Innenseite dämpfte die Wucht der gegnerischen Schläge – was jedoch bei einem Hieb aus der Hand eines Dorón Ashont sinnlos sein würde. Der ganze Arm würde samt Schulter abgerissen werden.

Was tue ich? Arviû hörte die lauten Schreie und die aufgeregten Rufe der Kutscher, die nicht wussten, was sie unternehmen sollten; die Ochsen bäumten sich im Geschirr auf und waren kaum zu bändigen. Der Wagen ruckte hin und her.

Die Entscheidung wurde ihm abrupt abgenommen.

Ein dumpfes Grollen, das durch Mark und Bein ging, erklang neben dem Gespann. Dann fuhr der Schlag einer Gotteshand durch die Seitenbretter, hob den Wagen mitsamt der Albae an und schleuderte sie durch die Luft.

Arviû wirbelte gleich einem losen Blatt umher, entkam der einengenden Umarmung des Teppichs und wurde von verschiedenen Gegenständen getroffen, bis er schließlich auf weichem, nassen Untergrund landete und die Klingen in den Boden rammte, um Halt zu finden.

Sofort konzentrierte er sich, hörte die feinen Geräusche der fliegenden Ladung und wich den Geschossen aus, die ihn sonst getroffen hätten.

Sein Ausbilder, einer der blinden Leibwächter der Unauslöschlichen, hatte ihm gezeigt, wie er Echos nutzen konnte: Jedes Hindernis warf den Schall anders zurück und verriet dadurch seine Maße, seine Bewegung, und daraus wiederum vermochte Arviû ein Bild in seinem Kopf von seiner Umgebung zu entwerfen, um zu »sehen« – wenn auch nur vor seinem geistigen Auge. Gab es keine Geräuschquelle, erschuf er sie selbst, entweder durch ein leises Schnalzen, Schnipsen oder ein Klopfen mit einem Stab.

Noch befand er sich am Anfang dieser Kunst, aber der umherbrandende Lärm reichte aus, um zu erkennen, dass ein Dorón Ashont gerade Endôras und Udalór mit einem einzigen Querhieb seiner Keule in blutige, zerquetschte Körper verwandelte. Krachend barsten die Knochen, die Albae wirbelten stumm davon und landeten in den Ästen eines Baumes.

Dann kam das Wesen auf Arviû zu.

Er hatte sich entschieden, wenigstens einen Versuch zu wagen, den Wandelnden Turm in die Knie zu zwingen.

So riss er die Klingen aus der Erde und schlug sie gegeneinander, nutzte das Echo des scharfen ehernen Klirrens, um das Bild genauer in seinem Kopf entstehen zu lassen – und rannte geduckt vorwärts.

Arviû wich der niederzuckenden Keule aus, die hinter ihm in die Erde fuhr und den Boden zum Beben brachte, und stieß mit einer Klinge waagrecht in die Leiste des Gegners. Mit der anderen zielte er auf das Knie und hoffte, dass die Spitze in eine Spalte der Panzerung und tief in das Gelenk rutschte, wo sie Gefäße und Sehnen kappte.

Aber der Dorón Ashont erahnte seine Attacken. Wie aus dem Nichts wischte dessen zweiter Arm vorbei und schlug die Waffen des Albs zur Seite, bevor sie ihre Ziele erreichten.

Die Wucht warf Arviû zu Boden. Ohne zu wissen, was sein Gegner als Nächstes tat, rollte er sich nach rechts in einen Busch und traf auf etwas Weiches, Pelziges.

Das Fauchen sagte ihm, dass er an eine Vena-Katze geraten war – und das zum unpassendsten Zeitpunkt, sich einen weiteren Gegner zu schaffen!

Es muss ein Fluch sein. Arviû rutschte rückwärts, stieß die Klingen gegeneinander und »sah« die Umrisse des kauernden Raubtiers, das sich zum Sprung spannte; gleichzeitig vernahm er hinter sich die Schritte des Wandelnden Turms.

Er hechtete zur Seite, weg von den tödlichen Krallen – und bekam einen Hieb in die Seite, der ihn zwar nur streifte, doch ihm augenblicklich die Luft raubte.

Das Gefühl, den Boden unter den Füßen zu verlieren, stellte sich ein, und er trieb in die Ohnmacht …

… um sich liegend und doch zugleich schwebend wiederzufinden.

Was … ist geschehen? Arviû gab ein Zischen von sich und bewegte behutsam den Kopf, um möglichst viele Echos aufzufangen. So nahm er wahr, dass er sich in einem Baum befand, etliche Schritte über dem Boden und in dichtem Werk aus Ästen und Zweigen verfangen. Die Schlagwirkung hatte ihm ungewollt Flügel verliehen wie zuvor Endôras und Udalór. Nur dass er, im Unterschied zu ihnen, noch lebte.

Die linke Seite, in welche die Keule gekracht war, fühlte sich taub an, doch er vermochte sich zu bewegen. Sein Rückgrat schien ohne ernsten Schaden davongekommen zu sein. Durch das Gewirr des Baumes drang sein prüfendes Schnalzen nicht weit, also lauschte er zunächst auf seine Umgebung.

Der Kampf war zu Ende. Es erklangen weder Schreie noch Waffenklirren.

Der Geruch von Blut und rohem Fleisch stieg in Arviûs Nase. Flammen knisterten laut und würden es ihm einfach machen, sich zu orientieren, sobald er seinen Hochsitz verlassen hatte.

Ihr Infamen! Behutsam rutschte er vom Baum.

Das Knacken der Lohen und deren Echos gewährten ihm permanente Bilder: Die meisten Gespanne waren intakt, lediglich zwei verbrannten mitsamt der Ladung; die Zugtiere lagen erschlagen in ihrem Geschirr.

Was vollkommen fehlte: Leichen.

So sehr sich Arviû orientierte und sich Mühe gab, er konnte weder Krieger noch Kutscher entdecken. Selbst Endôras und Udalór waren verschwunden. Die Dorón Ashont hatten sie mitgenommen, um sie zu verzehren, wie er vermutete. An den Nachtmahren hatten sie kein Interesse gezeigt, sondern sich damit begnügt, sie wie die Ochsen zu erschlagen.

Ich überlebte als Einziger. Der Regen hatte sich in Schnee gewandelt, wie er an den zarten Berührungen auf der Haut spürte. Er machte sich daran, in den geborstenen Kisten nach warmen Kleidungsstücke der Unauslöschlichen zu suchen, um sich gegen die Kälte zu schützen. Dass er damit eine Anmaßung beging, kümmerte ihn nicht.

Dabei dachte er darüber nach, was zu tun war.

Blind würde es ihm niemals gelingen, den Tross durch Ishím Voróo zu lotsen. Selbst wenn er neue Ochsen fand und die Gespanne aneinanderband, würde er alsbald Opfer von marodierenden Scheusalen oder eben jenen Wandelnden Türmen werden, die umherstreiften und sein Volk jagten. *Ganz zu schweigen von diesem Durcheinander, der verstreuten Ladung und den ruinierten Kleinodien, die umgepackt werden müssen.* Arviû hatte einen Fellmantel ertastet und angelegt, dazu noch ein Wams, dickere Stiefel und Handschuhe, die ihn fortan vor dem Winter bewahren würden. Die Feuer spendeten noch genug Wärme, doch das würde nicht lange anhalten.

Er fasste den Entschluss, sich zurück nach Dsôn durchzuschlagen und um Beistand zu bitten. Den Fragen nach seinem plötzlichen Verschwinden und dem gewaltsamen Tod seines Mentors würde er sich stellen müssen. Doch bis er das Albaereich erreicht hatte, würde ihm sicherlich etwas einfallen.

Arviû sammelte Ausrüstungsgegenstände zusammen, die er aus den Satteltaschen der Nachtmahrkadaver klaubte – als er ein leises Maunzen vernahm.

Er hielt inne und duckte sich hinter den getöteten Rappen. *Vena-Katzen. Der Blutgeruch wird sie angelockt haben.* Mit einer Hand zog er zwei Wurfdolche, konzentrierte sich. *Samusin, was verbrach ich?*

Das Maunzen erklang wieder, aber nicht angriffslustig oder herausfordernd, sondern bittend und klagend. Es drang aus dem Gebüsch, in das er zuvor gerollt war.

Jungtiere. Arviû sah sich bereits von der wütenden Mutter zu Hackfleisch gerissen.

Aber außer den anhaltenden, mehrstimmigen Katzenlauten und dem Knacken des Feuers blieb es still.

Ob man sie wohl abrichten könnte? Der Alb wagte sich vom Nachtmahrleichnam ab und ging auf das Gebüsch zu, um nachzusehen, wie viele Jungtiere sich verbargen.

Im Dickicht machte er einen Wurf von fünf Katzen aus, jede nicht länger als eine Messerklinge und nicht dicker als ein schmaler Bierkrug. Die Mutter lag neben ihnen – tot. Der Kopf war von einem Keulenhieb weggerissen worden. Die Kleinen schlabberten abwechselnd ihr Blut, doch sie verlangten nach mehr. Als sie Arviû bemerkten, fauchten sie zornig.

Arviû sammelte die aufsässigen kleinen Vena-Katzen ein und stopfte sie zusammen mit einem Schal in eine Tasche, damit sie nicht erfroren. Sie schlugen mit den kleinen Pfoten, schnappten furchtlos nach den übermächtigen behandschuhten Fingern.

Wollen wir herausfinden, was ihr taugt. Er hatte vor, sie zu seinen Getreuen zu machen, sie auszubilden und zur Jagd auf Elben anzurichten. *Aber ich brauche mehr als ein paar abgerichtete Raubtiere. Ich brauche ...* Er wandte sich langsam um, zu den Überresten der Nachtmahre.

Da erklang Hufgetrappel, das sich rasch näherte.

Arviû eilte zurück zum Baum, der ihm bereits vor dem Dorón Ashont Sicherheit geboten hatte, und schwang sich hinauf in das Geäst. Kaum hatte er sein Versteck bezogen, vernahm er die bekannte Sprache seines Volkes durch das Stampfen der Tiere und leises Klirren des Zaumzeugs.

»Ahnte ich es doch«, hörte er die Stimme einer Albin. Arviû erinnerte sich sofort an sie. Es war Ergàta, die sich vor der Abreise aus Dsôn mit Sajùtor, dem Anführer des Trosses, unterhalten hatte. »Wir kommen zu spät. Die Dorón Ashont waren schneller als wir.«

Dem Hufschlag nach waren es mehr als hundert Kriegerinnen und Krieger, die nach und nach den Ort des Gemetzels erreichten.

»Verliert keine Zeit«, gab sie Anweisung. »Sammelt alles ein, ladet die Kisten auf und spannt Nachtmahre vor. Es geht weiter nach Tark Draan. Bringen wir uns und die Habseligkeiten der Unauslöschlichen in Sicherheit.«

Arviû wartete auf einen günstigen Moment und verließ den Baum, um sich zu erkennen zu geben. Nun gab es für ihn keinen Zweifel daran, durch den Steinernen Torweg zu gelangen und die Elben zu jagen, denen er die Blindheit verdankte!

Aus der Tasche an seiner Seite erklang empörtes Maunzen, die Krallen schrammten hörbar über das Leder, ohne durch die gegerbte Haut zu gelangen. Bereits in einem zehntel Teil der Unendlichkeit würde es ihnen spielend möglich sein. *Ihr werdet mir gehorchen und zu etwas ganz Besonderem werden.*

Der Ruf eines Soldaten machte Ergàta auf den Neuankömmling aufmerksam. Sie ritt langsam auf ihn zu. »Wen haben wir denn da? Und was du Feines trägst! Bist du der unbekannte Drilling des Herrscherpaares?« Einige Krieger lachten leise.

Sie hält mich für einen Feigling. Arviû grüßte sie selbstverständlich und gab eine erfundene Geschichte zum Besten, die seine Anwesenheit erklärte. »Und dann waren die Ashont verschwunden«, beendete er seine Erzählung.

»Verzeih meinen Spott. Ich erkannte dich nicht sofort als Arviû.« Die Albin nahm die Geschichte hin und hinterfragte sie nicht weiter. »Ich schlage vor, du begleitest uns.«

Er musste sich beherrschen, nicht zu grinsen. Er hatte zurecht darauf gebaut, dass sie keinerlei Verlangen spürte, den einstigen Befehlshaber der Bogenschützen des Feldzugs zurück in die Hauptstadt zu bringen, wo wegen der Seuche der Tod lauerte.

»Aber du solltest dennoch eine andere Garderobe wählen, wenn wir nach Tark Draan gelangen. Die Unauslöschlichen werden kaum Verständnis haben, dass du ihre kostbare Kleidung trägst«, lautete Ergàtas Empfehlung. »Dann würde auch einen tragischen Helden die Endlichkeit ereilen.«

»Ich habe sonst nichts bei mir. Mein Packpferd wurde von den Dorón Ashont vertrieben«, log er weiter. Er schlug die Klingen zusammen, erzeugte ein neues, deutlicheres Echo, um die Albin besser sehen zu können. Die genauen Züge ihres Antlitzes blieben ihm zwar verborgen, aber ihre Stimme klang reizvoll, und ihr Wuchs war ansprechend.

»Meine Männer werden dir eine kleine Auswahl von ihren eigenen Sachen zusammenstellen. Verzeih, ich muss Anweisungen geben. Der Ort ist nicht sicher, nur weil der Tod bereits reiche Ernte einfuhr.« Ergàta wendete ihr Reittier und gab den Umstehenden Befehle, die zur Eile mahnten.

»Dürfte ich darum bitten, einen ausgenommenen Nachtmahr mitzunehmen?«, rief er ihr zu.

»Wozu?«, gab sie erstaunt zurück.

»Kunst«, erwiderte er lediglich.

»Ein blinder Alb, der Kunst formen will«, fasste sie zusammen und lachte. »Ungewöhnlich. *Mehr* als ungewöhnlich. Doch es sei dir gewährt. Aber nur weil die Kälte verhindert, dass das Fleisch fault.«

Die Befehlshaberin ließ ihn stehen und sprengte davon, während sich Arviû nacheinander Krieger näherten. Sie drückten ihm Kleidungsstücke in die Arme. In einem Gebüsch zog Arviû sich um und gab die Prunkgewänder der Unauslöschlichen zurück.

Natürlich benötigte er den Kadaver des Nachtmahrs nicht für Kunst im Sinne von Skulpturen oder Schnitzereien.

Seine *Kunst* zielte auf etwas anderes ab.

Man setzte Arviû auf einen der Wagen, und der Tross nahm seine Reise nach Tark Draan auf.

Tark Draan (Geborgenes Land), südwestlich des Grauen Gebirges, Zauberreich Simīnia, 4372. Teil der Unendlichkeit (5202. Sonnenzyklus), Frühling

Arviû pirschte sich durch das Dickicht und blieb stehen, um zu lauschen; sein Atem ging flach und war für normale Ohren nicht wahrnehmbar, obwohl er sich im beständigen Laufschritt zuerst über die Ebene, dann durch den Eichenwald bewegt hatte.

Er war weit vom neu entstehenden Dsôn entfernt, schätzungsweise zwanzig Meilen trennten ihn von seinem Zuhause, seit er gegen Sonnenaufgang aufgebrochen war.

Der warme Frühlingswind strich über sein Antlitz und spielte mit den sprießenden Blättern an den Bäumen; durch das Rascheln drang das leise, beständige Plätschern eines nahen Baches sowie Vogelgezwitscher und das Klopfen eines Spechts.

Doch Arviû gab nichts auf die scheinbare Friedlichkeit: Man machte Jagd auf ihn, und seine Verfolger gaben sich sehr große Mühe, keine Geräusche zu verursachen, die sie verrieten.

Er trug eng anliegende, erdfarbene Kleidung und darüber einen pechfarbenen Lamellenharnisch aus verstärktem Leder, der ihm größte Bewegungsfreiheit bei absoluter Lautlosigkeit sicherte. Die Tioniumstücke zum Schutz besonders wichtiger Organe waren eingearbeitet, sodass sie nicht klirren oder reiben konnten.

Sie sind hier. Der Alb kniete nieder und hielt seinen schulterhohen Schwarzholzstab in der Rechten, der dank der Metallbeschläge härter als ein Schwert war.

Arviû verzog den Mund. Das Rauschen der Blätter und des Gewässers schufen einen natürlichen Echochor, der ein unsauberes Bild vor seinem geistigen Auge entstehen ließ.

Daher schlug er behutsam mit einem Ring gegen das Metall am Stab.

Das leise, aber scharfe Klirren wurde wesentlich deutlicher zurückgeworfen und vermittelte ihm einen besseren Eindruck seiner Umgebung.

Eine Eiche mit besonders dickem Stamm erweckte sein Interesse.

Ausgezeichnet! Er hielt darauf zu und schwang sich nach kurzer Prüfung empor bis auf die Hälfte der Höhe, dann gab er einen kurzen Laut von sich, der dem heiseren Bellen eines Fuchses ähnelte.

Frühling, Sommer, Herbst und Winter waren einmal komplett vergangen, in denen ihm die blinden Leibwächter der Unauslöschlichen keinen Moment der Unendlichkeit Ruhe gewährt hatten. Sie trieben ihn an, bildeten ihn aus, bis sie ihm zu seinem Erstaunen eröffnet hatten, dass er nun alles wusste, was sie wussten.

Das Verfeinern seiner Kunst musste Arviû alleine bestreiten. Und *das* tat er mit unglaublicher Inbrunst, mit unsagbarem Hass und gnadenlosem Eifer. Er beherrschte die Kunst inzwischen gut, aus beinahe jedem Geräusch seine Umgebung abzulesen, wenn es sich nicht zu sehr zerstreute.

Sein Ziel war es, einen Kampf gegen zehn Krieger zu bestehen, *sehende* Krieger wohlgemerkt, ohne dass sie ihm Schonung gewährten. Erst dann fühlte er sich gut genug, die Hatz auf die Elben zu beginnen. Das musste ihm bald gelingen, sonst würden ihm die Truppen der Unauslöschlichen nichts mehr übrig lassen.

Das surrende Rascheln sagte ihm, dass sich ein Verfolger näherte, der unachtsamerweise einen gebogenen Zweig hatte zurückschnellen lassen.

Auf Arviûs Antlitz entstand ein vorfreudiges Lächeln, als er auf dem Ast entlangbalancierte, den Stab zum Ausgleich nutzend, genau über dem Kopf seines ahnungslosen Verfolgers. Als dieser stehen blieb, ließ sich der dunkelhaarige Alb mit den Füßen voraus in die Tiefe fallen.

Die Stiefelsohlen krachten seinem Widersacher auf Rücken und Schulter, warfen ihn nieder. Ehe er sich aufrichten konnte, drosch ihm Arviû den Stab in den Nacken, sodass er zusammensackte.

Das wütende Zischen stammte von einem Pfeil, der sich näherte.

Verdammtes Bachgeplätscher! Arviû drehte sich zur Seite, das Geschoss sirrte an ihm vorbei. Dann duckte er sich, kroch vorwärts, weg vom Schützen, der links neben ihm lauerte. Er hielt die Luft an, zog seinen Wurfdolch und konzentrierte sich.

Durch das Plätschern und Rauschen vernahm sein geschultes, feines Gehör ein hölzernes Klappern, als die Finger des zweiten Verfolgers nach einem neuen Pfeil im Köcher tasteten. Das Schleifen, als er herausgezogen wurde, das Knarren der Sehne, die sich spannte – das alles waren Anhaltspunkte, wo sich der Gegner befand, wie groß er war, welche Haltung er einnahm und wohin Arviû zielen musste.

Zu langsam, mein Freund. Bevor der Bogenschütze schoss, sandte er seine eigene Klinge mit einer kräftigen Bewegung auf die Reise.

Ein Schmerzensschrei und der Einschlag erklangen zur gleichen Zeit.

Da hörte Arviû hinter sich schon das Surren eines Schwertes, das die Luft zerteilte und auf seinen Hals zuschnellte.

Er riss den verstärkten Stab herum, die Schneide des dritten Feindes prallte grell klingend dagegen. Dieses klare Geräusch erzeugte ein formidables Echo, und Arviû »sah« bestens.

»Verflucht!«, stieß sein gerüsteter, vermummter Gegner hervor und holte erneut aus.

Der blinde Alb richtete sich auf und schleuderte beim Aufstehen eine Handvoll Dreck gegen das Gesicht des dritten Verfolgers, bevor er seine Angriffsserie begann.

Irritiert von der Wolke aus losen Blättern, Sand, Moos und alten Eicheln, vermochte der Widersacher nicht, die genauen, blitzschnellen Schläge des Stabes zu parieren: Ein Treffer gegen das Handgelenk entwaffnete ihn, einer gegen die Brust trieb ihn zurück, und schließlich sandte ihn der letzte gegen den Hals bewusstlos auf die Erde.

Für einen Triumph war es zu früh. Arviû hatte den vierten Gegner bereits ausgemacht. Die knallenden Echos der Stabtreffer zeigten ihm deutlich, wie er sich hinter einer Eiche hervorstahl und einen Speer zum Wurf hob.

Dich kriege ich dennoch! Der Alb wandte sich um und gab wieder das Bellen von sich.

Wie aus dem Nichts sprang eine hüfthohe, kräftige Vena-Katze von einem Baum. Sie warf sich fauchend in den Rücken des Angreifers, schleuderte ihn zu Boden und öffnete das Maul mit den langen, nadelspitzen Zähnen zum tödlichen Nackenbiss.

Die linsenförmige Pupille richtete sich fragend auf Arviû, wie er wusste. Nur seine folgende Geste verhinderte, dass die Kiefer zuschnappten und das Leben des Albs beendeten. Leise grollend blieb das Raubtier auf dem Rücken sitzen, die Zähne weiterhin drohend ans Genick gelegt.

Das Gefecht ging weiter: Zwei neue Angreifer sprangen herbei, mit je einem Paar gezogener Schwerter bewaffnet.

»Dann wollt ihr es also unbedingt wissen?« Er stellte sich ihnen und attackierte sie mit seinem Kampfstab. »Erfahrt, was es bedeutet, sich mit einem Blinden zu messen!«

Es entbrannte ein wilder Kampf, bei dem das Klirren der Klingen zusammen mit den Geräuschen seiner Feinde vollkommen ausreichten, um sie und ihre Bewegungen auszumachen. Es strengte Arviû an, aber er ließ sich nichts anmerken und focht mit einem herablassenden Lächeln auf seinen Zügen.

Schließlich versetzte er einem der Gegner einen Schmetterschlag gegen den Oberschenkel, dass der Knochen trotz der Panzerung brach und der Feind aufstöhnend zusammensackte.

Arviû ließ sich abrupt fallen, wich somit der waagerecht heranschnellenden Klinge aus, blockte die senkrecht von oben kommende mit dem Stock und stieß die Spitze seines Stabes gegen das Sonnengeflecht seines Widersachers.

»Wie konntest du …« Aufkeuchend wankte der letzte Angreifer rückwärts, ließ die Schwerter ins Laub fallen und brach ohnmächtig zusammen.

Mit der Macht meiner verbliebenen Sinne und meinem Verstand. Arviû erhob sich – und vernahm das Donnern von Hufschlag: Ein Nachtmahr jagte heran, stieß ein lautes Wiehern aus und riss das Maul weit auf, um den Alb mit seinen langen Reißzähnen zu packen. Schnaubend brauste er heran, leise knallten die Entladungen der Blitze um seine Fesseln.

Damit hatte Arviû nicht gerechnet! Gegen diese Kraft, diesen Ansturm im wahrsten Sinne würde ihm nichts helfen. *Nichts, außer …*

Eine einzige Silbe, mehr geflüstert als gesprochen, drang über seine Lippen.

Sofort ließ die Vena-Katze mit einem Fauchen von dem Liegenden ab und hetzte in gerader Linie auf den Nachtmahr zu, der ihr als Gegner jedoch überlegen sein würde. Ein einziger Schlag mit dem Huf richtete unglaubliche Verletzungen an.

Doch unvermittelt erschien ein weiteres Raubtier rechts neben dem Rappen, Blätter stoben unter den Pfoten in die Höhe, und ein drittes tauchte links davon auf. Sie flankierten den Nachtmahr lauernd.

Zehn Schritte von Arviû entfernt sprang eine vierte Vena-Katze aus ihrem Baumversteck zwischen den Blättern hervor, warf sich mit ausgebreiteten Läufen in den breiten Nacken des Rappen und biss ihm in den Hals.

Das war das Signal für die übrigen!

Zwei von ihnen verbissen sich in die Hinterläufe und brachten den Nachtmahr zum Straucheln, die vierte Raubkatze schlug einen Haken und katapultierte sich gegen die Brust, wo sie die langen Krallen durch das Fell ins Fleisch schlug und die Kehle zerbiss.

Die Attacke verlief rasend schnell, und der überrumpelte Rappe strauchelte, überschlug sich aus vollem Lauf und schlug sterbend mit den Hufen um sich. Die gefährlichen Zähne schnappten nach den vier Peinigern, die sich jedoch rechtzeitig in Sicherheit brachten.

Das Blut sprudelte aus der zerfetzten Kehle sowie aus dem Nacken, ein letztes Wiehern drang aus dem Maul. Die Hinterläufe zuckten in Agonie, während sich die vier Vena-Katzen ruhig hinsetzten und neugierig beobachteten, wie das Leben des Nachtmahrs versickerte.

Arviû hatte die Hatz anhand der Geräusche genau verfolgt. *Das war perfekt. Sie arbeiten ausgezeichnet zusammen.* Erst nach einem weiteren Laut von ihm fielen sie ansatzlos über das Tier her, rissen die zähe Haut auf, um an das begehrte Muskelfleisch zu gelangen. Das Rudel labte sich an seiner Beute, ohne sich darüber zu streiten oder sich untereinander anzufauchen.

» Genießt es. « Arviû rammte seinen Stab in die Erde, streckte die Arme und Beine, lockerte die Muskeln und griff nach seiner Trinkflasche, um einen Schluck zu nehmen.

Die besiegten Verfolger kämpfen sich unterdessen ächzend und fluchend auf die Beine, so gut es ihre Verletzungen erlaubten.

Eine der Vena-Katzen wandte den Kopf, fauchte mit blutverschmierten Maul. Es war die Warnung an die Verlierer, nichts Unbesonnenes zu tun.

» Lass gut sein, Lârc «, rief Arviû beschwichtigend seinem Liebling zu und ließ seinen Stolz in der Stimme über den Ausgang der Prüfung mitschwingen. » Es ist vorbei. «

» Du hast mir das Bein gebrochen! «, beschwerte sich Turàlor, der zu den Besten der Berittenen gehörte, und stöhnte. » Das kostet dich einiges an Wiedergutmachung. Ich werde lange ausfallen. «

» Wir haben gute Heiler «, wiegelte Arviû ab. Mitleid empfand er nicht. Die Angreifer hatten ihre Gelegenheit bekommen, *ihm* Schmerzen zuzufügen, und sie hatten es versäumt.

» Eine halbe Handbreit höher, und die stumpfe Klinge deines Wurfdolchs wäre mir unter dem Kinnschutz durch den Hals gefahren «, stimmte Iphiâla ärgerlich ein.

Arviû lachte. » Ich weiß. Deswegen traf er dich auch dort und nicht weiter oben. « Den Geräuschen nach kamen die Albae auf ihn zu. » Ihr habt lange gebraucht, um mich einzuholen. «

» Deine Spuren waren schwer zu entdecken «, räumte die Albin ein.

» Vircâ! «, gellte der laute Schrei, der die Umgebung für Arviû nochmals klarer erscheinen ließ, durch den Wald.

Ein ihm unbekannter Alb rannte zum gerissenen Nachtmahr und musste innehalten, weil ihn die Vena-Katzen drohend anfauchten. Der Krieger zog seine Schwerter. » Ihr Bestien! Dafür werde ich euch … «

» Noch ein Schritt und sie stürzen sich auf dich «, warnte ihn Arviû, der das Verhalten seiner Lieblinge sehr genau kannte. Er alleine konnte es wagen, sich den Raubtieren zu jeder Zeit zu nähern. » Gegen solche Gegner bestehst du nicht. Ich habe sie ausgebildet. «

Der Krieger stieß einen erneuten Wutschrei aus und kam auf den Blinden zu; eine Klingenspitze zielte auf die Körpermitte. » *Du* hast es zugelassen, dass sie meine Stute auffressen! «

»Deine Stute wollte *mich* auffressen. Ich denke, das ist nur gerecht«, hielt Arviû dagegen und tat, als bemerke er die Drohung nicht. »Oder hattest du ihr die Zähne abgefeilt, sodass es nicht schmerzt, wenn sie schnappt?«

»Sie war einzigartig!«

»Meine Vena-Katzen sind einzigartig. Von diesen Nachtmahrstuten gibt es genügend«, erwiderte Arviû kalt und legte die Hände auf seinen Stab, um ihn notfalls zu Abwehr einsetzen zu können. »Aber meine Lieblinge brauchten ohnehin etwas Hochwertiges zu fressen. Ich zahle dir einen Ausgleich.«

Iphiâla packte den aufgebrachten Alb an der Schulter und zog ihn zurück, um ihn vor Dummheiten zu bewahren. »Wir sollten zurückkehren«, sagte sie. »Wenn wir uns beeilen, schaffen wir die Rückkehr nach Dsôn vor Einbruch der Nacht.«

»Mit einem gebrochenen Bein?«, warf Turàlor ein. »Wohl kaum.«

Arviû lachte schallend los. »Seid unbesorgt. Ihr habt jemanden bei euch, der nicht den leisesten Schimmer Licht benötigt, um euch zu führen.«

Iphiâla stutzte, dann stimmte sie als Einzige in das Gelächter ein. Den anderen war die Fröhlichkeit vergangen.

Arviû wusste, dass er sich mit seinem harten Vorgehen keine Freunde unter den Kriegerinnen und Kriegern gemacht hatte, doch es scherte ihn nicht. Die Unauslöschlichen hatten angeordnet, ihn bei seiner Ausbildung zu unterstützen, und so geschah es.

»Zwei Meilen östlich von hier liegt ein Gehöft, das von Barbaren geführt wird«, sagte Iphiâla. »Sie werden sicherlich Pferde haben, die wir uns nehmen können. Unsere Verletzten sollen geschont werden.«

»Tut das.« Arviû hörte an den verebbenden Fressgeräuschen, dass die Vena-Katzen ihren Hunger gestillt hatten. *Wie schade, dass ich nicht alle fünf durchgebracht habe.* Er zog den Stab aus der Erde und ließ den Ring gegen die Verstärkung ticken, um sich durch das metallische *Ping* neu zu orientieren. »Wir treffen uns in Dsôn.«

Er stieß einen kurzen Laut aus, und die hüfthoch gewachsenen Tiere kamen zu ihm. Er kraulte einer Katze nach der anderen das Fell, die Kehle und die Stelle zwischen den Ohren, was sie besonders mochten.

Sféa, Lârc, Ûsh und Arà schnurrten dunkel und tief, strichen um ihn herum. Ihre Schnurbarthaare kitzelten sein Gesicht.

»Das habt ihr fein gemacht«, lobte Arviû sie leise.

»Verrecken sollen sie am Fleisch meiner Vircâ«, spie der Krieger aus.

Ich verstehe ihn. Aber sie hätte mich nicht attackieren sollen. Arviû enthielt sich einer Erwiderung, um es nicht zu übertreiben, dann trabte er los und zwischen den Bäumen hindurch.

Seine Lieblinge folgten ihm sofort, formierten sich in einigem Abstand um ihn. Das Quartett bildete seine verlängerten Arme, seine zusätzlichen Augen und Ohren, die ihn vor allem warnten, was ihm entging. Nichts und niemand vermochte es, den Blinden zu überraschen, solange die Vena-Katzen in seiner Nähe waren.

Arviû vernahm die Verwünschungen sehr genau, die man ihm nachrief, und beschleunigte seine Schritte, um vor der Truppe in der Hauptstadt des entstehenden Albaereichs zu sein. Das würde ihre Schmach verdoppeln: von einem Blinden bezwungen und sogar noch später als er in die Stadt zurückgekehrt zu sein.

Mit jedem Schritt wuchsen sein Stolz und seine Zufriedenheit.

Welch gelungene erste Prüfung! Arviû fühlte sich bereit, gegen zehn erfahrene Krieger zu bestehen, und dann würde er bald schon seine Elbenjagd beginnen.

Das unentwegte Laufen von Meilen um Meilen in der Vergangenheit machte sich bezahlt. Arviû hielt die enorme Geschwindigkeit durch und gelangte in der Nacht vor der Truppe in den Krater zurück, in dem der neue Mittelpunkt des Albaereichs entstand, auch wenn seine Beine wie Feuer brannten und das Luftholen mit einem leichten Pfeifen einherging.

Schon von Weitem vernahm er das Rattern der Winden und Seilzüge, das Knarren der Holzbalken, die unter der Last stöhnten, und das Knallen von Peitschen. Die Sklaven wurden angetrieben, bei Tag und bei Nacht. Der Mittelpunkt des Albaereichs nahm mit jedem Splitter der Unendlichkeit mehr Gestalt an.

Arviû hatte es aufgegeben, mit Samusin wegen des Verlusts des

Augenlichts zu hadern, doch er empfand es als kaum erträglich, den entstehenden Glanz nicht sehen zu dürfen.

Anhand des Modells, das Carmondai hatte anfertigen lassen, ertastete er, wie das schwarze Herz von Dsôn Balsur aussehen würde.

Als Bausubstanz vorgesehen war neben Steinen überwiegend Schwarzholz: hart und doch leicht zu behauen. Die Gebäude sollten eckig, doch mit verspielten Vorbauten, wunderschönen Einschüben, Säulen und Kuppelanbauten versehen werden.

Er erinnerte sich an ineinander verdrehte Turmstücke und enorme Halbkugeln, die von Säulen getragen wurden. Knochenperlen sollten die Wege bedecken, wenn alles fertig errichtet stand. Carmondai berichtete ihm von den Intarsien, den Schmucksteinen und dem Tionium, von Legierungen, die erst bei Nacht und im Glanz der Gestirne schimmerten.

Das würde ich wirklich gerne sehen. An der Größe des Beinturms, den die Baumeister als Residenz für die Unauslöschlichen vorsahen, ließ sich errechnen, wie viele Scheusale und Bestien die Albae noch töten mussten, um dieses Monument auf dem meilenhohen Berg zu errichten.

Arviû sah sich als Verantwortlicher, wenn es um das Elbenbein ging. Gerade deswegen musste er hinaus, in die Weiten von Tark Draan, und die Letzten der verhassten Spitzohren finden – wo immer sie sich verkrochen.

Sféa, Lârc, Ûsh und Arà rückten näher an ihn heran und lenkten seine Schritte durch leises Maunzen, was zugleich Rückmeldung über die Beschaffenheit des Geländes gab.

Arviû schlug den Ring gegen den Stab, der helle Echoklang machte Hindernisse auf seinem Weg deutlich. Fuhrwerke mit grob behauenen Steinen und langsamere, gewaltige Trosse mit Sklaven, die in erster Linie aus Barbaren bestanden, strömten auf Dsôn zu. Sie wurden in rauen Mengen dorthin geschafft, um niedere Arbeiten zu verrichten, wie das Bedienen der Kurbeln für die verschiedenen Kräne und Seilzüge.

Arviû passierte sie nacheinander und eilte den gewundenen Pfad in den Kraterkessel hinab. *Ich freue mich auf ein Bad, etwas zu essen und mein Bett,* dachte er und spürte seine Beine kaum mehr vor Anstrengung.

Am Boden angekommen, lief er durch die riesige Baustelle, wo ihm das Klopfen, Hämmern, Sägen und die anderen Geräusche brauchbare Echos lieferten, um sich orientieren zu können.

Ohne auf die Hilfe seiner vier Lieblinge angewiesen zu sein, erreichte er nach einiger Zeit sein Haus am Fuß des Berges, auf dem sich der Beinturm des Herrscherpaares erheben sollte.

Er öffnete die Tür und vernahm einen fremden Geruch, der schwach in der Luft hing. Er hatte Besuch erhalten, der sich nicht zu erkennen geben wollte.

Sféa, Lârc, Ûsh und Arà drängten sich an ihm vorbei in die Unterkunft. Das vielstimmige, warnende Grollen machte es zur Gewissheit: *Jemand wartet auf mich.* Er stieß einmal mit dem Stab auf.

Das Echo zeigte ihm einen Alb in der rechten Ecke seiner Stube, nahe des Kamins. Er saß im Sessel und schien zu schlafen, wie die entspannte Haltung verriet. Auf den Knien ruhte ein dickes, geschlossenes Buch.

Carmondai. Mit einem geschnalzten Befehl zog er die Vena-Katzen zurück, die den unachtsamen Besucher bereits eingekreist hatten, dann ging er zu dem Alb und klopfte mit dem Stock gegen dessen Bein.

»Wenn du sterben willst, Geschichtenschreiber, schleiche dich noch einmal in mein Haus und werde von mir übersehen«, weckte er ihn freundlich. »Denn Sféa, Lârc, Ûsh und Arà finden dich immer und behandeln dich, wie sie jeden Eindringling behandeln.«

Carmondai zuckte hoch. »Verzeih«, murmelte er schlaftrunken. »Ich hielt es vor Wissbegier nicht aus. Alle reden davon, dass du eine erste Prüfung unternommen hast, und ich wollte der Erste sein, der von deinem Abenteuer in aller Ausführlichkeit hört.« Er setzte sich hin und schlug sein Buch auf; aus einer seitlich angebrachten Schatulle nahm er den Stift aus gepresstem Kohlenstaub. Nach eine kurzen Pause klappte er die Seiten wieder zu. »Nein. Du siehst zu müde aus, um noch von mir befragt zu werden. Das können wir morgen nachholen.«

»Ich fühle mich geschmeichelt. Bleib nur, Meister in Wort und Bild«, hielt ihn Arviû davon ab, aus dem Sessel zu steigen. »Ich hole mir etwas zu trinken, und dann sollst du hören, wie es verlief.«

Er verschwand in die Küche, ertastete das Fass mit dem Trinkwasser, das einen Schuss Wein und gemahlene Gewürze sowie eine leichte Honignote beinhaltete, und goss sich einen Becher voll, den er noch im Stehen leerte, um nachzufüllen und in die Stube zurückzukehren. Er schob das Gefühl der schmerzenden Glieder beiseite.

»Ich ahne, dass du der unumschränkte Sieger warst?«, empfing ihn Carmondai. Das leise Kratzen verriet, dass er sich etwas notierte oder zeichnete.

»Zu viel der Ehre, aber ich bezwang sie, ja.« Arviû grinste und setzte sich, streifte die Stiefel ab und legte die Beine hoch. *Das Bad muss warten.* Die vier Raubkatzen ließen sich um ihn herum nieder, leckten sich die Pfoten und das Fell sauber, schnurrten dabei.

Haargenau beschrieb er, was sich abgespielt hatte, vom Ablauf der Kämpfe bis zum Ende des Nachtmahrs. »Danach machte ich mich auf den Rückweg und fand dich hier vor.« Er nahm einen Schluck vom Getränk, genoss die leichte Weinnote und die kaum spürbare Süße. Er musste ein Gähnen unterdrücken.

»Du bist demnach mehr als vierzig Meilen an einem Tag gelaufen und überstandest den Kampf?«, fasste Carmondai zusammen. »Ich will nicht ungläubig klingen …«

»Tust du nicht. Du klingst vielmehr offen zweifelnd.« Arviû streichelte Sféa über den schlanken Kopf und schmunzelte. »Ich übertreibe wirklich nicht. Ich bestehe darauf, dass du die anderen befragst, sobald sie morgen nach Dsôn zurückkehren.« Er fühlte, dass sich die Müdigkeit kaum mehr aufhalten ließ. »Sag mir rasch, wie sich die Stadt macht. Sie lärmt beeindruckend auf große Entfernung hin.«

»Dann komme morgen zu mir. Ich habe das Modell überarbeiten lassen. Du wirst selbst fühlen, wie sich das schwarze Herz entwickelt. Schon jetzt staunen die Barbaren, was wir in der Lage sind zu errichten. Und die Veränderungen der Natur, die mit dem Vordringen sowie Erstarken des Dämons einhergehen, versorgen uns mit genug Schwarzholz für unsere Bauten.« Er erhob sich äußerst behutsam, um nicht den Jagdtrieb der Vena-Katzen auszulösen. »Genieße dein Bett, Arviû.«

Arviû erhob sich und fühlte sich mit einem Mal balkenschwer. »Das werde ich. Im Gegensatz zu meinen Verfolgern, die sich im Gehöft von irgendwelchen Barbaren einquartieren müssen.« Sein Ring traf auf die Metallarbeiten des Stabs. Der Widerhall zeigte Carmondai, der gerade die Tür öffnete. »Bis morgen. Aber ich weiß noch nicht, wann ich erscheinen werde. Ich würde lügen, wenn ich sage, dass die Anstrengung spurlos an mir vorübergegangen sei.«

»Sicherlich.« Carmondai öffnete den Ausgang und verharrte. »Ich muss dir meinen Respekt aussprechen. Kein Alb, den ich kenne oder der mir im Verlauf meines Lebens begegnet ist, weder als Krieger noch als Schreiber, erwies sich als derart … mir fehlen die Worte, um deine Leistung gebührend zu würdigen«, gab er zu. »Doch ich werde mir etwas einfallen lassen. Dir zu Ehren.« Er ging hinaus.

Arviû atmete tief ein und spürte jeden einzelnen Knochen im Leib. *Das war geradezu rührend.*

Er begab sich erneut in die Küche und bereitete sich ein rasches Mahl zu. Dies nahm er auf einem Tablett mit in die Kammer, in der er sein Bad eingerichtet hatte, und ließ sich heißes Wasser aus der Vorrichtung in die Kupferwanne ein. Ein großer Kessel, unter dem Kohle schwelte und der mit einem Ausguss ausgestattet war, sorgte für beständiges warmes Nass.

Der Alb gab wohlriechende Essenzen hinein, legte die Kleidung ab und stieg in die Wanne.

Wundervoll. Und die anderen sitzen im stinkenden Loch eines Barbarenpacks. Seine Muskeln lockerten sich, der aufsteigende Duft entspannte ihn zusätzlich. Er kostete die Auswahl an verschiedenen Käsesorten, dazu die süßen und scharfen Marmeladen, genoss die eingelegten Trauben und nicht zuletzt das marinierte Fleisch, das alleine durch Einlegen gegart worden war.

Arviû döste danach leicht vor sich hin, bis es ihm zu kühl im Wasser wurde, dann verließ er die Wanne, hüllte sich in ein großes Leinentuch und wechselte ins Schlafzimmer. Er versank in Schlummer, kaum dass sein Kopf das Kissen berührt hatte.

Doch es wollte sich keine Erholung einstellen.

Ein Traum suchte den Alb heim, wie er ihn niemals zuvor erlebt hatte. Denn seit dem Verlust seines Augenlichts wurden die Bilder, die ihm seine Vorstellungskraft erschuf, wahrhaftiger als das echte Dasein. Das half zwar im Wachzustand, sich bestens zurechtzufinden, doch es peinigte ihn, wenn es sich um Träume handelte.

Es begann damit, dass er in gleißende Helligkeit blickte, blendend und sengend wie eine heiße Lohe. *Was geht mit mir vor?*

Plötzlich vernahm er elbische Gesänge, die näher und näher kamen. Noch immer war das Gleißen auf ihn gerichtet, sodass er nichts erkannte.

»Was wollt ihr?«, schrie er und hob die Hände, um sich zu schützen. »Ihr entkommt mir nicht! Das Licht schützt euch nicht vor mir!«

Mit einem Mal wurde es dunkel, und die Elben lachten ihn aus.

»*Du* wirst *uns* nicht finden«, wisperten sie gleichzeitig. »Aber *wir* sehen *dich*. Wir reißen dir jedes Glied einzeln aus dem Körper, und dann halten wir dich als Krüppel für den Rest deiner Unsterblichkeit zu unserem Vergnügen am Leben. Wir verspotten dich tagaus, tagein. Bespucken dich. Treten dich. Werfen Unrat nach dir.«

Ihr schrilles Kreischgelächter schmerzte in seinen Ohren, und wieder wurde es so grell, dass es weh tat.

Arviû keuchte und wand sich, doch er konnte sich nicht aus dem Traum befreien. *Ich … nein! Ich gehe nicht vor euch in die Knie!*

Stattdessen griff er auf seine albischen Kräfte zurück und versuchte, das elend peinigende Strahlen mit Dunkelheit zu erdrücken und zum Ersterben zu bringen. Mit aller Macht, die ihm das Truggebilde des Schlafs erlaubte, kämpfte er gegen das Gleißen an.

Dann stand er plötzlich in Schwärze, aus der sich die Umrisse eines gerüsteten Unterirdischen schälten, dessen Glatze über und über mit düsteren Tätowierungen versehen war.

Er hielt einen blutigen Streithammer mit beiden Händen, um ihn herum stapelten sich die Leichen von erschlagenen Zwergen mauerhoch. In seinem ebenfalls mit Runen verzierten Gesicht hafteten rote Spritzer und Schlieren. Den langen Bart hatte er in Teilen dunkelblau gefärbt und mit Knochenstückchen verziert. Angriffslustig senkte er den hässlichen Schädel und bleckte die kräftigen Zähne, knurrte.

Du wirst mich nicht bekommen! Arviû riss seine Wurfdolche in die Höhe, um den Feind zu erledigen. *Weswegen erschlug er seine eigenen Leute?* Fieberhaft suchte er nach einer Erklärung, die sich in seinem Hinterkopf verborgen hielt. *Existierte nicht eine Fehde, die …*

Da gab es einen Schlag, und der Unterirdische war verschwunden.

Wieder ein Schlag.

Noch ein Schlag …

Arviû schoss im Bett hoch – und vernahm das laute Pochen gegen seine Tür. Es gehörte nicht zu seinem Traum.

Was … hatte das zu bedeuten? Schweißnass lag er zwischen den Laken, sein Herz pumpte heftig und laut in seiner Brust. Neben sich hörte er die Vena-Katzen fragend maunzen. Sie sorgten sich um ihren Herrn.

Die Wärme auf seinem Gesicht sagte ihm, dass es schon lange Tag sein musste. Von irgendwo oberhalb der Kante fiel eine Reflexion der Sonne in den Krater, in sein Fenster.

» Ich komme «, rief er krächzend, räusperte sich. » Einen Moment «, setzte er lauter hinzu und erhob sich. Schwindel packte ihn, er fühlte sich ausgelaugt und sehr hungrig. *Ich hätte gestern mehr essen sollen.*

Rasch stieg er in ein frisches, knielanges Unterhemd; zusätzlich umwickelt mit dem Leinentuch schritt er aus dem Schlafzimmer zum Eingang. Er nahm seinen Stab und öffnete. » Wer ist da? «

» Ich bin es: Virssagòn «, vernahm er die samtene Stimme des Meistermörders. » Oh, entschuldige. Ich sehe dich frisch dem Bett entstiegen. Ich dachte nicht, dass du noch im Reich der Träume weiltest. «

» Du tatest mir einen Gefallen. Was kann ich für dich tun? «

» Meine Geschenke annehmen, die ich dabei habe. «

» Wenn das so ist, erscheint mir dein Besuch doppelt zur rechten Zeit. « Arviû bat ihn herein und machte ihm Platz. » Ich kehre sogleich zu dir zurück. Nimm dir, was du brauchst. «

Virssagòn rührte sich nicht. » Und deine Kater? Wissen sie, dass ich hereindarf? «

Arviû lachte und rückte das Tuch zurecht. » Sie mögen dich. Und damit meine ich nicht dein Fleisch. Sie bevorzugen Nachtmahre. « Er befahl den wachsamen Raubtieren, sich niederzulassen und Platz zu behalten.

Arà, Sféa, Lârc und Ûsh setzten sich, wie er hörte; sie würden aufmerksam jede Bewegung des Besuchers verfolgen.

Erst jetzt trat Virssagòn ein. » Ich fürchte mich nicht vor ihnen, falls du das denken solltest, aber ich will sie ungern töten müssen, nur weil sich mich anfallen «, erklärte er. » Dafür sind sie zu schön. Und zu kostbar. «

Arviû wusste, dass der Assassine die Wahrheit sprach. » Sie sind dir ebenso dankbar wie ich. « Er verschwand im Schlafgemach, zog sich einen kleidsameren, bestickten Hausmantel über, um danach zu Virssagòn zurückzukehren.

Ein helles Klingen durch Stab und Ring, und er sah, dass sich der Besucher an den großen Tisch begeben und Gegenstände abgelegt hatte. »Oh, das sieht nach vielen Gaben aus.«

»Und alle dazu gedacht, dir das Leben bei der Jagd noch leichter zu machen.« Virssagòn sah sich um. »Hier drinnen ist es karg wie stets.«

»Was soll ich mit Einrichtung? Ich vermag sie ohnehin nicht zu bewundern.«

Der Meistermörder lachte leise. »Komm näher, damit ich es dir erklären kann.«

Es klopfte erneut an der Tür.

Sféa fauchte gereizt. Sie mochte es nicht, wenn sich zu viele Albae in ihrem Reich aufhielten.

»Ah, das wird Carmondai sein. Ich bat ihn dazu, damit er sieht und festhält, welch auserwählte Ausrüstung du von heute an dein Eigen nennen darfst«, erklärte der Meistermörder. »Es sind übrigens nicht meine Geschenke, sondern die der Unauslöschlichen. Sie hörten bereits von deiner gestrigen Probe wie so ziemlicher jeder Alb und jede Albin in Dsôn.« Er pochte gegen etwas, das ein Helm sein konnte. »Das Herrscherpaar bestritt sämtliche Kosten, die dafür anfielen, als sie von meinen besonderen Anfertigungen vernahmen. Als Anerkennung.«

»Öffne ihm«, sagte Arviû, der sich nicht wahrhaftig durch den Schlaf erholt fühlte. Die Bilder aus dem Traum hatten sich festgesetzt; vor allem der glatzköpfige, finstere Zwerg beeindruckte ihn durch seine Erscheinung und die immensen Leichenstapel um ihn herum. Er konnte sich genau an die ungewöhnliche Rüstung erinnern, mit dunklen Eisenplättchen und einem Rock ähnlichen Beinschutz.

Die Tür öffnete sich, und Carmondai kam herein. »Ist das ein wundervoller Morgen!«, rief er gut gelaunt. »Die Arbeiten an den Fundamenten des Beinturms gehen ausgezeichnet voran, an den Seiten des Kraters schachten die Sklaven unermüdlich aus, und das Wetter hält sich. Was wir brauchen, sind weitere starke Knochen. Die Drachengebeine sind rasch verbaut.«

»Ich mache mich später auf den Weg nach Nordosten. Da soll es nahe dem Braunen Gebirge seit Kurzem ein Trollreich geben«, erwiderte Virssagòn. »Riesen oder Oger kämen mir ganz recht.«

»Ausgezeichnet. Die Unauslöschlichen möchten nicht allzu lange warten.« Der Geschichtenweber kam an den Tisch. »Oh, das ist ... so einmalig wie die Vena-Katzen«, entfuhr es ihm begeistert.

Arviû musste sich mit einem vagen Bild zufriedengeben. »Es wäre schön, wenn ich genauer erfahren könnte, was der Meistermörder mir zum Geschenk machte.«

»Zum einen«, sprach Virssagòn, »eine neue Rüstung, die deiner alten ähnelt; sie ist aber mit mehr Lamellen versehen, welche dir eine größere Bewegungsfreiheit gewähren. Du kannst sie ohne fremde Hilfe anlegen und ausziehen. Sie besitzt mehrere Verstärkungen und ist dennoch federleicht. Dazu kommen Schoner für Arme und Beine sowie Handschuhe. Damit wird man dich nicht mehr hören. Nicht das kleinste Geräusch wird diese zweite Haut von sich geben.«

Arviû betastete die Panzerung, die sich glatt und poliert anfühlte, obwohl es Leder war. *Es erinnert an die Gehäuse von Flusskrebsen.* »Unglaublich!«

»Gleich daneben liegt ein Helm. Dein Gesicht verbirgt sich damit unter einer vollständigen Maske, die Atem- und Ohrschlitze sind als solche nicht erkennbar. Es wird den Anschein haben, als hättest du kein Antlitz«, erklärte der Meistermörder weiter. »Die Form ist auf deinen Schädel angepasst, und auf der Oberfläche sitzen winzige geschliffene Metalldorne, die verhindern, dass Klingen daran nach unten gleiten und dich in die Schultern treffen. Zudem wird niemand den Schutz abziehen können oder dich festhalten können, ohne sich die Finger zu zerschneiden. Ich zeige dir, wie du den Helm verletzungsfrei anziehst.«

»Diese Zierelemente an der Seite«, mischte sich Carmondai begeistert ein. »Sie wirken, als hätten sie eine weitere Funktion?«

»Man kann sie ablösen und als Wurfgeschoss nutzen«, erläuterte Virssagòn und nahm Arviûs Hände, um ihm behutsam den Helm zu erschließen. »Das überrascht den Gegner, wenn er dich einmal waffenlos wähnt.«

Arviû nickte und bekam vor seinem geistigen Auge ein Bild des Kopfschutzes, der auf jegliche ausladende Ränder verzichtete. Die

Form war schlicht, die Maske oval, glatt und leicht gewölbt. »Ich nehme an, er ist schwarz?«

»So schwarz wie die Dunkelheit, die sich heute Morgen über den Krater legte«, stimmte Carmondai zu.

Arviû tastete weiter und fühlte die Dornen. »Welche Dunkelheit? Eine Sonnenfinsternis wäre etwas Erfreuliches.«

»Ich dache zunächst, es sei eine«, warf Virssagòn ein, »aber es fühlte sich mehr danach an, als hätten sämtliche Albae ihre Kräfte genutzt, um Finsternis zu weben.«

»So war es. Der gesamte Krater füllte sich für die Dauer mehrerer Herzschläge mit undurchdringlichem teerfarbenem Nebel.« Carmondai klang aufgekratzt. »So etwas erlebte ich noch nie! Davon träumt ein Erzähler wie ich.«

Arviû kam in den Sinn, dass er es vielleicht gewesen sein könnte. *Sollte ich im Traum vielleicht ...?* Er verwarf den wirren, aufblitzenden Gedanken. Der Kraterboden belief sich auf etwa acht Meilen im Durchmesser und würde sicherlich einmal auf zehn Meilen wachsen, wenn die Ausschachtungen beendet waren. *Solche Kraft löse ich niemals alleine aus.* »Die Unauslöschlichen werden es als gutes Omen werten.«

»Das tun sie sicherlich. Ein Zeichen der Schöpferin, den richtigen Ort gewählt zu haben, an dem sich die Dunkelheit von selbst manifestiert«, schwärmte der Geschichtenweber.

Es klirrte leise.

»Dies sind neue Wurfdolche«, erklärte Virssagòn. »Zehn Stück und jeweils etwas länger als eine Hand. Die Spitzen sind besonders gehärtet und durchdringen sogar dünnes Metall. In der Blutrinne sind feine Glaskapseln eingelassen, die beim Aufschlag im Ziel zerplatzen und hochwirksames Gift freisetzen.«

»Auch darauf verstehst du dich also?« Arviû wunderte sich nicht, dass er alleine einen ganzen Hort aus Elben und Drachen vernichtet hatte. *So etwas wird mir auch gelingen!*

»Ja. Aber ich habe viel zu tun und daher eine Heilerin gebeten, mir eine solche Substanz zu brauen, die das Blut eines jeden Lebewesen beinahe sofort zum Stocken bringt und das Herz verstopft.«

»War ihr Name Iuwâna?«, fragte Arviû sofort.

»Kennst du sie?«

»Sie gehörte zu einem der Heiler, die versuchten, mir mein Augenlicht zurückzugeben. Wenigstens scheint sie sich darauf zu verstehen, den Tod zu bringen«, gab er mürrisch zurück. »Sie besucht mich regelmäßig.«

»Ach?« Carmondais Stimme troff vor Neugier. »Ist sie …«

»Ich habe keine Zeit für eine Gefährtin, wenn du das meinst«, unterbrach ihn Arviû. Sicherlich hätte Ergàta ihm gefallen. Er mochte ihre Art, und gelegentlich trafen sie sich zu Kampfübungen. Aber mehr erlaubte er sich nicht. »Mein Trachten gilt den Elben. Sie zu finden und zu vernichten, um sie für ihre Tat zu strafen.« Er nahm einen der Dolche. *Perfekt austariert, unglaublich scharf.* »Iuwâna … bringt mir gelegentlich Essen und singt mir Lieder oder trägt Gedichte vor. Sie scheint sich schuldig zu fühlen, weil sie mir nicht helfen kann.«

»Für mich klingt das nach mehr als schlechtem Gewissen«, befand Carmondai und beließ es bei der Andeutung.

»Solltest du Nachschub für die Kapsel benötigen, kannst du Iuwâna selbst danach fragen. Die Glaskapseln kann dir Setinaî nachfertigen und einpassen. Sie erledigt sämtliche Arbeiten für mich und meine Schüler. Du findest sie auf dem Ostmarkt.« Der Meistermörder umrundete ihn. »Lass uns üben, wie man den Harnisch anlegt, damit du es alleine vermagst.«

»Ich brenne darauf!« Mehrmals schlüpfte Arviû in die Rüstung sowie in die Schoner für Arme und Beine. Er merkte sich, wo die Ösen und Schnüre verliefen; ein kurzer Zug, und die Panzerung schmiegte sich eng an ihn.

Der Helm sitzt perfekt. Der Alb hörte und roch durch die Schlitze ungemindert gut. Die Wurfdolche saßen passgenau und hinderten ihn nicht an den geschmeidigsten Bewegungen, als er sich zur Probe durch die Kammer bewegte, auf allen vieren kroch, sich schmal und klein machte oder die Tragebalken spielend erklomm. *Nicht ein verräterisches Geräusch.* Er sprang zurück auf den Boden, zwischen seine Besucher. »Ich schulde den Unauslöschlichen riesigen Dank für diese Gabe.«

»Ihr Inf… bei Samusin«, entfuhr es Carmondai. »Ich würde glauben, dass du zu sehen vermagst, so sicher kletterst und schleichst du!«

Virssagòn gab einen Laut der Zustimmung von sich. »Das Geschenk ist wohlgelungen. Auf einen normalen Barbaren und sogar einen Elben wirst du wirken wie ein Wesen aus einem schrecklichen Traum. Das Gesichtslose, diese Schwärze macht deine Erscheinung vollkommen. Du könntest ebenso ein Dämon sein.« Er ging zur Tür und öffnete sie. »Ich freue mich, wenn wir zusammen auf die Jagd gehen. Bis dahin, Arviû. Und meine Hochachtung. Selbst mein bester Schüler Gàdion hätte Schwierigkeiten, gegen dich zu bestehen.« Er ging hinaus.

»Kann man ein größeres Lob erhalten?« In der Stimme des Geschichtenwebers schwang die begeisterte Fassungslosigkeit mit, die ihn erfüllte. »Verharre, Arviû. Bitte, ich *muss* das zeichnen, um es für alle Zeiten festzuhalten: Du, in dieser Rüstung, umringt von deinen Vena-Katzen!« Der Stift huschte über das Papier. »Ich will nicht zu viel prophezeien, aber ich durfte soeben Zeuge sein, wie eine Legende geboren wurde.«

»Ich dachte, ich sei ein Dämon?« Arviû lachte, und es klang durch den Helm dumpf und gefährlich zugleich. »Beeile dich. Ich habe Hunger. Und meine Lieblinge auch.«

»Dann sollte ich es bei einer groben Skizze belassen und zu Hause an einem größeren Werk arbeiten«, erwiderte Carmondai. »Doch schlugen die Vena-Katzen nicht erst gestern einen Nachtmahr?«

Ihm fiel ein, dass er dem unbekannten Alb dafür noch eine Entschädigung schuldete. »Sie sind noch im Wachstum und brauchen viel Fleisch. Sie sind nun einmal auf Nachtmahre geprägt und verschmähen anderes Fleisch«, erklärte er. »Das macht es schwierig, genug Nachschub zu bekommen. Oder sagen wir: kostspielig.«

»Doch durch deren Blut haben sie ihre Besonderheiten erlangt, sagt man sich.«

Arviû lächelte hinter seiner Maske. *Erwartest du eine Erklärung?* Er wusste, dass man sich in Dsôn viel über seine Helfer erzählte. Niemand anderem war es gelungen, Raubtiere derart exakt abzurichten.

Genau zu erklären vermochte er es kaum, doch es hatte zum einen mit dem besonderen Fleisch der Rappen zu tun – und der Magie, die ihnen innewohnte wie einem jeden Alb. Diese besondere Nahrung musste die Vena-Katzen verändert haben.

»Das könnte sein.« Er würde Carmondai nicht offenbaren, dass er

Sféa, Lârc, Ûsh und Arà durch einen kleinen Schnitt sein eigenes Blut eingebracht hatte.

Durch die Vena-Katzen floss albischer Lebenssaft, was sie an ihn gebunden hatte, ähnlich wie man es bei der Erschaffung reinrassiger Nachtmahre tat, indem man ein Einhorn umwandelte. Eines der Jungtiere hatte die Prozedur zu seinem Leidwesen nicht überstanden. Das Üben und Abrichten fiel fortan einfach. Es gab eine unsichtbare Verbindung zwischen ihm und den Tieren.

Arviû zog den Helm ab und befreite sich aus der Rüstung, um den Morgenmantel über die Unterwäsche zu streifen. »Dann wünsche ich dir einen guten Tag. Carmondai. Du wirst sicherlich auf den Baustellen gebraucht.«

»Zuerst werde ich das Bild von dir und deinen Kätzchen malen, danach kümmere ich mich um Dsôn und seine Gebäude. Wir haben genug Baumeister.« Er packte den Kohlenstift weg, klappte das Buch zu und eilte hinaus. »Bis bald!«

Die Tür fiel zu.

Er ist ein Besessener. Wie ich. Arviû streichelte die Köpfe seiner Vena-Katzen nacheinander, die Tiere schnurrten dunkel und strichen um seine Beine. *Schade, dass ich das Bild niemals sehen werde.* Der Alb seufzte und fühlte, dass sich Wutlinien über sein Antlitz zogen. *Verdammte Elben!*

Achtsam verstaute er die Rüstung auf der Halterung, sodass er sie bei Bedarf sofort finden würde, kleidete sich in sein schwarz-rotes Gewand mit dem hohen Kragen, schlüpfte in die Stiefel und legte die kunstvoll geschnitzte Halbmaske aus Schwarzholz an, die Stirn und Augen bedeckte. Damit verbarg er die ausgetrockneten Löcher im Schädel. Mehr war von seinen einst blauen Augen nicht geblieben.

Immer noch spürte er Schmerzen, gegen die kein Trank half. Man kannte dieses Phänomen von Amputationen. *Wie kann etwas, das nicht mehr existiert, Pein verursachen?*

Er straffte seinen dünnen Leib und verließ das Haus, um zuerst seine Schulden zu begleichen und sich nach einem neuen Nachtmahr zu erkundigen, den er zur Schlachtung nutzen konnte.

Nachtmahre waren kostbar und teuer. Und niemand kam auf den Gedanken, sie als Futtermittel zu verwenden, doch es ging nicht anders. Die Vena-Katzen würden sonst elend verhungern oder selbst auf die Jagd gehen, und *das* wiederum würde ihn noch teurer zu stehen kommen.

Arviû hörte das feine Tapsen der Pfoten. *Wie neugierige, grausame Kinder.*

Seine Eskorte schirmte ihn ab. Arà, Lârc, Sféa und Ûsh sprangen und kletterten auf die Dinge, die sie unterwegs vorfanden, und nutzten sie, um einen besseren Überblick zu erhalten. Das Echo des hellen Klirrens, wenn er den Ring in regelmäßigen Abständen gegen die Intarsien schlug, ermöglichte es Arviû wiederum, die Umgebung wahrzunehmen, fast als würde er sehen.

Er wurde unentwegt gegrüßt.

Er bildete sich ein, dass die Stimmen ehrfurchtsvoll klangen, was nicht nur an seiner außergewöhnlichen Raubtiergarde lag.

Auf dem Markt wurde er mit so vielen Dingen beschenkt, dass Sklaven sie ihm nach Hause tragen mussten. Es wurde ihm sogar ein verendetes Nachtmahrfohlen überlassen, was besonders zartes Fleisch für seine Lieblinge bedeutete. So fiel ihm das Begleichen seiner Schulden leicht.

Es lohnt sich, kleine Wunder zu vollbringen. Was wird erst geschehen, wenn ich die richtigen wirke? Sehr zufrieden kehrte Arviû gegen Abend in seine Behausung zurück, in der sich die Gaben stapelten. Er war ein mehr als angesehener Alb, und das hatte er zudem den Elben zu verdanken.

Carmondai hat recht: Ich bin auf dem besten Weg, eine Legende zu werden. Er setzte sich an den Kamin. *Ich sorge dafür, dass meine Taten für sich sprechen, nicht der Verlust meiner Sehkraft.* »Hinaus mit euch«, sagte er freundlich zu den Katzen. »Das Fohlen liegt im Unterstand. Genießt es!«

Arà, Lârc und Ûsh schlichen sich hinaus, Sféa jedoch blieb zu seinen Füßen. Niemals blieb der Alb ohne einen Beschützer. Die anderen drei würden genug übrig lassen.

Es klopfte.

Ein unruhiger Tag. Und doch voller Wunder. Am Klang erkannte er, dass es die junge Heilerin war. Sie konnte außerordentlich gut vortragen, und er genoss ihre weiche Stimme sehr. Sie war ganz anders als Ergàta, von ihrer Art und ihrem Wuchs. *Mir wäre nach einem ihrer Lieder.*

»Herein mit dir, Iuwâna.« Er legte eine Hand auf den Kopf der Vena-Katze, streichelte das weiche, warme Fell. »Ich freue mich, dich zu hören.«

Die Albin kam herein, und sofort verbreitete sich der Geruch von Oîrn-Gries. Sie hatte eine Schale der Süßspeise mitgebracht, die Arviû besonders mundete. Sie schaffte es, in Tark Draan die Gerichte seines Volkes zuzubereiten, obwohl die meisten Zutaten fehlten. *Das nächste kleine Wunder, noch bevor die Sonne gänzlich versinkt.*

»Die Freude liegt ganz bei mir, Arviû.« Iuwâna stellte das Gefäß auf dem Tisch ab. Dem Rascheln ihrer Stoffes nach trug sie ein Kleid aus doppeltem Leinen, mit Samt und Federn daran. »Ich kann an deinen Zügen ablesen, dass du bereits weißt, was ich mitbrachte.«

»Es macht den Abend vollkommen«, erwiderte er. Es wäre gelogen zu sagen, dass er die junge Albin nicht anziehend fand. Doch wie er Carmondai und Virssagòn bereits verkündet hatte: Er hatte keine Zeit für eine Gefährtin, die Platz in seinem Leben einnahm. *Weder für eine Kämpferin noch für eine Heilerin.*

»Warten wir es ab.«

Er horchte auf. *Was hat das zu bedeuten?* »Wirst du mich nicht mehr besuchen kommen?«

Iuwâna reichte ihm einen Becher und einen Löffel, um den Nachtisch essen zu können, während sie dazu ein Lied erklingen ließ.

Ihre Stimme erinnerte an silberne Mondstrahlen, die sich auf einem Teich spiegelten; an den leisen Wind, der durch feine Gräser strich; an ziehende, feine Wolken vor einem schwarzen Himmel.

Sie ist … anders als sonst. Arviû wagte es nicht, von der Speise zu kosten. Es kam ihm anmaßend vor, den einen Genuss durch den anderen zu beeinträchtigen.

So stellte er das Gefäß zur Seite und lauschte.

Sternengesang,
die Nacht lobpreisend.
Trunken machender Schein
fällt auf mein Antlitz,
durch meinen Leib,
in meine Seele
und rührt sie zu Tränen.

Sternengesang,
den Tag verfluchend.
Berauschende Strahlen
umhüllen mich,
erheben meinen Geist,
leiten mich zur Erkenntnis
und spenden Trost.

Sternengesang,
in dröhnender Stille,
unwiderstehlich und unvergänglich,
stehe ich und lausche ergriffen
dem tönenden Nichts,
der brausenden Ruhe.
Nacht für Nacht.

Der letzte Ton verklang, doch Arviû rührte sich nicht.

Er ließ das Lied ergriffen in sich nachklingen. Der Hall von Iuwânas Stimme hatte den gesamten Raum in besonderes Echolicht getaucht, unwirklich, magisch und jenseits von allem, was er bislang gesehen hatte. Gänsehaut lag auf seinen Armen, er schauderte immer noch. *Bei einem solchen Lied in die Endlichkeit ziehen und nichts anderes dabei tun als zuhören.*

Iuwâna setzte sich. »Du mochtest es nicht?«, fragte sie unsicher.

Arviû räusperte sich mehrfach. »Doch, sehr. Es ist ... unbeschreiblich! Du musst es Carmondai vortragen, damit er es festhält. Solch ein wundervolles Lied soll bestehen bleiben und von vielen gesungen werden.«

Iuwâna griff nach ihrem Becher. »Dein Lob bedeutet mir sehr viel«, sprach sie und klang traurig.

Arviû nahm sein Gefäß zur Hand und kostete von der cremigen Substanz, die leicht nach Gewürzen und Früchten schmeckte. *Nicht zu viel und nicht zu wenig. Wie gelingt es ihr jedes Mal?* Er ließ es am Gaumen zergehen. »Was hast du, Iuwâna?«

»Ich muss dir ein Geständnis machen.«

Arviû konnte sich nicht erklären, was sie ihm zu gestehen hätte. *Ihre Liebe vielleicht!* »Ich höre?«

Iuwâna atmete tief ein und stellte den Becher mit dem unberührten Gries auf den Tisch. »Ich bin eine Cîanai.«

Arviû versuchte sich zu erinnern, was die Bezeichnung bedeutete. »Du willst damit sagen, dass du … deine Magie nicht nur als Kraft einsetzen kannst, um Dunkelheit zu bringen?« Er hatte diese Erzählungen nie sonderlich ernst genommen. *Erinnerungen aus einer anderen Zeit.*

»Ja. Und ich bin nicht die Einzige im alten Dsôn gewesen.«

»Aber wieso …«

»Wir hielten und halten unsere Existenz verborgen. Es würde zu viel Aufruhr bei unserem Volk verursachen; wir wirken unbemerkt von allen.« Iuwâna spielte mit den Ärmelaufschlägen. »Wir versuchten damals, dein Augenlicht zu retten, mit allen Mitteln, die uns zur Verfügung standen. Jashâphor, mein … Ausbilder, nahm mich hinzu, damit ich auf magischem Wege versuche, die Splitter aus deinem Schädel zu ziehen. Es gelang mir zu einem überwiegenden Teil. Aber ich sah auch, dass ein winziger Rest zu tief steckte, sodass ich ihn nicht erreichte«, berichtete sie.

Arviû versteifte sich. Die Erzählungen brachten schmerzhafte Erinnerungen zurück. Der Zusammenprall mit der Elbenlanze und wie sich die Zeit daraufhin zu verlangsamen schien, wie die winzigen Fragmente auf sein Antlitz zuflogen, größer und größer wurden …

Sféa spürte, dass sich die Stimmung des Albs wandelte. Sie schnurrte beruhigend und leckte seine Finger.

»Die Heiler wagten es nicht, tiefer mit Klingen und Haken in deinen Verstand vorzudringen, also ließen wir den Splitter, wo er ist.« Iuwâna seufzte. »Ich erforschte … damals die Kräfte unseres Volkes. Meiner Vermutung nach befindet sich im Kopf eines jeden von uns ein besonderer Abschnitt, der zuständig für die Beherrschung unseres angeborenen Könnens ist. Und genau *dort* steckt bei dir dieses letzte Überbleibsel.«

Arviû hatte immer vermutet, dass die Heiler nicht sämtliche Stückchen aus ihm heraus gepult hatten, aber das war ein gravierenderes Geständnis, als er angenommen hatte. *Eine Cîanai.* »Nun, du hast es wenigstens …«

»Das ist nicht alles, Arviû«, unterbrach sie ihn mit deutlicher Angst in der Stimme. »Es … hat einen Grund, weswegen ich dich seit meiner Ankunft in Dsôn ... in Tark Draan besuchte. Die Speisen, die du zu dir nahmst, waren versetzt mit einem Wirkstoff ... «

» Ein schleichendes Gift? «, entfuhr es ihm. *Unsinn. Das hätte sie einfacher haben können.*

» Nein, oh nein, ganz im Gegenteil. Es ist eine Essenz, die ich ersann, um dich zu stärken und deinen Körper nach den Entbehrungen aufzubauen. « Iuwâna ließ die Ärmel los und lehnte sich zurück. » Wie es den Anschein hat, förderten sie jedoch im Zusammenspiel mit dem Splitter deine angeborenen Kräfte über das übliche Maß hinaus. «

Arviû runzelte die Stirn und stand im Begriff, sich einen vollen Löffeln in den Mund zu schieben. *Sie vollführte Experimente mit mir!* Er hielt inne. » Erkläre dich genauer. «

» Diese Schwärze, die heute Morgen den Talkessel verfinsterte, war kein Zeichen der Göttin Inàste. Es war eine ... Albaekraft, und ich wusste sofort, dass du sie ausgelöst hast. Mir war nicht bewusst, dass mein Tonikum eine derlei Vergrößerung des Radius nach sich ziehen würde «, sprach sie hastig. » Verzeih mir! « Iuwâna sank vor ihm auf die Knie, Sféa grollte warnend. » Ich hätte das nicht tun dürfen! Ohne dein Wissen und dein Einverständnis ... «

» Warte. « Er begriff mehr und mehr, was sie ihm angetan hatte – und zwar im *besten* Sinn angetan.

» Ich ... konnte die Wahrheit nicht länger vor dir verschweigen, Arviû. « Sie senkte schluchzend den Kopf.

» Soll das heißen, ich bin in der Lage, Dunkelheit am helllichten Tag zu bringen? Über Meilen hinweg? « Er entsann sich des Schwindelgefühls. *Es kam nicht vom Hunger. Es war die Anstrengung!*

» So scheint es «, erwiderte Iuwâna zögerlich.

» Und könnte es sein, dass ich die Herzen meiner Gegner durch Furcht zum Stehen bringe? Ebenfalls über weitere Entfernung als bisher möglich? «

» Das ... müsste man herausfinden «, antwortete sie und atmete heftig vor Angst. » Wie wirst du mich strafen? Solltest du mich deinen Vena-Katzen vorwerfen ... «

» Sei nicht albern. Sie fressen kein Albfleisch. « Er schob sich den Löffel behutsam zwischen die Lippen und genoss die dezente Süße. *Samusin, du sandtest mir deine Botin! Und sie kann begnadet kochen.* » Deine Strafe wird sein, dass du von heute an meine Gefährtin bist. «

Sie hob das Antlitz, und er konnte sich ihre Verwunderung deutlich vorstellen. »Wie?«

»Ich kann es mir nicht erlauben, eine Cîanai wie dich, die mir das wunderbarste Geschenk von allen machte, zu verlieren, entweder durch deinen Tod oder durch die Bindung an einen anderen Alb«, erklärte er ihr. »Von daher wirst du nicht mehr von meiner Seite weichen, Iuwâna.« Er aß einen weiteren Löffel der Speise. »Des Weiteren wirst du mich weiterhin mit diesem Tonikum versorgen und niemandem davon berichten.«

»Ich ...« Die junge Albin schien ihr Glück nicht fassen zu können. »Oh, damit erfüllst du einen meiner größten Wünsche!« Sie küsste seine Hand und umschlang seine Knie. »Das ist keine Strafe für mich!«

Sféa fauchte, riss die Kiefer weit auseinander und wollte zuschnappen, doch Arviû beruhigte die Katze mit einem knappen Laut. »Dann sind wir uns einig.« Er aß den Becher leer und reichte ihn zurück. »Sing mir das Lied noch einmal.«

»Sicherlich!« Iuwâna erhob sich und ließ es erneut erklingen, während sich Arviû in seinen Gedanken an das Kommende verlor. *Mag man sich das vorstellen? Bald habe ich herausgefunden, zu was ich mit meinen Kräften in der Lage bin.*

Auf seinen Zügen entstand ein kaltes Lächeln.

Die Elben hatten sich mit ihm den gefährlichsten Feind erschaffen, den es in der Geschichte je geben würde.

Ein Dämon und zugleich eine Legende. Das war er den Spitzohren schuldig.

Fürchte
nicht die Nacht.
Sie gibt dir Trost und Sicherheit.

Fürchte
nicht den Sturm.
Er singt dir Lieder, entreißt die Sorgen.

Fürchte
das Taggestirn!
Es offenbart alles Elendige
und weiß es
nicht
zu mildern.

Wie Arviû zur wahrhaften Legende zu Lebzeiten wurde und den Grundstein für eine trügerische Allianz legte, die einst zum Tragen kommen sollte

Tark Draan (Geborgenes Land), südöstlich des Grauen Gebirges, 4372. Teil der Unendlichkeit (5202. Sonnenzyklus), Herbst

»Es ist mir unbegreiflich, wie sie von den Spähern übersehen werden konnte.« Arviû eilte den Weg entlang und trotzte dem kalten Wind und dem Regen, die sich ihm und Iuwâna entgegenwarfen.

Die Berge um sie herum wurden steiler, die Landschaft zeigte sich felsiger; oft mussten sie Täler und Schluchten durchqueren, in denen die Bäche mehr und mehr anschwollen.

Um ihn herum eilten seine vier Vena-Katzen. Er hörte sie zwar nicht beständig im Rauschen und Prasseln der nassen Böen, doch er wusste, dass sie da waren und die Albae aufmerksam und argwöhnisch sicherten.

Die Cîanai saß auf einem Pferd und ritt neben Arviû her, transportierte das Gepäck und Vorräte. »Carmondai verriet mir, dass sie in einen Felsen eingebettet liegt«, teilte sie ihre Gedanken. »Daher entging sie unseren Kundschaftern zunächst. Es rechnete keiner mit eine Elbenfestung außerhalb der Goldenen Ebene.«

»Ein Hoch auf Virssagòn! Es hätte übel enden können. Wie gut, dass er sie entdeckte.« Arviû machte es nichts aus, dass der Regen ihn durchweichte. Solange er in Bewegung blieb, konnte ihm die Kälte der Elemente nichts anhaben.

Er dachte darüber nach, was ihn erwartete, ohne seinen Eilschritt zu vermindern.

Entfernt vom östlichsten Ausläufer des Reiches, das einst den Elben der Goldenen Ebene gehört hatte und nun den Namen Dsôn Balsur trug, erhob sich eine schmale Festung, in denen wohl etliche Elben Zuflucht gefunden hatten.

Der Meistermörder fand sie durch Samusins Fügung. Und nur durch eine weitere Fügung und immenses Können entkam er den Geschossen und seinen Häschern, um Dsôn vom geheimen Bollwerk in Kenntnis zu setzen.

Aus der gezielten Befragung von Gefangenen erfuhren sie daraufhin, dass diese Feste im benachbarten Barbarenreich ursprünglich errichtet worden war, um in aller Heimlichkeit die Berge zu beobachten. Die Elben trauten den ansässigen Barbarenstämmen nicht und wollten rechtzeitig vor einem Überfall gewarnt sein.

»Da vorne, an der Spitze des Weges, kommt ein Gasthof«, sagte Iuwâna. »Oh«, fügte sie gleich darauf enttäuscht hinzu. »Nein, er ist eingestürzt. Das wird kein schöner Ort für ein Lager sein.«

»Besser als eine Höhle.« Arviû ärgerte sich. Er hatte damit gerechnet, heute noch zu der kleinen, doch feinen Truppe zu stoßen, welche die Elbenfestung umschlossen hielt. Die schwierigen Pfade verhinderten es.

Da die meisten Einheiten der Albae gegen Âlandur zogen und sich durch die Goldene Ebene sowie Lesinteïl bewegten, um auch den letzten Elb aufzuspüren, blieben wenige Krieger für eine aufwendige Belagerung, noch dazu unter diesen Bedingungen. *Und doch dürfen wir sie nicht achtlos behandeln.* Niemand wusste, wie viele Gegner Zuflucht gefunden hatten, die jederzeit Vorstöße ins entstehende Dsôn Balsur unternehmen konnten.

Arviû erzeugte ein helles Klirren und sah das halb verfallene Gebäude vor sich, in dem sie Unterschlupf suchen wollten. Lârc, Arà und Ûsh schlichen bereits darin herum und kundschafteten, Sféa blieb an seiner Seite und wachte.

Es war ein schlichtes Haus, überwiegend aus Steinquadern errichtet. Holz fand sich in diesem Teil Tark Draans selten, dickstämmige und schwere Bäume bekamen in den Felsen nicht genug Halt und Nahrung. Und aus Büschen und Stämmchen war nichts Dauerhaftes zu erbauen.

»Den Beschädigungen nach waren es Oger und Trolle, die sich den Hof vornahmen«, schätzte Arviû und hörte die entwarnenden Laute, die seine Lieblinge absonderten. »Das ist schon lange her. Wir können unbesorgt bleiben.«

Iuwâna stieg vom Pferd und führte es in den Unterstand, Arviû ging in den Trakt des Gebäudes, der komplett stehen geblieben war.

Dem Geruch von kaltem Feuer, ranzigem Fett und Gewürzen nach handelte es sich um die Küche, und das Echo des hellen *Ping* zeigte ihm umgeworfene Kochutensilien sowie eine gewaltige Feuerstelle. *Genau richtig, um sich aufzuwärmen und die Kleidung zu trocknen.*

Es dauerte nicht lange, und die Albin erschien und übernahm die Aufgabe, die Flammen zu entfachen. Trockenes Holz gab es dank eingestürzter Stützbalken aus dem Nebengebäude genug.

Die vier Vena-Katzen wärmten sich das Fell, blieben aber achtsam wie stets. Die Cîanai bereitete ein einfaches Mal zu, das sie zusammen schweigend verspeisten. Dazu gab es verdünnten Wein, den sie in einem Topf erhitzten.

Der Regen ließ unterdessen nach. Die letzten versiegenden Tropfen spielten ein Konzert, zu dem die Albin eine Melodie summte, die wunderschön war wie alles, was sie anstimmte. Als Stille um sie herum eintrat, erhob sich Iuwâna und ging zu den Fenstern. »Oh, wie schade, dass du …« Sie unterbrach sich.

Arviû lächelte traurig. »Beschreibe, was du siehst, dann werde ich es ebenfalls genießen.«

»Die Wolkendecke ist aufgerissen, und am Hang hinter dem Gasthof öffnet sich ein Tal, über dem die Gestirne funkeln. Ich kann schroffe Berge sehen, an deren Hänge kleine Lichter brennen. Vermutlich ist es ein Barbarendorf. Wie niedlich und einfach ihre Häuser aussehen! Sie wirken wie bunte Würfel, und anstelle von Schindeln tragen sie große Steinplatten. Ich kann mich täuschen, aber glaube, sie benutzen verschiedene Steinsorten.« Sie schwieg einen Moment. »Doch, ich sehe es jetzt deutlich. Und sie tragen Muster in den Mauern.« Iuwâna beschrieb das Tal, den Wasserfall und die Gischtwolken, den Pfad auf der anderen Seite und die schimmernden Felshänge.

Arviû sah alles genau vor sich. *Sie wird immer besser in ihren Schilderungen.* »Die Barbaren können sich glücklich schätzen, dass sie nicht von den Scheusalen entdeckt wurden.« Er goss sich von dem heißen Wein ein, in dem er etwas von dem Tonikum auflöste, das ihm die Cîanai zubereitet hatte. Seine Gabe sollte nicht schwächer werden.

»Weiter oberhalb erkenne ich … bewegliche Steinplatten und Zugvorrichtungen. Es scheint, als könnten sie den Strahl des Wasserfalls auf den Pfad lenken«, berichtete Iuwâna. »Mag sein, dass sie sich damit vor einem Angriff der Bestien schützen. Erstaunlich einfallsreich, die Barbaren.«

»Sehr schlau. Für ihre Verhältnisse.« Der Alb sinnierte darüber, dass sich die Dinge nicht so entwickelten, wie sie sollten. Seit dem Einmarsch nach Tark Draan hatte sich das Heer aufgelöst. Die Óarcos waren in den Süden marschiert, wo es angeblich warme Höhlen gab, um ihr eigenes Reich zu errichten. Die Trolle und Oger rannten nach Osten, aufs Geratewohl in die Berge. Auch sie trachteten nach eigenem Land.

Das war alles anders vorgesehen gewesen. Vom Dämon fehlte weiterhin jede Spur. Manche sagten, er befände sich noch im Grauen Gebirge und warte auf ein Zeichen, andere behaupteten, er sei auf dem Vormarsch. Dass sich die Natur in Tark Draan vom Norden her veränderte, sprach dafür.

Dennoch hatten die Unauslöschlichen beschlossen, vorerst sich selbst zu vertrauen. Früher oder später würde die Eroberung voranschreiten. Unter ihrer Führung. Bis dahin bauten die Albae ihre Macht aus, ehe die Einwohner Tark Draans zurückschlugen. Kein Schritt Land, der an ihr Volk fiel, würde mehr hergegeben werden; gleichzeitig wuchs das neue Dsôn.

Iuwâna kehrte ans Feuer zurück. »Du hast deine heutige Ration schon eingenommen?«

»Ja.«

»Sehr gut. Fühlst du eine Veränderung?«

Arviû lauschte in sich hinein. »Nein. Weder besser noch schlechter.«

»Dann bin ich beruhigt. Du musst mir sagen, sobald du Schmerzen verspürst. Die Nebenwirkungen dürfen nicht zu groß werden. Du bist noch dürrer geworden.« Die Cîanai und er erkundeten, wie weit sie mit der Substanz gehen konnten, die bei ihr selbst zu keiner Veränderung der angeborenen Kräfte führte. Der Splitter, den Arviû im Kopf trug, schien den entscheidenden Unterschied zu machen. »Möchtest du noch etwas ausprobieren, ehe wir uns zur Ruhe begeben? Du könntest versuchen, die Lichter des Dorfes zu löschen.«

»Nein. Ich halte die kleinste Reserve für meinen Einsatz zurück«, erwiderte er und stellte sich vor die Lohen, damit die Rüstung trocknete. Er war es seinem Ruf schuldig, einen grandiosen Auftritt abzuliefern.

Iuwâna nippte an ihrem Wein. »Du bist dir sicher, dass du dich damit nicht übernimmst?«

»Samusin wird mir zeigen, wie weit ich gehen darf«, gab er zurück. »Weswegen zweifelst du an mir?«

»Nicht an dir. An der Beständigkeit meines Tonikums.«

Ein schlechter Moment mir das zu sagen, so kurz vor dem Angriff auf die Festung. »Haben wir nicht Momente der Unendlichkeit damit verbracht, meine Gabe einer eingehenden Prüfung zu unterziehen?«

»Und doch scheint es mir nicht vergleichbar mit dem, was du beabsichtigst. Du willst so viel mehr zum Einsatz bringen. Beständig und vermengt miteinander.« Sie warf einen Scheit in die Flammen. »Aber ich werde bei dir sein, um dich …«

»Wirst du nicht. Meine Lieblinge begleiten mich. Du wartest bei den anderen«, unterbrach er sie scharf. »Tot nützt du mir nichts. Wenn dich ein Elb umbringt, wer bereitet mir meine Tränke und Pülverchen zu?«

Iuwâna lachte. »Ich verstehe. Aber bedenke, dass *du* mir tot auch nichts nützt. Ich wäre dann wieder eine einfache, junge Heilerin und nicht die Gefährtin einer Legende. Du, der blinde Kämpfer mit dem Willen aus gehärtetem Tionium, der zehn Veteranenkrieger im Kampf schlug!«

Er lachte. *Sie hat die Vorteile zu schätzen gelernt.* »Ich kehre zu dir zurück, meine geliebte Gefährtin«, entgegnete er spöttisch.

»Die Götter haben uns nun mal in Liebe vereint. Wie könnten wir da einander verlassen?« Sie klang nicht weniger scharfzüngig. »Ich lege mich zur Ruhe. Samusin sende dir angenehme Träume.«

Arviû nickte ihr zu und setzte sich mit dem Rücken zu den Flammen. *Ich bete darum, dass er es tut.*

Der Kampf gegen die zehn Kämpfer hatte ihn kaum angestrengt, und er überwältigte sie ganz ohne die Hilfe seiner Raubtiere. Carmondai, der als Zeuge das Spektakel verfolgt hatte, war aus dem Schwärmen gar nicht mehr herausgekommen.

Er lauschte auf das verklingende Tropfgeräusch, das sich im Prasseln und Knacken des Feuers verlor. *Meine wahre Prüfung erfolgt erst.*

Die Nacht verging ohne Ereignisse, und mit dem kommenden Morgen brachen Arviû, Iuwâna und die vier Vena-Katzen auf. Geträumt hatte er nichts, weder von gleißendem Licht noch von ihn verhöhnenden Spitzohren, und das erleichterte ihn so sehr, dass er darin ein gutes Omen sah.

Inzwischen ähnelte die Landschaft dem Grauen Gebirge, wurde noch abschüssiger, steiler und abweisender, wie Arviû aus den genauen Schilderungen der Albin erfuhr. Das rollende, lang anhaltende Echo reichte allenfalls aus, einen Eindruck zu erhalten.

Gegen Nachmittag erreichten sie den Vorposten der Albaetruppe. Einer der Krieger brachte sie umgehend zum Befehlshaber. Dârsolòn, so lautete dessen Name, hatte eine Höhle in seinen Unterstand umgewandelt; im vorderen Bereich befanden sich auch die Unterkünfte, die bis auf ein halbes Dutzend Krieger jedoch verwaist lagen.

Viele Worte wurden nicht gewechselt. Sie hatten dem blinden Alb ein maßstabgetreues Modell angefertigt, das er ertasten und somit herausfinden konnte, wo sich die Elbenfestung im Berg befand und wie sie sich in den Felsen einfügte, wo Öffnungen ausgemacht worden waren und von wo Beschuss erfolgte.

Zusammen mit den Beschreibungen, die Dârsolòn ihm gab, formte sich ein genaues Bild. *Es wird leichter, als ich annahm, sofern meine Gaben mich nicht im Stich lassen.* Allerdings beeindruckte ihn die Tarnung ihrer Festung. Ohne die Vorarbeit des Meistermörders hätte niemand vom geheimen Rückzugsort der Elben erfahren.

»Und wie möchtest du vorgehen?«, erkundigte sich Dârsolòn neugierig. »Virssagòn sagte mir, dass er den Angriff …«

»Virssagòn wird nicht erscheinen. Ebenso wenig sein Schüler oder ein anderer Assassine«, fuhr er ihm dazwischen. Er konnte sich das verunsicherte Antlitz des Benàmoi genau vorstellen und musste lächeln. »*Ich* führe euch auch nicht.«

»Aber … weswegen bist du gekommen?«

»Um die Festung einzunehmen.«

»Alleine?«, stieß Dârsolòn aus. »Ohne dass du weißt, wie es im Innern aussieht und wie viele Elben dich erwarten?«

»Du hast es exzellent zusammengefasst.« Arviû neigte in nicht ernst gemeinter Anerkennung das dunkelhaarige Haupt. »Es würde demnach auch keinen Sinn ergeben, wenn ich dich und deine Schar ins Ungewisse führe, ist das richtig?«

»Wir könnten mehr ausrichten als du.«

»Sofern sie uns keinen Hinterhalt legen.« Arviû lachte leise. »Du siehst, ich gehe äußerst schonend mit euch um.«

Dârsolòn setzte sich überrascht auf einen Felsvorsprung, seine Rüstung schabte über den Stein. »Du siehst … würdest mich ratlos sehen. Willst du in die Endlichkeit eingehen und dabei in einem Epos enden? Nur so vermag ich mir zu erklären, was du beabsichtigst.«

»Wie kannst du es wagen? Arviû wird euch beweisen, dass er zu Recht eine Legende ist«, ergriff Iuwâna Partei für ihren Gefährten. »Zweifle nicht an ihm, sondern preise ihn für seine Unerschrockenheit und seinen Wagemut.«

»Noch bin ich mir nicht im Klaren darüber, wegen welcher Eigenschaften ich ihn lobpreisen soll. Es könnten auch Tollkühnheit und gar Überheblichkeit sein«, entgegnete Dârsolòn. »Ich will offen sprechen: Weder habe ich eine gelungenen List noch einen Plan für eine durchdachte Attacke vernommen, die mich die geringste Zuversicht schöpfen ließe, den berühmten Arviû nach unserer Unterredung jemals wieder lebend zu Gesicht zu bekommen. Also schweige ich von nun an und wünsche dir den Beistand von Inàste und Samusin. Ich bin gespannt, was dir gelingen wird.« Er verschränkte die Arme vor der Brust.

Du wirst mich schon bald um Verzeihung bitten. Arviû erschuf ein *Ping* mit seinem Ring und sah Dârsolòn vor sich, dann legte er ihm eine Hand auf die Schulter. »Ich bin dir nicht böse, sondern verstehe dich. Möchtest du eine Wette auf den Ausgang des Unterfangens eingehen?«, setzte er lockend nach.

»Zu gerne.«

»Welcher Einsatz schwebt dir vor? Ich bringe meine Unendlichkeit ein.«

»Nun, wie wäre es mit ewiger Treue und Gefolgschaft?«

»Die hast du den Unauslöschlichen geschworen. Denkst du nicht, sie könnten deswegen beleidigt sein, erführen sie davon?«

Iuwâna lachte leise. »Ich glaube, mein geliebter Gefährte, der Benàmoi hält es nicht im Geringsten für möglich, dass du diese Festung einnimmst.«

Arviû nickte ihr zu. »Umso unglaublicher könnte doch sein Einsatz sein.«

Dârsolòn dachte einen Moment nach. »Solltest du lebend zurückkommen und dabei vorher in das Bollwerk eingedrungen sein, wirst du in mir den Alb haben, der für dich in den Tod geht, sollte es eines Moments der Unendlichkeit nötig sein. Aus welchen Gründen auch immer. Zudem werde ich dich unentwegt preisen und rühmen.«

»Das ist ein gewaltiger Einsatz.« Arviû lächelte. »Und wenn ich nicht zurückkehre?«

»Erhalte ich dein Haus und sämtliche Besitztümer«, sprach der Alb verschlagen. »Deine Gefährtin mag danach entscheiden, ob sie deinen Habseligkeiten folgt oder nicht.«

»Niemals. Ich bin keine Sklavin«, fauchte Iuwâna. »Für diese Anmaßung ...«

»... wird er büßen. Alles zu seiner Zeit.« Arviû lachte und hielt die ausgestreckte Hand hin. Dârsolòn schlug ein. »Und für seine Gier obendrein.« Erst nach seinem Versprechen ließ er die Finger los und verließ zusammen mit der Cîanai den Unterstand, umgeben von seinen Vena-Katzen. »Sobald ich die Tore für euch öffne, betretet die Festung ohne Scheu. Jegliche Arbeit wird getan sein. Keine eurer Klingen wird von Blut befleckt werden.«

Arviû überreichte der Cîanai im Freien seinen Schwarzholzstab und setzte behutsam den dornenbewehrten Helm auf, dann eilte er sicheren Schrittes davon, genau auf die Festung zu.

Er hatte sich das Modell im Detail eingeprägt, verließ sich auf sein Gedächtnis und die Lotsen, die ihn mit Sféa, Lârc, Ûsh und Arà umschwärmten.

Arviû schlich näher, stieß dabei leise Schnalzlaute aus und sondierte unentwegt das Umfeld, huschte von Fels zu Fels.

Sféa, Lârc, Ûsh und Arà krochen zwischen den Steinen entlang und gaben ihm behutsam durch Grollen zusätzliche Orientierung.

Erste Pfeile jagten heran.

Die Augen der Elben sind gut. Arviû musste in Deckung gehen. Die Geschosse kamen präzise und sorgten dafür, dass er zwischen den Brocken festsaß.

Unter normalen Umständen wäre das sein Ende gewesen.

Samusin, stehe mir bei! Er zupfte das Briefchen mit der Prise des Tonikums aus dem Handschuh, nahm das Pulver und beschwor umgehend seine Kräfte herauf. Das Ziehen der Wutlinien auf seinem Antlitz verriet ihm, dass es gelang.

Und mit der Dunkelheit begann es.

Gleich darauf vernahm er die erschrockenen Rufe der Elbenkrieger, die sich die hereinbrechende Schwärze nicht erklären konnten.

Wohin schießt ihr nun? Arviû erhob sich, schritt aufrecht auf die Felsenfestung zu, die sich vor ihm emporreckte. »Ihr wartet hier«, wies er die Katzen an.

Kein Pfeil, kein Stein, nichts ging auf ihn nieder. Die Elben waren gelähmt vor Entsetzen, und er ahnte, dass es den eigenen Kriegern ähnlich erging.

Er stellte sich vor, wie die Umgebung vom Schwarz verschlungen lag, wie das Sonnenlicht seine Macht verloren hatte, wie die Spitzohren verzweifelt versuchten, gegen die Finsternis anzukommen, die magischen Ursprungs war. Jede Fackel, jedes Feuer, jeder noch so geringe Funken erstarb durch seine Macht.

Arviû erreichte den Fuß des Berges an der Stelle, wo Dârsolòn Öffnungen ausgemacht hatte. In knapp vierzig Schritt Höhe befanden sich Schießscharten, durch die er einzudringen gedachte.

Erwartet mich, euren Dämon! Er kletterte schnell und sicher. Seine Finger ertasteten genügend Spalten und Kanten, um sich in die Höhe zu arbeiten.

Als er die Schießscharten erreichte und ein leises Schnalzen von sich gab, hörte er einen erschrockenen Ruf: Ein Elb stand auf der anderen Seite und hatte ihn vernommen.

Auf dessen alarmiertes Rufen eilten Schritte herbei. Man wollte den Eindringling unbedingt fassen.

Ihr geht bereitwillig in euren Tod. Arviû hielt sich fest und wartete. Er hatte keine Eile. Im Gegenteil. Unverändert hielt er die Schwärze aufrecht.

Sein geschultes Gehör vernahm ein Dutzend verschiedener Stimmen und das Klirren von Waffen.

Nun zeigt, wie standhaft eure Herzen sind. Er konzentrierte sich und rief die Furcht herbei, um sie ins Innere des Gemäuers kriechen zu lassen. Er flutete die Festung durch die schmalen Öffnungen, sandte beständigen Schrecken hinein und ließ nicht nach.

Aus dem Bollwerk erklangen erste schrille Schreie, die in seinen Ohren zu einer süßen Melodie des Sieges wurden. Scheppernd fielen Schwerter und Schilde nieder, hastige Schritte entfernten sich.

Ihr Feiglinge! Ihr ertragt mein Grauen nicht. Arviû wagte es, sich in den Berg zu begeben.

Er rutschte über einen Haufen von Körpern, die sich auf dem Wehrgang hinter den Scharten türmte. Die Leichen waren noch warm, doch die Herzen standen still. Die schiere Angst hatte sie getötet.

Arviû stieß ein gellendes Lachen aus und zog seine Schwerter, stieß die Klingen zusammen und sah sich durch das Echo genauer um: Es gab keine Feinde, die sich ihm entgegenstellten. Nur Tote verteilten sich auf dem Steinboden.

In seinen Schläfen zog es, die Wutlinien auf dem Antlitz brannten wie Feuer. Der doppelte Einsatz seiner Gaben strengte ihn allmählich an.

Ich muss eine davon fallen lassen. Angestachelt durch den ersten Erfolg, eilte er los und zog die Angst zurück, ließ die Gänge jedoch in schwärzeste Dunkelheit gehüllt. Sie bedeutete seinen größten Vorteil gegenüber den Elben.

Er stieß auf noch mehr Tote, dann auf Bewusstlose, die er mit Schwertstichen meuchelte. *Je weiter ich mich vom Einstiegspunkt entferne, desto mehr lässt die fatale Wirkung der Furcht nach.* Die Gänge führten ihn tiefer in den Berg, mal nach oben, mal nach unten.

Bald sah er sich lebendigen, verängstigten Elben gegenüber, die durch die Schwärze taumelten und um Hilfe schrien.

Gegen mich seid ihr machtlos! Arviû streckte sie nieder, mordete sich durch die Festung und geriet in einen regelrechten Blutrausch, sodass die Wahrnehmung mehr und mehr schwand.

Bald wusste er nicht mehr, ob er tatsächlich blind war oder nicht. Für ihn waren die Gänge, die Hallen, die Treppen durch die Schreie seiner sterbenden Feinde deutlich zu erkennen. Er verlor jegliches Zeitgefühl, während seine Klingen unentwegt neue Ziele fanden und warmer Lebenssaft unaufhörlich gegen ihn sprühte.

Dann erreichte er den Einlass in die Festung, wie er am gewaltigen Hall und durch ein rasches Erkunden erkannte. Da gaben seine Beine zu seiner Verwunderung unter ihm nach.

Ich … überschätzte das Tonikum und … Arviû sackte neben einer Winde mit Gegengewichten zusammen und löste mit letzter Kraft den Haltebolzen, damit sich die Kette von selbst abrollte und der Eingang aufschwang. Ihm wurde gleichzeitig bewusst, dass seine

Kraft, Dunkelheit zu bringen, schon lange ihre Wirkung verloren hatte. *Einerlei. Ich habe das Bollwerk gestürmt. Alleine.*

Klirrend setzte sich der Mechanismus in Bewegung. Ein lautes Mahlen und Reiben erklang, in das sich das Ächzen von Holz mischte.

»Deine Macht wirkt nicht länger!«, vernahm er eine hasserfüllte Stimme. Die lauten Geräusche des sich öffnenden Tores machten es unmöglich herauszufinden, wo sich der Elb in der Halle befand. »Ich fürchte dich nicht!« Das Sirren einer Klinge, die gezogen wurde, erklang. »Was immer du bist: Dafür werde ich dich aufschlitzen!«

Arviû war am Ende und vermochte nicht einmal mehr, einen Arm zur Abwehr zu heben. *Vermag ich noch einmal einen Wurfdolch nach ihm …*

Doch das plötzliche Fauchen und Grollen, die Schreie des Elbs, die abrupt verstummten, und das Krachen von berstenden Knochen gaben ihm Hoffnung. Die Vena-Katzen waren erschienen, um ihren Herrn zu retten.

»Zerfetzt ihn«, wisperte Arviû und glitt in eine Ohnmacht. Wegdämmernd hörte er Sféa aufmaunzen und den Gegner erneut aufkreischen, dann verlor er die Besinnung …

… um gleich darauf einen stechenden Geruch in seiner Nase zu spüren.

Keuchend zuckte er hoch, hustete. »Was … ist geschehen?«

»Du hast die Festung eingenommen«, hörte er Iuwânas Stimme. Sie hatte ihm den Helm abgenommen. »Ich habe dich an Saaj-Salz riechen lassen, damit du zu Sinnen zu kommst. Anscheinend verlangen deine Kräfte …«

Voll Schrecken entsann er sich, Sféas Schmerzenslaut gehört zu haben »Wo sind meine Lieblinge? Hat ihnen der räudige Elb etwa Wunden zugefügt?«

»Lârc, Ûsh und Arà sitzen vor dir, aber … Sféa ist tot. Sie starb durch einen Schwerthieb.«

Arviû ächzte auf. »Nein! Wieso haben Dârsolòn und seine Truppe das nicht verhindert? Wo steckten die Krieger? Ich sagte, er solle sich bereithalten!« Er ballte die Hände zu Fäusten. »Benàmoi!«, schrie er. »Komm sofort …«

»Er ist ebenfalls tot.«

Arviû glaubte, sich verhört zu haben. »Was?«

»Deine Lieblinge und ich entgingen der Macht, die du zum Einsatz brachtest, aber die Krieger beider Seiten starben. Vor Angst.« Iuwâna strich ihm beruhigend über den dunklen Schopf. »Du hast das Wunder vollbracht und die Festung alleine eingenommen.«

Er schnaubte ungläubig. »Meine Kräfte waren zu groß für mein eigenes Volk?«, stammelte er und erhob sich mit der Hilfe der Albin. »Bei Samusin! Was haben wir ersonnen?« *Ich wurde wahrlich ein Dämon!* Er stocherte mit dem Schwert nach der Leiche des Gegners, der seine Sféa getötet hatte.

Doch er fand ihn nicht.

»Wo ist der Kadaver des Spitzohrs?«, schrie er außer sich. »Ich will ihn in Fetzen zerhacken!«

»Der Elb entkam den Vena-Katzen.«

So viele schlechte Nachrichten vermag ich kaum zu ertragen! »Wie sollte ihm das ...«

»Arà, Ûsh und Lârc wachten neben dir, als sie erkannten, dass du ohnmächtig wurdest. Der Elb nutzte die Gelegenheit und wandte sich zur Flucht.« Sie schluckte. »Ich ... konnte dem Krieger nichts entgegensetzen.«

Arviû stieß einen Fluch aus. *Den Mörder meines Lieblings werde ich nicht entkommen lassen.* »Sucht ihn«, wisperte er den drei verbliebenen Raubtieren zu. »Führt mich zu ihm, damit wir ihn töten. Langsam und qualvoll.«

Die Vena-Katzen schossen fauchend davon.

Vergebens versuchte Iuwâna, den blinden Alb aufzuhalten, doch es blieb ihr nichts anderes übrig, als ihm auf dem Packpferd zu folgen.

Zurück blieb die eroberte Elbenfestung, das Tor sperrangelweit offen, ohne jeglichen Verteidiger. Das Blut der Gefallenen rann in schmalen Rinnsalen aus dem Eingang ins Freie und kroch unter den Leichen der Albaekrieger entlang, deren verzerrte Gesichter die erlittene Angst widerspiegelten, gegen die ihre Herzen nicht standgehalten hatten.

Niemand schien sich für sie nach all der Mühe für das Bollwerk oder den Sieg zu interessieren.

Tark Draan (Geborgenes Land), nahe des Braunen Gebirges, 4372. Teil der Unendlichkeit (5202. Sonnenzyklus), Herbst

Will er in seiner Verzweiflung aus Tark Draan fliehen? Der Elb, den Arviû jagte, schien ein bestimmtes Ziel zu verfolgen und schlug sich über Pässe, durch Schluchten und karge Täler in Richtung des Braunen Gebirges durch.

Es war früh am Morgen, der sturzbachartige Regen der letzten Nacht hatte aufgehört. Die Geräusche drangen gedämpft an seine Ohren, daher nahm Arviû an, dass er von dichtem Nebel umschlossen war, was ihn als Blinden nicht weiter störte.

Schritt um Schritt ging er weiter, flankiert und begleitet von Lârc, Ûsh und Arà.

Ohne die Raubkatzen wäre ich verloren. Es gelang dem Gegner unentwegt, seine Fährte zu verwischen, indem er sich durch Bäche und Flüsse bewegte, sodass selbst die Vena-Katzen längere Zeit benötigten, um sie erneut aufzunehmen.

Das kahlbergige Land erschwerte dem blinden Alb zudem die genaue Orientierung. Zu viele Echos verwirrten ihn. Er benötigte Zeit, um sich daran zu gewöhnen, und sah es gleichermaßen als weitere Lektion.

Der erste Hass, mit dem er aufgebrochen war, war aus Arviû gewichen. Taktisches Denken überwog, während er Tark Draan durchquerte, ganz ohne Iuwâna. Er hatte sie mitsamt des Packpferdes abgehängt und ihr die unübersehbare Nachricht auf dem Weg hinterlassen, nach Dsôn zurückzukehren und die leerstehende Elbenfestung sichern zu lassen. Die toten Albaekrieger sollte sie einem feigen Anschlag der Spitzohren in die Schuhe schieben. *Außer ihr muss niemand wissen, wie immens meine Kräfte sind.*

Iuwâna zum Umkehren zu bewegen, konnte sich als Fehler erweisen, aber Arviû fehlte die Ruhe, sich auf die langsamere Geschwindigkeit einzulassen. Die Vena-Katzen und er bewegten sich rascher ohne die Albin auf den schmalen, gefährlichen Pfaden.

Unterwegs ernährte er sich von dem, was die Natur ihm bot und seine Lieblinge ihm brachten. An kleinem Feuer briet er es sich halbgar und vertraute darauf, dass sie genießbares Fleisch jagten. Sie selbst fraßen kaum und schienen auf Nachtmahre zu warten. Er musste ihnen das Fressen regelrecht befehlen, damit sie bei Kräften blieben.

Mehr als einmal waren sie auf Fallen gestoßen, die ihnen der Elb hinterließ. Doch weder traten sie in die Wurzelschlingen noch wurden sie von den Schnappvorrichtungen mit den langen, angespitzten Stöcken daran aufgespießt.

Immer, wenn es sich Arviû erlaubte, eine Rast einzulegen oder von den tobenden Unwettern im Gebirge gezwungen wurde, eine Höhle zu suchen, kehrten seine Gedanken zum Kampf in der Festung zurück.

Einzelheiten vermochte er nicht aus der Erinnerung abzurufen, das Gemetzel erschien ihm traumgleich. Doch es war geschehen. Und nicht einer seiner Feinde hatte jemals eine Aussicht gehabt, gegen ihn in der Finsternis zu bestehen – bis auf jenen einen verfluchten Elb, der in dem schwachen Augenblick auftauchte, als Arviû die Kräfte buchstäblich verließen.

Die Erklärung, warum Iuwâna und die Vena-Katzen nicht an der von ihm verbreiteten Furcht gestorben waren, die Albaekrieger dagegen schon, meinte er bereits gefunden zu haben. Die Raubtiere trugen sein Blut in sich, waren mit ihm verbunden und damit immun. Die Cîanai schien sich mit ihren Tränken gegen den Schrecken gewappnet zu haben – doch allen anderen stockten Atem und Herz. Ohne Unterschied. *Darauf muss ich besser achten.*

Arviû fühlte den auffrischenden Wind, der den Dunst zwischen den Bergen verjagte, und schon berührten warme Sonnenstrahlen sein Gesicht.

Besäße ich Augen, färbten sie sich schwarz, dachte er bitter. Steinchen spritzten unter dem spitzen Ende des Schwarzholzstabs weg, klickten leise. Sonst bewegte sich der Alb lautlos, auch wenn er bemerkte, dass seine Rüstung gelegentlich sachte knarzte. Das Leder benötigte dringend Pflege.

Leise fauchte Lârc.

Arviû duckte sich sofort, lauschte und zog dabei einen Wurfdolch. *Was hat sie?*

Das Säuseln stammte von den Luftzügen, die sich an den Kanten brachen; das Scharren ordnete er den Hufen von Tieren zu, die ganz in der Nähe über die Hänge kletterten; die Tropfen stammten von einer überlaufenden Pfütze auf einem Vorsprung schräg vor ihm, in der sich die Reste des Regens versammelt hatten und nun hervorquollen.

Sonst vernahm er nichts.

Doch Arviû verließ sich auf die Nase seiner Lieblinge. *Was witterst du? Haben wir ihn …*

Einem lauten *Klack* folgte ein leises Sirren, und schon knallte etwas gegen das geschlossene Visier des Helms. Feine Splitter des berstenden Schaftes drangen durch die Schlitze, ohne Verletzungen auf der Haut anzurichten.

Arviû wurde vom unerwartet heftigen Einschlag umgeworfen und kroch dichter an die Felswand. *Das war kein Bogen!*

Der Armbrustschuss war von schräg oben gekommen: Der Angreifer saß somit auf dem Vorsprung, auf dem sich das Wasser zu einer Lache staute.

Die Vena-Katzen verteilten sich, wie er hörte, und versuchten, näher an den Feind zu gelangen.

Die dünnen Spänchen kitzelten an seiner Nase, und doch musste er lachen. *Was soll mir noch geschehen? Blinder kann ich nicht mehr werden.* Er betastete das Visier und fühlte eine leichte Delle auf Höhe des rechten Auges. *Gute Schützen.*

Ohne Weiteres würde Arviû nicht an seinen Widersacher herangelangen – sofern er die Dunkelheit nicht auf seiner Seite wüsste.

»Verschwinde, Spitzohr!«, hörte er eine knorrige, dunkle Stimme in der Gemeinsprache von Tark Draan. »Uns machst du nichts vor, trotz deines albernen Helms! Nimm deine Kätzchen und zieh deiner Wege. Du hast hier nichts verloren.«

»Sonst trifft dich der nächste Bolzen an einer Stelle, wo du weniger dickes Eisen trägst«, fiel eine zweite, nicht weniger polternde Stimme mit ein. »Wir haben genug eiserne Grüße an dich hier.«

Unterirdische! Ich muss mich näher an das Braune Gebirge gewagt haben, als ich dachte. Er stieß einen leisen Pfiff aus und hielt die Raubtiere davon ab, in den Angriff überzugehen. *Dann spiele ich das Spiel doch für eine Weile mit. So komme ich vielleicht an Neuigkeiten. Töten kann ich sie danach immer noch.* »Verzeiht«, rief er und musste das Lachen unterdrücken. »Ich suche nach einem Freund, der sich auf seiner Wanderschaft verirrte. Er ist nicht mehr Herr seiner Sinne, und ich …«

»Das bist du wohl auch nicht«, fiel ihm einer der Unterirdischen ins Wort. »Sonst wärst du uns nicht vor die Armbrust gelaufen.«

»Hier kamen nur zwei Trolle und drei Oger vorbei, deren Knochen nun in der Tiefe liegen«, hakte der andere ein. »Sie haben nicht damit gerechnet, dass wir mit hundert Kriegern den Pass sichern.«

»So wenig wie du«, sprach der erste glucksend. »Dein Freund kam hier nicht durch. Und jetzt kehr um. Wir haben nachgeladen.«

Hundert Unterirdische. Das änderte die Lage. Arviû fühlte sich nicht genügend ausgeruht, sich mit dieser Zahl von Gegnern einzulassen, zumal er befürchtete, seine angeborenen Kräfte könnten schneller erschöpft sein als in der Festung. Der hervorragende Treffer gegen ihn warnte ihn vor jeglichem Übermut. Ohne die ausgezeichnete Arbeit der Rüstungsschmiede wäre er tot und Sféa ungerächt.

Seine Vernunft sagte ihm: Es ging einzig um den Elb. Da sie das Spitzohr genauso wenig passieren hatten lassen, konnte er ebenso gut umkehren. »In Ordnung. Ich ziehe mich zurück«, rief er.

Dunkles Lachen schallte auf ihn herab. »Ja, verschwinde! Geh und rette dein Reich vor den Horden des Bösen. Wir, die Kinder des Schmieds vom Stamm der Vierten, sorgen dafür, dass sie hier nicht eindringen.«

Ihr ahnungslosen Bergmaden. Er traute den gedrungenen Kreaturen nicht über den Weg und kroch rückwärts, um ihnen kein Ziel zu bieten.

Das Klacken der Armbrüste und Zischen der Bolzen, die sie ihm umgehend hinterhersandten, zeigten ihm, dass er weise daran getan hatte.

Zu Tion mit euch! Arviû freute sich darauf, die Unterirdischen an einem Moment der Unendlichkeit auszunehmen und ihre Knochen an den Gebeinturm der Unauslöschlichen zu heften. *Ebenso könnte man aus ihren Leibern Skulpturen formen, aufgestellt in der Ebene rund um Dsôn, die wir Wind und Wetter aussetzen. Ein Kunstwerk, das sich mit jedem Sonnenaufgang veränderte.*

Die Eingebung gefiel ihm und weckte düstere Vorfreude, seinen Anteil daran beizusteuern.

Doch zuerst ist der Mörder meiner Sféa an der Reihe. Arviû hatte mehrere Biegungen hinter sich gelassen und richtete sich auf. Er befahl Lârc, Ûsh und Arà, die Fährte des Elbs erneut aufzuspüren.

Er musste sich eingestehen, dass es für ihn einfacher gewesen wäre, wenn sich Iuwâna an seiner Seite befunden hätte. Noch besser wäre Ergàta gewesen, die wie eine Kriegerin dachte.

Während er darauf wartete, dass ihm die Vena-Katzen die Richtung wiesen, prüfte er den Sitz seiner Rüstung, die Schwerter, Wurfdolche und metallenen Kurzstöcke, die er mit sich führte. Alles saß an seinem Platz und in den vorgesehenen Halterungen.

Lârc maunzte und berührte ihn an der Wade, schob ihn an.

»Deine Nase kann man nicht betrügen«, lobte er sie. Es wurde Zeit, dass sie bald etwas Gutes zu fressen bekamen, einen Nachtmahr am besten. *Oder den Elb.* Der Hunger würde sie dazu bringen, das sonst verschmähte Fleisch zu verschlingen.

Die Vena-Katzen führten ihn in einen Hohlweg, der sich zusehends verjüngte und anstieg, bis er sich in einen schrägen Kamin wandelte. Seine Lieblinge würden unmöglich hinaufgelangen.

»*Da* ist er hinauf?«

Das mehrstimmige Maunzen ließ keinen Zweifel zu.

Die perfekte Falle. »Wartet hier, aber haltet euch im Verborgenen.« Arviû richtete ein Stoßgebet an Samusin und schwang sich in die natürliche Felsröhre, um sich Armlänge für Armlänge emporzuziehen.

Es roch nach feuchtem Stein, nach Moos und nach Salz. Mehrmals ertastete er feste, runde Ablagerungen, wo das Sickerwasser verdampfte und Kalk hinterließ, aus dem sich in vielen Momenten der Unendlichkeit merkwürdige Gebilde geformt hatten. Ihn störten die rutschigen Stellen in erster Linie beim Aufstieg.

Er muss nur einen Stein nach mir werfen, und ich bin erledigt. Arviû kletterte und kletterte, schraubte sich unaufhörlich in dem beinahe senkrecht verlaufenden Schacht nach oben, der kein Ende zu nehmen schien.

Der Wind rauschte alsbald mit Macht von oben in die Öffnung und erzeugte ein dunkles Surren, wehte feine Flöckchen zu ihm hinab. *Es scheint, als führt der Kamin geradewegs auf einen Gipfel hinauf.*

Gelegentlich lösten sich Steinchen von oben und prallten gegen die Panzerung und den Helm. Aber so sehr er sich anstrengte, er hörte kein Keuchen, kein Scharren des Verfolgten.

Arviûs Finger wurden steif von Kühle und Feuchtigkeit, die Gelenke schmerzten von der Anstrengung. Laufen konnte er meilenweit, doch das hier bedeutete eine andere Belastung, die er kaum in diesem Umfang eingeübt hatte. *Selbst Virssagòn würde …*

Plötzlich roch er das Blut.

Es war schon älter und stank faulig, doch es war da.

Je weiter er nach oben stieg, desto durchdringender wurde der Geruch der Zersetzung.

Die Wände müssen überzogen damit sein! Arviû fühlte die Eisschicht, die sich über das Gestein zog und das Wagnis steigerte. Immer häufiger rutschten seine Kuppen ab. Auf einen winzigen Fehler würde eine Rutschpartie folgen, die sich mittlerweile gewiss eine Meile und mehr in die Länge zog, ehe sie vor den Vena-Katzen mit zerschlagenen Gliedern und gebrochenem Genick endete.

Ich muss mir anders behelfen. Fluchend nahm er die Dolche zur Hand, um sich im Eis zu verhaken, und arbeitete sich unaufhaltsam voran, nicht auf seine taub werdenden Arme und Beine achtend. *Der Elb darf mir nicht entkommen!*

Das wütende Summen des Windes schwoll an, die Böen pfiffen in den Schlot und bewarfen Arviû nun mit dicken Schneeflocken. Er näherte sich dem Ausgang.

Erschöpft kroch er aus dem Loch ins Freie, wo ihn ein Sturm umtoste und seinen dürren Leib zu ergreifen versuchte. Hier würde er nicht weit mit Widerhall kommen, sondern sich auf sein Tasten verlassen müssen.

Ausgerechnet jetzt! Arviû keuchte, rollte sich auf den Rücken und hielt sich bereit, auf den Angriff des lauernden Elbs reagieren zu können.

Dabei berührte er einen weichen, warmen Widerstand, den er unverzüglich mit steifen Fingern abtastete.

Die Größe des erkaltenden Leichnams, die Behaarung, die groben Kleidungsstücke sowie der Gestank passten zu einem Troll, dem man Wanst und Kehle aufgeschlitzt hatte.

Das Werk des Elbs! Arviû rutschte auf Knien über den Schnee und durch den Sturm, um nicht von der Naturgewalt emporgeschleudert zu werden, und fand auf dem stumpfen Gipfel drei weitere Scheusalkadaver, allesamt von scharfer Klinge umgebracht.

In der Nähe fand er einen Opferaltar aus ungenau aufeinandergeschichteten Steinplatten sowie viele alte Knochen, die aus dem

Schnee ragten. Das geronnene Blut im Schacht schien von den Zeremonien herzurühren: Der Elb und er hatten eine Kultstätte der Trolle entdeckt, hoch oben auf einem verlassenen Gipfel.

Das Zusammentreffen mit dem Spitzohr bekam ihnen nicht gut. Aber wie ... Durch das Tosen des Windes vernahm Arviû das schleifende Geräusch zu spät: Ein Schwert stieß von unten gegen ihn und traf ihn genau in die Seite, rutschte jedoch an der Tioniumverstärkung ab und glitt nach oben.

Der Elb kauerte unter dem Altar, er hatte dort Zuflucht vor den Böen gesucht.

Es blieb Arviû keine Zeit, um seine angeborenen Kräfte zu aktivieren: Er klemmte die Klinge blitzschnell zwischen Körper und Arm ein und trat mit dem Stiefelabsatz zu, wo er den Kopf des Gegners vermutete.

Das Scheppern und dumpfe Stöhnen verrieten ihm, dass er wie beabsichtigt das Gesicht getroffen hatte.

Arviû hielt den Arm des Elbs fest, zog mit der anderen Hand einen Wurfdolch und stach ihm mehrmals unter die Achsel, so tief er es vermochte. Knirschend perforierte die Spitze die schwächere Rüstungsstelle und glitt ins Fleisch bis zur Ader.

Der Feind schrie und ächzte.

Anhand der Bewegung erahnte Arviû den kommenden Angriff, riss den Dolch aus dem Körper und parierte die Attacke.

Doch zu seiner Überraschung wurde er von einer schmalen Keule getroffen, gegen die der Dolch nichts bewirkte: Das schwerere Ende fegte den Widerstand zur Seite, krachte zuerst gegen den Arm, dann gegen die Brust und warf Arviû rücklings nieder.

Das reicht nicht aus, um mich zu töten. Er trat im Fallen erneut zu, traf den Elb ein zweites Mal gegen Mund und Nase, was diesen zum Aufstöhnen brachte.

Dem blinden Alb genügten die schwachen Geräusche, um Zielpunkte zu ermitteln: Er sandte zwei vergiftete Wurfdolche gegen seinen Widersacher, auch wenn die Böen saubere Treffer sicherlich verhinderten. Ein Klirren verriet eine abgeprallte Klinge, das neuerliche Aufschreïen einen Einschlag, wenn auch keinen tödlichen. *Verfluchter Wind!*

»Einmal haben dich deine Bestien gerettet«, sagte der Elb mit zusammengebissenen Zähnen und schnaubte vor Schmerzen. »Nun sende ich dich in die Endlichkeit!« Dann erklang ein schleifendes Geräusch, gefolgt von einem Rutschen und dem Poltern von Geröll.

Arviû riss die Kurzstöcke aus den Halterungen und hielt sie zur Abwehr erhoben.

Aber der Elb griff nicht an.

Mehrere Herzschläge vergingen, während er dalag, vor Kälte zitterte und lauschte.

»Worauf wartest du?«, rief er gegen den Sturm. »Wagst du dich nicht heran?«

Als sich noch immer nichts tat, richtete er den Oberkörper auf und ging in die Hocke. *Was heckt er aus? Oder tötete ihn das Gift bereits?*

Arviû kroch unter den Altar – und wäre beinahe in das Loch gefallen, das sich aufgetan hatte.

Mit etwas Tasten und Stochern erkannte er, dass sich der Kamineingang, durch den er hinaufgekrochen war, durch einen Felsabgang vergrößert hatte. *Dahinein ist er gestürzt?*

»Du entgehst deiner Strafe nicht!«, brüllte er hinterher und schleuderte Steine in den Schlot.

Polternd verschwanden sie in der Tiefe, ohne auf Widerstand zu treffen.

Arviû zweifelte nicht daran, dass der Feind tot war und fühlte sich dennoch betrogen. *Mir stand es zu, dich zu töten! Mir ganz alleine!* »Meine Vena-Katzen werden deine Überreste verzehren! Nichts wird von dir bleiben! Gar nichts!«

Geschwächt, erschöpft von der Anstrengung der letzten Momente der Unendlichkeit und dem Aufstieg lehnte er sich gegen den Pfeiler des Opferaltars, bebte am ganzen Leib und wusste sich nicht gegen den eisigen Wind zur Wehr zu setzen.

Ich habe nicht genug Kraft für den langen Abstieg in dieses Loch. Erfrieren soll ein angenehmer Tod sein, dachte er zähneklappernd.

Der Klang beim Aus- und Einatmen änderte sich. Die Atemluft gefror an den Schlitzen der Maske.

Seine schwindenden Sinne gaukelten ihm alle möglichen Gerüche vor, mal nach Blut, dann nach Skelettblüten, gefolgt vom Rauch eines Feuers und dann wieder dem Duftwasser von Ergàta.

Arviû dachte an die Zeit in Dsôn, an die Entbehrungen der Ausbildung, an die unendlich vielen Meilen, an seine Vena-Katzen, an Iuwâna – und daran, dass er viel zu wenige Elben getötet hatte.

Hoch mit dir!, feuerte er sich selbst an und stieß ein langes Stöhnen aus. *Du wirst diesen Schlot hinabsteigen, irgendwie, und wenn es ewig dauert!*

Arviû sog erneut die Luft ein.

Der Brandgeruch war allerdings geblieben …

Bilde ich mir das Feuer am Ende nicht ein? Er versuchte kriechend, den Ursprung des Feuers auszumachen, witterte wie seine Katzen und robbte abwärts vom Gipfel durch Schnee und über Firn. *Nein! Da ist es! Ich rieche es!*

Er folgte dem wechselnden, launischen Wind und verlor auf der Schräge trotz aller Vorsicht den Halt.

Arviû schlitterte, drehte und rollte sich um die eigene Achse, schoss dahin und konnte sich nicht zum Stehen bringen. Schließlich raste er in mehrere weiche Hindernisse und hielt an.

An den lauten, groben Stimmen und der Sprache erkannte er, dass es sich um Unterirdische handelte. Er schien hinab bis zu ihrem Lager gerutscht zu sein.

Lass es mir noch einmal gelingen! Er stemmte sich auf die Beine, griff benommen nach seinen angeborenen Kräften und verströmte so viel Dunkelheit, wie er vermochte. Für das Einsetzen der Furcht reichte es nicht mehr.

Sofort schrien die Unterirdischen durcheinander, als die künstliche Finsternis die Flammen verschlang und ihnen die Sicht raubte.

Wenn Samusin es so entschieden hat, soll es so sein. Er zog die Kurzschwerter aus den Scheiden, schlug sie einmal gegeneinander, um seine gedrungenen Gegner sowie seine Umgebung durch den Widerhall sichtbar zu machen.

Er stand unter einem Felsüberhang, unmittelbar neben dem Feuer, das seinen Schein eingebüßt hatte. *Acht dieser Maden. Zumindest für den Anfang.*

Arviû griff unverzüglich an, auch wenn er selten derart ungelenk getötet hatte.

Die Unterirdischen, deren Wuchs ihm außergewöhnlich schmächtig erschien, hatten ihm nichts entgegenzusetzen. Die Albklinge kappte Hälse, fuhr durch Bäuche und Bärte und brachte die Endlichkeit in nicht weniger als zehn Herzschlägen. Die Vierten schienen keine bewährten Krieger zu sein wie ihre zähen Verwandten am Steinernen Torweg. Sie hatten sogar nach den Armbrüsten gegriffen, anstatt nach ihren leichten Äxten und Keulen.

Zusammen mit dem letzten sterbenden Feind sackte Arviû neben dem Feuer nieder und kroch näher an die Wärme. Es ging nicht anders. Seine allerletzte Kraft war aufgebraucht. Die von ihm erschaffene Dunkelheit löste sich auf.

Ich benötige Ruhe und etwas zu Essen. Arviû schob sämtliche Scheite, die er zu ertasten vermochte, in die Lohen, um mit der Hitze die Steifheit aus den Gliedern zu vertreiben. Er musste beweglicher werden, um gegen die Übermacht zu bestehen.

Weitere Angreifer ließen allerdings auf sich warten.

Danke, Samusin! Schnell legte Arviû den Helm ab. Er hoffte, weitab der Hauptstreitmacht der Unterirdischen lediglich auf einen Spähposten gestoßen zu sein. *Irgendwas Essbares, ich flehe dich an, Gott des Ausgleichs.* Hastig tastete er die Leichen nach Proviantbeuteln ab.

Das, was er bei ihnen fand und sich in den Mund steckte, schmeckte grauenvoll.

Er schluckte es dennoch hinab und würgte, stopfte Schnee hinterher und spülte mit schrecklich malzigem Bier nach, das die Kreaturen mit sich führten. Hustend rutschte er noch näher an die Flammen.

»Was bist du für ein merkwürdiger Elb?«, hörte er eine raue Stimme neben sich sagen. »Wer blendete dich? Waren sie es?«

Arviû zuckte herum, richtete ein Schwert in die Richtung des Sprechers und schlug mit einem Wurfdolch dagegen, um ein *Ping* zu erschaffen: Er hatte den liegenden, gefesselten Untergründigen schlicht für Gepäck gehalten.

Warum sollten sie ihn in Ketten legen? Ein Verbrecher? Er wunderte sich über die Besonnenheit des Gefangenen. Es lag nicht ein bisschen Hass in den Worten, als sei er ein Unbeteiligter. »Schweig«, stieß Arviû wenig eindrucksvoll aus; sein Unterkiefer zitterte nach wie vor.

»Oho! Was wirst du tun? Mich umbringen, wenn du zu Kräften gekommen bist? Warum sollte ich mich dann bemühen, deinem Wunsch nachzukommen?«

Arviû genoss die Wärme, die sich dank des aufflackernden Feuers gegen ihn warf, und hätte sich am liebsten hineingelegt, um die Steifheit zu vertreiben. »Du hast recht.« Ihm war schlecht von dem widerlichen Fraß, doch er spürte, wie das Essen ihm Kraft zurückgab. »Wozu warten?«, erwiderte er und zog einen Wurfdolch. Auf diese kurze Entfernung würde er ihn keinesfalls verfehlen, und den Rest erledigt das Gift.

»Oh, nicht so eilig! Ich kann dich von hier fortbringen, ohne dass wir gegen die anderen kämpfen müssen. Zu dieser Abteilung Krieger gehören noch etwa sieben Dutzend andere, die weiter unten nach Ogern und Trollen Ausschau halten«, machte der Untergründige rasch den Vorschlag und rutschte gleich einem fetten Wurm rückwärts. »Mein Volk kennt sich in den Bergen gut aus. Du hingegen ... Du ... bist kein Elb«, setzte er dann zögernd hinzu. »Beim blutigen Amboss des Lorimbur: Du bist ein Alb!« Erst war er verblüfft; dann stieß er ein dröhnendes Lachen aus. »Nun haben wir eine Gemeinsamkeit gefunden: Wir sind beide weit entfernt von unserer Heimat.«

Arviû fand, dass sich der Gefangene sehr merkwürdig verhielt. *Seine Verrücktheit mag der Grund sein, weswegen sie ihn banden.* »Die Vierten leben doch im Braunen Gebirge.«

»Wer sagt, dass ich ein *Vierter* bin?« Der Untergründige bewegte sich, die Eisenfesseln schabten aneinander. »Mein Name ist Horimbas Schildbrech aus dem Clan der Blutaugen vom Stamm der Dritten, Lorimbur.«

Arviû war ein Gedanke gekommen. *Sollte er vielleicht* ... Er kroch näher an den Untergründigen heran, tastete ihn ab.

Unter dem dicken Mantel aus verschiedenen Fellen lag eine Rüstung aus miteinander verwobenen Kettenringen und kleinen Stahlplättchen. Die Statur war unglaublich muskulös. Seine Finger erfühlten leichte linienförmige Erhebungen auf der Gesichtshaut sowie auf dem kahlen Schädel. Der Untergründige musste mit Tätowierungen übersät sein.

»Willst du mich abtasten, um mich zum Schlachten vorzubereiten? Öffne die Schlösser, augenloses Schwarzauge!« Horimbas klang ungehalten. »Der Schneefall lässt nach. Sie werden bald eine Ablösung schicken.«

Ein Barhäuptiger! Der Traum kam Arviû in den Sinn. Er hielt inne. »Sag, welche Waffe führst du?«

»Was spielt das für eine Rolle?«

»Ist es ein zweiköpfiger Streithammer mit einer Stoßspitze?«

»Woher«, antwortete Horimbas verblüfft, »weißt du das?«

Er ist der Untergründige aus meinem Traum! »Erzähle, was sich zutrug. Warum bist du ein Gefangener?« Nun erwies es sich als Fehler, sich nicht um die Politik von Tark Draan gekümmert zu haben, doch der Alb glaubte sich zu erinnern, dass dieser Stamm die übrigen Bergmaden hasste und nach deren Tod trachtete. Es hatte ihn nicht sonderlich interessiert, da das Erlangen seiner eigenen Meisterlichkeit im Vordergrund stand.

»Ich war mit einem kleinen Tross meines Stammes auf der Jagd nach Vierten und wurde von ihnen in einem Hinterhalt überwältigt«, erzählte Horimbas. »Sie wollten mich zu ihrem …«

»Und nun denkst du, ich lasse dich ziehen und vertraue dir mein Leben an, weil uns der Hass auf Untergründige eint?«, unterbrach ihn Arviû lachend. »Ich weiß, dass ihr das Schwarze Gebirge gegen jeglichen Feind verteidigt. Stünden wir im Osten anstatt im Norden, würden du und dein Stamm uns bekämpfen.«

»Aber ihr steht nicht im Osten«, sprach Horimbas listig. »Gib deinem finsteren Herzen einen Ruck und befreie mich wenigstens von den Ketten!«

Arviû lachte. Die Wärme, das Bier und das Essen brachten Kraft in seinen Körper zurück. *Was wollte mir der Traum von damals sagen?*

Horimbas ließ nicht locker. »Höre mich an: Die Runen haben geweissagt, dass meine Linie und die meines Vetters Barskalín eine bedeutende Rolle im Schicksal des Geborgenen Landes spielen wird. Lass nicht zu, dass mir und den Meinen aus dem Clan der Blutaugen diese Rolle genommen wird. Es könnte sich für dich und dein Volk lohnen!«

War das die Bedeutung des Traumes? Arviû sah sich nicht als Unterhändler, doch er bekam den Eindruck, dass sich ein Pakt mit den Dritten andeutete. *Oder zumindest mit Teilen von ihnen. Der Clan der Blutaugen wäre doch ein guter Anfang.* »Wie steht es mit deinem Wort, Untergründiger?«

Horimbas lachte dröhnend, dass der Bass in Arviûs Brustkorb bebte. »Du willst einen Schwur?«

»Nichts anderes.« Arviû bewegte Arme und Beine. Die Kälte war zumindest so weit vertrieben, dass er sich geschmeidiger bewegen konnte. »Und zwar *bevor* ich dich befreie.«

»Sicherlich, Schwarzauge ohne Augenlicht.«

»Dann schwöre auf deine Blutlinie, dass du und deinesgleichen aus dem Clan der Glutaugen die Gelegenheit nutzen werden, um den Stamm der Dritten zum Pakt mit uns zu bewegen«, gab Arviû die Worte vor. »Wann immer der Moment gekommen sein möge.«

»Oh, das ist sehr weitsichtig für einen Blinden«, sagte Horimbas und lachte erneut über seinen eigenen Scherz. »Dann schwöre ich dir dies. Sofern ich lebend in meiner Heimat ankommen sollte.«

»Wiederhole meine Worte. In Gänze«, beharrte Arviû.

»Ich, Horimbas Schildbrech aus dem Clan der Blutaugen vom Stamm der Dritten, Lorimbur, schwöre auf meine Blutlinie, dass ich und meinesgleichen aus dem Clan der Glutaugen die Gelegenheit nutzen werden, um den Stamm der Dritten zum Pakt mit den Albae zu bewegen. Wann immer der Moment gekommen sein möge«, sprach der Unterirdische getragen. »Sofern du mir die Fesseln abnimmst und ich meine Heimat lebend erreiche.«

Es fühlt sich an, als sei das Rechte getan. Arviû beschäftigte sich mit den Fesseln, prüfte den Mechanismus und bog sich einen Draht passend, den er aus dem Gürtel eines der Toten herausschnitt. Es dauert dennoch lange, bis das Schloss aufsprang.

Sofort schüttelte Horimbas die Fesseln ab, wickelte die Ketten von Leib und Füßen und stemmte sich in die Höhe, eilte am Alb vorbei und suchte etwas im Gepäck der Getöteten.

»Da ist er!«, rief er freudig, dann surrte es dunkel. »Mein geliebter Hammer!« Er lachte laut, und dann erschallte plötzlich sein Rufhorn. Der langgezogene Ton wurde von den Bergen zurückgeworfen und würde meilenweit zu hören sein. »Hört, ihr Wichte vom Stamm der Vierten!«, schrie er hinaus. »Ich bin frei! Vernehmt meinen Ruf! Ich bin frei! Und bald schon rollen eure Köpfe! Folgt mir, wenn ihr es wagt!« Noch einmal tönte das Signal, dann lief er los. »Komm, spindeldürres Schwarzauge. Verschwinden wir.«

»Warum hast du das getan?« Arviû erhob sich und folgte dem Knirschen der Sohlen.

»Ich will dir zeigen, dass du dich auf mich verlassen kannst, auch ohne dass ich dir Treue schwor«, erwiderte Horimbas schlau. »Darauf solltest du in Zukunft achten, falls du wieder Pakte eingehst. Ich hätte dich einfach erschlagen können und nicht gegen unsere Abmachung verstoßen.«

Die Maden sind feinsinnig. Arviû setzte im Laufen den Helm auf. *Man wird auf sie achten müssen. In ihnen steckt mehr, als wir ahnen.*

Zusammen mit Horimbas ging es durch die kalte Nacht, einen steilen Abhang hinab, an dem sich der Untergründige als äußerst trittsicher erwies.

Welchen besonderen Weg auch immer sein Führer nahm, sie erreichten den sicheren Boden sehr rasch und kamen nicht einmal in Berührung mit den Kriegern aus dem Stamm der Vierten. Gelegentlich hörte Arviû sie hinter sich, mal Schritte oder nur das Klappern von Steinchen, doch sie wurden nicht eingeholt.

Dann erklangen die leisen Laute von Lârc, Arà und Ûsh, die nach ihrem Herrn riefen.

Sie nehmen meine Witterung auf! »Warte«, befahl er Horimbas und blieb stehen.

»Auf was? Dass du deine Augen zurückerhältst?« Der Untergründige mochte es, sich nicht mit bösen Anmerkungen zurückzuhalten, was Arviû anmaßend und mutig zugleich fand.

»In gewissem Maß gebe ich dir recht.« Er pfiff hoch und hell – und die drei Vena-Katzen stoben heran, wie er an den Geräuschen hörte.

»Oho!«, rief Horimbas drohend. »Ich sagte: Wenn ich meine Heimat *lebend* erreiche!«

»Lebend heißt nicht ohne Wunden. Du hast mich auf die Feinheiten unseres Paktes aufmerksam gemacht«, erwiderte Arviû. »Komm schon! Lass sie nur einmal abbeißen!«

Er schien seinen Hammer zu schwingen. »Ksch! Weg! Lasst mich in Frieden, oder ich ziehe euch damit die Zähne!«

»Sie würden dich zerreißen.« Arviû ließ sich auf ein Knie herab und streichelte die Katzen, genoss das freudige Schnurren und wie sie ihn von allen Seiten anstupsten, sich an ihm rieben.

Lârc legte etwas vor ihm ab.

»Was habt ihr mir gebracht?« Er prüfte den Gegenstand und hielt einen sauber abgenagten und abgeleckten Schädel in den Fingern: Es war der Kopf des Elbs, der in den Felskamin gestürzt war. Seine Lieblinge hatten ihn nicht ein zweites Mal entkommen lassen.

Meine Trophäe. Meine erste. Mit einem leichten *Ping*, das er mit Ring und Helm erschuf, machte er den Untergründigen vor sich sichtbar. Fest entschlossen stand Horimbas wie in seinem Traum da, den langen Stiel in beiden Händen und den kahlen Kopf gesenkt.

Sie könnten uns wahrlich nützlich sein. Er dachte daran, dass die Cîanai Tränke brauen konnte, um die Dritten in die Abhängigkeit zu treiben. *Heimlich. Um sie mehr und mehr zu dem zu formen, was wir brauchen.*

Arviû beschloss, den Gedanken mit der Albin und den Unauslöschlichen zu teilen, sobald er aus dem Schwarzen Gebirge zurückkehrte. Denn genau *dahin* führte ihn sein Weg. »Gehen wir.«

»*Wir?*«

»Ja. Ich helfe dir dabei, dass du lebend in deine Heimat gelangst. Denn nur dann ist mein Pakt mit dir von Nutzen«, erwiderte er kalt. »Tot bringst du mir nichts, Untergründiger.« Er erhob sich.

»Du bist ein gewieftes Schwarzauge.« Horimbas lachte, die Kettenglieder klirrten leicht. »Meinetwegen. Aber achte auf deine Katzen. Ich binde ihnen die Schnurrhaare zusammen, wenn sie mich anfauchen!« Er wandte sich um, den Hammer unterhalb des Doppelkopfes in der Rechten haltend, und trabte los.

»Du wirst wissen, wo es Einhörner gibt? Meine Vena-Katzen brauchen etwas zu fressen.«

»Sicherlich. Wir locken sie mit einer Jungfrau an. Das gelingt meistens.« Horimbas ließ erneut seine lautstarke Heiterkeit dröhnen.

Eine seltsame Art von Spaßempfinden. Arviû und seine drei Vena-Katzen hefteten sich an seine Fersen. Er war gespannt, was ihn unterwegs erwartete. Bei seiner Rückkehr war noch genug Zeit, die Einnahme der Festung zu feiern.

Aber weiter als bis zum Schwarzen Gebirge würde er Horimbas nicht begleiten. Tausende Elben warteten auf ihn und seine Klingen.

Die Stimme der vier Winde

Einst wurde ein Alb geboren, ein kräftiger und wunderschöner Junge, dem nicht die Fähigkeit gegeben war, zu sprechen.

So sehr sich der Junge mühte, er bekam keinen Satz, kein Wort, keine Silbe, ja, nicht einmal einen einzigen Buchstaben über die vollen Lippen.

Als er die Kunst des Todbringens erlernen wollte, sprachen die Krieger: Wie sollen wir dich in unsere Reihen aufnehmen, wenn du uns im Gefecht nicht vor einem Angriff warnen kannst?

Als er die Kunst des Wissens erlernen wollte, sprachen die Gelehrten: Wie sollen wir dich in unsere Reihen aufnehmen, wenn du niemanden zu unterrichten vermagst?

Als er die Kunst des Feldbestellens erlernen wollte, sprachen die Ackersleute: Wie sollen wir dich in unsere Reihen aufnehmen, wenn du keine Sklaven und kein Vieh mit deiner Stimme zu leiten vermagst?

Und als er die Kunst selbst erlernen wollte, sprachen die Künstler: Wie sollen wir dich in unsere Reihen aufnehmen, wenn du niemandem darlegen kannst, was du mit deinem Werk ausdrücken möchtest?

So saß der Junge traurig und alleine und von allen gemieden im Hof seines Elternhauses und wusste nicht, was er mit seiner Unendlichkeit anfangen sollte, da ihn niemand in einer Kunst seines Volkes unterwies.

Samusin, der Gott des Ausgleichs und der Winde, bedauerte den jungen Alb und dachte bei sich: »Es ist nicht rechtens, dass man ihn meidet, weil er nicht zu sprechen vermag.«

Und so erschien er vor ihm in aller Heimlichkeit und verlieh ihm die Kraft, mit den Winden zu sprechen und sie um Gefallen zu bitten.

»Fortan, als Zeichen und zum Dank für meine Gunst, wirst du dich Samusinòr nennen.«

Samusinòr fühlte sich auserkoren und geehrt, doch wusste er nicht recht, was er mit der Gabe anfangen sollte.

Und so öffnete er den Mund, um die Winde herbeizurufen und mit ihnen zu reden, denn er hatte noch niemals in seiner Unendlichkeit mit jemandem gesprochen.

Ein dunkler Laut drang über seine Lippen.

Schon fegte der Wind der Vergänglichkeit heran, der im Norden wohnte, mit seinem Geruch nach Stein und Regen und gespickt mit Klingen aus Basalt und Obsidian.

Samusinòr erhob seine Stimme erneut, und dieses Mal erklang ein hellerer Ton.

Mit diesem rief er den Wind der Freiheit, der aus dem Süden kam und mit sich durchdringende, frische Gerüche brachte.

Samusinòr war begeistert und rief mit einem weiteren Laut den Wind der Inspiration, der den Osten seine Heimat nannte.

Er wirbelte heran, voller Blumenduft, gespickt mit Federn und Blütenblättern.

Sodann rief Samusinòr den letzten Wind, und der Laut war dunkel und Furcht einflößend.

So stürmte herbei der Wind des Krieges, der im Westen lebte, nach Eisen und Erde roch, angefüllt mit Goldplättchen und feinen Glassplittern.

Alle vier drehten und tanzten um den jungen Alb, und sie erzählten ihm von den Dingen und Abenteuern, die sie sahen, von den Toten, von der Vergänglichkeit.

Ihr Wissen reichte aus, um Unendlichkeiten zu füllen, und Samusinòr sprach mit ihnen und berichtete, wie es ihm ergangen war, ohne sein Schicksal zu beklagen.

Die vier Winde bemitleideten ihn und schworen, ihn zu einem großen Helden zu machen. »Rufe uns«, säuselten und dröhnten sie zugleich, »wenn du unsere Dienste benötigst.«

Und es kam eine Zeit, als das Volk der Albae durch gefährliche Gegner bedroht und die Stadt Dsôn von ihnen eingeschlossen war.

Nichts schien sie aufhalten zu können, und die Albae sorgten sich sehr.

Da erhob Samusinòr seine Stimme und rief den Wind der Freiheit aus dem Süden, der sogleich heranwehte und in jedes Haus in Dsôn eindrang.

Die Albae genossen seine Frische, die gegen die schlechten Gedanken ankämpfte und die Oberhand gewann.

Sie blickten einander an, mit Zuversicht in den Augen, und sagten: »Wenn uns doch nur etwas einfiele, um diese Gegner zu besiegen!«

So erhob Samusinòr zum zweiten Mal seine Stimme und rief den Wind der Inspiration, der mit Blütenduft durch die Straßen, Gassen und über die Plätze strich. Die verschiedensten Federn tanzten in den Böen, und bunte Blätter durchwirkten die Luft.

Da traf das Herrscherpaar die Eingebung, wie sie mit den Feinden verfahren konnten, und sie ersannen eine List.

So erhob Samusinòr zum dritten Mal seine Stimme und rief den Wind des Krieges, der Frische und Blätter vertrieb und den Geruch von Eisen und Erde mit sich trug. Seine flirrenden Goldplättchen und funkelnden Glassplitter verzauberten die Luft.

Als die Krieger dies sahen, marschierten sie mit aller Entschlossenheit gegen die Feinde, denn der Westwind leitete sie.

Samusinòr sah, was die Winde der Freiheit, der Inspiration und des Krieges Wundervolles bei seinem Volk bewirkten.

Aber mit großer Sorge blickte er auf die Gegner, die bei aller List der Unauslöschlichen noch immer gefährlich und tödlich waren.

So schlich er sich aus Dsôn, umrundete das eigene Heer und begab sich mitten unter die Gegner.

Die Feinde bemerkten den jungen, schönen Alb. Sie umstellten ihn, richteten die Waffen gegen ihn und wollten ihn zerfetzen.

Da erhob Samusinòr zum vierten Mal seine Stimme und rief nach Norden, sodass die Gegner beim Klang erzitterten und bangten.

Es rauschte heran der Wind der Vergänglichkeit, und der Geruch von Stein und Regen stieg in die Nase der Feinde.

Schon fiel der Sturm über sie her, mit seinen Schneiden aus Basalt und Obsidian.

Er schälte einem jeden das Fleisch von den Knochen, zerschnitt die Körper, zerteilte die Gebeine und ließ nichts zurück als einen Berg aus blutigen Kadavern und Fetzen.

Als das Heer aus Dsôn heranmarschierte, sahen sie, dass die Arbeit bereits getan war, ohne dass ein Schwert gezogen oder ein Pfeil abgefeuert worden war.

Sie priesen die vier Winde, und sie priesen Samusinòr, der sie herbeigerufen hatte.

Aber seit diesem Moment der Unendlichkeit ist Samusinòr verschwunden.

Die einen sagen, er opferte sich und verging mit den Feinden im tödlichen Klingenwind des Nordens.

Die anderen sagen, er entschwand mit dem Sturm und wird zurückkehren, um seine Stimme zu erheben, wenn sein Volk in größter Gefahr ist.

Und wenn je wieder ein Kind ohne Stimme geboren wird, kann es sein, dass Samusin ihm erneut seine Gunst beweist.

Von den Zhadár und wie sie entstanden

Nun möchte ich an eine Zeit erinnern, in der unser Volk über weite Teile von Tark Draan herrschte, wenn auch in verschiedenen Regionen und mit unterschiedlichen Herrschern.

Eine Tragödie sondergleichen!

Welche Möglichkeiten uns Inàste, Tion und Samusin in die Hände gaben!

Es war schmerzhaft mit anzusehen, wie sich nichts fügte und man das Ende unausweichlich kommen sah.

Da waren Sisaroth, Firûsha und Tirîgon, die sich mit ihrem Auftauchen anschickten, ein neues Dsôn zu errichten. Die Drillinge nannten es Dsôn Bhará, das Wahre Dsôn, und sich selbst Dsôn Aklán, die Götter von Dsôn.

Und da war Aiphatòn, das Kind der Unauslöschlichen, der auf seinen Reisen im südlichen Ishím Voróo weit jenseits von Tark Draan die Albae fand, die aus Horgàtas Nachfahren und den Elben hervorgegangen waren.

Zu einfach würde ich es mir machen, nun einen Schuldigen zu benennen.

Ich kannte die Drillinge sehr gut, und ich genoss Aiphatòns Gastfreundschaft. Nichts Schlechtes vermag ich über beide Seiten zu sagen.

So bleibt mir festzustellen, dass es wiederum an den Gegebenheiten lag, die zum Scheitern führten.

Ganz Tark Draan hätte uns gehören können!

Das ist nun vergangen, doch unvergessen.

Unvergessen sind auch unsere Verbündeten, die Zhadár.

Sie wurden von Sisaroth und seinen Künsten erschaffen, und ohne die Verbannung nach Phondrasôn hätte er dieses Wissen niemals erlangt.

Einst waren es Unterirdische, doch wir brachen sie. Mit viel Mühe und noch mehr Vorarbeit durch einen anderen unvergessenen Helden. Zuerst ihren Leib, dann ihren Willen.

Das dachten *wir zumindest.*

Es erwies sich, dass der Wille eines Unterirdischen härter als jegliches Material ist, das er bearbeiten kann.

Ich will die Unterirdischen nicht mehr loben, als sie es verdienen, doch ich gestehe: Selbst wenn man Diamanten, Tionium und Stahl zu einer Legierung verbände, es reichte nicht an die Widerstandskraft eines Zwergengeistes heran.

Die Zhadár und unsere Verbündeten täuschten uns, verrieten uns – von Anfang an.

Lest und lernt daraus.

Tark Draan (Geborgenes Land), Dsôn Bhará, 5434. Teil der Unendlichkeit (6310. Sonnenzyklus), Frühling

»Wenn ich noch *einen* höre, der mir diesen Aiphatòn als *Kaiser* meines Volkes vorstellt, ich schwöre, ich werde denjenigen an den Fersen aufhängen und solange mit einem Knüppel auf seinen Wanst eindreschen, bis ihm die Innereien als blutiger Brei aus dem Mund laufen!«, schrie Sisaroth außer sich.

Er sprang von seinem Stuhl auf, verließ den gedeckten Tisch und eilte zum bodentiefen Fenster; das lange, schwarzrote Gewand mit den silbernen Stickereien flatterte und raschelte leise.

»Verzeih, ich dachte mir nichts dabei.« Einen Augenblick lang fürchtete Tirîgon, sein Bruder nähme Anlauf für einen gewaltigen Sprung, der ihn nach dem Sturz in die Tiefe in die Endlichkeit beförderte. *Doch das passt nicht zu ihm.* Also blieb Tirîgon ruhig an seinem Platz sitzen und warf seiner Schwester Firûsha einen beruhigenden Blick zu. »Es ist nun einmal sein Titel.« Er trug die schwarze Tioniumrüstung, die ihnen Tungdil einst in Phondrasôn geschmiedet hatte; der Staub seiner langen Rundreise durch den Osten haftete noch daran. Sisaroths Drohung nahm er nicht persönlich, er kannte das rasch entzündbare Gemüt. »Wenn du nicht möchtest, dass er mit seinen Vasallen heranrollt und dich daran erinnert, dass auch wir ihm ... in gewisser Weise ... unterstehen, dann überwinde deinen Stolz.«

Firûsha atmete leise aus und ergriff die Karaffe mit dem Gewürzwein. Über ihrem leichten, hellgrauen Kleid lag ein nachtblauer Überwurf, die schwarzen Haare wurden durch ein funkelndes Diadem aus Silber und Edelsteinen zurückgehalten.

»Ein Titel, den *ich* ihm *nicht* verlieh!« Sisaroth blieb am bogenförmigen Fenster stehen und starrte hinab in den abendlichen Kraterkessel. Sie residierten nicht wie die Unauslöschlichen in einem Beinturm, sondern in einem rechteckigen Palast aus grauem Marmor, gelegen auf der Kuppe eines Berges, der inmitten der Stadt aufgeschüttet worden war.

»Wir meisterten Phondrasôn mit all seinen Schrecken, wir führten die letzten überlebenden Albae aus Dsôn Sòmran durch den Mondteich nach Tark Draan«, sprach er düster und legte einen Arm gegen die Wand, um die Stirn abzustützen. Unverwandt sah er hinaus. »Und kaum dass wir hier sind, dass wir unser Dsôn Bhará errichten und unsere Macht als Dsôn Aklán ausbauen, kommt dieser …« Er biss vor Hass die Zähne zusammen.

»Er ist der Nachfahre der Unauslöschlichen«, mahnte Tirîgon. »Der Sohn von Nagsor und Nagsar Inàste. Reineres Herrscherblut als ihn gibt es nicht in …«

»Ich *weiß* das!«, schrie Sisaroth wieder. »Ich *weiß* um seine verfluchte Magie! Und ich *weiß* um seine unzähligen wilden Albaebastarde! Aber es wird nicht einfacher, je öfter ich es *ertragen* muss, zu hören!« Seine Augen färbten sich tiefschwarz, und Wutlinien zeichneten sein Antlitz. Die Hand ballte sich zur Faust. »Ich fühle mich so … hilflos«, flüsterte er. »Nutzlos.«

Firûsha beugte sich zu Tirîgon. »Reize ihn nicht weiter«, bat sie raunend.

»Sind denn seine Experimente nach wie vor nicht von Erfolg gekrönt?«, gab dieser nicht weniger leise zurück und schnitt sich vom Käse ab.

Sie nickte und stand auf, um sich zu Sisaroth zu begeben. Firûsha legte eine Hand auf seinen Rücken und stellte sich neben ihn, dicht an die Scheibe des geschlossenen riesigen Fensters.

Die Geschwister sahen in die Nordseite des Kraters, dessen Durchmesser sich auf insgesamt zwölf Meilen erstreckte und drei Meilen tief im Boden lag.

Einst hatte hier ein sanfter Weiher gelegen, in der Nähe zu einer Elbensiedlung. Dass der Mondteich nach ihrem Eintreffen eingebrochen und sein Wasser verloren hatte, war als Fügung der Göttin Inàste gesehen worden.

»Du wirst es schaffen«, sagte sie sanft. »Wir erreichten bereits so viel.«

Sisaroth presste die Lippen fest zusammen, um seine Antwort zurückzuhalten, die gewiss spöttisch ausgefallen wäre und die Falsche verletzt hätte.

Firûsha kannte seinen brennenden Ehrgeiz und gab ihm durch ihr Schweigen die Gelegenheit, sich zu besinnen. Sie ließ ihren Blick schweifen.

Mithilfe von Sklaven war das Loch vergrößert worden, um dem künftigen Dsôn Bhará mehr Raum zu geben für die Tausenden von Albae, welche die Drillinge in den nahenden Teilen der Unendlichkeit in Tark Draan ankommen sahen.

Aber dann entschied Samusin anders.

Wie so oft.

Die Geschwister hatten sich als Bringer eines neuen Albaereichs gesehen, um die Tore im Norden für die Unholde erneut aufzustoßen und mit deren Hilfe Tark Draan zu erobern – bis zu dem Moment der Unendlichkeit, als Aiphatòn aus dem Süden zurückkehrte, mit der grässlichen Brut, die nur äußerlich ihrem Volk glich. Und niemand durfte es aufgrund seiner eigenen Abstammung wagen, gegen den Sohn der Unauslöschlichen aufzubegehren.

Nicht offen.

Und dann mussten sie begreifen, dass es kaum mehr Elben gab, die man jagen konnte. Die wenigen lebten gut verborgen und blieben trotz der Karte, die die Albae in die Finger bekommen hatten, schwer aufzustöbern. Sogar die Unauslöschlichen gehörten der Endlichkeit an, wie es ihnen Tungdil Goldhand in Phondrasôn berichtete.

Die Welt wandelte sich sehr. Firûsha sah von hier gut fünfzig der zweihundert Häuser, in denen ihre albischen Gefolgsleute lebten.

Die Gebäude erhoben sich um den Berg, auf dem der Palast der Dsôn Aklán errichtet stand, streng nach einem Muster angeordnet, das symbolisch für das Sternbild von Inàste stand. Sie hatten den Albae freie Hand beim Entwerfen ihrer Behausungen gelassen, und so kam es, dass sich turmähnliche Gebilde neben mehrstöckigen, kantigen Gebäuden aus der Kratererde stemmten. Teils erinnerte es an Dsôn Sòmran, dann an die Zeichnungen und Geschichten von Dsôn Balsur, und mancher Bauherr ersann etwas vollkommen Neues. Nur schwarze und weiße Materialien waren zum Einsatz gekommen, die Gegensätze hielten das Auge und damit den Verstand scharf. Und so erschien die Stadt bei allem Abwechslungsreichtum als mächtige Einheit und war wundervoll anzuschauen.

Aber die großartige Baukunst täuschte nicht darüber hinweg, dass es sehr leer in Dsôn Bhará blieb, wo sich Tausende Albae tummeln sollten.

»Es hätten schon so viel mehr sein sollen«, sagte Sisaroth leise. Er schien ihre Gedanken zu erahnen. »Ich hatte damals gehofft, dass wir nicht die Einzigen im Grauen Gebirge sind.« Er wandte sich halb zu ihr um. »Und dass es Albae gibt, welche die Seuche überlebten. In einer anderen Stadt, verborgen in Ishím Voróo. Albae, die bis heute darauf warten, dass wir die Unterirdischen vom Stamm der Fünften schlagen und den Steinernen Torweg für sie öffnen.« Er legte einen Arm um die Schulter der Albin und gab ihr einen Kuss auf die Stirn. »Es ist so verwaist, unserer Reich. Und das, obwohl die Götter unsere Schar mit Nachwuchs bedachten. Mehr als üblich.«

»*Noch* sind wir wenige, Bruder. Das ändert sich. Es warten ganz bestimmt noch weitere Albae aus dem Norden am Steinernen Torweg«, bestärkte sie seinen Traum. »Mit unserer List und deinen Experimenten ...«

»Rechne nicht mit meinen Ergebnissen, geliebte Schwester«, unterbrach er sie. »Ich drehe mich im Kreis. Formeln, Zutaten, die Destillate und Essenzen sind perfekt. Aber dennoch ... funktionieren sie nicht. Ich übersehe etwas. Da kann mir Serîdai so sehr helfen, wie sie möchte, ich komme nicht auf den Fehler.« Er warf einen Blick über die Schulter zu Tirîgon. »Und mitten hinein, in diesen Gestank aus Niedergeschlagenheit und Ohnmacht und Wut, platzt du mit den schlechten Neuigkeiten von diesem ... Emporkömmling. Es stach schlimmer als brennender Schwefel. Verzeih, dass ich mich habe hinreißen lassen.«

Sein Bruder winkte ab und aß vom Käse. »Ich kenne dich lange genug, um dir deine Ausbrüche nicht zu verübeln«, erwiderte er und erhob sich. »Wir reden ein anderes Mal. Wenn es dir etwas besser geht und deine Nerven stärker sind.« Im Vorbeigehen nahm er sich noch vom sanft gekochten Fleisch, das nach Kräutern duftete. »Ich bin wieder mit meinen Kriegern unterwegs. Wir machten eine Herde wilder Feuerstiere aus, die wir einfangen werden. Samusin mag sie vor den Augen der hungrigen Barbaren in einer Höhle verborgen haben.« Er biss einmal von dem Fleisch ab, kaute und warf den Rest zurück auf die Platte. »Zu lange gegart.«

Auf der Schwelle blieb er stehen. »Bevor ich aufbreche, und weil ich an das Garen dachte: Ich brachte dir etwas mit, Sisaroth. Es liegt im Keller und wartet darauf, dass du es ganz nach deinem Belieben verwendest. Doch achte bitte nicht zu sehr auf die Brandflecken. Es ging leider nicht anders.« Er lächelte seinen Geschwistern zu und verließ den schlicht eingerichteten Speisesaal, der ihnen zurzeit auch für gemeinsame Besprechungen diente. Die Arbeiten am Palast waren noch nicht abgeschlossen.

Der Alb sah seine Schwester verwundert an. »Was meinte er damit?«

Firûsha zuckte mit den Achseln. »Er kontrollierte zusammen mit den Begehrern einige Barbarendörfer, die mit dem Tribut überfällig waren. Ich weiß nicht, was er unterwegs einsammelte. Mir verriet er es nicht.«

»Nun bin ich sehr neugierig.« Sisaroth begab sich zusammen mit ihr an die Tafel zurück. Gemeinsam aßen sie und stärkten sich. »Was mich angeht: Die Experimente müssen vorangetrieben werden. Was sieht der Abend für dich vor? Wirst du deine Singübungen angehen?«

»Nein. Ich werde mit ein paar Kämpfern nach Nordwesten vorstoßen, um zu erfahren, ob wir noch einige kleinere Siedlungen unter unser Banner zwingen können«, erzählte sie von ihrem Vorhaben, und ihre Wangen röteten sich voller Vorfreude.

»Weswegen?«

»Weil es nicht Stillstand ist, wonach ich trachte.« Firûsha lächelte. »Je größer unsere Macht, desto besser. So war es in Phondrasôn, und an dieser Erkenntnis ändert sich nichts.«

»Reite nicht zu weit, sonst forderst du den Kordrion heraus.« Sisaroth sah zur Karte an der Wand. »Wir haben nicht die Mittel, uns auf einen Kampf gegen dieses Monstrum einzulassen, und der …« – er schloss die Lider und nahm innerlich Anlauf – »*Kaiser* wird uns gewiss nicht zu Hilfe kommen. Er würde es begrüßen, denke ich, wenn man uns ausmerzt und er uns los ist.«

Firûsha nickte knapp und stand auf, um ihm anhand der Zeichnung zu zeigen, wohin sie wollte. »Ich beabsichtige, mir die …«

Sisaroth hörte nicht zu. Er wunderte sich, während seine Blicke über die große Karte schweiften, wie sehr sich Tark Draan gewandelt hatte. Die hässlichen Unterirdischen vom Stamm der Dritten hatten sich auf ihre Seite geschlagen und waren ihre Untergebenen geworden, auch wenn die Kleinwüchsigen sich als gleichwertige Verbündete betrachteten.

Sein Volk regierte mit deren Hilfe über weitere Teile von Idoslân, Gauragar und Urgon. Die Eroberungen schritten weiter voran, die albischen Krieger ritten unermüdlich und brachen jeglichen Widerstand, während die Unterirdischen danach mit eiserner Hand den Willen sowie die Befehle der Drillinge umsetzen.

Während Sisaroth und seine Geschwister sich im einstigen Elbenreich Lesinteïl niedergelassen hatten, saß diese pöbelhafte Albaebrut aus Ishím Voróos Untiefen im untergegangenen Elbenreich Âlandur sowie im alten Dsôn Balsur.

Wir sind die einzig wahren Albae. Wir sind in Dsôn Bhará, dachte er. *Vielleicht wäre es ganz anders gekommen, wenn wir den Schädel des Infamen mitgenommen …*

»Hörst du mir zu oder ersinnst du neue Formeln in deinem klugen Verstand?«, vernahm er Firûshas vorwurfsvolle Stimme.

»Ich … dachte bereits darüber nach, was du mir darlegtest.«

Ihre blauen Augen blitzten. »Dann gefällt dir mein Vorhaben?«

»Sicher.«

»Und ich kann ein Dutzend mitnehmen?«

Sisaroth musste die Maske des aufmerksamen Zuhörers fallen lassen. Er seufzte aufgebend. »Ich schweifte gedanklich ab, entschuldige. Was suchst du noch gleich im Nordwesten?«

»Dörfer, die sich zwar im Gebiet des Kordrion befinden, aber weit genug in den Ausläufern des Grauen Gebirges liegen, um vielleicht Pfade zu kennen, die bis auf die Gipfel führen«, wiederholte sie ungehalten.

Er wusste sofort, worauf sie hinauswollte. »Ist das wieder deine Idee von einem geheimen Übergang hinaus nach Ishím Voróo?« Sisaroth kniff die Mundwinkel zusammen. »Ein Hirngespinst, mehr nicht. Denn wenn es ihn gäbe, würden die Scheusale nach Tark …«

»Ich bin sicher, dass die Barbaren einen Übergang kennen«, fiel sie ihm ins Wort. »Es *muss* einen geben!«

»Weil *du* es hoffst? Erfüllte Samusin dir deinen Wunsch, dann wäre er schon beinahe ein zu gütiger Gott.«

Sie sah ihn entschlossen an. »*Hoffnung* führte uns aus Phondrasôn und nicht das *Wissen*, dass es einen Durchgang durch den Mondteich gibt.« Firûsha richtete sich auf und wirkte mehr denn je wie eine Herrscherin. »Ich werde nicht abwarten, bis wir Aiphatòn endlich dazu gebracht haben, gegen den Norden zu ziehen, um zuerst den Kordrion und danach die Unterirdischen auszuschalten, die den Durchgang nach Tark Draan halten. Sein Augenmerk liegt ohnehin auf dem Süden und Lot-Ionan.« Sie verabschiedete sich mit einer leichten Kopfbewegung, während sie auf den Ausgang zuschritt. »Also suche *ich* nach einem Pfad durch das Graue Gebirge, der mich vorbei an dem großen und dem kleinen Übel führt. Und *hoffe.*«

Sisaroth sah ihr schweigend hinterher. Er würde sie weder bestätigen noch aufhalten, aber seine Strategie verlief anders.

Firûsha schien mit einer Erwiderung gerechnet zu haben, die jedoch nicht erfolgte, und so verschwand sie mit einem verwunderten Gesichtsausdruck hinaus.

»Ihr Götter«, sagte er stöhnend und presste die Handballen gegen die Augenbrauen. »Ich brauche eine Eingebung. Samusin, Herrscher des Ausgleichs: Sieh, wie wir leiden und in unerträglicher Unterzahl zwischen Barbaren, Bestien und Scheusalen sitzen. Die Zahl unserer Nachkommen ...« Er unterbrach sich, da er sich bewusst wurde, dass er laut betete. Ausgerechnet *er*, der einstige glühende Anhänger eines Infamen.

Lassen wir die Götter außen vor. Der Alb erhob sich und ging durch den Palast. *Zurück zu meinen Tinkturen.*

Es war ein gewaltiges Gebäude mit Kammern, Räumen, Sälen und Hallen, in dessen Mitte sich dereinst eine große Kuppel aus Kristall und Glas erheben würde. Aber die Arbeiten zogen sich hin, gerade weil die Krieger mit Eroberungen beschäftigt blieben und es nicht genug Aufseher für die Sklaven gab.

Dafür stand der Turm errichtet.

Es war Tirîgons Einfall gewesen, von dessen Spitze meilenlange Drähte zu den Kraterrändern zu spannen und über eine ausgeklügelte Gewichts- und Gegengewichtsanordnung riesige Leinwände aufzuziehen, als Schutz gegen die Sonne, die ansonsten voller Boshaftigkeit in den Krater schien.

Gleichzeitig war der Krater bei geschlossenen Segeln auf einige Entfernung mit bloßem Auge nicht sofort erkennbar, was eine gute Tarnung gegen das fliegende Scheusal namens Kordrion bedeutete. Zwar gab es gigantische Katapulte und Schleudern, doch so weit wollte man es erst gar nicht kommen lassen. Vor anderen Feinden fürchtete sich niemand in Dsôn Bhará, und der Drache Lohasbrand lebte zu weit im Westen, als dass man mit seinem Angriff rechnete.

Sisaroth stieg die gigantische Wendeltreppe nach unten, die aus Marmorplatten geformt war. Es gab nicht genug Knochenmaterial, um die Stufen daraus zu schnitzen, wie es sich für die Albae geziemt hätte. *Wir leben in schwierigen Zeiten.* Immerhin hatten sich die Steinmetze Mühe gegeben, den Anschein von verschlungenen Gebeinen zu erwecken. *Zu gerne würde ich diese Südbastarde dazu benutzen!*

Er erreichte das untere Stockwerk und begab sich sogleich in den Trakt, in dem Serîdai und er die Nachforschungen betrieben, die in ein Mittel münden sollten, das die Geschwister gegenüber den Unterirdischen in eine bessere Position brachte. Natürlich ohne Aiphatòns Wissen.

»Serîdai, bist du schon bei der Arbeit?«, rief er durch die Vorhalle, eilte auf die vier Schritt hohe, mit Kupferblech beschlagene Flügeltür zu und öffnete sie.

Dahinter lag das geräumige, vollgestellte Labor, in dem er und die Cîanai an unzähligen Tischen mit Apparaten und in Wäldern aus Glaskolben, -röhrchen und Destillen nach neuen Tränken forschten. Weißliche Schwaden waberten umher, der Ausgangspunkt lag in der linken hinteren Ecke des Raumes.

Ein großer Abzug wie über einer Esse fing und leitete die Dämpfe hinaus, sodass die Albae nicht erstickten oder den schädlichen Ausgasungen ihrer eigenen Versuche zum Opfer fielen; dazu gab es kleinere, unzerbrechliche Glaskammern mit eigenen Abzugsschloten, wenn ein Gebräu zu sehr qualmte oder sie die Wirkung eines Gases an einem Wesen ausprobierten.

Die weiteren Türen führten zu den Verliesen, der Bibliothek, den Vorratsräumen und den Denkstuben, wie Sisaroth es nannte. Er und die Cîanai zogen sich zwischendurch dahin zurück, um in Ruhe zu schreiben, zu grübeln oder eine Erholungspause einzulegen.

»Serîdai? Lebst du noch?«

Die Albin tauchte aus weißlichen Schwaden auf und hob die Hand als Zeichen, dass alles in Ordnung war. »Hier bin ich, Aklán«, antwortete sie heiser. »Verzeih, ich hatte mehr Erfolg als berechnet.«

Sisaroth grinste. Er mochte es, als *Gott* bezeichnet zu werden, ohne dass er darauf bestehen oder sie daran erinnern musste. Der schwache Geruch von Waldbeeren und Minze hing im Raum. »Was hast du gemischt? Pastillen zur Erfrischung?«

Serîdai lachte und hustete gleichzeitig. »Nein, ich suchte nach einer Möglichkeit, den Geschmack des faulenden Blutdestillats zu übertünchen, doch es ist nicht leicht.«

Sisaroth sah die spindeldürre Albin auf sich zukommen, die in dem weißfleckigen Gewand an einen schmutzigen Spuk erinnerte. Die langen blonden Haare trug sie in einem Zopf, den sie schalgleich um den Hals gelegt hatte. »Du solltest mehr essen, Serîdai. Sonst stirbst du mir an Entkräftung.«

»Das würde ich niemals, Aklán«, widersprach sie entrüstet, und ihre helle Stimme klang wie das Rascheln des Windes. »Nicht bevor wir den Trank erschaffen haben, um die Unterirdischen stärker an uns zu binden.«

»Auch *dann* nicht! Wir werden Nachschub benötigen.« Sisaroth legte ihr eine Hand auf die Schulter und spürte nichts als Knochen und Haut. *Sah sie von Beginn an ausgemergelt aus?* Er schob es auf das unentwegte Einatmen der Ausdünstungen. Die Abzüge bewahrten nicht vor sämtlichen giftigen Stoffen.

Serîdai nickte ehrfürchtig. »Das letzte Destillat, das wir vor siebenhundert Momenten der Unendlichkeit aufstellten, ist durch die Pulverfilter gelaufen, Aklán«, erstattete sie Bericht und wies nach links auf einen leergeräumten Tisch, auf dem eine verkorkte bauchige Phiole stand. »Beschaffenheit und Farbe sind einwandfrei, und wenn du es berührst, wirst du die enthaltene Magie darin fühlen. Das Tonikum ist enorm potent.«

»Was uns nichts nützt, solange es keinen Träger findet, der eine Anwendung überlebt.« Sisaroth blickte zum Gefäß, in der die Menge eines halben Bechers voll schwarzer, zäher Flüssigkeit schwamm.

Mehr war von dem Eimer Elbenblut nicht übrig geblieben, das sie unter Zuhilfenahme verschiedener Substanzen verarbeitet hatten. »Das war das letzte Elbenblut?«

»Ja. Im Eiskeller lagert nichts mehr. Wir brauchen dringend neue Spitzohren«, bestätigte Serîdai. »Dein Bruder sollte die Begehrer einsetzen, um Siedlungen aufspüren zu lassen, Aklán.«

»Das sollte er.«

»Und Untergründige bräuchten wir ebenso.«

»Sicherlich.« Sisaroth ging an ihr vorbei und steuerte auf seine Denkkammer zu. »Ich rede mit Tirîgon.« *Auch wenn es ein mehr als schwieriges Unterfangen wird.*

Nach dem Überfall auf das Elbendorf bei ihrem Auftauchen in Tark Draan hatten sie zwar Kenntnisse von weiteren Orten erhalten, an denen sich die Todfeinde aufhielten, aber die meisten waren schon wieder verlassen, sobald sie ihre Krieger dorthin sandten. Den letzten Elb hatten sie vor einem Achtel Teil der Unendlichkeit gefangen und ausgeschlachtet. Buchstäblich.

»Aklán! Ein Geschenk erwartet dich«, rief sie ihm verheißungsvoll nach.

»Ach ja. Tirîgon erwähnte es. Mit Brandflecken.« Er sah sich um. Seine Neugier war von den Überlegungen zum Tonikum vorübergehend erstickt worden. Nun loderte sie wieder. »Wohin stellte er es?«

Serîdai wies auf die beschlagene, dicke Tür zu den Verliesen. »Dort hinein.«

»Kein Elb?«

»Kein Elb. Und er … verbat mir, darüber zu sprechen.«

Sisaroth runzelte die Stirn, schritt auf den Eingang zu und betätigte die Kurbeln, welche die dicken, schweren Eisenbolzen aus den Halterungen zogen. Nur ein Drache oder ein schwereres Wesen würde dank seiner Masse und der Wucht aus dem Verlies ausbrechen können, alle anderen blieben auf die Gnade der Drillinge angewiesen.

Klickend entriegelten die armdicken Zapfen die Tür.

Sisaroth öffnete das gewaltige Schott spielend leicht dank der findigen Lagerung der Scharniere. Der Gang dahinter war von Öllampen beleuchtet, das schwache Licht genügte den Albaugen vollkommen.

Er ging los, seine Neugier stieg mit jedem lautlosen Schritt.

Nach zwei weiteren Gittern, deren Schlösser er mit seinem Siegelring aufsperrte, gelangte Sisaroth in den Sammelraum, wo sich zurzeit nur ein einziger Gefangener befand.

Angekettet an einer Haltung am Boden saß ein älterer Zwerg, der seiner schmalen Statur nach dem Stamm der Vierten entsprang. Er trug nichts als ein versengtes Untergewand sowie ein Lederwams darüber, die Haare im Gesicht und auf dem Kopf waren von Lohen verbrannt worden. Sisaroth vermochte das verschmorte Horn zu riechen.

Das Geschenk meines Bruders. Gespannt näherte er sich dem Unterirdischen. *Was macht dich so besonders, Bergmade?*

Der Gefangene hockte trotzig im Schneidersitz auf dem kalten Boden, die Arme vor der Brust überkreuzt. »Ah, Schwarzauge! Das kannst du vergessen, dass ich für euch etwas tue wie die anderen Verräter!«, grummelte er in der Allgemeinsprache.

Sisaroth lachte leise und böse. »Weswegen sollten wir die grobe Arbeit eines Unterirdischen wie dir benötigen?«

»Na, weil ich der beste Gemmenschneider der Vierten bin?«, hielt der Gefangene verblüfft dagegen. »Ist das nicht der Grund, weswegen ihr mich entführt habt?«

Jedenfalls nicht der Grund, weswegen Tirîgon dich mitnahm. »Wie ist dein Name?«

»Bendolín Drusenfinder aus dem Clan der Drusenberger vom Stamm der Vierten«, erwiderte er und staunte noch mehr. »Dann wusstet ihr nicht mal, wen ihr bei eurem Überfall mitnahmt?« Er lachte und schlug sich auf die Oberschenkel, dass die Ketten klirrten. »Das ist mir in meinen vierhundertelf Zyklen nicht geschehen! Ich, der Meister der Gemmenkunst, und …«

»Schweig!« *Ein altes Exemplar!* Sisaroths Gesicht nahm einen freudigen Ausdruck an. Er erinnerte sich, dass er seinem Bruder gestanden hatte, die Tinkturen und Tränke bislang an Unterirdischen von geringerem Alter ausprobiert zu haben. Tirîgon schien der Meinung zu sein, dass die Versuchsreihe mit einem Unterirdischen jenseits von vierzig Teilen der Unendlichkeit beginnen sollte. *Er riecht nach Talg, Feuer und Schweiß. Widerlich.* »Woher rühren die Brandspuren?«

Bendolín hatte die Hände gestikulierend erhoben. »Ich stand an der Esse und arbeitete an einer Ringfassung, als die Verräter des dritten Stammes über mich herfielen und sich einer den Spaß machte, fest auf den Blasebalg zu treten«, grollte er.

»Warte. Ich gebe dir etwas gegen die Schmerzen.«

Der Unterirdische lachte schallend. »Du denkst doch nicht, dass ich *von dir* etwas annehme? Du willst mich vergiften!«

Sisaroth betrachtete ihn mit verächtlicher Miene. »Wir verschonen dein Leben, um dich in unserem Reich zu vergiften. Sag, klingt das schlüssig?«

»Es ... könnte ein Serum sein, um mir Geheimnisse zu entreißen«, weigerte sich Bendolín beharrlich.

»Schon besser. Und es wäre klug von uns, nicht wahr?« Sisaroth erhob sich und bewegte sich auf den Ausgang zu. »Ich komme wieder.«

»Ja, komme wieder!«, rief der Unterirdische spöttisch. »Sieh mir ruhig zu, wie ich verhungere und verdurste! Das werde ich nämlich, bevor ich ...«

Der Alb schloss die Tür hinter sich, und die schreckliche Unstimme des Gefangenen war verschwunden. *Noch eine Silbe mehr, und ich hätte ihn umgebracht.*

Die Weigerung der Bergmade wäre bald dahin. *Und ich kann meine Tränke an ihm ausprobieren!* Innerlich jubelte Sisaroth – gleichzeitig wusste er: Sollte das Experiment erneut nicht gelingen, würde sein Plan, die Unterirdischen vom Stamm der Dritten gegen deren Willen und unverrückbar auf ihre Seite zu ziehen, scheitern.

Dann kann ich nur wie Firûsha hoffen, dass es einen Pfad durch das Graue Gebirge gibt. Und dass doch noch Albae in Ishím Voróo existieren.

Er eilte in das Labor, um Serîdai einzuweisen und die Gerätschaften herauszusuchen, mit denen man Münder und Mäuler aufzwang. Ein Scheitern durfte es nicht geben.

Persönliche Aufzeichnungen Arviûs für Carmondai zur späteren Verwendung, notiert in Tark Draan im 4373. Teil der Unendlichkeit

Da ich gerade nicht weiß, wo sich Carmondai aufhält, berichte ich meine Erlebnisse an Iuwâna, die es niederschreibt, auf dass der Geschichtenweber sie eines Moments der Unendlichkeit erhält und in seine Aufzeichnungen einflechten kann.

Man verzeihe mir die mitunter wenig blumenreiche Sprache, doch ich bin kein Mann der großen und geschliffenen Worte. Ausformulieren und ausschmücken mag Carmondai die Begebenheiten.

Festhalten möchte ich zunächst die Begegnung mit den Unterirdischen vom Stamm der Dritten, bevor ich auf die Versuche eingehe, die wir mit den Gefangenen anstellten.

Wie sich herumsprach, traf ich auf einen Felswühler namens Horimbas Schildbrech aus dem Clan der Blutaugen vom Stamm der Dritten, Lorimbur.

Er schwor mir, dass er und seinesgleichen aus dem Clan der Glutaugen die Übrigen der Dritten dazu bewegen würden, einen Pakt mit uns einzugehen – sofern er seine Heimat lebend erreichte.

Damit er seine Heimat im Schwarzen Gebirge lebend erreichte, begleitete ich ihn zusammen mit meinen Vena-Katzen, und es war eine recht abwechslungsreiche Reise: Wir mussten einige Barbarenkrieger und Scheusale bezwingen, der Witterung widerstehen und Berghänge erklimmen, von denen sich der Unterirdische sicherlich versprach, ich würde in die Tiefe stürzen und er sei von seinem Schwur entbunden. Doch er hatte keine Vorstellung von dem, was ich zu leisten imstande bin.

Wir erreichten seine Heimat, ohne dass einer von uns zu Schaden kam, und ich bat ihn, dafür zu sorgen, zu seinem König vorgelassen zu werden.

Ich wurde empfangen, das zumindest machte die Bergmade möglich.

Doch ich wurde nicht wahrlich angehört.

Der König der Dritten erklärte mir nur, dass ich es schätzen dürfte, lebend wieder aus dem Schwarzen Gebirge zu gelangen, denn ich sei ein Scheusal, ein Todfeind des Geborgenen Landes. Sollte ich mich jemals wieder von Osten her nähern, so versicherte er mir, würde ich totgeschlagen wie alle anderen Bestien und Angreifer auch.

Dann wurde ich auch hinausgeleitet. Enttäuschend.

Ich kann den Unauslöschlichen nicht empfehlen, nach einem Pakt mit dem König der Dritten zu streben. Dieser Herrscher ist zu sehr Kind des Schmiedes, wie sie sich nennen, obwohl sie Vraccas zugleich nicht ausstehen können.

Abgesehen davon empfinde ich ihren Geruch als aufdringlich, der von den Farben herrührt, mit denen sie ihre Bärte färben.

Es ist meinen fehlenden Augen geschuldet, dass ich euch nicht beschreiben kann, wie genau es in den Hallen und Stollen aussah, doch anhand des Klangs der Echos erkannte ich, dass es sehr große Räume sind, welche diese kleingewachsenen Missgeburten besiedeln. Darin stehen sie ihren Verwandten im Grauen Gebirge in nichts nach. Und vermutlich wird ihre handwerkliche Begabung ähnlich bescheiden sein.

Wie dem auch sei.

Auf dem Weg vom Thronsaal zum Ausgang aus dem Reich der Dritten hielten mich Horimbas und sein Verwandter Barskalín plötzlich auf.

Sie lotsten mich zu einem geheimen Besprechungsort, an dem sich bereits mehrere Unterirdische versammelt hatten.

Sie nannten ihre Namen und ihre Clans und sicherten mir zu, dass sie einer Allianz mit uns nicht so ablehnend gegenüberstünden wie ihr König.

Niemals würden sie gegen den Befehl des Herrschers verstoßen, aber sollten sich im Laufe der *Zyklen*, nach ihrer Zeitzählung, die Machtverhältnisse gravierend ändern, würden sie uns Nachricht geben: mit einem Angebot für einen Pakt mit meinem Volk.

Ich nahm das Versprechen mit, doch ich gebe nicht viel darauf.

Die Unterirdischen sind verschlagener, als wir absehen können. Sicherlich, der Hass der Dritten auf alle anderen Stämme ist groß – aber vermag er es wirklich, sie in ein Bündnis mit uns zu treiben?

Ich warne daher vor zu großem Überschwang, was diese Allianz angeht.

Und wenn ein Nachfahre von diesem Horimbas oder einem Barskalín eines Moments der Unendlichkeit an unsere Tore klopft, sollten wir uns nicht alleine auf das Wort verlassen.

Wir müssen eine Rückversicherung erlangen und ihnen etwas geben, das sie im besten Fall unwissentlich an uns bindet!

Meine Bestrebungen diesbezüglich verfolge ich mit Iuwâna, und wir köcheln unentwegt an Tränken, welche uns die Unterirdischen Untertan machen.

Die Cîanai verfügt über großes Wissen, was den Einsatz von Magie, Kräutern und gefügig machenden Substanzen angeht, doch es will nicht recht vorangehen. Die meisten Unterirdischen sterben an unseren Mitteln.

Dazu später mehr …

Tark Draan (Geborgenes Land), südöstlich von Dsôn Bhará, 5434. Teil der Unendlichkeit (6310. Sonnenzyklus), Frühling

»Wir ritten zu weit nach Süden«, befand Tirîgon und betrachtete aufmerksam die Hügellandschaft, die sich ergrünend vor ihm und seinen Begleitern ausbreitete. *Viel zu weit.* Er trug wie alle anderen einen geschlossenen Helm; das perfekt geschmiedete Schlitzvisier erlaubte ihm größtmögliche Sicht und ließ die Rüstungen von Barbaren und Unterirdischen wie die Arbeit ungeschickter Kinder erscheinen.

Es gab kaum bewaldete Flächen, und von den Erhebungen aus konnten sichere Bogen- und Armbrustschützen oder schwere Reiterei perfekte Attacken unternehmen. Zwar galt der Landstrich als erobert und den Dsôn Aklán tributpflichtig, doch der Widerstand der Barbaren war nicht gebrochen. Es rumorte unter der Oberfläche der scheinbaren Unterwerfung. »Ich wollte nicht tief nach Idoslân vordringen.«

»Die Spuren weisen uns nun einmal den Weg«, erwiderte Hécailôr und klang ebenso wenig begeistert. »Wir scheuchten die Herde auf, und nun weicht sie uns eben aus, so gut sie es vermag.«

Tirîgon richtete seinen Mantel aus schwarzem Stoff, der bis über den Nachtmahrrücken hing, und sah Hécailôr tadelnd an. »Denke nach: *Sahst* du bislang überhaupt einen Feuerstier?«

»Nein, aber ...«

»Wir kamen ihnen nicht näher als vier Meilen, wenn ich mich recht entsinne. Wie können wir sie also aufgescheucht haben, da sie uns weder sahen noch witterten?« Er blickte sich suchend um. »Es muss einen anderen Grund für ihre Flucht geben.«

Ein Pfiff erklang, und die beiden wandten die Köpfe: Ein Alb aus ihrer Truppe befand sich etwa hundert Schritte von ihnen entfernt an einer Böschung und winkte sie herbei.

Tirîgon und Hécailôr ritten hinüber zu der Stelle, die sich als Bachbett zwischen zwei sanften Erhebungen erwies.

In der schmalen Furt lag ein erschossener Feuerstier. Zwei abgebrochene Pfeilschäfte ragten aus dem mächtigen Nacken, ein Lanzenstich in den Rücken und durch das Mark hatte dem gewaltigen Tier das Leben endgültig genommen.

»Damit ist bewahrheitet, *dass* sie flüchten«, sagte Hécailôr düster, »aber *nicht* vor uns.«

Ich ahne, wer sie jagt. Tirîgon öffnete den Verschluss des Mantels und sprang aus dem Sattel. Er landete im schnell fließenden Bach, zückte den Dolch und schnitt einen der Pfeile aus dem Fleisch, um ihn zu begutachten. Er musste die blattförmige, silberne Spitze nicht einmal im Wasser abwaschen, um zu erkennen, wer den Stieren nachstellte.

»Elben«, murmelte er wütend. »Es hat den Anschein, als wollten sie verhindern, dass wir uns Reittiere züchten.« Er warf das Geschossstück hinauf zu Hécailôr, der es behände fing, und schwang sich auf den Rücken seines schnaubenden Rappen. So sehr ihn der Verlust ärgerte, die Aussicht auf das Ergreifen einer oder gar mehrerer ihrer

Todfeinde überwog den Groll. »Wenn Samusin mit uns ist, bekommen wir die Spitzohren als Dreingabe.«

»Und wenn nicht, haben wir die Tiere verloren *und* das Nachsehen, was die Elben angeht«, vollendete Hécailôr.

»Bist du die Stimme des Zweifels, mein Freund?«

»Vergib mir, Tirîgon.« Hécailôr wirkte angespannt. »Ich bin mir nicht sicher, ob wir genügend Krieger bei uns haben, um beide Aufgaben zu erledigen.«

»So oder so kehren wir mit Beute nach Dsôn zurück.« Tirîgon befestigte den Mantel erneut und ließ den Nachtmahr lospreschen. Er folgte der Spur, die der kräftige Stier im weichen, feuchten Untergrund hinterlassen hatte. »Wir reiten zur Stelle zurück, wo sie den jungen Bullen von der Herde trennten«, erklärte er seinen Begleitern. »Irgendwo dort finden wir auch die Abdrücke der Elbenpferde.«

Unterwegs stießen die restlichen fünf Krieger ihrer Truppe zu ihnen. Die kleine Einheit sammelte sich und verhielt sich bei ihrem Ritt so leise wie möglich.

Die Albae waren mit Langbögen, Schwertern und langen Lanzen ausgestattet, die dazu dienen sollten, die wilden Feuerstiere bei dem Viehtrieb nach Dsôn Bhará zu dirigieren, ohne in die Nähe der tödlichen Hörner zu geraten. Gehärtete Lederrüstungen schimmerten mattschwarz.

Tirîgon vermutete, dass ihr Vorrat an Pfeilen unter Umständen nicht ausreichen würde. Sie waren von einer kurzen Stierhatz ausgegangen, nicht von einem Kriegszug gegen die Elben. *Da stimme ich Hécailôr zu. Umso achtsamer müssen wir in Idoslân sein. Wir sind in dieser Landschaft leicht auf große Entfernung hin zu erkennen.*

Feuerstiere hatten seinem Volk seit jeher als Reittiere gedient, wegen ihrer Unerschrockenheit und ihrer unbändigen Kraft. Mit dem ersten Kriegszug gelangten sie damals nach Tark Draan.

Zwar waren sie vom Stern der Prüfung verschont geblieben, wie Tirîgon vermutete, doch die Barbaren und Elben hatten Jagd auf die herrenlosen Tiere gemacht, ihre Zahl drastisch verkleinert und sie nahezu ausgerottet. Diese Huftiere waren zu wild, zu reizbar, um sie vor einen Pflug zu spannen und sie zu zwingen, stupide Linie um Linie zu trotten; also blieb nur, sie zu jagen und zu essen. Mit dem Auftauchen der Dsôn Aklán schienen sich die Barbaren noch mehr zu sputen, die wenigen Exemplare auszumerzen.

Sie hatten die Stelle erreicht, an welcher der Jungbulle von der Herde ausgeschert war. Bald entdeckten sie tatsächlich die Abdrücke von Hufeisen, die nicht zu Barbarenschmieden passten und die kaum unter den Spuren der Stiere auszumachen waren.

Tirîgon verzog das Antlitz. *Wir müssen aufmerksamer werden.*

»Alles in allem erkenne ich vier verschiedene Eisen. Ein Reiter folgte dem Tier, die anderen hetzten die Herde weiter«, befand Hécailôr und hielt die Blicke auf den Trampelpfad gerichtet. »Ich sehe außerdem Blutspritzer. Vermutlich finden wir bald verletzte oder verendete Stiere.«

»Mehr als einen halben Moment der Unendlichkeit Vorsprung haben sie nicht.« Tirîgon ritt los. »Wir sollten sie bei Einbruch der Nacht eingeholt haben. Seid wachsam. Es mag sein, dass der eine Elb uns folgt und hinterrücks angreift.«

Es ging im gestreckten Galopp durch Idoslân, wobei sie nach allen Seiten Ausschau hielten.

Auf den Feldern, an denen sie vorüberdonnerten, säten die ersten Barbaren aus, woanders wurden Äcker gepflügt. Keiner von ihnen sah den Albae hinterher. Sie zeigten ihre Verachtung durch Missachtung und verweigerten jeglichen Gruß.

Tirîgon beließ es dabei, da er und sein Tross in Eile waren. *Wir können sie nicht alle töten, um uns Respekt und Furcht zu verschaffen. Jemand muss die niedere Arbeit verrichten.* Sein Blick schweifte über die grobschlächtigen Gesichter und dicken Arme. *Aber ich werde mir etwas einfallen lassen, um sie daran zu erinnern, wem sie gehören.*

Am Horizont stiegen unversehens große, graue Qualmwolken auf, was an sich nichts Ungewöhnliches war. Die alten verdorrten Wiesen wurden abgeflammt, bevor der Saft einschoss, um Platz für frisches Gras zu machen; die entstehende Asche diente als Dünger und gab den Halmen Kraft.

Hécailôr ritt auf Tirîgons Höhe. »Wir müssen umschwenken. Die Stiere werden nicht durch die Feuerwand gelaufen sein, so unerschrocken ihre Rasse auch ist.«

Das kann kein Zufall sein. Er schüttelte den Kopf. »Das dachte ich zuerst auch, aber der Rauch stieg eben erst auf. Das bedeutet, dass die Barbaren das Feuer legten, um uns aufzuhalten«, erwiderte er. »Ich bin mir sicher, es sprach sich bereits herum, dass eine albische Reiterabteilung unterwegs ist und die Feuertiere einfangen möchte.«

Dieses Barbarenpack unterstützt die Elben bei deren Tun. Tirîgon hielt unvermindert auf die riesige Qualmwolke zu. »Sie werden feststellen, dass wir uns durch ihre einfachen Listen weder täuschen noch abschrecken lassen!«

Die Truppe trabte quer über einen frisch bestellten Acker auf eine Ebene zu, die in weiten Teilen in Flammen stand. Der einzige Weg, das Feuer zu umgehen, führte um einen Hügel herum, an dessen kahlen Hängen sich wiederum ein Dorf befand.

»Die Hufabdrücke der Stiere führen auf die Feuersbrunst zu, wenn ich es richtig sehe, und schwenken dann zum Bach im Süden«, machte ihn Hécailôr aufmerksam. »Ich fürchte, wir werden die Spur im Wasser verlieren.«

Beweisen wir den Menschen, dass sie uns und unsere Wut zu Recht fürchten. Tirîgon wies auf die Siedlung. »Das ist unser Ziel. Die Barbaren haben das Feuer gelegt, also werden sie wissen, wohin die Elben die Stiere getrieben haben. Sparen wir uns das Suchen und fragen sie. Mit allem Nachdruck, den man dabei aufbringen kann.« Er wandte sich im Sattel um. »Saphaîna, Milânor, ihr sichert uns mit den Bögen, der Rest nimmt die Lanzen zur Hand.«

Alle nickten, die Schusswaffen wurden bereit gemacht.

Im Galopp ging es auf die gedrungenen, einfachen Häuser zu, die sich an den Hang zu ducken schienen, als würden sie daran Schutz vor den nahenden Albae suchen.

Die Wege innerhalb der Siedlung waren nicht befestigt, mit jedem Regenguss verwandelte sich die Erde in Schlamm und wurde davongespült. Tirîgon sah unzählige Pfähle, die nachträglich und recht willkürlich in den Boden gerammt worden waren, um dem Untergrund Halt zu geben.

Barbaren. Sie denken nie nach, wenn sie was tun. Oder zu spät. Tirîgon zählte rasch, während sie einritten. *Vierzig Hütten. Das macht ungefähr fünfhundert Bewohner verschiedenen Alters.*

Es war niemand zu sehen. Entweder arbeiteten alle auf den Feldern oder verkrochen sich bereits vor den ankommenden Kriegern.

Die Albae ritten den Hügel hinauf und hielten auf dem Dorfplatz an, auf dem ein Brunnen mit einer hüfthohen Umrandung eingefasst war. Von dort verliefen hölzerne Rinnen weg, die zu grob gezimmerten Sammelbecken für das Vieh führten. Alles machte einen erbärmlichen Eindruck.

»Nicht absteigen, Mantelspangen lösen«, befahl Tirîgon und nickte den Bogenschützen zu. »Sobald ihr den Eindruck bekommt, jemand könnte eine Gefahr bedeuten, schießt ihr.« Dann ritt er zum Brunnen, nahm seine Trinkflasche und öffnete sie, um sie über den Schacht zu halten. »Ich zähle jetzt bis drei, und dann möchte ich den Ältesten vor mir haben, oder dieses Gift macht das Wasser für die nächsten hundert Umläufe unbrauchbar«, rief er laut, aber beherrscht in der Gemeinsprache. »Eins …«

Die verwitterte Tür einer schäbigen Kate schwang auf.

Eine grauhaarige Barbarin mit faltenreichem Gesicht erschien, gekleidet in ein zerschlissenes Kleid und mit einem sackartigen Überwurf gegen die Kühle um die Schultern. Sie roch streng, wie die meisten Barbaren. Weder wuschen sie ihre Kleidung noch ihre Körper oft genug.

»Habt ein Einsehen, hohe Herren!«, rief sie und nutzte einen abgegriffenen, speckigen Stab, um sich aufrecht zu halten. »Mein Gemahl ist der Älteste, aber er ist mit den Männern auf den Feldern.« Sie hinkte heran, ein Bein war bandagiert. »Was führt Euch in unser kleines Dörfchen?«

Tirîgon beließ den Arm mit der Trinkflasche ausgestreckt über dem Brunnen. »Wie heißt du?«

»Lutina, hoher Herr.« Sie sah zu ihm hoch, dann auf das Banner, das an seiner Lanze im Wind wehte. Ihre Augen wurden groß. »Oh, ich erkannte Euch zu spät!«, rief sie entsetzt. »Dsôn Aklán, vergebt mir! Ich sehe nicht mehr besonders gut, und …«

Sie versucht, mich mit ihrer kleinen Aufführung abzulenken. Er warf Hécailôr einen raschen Blick zu, der daraufhin aus der Reihe scherte und langsam die Straße entlangritt, dabei unentwegt nach rechts und links blickte. »Wir sind auf der Suche nach der Herde Feuerstiere«, erwiderte er, ohne auf ihre Beteuerungen einzugehen, »die ganz in der Nähe vorbeikam. Diese Tiere sind recht selten geworden, und ihr werdet sie sicherlich gesehen haben.«

Lutina stützte sich mit beiden dreckigen Händen auf ihren Stab.

»Dsôn Aklán, wir haben nichts gesehen. Wenn unsere Männer nicht da sind, bleiben wir in den Häusern, kümmern uns um das Vieh oder um die täglichen Handarbeiten.«

Tirîgon neigte seine Trinkflasche weiter. »Mag sein, dass ihr euch darauf verlasst, den nahen Bach als Ersatz für den unbrauchbaren Brunnen in Betracht zu ziehen, aber ich lasse meine Schützen dort aufstellen und jeden von euch niederschießen, der es wagt, mit einem Eimer an das Ufer zu treten«, sprach er freundlich. »Ihr werdet schrecklichen Durst leiden. Vielleicht sterben eure Bälger, und wenn die Götter gnädig sind, lassen sie es unter Umständen regnen, damit ihr das Nass von den Dächern lecken könnt, wer weiß?« Seine schwarzen Augen wirkten noch bedrohlicher, und er sandte eine Prise Furcht gegen die Alte. »Doch wage es noch einmal, mich belügen zu wollen, Lutina, und dieses Wasser wird ungenießbar werden.«

Die Barbarin wankte, die Finger krampften sich um den Stock. »Wir ... sahen sie wirklich nicht, Dsôn Aklán, doch wir ... hörten sie. Sie rannten in der Nacht vorbei, als wäre ein ... Dämon hinter ihnen her«, berichtete sie stockend. »Unsere Männer entzündeten Feuer, um die Tiere davon abzuhalten, durch unser Dorf zu jagen und alles niederzutrampeln.«

»Und wann war das?«

»Gestern, Dsôn Aklán.«

»Und *wann* in der Nacht?«

Lutinas grüne Augen ruckten hin und her, sie dachte hastig nach.

Du suchst nach Ausflüchten. Ich kann in deinem hässlichen Gesicht lesen wie in einem Buch. »Welchen Mond hatten wir gestern?«, setzte Tirîgon nach.

»Wir hatten ...« Die Barbarin geriet ins Stammeln.

»Welches Wetter herrschte?«

»Es war ...« Erneut kam sie ins Stocken.

Tirîgon lehnte sich nach vorne. »Ist das so schwer, Lutina? War die Nacht klar oder regnete es? Stieg Nebel empor? Denke nach!«

»Kein Nebel. Glaube ich. Und ...« Ihre dürren Hände umklammerten das Holz, sie taumelte. »Und es war ...«

»Warte. Ich weiß, wie deine Erinnerung besser wird. Ein Schluck Wasser hilft meist.« Tirîgon verstaute die Flasche, senkte seine Lanze blitzschnell und durchbohrte die Schulter der Frau. Er spießte sie daran auf und schleuderte die Kreischende durch eine Drehung des Nachtmahrs gegen die Brunneneinfassung.

Mit einem neuerlichen Schrei kippte sie über die Mauer und landete nach einem kurzen Flug klatschend im Wasser; ihre Hilferuf und ihr Gewimmer klangen hohl und voller Angst.

»Nun? Reinigt das Wasser bereits deinen Verstand von den Lügen, die du mir auftischen wolltest?«, rief er zu ihr hinab.

Nun flogen die Türen der umliegenden Katen auf, und flehende Frauen drängten sich aus den Eingängen, ohne recht zu wissen, was sie unternehmen sollten. Ihre Gesichter spiegelten die Furcht wider, der Anblick der zähnefletschenden Nachtmahre und gerüsteten Albae hielt sie in Zaum.

Lediglich zwei junge Barbaren, die kaum als Männer bezeichnet werden konnten, kamen ungestüm herangerannt, entweder um Lutina zu helfen oder um sich vor ereifernder Wut auf die Angreifer zu stürzen.

Doch Saphaînas Pfeile durch ihre Oberschenkel bremsten sie abrupt, und stöhnend landeten sie auf der Erde.

»Dieses Dorf«, rief Tirîgon laut und richtete die blutige Lanzenspitze auf die umstehenden Barbarinnen, »verheimlicht mir etwas. Meine Krieger und ich werden nicht eher weichen, bis wir das Geheimnis gelüftet haben. Zu lange würde ich an eurer Stelle nicht warten, sonst verbluten die beiden Helden, und Lutina ersäuft jämmerlich im Brunnen. Und danach – wer weiß, wer danach alles sein Leben von euch verliert!«

Die hässlichen Weiber starrten ihn aus tumben Augen an, die Münder standen vor Entsetzen offen, was sie noch mehr wie Tiere wirken ließ. Aus den offenen Türen drang der Gestank ihrer Behausungen. Schweiß, Essengerüche, Viehmist mengten sich zu einem Geruch, der allergrößte Abscheu in Tirîgon auslöste. Ziegen und Schafe blökten leise in ihren Verschlägen, zwei Hunde schlugen an und wollten sich nicht mehr beruhigen.

Gerade griff er erneut auf seine angeborene Kraft zurück, um Furcht in die Herzen der Dörfler zu pressen und sie in die Knie zu zwingen, als Hécailôr pfiff und im nächsten Moment schmerzerfüllt aufschrie. Dessen Nachtmahr wieherte und verstummte daraufhin.

»Hécailôr?« Tirîgon sah den Krieger nicht mehr, der irgendwo zwischen den Katen verloren gegangen war. Mit einem Wink sandte er zwei Albae aus, um nach ihm zu suchen, während er die rotfeucht schimmernde Lanzenklinge auf einen der liegenden jungen Barbaren richtete. »Seid ihr wahnsinnig geworden? Niemand wird am Leben bleiben, wenn ihr es wagtet, die Hand gegen uns zu erheben«, sprach er kalt. »Eure Männer werden von den Feldern auf einen Friedhof zurückkehren!« *Das Pack fordert die Strafe geradezu heraus.*

Ein leises Sirren erklang, und ein schlanker, weißer Pfeil prallte schräg gegen sein Visier und zerbrach.

Die Wucht des Aufschlags zwang Tirîgons Kopf zur Seite, mehr geschah ihm nicht. *Elben! Sie lauerten uns im Dorf auf.* Er riss den Nachtmahr herum und jagte mit klopfendem Herzen die Straße hinab, dorthin, von wo das Geschoss gekommen war. *Das war knapp! Beinahe wäre ich in die Endlichkeit eingegangen!*

Er sah die hochgewachsene Gestalt des Widersachers auf einem der schiefen Dächer stehen und den nächsten Pfeil auflegen. Er trug eine braune Lederrüstung, darunter ein knielanges Gewand, Lederhosen und Stiefel. »Da oben«, rief er und duckte sich auf seinem Rappen.

Aber das Geschoss zischte an ihm vorbei und streckte einen Krieger nieder, wie Tirîgon am erstickten Laut hinter sich hörte, dem der Aufschlag eines Körpers auf der Erde folgte.

Dann war der Elb verschwunden.

Er wird versuchen, einen nach dem anderen zu erlegen. Tirîgon rutschte aus dem Sattel, nahm die Lanze stoßbereit mit beiden Händen.

Seine Krieger stiegen ebenfalls ab und nutzten die Wände der Lehmhütten als Deckung. Niemand sorgte sich darum, dass die Barbaren Partei für den blonden Elb ergreifen konnten. Die Dörfler wussten, was ihnen als Strafe drohte.

Plötzlich hastete ihr Feind ungelenk über die Straße, hatte einen Pfeil auf die Sehne gelegt und sie zum Schuss zurückgezogen. Die geschliffene Spitze schwenkte auf Tirîgon.

Das Spitzohr ist verletzt. Er warf sich nach rechts, brach durch eine dünne Wand aus Lehm und Ästen und landete in einer Kate, in der sich Kinder aufheulend über eine Leiter auf den Dachboden in Sicherheit brachten. Dabei büßte Tirîgon seine Lanze ein.

Dieses Mal gehörst du mir! Schon sprang er zum Fenster wieder hinaus, in dem kein Glas, sondern lediglich ein Tuch zum Schutz vor dem Wind gespannt war. Er zog dabei sein langes Schwert und setzte zur Verfolgung an.

Der Elb rannte gekrümmt den Hügel hinab zum Bach.

»Nieder mit den Schwarzaugen!«, hörte Tirîgon plötzlich eine helle Stimme in seinem Rücken keifen, und ein Stein prallte gegen seine Hüfte.

Es war kein besonders harter Einschlag, doch es bedeutete den Auftakt zu einem nicht mehr enden wollenden Regen, der auf ihn und die Krieger niederprasselte. Mehrfach wurde er am Kopf getroffen, und ohne seinen Helm wäre er vermutlich bewusstlos geworden.

Sieh an. Die Barbaren entdecken ihre Tapferkeit, sobald man ihnen den Rücken zudreht. Tirîgon blieb dem Elb auf den Fersen. Die Barbaren würden ihre Strafe später erhalten. Einem Todfeind Unterschlupf gewähren und sich erdreisten, einen Gott anzugreifen, das zog schlimmste Vergeltung nach sich.

Bald gelangte er außer Reichweite der feigen Werfer und blickte sich rasch um: Er lief weit vor den anderen seines kleinen Trosses. Die Mehrzahl seiner Krieger befand sich derweil im Nahkampf mit den Barbaren und lichtete die Reihen der Feiglinge in immenser Geschwindigkeit. Die Schwerter mähten sich durch die ungeschützten Körper, als bestünden sie aus Papier. Zwei Albae lagen schutzlos am Boden, niedergestreckt von Steinen.

Dafür drehte sich der Elb um und kramte im Köcher nach einem neuen Pfeil.

Du entgehst mir nicht! Tirîgon hielt unvermindert auf den Feind zu, der sicherlich zweimal zum Schuss kommen würde, bevor er ihn erreichte.

»Ich sende dich zu Tion«, verkündete der Elb entschlossen und schoss, um sofort einen zweiten Pfeil hinterherzuschicken.

Tirîgon machte nicht einmal Anstalten, auszuweichen. Stattdessen drehte er sein Schwert so, dass die breite Seite nach vorne wies, schätzte die Flugbahn der Geschosse und ließ die tödlichen Eisenspitzen dagegenprallen. Es knallte laut, als Stahl auf Stahl traf.

Die Augen des Gegners verengten sich. Er ließ den Bogen fallen und zog einen langen Dolch. »Dann töte ich dich hiermit!«

Tirîgon war heran und lenkte die zustoßende Klinge mit einer spielerisch anmutenden Bewegung des Schwertes an sich vorbei, dann drosch er dem Elb die flache Seite seiner Waffe mit solcher Wucht gegen die rechte Gesichtshälfte, dass der Gegner von den Füßen geholt wurde und zwei Schritte durch die Luft flog, bevor er im Dreck landete und regungslos liegenblieb.

»Du bist ein schlechter Kämpfer.« Tirîgon sah den Verband, den der bewusstlose Elb am Bein trug, und die Rüstung wies ein Loch in der Seite auf. Das Blut daran war getrocknet, aber nicht alt. *Es passt genau zum Horn eines Feuerstiers. Da hat sich jemand mit der Jagd übernommen.* Anscheinend hatten die Barbaren den verletzten Gegner aufgenommen und gepflegt, während die übrigen Elben ihre Hatz fortsetzten.

Das Waffenklirren lenkte seine Aufmerksamkeit hinauf zum Dorf.

Tirîgon blickte zum Hügel und sah, welches Blutbad seine Krieger und die Nachtmahre unter den Barbaren anrichteten. Ihre Leichen lagen bereits übereinander.

Wenn er sich richtig erinnerte, hatte er nicht eine Frau oder ein Kind gesehen, dessen Knochen als Material für ein Kunstwerk taugten. *Aber man könnte aus dem Gesamten etwas formen. Damit die Männer, wenn sie von den Feldern zurückkehren, wissen, was es bedeutet, Widerstand gegen die Dsôn Aklán zu leisten.* Er packte den Elb am Bein und schleifte ihn hinter sich her.

»Wartet«, befahl er seinen Kriegern, die sofort die Schwerter senkten. Die Straße hatte sich rot gefärbt, der Geruch von rohem Fleisch und Innereien hing in der Luft. Tirîgon schätzte die Anzahl der Leichen auf ungefähr einhundert.

Inzwischen standen die ohnmächtigen Krieger wieder aufrecht. Es gab zwei Verluste zu beklagen: Hécailôr und Saphaîna, die vom Elb erschossen worden waren. Obwohl Mistgabeln, Sensen und Sicheln auf der Erde zwischen den Toten lagen und wohl zum Einsatz gekommen waren, hatten die Barbaren es nicht geschafft, auch nur einen Alb niederzustechen.

Das wäre wahrlich ein Wunder gewesen. Etwa drei Dutzend Frauen und ein paar Jungen standen noch im Freien, der Rest hatte sich in die Katen zurückgezogen und glaubte sich darin sicher vor seinem Zorn. »Holt die Alte aus dem Brunnen«, befahl er den Dörflern, und man tat, was er verlangte.

Hustend und keuchend stand Lutina bald darauf vor ihm, klammerte sich spuckend an einer jungen Barbarin fest und zitterte am ganzen Leib vor Kälte und Erschöpfung. Die nasse Kleidung klebte an ihrem dünnen Körper.

»Ihr versteckte t einen Elben vor uns und wusstest genau, dass er und seine Freunde die Feuerstiere hetzen, damit wir sie nicht einfangen können«, sagte Tirîgon leise und setzte Furcht frei, um sie gegen die Umstehenden zu senden. »Ein ganzes Dorf übte Verrat an seinem Herrn. Und *dann* besaßt ihr die Dreistigkeit und attackiertet uns!« Er blickte sich um und sah den Schrecken auf den hässlichen Mienen. »Was denkt ihr, was euch bevorsteht? Glaubt ihr, dass eure Männer noch an diesen Ort zurückkehren können?«

Lutina warf sich vor ihm in den Blutmatsch. »Ich hätte sie zurückhalten können, Dsôn Aklán! Vergebt ihnen! Sie ...«

»Dann ist es *meine* Schuld, dass wir angegriffen wurden? Weil ich dich Lügnerin in den Brunnen warf und du die anderen Lügner nicht zurückhalten konntest?«, unterbrach er sie frostkalt. »Dieses Dorf« – er richtete die Schwertspitze auf den Nacken der alten Frau – »wird berühmt werden, das verspreche ich euch. Noch in vielen Teilen der Unendlichkeit wird man seinen Namen flüstern. Eure Männer werden heimatlos umherwandern, ihr Leid verfluchen und jeden daran erinnern, dass es nicht klug ist, sich gegen die Dsôn Aklán aufzulehnen. Euer aller Tod wird meinen Namen tragen.«

Lutinas Finger gruben sich in den Schlamm. »Ich flehe Euch an! Verschont wenigstens die Kinder!«

»Ich sah einen Knaben Steine auf meine Soldaten werfen – soll ich ihn dafür belohnen?« Tirîgon senkte die Spitze in ihr Fleisch, bis er auf die Wirbel traf. Sie ächzte, rührte sich aber nicht. »Welches ist das schönste Körperteil an einem Barbaren? Sofern es überhaupt eines an euch gibt.«

»Was?«, keuchte sie verwirrt. »Dsôn Aklán, ich verstehe die Frage nicht.«

»Was ist das schönste Körperteil? Würdest du sagen, es ist das rechte Bein oder Zeigefinger oder etwas anderes?«

Ehe Lutina antwortete, machte Milânor ihn auf eine Staubwolke aufmerksam, die sich von Norden her näherte.

Tirîgon blickte genauer hin. *Das sind keinesfalls Barbaren.* Dann erkannte er, was sich ihnen näherte und sie in einigem Abstand zum Dorf passieren würde.

» Das ist die Herde «, entfuhr es ihm verblüfft. » Auf die Nachtmahre! «, befahl er hastig und verstaute sein Schwert. Die Lanze lag noch immer vor der Hütte, durch deren Wand er gebrochen war. » Sichert die Feuerstiere und treibt sie nach Dsôn Bhará! « Dann wandte er sich an Lutina. » Glaubst du an einen Gott? «

Sie sah zu ihm auf, ein rotes Rinnsal schoss ihren Nacken hinab. » Ich danke Euch, Dsôn Aklán. Denn Ihr ließt mir mein Leben. «

» *Das* war eine weise Antwort. « Lachend schwang er sich in den Sattel und ließ sich die Lanze reichen. Den Elb banden sie hastig auf einen der freien Nachtmahre und nahmen ihn mit, die toten Krieger wurden auf dem zweiten Rappen verzurrt. » Denkt immer an diesen Umlauf! Ihr standet dem Verderben so nahe, wie es näher nicht ging. « Dann sprengte er los und folgte den Kriegern, die sich bereits auf dem Weg zur Herde befanden, um sie einzukesseln und zu führen.

Sollen sie sich heute an ihren jämmerlichen Leben erfreuen. Bald nehme ich sie ihnen. Tirîgon dachte nicht daran, die Barbaren zu verschonen, aber die Tiere hatten Vorrang. Das Dorf vermochte er immer noch in ein Kunstwerk umzugestalten, nein, in ein Mahnmal für die umliegenden Siedlungen und ganz Idoslân!

Als sie sich der beeindruckenden Herde von siebzig Tieren näherten, entdeckte er zu seiner Verwunderung, dass es bereits Treiber gab, welche die Bullen und Kühe im Zaum hielten und sie am Ausbrechen hinderten: Kleine schwarzgerüstete Gestalten auf Ponys ritten an den Flanken und sorgten mit Speeren und Peitschen dafür, dass kein Exemplar ausbrach.

» Sie treiben sie in Richtung Dsôn «, stellte Milânor verwundert fest. » Täuschen mich meine Augen oder sind das Unterirdische? «

Tirîgon hatte inzwischen begriffen, wer ihnen den Dienst erwies. » Das sind unsere Begehrer «, erklärte er mit einem Grinsen und sah einen der Unterirdischen ausscheren und auf sie zukommen.

Noch immer gelang es ihm kaum, die bärtigen Gesichter zu unterschieden, wenn mehrere von ihnen nebeneinander standen. Doch der Stamm der Dritten färbte sich die Bärte und nutzte Tätowierungen im Gesicht, um sich ein Furcht einflößendes Äußeres zu verleihen.

An bestimmte Unterirdische konnte er sich dadurch erinnern. Wie an diesen. *Hargorin? Wer hätte das gedacht.*

Die Begehrer bestanden aus einer unerbittlichen Truppe, die wie Dämonen auf den kleinen Pferden ritten, und sammelten auf Geheiß der Dsôn Aklán den Zehnt in den eroberten Gebieten ein. Das taten sie ebenso unerbittlich wie erfolgreich.

»Das ist Hargorin Todbringer, der Anführer der Schwarzen Schwadron. Sie haben sich erst kürzlich formiert, aber sind bereits ebenso verhasst wie wir selbst«, erklärte Tirîgon Milânor zufrieden. »Ich erkenne ihn an der breiten Statur und den roten Haaren.« Er befahl den Albae anzuhalten. *Ich will hören, was mir der Unterirdische berichtet.*

Hargorin war eine durchaus beeindruckende Gestalt für einen Kleinwüchsigen. Er trug ein mit Eisenplättchen verstärktes Kettenhemd und ein langstieliges Beil in der Halterung am Sattel. Den hellroten Bart hatte er mit schwarzen Strähnen verziert. Er hielt zwei Schritte vor den Albae an und neigte knapp den Kopf zum Gruß. »Dsôn Aklán, wir bringen ein Geschenk«, sprach er mit reibender, tiefer Stimme und deutete zur Herde, die an ihnen vorbeitrabte.

»Das ist außerordentlich«, lobte Tirîgon. »Was geschah mit den Elben, die Jagd auf die Tiere machten?«

»Wir verscheuchten sie. Ihr Plan war es, die Herde in eine Schlucht stürzen zu lassen, aber unser Auftauchen verhinderte es.« Hargorin lachte leise. »Ich mag es, wenn die Spitzohren vor uns flüchten.«

»Wohin ritten sie?«

Der Unterirdische rieb sich durch den Bart, schwarzes Farbpulver löste sich dabei knisternd. »Die Spuren führten nach Norden, aber ich denke, dass sie sich nur zum Schein zurückzogen. Sie folgten uns bestimmt, um auf eine Gelegenheit zu warten, uns aus dem Hinterhalt anzugreifen.« Hargorin sah zur Herde. »Die Tiere sind hungrig. Sie müssen weiter nach Westen gebracht werden, wo das Gras bereits saftiger ist, sonst fürchte ich, dass die Verluste zu groß werden. Es sind Trächtige darunter. Um sie wäre es besonders schade.«

»In der Tat.« Tirîgon sah hinüber zur Siedlung. »Bist du in der Lage, die Herde nach Dsôn zu bringen?«

Hargorin schüttelte bedächtig den Kopf. »Unsere Ponys sind ebenso am Ende ihrer Kräfte. Euren Nachtmahren dagegen wird es spielend gelingen.« Er richtete seinen Blick ebenso zu den schlichten Hütten. »Was ist mit dem Dorf?«

»Ich will es niederbrennen.«

Hargorin brummte. »Dann lasst mich das tun, Dsôn Aklán.« Er grinste abgrundtief böse. »Ich wollte ohnehin am Ruf der Schwarzen Schwadron feilen. Da kommt ein ausgelöschtes Dorf gerade recht.«

Tirîgon rang mit sich. Die Aussicht, mit den Barbarenleichen etwas Künstlerisches zu formen, lockte, aber schließlich siegte die Vernunft. *Die Feuerstiere sind wichtiger.* »Dann sei es so. Geh gründlich vor und hinterlasse die Botschaft, dass die Dsôn Aklán keinen Widerstand dulden und es schon gar nicht hinnehmen, wenn mit Elben gemeinsame Sache gemacht wird.«

»Ich lasse mir etwas Schönes einfallen«, versicherte Hargorin und lachte düster. Dann pfiff er auf den Fingern, und sofort sammelte sich seine Truppe um ihn herum.

Normalerweise empfand Tirîgon den Anblick der Kleinwüchsigen als amüsant oder gar lächerlich, aber die Schwarze Schwadron, in den finsteren Rüstungen und mit den zahlreichen Waffen, die sie mit sich führten, wirkten sogar auf ihn bedrohlich.

»Überbringt meinen Gruß an eure Geschwister.« Hargorin gab einen Befehl in der Sprache der Unterirdischen, und sie ritten in Formation den Hügel hinauf, geradewegs auf die Siedlung zu.

Was … bei Samusin! Tirîgon glaubte, in der Menge von bärtigen, zerknautschten Gesichtern eines ausgemacht zu haben, das dem von Tungdil Goldhand erschreckend glich, wie ein viel jüngeres Spiegelbild. *Das kann er nicht gewesen sein, sonst fehlte ihm ein Auge.* Er würde Hargorin bei Gelegenheit nach dem Unterirdischen fragen.

»Ihr werdet niemals in Dsôn ankommen«, sprach der Elb plötzlich undeutlich, der quer auf dem Nachtmahr neben Tirîgon festgebunden lag. »Meine Freunde töten euch. Wir haben genug Pfeile, um jeden …«

Er versetzte dem Todfeind einen Tritt mit dem Korbsteigbügel gegen den Kopf, woraufhin der Elb erschlaffte. *Du wirst uns gute Dienste leisten und der Einzige sein, der stirbt. Aber nicht unterwegs.* »Los. Bringen wir die Herde nach Dsôn Bhará!« Tirîgon trabte los und übernahm die Nachhut. Die Hatz nahm ein gutes Ende, auch wenn er sich mehr Spitzohren als Beute gewünscht hätte.

Erste Rauchwolken stiegen im Dorf auf, und das Kreischen der verzweifelten, sterbenden Barbaren erinnerte ihn an schrille Schwalbenschreie. Die Schwarze Schwadron war schnell und gründlich.

Hargorin Todbringer warf einen brennenden Scheit durch das Fenster und setzte die nächste Kate in Brand, während seine Begehrer die Bevölkerung auf dem Platz am Brunnen zusammentrieben.

Er sah über die Schulter zu den Albae hinab, die sich rasch entfernten und die Feuerstiere nach Westen trieben.

Seine List gelang. Weder waren seine Krieger noch die Ponys müde.

Ihm ging es um etwas anderes.

»Ihr Leute, hört her«, rief er. »Ihr habt euch gegen die Dsôn Aklán aufgelehnt und ihren Feinden Unterschlupf gewährt. Das erfordert Bestrafung.« Er zeigte nach Osten. »Packt eure Sachen zusammen, geht euren Männern entgegen und sucht euch eine neue Bleibe. Dieses Dorf wird niedergebrannt und niemals mehr auferstehen. Wer sich dennoch blicken lässt, muss mit dem Tod rechnen. Und ich rate euch eindringlich: Schweigt über eure Verfehlung!«

Die Menschen weinten und fluchten, aber sie setzten sich in Bewegung und schritten vorbei an ihren brennenden Behausungen, führten ihr Vieh sowie das wenige Hab und Gut mit sich, das sie zu tragen vermochten. Die Leichen wurden unter raschen Gebeten in die Behausungen gelegt, die Flammen würden sich der sterblichen Überreste annehmen.

Die Zwerge achteten darauf, dass sich die Bewohner zügig entfernten, schubsten die Langsamen mit den Ponys an oder setzten die Peitschen ein, um sie anzutreiben.

Hargorin und die Schwarze Schwadron wurden verflucht. Nur Lutina, die Dorfälteste, warf dem rotbärtigen Anführer einen dankbaren Blick zu. Sie war die Einzige, die ihn durchschaute, schwieg aber.

»Balodil«, rief Hargorin den Jüngsten seiner Truppe zu sich. Der braunhaarige Zwerg ritt sofort herbei. »Du bleibst mit einer Handvoll Begehrern hier. Achte darauf, dass niemand zurückkehrt, danach verteilst du die Knochen der Toten, sodass es nach mehr Leichen aussieht. Anschließend kommst du nach Hangenturm.«

»Verstanden, Hargorin.«

Der Anführer nickte und rief die Namen derer, die mit Balodil warten sollten, bis die Feuersbrunst erloschen war.

»Schwarze Schwadron, wir rücken ab«, rief er dröhnend. »Nach Hangenturm. Wir müssen den Zehnt eintreiben, wie es die Dsôn Aklán von uns erwarten.«

Er ritt los, und seine Einheit folgte ihm, die Waffen und Kettenhemden klirrten weithin hörbar.

So kam es, dass die Dsôn Aklán zum ersten Mal von ihren vermeintlichen Verbündeten betrogen wurden.

Es sollte nicht das letzte Mal gewesen sein.

Persönliche Aufzeichnungen Arviûs für Carmondai zur späteren Verwendung, notiert in Tark Draan im 4373. Teil der Unendlichkeit

Iuwâna vollbringt wahrliche Meisterleistungen!

Die Cîanai braut die unterschiedlichsten Tränke, die wir an den Unterirdischen ausprobieren, um ihren Willen zu brechen.

Doch die Nebenwirkungen sind zu stark. Bevor wir eine Änderung ihrer Gesinnung und ihrer Einstellung bemerken könnten, sterben uns die Felswühler.

Dennoch ist es aufregend mitzuerleben, auf welche Weise die Unterirdischen verenden. Iuwâna berichtet mir haarklein, wie es vonstatten geht.

Einer von ihnen färbte sich am ganzen Leib dunkel, als sei er in Tinte gefallen, dann spuckte er schwarzes Blut, und schließlich schlugen grünliche Flammen aus seinem Mund. Er verbrannte von innen heraus.

Ein anderer benahm sich zunächst vollkommen normal, bis er sein eigenes Blut ausschwitzte. Es sickerte aus jeder Pore seines widerlichen Leibs, und es stank grässlich. Innerhalb eines halben Splitters der Unendlichkeit verlor er die letzten Tropfen, die wir natürlich sorgfältig auffingen.

Ich werde das Blut Carmondai überlassen. Er kann damit sicherlich etwas anfangen und ein Bild malen.

Ein dritter schließlich wälzte sich so sehr umher, dass er den Strick zerriss, mit dem wir ihn gebunden hatten. Er entwickelte eine derartige Kraft, dass sich gar das Eisen bog, das wir um ihn legten. Schmerzen empfand er nicht mehr, es störte ihn nicht, dass er sich die Haut in Fetzen riss und seine Knochen brachen.

Erst, als er sich selbst das Genick brach, hörte er auf zu toben.

Iuwâna führt genau Buch, welche Auswirkungen die Essenzen auf die Unterirdischen haben.

Doch es scheint, als sei ihre innere Widerstandskraft zu hoch, als dass wir ihnen alleine mit den Tränken beikämen.

Ich habe daraufhin befohlen, die Unterirdischen zu foltern, um ihren zähen Geist zu schwächen und sie anfälliger für die Wirkung der Gebräue zu machen.

Streckbank, Dornenwalzen und glühende Zangen erwiesen sich dabei als ebenso wirkungslos wie alle anderen Methoden, die auf grobe Schmerzen ausgelegt sind und bei denen die meisten Barbaren sofort aufgeben.

Also setzten wir bei ihnen die feineren Arten ein, die einen beständigen und sich steigernden Schmerz auslösen und meist in den Wahnsinn führen. Stetige Wassertropfen, feine Nadeln in der Haut bis auf die Knochen, die immer wieder erhitzt werden, schwache Säuren auf empfindliche Stellen und dergleichen.

Das wiederum erwies sich als wesentlich besser geeignet.

Doch immer, wenn der Geist endlich geschwächt war und wir die Tränke einsetzten – starben uns die verdammten Bergmaden!

Ich bin der festen Überzeugung, dass sie sich selbst richten, indem sie beschließen, lieber zu verenden als uns zu folgen.

Ihr Gott, dieser Vraccas, scheint doch mächtig zu sein, wenn er solche starrköpfigen und zähen Wesen erschaffen konnte.

Doch wir finden einen Weg!

Ich denke, man müsste die Substanzen dauerhaft in sie einbringen. Vielleicht als Paste und in Form einer Tätowierung?

Iuwâna wird sich etwas einfallen lassen ...

Tark Draan (Geborgenes Land), nordwestlich von Dsôn Bhará, 5434. Teil der Unendlichkeit (6310. Sonnenzyklus), Frühling

Firûsha ritt den Steilhang hinauf auf die Stadt Güldenwand zu, die sich zwischen den Berghängen erhob und sich Reisenden als Nachtlager anbot.

Hinter ihr folgten ein Dutzend Veteranenkriegerinnen und -krieger, die sie weniger zu ihrem Schutz, sondern eher als standesgemäße Eskorte mitgenommen hatte. Auf ihren Nachtmahren und mit den Speeren, an denen die Wimpel mit den Abzeichen der Dsôn Aklán flatterten, machten sie auf jeden Eindruck, der ihnen begegnete.

»Wir sehen uns um und halten uns vorerst zurück. Geht nicht auf mögliche Herausforderungen der Barbaren ein«, befahl Firûsha mit leicht nach hinten gewandtem Kopf. Sie trug unter einem offenen weißen Pelzmantel die herrlich gearbeitete, geschmückte Rüstung, die ihr Tungdil Goldhand geschmiedet hatte, mit den Wurfscheiben und der Verstärkung über dem Rückgrat. Das schwarze Eisenkleid unterstrich ihre Anmut und die Grazie, welche der Albin innewohnten, und ließ sie gleichzeitig bedrohlich erscheinen.

Die Zugbrücke und das Eingangstor rückten näher, die Wachen hatten die Albae bemerkt. Die glutäugigen Nachtmahre und die Banner ließen keinerlei Zweifel zu, wer Einlass begehrte.

Firûsha war nicht angespannt, doch wachsam.

Das Land, auf dem sie sich bewegten, gehörte einst zum Barbarenreich Gauragar, doch die Machtverhältnisse hatten sich im letzten Teil der Unendlichkeit gravierend geändert, und das vor allem auf Kosten der Barbarenkönige.

Güldenwand unterlag der Rechtsprechung Dsôn Bharás, doch auch der Kordrion hatte die Mauern bereits mehrfach überflogen, wie Firûsha zu Ohren gekommen war. Entweder geschah dies durch Zufall oder etwas in der Stadt erweckte seine Aufmerksamkeit. Das wollte die Albin ergründen. Ihre Brüder wussten davon nichts.

Sie ritten über die Zugbrücke, vorbei an den Gardisten, die ihre Häupter beugten, und durch den Festungsturm auf den kleinen Vorhof, der wiederum von einer Mauer umschlossen war. Er bildete eine Schleuse, in der verdächtige Reisende zum Abwarten gezwungen werden konnten, ehe sich das zweite Eisengatter hob und sie in die Stadt gelassen wurden.

Der Eingang nach Güldenwand blieb zwar geöffnet, doch sie wurden bereits von einem Gerüsteten erwartet, dessen Abzeichen ihn als Hauptmann auswiesen. Er verneigte sich ebenfalls, die langen, hellen Haare rutschten auf seine Brust.

»Ich grüße die Dsôn Aklán mit Ehrfurcht«, empfing er sie. »Mein Name ist Trowain Großmann. Es sei Euch versichert, dass Güldenwand und seine Bewohner alles tun werden, um Euch den Aufenthalt so angenehm wie möglich zu machen.«

Firûsha lächelte ihm kalt zu und richtete den Blick ihrer blauen Augen auf ihn. Da die Sonne schien, war das Weiß darin in tiefes Schwarz gewandelt, was ihrem Volk eine zusätzlich einschüchternde Wirkung verlieh. »Das ist freundlich von dir. Ich nehme an, dass es auch so etwas wie einen Bürgermeister gibt?«

»Natürlich, Dsôn Aklán, doch Haugar Jungar liegt krank danieder. Es ist etwas Ansteckendes, und so rate ich von einem Besuch ab.« Trowain hielt den Blick weiterhin gesenkt. »Die Geschäfte teilen sich bis zu seiner Genesung Magistrat Gebert Münzler und ich.«

»Dann führe uns in eine Unterkunft, die du für würdig genug hältst, und du wirst umgehend spüren, ob wir deine Einschätzung teilen.« Firûsha ließ den Nachtmahr langsam vorwärtsgehen.

Trowain schritt neben ihr her, hielt aber Abstand zum Maul des Hengstes mit den scharfen Zähnen. »Was bringt Euch nach Güldenwand, wenn ich fragen darf?«

»Womöglich die Aussicht«, erwiderte sie, während sie sich durch die Gassen bewegten.

Die Menschen wichen ihnen in Hauseingänge oder zwischen die Auslagen der Stände aus, die aufgebaut waren. Keines der steinernen Gebäude erhob sich höher als sechs Schritt, um den Winden und

Böen nicht zu viel Angriffsfläche zu bieten. Die Dacheindeckungen waren aus Schiefer- und Holzschindeln, auf die kleinere Balken gelegt waren, um zusätzlichen Halt zu geben. *Einfallslos. Trostlos. Hier können nur bedrückte Gemüter gedeihen.*

»Die Aussicht?«, wiederholte Trowain und musste lachen. »Die Aussicht auf *was*, Dsôn Aklán? Denn die Gipfel rings um Güldenwand könnt Ihr nicht gemeint haben. Soweit ich weiß, mögen Albae die Gebirge nicht sonderlich.«

Firûsha fand ihn erfrischend gelöst in ihrer Gegenwart, ohne dass er unverschämt wurde. *Und er ist neugierig.* »Die Aussicht auf neue Erkenntnisse, Hauptmann«, präzisierte sie. »Mir kam zu Ohren, dass der Kordrion öfter am Himmel zu sehen war?«

»Das entspricht der Wahrheit, Dsôn Aklán.«

»Und? Welchen Grund hätte er dazu? Ich dachte, er lebt dort, wo sich die Unterirdischen vom Stamm der Fünften aufhalten.« Sie schob ihren Nachtmahr schräg vor Trowain, sodass der Hauptmann stehen bleiben musste. »Was existiert innerhalb der Mauern, dass dieses Monstrum den Flug nicht scheut?«

»Wenn wir es wüssten, Dsôn Aklán«, erwiderte er und hielt ihrem Blick ernst, doch ohne Furcht stand, »würden wir es ohne zu zögern entfernen. Es ist eine Sache, Tribut an Euch zu zahlen, aber von einem Wesen bedroht zu werden, das zerstörerischer als ein Drache zu sein vermag, das ist eine andere.«

»Sieh an! Du hältst uns demnach für weniger zerstörerisch als einen Kordrion?«, gab Firûsha schneidend zurück und beugte sich nach vorne, ließ ein wenig Furcht gegen den Hauptmann prallen und sein Gemüt umhüllen. »Wie kommst du auf diesen törichten Gedanken, Barbar?« Sie mochte es zu sehen, wie selbst die Stärksten erbebten und ihren Mut verloren, wenn die Angst sie packte. Sie lenkte ihren Rappen lachend wieder herum. »Bete, dass wir uns nicht herausgefordert fühlen, dir das Gegenteil zu beweisen.«

Trowain blieb für die Dauer mehrerer Herzschläge stehen, dann holte er schnell zu der Albin auf. »Versteht mich bitte richtig, Dsôn Aklán«, bat er, und nun hörte sie deutlich die Sorge in seiner Stimme.

»Das tue ich. Und gerade deswegen *fühle* ich mich herausgefordert«, erwiderte sie. »Wie kann ich als Herrscherin ernst genommen werden, wenn meine Untertanen eine andere Gefahr mehr fürchten als mich?« Firûsha lächelte gnadenlos. »Was müsste ich folglich tun?«

»Die andere Gefahr ausschalten oder Eure Untertanen …« Der blonde Mann biss sich auf die Lippen. »Da drüben ist das Gasthaus, Dsôn Aklán. Es ist die *Abendsonne*«, schweifte er ab, um die Antwort schuldig zu bleiben, die Güldenwand in Gefahr brachte. »Ich lasse es für Euch räumen, sodass Ihr die einzigen Gäste seid und durch niemanden gestört werdet.«

Sie verzichtete darauf, ihn weiter zu verunsichern und stieg aus dem Sattel. Ihre Eskorte folgte ihrem Beispiel, während der Hauptmann durch die Tür verschwand und die Dinge regelte.

»Ucaîton und Caphailîn, ihr bleibt unten als Wache. Die Ablösung erfolgt bei Einbruch der Dämmerung«, befahl sie und betrat das Haus. »Der Rest folgt mir.«

Der Eingangsbereich war großzügig und hoch geschnitten, es roch nach kaltem Feuer und Holz. Die Stube für die Gäste schloss sich seitlich an, eine breite Treppe führte ins obere Geschoss zu den Zimmern. Die Schnitzereien in den Tragebalken sahen halbwegs passabel aus und hatten den Wirt sicherlich viele Münzen gekostet. Ohne Frage stiegen in der *Abendsonne* nur Gutbetuchte ab, die sich wohl wegen der guten Luft in Güldenwand einfanden, oder Kaufleute auf der Durchreise.

Gerade kamen ihnen die ersten empörten Gäste mit gepackten Truhen, Säcken und Beuteln entgegen, doch die Entrüstung endete beim Anblick der Albae abrupt. Stumm eilten sie hinaus, und in kürzester Zeit leerte sich das Gasthaus.

Firûsha war zufrieden. *Sie fürchten uns, ohne dass ich meine Kräfte einsetzen muss.* Sie kreuzte die Arme unter der Brust.

Der Wirt erschien und versicherte stammelnd vor Angst und Ehrfurcht, alles Erdenkliche zu tun, um für das Wohlbefinden zu sorgen. Er schwitzte und krümmte sich vor Firûsha, hielt ihrem Blick im Gegensatz zum Hauptmann nicht stand. Das stellte sie zufrieden.

Sie ließen sich die Zimmer zeigen, die genauso aussahen, wie sie es vermutet hatte: annehmbar für die Geschmäcker von Barbaren, alles andere als angemessen für Albae. Die Betten schienen von der Länge her nicht zu passen; dagegen richtete auch ein neuer Bezug nichts aus.

Daraus kann man ihnen keinen Vorwurf machen. Da Firûsha jedoch bezweifelte, etwas Besseres in der Stadt zu finden, blieben sie und ihre Krieger in der *Abendsonne.*

Sie gab genaue Anweisungen, wie das Essen zuzubereiten war und sandte einen ihrer Leute mit in die Küche, um den Koch zu überwachen. Der Befehl, den Barbaren sofort umzubringen, sollte er etwas Verdächtiges tun, ließ den Wirt noch mehr erbleichen.

Als sie alleine waren, eröffnete sie ihren Soldaten den Plan, den sie in dieser Nacht umzusetzen gedachte.

Dunkelheit senkte sich samten auf Güldenwand nieder, und die Berge um die Stadt herum wurden zu schwarzen Umrissen, die sich teilweise vor die Sterne schoben.

Niemand auf der Straße. Firûsha huschte durch die Schatten, schlich sich durch die Gassen und erklomm Dächer, um in aller Heimlichkeit an Kaminen und Fenstern zu lauschen. *Umso besser.* Sie hatte auf ihre Rüstung verzichtet und trug lediglich ihr Unterkleid, einen schwarzen Überwurf, Stiefel und Handschuhe; als Waffen reichten ihr das Paar Dolche aus.

Es ging darum, Neuigkeiten von den Barbaren einzusammeln, die nicht für die unwillkommenen Gäste gedacht waren, unbedacht verraten und ausgesprochen.

Das Gleiche taten zehn weitere Albinnen und Albae, während zwei Wachen weiterhin vor der *Abendsonne* standen und den Anschein erweckten, die Dsôn Aklán und ihre Eskorte befänden sich im Gasthaus.

Firûshas Weg führte sie bei ihrer nächtlichen Unternehmung zum Haus von Trowain Großmann.

Der Hauptmann würde sich mit Sicherheit besprechen, entweder mit seiner Gemahlin oder dem Magistrat oder gar mit dem erkrankten Bürgermeister. Da weder der Magistrat noch der Bürgermeister in ihren Behausungen anzutreffen waren, ging sie fest davon aus, die Männer dort vorzufinden.

Samusin wird sich hoffentlich gnädig zeigen. Ich bin schon zu lange in der Kälte unterwegs. Sie schwang sich auf den schmalen Balkon empor, der vor der Stube im ersten Stock des Anwesens lag.

Durch das dicke, schlierige Glas erkannte sie den Barbaren schemenhaft, der vor zwei weiteren Umrissen auf und ab ging. Sie konzentrierte sich auf seine Worte und verließ sich auf ihr gutes Gehör.

»... was die Schwarzaugen wirklich wollen«, sagte Trowain. »Ich kann mir nicht vorstellen, dass sie wegen des Kordrions gekommen sind.«

»Was tun wir, wenn sie glauben, wir würden ein Bündnis mit ihm anstreben?«, warf eine zweite Männerstimme ein.

Habe ich euch! Firûsha lächelte andeutungsweise. Ihre Mühe wurde belohnt.

»Magistrat, die Aklán weiß, dass man mit einem einfach gestrickten Scheusal wie diesem keinen Pakt eingehen kann. Das Vieh interessiert sich fürs Fressen und nicht für Ränke oder Politik. Das ist kein Drache wie Lohasbrand«, beruhigte ihn der Hauptmann. »Haugar, was ist mit Euch? Ihr sagtet noch gar nichts.«

Der Bürgermeister. Firûsha gab einen fast unhörbaren Laut des Missbilligens von sich. *So erkrankt kann er nicht sein, wenn er sich mit ihnen trifft.*

»Die Albae sind durchtrieben«, vernahm sie eine krächzende Stimme. »Ich weiß, dass diese Aklán bereits etliche Reisen unternommen hat und verschiedene Städte am Fuß des Grauen Gebirges besuchte. Das tat sie nicht, um sich als Herrscherin zu zeigen. Sie sucht in Güldenwand das Gleiche, was sie bereits an anderer Stelle vermutete.«

Schlauer Barbar. Du bist nicht umsonst Bürgermeister, dachte sie.

»Und was soll das sein? Gold?«, warf der Magistrat ein. »Die Begehrer finden jede noch kleine Münze. Die Zwerge haben einen Riecher für Gold.«

»Elben?«, versuchte sich Trowain an einer Mutmaßung.

»Ja. Das wäre auch mein Verdacht. Die Schwarzaugen wollen die wenigen Elben vernichtet wissen«, bekräftigte der Bürgermeister. »Das ist ihr wahres Anliegen. Der Kordrion interessiert sie nicht wahrhaftig.«

Firûsha wurde noch hellhöriger. *Sollten sie Spitzohren verbergen? Das wäre doch was!*

»Wenn wir sie bitten, ihn auszuschalten? Immerhin sind die Dsôn Aklán unsere Lehnsherren«, murmelte der Magistrat.

Trowain lachte ihn aus, und Haugar stimmte krächzend mit ein.

»Das werden wir sicherlich nicht. Sie würden uns mit Hohn bedenken so wie wir dich gerade«, erwiderte der Bürgermeister japsend. »Wir verhalten uns ruhig und warten ab, was sie tun. Es sind nur ein Dutzend und die Aklán, daher werden sie unsere Stadt sicherlich nicht niederbrennen. Ich vermute, sie werden Nachforschungen im Verborgenen anstellen, möglicherweise ein paar von uns umbringen, wie sie es meistens zu tun pflegen, und danach wieder verschwinden.«

»Wissen wir denn, wo Elben stecken?« Der Magistrat klang unsicher.

Firûsha lächelte freudig.

»Stellst du diese Frage allen Ernstes?«, fuhr ihn Trowain an.

»Was tun wir denn, wenn die Schwarzaugen anfangen, unsere Einwohner in großem Maße umzubringen oder doch Feuer zu legen oder … was weiß ich? Vielleicht lassen sie einen Felsen auf uns stürzen«, verteidigte sich Münzler. »Wollen wir für die Elben sterben oder geben wir den Albae einen Hinweis, wenn sie zu grausam zu unseren Bewohnern sind?«

Der Hauptmann blieb vor dem Magistrat stehen. »Hast du jemals von Dankbarkeit gehört, sobald von Schwarzaugen und ihren Taten gesprochen wird?«

»Nein«, räumte Münzler ein.

»Und was denkst du, was die Aklán unternehmen wird, wenn wir ihr erst nach einiger Zeit gestehen, was wir wissen?«

»Uns umbringen«, flüsterte er ängstlich und setzte sich. »Sollten wir ihr dann vielleicht nicht gleich …«

»Wir schweigen und warten ab«, unterbrach ihn der Bürgermeister hustend. »Noch haben wir uns nichts vorzuwerfen, denn sie fragten uns nicht nach dem Verbleib von Elben.«

»Und wenn doch?«, ließ Münzler nicht locker. »Oh, nun leide ich grässliche Angst! Wir sollten sofort zu ihr gehen und es ihr sagen!«

Das musst du nicht. Firûsha nahm sich vor, ihn auf dem Rückweg abzupassen und zu befragen. Es würde nicht lange dauern, und es sprudelte aus ihm wie aus einem Geysir. *Ein bisschen Furcht, ein paar leichte, schmerzhafte Schnitte …*

Im Zimmer herrschte Stille. Die drei Barbaren dachten anscheinend nach, was sie im schlimmsten Fall unternahmen.

»Ich werde die Truppen bereit machen«, verkündete Trowain nachdenklich.

»Seid ihr verrückt?«, schrie der Magistrat mit schriller Stimme »Was glaubt ihr, was wir gegen die Schwarzaugen ausrichten? Außerdem wittern sie den Verrat sofort.«

»Ich werde behaupten, es sei wegen des Kordrion«, hielt der Hauptmann dagegen. »Ich bin bereit, den Kampf aufzunehmen.«

Doch du wirst ihn niemals gewinnen, dachte Firûsha.

»Bürgermeister! Du musst den Wahnsinn aufhalten. Die Schwarzaugen ... sie werden Güldenwand in Schutt und Asche legen! Es muss nur einer von ihnen entkommen und sich nach Dsôn Bhará durchschlagen, und wir sind verloren!« Münzler war nicht mehr zu beruhigen.

Haugar wollte etwas erwidern, doch ein Hustenanfall erstickte seine Worte. Es dauerte lange, bis er zu Luft kam. »Bereite die Garde vor, aber zum Kampf wird es erst kommen, wenn die Albae ihn beginnen«, mahnte er. »Die Gewalt darf nicht von uns ausgehen.«

»Als ob das einen Unterschied macht.« Trowain schien nicht einverstanden zu sein. »Ohne Überraschung wird es schwer werden, gegen sie zu bestehen.«

»Ich fordere, dass wir noch in dieser Nacht zur Aklán gehen und ihr sagen, was wir wissen«, beharrte Münzler. »Was scheren uns die Elben? Wir leben hier, wir haben unsere Kinder hier!«

»Du hast *keine* Kinder«, verbesserte ihn der Hauptmann verächtlich. »Ich bin bereit, mein Leben und das meiner Söhne aufs Spiel zu setzen. Du hingegen bist nur feige.«

Firûsha musste das Lachen unterdrücken. *Wie recht er hat.*

»Genug mit euch beiden. Warten wir den Sonnenaufgang ab«, schaltete sich der Bürgermeister ein. »Wenn sie uns nach den Elben fragen, werden wir ihnen sagen, dass wir nichts wissen. Sollten die Schwarzaugen daraufhin beginnen, Menschen zu töten, leisten wir Widerstand. So entscheide ich.«

Die beiden anderen stimmten zu, doch sie waren nicht glücklich damit. Der eine hätte gerne alles gestanden, der andere sofort losgeschlagen.

Firûsha sah, wie sich die Versammlung auflöste und die Männer nacheinander aufbrachen.

Sie folgte Magistrat Münzler hoch oben über seinem Kopf von Dach zu Dach. Der Barbar war von einfacher Statur und in teure Gewänder gehüllt.

Er schien ein Kaufmann zu sein, der Schmuck an seinen Fingern und um seinen Hals zumindest legte Reichtum nahe. Gold, Silber und Edelsteine blinkten im Schein der Gestirne auf. Die Garde von Güldenwand musste so zuverlässig sein, dass sich ein Mann mit solcherlei Geschmeide ohne Angst durch die dunklen Straßen bewegen konnte.

Nun verrate mir, was es mit den Elben auf sich hat. Sie passte ihn an einer schmalen Stelle ab und warf sich aus sechs Schritt Höhe mit den Füßen voraus auf ihn.

Der Aufprall sandte den Barbaren auf den Steinboden, ihm fehlte die Luft für einen Hilferuf.

Firûsha wälzte ihn herum, setzte ein Knie auf seine Brust und steckte ihm die Spitze der Dolchklinge ins Ohr. Sofort lag er still.

»Das ist kein guter Abend für dich, Magistrat Gebert Münzler«, raunte sie.

Dies genügte bereits, um ihm den Schweiß auf Stirn und Oberlippe zu treiben. »Dsôn Aklán, ich …« Er schluckte und wagte immer noch nicht, sich zu rühren. Sie erkannte an seinem Blick, dass er genau wusste, was sie wollte. Und dass er wusste, dass sie die Zusammenkunft der drei mächtigsten Männer der Stadt belauscht hatte.

»Möchtest du der nächste Bürgermeister der Stadt werden, Magistrat Münzler?«, säuselte sie lockend.

»Das … wäre mir eine Ehre!« Er blinzelte verwundert.

»Und würdest du gerne einen anderen Hauptmann an der Spitze der Garde sehen? Hättest du einen guten Freund, der handelt, wie es dir gefällt?«, setzte sie nach.

»Auch das wäre … wundervoll!«

»Das dachte ich mir. Denn ansonsten könnte ich dir nur noch anbieten, dass dein Tod meinen Namen trägt, was auch eine Auszeichnung wäre. Doch du hättest nichts davon.« Sie verstärkte leicht den Druck auf die Klinge, sodass er die Luft einsog. »In diesem Moment würde dich der Tod ereilen, in dieser dreckigen Gasse und nicht etwa in einigen Teilen der Unendlichkeit in einem warmen Bett und nach einer erfüllten Amtszeit«, hauchte sie und gab ihrer Stimme etwas

Unwiderstehliches mit. »Der Tod wird dich auch finden, sollte ich erfahren, dass du versuchst, mich und meine Brüder zu hintergehen.«

»Niemals, Dsôn Aklán! Ich nehme Euer erstes Angebot«, keuchte er. »Euer erstes!«

»Nun denn. Als Gegenleistung für meine Großzügigkeit möchte ich einfach nur wissen, was es mit den Elben auf sich hat, von denen mir Trowain und Haugar nichts verraten wollen.«

Münzler zögerte nicht ein Blinzeln lang. »Sie kamen hier durch, vor etwa zwanzig Umläufen. Eine Truppe von zehn Männern und Frauen, zwei davon schwanger. Wir gewährten ihnen Unterschlupf für zwei Umläufe, dann führten wir sie ... auf den Pfad, der zum Gipfel der Zackenkrone verläuft.«

Firûsha nahm den Dolch aus seinem Ohr und das Knie von der Brust und bedeutete dem Magistrat, sich zu erheben.

Umständlich kam er auf die Füße, musste sich an der Hauswand abstützen. Eine Schulter hing herab, vermutlich war sie gebrochen. Doch er gab sich Mühe, den Tapferen zu spielen.

»Weiter!«

»Die ... die Zackenkrone ist der Berg, der sich eine halbe Meile nördlich von Güldenwand erhebt. Auf dem Gipfel, sagen manche, gäbe es einen Eingang in das Reich der Zwerge aus längst vergessener Zeit«, erklärte Münzler und versuchte, sich aufrecht hinzustellen, sackte aber mit einem Schmerzenslaut zusammen. »Ich halte das für Unfug, aber die Elben verlangten, dorthin gebracht zu werden.«

»*Bevor* ihr es ihnen anbotet?«

»Ja. Sie wussten davon. Allerdings ...« Der Magistrat überlegte. »Ich denke, es ging ihnen weniger um den Eingang als um einen Pass, der sich von dort erstreckt und durch verwinkelte Schluchten und Labyrinthe auf die andere Seite führen soll.«

Firûsha hob die Augenbrauen. »Aus Tark Draan.«

»Aus dem Geborgenen Land, ja, Dsôn Aklán.« Er seufzte. »Die Elben verlassen das Land, anstatt ...« Er warf ihr einen kurzen Blick zu. »... einerlei. Vergesst, was ich sagen wollte.«

Dass er sich beinahe um Kopf und Kragen redete, kümmerte Firûsha nicht. Die Spitzohren erfüllten ihr soeben einen Wunsch: Es gab etwas zu jagen *und* möglicherweise einen Durchgang nach Ishím Voróo! *Sollte das stimmen, könnten wir auf die Suche nach Albae gehen und sie durch den Pfad zu uns bringen. Eine Streitmacht formieren, gegen den Kaiser und gegen alle anderen Scheusale, die uns die Herrschaft streitig machen!* Sie sah Münzler eindringlich an und verstärkte die Angst in seinem Gemüt. »Bedenke, dass du vor deinem Tod stehst, Magistrat. Erdreiste dich nicht, mich zu belügen«, schärfte sie ihm ein.

»Niemals! Niemals, Dsôn Aklán!«, versicherte er schluchzend und zitterte wie Sâr-Eichenlaub. »Aber die Elben sind sicherlich schon längst tot.«

»Weswegen?«

»Schon der Pfad hinauf zur Krone ist gefährlich und voller Geröll. Im Frühling gehen Lawinen und Moränen ab, und auf dem Pass oben herrschen eisige Temperaturen, die das Blut gefrieren lassen«, zählte er auf. »Wir warnten sie, doch sie waren davon überzeugt, an der richtigen Stelle zu sein, als wir ihnen den Berg zeigten.«

Firûsha nickte ihm zu. »Noch in dieser Nacht wirst du zum Oberhaupt von Güldenwand werden, aber denke an meine Worte: Gehorche und sei uns treu ergeben.« Sie wandte sich um und ging. »Sorge dich nicht. Niemand wird von deinem Verrat erfahren. Damit du dein Gewissen beruhigen kannst, verrate ich dir: Durch dich und unsere Unterhaltung bleibt die Stadt bestehen. Denn du hattest mit deiner Annahme recht.« Sie warf ihm zum Abschied einen gnadenlosen Blick über die Schulter zur. »Wir *hätten* sie in Schutt und Asche gelegt. Ein Alb genügte, um das zu tun. Ihr Barbaren reicht nicht an uns heran.«

Firûsha ließ ihn stehen und kehrte in die *Abendsonne* zurück. Sie wartete auf die Rückkehr ihrer Truppe. *Es entscheidet sich in dieser Nacht mehr, als ich ermessen kann.*

Und während sie dasaß, formte sich ein neuer Plan in ihrem Verstand …

Nach und nach trudelten die Soldatinnen und Soldaten ein.

Auch sie brachten etliches gestohlenes Wissen mit, das sich jedoch in der Brisanz nicht mit Firûshas messen konnte. Es ging um Verteidigungsanlagen, Waffenlager, Unterkünfte und dergleichen. Würden die Albae einen Angriff führen, wäre ihnen die Stadt auf Gedeih und Verderb ausgeliefert.

Aber das Vorhaben, das Firûsha verfolgte, war ein anderes. Sie ließ die Blicke über die Antlitze schweifen und eröffnete, was sie vom Magistrat erfahren hatte.

Ihre Truppe war begeistert von den neuen Erkenntnissen.

Darauf hoffte ich! »Ihr, meine getreuen Veteranen, werdet den Elben folgen«, entschied sie. »Folgt dem Pfad zur Zackenkrone hinauf und sucht ihre Spuren. Niemand außer euch vermag dies! Ihr seid erfahren, klug und gestählt! Jagt sie, vernichtet sie, und danach« – Firûsha legte eine bedeutungsvolle Pause ein – »reist weiter und sucht mir den Pfad nach Ishím Voróo. Und dann findet weitere Albae! Findet sie! Bringt sie nach Tark Draan.«

Die Kriegerinnen und Krieger tauschten rasche Blicke.

»Das werden wir«, sprach Artâgon als Ältester für die Zehn. »Auch wenn wir wissen, wie gefährlich es ist. Für dich, Dsôn Aklán, tun wir es.«

»Samusin wird mit euch sein.« Firûsha reichte jedem und jeder von ihnen die Hand. »Ihr geht hinaus, um unser Reich zu stärken. Auf euch ruhen meine Hoffnungen, um Dsôn Bhará zu schützen und das mächtigste Albaereich zu bilden, das es jemals gab! Geht und sprecht in meinem Namen.«

»Wir sputen uns, Dsôn Aklán«, versicherte Artâgon. »Ich sehe es ebenso wie du: Die Elben wussten von einem Weg hinaus. Entweder war er den Unterirdischen verborgen oder sie erachteten ihn als zu gefährlich, um ihn besonders zu sichern.« Er sah ihn die Runde. »Eine Herausforderung, die Veteranen gerne annehmen.«

Firûsha nickte und segnete sie im Namen der Dsôn Aklán und Inàste. »Ruht euch aus und brecht beim Anbruch des Morgens auf. Ich kehre mit Ucaîton und Caphailîn nach Dsôn zurück. Ich erwarte euch mit Ungeduld! Ihr werdet meine größten Helden sein.« Sie erhob sich und ging zur Tür.

»Solltest du nicht auch schlafen?«, rief ihr Artâgon hinterher.

Firûsha zog einen ihrer Dolche, warf ihn hoch und fing ihn auf, ohne hinzuschauen. »Bald, aber ich werde noch die Machtverhältnisse in Güldenwand gerade rücken. Es geht schnell.«

Sie trat hinaus auf die dunkle Straße, vorbei an ihren Wachen, und verschmolz mit den Schatten.

Was ihre Veteraninnen und Veteranen nicht wussten, war, dass sie ihren Brüdern nichts davon berichten würde. Weder von den Elben noch von der Expedition nach Ishím Voróo über den Pass.

Manche Geheimnisse mussten gehütet werden, um zu gelungenen Über-

raschungen zu werden. Firûsha würde bei passender Gelegenheit entscheiden, ob es eine gute oder schlechte für ihre Geschwister wäre.

Artâgon bringt mir hoffentlich mein eigenes albisches Heer. Wenn Phondrasôn sie eines gelehrt hatte, dann die Lektionen, erstens: niemandem wahrhaftig zu vertrauen und zweitens: vorbereitet zu sein.

Persönliche Aufzeichnungen Arviûs für Carmondai zur späteren Verwendung, notiert in Tark Draan im 4373. Teil der Unendlichkeit

Iuwâna gibt auf, und ich verstehe es.

Was sie auch versucht, diese verfluchten Unterirdischen sterben, entweder an den Nebenwirkungen der Tränke oder einfach so. Weil sie es wollen. Durch reine Willenskraft.

Vraccas sei verflucht, dass er sie erschuf!

Man kommt ihnen mit nichts bei, fürchte ich. Wir gaben ihnen destilliertes Elbenblut, unser eigenes Blut, eine Mischung aus beiden, versetzt mit Kräutern und alchemistischen Zusätzen, mal vergoren, mal dutzendfach verarbeitet und zu Konzentrat gekocht.

Die Cîanai ging an die Grenzen ihres Könnens sowie ihres Körpers. Sie erlitt unzählige Schwächeanfälle, die magische Beanspruchung zehrte sie aus.

Dabei suchten wir uns absichtlich die Jüngeren der Bergmaden aus, die mit einem weniger harten Willen versehen sind.

Zumindest dachten wir das.

Wir stellen die Forschung nach dem Trank ein, der sie uns ähnlich macht und näher an uns heranrückt.

Daher bleibt mir nur die Hoffnung, dass sich eines Teils der Unendlichkeit die Möglichkeit eines Paktes mit dem Stamm der Dritten ergibt.

Aber ich wiederhole mich – keinesfalls sollte man den Bergmaden vertrauen.

Mein Rat ist: Nutzt sie aus, rasch und mit allen Mitteln, und danach werdet sie los. Auch wenn sie die anderen Unterirdischen hassen, bedeutete es nicht, dass sie sich uns gegenüber treu verhalten.

Denkt an meine Warnung!

Nachtrag

Gestern, kurz nach Sonnenaufgang, erlag Iuwâna ihrer Erschöpfung.

Sie gab ihre Unsterblichkeit für ihre Forschung und ging doch für nichts und wieder nichts in die Endlichkeit.

Man kann festhalten, dass ihr Tod den Namen aller Unterirdischen trug, die sie behandelte.

Es ist niederschmetternd.

Fortan konzentriere ich mich auf die Jagd nach den Elben, und sollte mir ein Unterirdischer begegnen, gleich welchen Stammes, werde ich ihn töten!

In Gedenken an Iuwâna.

Tark Draan (Geborgenes Land), nordwestlich von Dsôn Bhará, 5434. Teil der Unendlichkeit (6310 Sonnenzyklus), Frühsommer

»Willkommen zu meiner Vorführung«, sagte Sisaroth und zeigte nach vorne. Um seinen Körper lag die rote Robe mit den schwarzen Stickereien, die inzwischen ebenso viele Flecken aufwies wie Serîdais Kleidung. Anfangs hatte es ihn gestört, aber inzwischen sah er darüber hinweg.

Er, Firûsha und Tirîgon standen in dem Verlies, in dessen Mitte sich ihr einziger Gefangener befand: Bendolín.

Um die Handgelenke des Unterirdischen lagen Ketten, die hinauf zur Decke führten und deren Länge so bemessen war, dass er aufrecht stehen musste und mit den Sohlen gerade den Steinboden berührte.

Das Licht von Fackeln und Blendlaternen hüllte ihn ein, er trug nichts außer einem Lendenschurz. Die restlichen Haare und den

Bart hatte ihm Serîdai gestutzt, damit sie besser arbeiten konnte. Die Lider waren geschlossen, aber die Augen zuckten darunter hin und her.

Der gerüstete Tirîgon umrundete ihn langsam, besah die unzähligen mehr oder weniger gut verheilten Wunden auf dem Oberkörper, an den Armen und Beinen und sogar im Gesicht. »Gibt es eine Stelle, die du beim Verletzen ausgelassen hast?«, erkundigte er sich beeindruckt.

»Sieht du eine?«, gab Sisaroth zurück und versuchte, seine Aufregung im Zaum zu halten. Er wusste, was seine Geschwister von ihm erwarteten. Tirîgon hatte ihnen eine Herde Feuerstiere gebracht, Firûsha lieferte erst vor Kurzem zwei weitere Elben, die sie auf ihren Reisen durch die besetzten Gebiete aufgespürt hatte.

Der Einzige ohne einen ähnlich achtbaren Erfolg, war er.

Dazu lastete immer noch der Makel auf ihm, in Phondrasôn wegen des Infamenschädels für sehr viel Aufruhr gesorgt zu haben. Das warfen ihm weder Bruder noch Schwester laut vor, doch er bildete sich ein, manchmal in ihren Blicken lesen zu können.

Tirîgon besah sich den Unterirdischen genau. »Den Lendenschurz werde ich nicht antasten. Was haben du und Serîdai mit der Bergmade angestellt?«

»Wir hielten uns an die Hinweise, die ich Arviûs Protokollen entnahm. Ohne den Beistand des Infamen …« Sisaroth sah aus den Augenwinkeln, wie Firûshas Kopf herumschnellte und sich die prüfenden Blicke auf ihn richteten. *Sie denkt immer noch, ich trauere dem Schädel nach.* Er räusperte sich. »Jedenfalls hatten wir nicht mehr als Serîdais Macht und mein Wissen, was Tränke angeht. Sie sieht es als ihre Pflicht an, das zu Ende zu bringen, was die Cîanai von damals begann. Ich preise Samusin, dass sie sich uns zu erkennen gab.« Er deutete auf den Unterirdischen. »Wichtig ist, den Willen der Unterirdischen durch Schmerz anzubrechen, bevor wir ihnen die Tränke verabreichen. Wir zogen Bendolín teilweise die Haut ab, versetzten ihn durch diverse Foltergerätschaften in einen dauerhaften Schmerzzustand und gaben ihm Mittel, die gleichzeitig seine Empfänglichkeit für Qualen erhöhten.«

»Wie lange habt ihr ihn leiden lassen?«, erkundigte sich Firûsha neugierig. Sie trug ein knöchellanges, schwarzes Kleid mit grauen

Mustern darauf. Ein Mantel schützte sie vor den Wassertropfen, die gelegentlich von der Decke fielen.

»Seit er sich in meiner Gewalt befand. Entscheidend ist, dass das Exemplar alt ist. Arviû nahm an, dass die Jüngeren leichtere Opfer sind, aber Serîdai und ich fanden heraus, dass es sich umgekehrt verhält.«

»Zumindest bei diesem hier«, warf Tirîgon ein. »Sind das die gleichen Tätowierungen wie bei Tungdil? Sie gleichen ihnen sehr.«

»Nun, in etwa. Hier haben sie eine andere Wirkungsweise. Die Farbe ist vermischt mit Substanzen, die ihre Wirkung weiterhin und sehr behutsam abgeben. Außerdem haben wir seinen Körper abhängig von einer Tinktur gemacht. Nimmt er sie nicht regelmäßig ein«, erläuterte Sisaroth, »wird er unglaubliche Schmerzen spüren, ehe er stirbt. Das ist unsere Rückversicherung gegen Ungehorsam.«

»Also in etwa wie bei Tungdil«, fand Firûsha.

»Wir behandelten ihn mit verschiedenen Essenzen, die auf destilliertem und angereicherten Elbenblut basieren, dem wir sowohl Lebenssaft von Nachtmahren als auch etwas von meinem Blut zugaben. Die Verdünnung«, erläuterte er weiter, »muss äußerst hoch sein, sonst bringt es die Unterirdischen um, wie wir herausfanden.« Sisaroth zeigte auf Bendolín. »Bei ihm ist die Verwandlung abgeschlossen. Er ist nun ein Zhadár.«

Firûsha lachte auf. »Du nennst ihn nach *ihm*?«

»Es heißt nichts anderes als *unsichtbar,* wenn man den Namen in unserer Sprache anders betont. Und weil sie sich darüber hinaus so ähnlich sehen, fand ich die Bezeichnung passend«, verteidigt Sisaroth die Wahl.

»Lass ihn. Er hat ihn erschaffen, daher gebührt ihm das Recht, ihn zu nennen, wie er es für richtig hält.« Tirîgon kehrte zu ihnen zurück und zog Firûsha die Kapuze über die schwarzen Haare und das Diadem, um sie vor der Feuchtigkeit zu bewahren. Sie lächelte ihn freundlich an. »Für einen *Unsichtbaren* kann ich ihn jedoch noch sehr genau erkennen.«

»Ihr werdet gleich Zeugen, wie wir die letzte entscheidende Umwandlungen vornehmen. Danach ist Bendolín nicht länger ein Unterirdischer.« Sisaroth rief Serîdai herbei.

Die spindeldürre Cîanai eilte aus einem Nebenraum heran und

trug eine kleine Phiole mit schwarzer Flüssigkeit ehrfürchtig herbei. »Hier kommt die Essenz«, flüsterte sie und reichte sie ihm. »Sie ist fertig, Aklán.«

»Wie viel bekommt er davon?«, wollte Tirîgon wissen.

»Einen Tropfen. Das Mittel ist derart kräftig, dass es nicht mehr benötigt.« *Und bei zwei Tropfen ist er tot.* Sisaroth schritt nach vorne auf den Gefangenen zu. Er schob den Unterkiefer auf, öffnete das Behältnis und achtete genau darauf, die Essenz in den Mund perlen zu lassen.

Doch er zitterte vor Aufregung, und so ging der erste schwarze Tropfen daneben.

Es zischte, als es auf den Stein traf, und die Dämpfe brannten in den Augen des Albs. *Verflucht! Es ist zu kostbar, um es zu verschwenden!*

Beim zweiten Versuch gelang es.

Bendolín riss die Lider in die Höhe und legte den Kopf in den Nacken. Er ächzte und grollte, sein Körper spannte sich. Krusten und Schorf sprangen ab, frisch verheilte Wunden öffneten sich unter den anschwellenden Muskelbergen.

Ja! Beweise, dass ich richtig lag! Sisaroth machte zwei Schritte rückwärts und vermochte die blauen Augen nicht von seinem Gefangenen zu nehmen: Dessen Haut färbte sich ein, wurde dunkler und schimmerte in einem fast schwarzen Nachtblau. Sogar das Weiß der Pupillen schwand unter der Macht der Tinktur. Alles an dem Unterirdischen hatte sich dunkel gefärbt, selbst die wenigen Haare wandelten ihre Farbe.

Dann entspannte sich der Unterirdische und stand normal auf seinen Beinen, sah sich um, betrachtete zuerst Firûsha, dann Tirîgon.

Es ist abgeschlossen. Ohne dass er starb. Sisaroth näherte sich ihm wieder und brachte seinen Mund auf Höhe des Ohrs. »Von nun an sei dein Name Iuwânor«, befahl er. »Du bist einer von uns und kämpfst für mich und meine Geschwister.«

»Das tue ich, Herr«, erwiderte Bendolín mit tieferer Stimme denn zuvor.

»Zeige uns, was du zu tun vermagst«, verlangte Tirîgon laut.

Bendolín runzelte die Stirn. »Was meint Ihr damit, Herr?«

»Befreie dich von den Ketten und schleiche dich an uns heran«, schlug Firûsha vor. »Wenn es dir in weniger als …«.

Unvermittelt erloschen die Fackeln und Lampen; in der Dunkelheit erklang das Klirren von Ketten.

Sisaroth spürte einen Luftzug, als Bendolín an ihm vorbeihuschte und auf bloßen Füßen vorwärts schlich. *Ausgezeichnet! Man hört ihn kaum!*

Dann klang ein leises Sirren, gefolgt von einem langgezogenen Schrei, der aus der Kehle des Unterirdischen drang und in ein Gurgeln überging.

Im gleichen Moment flammte das Licht auf.

Die Helligkeit zeigte Sisaroth, dass sein Geschöpf von Tirîgon durchbohrt aufrecht stand; das lange Schwert verlief der Länge nach durch seine Kehle und steckte bis zum Heft im Hals. Firûsha hatte sich auf Knie begeben, und ihr Schwert hatte den Zhadár quer durch die Rippen getroffen und aufgespießt.

»Was habt ihr getan?« Sisaroth eilte fassungslos heran. »Ihr habt die Arbeit von ...«

Gleichzeitig zogen die Geschwister ihre Waffen aus dem Toten, die Leiche brach zusammen. Schwarzrotes Blut ergoss sich aus den Wunden. Klirrend löste sich ein Dolch aus Bendolíns Fingern und blieb neben ihm liegen.

»Ist das *deine* Waffe?«, fragte Tirîgon und reinigte die Klinge am Schurz des Unterirdischen.

Verwundert tastete sich Sisaroth ab. *Er bestahl mich, ohne dass ich es bemerkte.* Ein lauter Fluch kam über seine Lippen. »Bei Samusin!«

»Wären wir weniger aufmerksam gewesen und hätten uns auf die Lammfrömmigkeit verlassen, hätte es übel enden können.« Firûsha sah auf den Toten. »Er hat dir etwas vorgespielt, mein lieber Bruder.«

»Bis auf die Sache mit den Künsten. Die beherrschte er wahrlich perfekt«, fügte Tirîgon ohne Häme hinzu. »Ich bin stolz auf dich, Sisaroth. Dir gelang, was Arviû und seiner Cîanai verwehrt geblieben war. Doch solltest du noch härter daran arbeiten, ihren Willen zu brechen.« Er zog eine Liste aus dem Aufschlag des Handschuhs. »Hier. Versuche es bei denen.«

Sisaroth nahm sie verwundert entgegen. »Was soll ich damit?«

»Ich nutzte die Zeit und hörte mich bei den Unterirdischen vom Stamm der Dritten um. Ausgehend von Arviûs Erzählungen, schrieb ich mir die Namen derer auf, welche die Nachfahren jenes Barskalín und seinesgleichen aus dem Clan der Glutaugen sind, die unserem blinden Helden den Treueschwur leisteten.« Er schenkte seinem Bruder ein aufmunterndes Lächeln. »Ich denke, dass wir mit ihnen mehr Erfolg haben werden als mit Unterirdischen, die uns hassen. Die Dritten dagegen werden uns dankbar sein, dass wir ihnen die Möglichkeit geben, ihre Verwandten zu vernichten.«

Firûsha lachte glockenhell. »Jedenfalls werden sie nicht versuchen, uns sofort umzubringen.«

Sisaroth betrachtete die Liste. »Du hast recht. Ich werde mich mit ihnen in Verbindung setzen.«

»Wähle sie weise aus und gehe noch gründlicher vor als bei Bendolín«, empfahl Firûsha. Sie kam zu ihm und umarmte ihn. »Aber ich bin nicht weniger stolz, Bruder! Du wirst uns bald eine Zhadár-Streitmacht in die Hände geben, mit der wir die Reiche der Unterirdischen und Elben im Sturm eingenommen haben.«

Sisaroth war hin und her gerissen. Er hatte einen Erfolg erlangt, doch gleichzeitig eine Niederlage erlitten. Er wies Serîdai an, das Blut des Toten aufzufangen. *Womöglich dient es als Ausgangspunkt für bessere, wirkungsvollere Essenzen.* »Ich danke euch«, würgte er letztlich hervor und versuchte, ein Lächeln auf seinem Antlitz zu erschaffen. »Die nächsten Zhadár *werden* mir geraten.« Er überflog die Liste, dann stutzte er. »Lese ich hier den Namen Balodil?«

»Ja. Er gehört zur Schwarzen Schwadron von Hargorin Todbringer. Er gleicht Tungdil sehr, und wenn ich mich richtig entsinne, berichtete unser Schmied einmal von einem Sohn.« Tirîgon nickte. »Ich weiß, er ist kein alter Unterirdischer, wie du sie haben möchtest, aber wir sollten ihn dennoch hinzunehmen. Wer weiß, ob es wirklich sein Sohn ist? Er könnte zum entscheidenden Faustpfand werden.« Er wandte sich zusammen mit Firûsha dem Ausgang des Kerkers zu. »Kommst du?«

»Wohin geht ihr?«

»Hinauf. Auf deinen Durchbruch anstoßen. Du bist der erste Alb, dem dieses Kunststück gelang.« Seine Schwester streckte den Arm aus und lächelte unwiderstehlich. »Ich war so frei und habe etwas vorbereitet. Speisen und gekühlter Würzwein warten auf uns.« Sie winkte auffordernd. »Los! Grübeln kannst du später noch zur Genüge. Du wirst sehen: Bald bist du am Ziel.«

Sisaroth rollte die Liste mit den Namen zusammen und ging matt lächelnd zu seinen Geschwistern. Er fühlte sich besser, weil sie ihm vermittelten, nicht länger in ihrer Schuld zu stehen.

Er hakte sich bei ihnen ein, und gemeinsam gingen sie die Stufen hinauf in den Palast.

Es stimmt. Die Zhadár sind bald schon mehr als nur ein Hirngespinst, dachte er zufrieden. *Und ich werde dafür sorgen, dass sie mir gehorchen.* Er fiel in die ansteckende Heiterkeit von Firûsha mit ein, die eben über eine Bemerkung von Tirîgon zum erstochenen Unterirdischen lachte. *Am besten nur mir.*

Der Wind dreht
auf Endlichkeit.
Harsch und klingenkühl
weht er über die leeren Felder
und tötet,
was nicht weilt in sicherem Zuhause.
Krähen ziehen mit ihm,
wissen sich sicher vor seiner Macht
und singen
mit rauer Stimme
das Lied des Vergehens.

Die Ode an die Zehn

(unbearbeitet, unvollendet, mangels Nachricht)

»Hinauf, in die Welt des Eises,
wider Felsgestein und Bergesmacht!

Dem Feinde nach,
mit Tions schwarzhartem Herz
und Inàstes tödlicher Anmut.

Doch der Felsen Zorn
erdrückte das erste Leben.

Hinterhalt half gegen Tapferkeit,
der erste Sieg ward teuer bezahlt.
Die Leben schwanden.

Der Wille ungebrochen,
von Hass gestärkt
Schonungslos gegen sich,
geeint und einig:
Die Elben mussten fallen!

Tapferkeit, Ehre und
Zusammenhalt.
Das zeichnete die Zehn aus.

Ihr Edelmut
ließ sie sich opfern,
einer für den anderen,
damit der Bessere überlebte.

Um den ~~Feind zu stellen~~,
und töteten furchtlos
jegliches Scheusal.

Nichts vermochte
die Zehn zu entzweien.
~~*Ihr Lohn*~~ *war*
der Tod, der ihren Namen trug.

Elb um Elb fiel,
ihr Blut tränkte den Schnee.
~~*Die Zehn*~~ *errangen*
einen großen Sieg,
~~*und verloren dabei nicht ein Leben.*~~

Und als …

Wahrlich, ich bin auch nicht zufrieden mit der bisherigen Ode.
Ihr fehlt es an allem!

Ich hätte zu gerne vollendet, was ich begann, oder umgeschrieben, um die Ode dem anzupassen, was man mir berichtete, aber ich konnte den Weg der Zehn nur bis nach Güldenwand aufdecken.

Danach ist es, nun, meiner dichterischen Freiheit anheimgestellt, ihre Taten zu besingen, die sie für die Dsôn Aklán vollbrachten.

Ich nehme an, dass es sich so zutrug, bis ich anderes höre …

»Hinauf, in die Welt des Eises,
wider Felsgestein und Bergesmacht.

Zogen sie los, dem Feinde nach,
mit Tions schwarzhartem Herz
und Inàstes tödlicher Anmut.«

Tark Draan (Geborgenes Land), nordwestlich von Dsôn Bhará, 5434. Teil der Unendlichkeit (6310. Sonnenzyklus), Frühling

»Da drüben ist ein Gehöft«, rief Artâgon nach hinten über die Schulter. »Da finden wir, was wir brauchen.« Er lenkte den Nachtmahr hinunter von dem steinigen Pfad, auf dem er und seine Truppe mit einigem Abstand hintereinander ritten. Der Atem der Rappen ging schwer, sie waren die Höhe nicht gewohnt, und auch den Albae bereitete das Luftholen allmählich Schwierigkeiten. *Dabei sind wir noch weit vom Gipfel entfernt.*

Die neun Kriegerinnen und Krieger folgten ihm über die Wiese mit dem langen Gras, das im eisigen Wind wogte wie ein fahlgrünes Meer.

Keine hundert Schritte oberhalb lag Schnee, und er türmte sich weiter auf, je länger sie dem Pfad folgten, wie Artâgon bemerkte.

Nützen uns die Nachtmahre dann noch? Die Tiere ernährten sich überwiegend von Fleisch, sehr viel Fleisch, und das würden sie in den nächsten Momenten der Unendlichkeit sicherlich nicht erjagen. Hungrige Nachtmahre konnten durchaus zur Gefahr werden.

»Was fertigen Barbaren an, das *uns* diente?«, rätselte Ôdaras laut.

»Sie haben Fleisch an den Knochen«, erwiderte Artâgon. »Das dient schon mal unseren Nachtmahren.«

Die Veteraninnen und Veteranen lachten leise.

Der Benàmoi beabsichtigte, die Truppe mit Fellen, Pelzen, Seilen und weiteren Ausrüstungsgegenständen einzudecken, die man benötigte, wenn man hoch in die Berge stieg.

Er gehörte neben Modôia und Phasâlor zu denjenigen, welche in Dsôn Sòmran gelebt hatten und ein wenig um die Tücken der Gebirge wussten, was sie aber nicht zu erfahrenen Kletterern machte.

Mit seinen einundvierzig Teilen der Unendlichkeit war Artâgon der Älteste der Einheit, die sich auf Geheiß der Dsôn Aklán Firûsha auf den Weg gemacht hatte. Sie hatten die Barbarenstadt Güldenwand lange hinter sich gelassen und ritten den Pfad zur Spitze der Zackenkrone hinauf, der voller Geröll war und tückische Abbruchkanten aufwies.

Ihre Mission hatte zwei Ziele: die Gruppe Elben zu verfolgen und zu töten sowie einen Weg durch das Graue Gebirge nach Ishím Voróo zu finden.

Artâgon glaubte bislang nur daran, dass sie die Feinde stellen und auslöschen würden. Einen Weg durch die Klüfte, Abgründe und vorbei an den Hängen zu entdecken, erachtete er als recht aussichtslos. Der Gebirgsgürtel, der Tark Draan umschloss, bildete ein Bollwerk, zumindest im Norden, durch das nur die Tore der Unterirdischen führten.

Und selbst wenn es einen Pfad gäbe – wie viele Krieger konnten ihn nutzen? Ein Heer würde niemals darauf ziehen können, ohne immense Verluste hinzunehmen.

Aber der Aklán widersprechen? Artâgon lockerte seinen schlanken, doch tödlichen Streitkolben an der Sattelhalterung. *Undenkbar.*

Die fünf flach gebauten Steinhütten rückten näher, eine große Herde Ziegen und eine Handvoll Kühe standen davor. Die Tiere fraßen das frische Grün, hoben ab und zu den Kopf, und die Glöckchen um die Hälse bimmelten leise.

Artâgon verzog den Mund. *Furchtbar. Wie kann man diese Töne ernsthaft hören wollen?*

Die Böen wehten den Neuankömmlingen entgegen, und so konnten Kühe und Ziegen die Witterung der Nachtmahre nicht aufnehmen. Sollte das geschehen, würde der Fluchttrieb ausgelöst werden.

Als sie sich näherten, machte Artâgon einen jungen Barbaren aus. Er saß mit dem Rücken zu ihnen auf einem großen Felsbrocken und überblickte die Weide, zwei große, grobgliedrige Hütehunde lagen neben ihm.

Artâgon gab das Zeichen, damit die Truppe rechts und links von ihm auffächerte und eine lange Linie bildete, um Flüchtende sofort zu verfolgen und zu stellen. *Ich bin gespannt, ob unser Ruf bereits bis zu ihnen drang.*

Die Hunde vernahmen die Albae zuerst und wandten die Köpfe, woraufhin der Junge aufsah und zusammenzuckte.

Artâgon lächelte kalt und wusste, dass sie Eindruck machten: Eine Wand aus schwarzen Rüstungen rückte gemächlich heran, die langen Speere aufgereckt und mit flatternden Wimpeln an den Spitzen, auf finsteren Nachtmahren mit ihren glimmenden Rubinaugen und den

Blitzen um die Fesseln. Das Entsetzen lähmte den kleinen Hirten und bannte ihn auf den Stein, auf dem er saß.

Auch an diesem abgelegenen Ort sind wir bekannt, dachte der braunhaarige Artâgon.

Die Hunde erhoben sich mit eingekniffenem Schwanz und zogen sich zu den Hütten zurück.

Da schlug der Wind um, als wolle er vor den Albae fliehen, und trug den Geruch der fleischfressenden Rappen zur Herde.

Die Kühe und Ziegen flohen so plötzlich, als wären sie von einem lauten Knall erschrocken. Lediglich vier Tiere suchten Schutz in den Stallungen, der Rest verschwand hinter einer Kuppe.

Der Junge zitterte am ganzen Leib.

Artâgon schloss zu seinem Hochsitz auf und hielt an, bedeutete Ôdaras, sich mit der restlichen Truppe rasch zum Gehöft zu bewegen. »Du verstehst mich?«, erkundigte er sich in der Gemeinsprache von Tark Draan, die er ebenso grausig fand wie die schrägen Glockentöne, die sich nun glücklicherweise in der Ferne verloren.

Der Junge nickte langsam, die Augen ruckten umher. Die verängstigten Blicke huschten über das Antlitz des Albs, die Rüstung sowie die feinen Intarsien, über den Nachtmahr und dessen scharfe Reißzähne, die er mit einem leisen Schnauben zeigte, und schließlich auf den Streitkolben, um den Artâgon eben die Finger schloss. Der Panzerhandschuh klickte, für normale Ohren kaum wahrnehmbar.

»Wir suchen eine Gruppe Elben.« Artâgon zog die Waffe langsam aus dem Futteral und legte das schwere Ende behutsam unter das Kinn des Barbarenkindes. Die kurzen Stacheln drückten sich in die Haut, durchdrangen sie jedoch nicht. »Kamen sie zu euch?«

Der Junge musste all seinen Mut zusammennehmen, um erneut aufzusehen, und starrte in die bedrohlich schwarzen Augen. Er schluckte, schwieg.

Leise strich der Wind über sie hinweg, brach sich an der Rüstung und dem Helm. Ein helles Sirren erklang für mehrere Herzschläge.

Gleich darauf ertönte gedämpftes Rufen vom Gehöft, ein Signalhorn spie einen einzigen Ton aus und verstummte abrupt.

Aber der junge Hirte konnte den Blick nicht lösen. Sein Zittern hatte sich verstärkt, eine Träne rann über die schmutzige Wange.

»Ich kann die Antwort auf meine Frage in deinem Gesicht ablesen, Knabe«, sprach Artâgon leise. »In welcher Verfassung waren sie?«

Ein lauter Schrei erklang von den Hütten, gefolgt von dem verzweifelten Kreischen einer Frau, doch der Junge rührte sich immer noch nicht. Die Angst bannte und die Stacheln banden ihn.

Dann knallte eine Peitsche, ein heller und stechender Ton, und wieder ertönte ein Schrei.

Artâgon dirigierte den Nachtmahr mittels Schenkeldruck, ohne sich dabei sichtbar zu bewegen, sodass der Kopf mit den Glutaugen und den tödlichen Zähnen näher an den Hirten gelangte; aus den sich blähenden Nüstern schoss die Atemluft gegen ihn.

»Vor dir steht dein Gott, Knabe. Ich habe die Macht, deine Familie auszulöschen. Niemand wird sich interessieren, niemand wird euch zu Hilfe kommen oder gar so etwas wie Vergeltung fordern. Ihr werdet einfach nicht mehr existieren, und bald hat man euch vergessen«, sagte er gelassen. »Das Schicksal traf bereits viele in Tark Draan, die sich uns in den Weg stellten.« Er drückte nun mit dem Streitkolben so fest zu, dass die Spitzen unterhalb des Kinns ins Fleisch stachen. »Gegenwärtig versuchst du, dich in meinen Weg zu stellen. Das mag dir tapfer erscheinen, doch bedenke: Wie wird dieses Abenteuer für dich enden?« Blut sickerte aus den vielen kleinen Wunden und malte rote Linien auf die Kehle des Jungen. »Für dich und die Deinen?« Artâgon zog leicht an, und die Waffe riss die Haut Stückchen um Stückchen auf. »Sag mir: Wer wollte deinen Mut besingen, nachdem wir gegangen sind und alles töteten, was sich auf dem Gehöft befand?«

Die Peitsche traf erneut. Nun tönten Klagelaute von den Hütten herüber.

»Sie waren in guter Verfassung, Herr«, kam es über die trockenen Lippen des bleichen Hirten. »Herr, verschont uns! Wir haben nichts getan!«

Er hielt lange durch für sein Alter. Artâgon hob die andere Hand, und er war sich sicher, dass Modôia sein Zeichen gesehen hatte. Das Auspeitschen wurde unterbrochen. »Sagten sie, wohin sie wollten?«

»Zum Gipfel der Zackenkrone.«

»Sie kannten den Weg?«

»Nur grob, Herr. Sie führten eine Karte mit sich, die ich nicht lesen konnte. Aber ...« Er biss sich auf die Lippe.

Artâgon hielt den Arm noch immer gereckt. »Sobald ich die Hand senke, wird Modôia fortfahren. Du wirst sie gleich kennenlernen. Sie ist eine Meisterin im Umgang mit der Klingenpeitsche und vermag einem ausgewachsenen Barbaren mit einem Hieb Gliedmaßen abzutrennen und den Hals zu durchschlagen.« Er senkte den Streitkolben, und sofort quoll Lebenssaft in kleinen Tröpfchen aus der Wunde. »Möchtest du erfahren, wie kunstvoll sie das zuwege bringt? Dann sieh hinab, und ich werde …«

»Mein Oheim gab ihnen Ratschläge, welchen Weg sie stattdessen einschlagen sollten«, kreischte der Junge.

Artâgon zwang den begehrlich schnaubenden Nachtmahr zurück, der das Blut gerochen hatte. »Dann komm von deinem Stein herunter. Wir sollten uns mit ihm unterhalten. Spute dich!« Er ließ den kleinen Hirten vorangehen, der mehr schwankte als eilte.

Vor den Hütten hatte seine Truppe die Bewohner des Gehöfts zusammengetrieben. Fast zwanzig Barbarinnen und Barbaren knieten auf der Erde und warteten, wie die Albae entscheiden würden. Die Speerspitzen und Modôia, die raubtiergleich mit der Peitsche in der Hand um sie kreiste, hielten sie gefügig.

Ein kräftiger Barbar lag mit dem Gesicht nach unten neben der Tür, die Klingen der Peitsche hatten ihm den Bauch aufgeschlitzt, die Gedärme lagen dampfend wie ein Haufen verschlungener Würste auf der Schwelle; in der Rechten hielt er das Signalhorn.

Ich hoffe, der Tote war nicht der Oheim des Hirtenjungen. Der Anblick des Leichnams hatte jeglichen Widerstand bei den übrigen Bauern gebrochen. Eine jüngere Barbarin sackte ächzend nach vorne, ihr Rücken zeigte lange, blutige Striemen.

Artâgon war beeindruckt von Modôia. Es bedurfte enormer Geschicklichkeit, die dreiriemige, tückische Waffe derart zu schwingen, um die Getroffenen auf dem schmalen Grat zwischen Tod und Schmerzen wandeln zu lassen.

Er brachte seinen Nachtmahr vor den Gefangenen zum Stehen. »Ihr gewährtet einem Häufchen Elben Unterschlupf, wie ich hören musste«, erhob er die Stimme und bedachte Modôia mit einem Blick, damit sie Aufstellung hinter den Barbaren nahm.

Die Albin begab sich in deren Rücken, lockerte die Schulter ihres Schlagarms und vollführte eine leichte Bewegung, woraufhin die drei

Riemen am Boden schlangengleich zuckten und lebendig wirkten. Sie schossen durch eine Lücke zwischen den Knienden und kamen klirrend vor aller Augen zum Liegen. Nur eine der drei Klingen war ohne Schutzkappe, doch sie reichte, um spielend leicht zu töten; im oberen Teil war das Leder als Schutz gegen die Schneiden mit Draht umwickelt.

Stinkendes Pack. Hässlich wie ihre Tiere. »Wir wollen nicht die ganze Siedlung auslöschen, doch wir tun es, wenn ihr uns dazu zwingt«, erklärte Artâgon und stützte den Kopf des Streitkolbens auf den gepanzerten Oberschenkel, danach legte er das Handgelenk auf den Griff, um ebenso gefährlich wie herrschaftlich zu wirken. »Wir verlangen Auskunft von euch über den Verbleib der Elben, die bei euch rasteten.« Er sah zu dem Hirten, der sich an die Seite der Ausgepeitschten begeben hatte und sie tröstete; leise redete er auf sie ein. »Welcher von denen ist dein Oheim?«

Um seinen Jungen nicht in die Rolle eines Verräters zu drängen, hob ein schwarzhaariger Bärtiger seinen Arm. Seine Kleidung war wie die seiner Sippschaft grob, dreckig und allenfalls zweckmäßig für ein Leben als Bauer. »Ich, Herr. Mein Name –«

»Du sagtest den Elben, welchen Weg sie gehen sollen, und es war ein anderer als auf ihrer Karte«, sprach Artâgon. *Als ob ich wissen wollte, wie du heißt,* dachte er. »Ist das richtig?«

»Ja, Herr.«

»Dann wirst du uns führen. Und zwar auf dem gleichen Pfad, den du ihnen zeigtest.«

Der Barbar wand sich. »Herr, ich kann nicht.«

Modôia ließ die Peitschenriemen tanzen, die Klinge blitzte auf.

»Mein Herz!«, rief der Mann ängstlich. »Mein Herz ist seit einem Anfall nicht mehr in der Lage, große Anstrengungen durchzustehen. Ich würde nach zwei Umläufen sterben und euch nichts mehr nützen.«

Artâgon ließ seine Blicke schweifen. »Wer kennt den Weg noch?«

Niemand bewegte sich.

An unserem Ruf sollten wir feilen. Daraufhin gab er mit Zeige- und Mittelfinger ein Signal.

Modôia handelte so unglaublich schnell, dass die Gefangenen zunächst nicht mitbekamen, wie die Peitschenriemen in die Höhe schnellten und sich gegen den blutigen Rücken der jungen Barbarin warfen – sie leckten beinahe zärtlich über die geschundene Haut, um weitere Spuren zu hinterlassen.

Feine rote Spritzer gingen auf das Gesicht des Hirtenjungen nieder, der durch den Knall zusammenzuckte.

Die Getroffene schrie gellend und brach heulend zusammen, krümmte sich unter den Schmerzen und weinte hemmungslos.

Artâgon ließ zusätzlich Angst gegen die Barbaren strömen, um ihre Herzen noch weiter auf die Probe zu stellen. »Nun, ich frage euch wieder: Wer von euch …«

»Ich!«, schrie der Junge. »Ich führe Euch, Herr!«

»Nein!«, rief sein Oheim und wollte sich erheben.

Mit einem Knall flogen die drei Riemen heran. Einer legte sich um den Hals, die beiden anderen jeweils um die Handgelenke; die Klinge prallte gegen den Draht, ohne den Barbar zu verletzen. Modôia zog an, und der Bärtige fiel rücklings auf die Erde, würgte erstickend.

»Du kennst den Weg?«, vergewisserte sich Artâgon, und seine Augen wurden schmal. Er richtete die Angst nun ausschließlich auf den kleinen Hirten. »Du lügst mich auch nicht an?«

»Nein! Nein!« Er keuchte, riss die Lider in die Höhe, und auf seiner Stirn bildeten sich Schweißperlen. »Ich weiß, wie man gehen muss. Wegen der Herde, Herr. Ich muss die verirrten Tiere an den abgelegensten Orten einsammeln.«

Der Barbar röchelte, gurgelte und lief im Gesicht rot an, die Adern standen dick hervor. Unnachgiebig hielt die Albin den Zug aufrecht; die übrigen Bauern starrten auf den Boden, und in ihren Mienen lag die Feigheit.

Wir haben den Besten von ihnen gefunden. »Du gibst uns deinen Eid darauf?«

»Ja, Herr!«

»Bei den Bewohnern dieses Hofes und deren Leben?«

»Bei ihrem Leben und vor allen Göttern schwöre ich es Euch, Herr!«

Artâgon gab Modôia mit einer knappen Geste zu verstehen, den Oheim zu verschonen. Sie löste die Riemen mit einer spielerisch anmutenden Bewegung des Handgelenks und wickelte sie auf, um die Schutzkappe über die Klinge zu ziehen.

»Dann brechen wir morgen früh auf.« Artâgon stieg ab und wechselte ins Albische. »Absitzen. Sperrt diese Hässlichkeiten in den Stall zu dem anderen Vieh, den Jungen behalten wir bei uns«, befahl er laut. »Durchsucht alles, von den Vorräten bis zur Kleidung. Wir nehmen, was brauchbar erscheint, auch wenn es widerlich stinken wird oder von minderer Güte ist.« Er sah zu Phasâlor. »Teile die Wachen ein.«

Die Truppe führte seine Anordnungen aus, während die blonde Peitschenschwingerin zu ihm kam.

»Wie sorgst du dafür, dass uns der Knabe nicht in einen Hinterhalt führt?«, fragte die Albin neugierig.

»Denkst du, er bräche sein Wort? So ein heldenhafter, ehrenvoller junger Barbar wie er?« Er sah zu, wie man die Gefangenen zu den Stallungen trieb. »Wo er auf seine Götter schwor.«

»Sogar auf unsere.«

»Tat er das?« Er hob die Augenbrauen.

»Er schwor vor *allen* Göttern.«

»Wie umsichtig.«

»Lass diese Schauspielerei.« Modôia lachte auf. »Ich habe sofort erkannt, dass du eine Absicherung planst.«

Artâgon atmete tief die kalte, klare Bergluft ein. »Welch großer Narr wäre ich, den scheinbar geringsten Gegner zu unterschätzen?« Es widerte ihn an, in diese Hütte treten zu müssen, doch ihm blieb keine Wahl. Auch vor dem Essen grauste es ihm, vor den ekelhaften Würsten, dem strengen Käse und dem versalzenen Schinken, ganz zu schweigen vom Brot. *Sie werden nicht mal Wein haben, um den Fraß hinabzuspülen.*

»Verrätst du es mir?« Sie küsste ihn lange auf die Lippen, was er genoss; dann schob er sie sanft von sich.

»Du wirst warten müssen wie alle anderen.« Artâgon wandte sich ab und schritt grinsend auf den Eingang zu. »Nur weil du meine Gefährtin bist, erhältst du keine Bevorzugung.« *Auch wenn es mir nicht leicht fällt.*

Er hörte ihren Fluch, dann ihr leises Lachen. »Wie du befiehlst, Benàmoi.«

Vor Sonnenaufgang ließ Artâgon seine Truppe antreten – doch nicht auf den Nachtmahren.

Die Veteraninnen und Veteranen trugen ihr Gepäck, den Proviant und die Ausrüstung umgeschnallt über der Rüstung. Die Rappen streiften ohne Zaumzeug frei umher, die schimmernden Entladungen um ihre Fesseln glänzten auf.

Dann holte Artâgon den Jungen, der sich für die bevorstehende Verfolgung ebenso vorbereitet hatte. Er trug als Einziger eine Fackel; den Albae-Augen genügte das Licht der Gestirne und das Morgenrot, das allmählich aufzog.

Mit Erstaunen und Angst im Gesicht sah der junge Barbar auf die zehn Nachtmahre.

»Die Nahrung, die wir deiner Familie in die Stallungen warfen, genügen für zehn Momente der Unendlichkeit, was zehn Sonnenumläufe deiner Zeitrechnung entspricht«, offenbarte ihm Artâgon. »Wir sperrten sie ein, und die Nachtmahre werden sie bewachen. Sollte sich einer deiner Sippe befreien und versuchen wollen zu entkommen, nun, unsere Tiere sind schnell und fressen Fleisch. Auch das von Barbaren, wenn sie nichts anderes bekommen.«

Artâgon packte den jungen Hirten an der Schulter und drehte ihn, sodass sein Blick auf einen fressenden Nachtmahr fiel, der gerade die Überreste des Leichnams verschlang. Krachend zermalmte er Rippenknochen mit den Backenzähnen.

»Herr, ich …«

»Die Nachtmahre sind hungrig, und sie werden vielleicht in der Zwischenzeit noch einige der streunenden Ziegen und Kühe reißen, aber irgendwann …« Artâgon deutete auf die Stallung mit den Barbaren darin. »Hoffe nicht, dass das Gefängnis Schutz bietet. Ihre Hufe zerschmettern die Türen mit Leichtigkeit. Danach wird deine Sippe vielleicht noch Schutz auf dem Heuboden finden, doch glaube mir« – er sah dem Jungen wieder in die Augen – »die Tiere sind schlau. Entweder bringen sie den Heuboden zum Einsturz oder deine Schwester, dein Oheim und all die anderen werden verhungern. Du verstehst, auf was es ankommt?«

Der Junge zitterte erneut. »Ich werde mich beeilen«, raunte er mit brüchiger Stimme und eilte los. Die Albae folgten ihm, schräg versetzt wie in ihrer Reitformation.

Modôia kam an Artâgons Seite. »Ich neige mein Haupt in Ehrfurcht«, gestand sie ihre Bewunderung und deutete eine Verbeugung an.

»Der kleine Hirte ist der Tapferste und sicherlich auch der Klügste von dem ganzen Ungezücht«, erwiderte er und sah zu den Felswänden, die das rötliche Licht des aufziehenden Taggestirns spiegelten. Schnee und Eis auf den Gipfeln, zu denen sie aufstiegen, schienen aus hellem Blut zu bestehen. Das Ziehen in Artâgons Augen verdeutlichte, dass sich das Weiß eintrübte und in Schwarz wandelte. »Aber weder taugen Tapferkeit noch Klugheit gegen die übermächtige Sprache des verzweifelten Herzens.«

»Listenreich und poetisch. So kenne ich dich.« Modôia nahm ihre Peitsche vom Gürtel und wickelte sie lose über die Schulter. »Für den Fall, dass unser kleiner Hirte vielleicht doch die Tapferkeit entdecken sollte.«

»Du wirst sie nicht brauchen. Sein einziger Antrieb, uns sicher zu den Elben zu führen, ist die Hoffnung, den Tod seiner Liebsten verhindern zu können, indem wir schnell genug sind. Er alleine richtet gegen die Nachtmahre nichts aus«, erklärte Artâgon und verfiel in leichten Laufschritt, um die Geschwindigkeit des Jungen zu halten. »Das begriff er.«

Modôia behielt die Peitsche an ihrem Platz. »Dann vielleicht für eine andere Gelegenheit«, beharrte sie und kehrte in die Formation zurück.

»Doch der Felsen Zorn
erdrückte das erste Leben.«

Tark Draan (Geborgenes Land), nordwestlich von Dsôn Bhará, 5434. Teil der Unendlichkeit (6310. Sonnenzyklus), Frühling

Ich hätte nicht geglaubt, dass mir das Marschieren so schwerfällt. Teîsolor folgte an fünfter Stelle des Trosses.

Aus dem schnellen Laufschritt war schon bald ein langsames Gehen geworden, um besser atmen zu können. Sie bekamen gezeigt, dass das Graue Gebirge nicht leicht zu bezwingen war, und der Gipfel der Zackenkrone lag nur scheinbar zum Greifen nah.

Ihr kleiner Bergführer hatte behauptet, dass sie mindestens vier Momente der Unendlichkeit benötigten, um bis zur höchsten Stelle zu gelangen. Dem Barbar selbst schien die Höhe nichts auszumachen.

Er könnte uns ganz einfach davonlaufen, und wir müssten keuchend zusehen, wie er verschwindet. Teîsolor lobte Artâgons Umsicht, den Jungen durch Hoffnung an die Truppe zu binden und nicht durch Fesseln.

Sie folgten den Elben auf einem Steilpfad; rechts von ihnen erstreckten sich die Kuppen der kleineren Berge, über die Täler zogen weiße Wolken hinweg und schienen sich wie Decken darüberlegen zu wollen, links erhob sich eine glatte Bergwand.

Die Sonne schien grell herab, und doch war es bitterkalt. Unaufhörlich wehte ihnen der Wind scharf ins Gesicht und wollte ihnen die Augen gefrieren lassen.

Teîsolor schob sich den stinkenden Barbarenschal vor die Nase, weil er das Gefühl hatte, sie würde beim Einatmen zu Eis. Ohne die erbeutete Ausrüstung, so erbärmlich sie auch anmutete, wären sie schon lange umgekehrt oder beim trotzigen Versuch, die Höhe zu erklimmen, in die Endlichkeit eingegangen.

Er teilte Artâgons Einschätzung, dass sie die Elben bald einholten. Mit zwei Schwangeren in der Gruppe und ohne die Ahnung, verfolgt zu werden, würden sie den Aufstieg langsamer angehen als die Häschertruppe.

Ausgerechnet ein kleiner Barbar ist uns überlegen. Teîsolor behielt den beschämenden Gedanken für sich.

Er nutzte den Speer als Wanderstock und Stütze, zum Prüfen des Untergrundes, sobald sie über kleinere Eis- und Schneefelder liefen. Die Schwere ihrer Ausrüstung drückte sie nach unten und machte das Laufen noch beschwerlicher.

Ein Klicken und Klackern über ihnen kündigte den nächsten Steinschlag an.

»Deckung!«, rief Teîsolor und presste sich gegen die Wand, um nicht getroffen zu werden. Die erstarkende Sonne schmolz das Eis auch in dieser Höhe, so verlor das Geröll seinen Halt.

Einige größere Brocken verfehlten den Tross, einige kleinere prallten lediglich gegen Rucksäcke und Helme, wo sie keinen größeren Schaden anrichteten.

Geduldig warteten die Albae ab, bis sich der Berg beruhigte.

Teîsolor kam die erzwungene Pause gelegen. *Da kämpft man gegen Barbaren und Óarcos, entgeht Klingen und Pfeilspitzen, und nun kann einem ein einzelner Stein oder ein falscher Schritt zum Verhängnis werden,* dachte er in einer Mischung aus Anspannung und Fassungslosigkeit. Er zog den Kopf noch etwas tiefer zwischen die Schultern.

»Denkst du, wir sollten weitergehen?«, raunte ihm Saphôra zu, die zu seiner Linken stand.

»Was meinst du damit?« Teîsolor kannte die Albin kaum, die erst seit vier Teilen der Unendlichkeit zur Veteranentruppe gehörte. Sie war mit ihren silberhellen Haaren die Auffälligste.

Saphôra nickte zur Zackenkrone hinauf. »Nachdem wir die Elben getötet haben. Dieser unsinnige Auftrag, nach Ishím Voróo zu gehen«, fasste sie leise zusammen. »Da gibt es keinen Pass. Nur den Tod.«

Teîsolor wusste genau, weswegen die Albin ihre Stimme gesenkt hatte. »Die Aklán befahl es.« Mehr erwiderte er nicht.

Aber die Albin schien gewillt zu sein, Zweifel in sein Gemüt zu säen. »Ich belauschte die Barbaren des Gehöfts, nachdem wir sie einsperrten. Sie nahmen an, dass sie uns niemals wiedersehen und berieten bereits, was sie gegen die Nachtmahre unternehmen könnten.«

»Und *warum* nahmen sie das an?«

»Weil jenseits des Gipfels nichts mehr kommt, außer unendlichen Schneefeldern, Klüften und Eisspalten. Und sie verlachten uns für die Annahme, es gäbe einen Eingang ins Reich der Unterirdischen oder gar einen sicheren Pass, der nach …«

»Woher sollten sie wissen, dass wir nach dem Tod der Elben weitermarschieren?«

Saphôra senkte den Blick. Ihre Lüge war durchschaut.

»Suchst du Verbündete bei deinem Vorhaben, den Benàmoi vom Befehl der Aklán abzubringen?« Teîsolor musterte sie verächtlich. »Ich glaubte, du seist eine Veteranin, aber deine Worte gehören zum zaudernden Geist einer Sklavin. Bangst du so sehr um deine Unsterblichkeit?« Der Steinschlag hatte aufgehört, und von vorne erklang Artâgons Stimme, dass es weiterginge. »Zu deinem eigenen Schutz werde ich so tun, als hörte ich deine Sätze nicht. Aber sollte ich bemerken, dass du versuchst, andere zu beeinflussen, werde ich meine Stimme gegen dich erheben.«

Er löste sich von der Wand und nahm den Marsch über den steinigen Pfad wieder auf. *Dich behalte ich im Auge, Saphôra.*

Bald darauf rief der Benàmoi sie unter einem geschützten Überhang zusammen und zeigte ihnen die Reste einer Feuerstelle, in der die Glut tief unter einer dicken Ascheschicht noch schwelte.

»Wir folgen der richtigen Spur«, befand er zufrieden. »Ich schätze, dass sie höchstens einen Moment der Unendlichkeit vor uns sind. Wir laufen schneller als gedacht.«

Die Veteraninnen und Veteranen sahen sich erschöpft, doch freudig an.

»Die Nacht verbringen wir hier. Ich will, dass unsere Kräfte morgen groß genug sind, die Elben einzuholen und sie anzugreifen.« Er sah zu seiner Gefährtin. »Teile die Wachen ein. Der Rest legt sich zum Schlafen nieder.« Als sich der Hirtenjunge nach vorne beugte, um umherliegendes Reisig zum erneuten Entfachen der Flammen zu nutzen, hinderte ihn Artâgon mit einem Tritt in die Seite daran. »Das Feuer bleibt aus.«

»Herr, ich erfriere«, bat er unter Zähneklappern.

Mit Blicken sprach sich der Benàmoi mit Modôia ab. »Aber nur eine kleine Flamme. Sollte ich Rauch sehen, lösche ich das Feuer sofort.«

»Dann peitsche ich dich warm«, fügte seine Gefährtin hinzu und gab ihrer Peitsche einen angedeuteten Kuss.

Die Albae lachten.

Teîsolor suchte sich eine Stelle, die in Saphôras Nähe lag, damit er sie beobachten konnte. Sie rückte sehr nahe an Deinôa heran, und anstatt die Lider zu schließen, begannen sie eine leise Unterredung.

Der Alb verzog den Mund hinter dem Schal. Er ahnte, worüber beraten wurde. *Darf ich das zulassen?*

Er schloss die Augen und wartete eine Weile, doch als er sie öffnete, redeten die Albinnen immer noch miteinander.

Teîsolor erhob sich leise und ging zu den beiden, kniete sich neben sie.

Saphôra verstummte sofort, als sie ihn auf sich zukommen sah, ihr Antlitz verschloss sich. Deinôa betrachtete ihn abwartend.

»Ich weiß, was Saphôra und du vorhaben«, raunte er.

»Es ging um die Wache«, hielt Deinôa dagegen und tat harmlos, was Saphôra zu einem breiten Grinsen veranlasste. »Sie wollte mit mir tauschen. Was ist daran verwerflich?«

Teîsolor verstand, dass die Albinnen einen Pakt geschmiedet hatten. »Was denkt ihr, was geschieht, wenn ihr dem Benàmoi eure Zweifel am zweiten Teil unseres Unterfangens vortragt? Sich gegen den Befehl der Aklán zu stellen, ist Verrat.«

»Wer spricht von so etwas?«, sagte Deinôa erstaunt. »Es ging um die Wache, Teîsolor. Um mehr nicht.« Dann wurde ihr Ausdruck verschlagen. »Oder war das ein versteckter Versuch, Aufruhr zu schüren, indem du es *uns* unterstellst, wo es in Wahrheit *deine* Gedanken sind?«

Teîsolor warf ihr einen mörderischen Blick zu, mit dem er auch Saphôra bedachte, dann erhob er sich und kehrte zu seinem Lager zurück.

Sein Entschluss war gefallen. *Morgen muss ich Artâgon in Kenntnis setzen, bevor Saphôra ihr Werk fortsetzt. Modôia sollte sie auspeitschen und anschließend in eine Schlucht stoßen, und Deinôa gleich mit. Sie ist vom gleichen feigen Gedanken befallen.*

Er sah zum Hirten, der die Feuerstätte ganz dicht an die hintere Felswand verlagert hatte, damit der Schein nicht weit ins Land fiel. In der Dunkelheit der Berge würde der geringste Funken sofort auf Meilen gesehen werden. Rauchlos tanzten die winzigen Flämmchen über dem bisschen Holz, das er zusammengeklaubt hatte, und der Barbar reckte ihnen die Hände wärmesuchend entgegen.

Irgendwo tropfte es in steter Gleichmäßigkeit, und Teîsolor glitt in Schlummer …

… bis er von einem knackenden Geräusch erwachte. Er hob die Lider und versuchte zu ergründen, was ihn beunruhigte.

Es war noch immer tiefste Nacht, außerhalb ihres Felsendachs schimmerten die Sterne. Deinôa hielt Wache und kauerte entfernt von ihrem Lager auf einem Stein, um eine bessere Übersicht zu haben. Das kleine Feuer des Hirten brannte nach wie vor, der Barbar lag zusammengekauert daneben, als müsse er es beschützen.

Was hörte ich? Teîsolor setzte sich auf und blickte sich genauer um, doch es gab nichts, was sein Misstrauen begründete.

Das Tropfen hatte sich verstärkt, ein Rinnsal lief aus einem Spalt an der Wand, ganz in der Nähe des Jungen.

Der Alb atmete langsam ein. Wenn man von den stinkenden Pelzen der Barbaren absah, gab es keinen ungewöhnlichen Geruch, der auf Gefahr hindeutete.

Aber der Veteran wusste, dass er sich auf seine Sinne verlassen konnte. *Etwas geht nicht mit rechten Dingen zu.*

Dann erklang es erneut: ein helles, kurzes Knistern, gefolgt von einem Rascheln und Rieseln.

Teîsolors Ohren bestimmten unverzüglich die Quelle des Geräuschs, sein Kopf zuckte herum.

Dort, wo das Sickerwasser aus dem Fels rann, hatte sich ein Riss gebildet. Mit einem weiteren Knacken bildete sich ein Netz aus Sprüngen, die hinauf bis zur Krümmung des Überhangs zuckten.

»Alles auf!«, schrie er und sprang auf die Beine. »Der Unterstand bricht zusammen!«

Die Albae schreckten hoch, ebenso der Junge, und fragten nicht nach, sondern packten ihre wichtigsten Dinge, um sich hastig außerhalb des Gefahrenbereichs zu begeben.

Teîsolor raffte die Pelze und die Waffen an sich, langte nach den Seilen, als das Krachen unüberhörbar laut wurde und größere Brocken aus der Wand gesprengt wurden. Er vermutete, dass die Wärme des Feuers eine unsichtbare Eisschicht dahinter so weit angetaut hatte, dass sie nicht mehr hielt. Nun wurde der Druck zu hoch, der Fels gab nach.

Teîsolor eilte los. *Wusste der Barbar das? Oder tappten wir in eine Falle der Elben?* Er sah zum Hirten, der neben dem Benàmoi stand und verschlafen wirkte.

Da erblickte er Saphôra, die ihre letzten Sachen griff, während Staub auf sie rieselte und ihr allmählich die Sicht nahm. Größere Trümmer gingen nieder, ein Brocken fiel ins Feuer und sandte Funken in alle Richtungen.

Fluchend schleuderte Teîsolor sein Gepäck ins Freie und kam der silberblonden Albin zu Hilfe. »Willst du hier drin sterben?«, fuhr er sie an.

»Nein«, gab sie hustend zurück und hielt plötzlich einen Felsbrocken in der Hand, mit dem sie wuchtig zuschlug und genau seine Nase traf. »Aber *du* solltest es! Für unser aller Wohl.«

Die Attacke erfolgte zu unerwartet. Trotz des Helms war die Wirkung heftig genug, Teîsolor taumeln und stürzen zu lassen. »Benàm …« Er wollte rufen, aber der Staub brachte ihn zum Husten und erstickte die Warnung.

»Alle werden dich für einen Helden halten. Ich werde verkünden, dass du mich gerettet hast, Teîsolor.« Durch die Grauschleier erkannte er ihren Schemen, dann bekam er ihren Stiefelabsatz mit einem brachialen Stampfschritt gegen den Mund, bevor sie über ihn hinweg hastete. »Und ich rette den Rest von uns vor diesem unsinnigen Auftrag der Aklán.«

Das darf ich nicht … Er war von den schweren Treffern benommen, Blut rann ihn aus dem Mund. Er rollte sich auf den Bauch, spuckte abgebrochene Zähne aus und wollte sich aufstützen, als er das Knistern erneut vernahm. *Samusin, ich flehe dich an, steh …*

Dann brach der Überhang ein und begrub Teîsolor mit seiner hundertfachen Zentnerlast unter sich.

»Hinterhalt half gegen Tapferkeit,
der erste Sieg ward teuer bezahlt.
Die Leben schwanden.«

Tark Draan (Geborgenes Land), nordwestlich von Dsôn Bhará, 5434. Teil der Unendlichkeit (6310. Sonnenzyklus), Frühling

Seit dem Tode Teîsolors verlief der Marsch schneller als zuvor.

Die Albae wollten ihrer hilflosen Wut freien Lauf lassen und die Elben für das Ende des Veteranen grausam büßen lassen.

Artâgon trieb den jungen Hirten an, der unentwegt darauf hinwies, dass es gefährlich sei, so schnell zu laufen, denn die Höhe könne das Blut in den Adern stocken lassen.

Sosehr sie sich das Zusammentreffen mit den Todfeinden ersehnten, sie mussten öfter eine Rast einlegen, um ihre Herzen zu beruhigen und den Schwindel abzuschütteln. Sie kauerten mit großen Lücken in der Reihe auf dem immer schmaler werdenden Pfad, die Rücken gegen den Stein gepresst und nur leidlich gegen die Böen geschützt.

Es wird nicht mehr lange dauern. Norîgon hätte zu gerne den Helm abgenommen, unter dem die langen, dunkelbraunen Haare juckten, doch es war zu kalt. Wie am Moment zuvor nützte der Sonnenschein nichts, und das unbarmherzige Weiß auf den Bergen unter ihnen blendete allgegenwärtig.

Auf seinem Schal, den Norîgon bis unter die Augen hochgezogen hatte, haftete eine Reifschicht, der Atem gefror beim Ausatmen sofort. Sie sahen alle aus wie mit Puder bestäubt und kleinen Kristallen überzogen.

Ich werde versuchen, die Schwangeren zu erlegen. Die Knochen der Ungeborenen ergeben ein außergewöhnliches Kunstwerk. Er saß neben Modôia an dritter Stelle ihres kleinen Zuges und aß etwas vom unberührten Schnee. *Der einzige Vorteil ist, dass man kein Wasser zu tragen braucht.*

»Glaubst du, dass es ein Unglück war?«, fragte Kâitolon unvermittelt neben ihm.

Er wusste sofort, was sein Freund meinte. »Ich traue den Elben zu, dass sie die Falle für uns legten«, gab er zurück und lutschte das Eis. »Der Unterstand sah sicher aus, und genau darauf fielen wir herein.« Norîgon sah über die Gipfel und musste die Augen zusammenkneifen. »Wir rächen Teîsolor.«

»Die Elben konnten aber nicht wissen, dass wir ihnen folgen«, hielt Kâitolon dagegen.

Norîgon kannte den braunhaarigen Alb lange. Sie hatten gemeinsame Schlachten gegen aufständische Óarcos geschlagen und Barbarenheeren gegenübergestanden. Jeder von ihnen hatte mehr als tausend Feinde erschlagen und dreißig Teile der Unendlichkeit gesehen. Daher vertrauten sie einander blind ihr Leben an und konnten den anderen genau einschätzen. »Weshalb fragst du mich dann, ob es ein Unglück war?« Er folgte dem Blick aus den schwarzen Augen des erfahrenen Kampfgefährten hinüber zum Hirtenjungen. »*Er?*«

Kâitolon nahm sich ebenfalls Schnee, presste ihn zu einer kleinen Kugel und steckte sie in den Mund. »Mir fiel es erst nachträglich auf: *Er* verschob die Feuerstelle der Elben näher an die Felswand.«

»Also wusste er, dass die Wand nachgab, sobald man sie erwärmt«, folgerte Norîgon. »Eine Eisschicht womöglich, die sich auflöste?«

Kâitolon aß erneut vom Weiß, um den Durst zu löschen. »Daraus ergab sich für mich die Frage, was er davon hat, wenn wir sterben. Er würde damit seine Sippe verlieren. Ohne uns gelangt er niemals an den Nachtmahren vorbei, und bis er nach Güldenwand gelangt ist, um sich Beistand zu suchen, vergehen zu viele Momente.«

»In Güldenwand wird ihm niemand helfen. Dank der Aklán«, erinnerte ihn Norîgon. Firûsha hatte vor ihrer Abreise dafür gesorgt, dass dort ein Bürgermeister herrschte, der es niemals wagen würde, gegen die Albae zu handeln.

Kâitolon sah ihn an. »Was schließt du daraus?«

Norîgon lachte böse. »Dass er sich für so mutig und gewitzt hält, gegen alle Hindernisse zu bestehen und seine Sippe zu retten.« Auf den Zügen seines Gegenübers vermisste er Zustimmung. »So lass mich wissen, was du denkst.«

»Die Lösung ist einfacher: Der kleine Barbar« – Kâitolon nickte wieder zu dem Jungen – »hasst seine Sippe.«

Norîgon blinzelte. Er hatte in den vergangenen Feldzügen gelernt, dass die feigsten Barbaren dazu neigten, seltsame Unterfangen anzugehen und die größten Strapazen auf sich zu nehmen, wenn es um eigenes Fleisch und Blut ging. *Das Verhalten des Hirten hätte ich dazugezählt.* »Er *will* sie tot sehen, denkst du?«

Kâitolon wiegte den Kopf hin und her. »Sie ist ihm gleichgültig.« Er dachte nach und ließ ihren Gefangenen nicht aus den Augen, wie er neben Modôia kauerte, die Beine angezogen und den Kopf als Schutz vor dem Wind zwischen die Knie gelegt. »Erinnerst du dich, wie er den Barbaren nannte, an dessen Stelle er mit uns ging?«

»Vater.«

»Nein. Er nannte ihn *Oheim.* Ich kenne ihre Sprache zwar, aber dieses Wort begegnete mir zum ersten Mal. Ich dachte mir nichts dabei und hielt es für einen Kosenamen.« Kâitolon sah wieder zu Norîgon. »Wenn es nun nicht sein Vater war? Was ist ein Oheim? Welche Geschichte steckt dahinter?«

»Ich verstehe. Fragen wir ihn.« Er formte einen Ball und warf ihn nach dem Jungen, der beim Aufprall erschrocken zusammenzuckte und sich verwundert umsah. »Komm her!«, befahl Norîgon.

»Was wollt ihr von ihm?«, schritt Modôia ein. »Er soll hier vorne bei mir und Artâgon bleiben.«

»Ich habe etwas vom Gehöft mitgenommen, dessen Sinn sich mir nicht erschließt«, antwortete Kâitolon mit lauter Stimme, weil der Wind in den Helmen surrte. »Ich dachte, es sei Trockenfleisch. Aber bevor ich mich vergifte, wird er es mir erklären können.«

Modôia nickte. »Gebt acht, dass er nicht hinabfällt.« Sie wandte sich nach vorne, wo Artâgon sie zu sich winkte.

Der Barbar kroch zu ihnen und deutete eine Verbeugung an. »Wie kann ich Euch helfen?«

Kâitolon fixierte ihn. »Was bedeutet *Oheim* in deiner Sprache?«

»Es ist … ein anderes Wort für … Vater«, stammelte der Hirte. »Ich nutze es, weil ich es lieber mag. Der Klang ist schöner.«

Norîgon sah seinen Kampfgefährten an und gab ihm stumm recht. *Das Geschmeiß narrt uns!* Er packte ihn blitzschnell am Hals und drehte sich dabei so, dass keiner aus der Truppe sah, was vorging. »Du wirst uns auf der Stelle berichten, was du im Schilde führst, oder ich schwöre, dass du Schmerzen und Angst spüren wirst wie niemals zuvor in deinem kurzen Leben«, wisperte er und setzte seine albische Kraft der Furcht ein.

Sie strömte gegen den Jungen, tränkte seinen Verstand, sickerte ein und ließ ihn keuchen und leise wimmern.

»Was bezweckst du?«

»Wenn Ihr mir etwas antut, führe ich Euch keinen Schritt weiter«, hechelte er. »Dann werden die Elben entkommen, und ihr könnt euren Auftrag nicht erfüllen.«

»Danach würden wir dich töten«, erwiderte Norîgon.

»Und Eure Aklán würde Euch töten lassen«, würgte der Hirte hervor und legte die Hände an Unterarm des Albs. »Weil Ihr ihren Befehl …« Die Lider flatterten, die Augäpfel rollten nach oben.

Er hat mehr mitbekommen, als wir ahnten. Von wem weiß er das? Norîgon zog die Angst zurück und öffnete die Hand, damit der Gefangene Luft bekam.

Kâitolon sicherte mit einem knappen Blick nach hinten, aber niemand bemerkte, was vor sich ging. Dann erkannte er etwas. »Sieh doch!« Er streifte den Ärmel des Fellmantels weiter nach oben, den der Barbar trug.

Rings um das Handgelenk kam ein fingerbreiter Rand zum Vorschein, die Haut war mit Schorf bedeckt und heilte. Nach einer raschen Prüfung fanden sie das gleiche Mal auch auf der anderen Seite.

»Dein Oheim legte dich in Ketten. Selbst für Barbaren ist das ungewöhnlich«, sagte Norîgon.

»Kann es sein, dass es gar nicht deine Familie ist, die wir in die Stallungen sperrten?«, warf Kâitolon leise ein. »Wenn ich es mir recht betrachte, könntest du eine Geisel sein. Ein Leibeigener. Vielleicht stand deine wahre Sippe in der Schuld der Barbaren, aus deren Klauen wir dich befreiten?«

»Wir taten dir einen Gefallen«, fuhr Norîgon fort und las in den entsetzten Augen des Jungen, dass sie richtig mit ihren Vermutungen lagen. »Am Ende bist du glücklich darüber, dass sie sterben, nicht wahr?«

Der Hirte schluckte, sah zwischen den Albveteranen hin und her. »Nein, das ist … nicht so. Ihr habt doch gesehen, dass ich … meine Schwester …«

»Sie ist sicherlich nicht deine Schwester«, unterbrach Kâitolon seine Lüge.

»Vermutlich war es die einzige Barbarin, die dich gut behandelte. Aber sie dürfte nicht deine Schwester gewesen sein.« Norîgon atmete tief ein und hatte dennoch das Gefühl, kaum Luft in die Lungen zu saugen. *Wir schweben in großer Gefahr.*

Kâitolon legte eine Hand auf die Schulter des Jungen. »Sag, wusstest du, dass der Überhang abbrechen würde, wenn du das Feuer näher zur Wand hin verschiebst?«

Jetzt zitterte der Gefangene.

Für mich Antwort genug. Norîgon wechselte ins Albische. »Wir müssen dem Benàmoi Bescheid geben. Es kann sein, dass uns dieses Gezücht geradewegs in die nächste Falle führt, und wir bemerken es nicht einmal. Er kennt sich viel besser aus als wir. Dieser Weg kann bereits unser Verhängnis sein.« Er nahm die Hand von der Kehle des Hirten und packte ihn am Kragen. »Ihn sollten wir erledigen und uns auf unsere eigenen Sinne verlassen.« Er erhob sich und ging behutsam auf dem schmalen Pfad vorwärts, um zu Artâgon zu gelangen.

»Ich komme mit, um zu bezeugen, was gesagt wurde«, sprach Kâitolon und schloss sich ihm mit Abstand an.

Norîgon dachte daran, wie viel Mut und Kaltschnäuzigkeit der Hirte bewiesen hatte. *Das erlebte ich so bei keinem Barbaren. Schon gar nicht von einem seines Alters. Ich werde mir seine Knochen ebenfalls sichern. Als Andenken.* Artâgon und Modôia befanden sich etwa zwanzig Schritte von ihnen entfernt. »Benàmoi«, rief er, um auf sich aufmerksam zu machen. »Ich muss mit dir sprechen.«

Da raschelte es unheilvoll, kleine Steinchen fielen von oben herab.

Sofort drückte sich die Truppe eng an die Wand, sie kannten das Spiel inzwischen sehr genau, das sich zwischen dem Berg und den Albae unentwegt wiederholte. Bislang war es dem Fels jedoch nicht gelungen, einen aus ihren Reihen zu reißen.

Alle zogen die Köpfe ein.

Norîgon und Kâitolon nahmen den Barbaren in die Mitte.

Bröckchen und Dreck schossen herab, die meisten jagten über den Pfad hinaus, ohne Schaden anzurichten. Aber durch das Rumpeln und mehlige Reiben erklang ein helles Sirren wie von einem schnell laufenden Seil.

Was bedeutet das? Norîgon sah eine Gestalt von oben an einem Seil herabstoßen, die nacheinander Wurfdolche aus dem Gürtel zog und sie gegen die Albae schleuderte. Eine Klinge flog auch in seine Richtung, doch er duckte sich darunter weg. »Elben!«, brüllte er und zog sein Schwert, als der Angreifer vor ihm auf dem Pfad sprang und seine Waffen zückte.

Aus den Augenwinkeln sah Norîgon, dass sie es mit vier Gegnern zu tun bekamen, die sich von oben abseilten und mitten in ihren Reihen landeten. Das war geschickt erdacht, da es mehrere kleine Kämpfe geben würde und sich die Albae gegenseitig kaum unterstützen konnten.

»Wage es nicht, dich wegzubewegen«, befahl Norîgon dem Barbaren und griff den Elb an.

Auf die Schnelle erkannte er eine Lederpanzerung, die unter einem Fellumhang lag. Beides zusammen diente als guter Schutz gegen die Schneiden. Der Alb ahnte, dass der Kampf länger dauern würde, erst recht angesichts der widrigen Umstände.

Kâitolon und er drangen auf den Todfeind ein, der sich beharrlich zur Wehr setzte, aber nicht eine Gelegenheit zum Gegenangriff bekam.

Norîgon keuchte unter dem Helm, die Luft wurde knapper. *Als hätte ich vier Splitter der Unendlichkeit gefochten.* Er wich der zustoßenden Spitze aus, unterlief den Arm und stieß gebückt dem Elb mit aller Macht sein Schwert durch den Oberschenkel.

Dumpf erklang dessen Schmerzensschrei, doch schon holte er zum tödlichen Hieb in Norîgons Nacken aus.

Da war Kâitolon heran und schleuderte seinen Dolch, traf in den anderen Schenkel, und der Elb brach auf die Knie, ohne seine Attacke zu Ende zu führen.

Norîgon versetzte ihm einen Tritt gegen die Brust, sodass der Gegner rücklings über die Kante stürzte und schreiend in der Tiefe verschwand.

Umständlich stemmte er sich in die Höhe und sah, dass das Gefecht noch immer tobte. Keiner gewann die Oberhand, es wurden Wunden geschlagen, aber niemand getötet.

Kâitolon stützte sich an der Wand ab. »Ich … kann … kaum … mehr«, keuchte er.

»Pass auf das Gezücht auf.« Norîgon nahm sein Schwert und wollte loslaufen, als ihm von hinten ein sengender Schmerz durch den Rücken fuhr und in seiner Brust brennend stecken blieb.

Er öffnete den Mund bekam gar keine Luft mehr, sah an sich herab und erkannte eine blutige Pfeilspitze, die aus seinem Mantel ragte. *Woher …?*

Noch ein Einschlag, ein weiterer Schmerz, und es waren zwei Spitzen, die zwischen seinen Rippen austraten.

Norîgon drehte sich schwankend, um nach dem Schützen zu sehen.

Ein fünfter Elb hatte sich unbemerkt herabgelassen. Er saß in einer Gurtschlaufe und hatte die Hände frei, um seine Geschosse gegen die Albae zu senden.

Er wird uns abschießen wie Hasen. Norîgon wich dem dritten Pfeil nicht aus, der ihn durch das Herz traf, sondern holte währenddessen aus und schleuderte sein Schwert.

Surrend wirbelte es davon, flog über den Kopf des Elbs hinweg – und kappte das Seil, an dem er hing. Kreischend fiel der Elb.

Auch Norîgon stürzte nieder, prallte auf den schmalen Weg, konnte sich nicht halten und folgte dem Todfeind in die Tiefe.

Kâitolon hatte das aufopfernde Ende seines Kampfgefährten verfolgt. *Ich werde dich rächen!* Hinter sich vernahm er ein leises Pfeifen, wie von einer nahenden Klinge.

Ansatzlos wirbelte er herum und fälschte mit seinem Kurzschwert den niederzischenden elbischen Zweihänder ab, der ihn unweigerlich gespalten hätte.

Die lange Schneide surrte dicht an seiner Schulter vorbei nach unten – und durch den ausgestreckten Arm des Hirtenjungen.

Mit einem Brüllen fiel der Barbar in den Schnee und wälzte sich unter Schmerzen, das Blut spritzte aus dem Stumpf; der abgetrennte Unterarm samt Ellbogen lag im Schnee.

Du wirst sterben, und dein Tod wird meinen Namen tragen! Kâitolon versetzte dem Angreifer einen Schulterstoß, um ihn aus dem Gleichgewicht zu bringen, packte mit einer Hand die Parierstange der feindlichen Waffe, um einen zweiten Schlag zu verhindern, und stach mit der eigenen Spitze gegen dessen Hals.

Der Elb tat das einzig Richtige: Er ließ den Zweihänder los, machte einen Satz zurück und riss seine Dolche in die Höhe. Einen schleuderte er sofort gegen Kâitolon und ging zum Angriff über.

Kâitolon kannte die Taktik und ließ sich treffen.

Es schmerzte nicht einmal, als die Spitze sich durch das Fell bohrte und von der Rüstung abprallte. Der Dolch fiel nieder, er hatte nur zur Irritation dienen sollen.

Aber Kâitolon ließ sich nicht ablenken.

Er wich dem keuchenden Elb mehrmals aus, wartete auf die Lücke in den Bewegungen, bis er dem Feind blitzschnell gegen die Kniescheibe trat und das Gelenk brach; das Bein knickte nach hinten durch.

Der Gegner stieß einen hohlen Laut aus, ruderte mit den Armen und suchte verzweifelt nach Halt.

»Hier«, rief Kâitolon und rammte ihm das Schwert durch den Bauch, durchschnitt spielend die Lederrüstung und das Wams dahinter. »Dein Tod heißt Kâitolon. Ich nehme dir das Leben und deine Unsterblichkeit. Möge deine Seele von Tion verschlungen werden.«

Röchelnd sank der Elb auf die Steine.

Kâitolon wandte sich zum Barbaren um, der leichenblass in seinem Blut lag und stoßweise atmete. Er war wie ein waidwundes Tier vorwärts gerobbt und hatte eine rote Spur hinter sich hergezogen. *Auch dein Tod soll meinen Namen tragen. Rache für Teîsolor.*

Er schwankte zum Jungen und beugte sich nach vorne, das Schwert in der Linken. »Du bist ein Dämon«, raunte er. Er sah kaum mehr deutlich, vor Anstrengung, Schwindel und Atemnot. »Dein Tod heißt Kâitolon, und ich nehme dir dein Leben und sende deine Seele zu Teîsolor, damit er sie in Fetzen reißt.«

Da ihm die Kraft zum Schlag fehlte, lehnte er sich nach vorne, um die Spitze mit seinem Gewicht in den dünnen Leib zu treiben.

Aber der Hirte rollte sich zur Seite, das Schwert stieß wirkungslos ins Geröll.

Kâitolon verlor das Gleichgewicht und musste sich an der Wand abstützen. Ehe er sich fing, richtete sich der Barbar neben ihm auf und rammte ihm einen Elbendolch seitlich durch den Hals, zerschnitt die Adern und den Kehlkopf.

Deswegen schleppte er sich vorwärts. Er wollte die Waffe! Erstickend und verblutend rutschte der Alb am Gestein hinab und versuchte, den Jungen noch einmal zu treffen, doch er sah nichts mehr außer hellen und dunklen Schlieren.

»Kâitolon, hör auf! Wir sind es!«, hörte er Modôias Stimme.

»Das schafft er nicht«, schätzte Artâgon traurig ein. »Der Elb verwundete ihn zu schwer, er verlor bereits ein Großteil seines Blutes. Die Endlichkeit erwartet ihn.«

Es war der Junge! Der Junge!, schrie Kâitolon verzweifelt in seinen Gedanken, seine Finger krümmten sich im Todeskampf. *Tötet ihn, dieses Gezücht. Er wird euer Untergang sein.*

»Ich habe die Wunde oberhalb des Stumpfes abgebunden. Wir sengen sie nachher«, erklang Modôia wieder. »Sein Herz schlägt kräftig. Er kann es überstehen. Zumindest so lange, bis wir …«

Dann hörte Kâitolon auf zu atmen, und seine Sinne schwanden.

Für immer.

»Der Wille ungebrochen,
von Hass gestärkt,
Schonungslos gegen sich,
geeint und einig.
Die Elben mussten fallen!«

Tark Draan (Geborgenes Land), nordwestlich von Dsôn Bhará, 5434. Teil der Unendlichkeit (6310. Sonnenzyklus), Frühling

»Sieben von uns gegen fünf von ihnen, davon zwei Schwangere. Das Kräfteverhältnis hat sich zu unseren Gunsten gewandelt.« Artâgon saß neben dem Feuer, das hoch und hell loderte. Es ergab keinen Sinn, sich versteckt zu halten, die Elben wussten, wer sie hetzte. *Sie sollen sehen, dass wir leben und sie töten werden.* Irgendwo in der Dunkelheit hielt Deinôa Wache, der Rest scharte sich um die Flammen.

Der Himmel hatte sich verfinstert. Tief hängende Wolken geisterten mitten durch die Truppe und streiften sie mit nasskalten Berührungen.

Aus der Ferne erklang das dumpfe Grollen von Donner. Die Berge schienen genug von den fremden Eindringlingen zu haben. Die Vorbereitungen, sie mit Hagelschlag und Blitzen zu vertreiben, waren unüberhörbar.

»Morgen haben wir sie eingeholt, nicht wahr?«, richtete Modôia die Frage an den Barbaren, der bleich und schwitzend neben den Flammen lag. Sie hatten die Wunde mit glühendem Stahl ausgebrannt und verschlossen, den Stumpf danach mit sauberen Lappen umwickelt.

»Das werden wir«, gab er mit zusammengepressten Zähnen zurück. »Sie haben mir den Arm genommen und mich zum Krüppel gemacht«, presste er wütend hervor. »Ich will sie tot sehen!«

Modôia und Artâgon sahen sich durch die Lohen an und lächelten.

»Dann haben wir morgen unseren Auftrag erfüllt.« Saphôra betrachtete den Verband, den sie an der rechten Hand trug. Es gab keinen, der ohne Blessuren davon gekommen war. Ohne die lähmende Wirkung der dünnen Luft wäre das Gefecht sicherlich schneller, eleganter und mit weniger Verlusten abgelaufen. »Ich freue mich darauf, die Elben zu vernichten!«

Artâgon warf einen Scheit ins Feuer und spürte seine Rippen allzu deutlich. Ein Hieb gegen die Körpermitte hatte ihm beinahe die Knochen zerschmettert. »Ich mich auch. Doch danach«, er erfasste Saphôra mit einem tadelnden Blick, »reisen wir weiter.«

»Ach ja. Der Auftrag der Dsôn Aklán. Der Pfad nach Ishím Voróo.« Die Albin räusperte sich, dann wechselte sie in die Gemeinsprache.

»He, Barbar! Vernahmst du jemals etwas von einem Pass, der nach … draußen führt? Sagten die Elben Derartiges?«

Der Junge schüttelte den Kopf. »Sie wollten zur Zackenkrone.«

»Mehr nicht?«

»Nein. Und der Weg auf ihrer Karte lief auch nur bis dahin.« Er deutete schwach nach Westen. »Wir müssen den Weg über den Gletscher nehmen, wie sie. Auf dem eigentlichen Pfad gehen nun die Moränen ab. Der Regen wird es noch schlimmer machen.«

Saphôra sah zu Modôia und Artâgon, als sei es nun beschlossen, die Mission nicht weiterzuführen.

»Die Dsôn Aklán befahl es und, und wir stimmten zu«, erinnerte der Benàmoi. »Findet weitere Albae, befahl sie uns. Bringt sie nach Tark Draan.« Er lächelte. »Du hast dich nicht dagegen ausgesprochen.«

»Ich bin eine Kriegerin. Seit wann beraten wir Befehle?«, gab Saphôra auflachend zurück.

»Eben. Dann halte dich daran«, warf Modôia schneidend ein.

»Ich sage auch nicht, dass ich mich widersetze. Doch was geschieht, wenn es kein Weiterkommen gibt?« Saphôra ließ ihre Blicke über die Truppe schweifen und suchte wohl nach Verbündeten. »Wem nützt es, wenn wir in einem Schneesturm erfrieren, von Felsen erschlagen werden oder wenn uns Blitze zu Asche verbrennen?« Sie richtete sich leicht auf. »Ich zähle achtunddreißig Teile der Unendlichkeit, ich schlug viele Schlachten, entging der Endlichkeit mehr als einmal um ein Haar, und ich will den Dsôn Aklán noch lange dienen, wenn ich es vermag. Aber dazu …«

»Du dienst ihnen, indem du ihren Befehl ausführst«, unterbrach sie Artâgon harsch. »Das tun wir *alle*. Denkt an den Ruhm, den wir erhalten, wenn wir diejenigen sind, die Tausende Albae aus Ishím Voróo nach Tark Draan führen.«

»Woher sollen die kommen?«, murmelt Ôdaras müde. »Die Seuche ließ niemanden übrig. Wir können froh sein, dieser Krankheit sowie den Tiefen von Phondrasôn entkommen zu sein.« Er blickte missmutig zu den heranrollenden schwarzen Wolken.

»Was willst du damit sagen?«, setzte Saphôra hoffnungsvoll nach.

Ôdaras lachte auf und zog den Mantel enger um sich. »Dass ich den Befehl befolge, auch wenn ich nicht daran glaube, diese Mission zu überstehen. Ich verdanke mein Leben den Dsôn Aklán, also setze ich es auch für sie aufs Spiel.«

Artâgon nickte ihm zu. *Ein wahrer Krieger.* »Also genug davon! Ruht euch aus, und morgen haben wir Elben zum Ausweiden.«

Die Truppe legte sich nieder.

Artâgon zog Modôia den Schal leicht herab und küsste sie sanft auf den kalten Mund. »Wie heiß deine Küsse einst waren«, neckte er leise. »Nun sind sie eisig und abweisend.«

Sie lachte. »Das kann ich ebenso von dir behaupten, mein schwarzer Diamant. Aber es werden Zeiten kommen, in denen wir auf einem weichen Lager liegen und uns einander hingeben.« Sie warf noch mehr Holz in die Flammen. »Hier steht mir der Sinn ohnehin nicht danach.« Sie sprachen sehr leise, um die anderen nicht zu stören.

Er bewegte den Oberkörper, um zu prüfen, ob die Schmerzen nachließen. »Was denkst du über Saphôras Worte?«

Sie rutschte näher an ihn, und er legte die gemeinsame Decke um sie. »Du siehst mich verblüfft. Ich dachte, es ist alles gesagt, Benàmoi?«

Wenn es so einfach wäre. »Das ist es, aber ich kann den Sinn in ihren Worten nicht abstreiten.« Artâgon seufzte. »Doch wie könnte ich vor der Aklán stehen und ihr in die Augen sehen, wenn ich ihr sagte: Wir fanden nichts. Für wie lange müssten wir durch das Graue Gebirge marschieren, damit sie uns glaubt? Für die Unendlichkeit?«

Modôia strich ihm über die Wange. »Ich verstehe deinen Zweifel. Doch warte ab, was sich ergibt, sobald wir die Spitzohren in unsere Gewalt gebracht haben. Mag sein, dass die Karte doch mehr offenbart, als der Barbar sich einbildet.« Sie runzelte die Stirn. »Sagte er nicht zu dir, er könne keine Karten lesen?«

Artâgon überlegte. »Das tat er.«

»Und eben behauptete er, es sei nur ein Weg zum Gipfel eingezeichnet gewesen.« Modôia sah zum schlafenden Hirten hinüber. »Hat sich ergeben, was Norîgon von dir wollte, bevor er von den Elben ermordet wurde?«

»Du hast *ihn* im Verdacht, etwas zu verheimlichen.«

»Kann es nicht sein, dass Norîgon ihn deswegen zu sich rief?« Modôia schmiegte sich an ihn. »Wir sollten ihn sehr genau beobachten. Ich traute ihm vorher schon nicht. Soll ich ihn nicht doch einmal durchpeitschen?«

»Nein. Er entdeckte seinen Hass auf die Elben, und das möchte ich nicht schmälern.« Artâgon streichelte ihren Nacken und fühlte, wie sich ihre Muskeln entspannten und sie sich ermattet gegen ihn lehnte.

Im strömenden Regen gingen sie vor Anbruch der Dämmerung los, mit dem Barbarenjungen voran. Es folgten Modôia und Artâgon, in Zweierreihen dahinter Saphôra, Deinôa, Ôdaras, Phasâlor und Anthôras.

Ich weiß nicht, was schlimmer ist. Schnee oder eisiger Regen. Artâgon war vollkommen durchnässt, das Wasser sickerte in jede noch so kleine Ritze, fand Wege durch die schlechten Pelzmäntel der Barbaren, durch die feinen Schlitze in den Rüstungen und durch die Untergewänder.

Damit erhöhte sich das Gewicht und auch die Anstrengung. Nach jeweils fünfzig Schritten ließ er deswegen anhalten und alle Luft holen.

Kopfweh peinigte Artâgon, in seinen Schläfen pochte und drückte es. Wie viele Meilen sie sich über dem Tal befanden, vermochte er nur zu schätzen, doch es waren gewiss mehr als fünf. *Bis zum Gipfel der Zackenkrone werden es nochmals ein bis zwei sein. Gelingt das Atmen dort überhaupt noch?*

»Hier beginnt der Gletscher«, rief der Barbar. »Nehmt die Speerspitzen nach unten. Es kann sein, dass es rutschige Stellen gibt.«

»Warte.« Artâgon sah auf seine Truppe. *Lasse ich einen Großteil der Ausrüstung zurück?* Ohne das schwere Gepäck konnten sie sicherer über den Gletscher gelangen, doch wenn die Temperaturen weiter sanken, würden sie erfrieren.

»Herr, wir müssen uns beeilen! Der Regen macht den Gletscher noch seifiger«, drängte der Hirte. »Und zögern wir noch länger, entkommen uns die Elben.«

Artâgon gefiel der Unterton nicht. *Er will uns unter allen Umständen über die Fläche führen. Ist er so verblendet in seinem neuen Hass oder …* Er blickte sich um und hob einen faustgroßen Stein auf, den er mit viel Kraft schleuderte.

Der Brocken flog und schlug hörbar auf, schlitterte vorwärts und lag still.

»Herr, traut Ihr mir nicht?«, sagte der Junge bestürzt. »Dachtet Ihr, ich führe Euch in eine Falle?«

»Ich traue dem Eis nicht«, erwiderte er.

Eine ganze Serie von Blitzen fuhr in ihrer Nähe in die Erde und beleuchtete die Senke, in der sie sich befanden.

Vor ihnen erstreckte sich eine meilengroße, zerklüftete Ebene mit Spalten und Einschnitten, das Eis war dreckig und hässlich anzuschauen, als sei es mit Grau getüncht worden. Wasser sammelte sich in Pfützen, Rinnsale schlängelten sich darauf und verschwanden in den Sprüngen.

Artâgon sah den Stein, den er geworfen hatte.

Um den Brocken herum bildeten sich Risse, und dann sackte er zusammen mit einer Fläche von fünf Schritt Durchmesser nach unten, während der Donner als lautes, ab- und anschwellendes Grollen über sie rollte.

Das schaffen wir niemals. »Es ist entschieden.« Er packte den Jungen im Nacken und zerrte ihn herum. »Wir nehmen den anderen Weg.«

»Aber, Herr! Ich weiß, wohin wir ...«

»Den anderen Weg, Barbar!«, zischte er. »Die Elben sind gewiss nicht hier entlang. Nicht mit zwei Schwangeren. Es ist für *uns* kaum zu schaffen, und die Spitzohren sind uns unterlegen.« Artâgon stieß ihn vorwärts. »Versuche kein zweites Mal, uns ein tödliches Schneefeld als sicher anzupreisen. Sonst bist du der Erste, der dort begraben wird.«

Die Gruppe kehrte um, während die Sonne in den Himmel stieg; doch mehr als ein helles Grau brachte sie nicht zustande.

Der Regen ließ nach. Sie marschierten durch Nebelbänke, und es wurde so eisig, dass sich eine dicke glasige Schicht auf den Pelzen, Rüstungen und Helmen sammelte, die gelegentlich mit leisem Klirren barst. Schließlich schneite es wieder.

»Wir holten die Elben nicht ein«, sagte Modôia neben Artâgon während einer Atempause. »Wie kann das sein?«

»Möglicherweise nahmen sie doch den anderen Weg.« Er sah zum Hirten, der immer noch stark schwitzte und im Stehen zu schlafen schien. *Hoffentlich hält er durch.*

Die Albin stemmte die Hände in die Hüften. »Oder sie verbargen sich vor uns, und wir marschierten an ihnen vorbei.«

Daran wollte Artâgon nicht einmal denken. »Nein. Sie müssen zur Zackenkrone, was auch immer dort oben ist. Und wir werden sie stellen.« Er atmete schnell und sog gierig die Luft ein. *Ob Fische sich so fühlen, wenn sie auf Land geraten?* »Dann gehen wir eben ohne Umschweife zum Gipfel und warten dort auf sie.«

Nach seinem knappen Befehl trotteten sie weiter.

Artâgon setzte einen Fuß vor den anderen und stapfte durch den knirschenden Schnee. *Wir müssen sie finden. Und ich werde sie ins Tal schleifen und in Güldenwand Skulpturen aus ihnen fertigen, um sie der Aklán zu schenken.*

Die Leichen der vier Elben hatten sie am Rand des Pfads unter Steinen gesichert. Sie würden auf dem Rückweg geborgen werden. Kâitolons toten Körper hatten sie unter einem Haufen Steine bestattet, und Norîgon lag irgendwo mit seinem Gegner in einer Schlucht oder auf einem niedrigeren Gipfel des Grauen Gebirges.

»He!«, machte Ôdaras plötzlich, der unmittelbar hinter Modôia lief. »Anhalten!«

»Was gibt es?« Artâgon wandte sich um.

Der Alb deutete nach links, wo sich eine Spalte im Schnee auftat und der Boden schräg nach unten abfiel; knisternd zersprang Eis auf seiner Schulterpanzerung. »Da drüben liegt etwas!«

»Sieh nach.« Dann deutete er auf Saphôra. »Geh mit ihm. Der Rest: abducken und bereithalten.«

Artâgon zog seinen Streitkolben und verfolgte durch die dicht fallenden Flocken, wie die Veteranin und der Veteran sich behutsam dem Loch näherten, sich stets umblickten, den Boden begutachteten, bis Ôdaras den Eingang erreicht hatte und darin verschwand; gleich darauf folgte ihm Saphôra.

Es dauerte nicht lange, bis sie aufgeregt zurückkehrten.

Ôdaras präsentierte der Truppe voller Freude ein zerrissenes Armband. »Das ist elbisches Werk, man erkennt es sofort.«

»Es sieht aus wie der Zugang zu einem Höhlenlabyrinth«, fügte Saphôra hinzu. »Es kann sein, dass es der Eingang zu dem Reich der Unterirdischen ist, von dem uns die Aklán berichtete.«

Das wäre in der Tat eine Überraschung. Und eine lebensrettende dazu.

Artâgon und Modôia tauschten Blicke, seine Gefährtin wirkte zweifelnd. »Sehen wir es uns an.«

Gemeinsam rutschten sie in den Eingang hinab, der Barbarenjunge entfachte eine Fackel.

Es roch klar und frisch. An den sanften Abhang schloss sich ein Gang an, der abgerundete Wände aufwies. Er war so hoch, dass darin zwei Albae übereinander aufrecht zu stehen vermocht hätten.

»Ohne Zweifel ein Stollen. Nur wer grub ihn?« Artâgon empfand es als Wohltat, nicht länger dem peitschenden Wind ausgesetzt zu sein. »Komm her mit dem Licht«, befahl er dem Hirten.

Im Schein der zuckenden Flammen erkannte man deutlich die Bearbeitungsspuren im Fels.

»Kein Wasserlauf, Benàmoi«, sagte Saphôra begeistert. »Die Hacken und Schaufeln der Bergmaden schufen ihn. Und wir fanden den Eingang!«

Sollte es so sein? »Ausschwärmen und nach weiteren Spuren suchen«, befahl Artâgon ungerührt von ihrer Freude.

»Ich halte es für eine Finte oder gar eine Falle. Wie bei dem Überhang«, murmelte Ôdaras neben ihm. »Warum hätten sich die Elben überall nach dem Weg zum Gipfel erkundigen sollen?«

»Um uns abzulenken«, rief Saphôra überzeugt und bückte sich. »Sie *sind* hier entlanggekommen.« Sie brachte einen leeren, zusammengebundenen Vorratssack zu den beiden Albae, auf dem elbische Muster zu sehen waren. »Hier! Wie viele Beweise brauchst du noch?«

»Sie könnten ebenso gut einen hineingeschickt haben, um die Spur für uns zu legen«, hielt Ôdaras dagegen. »Die Elben wissen, dass wir sowohl von dem Pass als auch vom angeblichen Eingang zu den Fünften hörten.« Er sah Artâgon an. »Wäre ich ein Spitzohr, würde ich so vorgehen.«

Ich muss eine weise Entscheidung treffen, die unserem Auftrag gerecht wird. In seinem Kopf überschlugen sich die Gedanken, er schuf und verwarf Pläne, bis er entschieden hatte. »Saphôra, Deinôa und Ôdaras, ihr werdet dem Gang folgen, soweit er verläuft. Solltet ihr auf die Elben stoßen, wisst ihr, was zu tun ist.« Er sah auf seine Gefährtin, die zustimmend nickte. »Modôia, Phasâlor, Anthôras und ich setzen zusammen mit dem Hirtenjungen den Weg zum Gipfel fort und prüfen, ob die Elben sich nicht doch dort aufhalten. Anschließend suchen nur wir einen Weg nach Ishím Voróo.«

Saphôra fiel es schwer, ein breites Grinsen zu unterdrücken. »Wie lauten die Befehle für uns, wenn wir dem Gang bis zum Ende gefolgt sind, Benàmoi?«

»Ihr werden umkehren, die Leichen der Elben zur Aklán bringen und erklären, dass ihr in meinem Auftrag handeltet.«

Ôdaras trat einen Schritt nach vorne. Man sah ihm an, dass er nicht einverstanden war. »Nur weil Saphôra zu feige ist, den Weg durchs Gebirge zu wagen, muss ich es nicht sein. Ich folge euch, sobald wir die Elben getötet haben – oder auch nicht fanden.« Er deutete verächtlich auf die Albinnen. »Die beiden werden ausreichen, um sich als Leichengräber zu betätigen. Sollen sie Kadaver durch Tark Draan karren, *ich* will mit *dir* ziehen.«

Artâgon lachte freundlich, legte dem Alb eine Hand auf die Schulter und drückte leicht zu. »Gut gesprochen. Dann halten wir es so, mein Freund.« Er wandte sich um und ging die natürliche Rampe hinauf, zurück in den Schneesturm. »Seid vorsichtig, falls es doch eine Falle sein sollte. Ich wünsche euch den Beistand der Götter«, rief er hinunter.

»Wir freuen uns auf die Tausende Albae, die ihr zu uns bringen werdet«, schallte die prompte Antwort von Saphôra in seinen Rücken. »Ich zweifle nicht daran, dass du sie finden wirst. Du bist der Liebling der Götter, von den Infamen angefangen bis zu Inàste.«

Artâgon lächelte und ersparte sich eine Erwiderung.

Modôia trat an seine Seite und nickte ihm zu. »Das war sehr weise, Benàmoi. Damit ersparen wir uns Zwist in den eigenen Reihen.«

»Das sehe ich ebenso.« Er gab dem Gefangenen mit einer Geste zu verstehen, dass er sich bewegen sollte.

» Tapferkeit, Ehre und
Zusammenhalt.
Das zeichnete die Zehn aus.«

Tark Draan (Geborgenes Land), nordwestlich von Dsôn Bhará, 5434. Teil der Unendlichkeit (6310. Sonnenzyklus), Frühling

»Der Gang verläuft immer noch schnurgerade«, meldete Saphôra und hielt die Fackel höher, um nicht von den Flammen geblendet zu werden. »Wie lange sind wir nun unterwegs?«

»Als würde man unter der Haut eines gigantischen Wesens entlangkriechen«, murmelte Ôdaras, der wie die anderen beiden den Speer in der Hand hielt. *Fast wünsche ich mir den Schneesturm zurück.*

»Insgesamt brannten vier Fackeln«, gab Deinôa zurück. »Mit unserer Rast dürften drei Momente der Unendlichkeit vergangen sein.« Sie bewegte den Arm, um ihn zu lockern. »Ich überlege die ganze Zeit, wie uns die Elben finden konnten.«

»Du meinst ihren Hinterhalt auf dem Pfad? Na, die Funken, die das Feuer des Barbaren schlug, als die Steine hineinfielen, werden sie gewarnt haben. Aber hier ist keine Spur mehr von den Spitzohren auszumachen«, murrte Ôdaras und rieb über die Kratzspuren im Stein. Sie erschienen ihm sehr grob, der Fels war mit sehr einfachem Werkzeug behauen worden. »Wenn ihr mich fragt, wurde dieser Stollen nicht von den Unterirdischen gegraben.«

Saphôra lachte. »Du bist demnach Meister im Bergbau?«

»Ich erkenne gute und schlechte Arbeit.« Ôdaras strich erneut über die Riefen. »*Das* ist Barbarenwerk. Ich nehme nicht an, dass die Unterirdischen viel besser vorgingen, aber es würde anders aussehen.« Er blieb stehen. »Wir sollten umkehren. Es gibt hier keine Elben.«

»Und dann?« Saphôra schien nicht zufrieden mit dem Vorschlag.

»Ich hole Artâgon und die anderen ein, ihr kehrt nach Dsôn Bhará zurück. Mit den Leichen der Elben, um sie der Aklán als Geschenk zu bringen. Als Anzahlung, wenn ihr so möchtet.«

Saphôra schüttelte den Kopf. »Und wenn sie fragt, wo *ihr* seid, sagen wir: Verzeiht, Dsôn Aklán, aber wir ließen den Benàmoi und die anderen Veteranen zurück, weil sie uns nicht brauchten?«

Ôdaras grinste herablassend. »Nein, du müsstest antworten: Dsôn Aklán, wir waren zu feige, um uns durchs Graue Gebirge zu schlagen und deinen Befehl zu befolgen.«

Sie schnalzte nur verächtlich mit der Zunge und starrte nach vorne. »Ich sage, wir gehen weiter.«

»Welchen Sinn ergibt der Stollen? Wieso sollten die Barbaren ihn gegraben haben? Das Schürfen von Gold oder Edelsteinen wäre doch viel zu anstrengend und aufwendig in dieser Höhe. Dann noch der Transport«, rätselte Deinôa.

Saphôra setzte sich auf den staubigen Boden. »Rasten wir und beratschlagen.«

Aber Ôdaras blieb stehen. »Ich sage, wir gehen zurück. Und eigentlich *müsstet* ihr mich zu ...«

»Pst«, machte Deinôa und drückte Saphôras Arm mit der Fackel nach unten, um den Lichtschein zu verringern.

»Was?«, raunte Saphôra.

Sie lauschten.

Ôdaras strengte sich an, doch er vernahm nichts. *Tut sie das, um Deinôa beizuspringen?* »Du musst dich getäuscht haben«, flüsterte er dennoch.

»Es waren Stimmen«, gab sie leise zurück. »Ganz deutlich. Raue Stimmen.«

»Unterirdische«, brach es aus Saphôra freudig heraus und erhob sich. »Fragen wir sie, ob die Elben bei ihnen Unterschlupf suchten.«

Ôdaras musterte die Züge der Albinnen. S*ie könnten mir etwas vorspielen. Doch was, wenn Deinôa einfach nur besser hört als wir?* Nicht auszudenken, wenn sie wegen seines Zauderns oder Einspruchs die Spitzohren verlören. »Sehen wir nach«, lenkte er ein. »Eines noch: Wenn der Stollen zu Ende ist und wir keine Spuren gefunden haben, kehren wir um, ohne dass ich mit euch beratschlagen muss.«

»Sicherlich. Dann gehen wir sogar mit dir zum Gipfel der Zackenkrone«, gestand Saphôra sofort zu.

Deinôa packte den Speer fester. »Hört ihr sie nicht?«, fragte sie verwundert und pirschte vorwärts.

Ôdaras mochte es nicht, im Licht der Fackel unterwegs zu sein. Damit wurde man für den Gegner sofort sichtbar, aber leider benötigten selbst Albaugen einen Funken Helligkeit, um zu sehen.

Er lief auf der rechten Seite des Stollens, Saphôra an der linken, Deinôa bildete die Vorhut. *Ich höre immer noch nichts.*

Seine Blicke streiften erneut die Gangwand, die Kerben und Spuren, welche die Grabwerkzeuge hinterlassen hatten.

Wie aus dem Nichts kam ihm der Gedanke. *Oder ... sollte dieser*

Tunnel von einem Wesen gegraben worden sein, das Klauen anstelle von Händen trägt? Ein heißer Schauder überrollte ihn. *Es ist vielleicht eine alte Brutstätte des Kordrion!* »Halt!«, wisperte er.

Saphôra hielt inne und blickte unverwandt nach vorne. »Was?«

»Ich täuschte mich. Da ist kein Barbarenwerk, sondern das einer Kreatur«, antwortete er und sah Deinôa in der Dunkelheit verschwinden. Sie missachtete seinen Ruf.

»Welche Art Bestie sollte das sein, so hoch oben im Gebirge? Hier lebt doch nichts, was es jagen könnte, außer …« Die Albin stockte.

»Außer uns«, vervollständigte er ihren Schluss. Die Elben hatten sie erneut in einen Hinterhalt gelockt. »Deinôa, komm zurück«, rief er halblaut. »Dies ist eine …«

In seinem Rücken erklang ein entferntes Grollen, als wäre eine Gewitterwolke in den Stollen geraten und suchte nach einem Ausgang.

»Es ist hinter uns«, murmelte Saphôra und wirbelte herum. »Das bedachten wir nicht! Inàste, steh uns bei!«

Ôdaras erinnerte sich an keinerlei Abzweigungen oder Nischen, in denen man Schutz vor dem unbekannten Monstrum suchen konnte, um es überraschend zu attackieren. *Es witterte uns, und nun wird es uns durch den Gang jagen.*

Ihre einzige Hoffnung bestand in der Aussicht, dass vor ihnen ein Gabelung oder etwas Ähnliches erschien.

»Lauf!«, befahl er der Albin und rannte los.

Sie hetzten nebeneinander durch den Stollen, während hinter ihnen der dunkle Ruf der Kreatur ertönte, der näher und näher rückte, begleitet von Scharren und leichten Erschütterungen des Bodens.

Aber so sehr die Albae rannten, sie holten Deinôa nicht ein. Weder passierten sie eine Kreuzung noch einen Schacht, durch den die Albin hätte verschwinden können. Es ging geradeaus, zielstrebig und pfeilgerade.

Schließlich führte sie der Tunnel in eine gewaltige Höhle, in der unzählige glitzernde Stalagmiten und Stalaktiten wuchsen. Sie hingen zu Dutzenden von der Decke oder reckten sich gleich überlangen Speerspitzen aus dem Untergrund. Der Abrieb an manchen Stellen des Bodens zeigte den Albae, welchen Weg das Scheusal üblicherweise hindurch nahm; an manchen Stellen klafften Löcher, darunter lag nichts als Schwärze.

»Da drüben ist Deinôa«, sagte Saphôra. »Am anderen Ende.«

Ôdaras eilte weiter – und vernahm das warnende Knacken unter seinen Sohlen. »Das Gestein ist nachgiebig«, warnte er die Albin und blickte zu den Stalaktiten. »Da hinauf! Wenn diese Bestie hereinkommt, könnte der Boden einbrechen.«

»Kommt nicht näher!«, rief ihnen Deinôa zu. »Ich weiß nicht, was mit dem Felsen ist, aber er zerbröckelt einfach. Es geht hier auch nicht weiter.« Sie hielt ein Seil in den Händen. »Ich versuche, mich an den Stalagmiten zu sichern und zu euch …«

Ein lautes Grollen verschlang ihre Worte. Die Bestie musste ganz nahe sein, der Berg bebte unter der Wucht der Schritte und dem Gewicht.

Es gibt kein Entkommen aus diesem Loch! Uns bleibt nur der Kampf. Entsetzt sah Ôdaras, dass sich einer der herabhängenden, sieben Schritt langen Kalkgebilde aus der Decke löste und senkrecht nach unten schoss.

Er bohrte sich durch den nachgiebigen Boden und hinterließ ein Loch, das sich rasch nach allen Seiten ausdehnte; dabei klirrte und rasselte es, als würden Münzen auf einen Haufen geschüttet.

»Deinôa!«, schrie Saphôra und löste das Seil von ihrem Rucksack. »Nach oben!«

Auch Ôdaras bereitete sich vor, eine Schlinge um die nächstliegende Gesteinsnadel zu werfen und sich vor dem heranrasenden Abgrund zu retten. Die weiße Oberfläche sah glatt und feucht aus. *Das Seil wird nicht richtig halten. Aber welche Wahl haben wir?*

Mit Geschick und eiskalter Ruhe schleuderte der Alb sein Seil in die Höhe, und ihm gelang das Kunststück: Die Schlinge legte sich um die fragile Spitze und zog sich zu, hielt vorerst.

Ôdaras warf seinen Rucksack ab, um das Gewicht und damit die Belastung für den Stalaktiten zu mindern, und klammerte sich an das Seil. *Gerettet!*

Auch Saphôra schaffte es im zweiten Versuch. Sie hing am Strick, hielt in einer Hand die Fackel, während die Höhle unter ihnen wegsackte und in scheinbar unendliche Tiefen stürzte. »Deinôa«, schrie sie. »Beeil dich!«

Sie verfolgten, wie die schwarzhaarige Albin ihr Seil immer wieder schleuderte, aber es wollte nicht greifen. Die Fasern rutschten ab, die Schlinge zog sich zu spät zu, während der Abgrund unaufhörlich klirrend und rasselnd auf sie zukam.

Sie muss es schaffen! Inàste, stehe deinem Kind bei! Ôdaras pendelte über der Schwärze und sah zum Durchgang, ob sich die Bestie zeigte.

Endlich gelang es Deinôa, und ihr Seil hielt. »Die Endlichkeit verschonte mich heute noch«, rief sie erleichtert zu ihnen hinüber – da löste sich der Kalkstein und rauschte mitsamt dem Seil abwärts. Die Albin hatte es geistesgegenwärtig losgelassen, sodass sie nicht mit hinabgerissen wurde.

Doch bevor sie etwas unternehmen konnte, brach ein weiterer Stalaktit ab und rauschte auf sie hinab.

Deinôa wich dem Geschoss aus, sprang auf einen der aufragenden Steine, aber der Einschlag riss den Boden weg und machte den Stalagmiten zu einer einsamen Insel, umschlossen von Untergang. Der vermeintlich sichere Zufluchtsort der Albin neigte sich ganz langsam nach links, in Richtung des Abgrunds. Nun gab es kein Entrinnen mehr.

Ôdaras atmete aus und biss die Zähne zusammen. *Verdammte Elben! Ich werde eurem Hinterhalt entkommen, um euch zu jagen, ganz gleich, an welchen Ort mich das führen wird.*

Deinôa sah hinüber zu ihnen und hob die Hand zum Abschied, dann stürzte sie mitsamt des Stalagmiten in die Dunkelheit.

Und kaum war die Albin verschwunden, endete die Zerstörung.

Die Auflösung des Bodens verebbte, als habe ihr Opfer den Berg beschwichtigt. Ein schmaler Sims befand sich gegenüber der Stelle, an der die beiden Albae am Seil hingen.

Der Rand von einem Schritt Breite blieb zwar unerreichbar für sie, aber die Erkenntnis war schmerzhaft: Wäre Deinôa auf der anderen Seite der Höhle stehen geblieben und bis zur Wand zurückgewichen, hätte sie überlebt.

»Alsdann führte Artâgon
sie in eine weitere Schlacht.«

Tark Draan (Geborgenes Land), nordwestlich von Dsôn Bhará, 5434. Teil der Unendlichkeit (6310. Sonnenzyklus), Frühling

»Ist das da unten ein Elb?« Anthôras sah in die Schlucht, auf deren Grund sie einen dunklen Umriss erkannten, der sich nicht rührte.

Es hatte aufgehört zu schneien, der Wind hatte die Wolken verjagt und gab im Schein der untergehenden Sonne den Blick auf den Gipfel der Zackenkrone frei.

Doch gerade gab es Wichtigeres als ihr Ziel.

Anthôras, der Barbarenjunge, Artâgon und Modôia standen am Anfang einer freitragenden Eisbrücke, die über eine zwanzig Schritt breite Spalte führte. Das Loch, durch das der Elb wiederum gefallen sein mochte, lag keine vier Schritte von ihnen entfernt.

Modôia kniff die Augen zusammen. »Ich denke, es ist eine Elbin.«

»Damit wären gleich zwei Leben beendet. Gut«, sagte Artâgon. »Aber wir sollten sichergehen, dass sie tot ist. Sie könnte uns glauben machen wollen, sie sei abgestürzt, um uns zu entkommen oder uns hinterrücks anzugreifen.« Er wandte sich an Phasâlor. »Geh zurück und hol die anderen. Sie sind auf eine falsche Spur gelockt worden.«

Phasâlor nickte und eilte den Weg zurück, den sie gekommen waren.

»Ich sorge für Gewissheit.« Anthôras nahm seinen Speer, nahm Maß und schleuderte ihn.

Das Geschoss flog genau auf den ausgestreckten Körper zu und drang in den Rücken ein. Leicht bebend ragte der Speer aus der Elbin.

Zufrieden bemerkten die Albae, dass sich nichts tat, weder ein Zucken noch ein Schrei.

»Bleiben eine Schwangere und drei Elben.« Modôia richtete ihr Augenmerk auf den Übergang aus blankem Eis. »Sie werden Vorkehrungen getroffen haben, dass wir nicht hinübergelangen oder beim Versuch umkommen.«

»Oder wir stehen vor der letzten Elbin, weil die anderen Spitzohren den Durchgang nahmen, dem Ôdaras und die anderen beiden folgen.« Anthôras sah dem verschwindenden Phasâlor hinterher. »Vielleicht rufst du Saphôra, Deinôa und Ôdaras zu früh zurück?«

»Nein. Die Elben würden die Schwangere nicht alleine gehen lassen. Sie wählten diesen Weg.«

Ich teile die Meinung nicht, aber er ist der Benàmoi. Anthôras sah den Hirten an. »Wie weit zieht sich diese Spalte? Kann man sie umgehen?«

»Das kann man, Herr. Es wird uns einen Umlauf kosten.«

»Bis dahin haben die Spitzohren den Pass erreicht«, warf Modôia nachdenklich ein.

»Falls es noch welche gibt«, warf Anthôras ein. *Ich sollte mich zurückhalten.*

»Und wenn schon?« Artâgon sah zum Gipfel, an dem der Wind eine Schneefahne wehen ließ, als würde er sie locken und zur Eile mahnen wollen. »Es gibt dort nichts, was sie vor uns rettet.«

»Was ist mit dem Eingang ins Reich der Unterirdischen?« Anthôras kniff die Augen zusammen und betrachtete die Umgebung eingehend, die keinerlei Schutz vor Entdeckung bot. *Sollten sie sich nicht unter einer solchen Verwehung verbergen, haben sie die Spitze bereits erreicht.*

»Den fanden wir bereits, oder etwa nicht?« Artâgon schien die Ruhe selbst zu sein. »Du sagtest selbst, darum kümmern sich Ôdaras, Saphôra und Deinôa.«

Der Barbarenjunge stürzte schwer auf den Schnee. Den Blutverlust verkraftete er schlecht, Anthôras musste ihn unterwegs überwiegend stützen, um zu verhindern, dass er zusammenbrach.

»Dann umrunden wir die Spalte«, beschloss Artâgon, machte einen halben Schritt nach vorne und hieb den Streitkolben mit aller Kraft gegen die Brücke. »Damit wird auch jeder andere den Umweg beschreiten müssen. Falls wir doch an den Elben vorbei gelaufen sein sollten.«

Mit einem hellen Klirren zersprang das Eis augenblicklich. Die Trümmer stürzten hinab und begruben die Leiche der Elbin.

Ich würde den Weg zurück nicht finden. Anthôras half dem Barbaren auf, ihr kleiner Tross marschierte nach Westen, über den vereisten Schnee.

Das Laufen fiel ihnen zwar inzwischen etwas leichter, und auch das Kopfweh schwand, dennoch bedeutete das Atemschöpfen Schwerstarbeit.

»Auf diesem Weg führen wir niemals ein Heer nach Tark Draan«, keuchte Anthôras. »Oder wir brauchen eine Ewigkeit.«

»Ich habe ähnliche Bedenken«, gab der Benàmoi zurück. »Aber das wird die Aklán nicht kümmern.«

»Die Zeit fürchte ich nicht, aber die Stürme, die hier herrschen«, warf Modôia ein und bewegte sich langsam wie ein Barbarengreis. »Mir bleibt die Hoffnung, eine andere Passage zu finden.«

Mir nicht. Anthôras packte den Hirten fester, der immer schwerer wurde. »Was ist?«

»Ich kann nicht mehr«, keuchte er und sackte zusammen. »Lasst mich hier sterben, aber schont meine Familie. Bitte, Herr. Ich versuchte mein Bestes und war ein treuer Führer.«

Das fehlte noch. »Benàmoi!«, rief er. »Unser kleiner Barbar verreckt uns.«

»Lass ihn zurück. Wir brauchen ihn nicht mehr«, antwortete Artâgon unverzüglich.

»Bist du sicher?«, wagte Anthôras die Nachfrage.

»Wie meinst du das?«

»Wenn wir weder einen Pass noch einen Einstieg ins Bergreich finden, was tun wir dann? Sollten wir nicht umkehren?« Anthôras hatte nicht vor, den Aufrührer zu geben. »Es ist einzig die Vernunft, Benàmoi, die aus mir spricht. Nicht die Feigheit.«

»Ich weiß.« Artâgon dachte nach und beriet sich kurz mit Modôia. »Sie findet den Weg, sagt sie. Also gib ihn frei und erlaube ihm den Abstieg. Richte ihm aus, Ôdaras und die anderen würden ihn erwarten.«

Modôia lachte auf.

Anthôras beugte sich über den bleichen Jungen. »Du kannst umkehren. Ôdaras erwartet dich bei den Elbenleichen, um dich zu deiner Familie zu bringen. Noch sind sie am Leben. Weckt das deine Kräfte?«

»Seid Ihr da sicher, Herr?«

»Das bin ich. Aber lange wird es nicht mehr dauern, bis die Nachtmahre Hunger auf das Fleisch deiner Sippe verspüren. Du eilst lieber.« Anthôras ging an ihm vorbei und folgte den Albae, ohne zurückzublicken. *Barbarengezücht. Einfältig und leichtgläubig.*

Das Trio umrundete die Schlucht und wanderte weiter, während die Nachtgestirne über ihnen aufzogen und genug Licht für die Augen spendeten.

Sie legten den Weg schweigend zurück, es war anstrengend genug. Jedes Wort raubte Kraft.

Anthôras hing seinen Überlegungen zu den Elben nach, aber irgendwann stellte er jegliches Denken ein. Selbst das strengte körperlich an.

Sie erreichten gegen Morgengrauen die Stelle der Kluft, wo sich einst die Eisbrücke befunden hatte.

»Rast«, befahl Artâgon, legte den Rucksack ab und setzte sich darauf.

Modôia sah hinüber. »Der Barbar ist verschwunden. Zäher Bastard, das muss man ihm lassen.«

»Sicherlich schleppt er sich talwärts und wird auf Ôdaras warten.« Anthôras ließ sich ebenfalls nieder und nahm Schnee, um davon zu essen. »Bald erlangen wir Gewissheit.«

Artâgon nickte. »Ich dachte über deine gestrigen Worte nach, Anthôras, zur Suche nach einem Pass und einem Pfad, der nach Ishím Voróo führt.«

»Und? Wie hast du entschieden, Benàmoi?«

Modôia übernahm die Sicherung der kleinen Gruppe und wachte in Richtung der Zackenkrone, die ins zartrosafarbene Morgenrot getaucht wurde. »Ich glaube, da oben brennt ein Feuer«, meldete sie, und Anthôras spannte sich sofort an. »Oder … nein, es ist doch nur Nebel, fürchte ich.«

Er atmete auf. *Noch ein wenig auszuruhen würde mir gut tun.*

»Sollten wir am Gipfel keinen Pass finden«, erklärte Artâgon in seiner überlegten Art, »kehren wir um.«

»Und wie erklären wie das der Aklán?«

»Ich sagte nicht, dass wir nach Dsôn Bhará gehen. Wir gehen nach Güldenwand und treffen uns mit dem neuen Bürgermeister. Er soll uns alle Karten bringen, die sich in den Bibliotheken und Archiven zu dieser Region des Grauen Gebirges finden lassen.« Der Benàmoi richtete den Blick auf Anthôras. »Ich denke, dass wir an der falschen Stelle sind.«

»Aber … die Elben hatten doch ausdrücklich den Weg *hierher* verlangt.« Anthôras schüttelte den Kopf. »Es spielt keine Rolle, wo wir suchen werden. Es gibt keinen Pass und keinen Irrgarten, der uns raus aus Tark Draan führt. Die Aklán wünscht sich das vielleicht.«

»Ich will nur sichergehen und meinen Auftrag sorgsam ausführen.« Artâgon lächelte. »Ich bin auf eure Gesichter gespannt, wenn wir den Gipfel erreichen und sich vor uns ein breiter Weg auftut, der uns in tiefere Lagen führt und in einem Albaereich endet.«

Wer glaubte das? Anthôras lächelte zurück. »Sehen wir nach?«

»Sehen wir nach.« Er erhob sich und half Anthôras auf die Beine. Sie zogen die Rucksäcke auf, dann stapften sie vorwärts.

Keine fünfhundert Schritte mehr. Er freute sich darüber, dass die Ungewissheit endlich ein Ende fand. *Auf welche Weise auch immer.*

Unmittelbar rechts von ihm zerplatzte eine Schneewehe: Ein Elb sprang schreiend mit gezogenem Schwert auf ihn zu.

Ich hatte Recht mit den Haufen und dachte nicht mehr daran! Ich Narr! »Du vergeudest deine Luft.« Anthôras wich im letzten Moment aus, packte den Angreifer an der Schulter und zog ihn nach vorne, während er sein gepanzertes Knie in die Höhe riss und es ins Elbengesicht krachen ließ. »Aber du brauchst sie ohnehin nicht mehr.«

Der Feind brach benommen zusammen.

Anthôras tötete ihn rasch mit dessen eigenem Schwert. *Bleibt noch die Schwangere.*

Unvermittelt vernahm er Kampfgeräusche und das helle Klirren von Klingen.

Er drehte er sich zu Modôia und Artâgon um – und sah sie in ein Gefecht mit zehn und mehr Elben verwickelt!

Anthôras zog seine Waffe, um seinem Benàmoi zu Hilfe zu eilen. *Es waren niemals nur zehn. Von Anfang an nicht.* Diesen Verrat würde Güldenwand niemals überstehen. Die Stadt war dem Untergang geweiht. *Von heute an werde ich jeden Barbaren töten, der mir unter die Augen tritt!*

»Ihr Edelmut
ließ sie sich opfern,
einer für den anderen,
damit der Bessere überlebte.«

Tark Draan (Geborgenes Land), nordwestlich von Dsôn Bhará, 5434. Teil der Unendlichkeit (6310. Sonnenzyklus), Frühling

Samusin, Gott des Ausgleichs, zeige uns einen Ausweg! Saphôra hatte sich eine Schlaufe im Seil geformt, sodass sie einen Fuß einhaken konnte und sich nicht die ganze Zeit über festhalten musste. Sie pendelte schräg neben Ôdaras, etwa vier Schritte entfernt und drei unter ihm.

Der Schein der Fackel wurde spärlicher, das Material war so gut wie verbraucht.

Doch was nützte es, die Höhlendecke und die Wände zu erkennen, wenn sich unter ihnen ein unendlicher Abgrund auftat?

Saphôra hatte schon einiges in ihrem Leben als Kriegerin erlebt und überstanden, aber in einer solch ausweglosen Lage befand sie sich zum ersten Mal.

»Ich werde versuchen«, rief Ôdaras zu ihr hinab, »emporzuklettern, an dem Stein hinauf, bis zur Decke.«

»Willst du dich mit dem Schwert nach oben durchgraben?« Ihr tat der Spott sogleich leid.

»Wenn die Decke ähnlich nachgiebig ist wie der Boden, könnte ich mich durchhacken, und du kannst mir danach folgen«, erklärte er. »Ich binde das Seil zu meiner Sicherung um, dann kann nichts geschehen, außer einem schmerzhaften Ruck nach einem kurzen Fall.«

»Was, wenn deswegen die Decke einbricht und uns in die Tiefe reißt wie Deinôa?« Sie sah, wie Ôdaras das Seilende zu sich zog.

»Wie lange willst du hier hängen?«, erwiderte er herausfordernd. »Unsere Kräfte werden schwinden und dann fallen wir. Lieber komme ich bei dem Versuch um, einen Ausweg zu finden.«

»Du hast recht. Ich sollte das auch versuchen. Mal sehen, wer von uns beiden zuerst nach oben durchgestoßen ist.« Saphôra klemmte die Fackel zwischen die Zähne und umfasste das Seil mit beiden Händen, um weiter nach oben zu klettern.

Sie hatte sich zwei Schritte nach oben gearbeitet, als es einen Ruck gab.

Saphôra hielt inne und starrte hinauf. Die Schlinge war abgerutscht und hatte an einer tieferen Gesteinsnase erneut Halt gefunden. *Samusin, mein Dank ist dir gewiss,* dachte sie erleichtert.

Doch das Aufatmen währte kurz: Das Seil glitt unablässig über den feuchten Stein nach unten, wie sie spürte.

Sie nahm die Fackel aus den Zähnen. »Ich muss übersteigen«, rief sie hastig und versetzte sich in Pendelbewegungen. Sie musste in Kauf nehmen, dass die Schlinge dabei abrutschte oder der Stalaktit unter der Belastung abbrach.

»Was meinst du damit?«

»Das Seil hält nicht länger«, sprach sie abgehackt, steckte sich die Fackel erneut zwischen die Zähne und nahm wieder Schwung. Es dauerte viel zu lange, bis sie in greifbare Nähe von Ôdaras Seil gelangte.

Bei der nächsten Vorwärtsbewegung verlor die Schlinge den Halt.

Saphôra ging ungewollt in den freien Fall über. *Ich werde nicht in die Endlichkeit ziehen!*

Sie streckte die Arme aus – und bekam den letzten Zipfel des zweiten Seils zu fassen.

Sie packte zu und hielt sich fest.

Durch ihr heftiges Übersteigen verursachte sie ein Pendeln, was Ôdaras mit einem lauten Fluch bedachte. Der Qualm der Fackel brannte in ihren Augen, aber sie war nicht gewillt, die kärgliche Lichtquelle aufzugeben.

»Nicht bewegen«, schrie der Alb zu ihr hinab. »Das Schwingen lockert sonst auch diese Schlinge.«

Sicherlich. Saphôra verdrehte die Augen und erklomm so behutsam wie möglich den Strick. Sie wollte sich auf die gleiche Höhe wie Ôdaras begeben, um zu verhindern, dass er das Seil kappte und sie dem Untergang preisgab.

»Hast du nicht gehört!? Du sollst warten!«

Saphôra erreichte ihn und hing Auge in Auge mit Ôdaras, dann nahm sie die Fackel aus dem Mund. »Hier ist es mir lieber. Da fühle ich mich weniger alleine«, sprach sie mit ätzendem Unterton.

Beide sahen hinauf, zur Schlinge und zum Stalaktiten.

»Anseilen werde ich mich nicht mehr können«, schätzte der Alb.

»*Einer* von uns *wird* es können«, verbesserte sie. »Bist du ein guter Kletterer?«

»Gut genug, um an einem nassen, brüchigen Kalkstein zu hängen und mich sicher dabei zu fühlen?« Er blickte ihr in die Augen. »Ebenso wenig wie du.«

»Du schlägst vor, dass sich *keiner* von uns beiden absichert und die Götter entscheiden sollen?«, erriet Saphôra seine Gedanken.

»Das wäre ausgewogen.«

»Aber du stammst aus Dsôn Sòmran. Ich dachte, du seist das Klettern gewohnt?«

»Wir hatten Treppen, Rampen und Fahrstühle«, erwiderte Ôdaras trocken und war offenkundig nicht gewillt, ihr das Seil ohne Weiteres zuzusprechen.

Saphôra sah hinauf. Bis zur Decke waren es geschätzte dreißig Schritte an dem glitschigen Stalaktiten hinauf. »Bevor wir uns die Mühe machen, sollten wir prüfen, ob es nicht sinnvoller ist, zum Eingang des Tunnels zu steigen.«

»Wo die Bestie lauert«, fügte er an.

»Sie zeigte sich nicht und lärmte lediglich«, dämpfte sie seinen Einwand. »Sie wird annehmen, dass wir abstürzten.«

»Die meisten Scheusale verfügen über einen guten Geruchssinn. Warum sollte es bei diesem anders sein?« Ôdaras nickte nach unten. »Es wird regungslos lauern und abwarten und hoffen, dass wir dumm genug sind, einen Fuß in den Stollen zu setzen.«

»Und wir wären dumm, in die Höhe zu steigen, ohne zu prüfen, wie es sich mit dem Gestein der Decke verhält.«

Sie drückte ihm die Fackel in die Hand, dann zog sie einen Dolch, nahm Maß und schleuderte ihn unter Aufbietung all ihrer Kräfte nach oben.

Die Waffe surrte davon, traf mit der Spitze voran gegen den Felsen und prallte ab, ohne einen Kratzer darin zu hinterlassen, wenn Saphôra ihre Augen nicht täuschten.

Ôdaras verzog missmutig das Antlitz. Er wusste, was es bedeutete. Nun blieb ihnen lediglich der Tunnel.

»Nachdem wir beide zum Entschluss gekommen sind, uns unnötige Arbeit zu ersparen, kommen wir zur nächsten Frage.« Saphôra wies auf den Eingang.

»Wer der bessere und geschicktere Kämpfer von uns beiden ist.« Der Alb betrachtete sie. »Ich besiegte dich öfter als du mich.« Er wollte sich ans Absteigen machen, aber sie hielt ihn am Arm fest.

»Jedoch nur mit dem Speer. Mit dem Schwert war ich dir überlegen.«

»Zwei Siege Vorsprung, mehr nicht.«

»Und doch ein Vorsprung.« Saphôra lächelte schwach. »Lass mich vorgehen, Ôdaras. Ich zeige der Bestie, dass sie sich die falschen Happen aussuchte, und wenn sie sich an mir die Zähne ausgebissen hat, magst du ihr den Rest geben.«

Der Alb lachte. »Schön. Aber ich werde dir dicht auf den Fersen sein.«

»Solange du mich nicht beim Ausholen behinderst.« Saphôra begann mit Pendelbewegungen.

»Was tust du?«

»Wie soll ich sonst bis zum Vorsprung …«

Es ruckte erneut.

Das Seil rutschte ab und blieb an einer leichten Krümmung des Stalaktiten hängen. Das darauf folgende, leise Knacken bedeutete nichts Gutes.

»Wir sind zu schwer«, raunte Ôdaras, als würde ein lautes Wort das Brechen beschleunigen.

»Aber wir können nichts mehr an Ballast abwerfen, außer unseren Waffen und Rüstungen«, erwiderte Saphôra und blickte zum Stolleneingang. Noch reichte die begonnene Pendelbewegung nicht aus, um sie bis dorthin zu schleudern.

Erneut knirschte es über ihnen, ein Steinchen sprang vom Kalkgebilde ab.

Ich schwor, dass ich nicht sterben werde. »Da! Sieh doch! Die Bestie erklimmt die Wand!«, rief Saphôra.

Ôdaras wandte alarmiert den Kopf.

In einer fließenden Bewegung zog Saphôra ihren zweiten Dolch und stach ihn von unten durch die schmale Lücke zwischen Helm und Halsbeuge.

Der Alb starrte sie an, die Augen weit aufgerissen. Blut lief aus seinem geöffneten Mund und erstickte den Schrei, doch er umkrampfte unnachgiebig das Seil – und rüttelte daran.

»Wirst du wohl aufhören?«, schrie sie und versetzte ihm Ellenbogenschläge ins Antlitz, brach ihm die Nase mehrfach.

Doch Ôdaras ließ nicht los. Er schien seine Mörderin mit in die

Endlichkeit nehmen zu wollen. Über sein blutverschmiertes Antlitz huschten die schwarzen Wutlinien.

Dann eben so. Saphôra griff um, packte mit der Linken das Seil über Ôdaras Finger, zog den feuchten Dolch aus dem Hals und zerschnitt den Strick.

Der sterbende Alb schoss in die Tiefe. Er zog eine Bahn aus Blutperlen hinter sich her, riss die Fackel mit sich und wurde kleiner und kleiner, bis das Licht erlosch.

»Du sagtest doch: Lieber komme ich bei dem Versuch um, einen Ausweg zu finden«, rief Saphôra ihm keuchend nach und verstaute den Dolch. Sie zog sich mit beiden Händen am Strick hoch, der ihr nun ganz alleine gehörte – und sah nichts.

Absolut nichts.

Wie soll ich jetzt zum Eingang gelangen?

Über ihr erklang ein leises, für ihre Ohren jedoch zerstörerisch lautes Knistern.

»Um den ~~Feind zu stellen,~~
und töteten furchtlos
jegliches Scheusal,
das sie hinderte.«

Tark Draan (Geborgenes Land), nordwestlich von Dsôn Bhará, 5434. Teil der Unendlichkeit (6310. Sonnenzyklus), Frühling

Enden die Kopfschmerzen jemals? Phasâlor stieg die Zackenkrone abwärts und näherte sich dem Loch, das sie als vermeintlichen Eingang ins Zwergenreich ausgemacht hatten. Es tat nicht wirklich weh, aber das Hämmern und der Druck in seinen Ohren lenkten ihn zu sehr ab.

Er eilte, das Herz pumpte gegen die Höhe an, und auch die Lungen gerieten an die Grenze ihrer Belastbarkeit. Doch es gab keine Zeit zu verlieren.

Phasâlor nutzte den Speer als Stütze auf dem tückischen Untergrund, rutschte über das Eis und wünschte sich einen Schild, um sich daraufzusetzen und ihn als Schlitten zu gebrauchen. *Das ginge noch schneller.*

Er gelangte in einen Hohlweg, wie ihn Niederschlag und Schmelzwasser in vielen Teilen der Unendlichkeit gegraben hatten; die Felsränder erhoben sich weit hinauf und erinnerten den Alb an einen abgerundeten Kanal.

Mehr als zweihundert Schritte waren es nicht mehr. Er hatte gehofft, dass ihm Saphôra, Deinôa und Ôdaras unterwegs entgegenkamen, doch den Gefallen taten sie ihm nicht. *Sollte es dort wirklich Gänge geben, bete ich zu Samusin, dass sie nicht zu weit vordrangen. Der Benàmoi wartet.*

Phasâlor musste sich mit kleinen Schritten über den vereisten Boden vorantasten. Diese Strecke des Weges hatte sie beim Aufstieg bereits stark behindert.

Plötzlich blieb er stehen.

Wozu brauche ich einen Schild? In dieser Rinne geht es auch ohne. Er machte einen großen, kraftvollen Ausfallschritt und hielt das Gleichgewicht; die Sohlen glitten vielversprechend, ohne zu haken oder hängen zu bleiben über das glasige Oberfläche.

Seine Reise nahm Geschwindigkeit auf. Immer schneller rauschte er hinab, steuerte mit dem Speer sowie ausgleichenden Bewegungen und verhinderte, dass er sich um die Achse drehte oder in den Biegungen gegen die scharfkantigen Felswände prallte.

Trotz des Fahrtwindes vernahm er das Grollen, das ihm durch den Hohlweg entgegenrollte. Aufgrund der Windungen sah er nicht, worauf er sich zubewegte, doch als der Boden unter ihm erbebte, ahnte er, dass es nichts Kleines sein würde.

Phasâlor versuchte nicht einmal, die Reise zu verlangsamen, sondern nahm den Speer wie zu einem Reiterangriff, um den Gegner abzuwehren.

Als er um die nächste Kurve schoss, erblickte der Alb ein gelbgeschupptes Wesen, das die Merkmale von Wurm und Drache aufs Wunderlichste in sich vereinte. Die kurzen Vorderläufe schienen eher zum Graben zu taugen als zum Laufen. Er sah es nicht in ganzer Länge, aber schätzte den Umfang auf zwölf Schritt, an dem es unmöglich ein Vorbeikommen gab.

Was ist das für ein Scheusal? Ein Bergwurm?

Brüllend riss es sein kurzes, zahnbewehrtes Maul auf, eine lange schwarzblaue Zunge kam zum Vorschein.

Phasâlor verfluchte die Elben. *Sie werden ihn garantiert geweckt und auf unsere Fährte gehetzt haben.*

Da entsann er sich des Lochs im Boden: Es gab keinen Eingang zu den Unterirdischen! Das Loch führte gewiss in die Behausung dieses Scheusals.

Stinkender Atem brandete heiß gegen den Albveteranen, und die Schnauze öffnete sich weiter.

Das hast du dir so gedacht, nicht wahr? Dass ich dir in den Schlund gleite. Blitzschnell entschied sich Phasâlor gegen einen Angriff und für eine List.

Kurz vor dem Zusammentreffen mit dem Monstrum senkte er den Speer und rammte ihn ins Eis. An dem langen Schaft katapultierte er sich in die Höhe, dicht an den zuschnappenden Kiefern vorbei, zog im Flug die Schwerter – und landete auf dem wurmähnlichen Wesen.

Er rammte die geschliffenen Spitzen durch die gelben Schuppen, die erstaunlich leicht zu durchstoßen waren, und senkte die Klingen bis zum Heft unmittelbar hinter dem Kopf in den muskulösen Leib

Das Scheusal brüllte kläglich und zuckte heftig, nach einem langen Schnaufen lag es still.

Phasâlor lachte auf. *Das war leicht.* Jetzt musste er herausfinden, wie es um seine drei Freunde stand. Er zog die beiden Waffen mit einem Ruck aus dem Körper.

Kochend heißes Blut sprühte in Fontänen aus den Stichen und traf den Alb mit voller Wucht.

Nein, ihr Götter! Phasâlor war geblendet. Die Flüssigkeit verbrannte seine Haut, die Lippen, die Hände und spülte ihn von den Beinen.

Schreiend lag er auf dem Rücken der toten Bestie und wollte sich das verheerende Blut aus dem Antlitz wischen, aber das Fleisch an Fingern und im Gesicht löste sich durch die Wirkung von den Knochen. Er verlor vor Schmerzen die Besinnung und rutschte seitlich hinab.

Der Alb lag eingeklemmt zwischen den warmen Schuppen des Wurms und der Felswand.

Das Blut sprudelte auf ihn herab und setzte das Vernichtungswerk an Phasâlor fort, der aus seiner Ohnmacht nicht mehr erwachte.

Anthôras stürmte voran, schwang die Klingen und attackierte die Elben, die mit ihren schneebedeckten Mänteln und Rüstungen wie Eissoldaten scheinbar überall aus den Verwehungen herausstiegen.

Keiner von euch wird diesen Splitter der Unendlichkeit überstehen! Das Herz raste in seiner Brust, während er wirbelte, hackte und um sich drosch.

Der Schwindel kehrte bereits nach dem vierten Schlag zurück. Anthôras keuchte und sog den Atem wie ein Ertrinkender ein, seinen Attacken fehlte jegliche Eleganz. Er arbeitete sich mit stetig kleiner werdendem Gesichtsfeld durch die Umrisse, die auf ihn eindrangen.

Anthôras roch das Blut, es sprühte in das Weiß. Er musste sich zusammenreißen, nicht auf das kunstvoll-willkürliche Muster zu achten, das dabei entstand. *Ich erkenne es ohnehin kaum.*

Da fuhr die erste Klinge in seinen Oberschenkel, und er schrie zum ersten Mal.

Anthôras schlug nach dem Gegner, der seiner Aufmerksamkeit entgangen war, und der Hieb des erbeuteten Elbenschwerts köpfte den Feind so leicht, als wäre der Hals aus Butter. *Verreckt! Verreckt alle!*

Der brennende Schnitt erschwerte ihm das Bewegen zusätzlich, doch er verteidigte sich weiterhin mit tödlicher, wenn auch ungeschickt anmutender Genauigkeit.

Durch die aufkommenden feurigen Kreise vor Augen sah er die schwarzen Rüstungen Modôias und Artâgons. *Sie stehen auch noch! Gut.*

»Tod den Elben!« Anthôras wehrte ein Schwert ab und durchbohrte einen weiteren Angreifer, bekam dafür einen Stich in die Seite und musste vor Schmerz und Atemnot auf ein Knie sinken.

Durch das Reiben der feindlichen Rüstungsteile wusste er, wo sich der nächste Gegner befand und schlug nach rechts, ohne hinzusehen. Sein Elbenschwert durchdrang den gegnerischen Harnisch und tötete den Krieger, verhakte sich jedoch dabei, sodass Anthôras die Klinge freigeben musste.

Der sterbende Elb sank gegen ihn und warf ihn um, klammerte

sich vergehend an Anthôras, um ihn festzuhalten und anderen die Gelegenheit zu verschaffen, den Alb zu erschlagen.

Doch es kam niemand, um ihm die Klinge durch den Hals zu ziehen.

»Anthôras!«, hörte er Artâgon brüllen.

Er wollte antworten, dass er nur verletzt sei und dass er den Elb gleich von sich gewälzt hatte.

Doch der Tote schien hundert Zentner schwer.

Verfluchte Höhe. Meine Kräfte lassen zu sehr nach. Er atmete tief ein und aus, um gegen die Feuerräder anzukämpfen. Auch der Schwindel wich, und Anthôras sah wieder klar.

»Gleich bin ich wieder da, Benàmoi«, rief er, so gut es ging. Aus seiner Seite sickerte Blut, doch der Stich fühlte sich nicht tödlich an. »Ich komme!« Er packte den Leichnam mit beiden Händen an der Schulter und wollte ihn von sich schieben.

Mit einem Scharren warf sich eine kleine Gestalt unvermittelt oben auf den Toten und drückte ihn zurück auf Anthôras. »Verfluchte Schwarzaugen!« Der Hirtenjunge hielt einen Elbendolch stoßbereit in der Hand, in seinen Augen leuchtete der Hass. »Stirb!«

Er? Anthôras vermochte sich vor Verwunderung nicht zu rühren.

Der Barbar hingegen zögerte nicht und rammte die Klinge in den Hals des Albs.

Der Stich war nicht gut gezielt und traf zu weit rechts, um tödlich zu sein. Da der Junge aber als zusätzliche Last auf dem Elbenleichnam hockte, vermochte Anthôras nicht, beide von sich zu stoßen. Also täuschte er vor zu sterben und lag still, auch wenn der Schmerz ihm die Tränen in die Augen trieb.

Der Hirte fiel darauf herein und riss den Dolch heraus. »Ich schneide dir die Augen raus, du Bestie«, keuchte er.

Wie gelangte er auf diese Seite der Schlucht? Anthôras hielt sich für einen Kopfstoß bereit. *Einerlei. Der Helm wird seinen Schädel brechen, und dann …*

Ein Schatten fiel auf ihn, dann ragte ein Elb hinter dem Hirten in die Höhe. »Gib acht! Er ist nicht tot.« Die Schwertspitze legte sich an den Halsansatz des Albs. »Seine Augen sind noch schwarz. Wenn er stirbt, verlieren sie die Trübung.« Er stellte den Fuß auf den Rücken des toten Kriegers und erhöhte den Druck. »Du wirst gleich sehen, was ich meine.«

Anthôras gab sein Schauspiel auf und sah den Barbaren an. »Verräter! Dafür wird deine Familie sterben!«, zischte er.

»Es war nicht meine Familie«, erwiderte der Junge höhnisch. »Meine Sippe lebt an einem anderen Ort. Ich sollte bei ihnen in die Lehre gehen, aber sie behandelten mich wie einen wertlosen Sklaven. Ich bin froh, dass sie von den Nachtmahren gefressen werden!«

Der Elb sah zur Seite und lachte. »Und der nächste von euch fiel soeben. Gleich ist es vorbei.« Er drückte die Spitze tiefer in Anthôras' Haut. »Erzähle ihm ruhig mehr, Junge. Er genießt deine Geschichte.«

»Ich wollte euch von Anfang an vernichten«, sagte der Barbar. »Ich habe den Vorsprung einstürzen lassen, und ich wollte, dass die Funken aufsteigen, damit die Elben euch sehen. Ich habe einen von euch umgebracht, ohne dass ihr es gemerkt habt. Ihr seid sogar meiner falsche Fährte in den Stollen gefolgt.«

»Niemals!«

»Ich schoss sie mit meiner Schleuder in einem unbemerkten Moment dahin.« Der Barbar spuckte Anthôras ins Antlitz. »Ihr seid stolz! Ihr seid überheblich! Und das wird stets euer Untergang sein!«

Der Elbenkrieger wandte erneut seinen Blick auf das Kampfgeschehen. »Junge, bring es zu Ende«, sprach er beunruhigt. »Ich muss eingreifen. Sie ist wieder aufgestanden.«

»Ich kletterte in der Nacht durch die Schlucht, um euch zu folgen und einen nach dem anderen umzubringen.« Der Barbar hob den Dolch. »Das werde ich mit dir beginnen!«

Eine Peitsche knallte, und das Spitzohr schrie eine Warnung, um sich dann zur Seite zu werfen.

Modôia! Anthôras sah die drei Riemen über sich hinwegzucken, die Klingen blitzten im Schein der aufgehenden Sonne.

Der Hirtenjunge wurde zugleich im Arm, im Hals sowie tödlich in die Brust getroffen und sackte mit einem Schmerzenslaut zusammen. Sein Dolch fiel nieder und verfehlte Anthôras um weniger als einen halben Finger.

»Gezücht! Elendes, verdammtes Gezücht!«, schrie der Alb und stieß zunächst den leichteren Leichnam des Barbaren von sich, dann den toten Elben. »Benàmoi! Ich bin da!« Er packte die Schwerter und richtete sich ruckartig auf – dabei bohrte er sich die gereckte Klinge des kauernden Feindes durch den Panzer.

Der Elb hatte hinter einer Wehe Schutz vor Modôias Peitsche gesucht und seine Waffe sichernd in Anthôras' Richtung gehalten.

Noch ist es nicht zu tief. Ich …

Der Gegner sah ihn mit einem kalten Lächeln an und senkte die Schneide mit einer kräftigen Armbewegung in Anthôras Brust, dessen Augen sich im gleichen Moment weiß färbten.

»Nichts vermochte
die Zehn zu entzweien.
~~Ihr Lohn~~ war
der Tod, der ihren Namen trug«

Tark Draan (Geborgenes Land), nordwestlich von Dsôn Bhará, 5434. Teil der Unendlichkeit (6310. Sonnenzyklus), Frühling

Ich lebe noch. Das ist entscheidend. Nur dies. Diese Gedanken wiederholte Saphôra unaufhörlich, während ihre Kräfte schwanden. Sie leckte das Wasser auf, das an ihrem Strick nach unten rann, um nicht zu verdursten. Es schmeckte nach Fels, nach Blut und nach Schuld.

Sie hatte mehrmals darüber nachgedacht, den Fuß aus der geformten Schlinge zu nehmen und sich fallen zu lassen, Deinôa und Ôdaras zu folgen. Doch dann wäre der Tod des Albs ohne Sinn gewesen.

Das darf nicht sein. Saphôra döste, so gut es ging.

Der Schlafmangel gaukelte ihr unentwegt Trugbilder vor, mal von Dsôn Bhará, dann von ihrem letzten Geliebten, von ihrem Zuhause, dann gar den Geruch von Rauch und das Schimmern von Licht sowie wohlige Wärme.

Saphôra musste husten, der eingebildete Qualm peinigte ihre Lungen. *Oder sollte es gar kein Hirngespinst sein?* Sie hob die Lider und sah unter sich.

In der Tiefe glomm es.

Feuer hatte sich ausgebreitet und fraß sich seinen Weg eine aufgeschüttete Halde hinauf, deren oberes Ende keine elf Schritte von Saphôras Füßen entfernt lag

Die Albin erwachte schlagartig. *Die Fackel.*

Vermutlich hatten deren letzten Funken eine Kohleschicht in Brand gesteckt, und die Flammen breiteten sich nun im Berg aus. Der Einsturz des Höhlenbodens hatte einen natürlichen Hang aufgeschüttet, die Lohen zuckten daran hinauf.

Es gab eine schmale Passage abwärts, auf der es noch nicht glomm oder brannte.

Dort unten … sind das Pfeiler? Saphôra glaubte, am Ende der Halde einen Durchgang zu sehen. Stützpfeiler lagen umgestürzt, aber das Gewölbe dahinter schien noch zu halten. Möglicherweise hatte die Last einen darunterliegenden Gang oder eine Halle der Unterirdischen zum Einsturz gebracht.

Mein Ausweg! Ôdaras, du starbst nicht umsonst. Ein Sturz über elf Schritte in die Tiefe stand ihr bevor, danach würde sie über scharfkantige Steine rutschen, sich Schnitte und Abschürfungen zuziehen. *Bleibe ich hier hängen, werde ich ersticken oder von den näher rückenden Flammen gegart.* Sie sah zum Tunneleingang. *Dort lauert die Bestie.*

Ein tiefes Ausatmen – und sie öffnete die Finger.

Der Fall endete schneller als erwartet. Saphôra versuchte, sich abzurollen, so gut es ging, überschlug sich, verlor die Orientierung und schoss durch Feuerfelder.

Die Hitze schnürte ihr den Atem ab, knisternd vergingen Strähnen ihrer Haare, die unter dem Helm hervorgeschaut hatten. Als der Mantel in Brand geriet, streifte sie ihn schreiend ab und rutschte immer noch die Schräge hinab.

Dann prallte sie auf festen Untergrund und kam endlich hustend zum Liegen.

Saphôra tat alles weh. Sie zwang sich auf die Füße und erhob sich, griff zum Schwert, um sich verteidigen zu können oder wenigstens den Anschein zu erwecken, wehrhaft zu sein. Die Rüstung hatte sie vor tiefen Wunden bewahrt, aber das mit Tionium verstärkte Leder sah geschunden aus; etliche Segmente waren herausgerissen.

Das Licht des Feuers beleuchtete die Reste einer eingestürzten, verwüsteten kaminartigen Halle. Eine Treppe zog sich an einer Seite hinauf, so hoch, das sie den Endpunkt nicht erblickte. Eine große Tür führte hinaus, an der anderen Seite befanden sich mehrere Truhen sowie ein großer Schrank.

Wohin bin ich geraten? Saphôra schwankte zu den Kisten und fand darin getrocknete Vorräte, sorgsam in Wachstuch eingeschlagen. Der Schrank beherbergte verschiedene Schriftstücke, aber die Schriftzeichen ergaben für sie keinen Sinn. Die Sprache der Unterirdischen.

Sie verschlang einiges von dem Essen, auch wenn sie mehrfach würgen musste. Es schmeckte grauenvoll, gab ihr jedoch Kraft zurück; nur den Käse musste sie liegen lassen.

Sie vermutete, in eine Wachkammer geraten zu sein. Die Treppe führte sicherlich zu einem verborgenen Ausguck, um das Steinerne Gebirge zu überblicken.

Es wird nicht lange dauern, und sie werden nachsehen, was das Rumpeln zu bedeuten hatte, überlegte Saphôra kauend. Das Bier aus dem Fass schmeckte unglaublich stark, malzig und wärmte ihren Magen von einem Herzschlag auf den nächsten. Sie wusste nicht, welcher Geschmack der Schlimmste war.

Sie musste von hier verschwinden. Noch fühlte sie sich nicht in der Lage, einen Kampf gegen eine Übermacht zu bestehen. Anschließend, wenn sie sich ausgeruht hatte und die Blessuren verheilt waren, konnte sie zur Zackenkrone aufbrechen.

Saphôras Blicke fielen auf die Treppe. *Das wäre der einfachste Ausstieg.* Sie überschlug, wie lange sie sich bereits im Berg befand. *Die anderen werden weitergegangen sein, und mir bliebe nichts anderes übrig, als mit einem Stapel Elbenleichen vor die Aklán zu treten.*

Mochte es die Wirkung des Trunks oder der Ehrgeiz einer Veteranin sein: Saphôra beschloss, sich das Reich der Fünften genauer anzuschauen und eine Karte anzufertigen.

Ich werde die Eroberung vorbereiten. Sie raffte noch mehr Proviant zusammen und stopfte ihn in einen Sack, den sie in einer Truhe fand.

Dann öffnete sie die Tür und huschte hinaus, um sich in einem Gang wiederzufinden, in dem Öllämpchen auf kleinster Flamme brannten.

Schon vernahm sie dunkle, raue Stimmen aus der Entfernung. Die Unterirdischen nahten, um dem Krach auf die Spur zu kommen.

Saphôra wählte die entgegengesetzte Richtung.

Ihr Plan vom Auskundschaften des Gebirgsreichs nahm alsbald eine deutlichere Form an: Sie wollte den Durchgang zum Steinernen Torweg finden.

Wieso zurück nach Dsôn Bhará? Vielleicht bin ich es, der die Albae aus Ishím Voróo zu Tausenden nach Tark Draan führt, und nicht Artâgon?, dachte sie lächelnd. *Das wäre eine Rückkehr nach meinem Geschmack.*

»Elb um Elb fiel,
ihr Blut tränkte den Schnee.
~~Die Zehn er~~rangen
einen großen Sieg,
~~und verloren dabei nicht ein Leben.~~«

Tark Draan (Geborgenes Land), nordwestlich von Dsôn Bhará, 5434. Teil der Unendlichkeit (6310. Sonnenzyklus), Frühling

Modôia verlor die Übersicht, aber nicht ihren Überlebenswillen. *Niemals bekommt ihr mich!* Loser Schnee stob und flirrte um sie herum, Klingen zuckten auf sie zu.

Sie folgte blind ihrem Kampfsinn. Das Denken war ausgeschaltet, sie handelte nach Gefühl, nach den Geräuschen, die sie umgaben.

Für die Peitsche gab es auf die kurze Entfernung keinen Verwendungszweck. Daher nutzte sie ihre Dolche und stach um sich, blieb dabei stets dicht an den Elben, damit sie die langen Schwerter nicht wirkungsvoll einzusetzen vermochten.

Die von ihr Getöteten nutzte sie als Schild, stieß sie gegen heranstürmende Gegner, schmiegte sich an den nächsten Feind und durchbohrte ihn tödlich, um von ihm wegzugleiten und in dem Gestöber aus flirrendem Schnee und blitzenden Schneiden hinter dem nächsten aufzutauchen.

Nimmt das kein Ende? Sind es gar Hunderte?, dachte sie und hechelte nach Luft. *Oder kommt es mir wegen der Anstrengung so vor?*

Ihr Fuß glitt auf dem Eis aus, und Modôia stürzte einem Elb vor die Füße, den ihr Dolch bereits verwundet, doch nicht getötet hatte.

Der Gegner starrte sie an und holte mit dem Schwert aus.

Modôia befahl ihrem rechten Arm, den Dolch zu schleudern, doch ihr Körper reagierte viel zu langsam. *Er wird mich treffen!*

Artâgon stand plötzlich neben dem Elb und ließ den Streitkolben von unten gegen sein Kinn krachen, das sich daraufhin zusammenschob. Ein Schwall Blut schoss aus dem Mund des Getroffenen, er wurde durch die Wucht nach hinten geschleudert und blieb liegen.

Artâgon sah auf Modôia hinab. »Anthôras ist gefallen, und wir haben noch«, er wehrte den Stoß eines heranspringenden Elben ab, »vier Gegner vor uns. Ich kann fast nicht mehr.« Er setzte die Schulter ein, rammte sie dem Angreifer gegen die Brust und brachte ihn zu Fall, während er gleichzeitig in die Knie ging und den Streitkolben schwang.

Als der Elb rücklings in den Schnee fiel, klatschte ihm das schwere Ende gegen den Hals und zertrümmerte die Kehle.

Artâgon verharrte in der Position, hustete und röchelte erstickt. »Drei für dich«, kam es über seine gesprungenen Lippen. »Schaffst du das?«

Modôia richtete sich auf und nahm die Peitsche, löste die Schutzkappen von den Klingen. Ihr Blick fiel auf den Hirtenjungen, der halb auf Anthôras lag und mit dem Dolch ausholte. *Wie gelangte er zurück?* Ein Elb stand schräg neben ihm und sah zu ihr. »Er ist noch nicht gefallen«, sagte sie freudig und schlug zu.

Das Spitzohr warf sich in Deckung.

Die Riemen schnellten voran und trafen den kleinen Barbaren tödlich.

Anthôras nutzte die Gelegenheit. »Gezücht! Elendes, verdammtes Gezücht!«, fluchte er und schleuderte den Hirten, dann den Elbenleichnam von sich. »Benàmoi! Ich bin da!« Er richtete sich auf – und wurde vom feigen Elben erstochen.

In Modôias Antlitz zogen die Wutlinien auf. *Als würde dich der lose Schnee schützen!* Sie drehte sich einmal um die eigene Achse, gab dem kommenden Hieb mehr Schwung und führte die Peitsche ein weiteres Mal. »Dein Tod heißt Modôia!«

Der Elb erahnte den Angriff. Zwar verfing sich ein Riemen an seinem blutigen Schwert, das er rasch vor sich hielt, aber die zwei übrigen Schneiden wirbelten durch die Wehe, zerfetzen Hals und Harnisch, samt Fleisch und Knochen darunter.

Wo stecken die zwei, von denen Artâgon sprach? Ächzend drehte sie sich auf der Stelle, den Dolch gereckt und die Peitsche schlagbereit.

Mehr als dreißig Elben lagen regungslos im rotgefärbten Schnee.

»Bist du dir sicher, dass noch welche von ihnen leben?«, rief sie ihrem knienden Gefährten zu. »Es steht keiner mehr.«

»Dann versuchen sie, dich täuschen«, hauchte er. »Oder sie sind zum Pass gelaufen. Achte auf ...« Er kippte zur Seite.

Die Anstrengung. Modôia bewegte sich zu ihm und stellte sich mit gespreizten Beinen über ihn, um ihn vor Attacken zu schützen. »Du musst atmen«, sagte sie und ging in die Hocke.

Das Entsetzen packte ihr Herz und presste es zusammen. Aus drei Wunden im Oberkörper lief sein Blut, es hatte bereits den Mantel und die Stiefel getränkt. »Nein«, wisperte sie und sah sich dennoch um, falls sich ein Angreifer nähern sollte. »Artâgon!«

»Du hast gesagt«, raunte er mit geschlossenen Lidern, »du findest den Weg alleine zurück.«

»Aber du musst mir den Rücken sichern!«

»Geh hinauf zum Pass und sieh nach, ob es noch Elben gibt«, keuchte er. »Töte sie und befolge die Befehle der Aklán. Lass niemanden am Leben.« Er öffnete die Augen. »Das ist ein Befehl.«

Modôia schluchzte auf und küsste ihn behutsam auf den blutigen Mund, wissend, dass ihr Gefährte starb. »Ich werde unserem Sohn von seinem heldenhaften Vater berichten«, sagte sie und küsste ihn ein zweites Mal. Sie sah das freudige Staunen in seinen Augen, die sich weiß färbten, als ihre Lippen sich trennten. *So fährt deine Seele mit Trost in die Endlichkeit, Geliebter.*

Modôia richtete sich auf, klemmte sich seinen Streitkolben unter den Gurt auf den Rücken und ging entschlossen auf den Gipfel der Zackenkrone zu; den Leichen hinter sich, Freund wie Feind, schenkte sie keinerlei Beachtung. Sie hatte den Befehl ihres Benàmoi zu erfüllen. Danach kam die Zeit der Trauer.

Unterwegs sah sie die Fußspuren der vermissten zwei Elbenkrieger, die nach oben führten.

Ich würde euch zu gerne lange leiden lassen. Modôia fühlte sich uralt, gebrechlich und doch aufgeputscht, angespannt und voller Mordlust. *Aber ich beende eure Leben schnell, bevor mir die Kraft gänzlich schwindet.*

Der Gipfel stellte tatsächlich die Form einer Krone dar, die Felszacken bildeten ein Halbrund und einen halbwegs geschützten Bereich im Innern. Eiszapfen hingen daran, Schneehaufen bildeten sich an der windzugewandten Seite.

Und mitten hinein führten die Spuren.

Modôia marschierte durch die Lücke und rechnete jederzeit mit einem Angriff.

Ein Elb lag rücklings vor ihr im niedergetrampelten Schnee. Er bewegte sich kaum mehr, röchelte und blutete heftig aus der Nase; die Augen waren voller geplatzter Adern.

Die Albin lachte. *Die Höhenkrankheit streckte ihn nieder! Verweichlichte Rasse.* Sie blickte sich um und sah Spuren, die auf der anderen Seite hinausführten. *Der letzte Überlebende zog es vor, vor mir zu flüchten.*

Modôia ging zum Durchlass und warf einen Blick von der Zackenkrone nach Norden.

Gebirgsrücken reihte sich an Gebirgsrücken, Schnee und Eis lagerten ogerhoch. Das erstarkende Sonnenlicht machte das Elend aus Gestein und Frost nicht schöner.

Schroffe Schluchten, Hänge, unendliche Todesfallen. Modôia lehnte sich an den Fels. *Ich sehe keinen Pass und keinen Eingang zu einer ...* Ihre Augen richteten sich auf einen schlanken, grünen Flecken, keine vierhundert Schritte unterhalb des Gipfels.

Die Fußspuren des letzten Elben führten darauf zu.

Ein Tal ohne Schnee? In dieser Höhe? Sie kehrte zu dem Elben zurück und wickelte dabei die Peitsche auf, setzte die Schutzkappen auf die Klingen. »Sag, wohin wolltest du mit deinem Pack?«

Er richtete den Blick auf sie und lachte schwach. »Würdest *du* mir Fragen beantworten, Schwarzauge? Ich bin wertlos für dich. Allenfalls mein Todeskampf mag dich ergötzen.«

Modôia musste sich zusammennehmen, um ihn nicht mit dem Streitkolben zu Brei zu prügeln. »Ich könnte dich Rotauge nennen. Nur dass du dazu dein eigenes Blut brauchst und sterben wirst.« Sie legte eine Hand an den Dolchgriff.

»Du kannst mit mir tun, was immer du möchtest, aber du bist zu spät. Sie ist euch und den Kräften des Bösen entkommen«, sprach der Elb glucksend.

»Ich habe sie rasch eingeholt.«

»Mit ihr wird das Geschlecht der Goldenen Ebene neu erstehen.«

Die zweite Schwangere! Modôia fühlte die Zorneslinien ungebrochen auf ihren Zügen. »Was hält mich davon ab, in dieses Tal zu gehen und ihr Kind aus dem Leib zu schneiden?«

»Das gelingt dir niemals.« Der Elb krümmte sich. »Du bist zu spät, Schwarzauge! Du hast keine Vorstellung von dem Zauber, der sie beschützt!«

Zauber? Inàste, worauf bin ich gestoßen? »Das finde ich heraus.« Sie durchsuchte ihn und fand schließlich die Karte, von der die Barbaren des Gehöfts gesprochen hatten. *Wenigstens damit logen sie nicht.* »Du hast Recht: Du *bist* wertlos!« Sie zog die Waffe ihres toten Gefährten. »Dein Tod heißt Modôia.« Sie erschlug ihn mit der gleichen Verachtung wie man ein lästiges, widerwärtiges Insekt zerquetschte.

Danach prüfte sie eilends die Karte, die in der Sprache der Elben verfasst war, um sich an die Verfolgung zu machen.

Zwar verstand sie nicht sämtliche Beschreibungen und Symbole, aber es wurde anhand der Zeichnung deutlich, dass es weder um einen Pass noch einen Eingang in das Reich der Unterirdischen ging.

Soll es im Grauen Gebirge eine … Kolonie der Spitzohren geben? Modôia rollte die Karte zusammen und schob sie unter die Rüstung. *Dahinter verbirgt sich etwas anderes, und ich finde es heraus! Je mehr ich von ihnen zu Tion schicken kann, umso besser!*

Sie fühlte sich ausgeruhter, richtete sich auf und blickte gleichgültig auf den ermordeten Gegner.

Ich erfülle den Auftrag der Aklán und meines Benàmoi. Ich werde die Elbin finden, die uns entkam. Kein Zauber wird mich aufhalten, kein Hindernis und kein Krieger, der sich mir entgegenstellt. Modôia richtete die Augen nach Norden, auf den grünen Spalt. »Und ich schwöre Rache für meinen Gefährten Artâgon«, murmelte sie. *Der Tod der Elbin und ihrer Brut wird seinen Namen tragen.*

Ihre eigene Schwangerschaft würde sie nicht daran hindern. Sie stand ganz am Beginn, und sie würde zurück in Dsôn Bhará sein, bevor sie entband. Modôia trat aus dem Schutz der Zackenkrone und ging auf das Tal zu.

»Und als …«

Tark Draan (Geborgenes Land), Graues Gebirge ...

Vor ihrer Rückkehr stand der Irrweg, das begriff Saphôra rasch.

Sie lief und marschierte, passierte Hallen und Höhlen, Säle und Kammern, Gänge, Tunnel, Stollen, mal prunkvoll, mal schlicht, mal unfertig, mal verlassen und verwaist.

Sie konnte den Bergmaden ein gewisses Können in der Baukunst nicht absprechen und wunderte sich, wie hoch man Hallen ins Gestein schlagen konnte, ohne dass sie einstürzten. Querpfeiler und Streben, alles aus Fels gebrochen und geformt, behauen und verziert – das hatte sie in diesen Ausmaßen nie zuvor erblicken dürfen.

Für Licht sorgten entweder Fackeln oder Ölleuchter und Kohlebecken, die es in verschiedenen Formen und Größen gab; gelegentlich setzten die Unterirdischen Lichtschächte und Spiegel aus poliertem Metall ein, sodass die Helligkeit je nach Beschaffenheit silbrig oder golden in die Räume gelangte.

Saphôra wollte zunächst schnell sein, bis sie sich tief und unrettbar in den Gängen verlief.

Ihre geritzten und gemalten Symbole verschwanden von den Wänden, und die Pläne, die sie unterwegs hektisch aufzeichnete, taugten nichts, wie sie feststellte. Ihr Volk war nicht für das Leben unter Tage gemacht. Das Graue Gebirge wurde ihr Verlies, Saphôras Zeitgefühl schwand.

Die Albin stahl, was sie zum Essen benötigte, und vermied es überwiegend, die Unterirdischen zu töten, auf die sie traf; falls es nicht anders ging, ließ sie die Körper in Schächten verschwinden. Sie wollte keine Aufmerksamkeit erregen.

Wo immer sich die Gelegenheit bot, raubte sie Zeichnungen von Höhlen aus den Kammern, ohne zu wissen, wo sich diese Orte überhaupt befanden. In verlassenen Schmieden besserte sie ihre Rüstung aus, nähte sich neue Kleidung aus dem, was die Unterirdischen sonst nutzten und empfand den Stoff als grob, kratzig und von minderer Güte. Doch er hielt immerhin, und sie musste nicht frieren, wenn sie freiliegende Schluchten und Täler passierte.

Es war ohnehin wärmer im Reich der Unterirdischen, als sie angenommen hatte.

Und Saphôra stellte zu ihrer großen Zufriedenheit fest, dass es weitaus weniger Bergmaden gab, als sie in Dsôn Bhará vermuteten.

Ihre Zahl wurde sicherlich durch die giftigen Gase geschmälert, die sie mehrfach auf ihrer Wanderung wahrgenommen hatte und denen sie knapp entkommen war. Ein längerer Aufenthalt darin, und die Lunge würde unwiderruflich Schaden nehmen. Sicherlich harrten die sturen Unterirdischen dennoch auf ihren Posten aus und verendeten scharenweise.

Irgendwann gelangte Saphôra zurück auf einen sehr breiten Weg. Die Luft roch nun kaum noch nach Fels und Mineralien, Feuer, Schlacke oder Salz.

Ich bin in der Nähe eines Ausgangs, schloss sie und sah sich um, drückte sich in den Schatten und verfinsterte mit ihren albischen Kräften das Licht um sich herum. *Doch auf welcher Seite?*

Unterirdische ritten in kleinen Abteilungen auf den mickrigen Pferdchen an ihr vorbei, schwer beladene Karren folgten, auf denen sie Proviant, Petroleum, Lederschläuche und Geschosse für Schleudern transportierten.

Es herrscht Geschäftigkeit. Saphôra pirschte durch die Schatten und folgte dem Tross, der sie durch die breiten Gänge leitete, bis sie durch ein großes Tor ritten und ins Freie gelangten. *Was treiben die?*

Die Albin kauerte sich nieder und sah hinaus auf das gewaltige doppelflügelige Portal aus Granit, das sich im Licht der Nachtgestirne und unzähliger Fackeln erhob. Wachtürme flankierten es, und sie konnte Posten erkennen, die nach Norden spähten, um nahende Scheusale sofort zu melden.

Saphôra zweifelte nicht einen Herzschlag lang. *Das muss der Steinerne Torweg sein.*

Fünf gewaltige Riegel sicherten das Tor, und der Legende nach konnten sie nur durch die Losung eines Unterirdischen aus dem Reich der Fünften in Bewegung gesetzt werden.

Sinthoras und Caphalor hatten die Macht des Dämons auf ihrer Seite, als sie hereinfegten und den glorreichen Feldzug begannen, sinnierte Saphôra beim Anblick des beeindruckenden Bollwerks, das allen Zerstörungsversuchen standgehalten hatte. Es war ein Rätsel, wie es den Tunnelkriechern gelang, solche beweglichen Tore aus purem Granit zu erschaffen.

Ohne einen zweiten Verräter bleibt es unmöglich, diese Festung von außen zu brechen. Saphôra verharrte in ihrem Versteck und beobachtete, was die Unterirdischen taten. *Wollen wir doch mal sehen, ob ich von innen einen Weg finde.*

Der Proviant wurde mit gewaltigen Seilzügen nach oben auf den Wehrgang gehievt, danach folgten die Geschosse und die Fässer, die nach Petroleum rochen. Die Verteidiger bereiteten sich auf einen Ansturm vor.

Sie hörte, wie die Winden der Katapulte oben auf dem Wehrgang knarrend und ächzend gespannt wurden.

Welches Heer wagt in dieser Nacht einen Angriff? Das können nur sehr beschränkte Bestien sein. Saphôra griff auf ihre albischen Kräfte zu und verringerte das Licht der Fackeln, umgab sich mit Schatten und schlich sich behutsam zum rechten Turm. Es war entscheidend, dass sie einen Eindruck von der Anlage gewann.

Sie erkannte nach wenigen Schritten, dass sich die Unterirdischen nach den zaghaft brennenden Flammen umdrehten, dann wechselten sie schnelle Worte. Die Sprache klang für Saphôra hart und unmelodisch, aber immerhin angenehmer als das Grölen eines Óarcos.

Sie bemerkten mich? Die Albin hielt sich für einen Spurt bereit. *Nun, sie kämpfen schon lange genug gegen uns, um die Zeichen zu lesen.*

Da tönte der warnende Ruf »Schwarzaugen!« durch den Innenhof.

Mehrere Hörner wurden geblasen, und sämtliche Tore und Türen, die man verbarrikadieren konnte, schlossen sich innerhalb weniger Herzschläge.

Sie übten es ein. Schlaue Kerlchen. Saphôra sah sich im Hof eingesperrt, während die Verteidiger sich jeweils zu fünft Rücken an Rücken stellten, ihre Waffen und Schilde zogen und mit grimmigen Blicken vorrückten, um der Spur der kleinen Flämmchen zu folgen.

Auf den Wehrgängen zogen Armbrustschützen auf, Speerkatapulte schwenkten herum und zielten suchend hinunter.

Saphôras Herzschlag beschleunigte sich. Das war selbst für eine Veteranin eine große Herausforderung.

Ich muss schneller als sie sein. Sie sah zu den Seilzügen mit den dicken Tauen. *Mein einziger Fluchtweg. Von da kann ich über die Mauer gelangen. Besser in Ishím Voróo landen als von Bolzen gespickt werden.*

Der schwierigste Teil war der Weg zum Seil. Und die ersten Züge hinauf. Der Winkel war für die Katapulte zu steil, und auch die Armbrustschützen würden sich weit über die Zinnen lehnen müssen, um sie zu erwischen.

Inàste und Samusin, zeigt euch ein weiteres Mal gnädig! Saphôra rannte los, Schwert und Dolch gezogen. Umgeben von Schatten, und Angst versprühend, hetzte sie auf das Portal zu. Die Dunkelheit sollte sie vor der Treffsicherheit der Schützen bewahren und die Furcht Lücken in die Linien der Unterirdischen brechen, die keine Waffe sonst zu schlagen vermochte.

Saphôra machte den vierten Schritt und drückte sich ab, um über den ersten Pulk der Unterirdischen hinwegzusetzen und sich auf ihren Schilden abzustoßen – als sie ein Bolzen durch den linken Unterschenkel traf.

Die Albin biss die Zähne zusammen und drückte sich trotz ihrer Verletzung von einer Kante ab, doch dabei brach der Schienbeinknochen endgültig durch.

Nun schrie Saphôra doch, ihre Konzentration verging und die künstliche Finsternis spie sie aus. Bei der Landung stürzte sie, rollte sich ab und kam humpelnd zum Stehen.

Ein zweiter Bolzen fuhr ihr durch den Stiefel in den rechten Fuß, der dritte perforierte den linken Oberschenkel, dann erst stürzte sie und brüllte vor Schmerzen. *Sie wollen mich lebend!* Zwei weitere Geschosse sirrten heran, drangen in die Schultern ein, sodass sie ihre Waffen fallen lassen musste.

Saphôra schaffte es nicht mehr, Angst gegen die nahenden Verteidiger zu schleudern, die Schmerzen verhinderten es. Sie keuchte und stöhnte, stieß Verwünschungen aus.

Sie wurde umzingelt, Speere richteten sich auf sie, und faltige, bärtige Gesichter starrten sie feindselig aus der Deckung hinter den Schilden heraus an. Sie berieten sich in ihrer Sprache, schließlich schob sich ein Unterirdischer durch die Reihen und trat vor.

»Wieso trägst du Kleidung, die aus unseren Stoffen genäht ist?«, fragte er in der Gemeinsprache und zog einen Morgenstern mit nur einer Kugel, an der kleine Klingen anstelle von Dornen saßen.

Sie sehen alle so gleich aus. Saphôra spuckte ihn an. »Ihr werdet gegen uns fallen. Eines Moments der Unendlichkeit sind *wir* die Herren von Tark Draan. Meine Nachfahren werden sich an die Wiegen eurer Kinder schleichen und sie im Schlaf erdrosseln.«

Ein Unterirdischer raunte dem augenscheinlichen Befehlshaber einige Sätze zu. »Wir fanden die Leichen von zweien deiner Art viel weiter östlich bei einem Bergeinsturz. Auch wenn das Zyklen her ist, trugen sie das gleiche Wappen wie du. Und dieses Abzeichen auf ihrem Gürtel. Gehörtest du zu ihnen?«

Saphôra lachte und schrie gleichzeitig vor Pein, Wutlinien zierten ihr Antlitz. »Ich bin dir keine Antworten schuldig, du hässliches Ding!« Sie versuchte, Speichel zu sammeln, aber da knallte der Morgenstern gegen ihre rechte Gesichtshälfte und ließ ihren Kopf herumschnappen.

Teile ihres Helms flogen davon, sie schmeckte Blut und fühlte Luft an den Backenzähnen. Die Schneiden hatten die Wangen aufgeschlitzt. Für die mehrere Lidschläge spürte sie durch die Benommenheit keinerlei Schmerzen.

Der Unterirdische bückte sich und entfernte ihre Schnalle. »Das ist mein Andenken.« Saphôra konnte nichts dagegen unternehmen, dass er ihre Veteranenauszeichnung an sich nahm. »Da du anscheinend ins Jenseitige Land wolltest, erfüllen wir dir deinen Wunsch.« Er gab ein Zeichen.

Die Albin wurde von mehreren Händen gepackt.

Man nahm ihr den Rucksack mit den erbeuteten Karten, den Mantel, die Kleidung, die Rüstung und ließ ihr lediglich das Untergewand. Dann legte man ihr eine Schlinge um den Hals.

»Wir sorgen dafür, dass du nicht laufen musst, Schwarzauge«, höhnte der Unterirdische.

Saphôra wurde unter dröhnendem Gelächter nach oben auf die Zinnen gezogen, wo sie hustend und keuchend auf den Wehrgang geschleudert wurde. Sie dachte gar nichts mehr, nur ans Atmen, an ihren Herzschlag, dann rollten die Schmerzen durch ihren Leib, und sie schrie.

Der Unterirdische mit dem Klingenmorgenstern stand wieder vor ihr. »Ihr Schwarzaugen seid einfach zu zäh. Einem Gnom oder einem Ork wäre das Genick gebrochen, aber nicht dir. Wie gut, dass wir dem gleich noch nachhelfen werden.«

»Ihr werdet untergehen«, ächzte Saphôra. Sie wurde angehoben und auf die Seite des Portals getragen, das nach Ishím Voróo zeigte. Dort wuchtete man sie auf eine Zinne.

»Das schworen viele und sie endeten wie du«, erwiderte der Anführer der Verteidiger dunkel lachend. »Und da kommen bereits die nächsten.«

Saphôra richtete ihren Blick auf den Steinernen Torweg, jene dreißig Schritt breite Straße, auf der sich die frischen und alten Überreste der Angreifer türmten. Verrottende Knochen, faulende Kadaver und frische Leichen lagen übereinander. Es mochten Tausende Óarcos, Trolle, Gnome und Oger sein, die vermoderten und den Krähen als Fraß dienten.

Ich zwischen diesem Abschaum. Das ist unwürdig. Tränen der ohnmächtigen Wut stiegen ihr in die Augen. Der Wind trug ihr Töne zu, die von der aufziehenden Streitmacht stammten.

Saphôra horchte trotz allem Elend auf, und sie lächelte ungläubig. *Das sind ... das sind ... albische Melodien!*

»Verschwinde, Schwarzauge, zu den übrigen Bestien und verfaule zusammen mit ihnen«, sprach der Unterirdische.

Kräftige Finger schoben sie an, über die Kante hinaus, bis sie fiel.

Das Letzte, was Saphôra sah, waren die Überreste eines Óarcos, auf den sie zustürzte, und seinen dreizackigen Speer, den er im Tod emporgereckt hielt.

Und doch glaubte sie vor dem Einschlag in die langen Klingen Modôias Stimme zu hören, die ihren Namen rief ...

Nachtrag zur Ode

Gepriesen seien die Götter, allen voran Inàste!

Ich kann nicht glauben, was geschehen ist, dieses Wunder, diese ... Das Schreiben gelingt mir nicht, ich muss mich sammeln und zu einem späteren Moment zur Tinte greifen!

Nun ist die Zeit gekommen, nach Norden zu blicken und zu reisen. Auf zum Steinernen Torweg! Wenn es wahr sein sollte, wirklich wahr sein, dann ...

Pfeil fliegt,
Pfeil jagt,
Pfeil schießt dahin,
um den Tod zu bringen.
Die Spitze glänzt,
sie flirrt, sie blinkt,
wird den Feind durchdringen.
Der Schütze steht,
betrachtet stumm,
wohin sein Gruß enteilt.
Der scharfen Augen steter Blick
bei dem Flug verweilt.
Der Tod, er trifft,
wohin er gezielt.
Letztes Atmen.
Leben verspielt.

Die drei Pfeilspitzen

Argôlor war einer der besten Krieger, ein Veteran, der für die Unauslöschlichen zahlreiche Teile der Unendlichkeit auf dem Schlachtfeld verweilte.

Seine Schwerter brachten stets die Endlichkeit, ob Barbaren oder Óarcos, ob einem oder eintausend. Sein Ruf wuchs, sein Wappen wurde im Kampf gefürchtet, und schließlich genügte sein Erscheinen, um dem Ausgang einer Schlacht zu entscheiden.

Die Elben sannen nach einer Möglichkeit, Argôlor zu vernichten.

So geschah es, dass sie ihn und seine Einheit während eines Gefechts dorthin lockten, wo sie heimlich ihre besten Bogenschützen versammelt hatten.

Als Argôlor nun heraneilte, um die Todfeinde zu besiegen, schossen sie so viele Pfeile nach ihm, dass sich der Himmel verdunkelte und das Rauschen lauter erklang als ein aufsteigender Vogelschwarm.

Doch lediglich drei Geschosse trafen Argôlor tödlich.

Mit den drei Pfeilen im Herz stürzte er aus vollem Lauf aus dem Sattel seines Nachtmahrs und rührte sich nicht mehr.

Die Elben jubelten, doch noch lauter hallten die Trauerbekundungen des albischen Heers, das dämonengleich über die heimtückischen Elben herfiel und sie abschlachtete. Kein Pfeilhagel, kein Schwert vermochte sie aufzuhalten.

Der größte Moment der Unendlichkeit wurde zugleich der dunkelste für die Albae.

Samusin vernahm das Leid der Albae, sah, wie es Argôlor ergangen war und auf welch schäbige Weise die Elben seinen Tod herbeigeführt hatten.

Er hielt des Kriegers Seele davon ab, in die Endlichkeit zu ziehen, und sprach zu ihm: »Wenn du gewillt bist, in der Unendlichkeit zu verweilen und zugleich die Schmerzen zu ertragen, die in deinem Herzen wohnen, so sollst du leben. Doch solltest du die Pfeile entfernen und dein Blut sie nicht mehr umspülen, wirst du tot danieder sinken.«

Argôlor öffnete die Augen und keuchte vor Qualen – doch er erhob sich, brach die Schäfte der Pfeile ab und kehrte zu seinem Heer zurück, das ihn mit lautem Jubel begrüßte.

Der Krieger zog wieder in die Schlachten und kämpfte für die Unauslöschlichen, als fühle er keine Schmerzen.

Doch die Pfeile schnitten grausam in sein Herz.

Bei jedem Atemzug peinigten sie ihn, bei jeder Bewegung quälten sie ihn und sogar im Schlaf versetzten sie ihm entsetzliche Stiche.

Aber Argôlor widerstand dem Drang, sich davon zu befreien.

Als er nun einmal wieder ins Gefecht zog, begab es sich, das ihm die Schwerter an den vielen Schilden, die er spaltete, und den Waffen, die er zerteilte, zerbrachen. Er warf die Splitter fort und sah sich plötzlich einem Riesen gegenüber, mit nichts in den Händen, um den Hals des Scheusals zu zerschneiden.

Als es zu wüten begann, erinnerte sich Argôlor an die drei Pfeile.

Ob zwei oder drei, es ist einerlei, sagte sich der Krieger und zog sich einen Pfeil mit bloßen Händen aus dem Herzen.

Welch Wohltat es war, von einem Stück elbischen Stahls erlöst zu sein!

Mit der Spitze in der Hand sprang er in die Höhe, erklomm den Riesen und schlitzte ihm die Kehle auf, sodass das Blut sprühte und der Gegner sterbend niedersank.

Und man feierte den Krieger erneut als großen Helden.

Bald befand sich Argôlor mit seinen Truppen auf dem Kriegszug gegen die Elben. Sie überrannten eine Vorhut, um zu verhindern, das sie das Hauptheer vor den anrückenden Albae warnten.

Aber einer entging ihren Klingen, feige schlich er sich davon, und nur ein Pfeil konnte ihn noch erreichen.

Doch die Schützen hatten alle ihre Köcher leergeschossen.

Ob zwei oder eins, es ist einerlei, sagte sich Argôlor und zog sich die nächste Spitze mit bloßen Händen aus dem Herzen.

Welch Wohltat es war, von einem weiteren Stück elbischen Stahls erlöst zu sein!

Er nahm einen Stock und befestigte die Spitze daran, bog einen Ast und verknotete an ihm ein Mähnenhaar des Nachtmahrs – und sandte dem Elben den Pfeil nach.

Argôlor erlegte den feigen Gegner, die Warnung gelangte niemals zum Hauptheer, das bald darauf von den Albae angegriffen und vernichtend geschlagen wurde.

Den Krieger aber feierte man erneut als großen Helden.

So begab sich Argôlor zurück nach Dsôn und in die Arme seiner Gefährtin, um sich von den Anstrengungen auszuruhen. Mit weniger Pein als sonst in der Brust sank er auf dem Bett nieder und schlief sofort ein.

Seine Gefährtin jedoch ließ den besten Heiler des Albareichs kommen, um Argôlor helfen zu lassen.

Während der Krieger schlief, befreite ihn der Heiler von der letzten Spitze.

Argôlor riss im selben Moment die Augen auf und erkannte den Irrtum.

»Gräme dich nicht«, rief er seiner Gefährtin sterbend zu. »Du wusstest nicht, dass ich nur lebe, solange eine Spitze von meinem Blut umspült ist.«

Dann verging er.

Doch seine Gefährtin wusste Rat.

»Wenn dies der Preis ist, dann ist er leicht zu geben.« So nahm sie die Pfeilklinge und öffnete eine Ader in Argôlors Hand, sodass sein Blut in eine Schale rann.

Als sich genug vom Lebenssaft darin befand, gab sie die Spitze hinein und verband die Wunde mit einem Tuch.

Sogleich öffnete Argôlor erstaunt die Augen. Und als er erkannte, was seine Gefährtin getan hatte, um ihn vor der Endlichkeit zu bewahren, schloss er die kluge Albin in die Arme und zog sie dicht an sich. Denn die Auflage des Gottes blieb erfüllt.

So kam es, dass Argôlor von Splitter zu Splitter etwas von seinem Blut in die Schale gab, damit die Elbenpfeilspitze stets damit bedeckt war, um danach hinaus auf das Schlachtfeld zu reiten und für die Unauslöschlichen zu kämpfen.

Und da die Endlichkeit ihn verschonte, so reitet er fortwährend von Gefecht zu Gefecht.

Seine Gefährtin aber wurde Priesterin von Samusin, um seine Güte zu loben und die Albae daran zu erinnern, wie groß die Macht und die Gnade des Gottes des Ausgleich sein kann – und dass man sich darauf verstehen muss, seine Worte auszulegen.

Von Elben, Botoikern und einem Ghaist

der Geschichte erster Teil

Die Erwähnung ihrer Namen löst epische Bilderfluten aus, monumentale Geschichten entfalten sich ungefragt in den Köpfen derer, die den Klang vernehmen:

Sinthoras und Caphalor.

Auch wenn sie unterschiedlicher nicht sein können, so hielten die beiden Albae meist zusammen wie Geschwister.

Sie erlebten Höhen und Triumphe wie die wenigsten unseres Volkes, aber sie durchlitten auch Tiefen, die man sich kaum vorzustellen vermag. Der Verlust von Ansehen und Titel mag dabei noch das Geringste aller Schrecknisse gewesen sein.

Und doch endete ihr Schicksal nicht mit dem ersten Einfall nach Tark Draan.

Vieles, was später geschah, geriet in Vergessenheit, da ihre Zeit als Nostàroi *alles überstrahlte.*

Anderes wiederum wird gelegentlich erzählt, da auch manch kleineres Abenteuer von Bedeutung ist.

Wie dieses, von dem ich nun berichten möchte.

Tark Draan (Geborgenes Land), Menschenkönigreich Urgon, 4372. Teil der Unendlichkeit (5202. Sonnenzyklus), Herbst

»Wir sollten es uns genau überlegen. Denn die Schwäche der Horden wird nicht von Dauer sein.« Fürstin Artaina aus dem Haus Aeghor, eine junge Frau von hübscher Gestalt und mit einer Vorliebe für kostspielige Kleider aus rotem Samt, sah über die Handvoll Männer und Frauen hinweg zum großen Rundfenster hinaus, wo die Ausläufer des urgonischen Gebirges begannen. »Ein Heer wäre die rechte Antwort. Ich würde mich selbst in den Kampf stürzen.«

Die Versammelten am eckigen, aus hellem Holz gefertigten Tisch stießen Laute der Verwunderung und der Ablehnung aus, die in der schmucklosen Halle leise nachklangen und das Knistern des Feuers im großen Kamin überlagerten. Sämtliche Adelshäuser von Rang hatten sich auf die Einladung von Artaina hin eingefunden, um zu beraten – wenn auch der eigentliche Grund ein anderer war als die Überfälle der Scheusale.

Das dachte ich mir. Ihr Zauderer. Artainas Gedanken den Männern und Frauen gegenüber waren ohne Vorwurf, nur voll erfüllter Befürchtungen. Ihre graublauen Augen blieben auf das Land gerichtet, das sich jenseits der großen Fenster sanft geschwungen erstreckte.

Ihre kleine Fürstinnenburg, in der sie sich eingefunden hatten, lag im südöstlichen Teil des Reiches, in der Nähe des Nachbarn Idoslân. Hier gab es nur eine Ahnung der schroffen Massive, die sich nördlicher erhoben und in denen sich Trolle eingenistet hatten.

»Ein *Heer*«, erwiderte Brewart grummelnd. Er war der älteste der Männer, von gedrungenem Wuchs und haarlos. »Wie stellt Ihr Euch das vor, Artaina?« Er nestelte an seinem dunkelbraunen Gewand. »Unsere Häuser sandten die besten Kämpfer bereits gegen die Eindringlinge aus dem Jenseitigen Land, und dort sichern sie immer noch die Grenzen.«

»Habt Ihr diese riesigen Bestien schon einmal zu Gesicht bekommen?«, warf Herton ein. »Es müsste ein gewaltiges Heer sein.« Er sah Beifall heischend in die Runde, erntete jedoch nur Schweigen. Beleidigt langte er nach seinem Weinpokal.

Er ist so kräftig und stark, doch sein Gemüt passt zu dem einer zaudernden Jungfer. »Die Trolle sind ebenfalls Eindringlinge aus dem Jenseitigen Land. Oh ja, ich sah sie!« Artaina nickte und warf ihren langen, braunen Zopf mit einer energischen Bewegung zurück. »Meine Soldaten und ich stellten eine der Bestien, nicht weit von hier, als sie ein Gehöft überfiel. Ich vermute, dass es sich um einen Späher handelte.« Sie schnalzte mit der Zunge. »Versteht doch: Die Trolle werden früher oder später versuchen, ihr Gebiet zu erweitern! Weisen wir sie jetzt nicht in die Schranken, dann …«

»Sind es wahrlich diese Ungeheuer, über die wir uns Sorgen machen sollten, oder nicht eher die Vorgänge westlich von uns?«, warf der blonde Tarslok ein, der ebenso dünn wie gewieft war. Das hellgraue Gewand betonte seine Dürre. Artaina mochte ihn nicht sonderlich, weil er sich auf das Ränkeschmieden zu seinen Gunsten außergewöhnlich gut verstand. »Das vereinte Heer schlug einen Angriff von Orks zurück, die sich auf dem Weg nach Süden befanden.«

»Möge Elria den Menschen dort beistehen.« Brewart vollführte ein Schutzzeichen mit der rechten Hand.

»Das ist mehr eine Sache der Zauberkundigen. Mir wurde berichtet, dass sie einen magischen Schild in Gauragar errichtet haben, um ein Vordringen des Dämons zu verhindern«, warf Markîl ein, der das kleinste Fürstentum führte. Er war nicht besonders schlau, aber treu und vor allem standhaft, wenn eine Entscheidung gefallen war. »Damit halten sie auch die Veränderung des Landes auf.«

»Aber ihre versprengten Truppen ziehen marodierend durch *unsere* Heimat, und das ist Urgon«, rief Herton wütend. »Ich brauche jeden Mann, jedes Schwert, um sie von meinen Vasallen fernzuhalten.« Er sah Artaina an. »Vergebt mir, aber ich kann nicht noch Krieger auf einen wagemutigen Ausflug in tiefes Gebirge senden, um gegen die Trolle zu kämpfen.«

»Sie sind uns dort ohnehin überlegen«, steuerte Brewart bei und wischte sich Schweißtröpfchen von der Glatze. Ihm war sichtlich heiß. »Lassen wir sie dort einfach sitzen und töten sie, sobald sie unseren Städten zu nahe kommen. Oder wir umgeben die Berge mit Pflanzen, die so dicht wuchern und Stacheln haben, dass nichts sie durchdringen kann?«

Artaina beherrschte sich, um nicht zu schreien. *Sie haben nicht begriffen, um was es geht.* »Wenn wir die Trolle gewähren lassen, werden sie …«

»Fürstin«, unterbrach sie Walunbert, der zum ersten Mal die Stimme erhob. Er war der Vermittler zwischen den Häusern, ein besonnener Geist und dabei kaum älter als Artaina. Seine blauen Augen und die schwarze Kleidung hatten eine beruhigende Ausstrahlung. »Wir wissen, wie sehr Euch das Vorhaben am Herzen liegt, aber wir können keinen einzigen Kämpfer entbehren. Der magische Schild ist noch zu schwach. Bis diese Sicherung uns nicht vor den Horden aus dem Jenseitigen Land bewahrt, können wir keine weiteren Soldatenleben mehr gegen die Trolle aufs Spiel setzen. Wir *müssen* die Siedlungen unserer eigenen Hausgebiete beschützen.« Er nickte ihr freundlich zu, eine braune Locke rutschte ihm in die Stirn. »Versteht uns, bitte.«

Auch er? Dann werden meine Worte nicht fruchten. Sie seufzte. »Ihr denkt zu kurz, aber ich kann Euch nicht umstimmen. Das habe ich begriffen.« Artaina legte eine Hand an die Silberkette um ihren Hals, spielte mit dem Anhänger: ein stilisierter Bergluchsschädel, das Zeichen ihres Hauses. »Doch danke ich für Eure wertvolle, kostbare Aufmerksamkeit.«

»Macht Euch nicht lustig«, bat Walunbert versöhnlich. »Wir würden sofort ein Heer aufstellen, doch wir haben keine Leute. Und mit Bauern? Gegen diese Ausgeburten Tions?« Er schüttelte den Kopf. »Kommen wir zu dem, weswegen wir uns eigentlich einfanden: die Wahl des nächsten Königs.« Er sah in die Runde. »Der Herrscher lehnte es ab, vor uns zu erscheinen und sich unserem Votum zu stellen. Er ...«

Der lange, dünne Tarslok erhob sich wie eine fahlweiße Schranke. »König Lanfried von Urgon beruft sich auf die Kriegszeit, in der wir uns befinden«, unterbrach er den Satz zum Erstaunen aller und zog einer Schriftrolle aus einer Mantelfalte. Walunbert nahm sie entgegen und überflog sie. »Er machte mich zu seinem Vertreter«, fuhr Tarslok fort. »Ich handele und spreche in seinem Auftrag.«

»Das hätten wir uns denken können, dass Ihr einmal mehr das Mäntelchen nach dem Wind hängt.« Brewart lachte böse. »Und was bekommt Ihr dafür? Wer von uns muss Land an Euch abtreten?«

Die Versammlung fiel in seine bittere Heiterkeit ein – bis auf Artaina.

Sie kannte Tarslok gut. *Ränkespiele liegen ihm, aber nicht das offene Widersetzen gegen eine Übermacht.* Was ihn geritten hatte, sich unverhohlen auf die Seite des Königs zu schlagen, vermochte sie nicht abzuschätzen, aber es musste etwas Bedrohliches sein.

Tarslok blieb ungerührt. Er hatte offensichtlich mit Spott und Feindseligkeit gerechnet. »König Lanfried von Urgon beruft sich auf das Recht der Beständigkeit, das besagt, dass ein Herrscher so lange auf dem Thron verweilt, bis die Gefahr für das Reich beendet ist.«

»Das kann dauern«, murmelte Brewart und tupfte mit dem Ärmel auf der Glatze herum. »Wie selbstlos obendrein.«

Herton runzelte die Stirn, die Armmuskeln zuckten, als würde er gleich sein Schwert ziehen wollen. »Denkt er allen Ernstes, dass wir *das* hinnehmen?«

Tarslok atmete tief ein und musterte die Adligen. »Von seiner Seite aus ist es beschlossene Sache. Sollte die Versammlung jedoch einen neuen König oder eine neue Königin einsetzen wollen, wird es gemäß der Statuten unseres urgonischen Gesetzes als Verrat betrachtet werden und eine entsprechende Ahndung nach sich ziehen.«

Für die Dauer etlicher Herzschläge lauschte Artaina lediglich dem Entrüstungssturm, der um sie herum losbrach. *Lanfried ist ein Idiot. Er war schon immer machtgierig, aber dass er die Zeit der Not dazu nutzt, sich an den Thron zu klammern, ist schäbig.* Sie war gespannt, ob die Adligen nun plötzlich Soldaten entbehren konnten, um den alten König aus dem Amt zu jagen. *Ich werde mich nicht für ihn aussprechen.*

Walunbert beruhigte die aufgebrachten Gemüter mit beschwichtigenden Armbewegungen. »Es ist sein Recht«, rief er durch den Tumult. »Sammelt Euch und hütet Eure Zungen. Jemand beriet ihn sehr gut, was die Gesetze angeht.« Er rieb sich am Kinn entlang. »Doch wir wissen alle, wie sehr er danach trachtet, diesen Titel für längere Zeit zu tragen.«

»Es wird uns mehr als zehn Zyklen kosten, bis wir die Horden des Bösen aus dem Geborgenen Land vertrieben haben«, gab Brewart zu bedenken. »Damit wäre Lanfried bei seinem fortgeschrittenen Alter ein König auf Lebenszeit.«

»Und er würde seinen Titel im Todesfall an seinen Nachkommen weitergeben, gemäß den Gesetzen«, fügte Tarslok betont ruhig hinzu und steckte die Hände in die weiten Ärmelöffnungen, als würden sich darin Waffen befinden, die er notfalls zu ziehen vermochte. »Das wurde bereits bedacht.«

Artaina sah sich blitzschnell um, aber dieses Mal brach nichts los. Kein Sturm, nicht einmal ein leiser Wind. Die Adligen waren zu fassungslos. *Welcher Gott auch immer Lanfried diesen Gedanken gab, er muss einen Hang zur Zwietracht haben.*

Tarslok lockerte die Arme und räusperte sich in die hohle Hand. »Gut. Dann überbringe ich König …«

»Halt! Nicht so schnell, bleiches Gespenst!«, fiel ihm Brewart ins Wort. »Ich schlage Fürstin Artaina aus dem Hause Aeghor als Urgons neue Königin vor.«

Tarsloks Augen wurden schmal. »Bevor sich ein Edelmann oder eine Edelfrau auf seine Seite stellt: Bedenkt, was es zur Folge hätte, wenn Ihr gemeinsam darüber befindet.«

Walunbert lehnte sich nach vorne. »Welches Ziel verfolgt Lanfried?«

»Was meint ihr?« Tarslok blickte irritiert.

»Ich denke, dass der König mit einem Aufstand gegen sich rechnet, sofern er seinen Verstand nicht verlor.« Walunbert musterte Tarslok. »Ihr habt mit ihm gesprochen. Also: Lasst uns Eure Meinung hören.«

Alle Blicke richteten sich auf den dürren Mann, die meisten davon sprühten vor Hass.

»Das ... darf ich nur verkünden, wenn Ihr ihn in seinem Amt bestätigt«, wand er sich und wich einen kleinen, kaum merklichen Schritt zurück vor der Wut, die ihm entgegenschlug.

»Wenn wir ihn im Amt belassen, besitzt er weiterhin Königsmacht und führt etwas im Schilde, zu dem *wir* ihm erst verhalfen. Sprechen wir sie ihm ab, nimmt er sich die Macht und geht gegen uns vor. So sieht es zumindest für mich aus«, fasste Brewart zusammen, dessen Hemd sich unter den Achseln dunkel vom Schweiß färbte.

Herton nickte zustimmend. »So bleibt es dabei: Ich unterstütze den Vorschlag, dass Artaina ...«

»Einen Moment«, unterbrach ihn Walunbert und sah Tarslok eindringlich an. »Tarslok vom Haus Tarslok, ich kenne dich viele Zyklen. Du warst mehr als einmal Gast in meinem Haus, als Kind und als junger Mann. Daher bitte ich dich, um der alten Zeiten willen: Eröffne uns, was Lanfried plant. Es geht um Urgons Wohl!«

Tarslok rang mit sich. »Ich würde zum Verräter werden.«

»Dazu wurdet Ihr, als Ihr Euch auf die Seite des Wahnsinnigen schlugt. Das Zurückwechseln schützt euch eher«, sprach Brewart leise vor sich hin und legte die rechte Hand stützend an die feuchte Schläfe.

Artainas Nackenhärchen kribbelten. Ihr wurde schlagartig kalt, obwohl die Sonne durch die Fenster hereinfiel. Die Stimmung änderte sich ihrem Empfinden nach von Herzschlag zu Herzschlag. Sie erkannte nun pure, reine Angst in Tarsloks Augen. *Er fürchtet mehr als nur die Rache eines abgesetzten Königs.*

Der junge Adlige setzte sich wieder auf seinen Stuhl. »Ich ... kann es nicht«, raunte er. »Entscheidet, was Ihr tun wollt.«

Walunbert zog die schwarzen Augenbrauen zusammen. »Erpresst Euch Lanfried? Hat er Eure Familie in Gewahrsam nehmen lassen?«

Tarslok sah auf einen Rotweinfleck auf dem hellen Tisch und schwieg, dann sah er langsam zu Artaina.

Die junge Frau musste einen Schauder unterdrücken. *Spiegelt sich Mitleid in seinen Augen? Wieso? Oder ist es Schuld?* Sie wurde nicht schlau aus seiner Miene.

»Verflucht noch eins! Dann will es der alte Tor nicht anders«, polterte Brewart und schlug mit der Faust auf den Tisch. »Mein Vorschlag war: Artaina wird Lanfried im Amt für vier Zyklen nachfolgen, wie es die Gesetze verlangen. Und dabei bleibe ich. Wenn der alte Trottel sieht, dass wir uns nicht einschüchtern lassen, räumt er von selbst den Thron. Darauf wette ich.«

Artaina konnte den Blick nicht vom bleichen Tarslok lösen, der unvermittelt und kaum merklich die Lippen bewegte und lautlos »Lehnt ab!« formte.

»Fürstin, nehmt Ihr an?«, vernahm sie Walunberts Stimme.

Sie zögerte.

Herton lachte auf. »Da haben wir es! Die Drohungen der Bohnenstange zeigen Wirkung.«

»Wenn ich mich vor etwas fürchten würde«, entgegnete sie, ohne den Kopf zu wenden, »hätte ich keinen Zug gegen die Trolle vorgeschlagen.« Tarslok wiederholte seine stumme Botschaft, seine Blick war flehend. »Ich werde mich gegen Lanfried stellen und das Recht befolgen.«

Der dürre Adlige schloss die Augen. Er ließ sich ins Polster sinken und legte die Hände offen in den Schoss.

»Ich stimme für die Fürstin.« Markîl hob den Arm; die übrigen Anwesenden votierten ebenso. Nur Tarslok enthielt sich.

Walunbert atmete erleichtert aus und sah zu Artaina, deutete eine Verbeugung an. »Dann ist es mir eine Freude, Euch zur Eurem Titel zu ...« Er stockte und sah die junge Frau an, die aufrecht an ihrem Platz verharrte, die Augen weit aufgerissen und die Lippen leicht geöffnet.

Aus ihrem rechten Mundwinkel sickerte helles Blut, das über das Kinn rann und auf ihre kostbare Samtgarderobe tropfte. Die Pupillen waren gebrochen, das Leben hatte die Fürstin bereits verlassen.

Die Versammelten sprangen auf und riefen wild durcheinander.

Walunbert sah zu Tarslok, der auf dem Stuhl verharrte und die

Lippen zusammenpresste. »Welches Schurkenstück geht hier vor sich?«

»Das Gespenst hat sie umgebracht!«, schrie Herton außer sich, zog sein Messer und schleuderte es nach dem dünnen Adligen, bevor ihm jemand in den Arm fallen konnte.

Die wirbelnde Klinge schien jedoch mitten im Flug die Richtung zu wechseln oder von einem unsichtbaren Gegenstand abzuprallen; die Spitze bohrte sich ungefährlich ins Holz des Fensters hinter Tarslok.

»Seid still! Alle!« Brewart hatte sich der Leiche der jungen Frau genähert und betrachtete sie genau, dann deutete er auf den Leberfleck, den sie am Hals trug. »Hier ist etwas.«

Mit spitzen Fingern zog er einen fast haardünnen Metallstift aus dem Fleisch, an dessen Spitze die Reste von hauchdünnem Glas hafteten. Beim Eindringen in den Leib musste es zersplittert sein. Er hielt es hoch, sodass alle den Fund sahen.

»Woher kam es?« Walunbert blickte sich um. »Der Mörder muss hier im Raum sein!«

»Unter uns«, führte Herton fort und starrte Tarslok noch immer an; die Rechte lag an seinem Schwertgriff, die Knöchel standen weiß hervor.

Walunbert forderte die Versammlung auf, sich wieder an den Tisch zu setzen. Seine Augen richteten sich auf die Tote. »Wir trauern um Artaina«, begann er, »doch noch eine andere Erkenntnis erfüllt mich mit Schrecken: Wird es jedem so ergehen, den wir als neuen König oder neue Königin benennen?«

»Ich fürchte ja«, erwiderte Tarslok mit belegter Stimme, als wären die Worte an ihn gerichtet gewesen.

Brewart legte den schmalen Pfeil auf den Tisch, die Spitze zeigte anklagend auf den jungen Adligen. »Sieh, zu wem Ihr gehört: Ein feiger Mörder ist Euer Herr«, spie er aus.

»Ein Mörder? Gab es Zeugen? Ihr wart im gleichen Raum, doch sah niemand etwas. Und ich rate Euch«, raunte Tarslok mehr, als er sprach, »seid feige und wartet auf Zeiten, in denen wir es uns leisten können, aufzubegehren und der Tod nicht in jedem Schatten lauert.«

Während er sprach, wurde es dunkler im Raum, als löschten seine Worte das Licht.

Die Flämmchen um die Dochte zuckten aufbegehrend und schrumpften, während finstere Tentakelarme hinter dem Stuhl des dünnen Adligen hervorschnellten und auf jeden Mann am Tisch zustießen – um sich von einem Herzschlag auf den nächsten aufzulösen. Die Lampen brannten unvermittelt mit bekannter Helligkeit.

Den Versammelten war klar, wem sie diese Zurschaustellung von unheimlicher Macht verdankten, auch wenn niemand deren Quelle zu Gesicht bekam.

Walunbert fühlte das Grauen, das sein Innerstes erfasste und es mit eisiger Klaue packte. Nur langsam ließ es sich abschütteln, und es dauerte, bis er seine Stimme wiederfand und sich zu rühren vermochte. »Lang lebe König Lanfried«, sagte er freudlos und senkte den Kopf.

»Und sie alle beugten sich?« Lanfried lachte einmal auf, lauschte zufrieden dem Echo in der großen Thronhalle, schickte anhaltendes Gelächter nach und breitete die Arme aus, um sich vom Widerhall seiner eigenen Stimme umbranden zu lassen. Die weiten Ärmel des goldfarbenen Gewands fächerten auf und erinnerten an das Gefieder eines prahlerischen Vogels.

Bedienstete und Wachen standen unauffällig in der Nähe, jederzeit bereit, einem Befehl unverzüglich Folge zu leisten.

In der Halle roch es nach frischer Farbe und trocknendem Putz. Lanfried hatte den gewaltigen Raum mit Durchbrüchen erweitern und mit Malereien verschönern lassen, damit er seinem Anspruch als König auf Lebenszeit gerecht wurde.

Tarslok kniete vor dem König auf den Marmorplatten vor den Stufen zum Thron und hatte seinen Bericht über den Versammlungsverlauf beendet.

»Ja, so ist es, Majestät. Ihr bleibt uneingeschränkter Herrscher über Urgon.«

Der Mann hob sich vom Sessel und legte den Kopf in den Nacken; die hellgelben Locken fielen auf die Schultern. »Diese ängstlichen Idioten! Ich wusste es! Oh, bei Samusin, ich hätte einen Schwur ablegen können, dass alles so verläuft, wie ich es plante!« Er zog den mit Goldplättchen beschlagenen Gürtel um seine Hüfte höher. »Und was verkündete man zum Tod der guten Artaina?«

»Man einigte sich darauf, dass sie sich beim gemeinsamen Mahl unglücklich verschluckt habe und erstickt sei. Wie wir es absprachen. Alle bezeugten es.« Tarslok blieb in der unbequemen Haltung. »Die Häuser wissen, wem sie den Tod zu verdanken hat, auch wenn es keine Spuren gab, außer jenem kleinen Pfeil mit der gläsernen Spitze.«

Lanfried setzte sich wieder und ließ sich Wein von einem Diener einschenken. »Die Verbündeten haben ganze Arbeit geleistet.« Er nahm den Pokal, auf dem die Insignien des Königs unter dem eigenen Wappen prangten, und schlürfte daraus. »Sind meine Bedingungen angenommen worden?«

»Ja, Majestät. Die Truppen der Häuser werden zurückgezogen und einzig zur Verteidigung gegen einfallende Orks oder andere Scheusale eingesetzt. Kein Soldat des Königreichs Urgon kämpft mehr am magischen Schild.«

»Wie schnell werden die Einheiten zurückbeordert?« Er bedeutete Tarslok, auf den Stufen Platz zu nehmen, wo er sich auf gleicher Höhe wie ein Hofnarr befand, der versonnen an seiner Laute zupfte. Mehr schien er dem Herrscher nicht wert zu sein.

»Die Fürsten sandten noch am Tag der Versammlung ihre Boten los.« Tarslok machte es sich auf dem Stein so bequem wie möglich; auch ihm wurde ein Becher mit Wein gereicht, wenn auch kleiner und weniger gefüllt. Dann eilte der Diener hinaus, um etwas zu essen zu holen. Lanfried sandte auch die Wachen und den Narren hinaus. »In vierzig Umläufen sollte der Abzug abgeschlossen sein.«

Lanfried lachte in seinen Pokal, seine Heiterkeit klang gedämpft und düster. »Ich bin gespannt, was die Königinnen und Könige des Geborgenen Landes sagen, um dann einen feuchten Kehricht auf ihre Meinung zu geben.« In einem Zug rann der Rotwein seine Kehle hinab.

»Nun, sie werden ihre Boten senden und wissen wollen, welchen Grund es hat«, mutmaßte Tarslok. »Und sie werden Euch verantwortlich für eine eventuelle Niederlage am Schild machen.«

Lanfried reckte den Arm und zeigte mit dem Gefäß auf ihn. »*Das* mit Sicherheit. Und ich *hoffe*, dass die Niederlage schnell kommt. Je eher die Schwarzaugen regieren, desto besser für uns, nicht wahr?«

Ein niederträchtiges Lächeln umspielte seine Lippen. »Diese verdammten Scheusale!«

»Nun, die Trolle sollten …«

»Ich meine die Albae. Die Nachtaugen. Die Angstbringer.« Seine gute Laune verflog. »Ich wünsche sie alle zu Tion!«

Tarslok stutzte. »Aber … haben wir nicht einen Pakt?«

»Oh, ja. Einen *Geheimpakt*«, stieß Lanfried ätzend hervor. »So geheim, dass einer ihrer Schergen die kleine Artaina umbringt, um die übrigen einzuschüchtern, und du von schwarzen Fangarmen umgeben wirst.« Er sah sich um und entdeckte die Karaffe auf dem Tisch an der Seite, wo sie der Diener abgestellt hatte, zu weit, um danach zu greifen; missmutig verzog er das Gesicht, blieb aber sitzen. »Wer sonst sollte *das* wohl vermögen, außer einem Alb?«

»Ein Magus oder eine Maga?«, warf Tarslok der Vollständigkeit halber ein und erhob sich, um die Karaffe zu holen.

Lanfried stieß einen Laut aus, der seine Ungehaltenheit offenbarte. »Einerlei. Meine Fürstinnen und Fürsten wissen, wem ich Treue schwor und dass sie es mit dem Leben bezahlen, sollten sie darüber sprechen.«

»So übermittelte ich es ihnen, Majestät.«

»Gut, gut.« Er streckte den Zeigefinger der Hand, mit dem er den Pokal hielt, und richtete ihn auf Tarslok. »Dich ernenne ich hiermit zu meinem Siegelbewahrer. Du wirst meine rechte Hand sein und mich vertreten, bei allen wichtigen und unwichtigen Dingen. Außer bei meinen Weibern.« Lanfried lachte lauthals.

»Danke, Majestät.« Tarslok nippte am Wein, aber ließ sich Zeit, um nicht schneller betrunken zu werden als der König. »Oh, die Nachfolgerin Artainas ist ihre Schwester, da die Fürstinnenkinder noch nicht alt genug sind, um zu regieren. Ihr Name ist Paltaina. Sie machte mir trotz ihrer Trauer deutlich, dass sie Euch in allem unterstützt, was Ihr beabsichtigt. Ohne Wenn und Aber.«

Lanfried kniff die Augen zusammen. »Weiß sie, woran ihre Schwester …«

»Ja. Man hat es ihr wohl zugetragen, dass es beim *Ersticken* nicht mit rechten Dingen zuging.« Tarslok sehnte sich nach etwas zu essen und hoffte auf die schnelle Rückkehr des Dieners. Er war unmittelbar nach seiner Ankunft zum König geeilt, und dabei kam ein gutes Mahl zu kurz. »Lasst es mich so formulieren: In Paltaina habt Ihr eine glühende Verehrerin der Albae an Eurer Seite. Ihr Vater gehörte zu denen, die mit den Schwarzaugen den ersten Pakt eingingen und nach dem ersten großen Sieg bestraft wurden.«

»Ich erinnere mich. Hatte ihn nicht irgendein Ido-Fürst aufhängen lassen? Ohne Anhörung und Prozess?« Lanfried schmatzte und ließ sich nachschenken. »Hast du ihn gesehen?«, fragte er beiläufig.

»Nein. Ich kannte Fürst ...«

»Nicht Artainas Vater. Den Alb. Das Schwarzauge, das sie umbrachte!«

Tarslok schüttelte den Kopf. »Ich ... saß da und bekam nicht mit, wie er es anstellte.«

»Schade. Mich hätte interessiert zu erfahren, wie schnell sie sind.« Er sah in den Wein und sein Spiegelbild darin. »Ich hasse diese Brut«, murmelte er. »Abgrundtief hasse ich sie und wünsche ihnen schrecklichste Tode.«

»Majestät?«

Lanfried sah mit starrem Blick auf, das Gesicht war noch ernster geworden. »Weißt du, weswegen ich dieses Bündnis mit dem Bösen eingehe, mein treuer Siegelbewahrer?« Er legte ihm eine Hand auf die Schulter. »Weil ich Urgon vor dem Untergang bewahren muss.« Er schnaufte schwer. »Es wird nicht lange dauern, und diese Schwarzaugen werden das Geborgene Land unterjocht haben. Die Magi und Magae werden die Barriere nicht ewig aufrecht erhalten können, aber die Albae ...« Er nahm einen Schluck, als müsste er sich Mut für die Wahrheit antrinken. »Diese Albae sind unsterblich. Sie können warten, bis sich eine Gelegenheit ergibt. Das hat keiner außer mir begriffen.«

»Ich verstehe, Majestät. Ihr wollt sie täuschen.«

»Das *habe* ich bereits, Tarslok.« Er legte den gereckten Zeigefinger auf die rauen, vom Rotwein gefärbten Lippen; dabei verschüttete er einen Schluck von seinem Trunk, der sein Gewand mit roten Spritzern versah. »Das ist unser Geheimnis. Ich habe ihrem Boten, diesem hochmütigen Sonthoris, versichert, wie anmutig und edel ich seine Rasse finde.« Er spuckte aus und verfehlte Tarslok um Haaresbreite.

»Ihr zieht Euch den Hass aller Fürsten zu, um unsere Heimat zu retten. Das macht Euch edler, als es jemand im Geborgenen Land ermessen könnte«, beteuerte Tarslok. »Die Geschichtsschreiber werden Euch rühmen.«

»Wer weiß. Die Geschichte schreiben die Herrscher, die nach mir kommen. Aber ich zähle nicht. Sollen sie meine Leiche schänden, wenn ich gestorben bin. Solange Urgon besteht, ist es mir recht.« Er hielt den Pokal auffordernd unter Tarsloks Nase. »Wenigstens du bist auf meiner Seite.«

»Das bin ich, Majestät, und ich verspreche, ich werde Eure Weitsicht und Uneigennützigkeit loben.« Der dürre Mann goss eilends nach, blubbernd strömte das Rot in die Karaffe. »Sagt, wenn es Euch genügt.«

Der Wein plätscherte, mehr und mehr füllte er das Gefäß aus und stieg empor, bis er dessen Rand erreicht hatte.

Aber Lanfried schwieg.

»Vergebt mir, aber es läuft gleich über.« Tarslok unterbrach das Einschenken und sah zum König. »Ich denke ...« Entsetzt schwieg er, zitterte sofort.

Neben Lanfried saß der blonde Alb in der gehärteten, schwarzen Lederrüstung auf der Thronlehne und sah dem Herrscher neugierig in die Augen. In den schlanken Fingern der Linken hielt er einen Dolch, der bis zum Heft in der Brust des Königs steckte.

»Ich habe sie schon so oft sterben sehen«, sprach der Neuankömmling behutsam, als könnte er sonst einen Schläfer aufwecken, »und doch ist dieser Moment, in dem der Herzschlag endet und noch Leben im Körper weilt, stets faszinierend. Jedes Mal entdecke ich etwas Neues, und es scheint von Barbar zu Barbar verschieden. Und dann, als würde der Verstand begreifen, dass der Leib unwiderruflich vergehen muss, zieht die Seele aus.«

Tarslok ließ die Karaffe fallen und machte zwei, drei Schritte rückwärts. Der Wein ergoss sich auf den Marmor.

»Da! Genau jetzt passiert es«, wisperte der Alb begeistert. Er näherte sich dem Sterbenden weiter und hielt den Kopf dabei leicht schräg, blonde Strähnen glitten nach vorne. »Dein Tod heißt Sinthoras, König Lanfried. Ich nehme dir das Leben, das du selbst verspieltest. Dein Siegelbewahrer sprach wahre Worte, als er sagte, in jedem Schatten lauere der Tod. Und wir selbst bringen Schatten, wie es uns beliebt.«

Nun erst öffneten sich des Herrschers Finger. Der schwere Pokal fiel auf den Boden, und die teure Schale aus vergoldetem Glas zersprang.

Wein flutete die hellen Stufen, Lanfrieds Leiche sackte zusammen, kippte langsam nach vorne, während Sinthoras die hauchdünne Klinge aus ihm zog. Das Blut sickerte aus der Wunde und tränkte das goldene Gewand; mit einem dumpfen Rumpeln landete der Leib auf der kleinen Treppe und blieb mit dem Gesicht nach unten liegen.

Tarslok zitterte weiterhin vor Angst. Die Albae hatten eine besondere Stimmfarbe, die ebenso elegant wie gefährlich klang. Kein dämonisches Kriegsgebrüll oder das Geschrei eines Orks hätte den dünnen Adligen wirksamer einschüchtern können.

Sinthoras blieb, wo er war und betrachtete die unterarmlange Waffe, an deren Schneiden sich das Blut des ermordeten Königs sammelte und Tröpfchen bildete. »Die Klugen verschließen ihre wahre Meinung tief in sich.« Er richtete den Blick aus den schwarzen Augen nun auf Tarslok. »Sieh nur! Der Thron des Hauses Immenwald ist frei!« Er klopfte anbietend mit der Hand auf die Rückenlehne. »Wie steht's, Siegelbewahrer? Wer es sich nimmt, dem gehört's.«

»Herr, sein Sohn ist rechtmäßiger Anwärter!«

Sinthoras schüttelte sachte den Kopf. »Ich könnte dir beistehen, bis es niemanden mehr gibt, der zur Erbfolge bereitstünde. Wenn du es nur möchtest.« Er zielte mit der feuchtglitzernden Klinge auf ihn. »Und, möchtest du?«

Tarslok wich noch mehr vor dem gefühllos lächelnden Alb zurück, der ihm unsägliche Furcht einflößte. »Ich lehne … die Regentschaft ab. Ich will damit nichts zu tun haben!«

»Wegen des Mordes, der auf deinem Titel lastete?« Die dunklen Augen verengten sich. »Aber wenn sie *dich* für den Mörder halten? Betrachten wir es nüchtern: Du warst alleine mit ihm, und man kennt deine Vorliebe für Ränke. Wer sollte es sonst gewesen sein?« Er lachte ganz leise. »Du kämst nicht lebend zum Tor der Burg hinaus. Bedachtest du dies, als du meinen Vorschlag ablehntest?«

»Ich …« Der Siegelbewahrer wollte raus aus diesem Raum, in dem sich mehr und mehr der metallische Geruch von warmem Blut verbreitete.

Er wusste nicht, ob er um Hilfe rufen sollte oder nicht. Doch der

Alb würde jeglichen Soldaten schneller niederstechen, als ein Blatt vom Ast auf die Erde stürzte.

Tarslok zwang sich, stehen zu bleiben. »Was verlangt Ihr von mir, Herr?«

Sinthoras verharrte in seiner lässigen Haltung. »Lanfried erwähnte die Schwester der verstorbenen Artaina und ihre Begeisterung für mein Volk. Du wirst zu ihr reisen und herausfinden, ob diese Begeisterung vorgetäuscht ist oder ob sie uns eine bessere Verbündete sein könnte als der tote Narr auf den kalten Marmorplatten.«

Tarslok verbeugte sich. »Das werde ich. Und wie finde ich Euch, um Bericht zu erstatten?«

Der Alb erhob sich geschmeidig, ohne dass ein Geräusch erklang; nicht einmal seine Rüstung oder seine Schuhe gaben ein Knirschen von sich. Er reinigte die Klinge sorgfältig am Gewand des Ermordeten und verstaute sie in der Hülle, die auf seinem Rücken auf Hüfthöhe verborgen lag. »Kehre nach deiner Mission in dein kleines Schloss zurück, und ich werde dort sein.«

Der dürre Adlige wandte sich um – und rannte genau in das schmale Schwert, das auf seinen Hals gezielt hatte.

Ruckartig wurde es ihm durch die Kehle gestoßen, sodass es auf der anderen Seite austrat und die Wirbel knirschend zerteilte.

Stumm und zuckend brach Tarslok zusammen, stürzte keine zwei Schritte von der Leiche des Herrschers nieder. Sein Blut sickerte aus den Wunden und mengte sich mit dem des Königs.

»Dein Tod heißt Virssagòn«, murmelte der unvermittelt aufgetauchte Alb in der schwarzen Tioniumrüstung, die mit geschliffenen Nieten auf Brust, Schulter und Rücken besetzt war. Er sah kaltblütig auf den Erstochenen nieder.

»Was sollte das?«, fuhr ihn Sinthoras aufgebracht an.

»Die Barbaren brauchen einen Mörder, sonst stellen sie zu viele Fragen. Der Abzug der urgonischen Truppen ist schon auffällig genug«, erwiderte er und wälzte die Toten mit der Stiefelspitze herum, sodass sie sich mit dem Rot befleckten; dann zog er das Herrscherschwert aus der Scheide und steckte es Tarslok durch den Hals. »Leg den Dolch dazu, mit dem du Lanfried erstachst.«

»Ich denke nicht daran! Die Klinge war teuer und leistete mir gute Dienste. Phenìoras selbst schmiedete sie.« Sinthoras nahm ein Zeremonienmesser aus der Wandhalterung und schob es in die geöffnete Königsbrust. »Ich wollte den Leichnam verbrennen und es wie einen Unfall aussehen lassen. Es war nicht nötig, Tarslok zu töten!«

»Ich finde lieber selbst heraus, ob diese Barbarin darauf drängt, uns zu folgen, oder ob wir uns einen besseren Verbündeten suchen müssen.« Virssagòn blieb gelassen. »Da du mich kritisierst: Darf ich dich daran erinnern, dass es nicht abgesprochen war, Lanfried umzubringen?«

»Du vernahmst, wie er von uns sprach und was seine wahren Beweggründe waren?«, hielt Sinthoras dagegen. »Er übte Verrat an uns.«

»Er *plante* den Verrat.« Virssagòn sah nicht überzeugt aus. »Doch er hätte noch mindestens einen Teil der Unendlichkeit gelebt und seinen Auftrag als König in unserem Sinn erfüllt. Aber darüber zu sprechen ist müßig. Wir müssen jetzt zusehen« – er nickte zu den Leichen – »dass wir einen Ersatz für ihn finden. Sein Sohn taugt dazu nicht.« Er wandte sich um. »Brechen wir auf und statten der Barbarin in Aeghor einen Besuch ab.«

Der schwergerüstete, braunhaarige Alb wandte sich nach rechts, wo eine kleine Tür hinaus auf den Balkon führte, auf dem sich Lanfried gerne gezeigt hatte. Er beabsichtigte offenkundig nicht, das Schloss vor aller Augen zu verlassen.

Sinthoras fühlte sich unzufrieden und herabgewürdigt. Vom Nostàroi zum Handlanger eines Meistermörders. Ein herber Absturz.

Und doch. Es werden andere Momente der Unendlichkeit folgen. Er sah Virssagòn mit Anmut über das Geländer flanken und in die Tiefe springen. *Es müssen andere folgen!*

Mit einem schwungvollen Satz über das steinerne Hindernis folgte er dem Meisterassassinen.

Tark Draan (Geborgenes Land), Steinerner Torweg, 4372. Teil der Unendlichkeit (5202. Sonnenzyklus), Herbst

Caphalor sah vom rechten Turm zwischen den Zinnen hinaus auf den Steinernen Torweg, der dreißig Schritt breit durch das Graue Gebirge zum Eingang nach Tark Draan führte. *Es kommt niemand mehr. Wir sind die letzten unseres Volkes.*

Die Blicke aus den schwarzen Augen schweiften über die kleineren Mauern, die den Weg in drei abgetrennte Lager aufteilten, in denen die albischen Flüchtlinge aus Dsôn Faïmon einst ausharrten.

Die Säuregräben dazwischen, gezogen um ein Überspringen der Parasiten zu verhindern, waren ausgetrocknet. Zerfetzte Zelte und Planen flatterten im Wind, vereinzelte Wimpel mit ausgefransten Enden sorgten für ein helles Knattern. Gestickte albische Runen auf Kleidung und Bannern verblichen in der unbarmherzigen Sonne, die trotz der eisigen Kälte immense Kraft besaß, sobald sie den Weg durch Nebel und Wolken fand. Gestänge ragten gerippenhaft empor, und tatsächlich schimmerten Albaegebeine zwischen Stoff und Rüstungsteilen.

Viertausend arme Verlorene. Caphalor atmete die Kühle ein, seine Gedanken waren trist wie das Wetter. Das Lager der Kranken und der Hoffnung war aufgegeben. Es gab keine Überlebenden mehr aus der alten Heimat, welche die Seuche überstanden hatten. Aïsolon und seine Krieger hatten versprochen, auszuziehen und nach weiteren Albae zu suchen. Doch sie kehrten nicht zurück.

Caphalor wandte sich zur Seite.

Die beiden Torflügel standen offen. Die fünf Bolzen hatten sich der magischen Losung gebeugt, welche der untote Verräter sogleich preisgegeben hatte. Ohne sein Werk und die Macht des Dämons wäre der Durchgang undurchdringlich für jegliches Heer und jegliches Scheusal geblieben, mochte es noch so klein an Wuchs sein.

Vor dem geöffneten Durchgang lag über der gesamten Breite eine Barrikade aus Stein und Balken, einst errichtet, um die Erkrankten davon abzuhalten, die Seuche zu den gesunden Albae zu tragen. Sie war mit der Zeit stetig vergrößert und ausgebaut worden, damit Caphalor den Zustrom von Scheusalen nach oder aus Tark Draan kontrollieren konnte. Eine Aufgabe, die ihm die Unauslöschlichen erteilten.

Seine Gefährtin Imàndaris saß derweil in Dsôn, als Nostàroi, und überwachte zum einen mit Carmondai den Aufbau des neuen schwarzen Herzens, zum anderen sandte sie Truppen aus, um versprengte Elben aufzuspüren und die Verteidigungsstellungen des Elbenreichs Âlandur zu erkunden.

So trägt jeder seine Bestimmung. Der eisige Wind trieb ihm Tränen in die Augen, er zog den Schal vor die Nase, damit der Atem das Gesicht wärmte. Sein Helm sowie der schwarze Wolfsfellmantel über der Rüstung wehrten die herbstliche Kälte ansonsten erfolgreich ab.

Caphalor sorgte sich. Er hatte inzwischen erfahren, dass es Zweifel an der Zugehörigkeit des Verräters zum Volk der Unterirdischen gab. Zudem existierten verschiedene Auslegungen darüber, ob es ausreiche, dass man die Losung kenne oder sie eben von einer Bergmade ausgesprochen werden müsse, um dauerhaft von Wirkung zu sein.

Dazu kam, dass der Verräter nicht mehr aufzuspüren war. Nach seiner Rückkehr als Untoter hatte er sich aus dem Staub gemacht, ohne dass die Formel festgehalten worden wäre.

Das hatte Caphalor ebenso misstrauisch wie vorsichtig werden lassen. Aus gutem Grund.

Er sah an den beiden gewaltigen Flügeln entlang, auf denen sich die Wehrgänge erstreckten. »Was macht die Markierung?«, rief er zur Wache.

»Eine achtel Fingerkuppe innerhalb von fünfzig Momenten und eine Fadenbreite seit gestern«, gab der Alb zurück.

Kaum eine Veränderung. Er nickte und sah wieder auf den verwaisten Torweg. *Gut. Aber dennoch schließen sie sich.*

Seit dem ersten Öffnen hatten sich die Tore aufeinander zubewegt. Unmerklich und langsam, als wollten sie, dass es nicht bemerkt wurde.

Doch Caphalors Augenmaß war außerordentlich und durch die verschiedenen Vermutungen geschärfter als sonst, und er gab Befehle für Gegenmaßnahmen.

Zu seiner Verwunderung ließen sich die Granittore durch nichts aufhalten, weder durch untergeschobene Keile noch durch im Berg verankerte Ketten. Zermahlen, herausgerissen und gesprengt – das blühte allem, was sie sich einfallen ließen.

Sogàtor, ein Gardant der Wache, eilte die Stufen herauf und hielt Caphalor eine Pergamentrolle hin. Zum Schutz gegen die Kälte hatte er wie sein Befehlshaber einen Mantel aus schwarzem Wolfsfell um sich gelegt. »Benàmoi, hier sind die neusten Vorschläge unserer Baumeister verzeichnet, wie wir das Schließen vielleicht doch aufhalten«, erklärte er kaum außer Atem. »Sie haben sich ...«

Wozu eigentlich aufhalten? Caphalor lachte. »Erspare dir die Worte.«

»Du kennst die Pläne schon?«

»Ich weiß, dass sie nicht fruchten werden.« Caphalor deutete hinüber zum anderen Tor. »Sie werden sich schließen, früher oder später. Die Magie, die vom Zwergengott gewirkt wurde, ist zu stark.« Er legte ihm eine Hand auf die Schulter. »Also brauchen wir entweder die Losung aus dem Mund eines Unterirdischen oder eine Rampe, für den Fall, dass sich der Durchgang endgültig schließt. Solange wir die Herren des Steinernen Torwegs sind, können wir in aller Ruhe eine Bogenbrücke errichten, die über das Hindernis führt.« Er sah auf den Durchlass hinter dem Vorhof der Festung. »Setze die Baumeister in Kenntnis, dass sie sich fortan nicht mehr die Köpfe über das Aufhalten der Tore zerbrechen sollen. Wir brauchen eine Brücke. Und wir beschaffen uns genug Bergmaden, um sie zum Sprechen zu bringen.«

»Aber, Benàmoi! Wir versuchten doch bereits alles.«

»Nicht *alles.*« Caphalors Züge wurden hart. »Sie mögen den Schmerzen von Klingen und Haken oder unserer Angst widerstehen, doch wir brauen einen Trank, der ihre Zungen …«

»Ankömmlinge!«, hallte der laute Rufe vom anderen Turm; zugleich tönte der silberne Warnklang einer ersten Fanfare, in deren Melodie die übrigen nacheinander einfielen und die Besatzung zu den Waffen riefen.

Caphalor blieb hoch über den Köpfen seiner Truppe und beobachtete über den Rand des Turmes hinweg, wie rasch die zusätzlichen Posten an der Barrikade eingenommen wurden, die Katapulte gespannt wurden und die Bogenschützen Aufstellung nahmen. In kürzester Zeit stand die Verteidigung, obwohl sie zum ersten Mal seit dem Einfall nach Tark Draan echten Besuch an der Grenze erhielten. Bislang war es bei Übungen geblieben, um Verbesserungen in den Abläufen zu erzielen.

Es lohnte sich. Damit ist kein Überrumpeln möglich. Erst dann wandte Caphalor den Blick gen Norden, um nach den Besuchern zu schauen.

Ein einsamer Fahnenträger, der das weiße Banner an einer langen Stange am Rücken befestigt trug, näherte sich ihnen im steten Laufschritt. Die Kreatur glich aus der Ferne einem Óarco, doch bewegte sie sich weniger plump.

Caphalors gute Augen zeigten ihm eine leichte, dunkelbraune Lederrüstung, die mit weißen Runen akkurat bemalt war; der Kopf lag unter einem schlichten Kupferhelm verborgen, der einen schmalen Schlitz für Augen, Mund und Nase frei ließ. Waffen trug der Läufer keine.

Der Unbekannte setzte mit gekonnten, sicheren Sprüngen über Gräben hinweg, trabte an den Gestängen vorbei und überwand die Reste der Mauern ohne Schwierigkeiten und ohne seine Geschwindigkeit zu verringern. Harnisch und Lederhose gaben deutlich zu vernehmende, reibende Geräusche von sich.

Nah genug. Bringen wir ihn zum Stehen. »Eine Salve rechts neben ihn«, rief Caphalor zur Barrikade.

Es klackte hell, als ein Speerkatapult ausgelöst wurde.

Neun Geschosse schossen schwirrend durch die Luft und jagten zielgenau neben dem Unbekannten durch die Überbleibsel eines Zeltes, um sie davonzureißen.

Der Läufer blieb abrupt stehen. Er drehte den behelmten Kopf langsam von rechts nach links, um die Barrikade und das Bollwerk der Unterirdischen zu betrachten; die muskulösen Arme hingen seitlich herab, als bräuchte er sie nicht.

»Was bringst du uns?«, rief Caphalor hinab und staunte innerlich erneut, wie klar und deutlich seine Stimme in der kalten Luft schallte und als leises Echo von den Hängen zurückkehrte.

Der Besucher erwiderte nichts.

»Sahst du diese Symbole je zuvor?«, raunte Caphalor dem Gardant zu.

»Nein. Auch die Art, wie seine Panzerung beschaffen ist, kenne ich nicht.« Sogàtor schnaubte verächtlich. »Ist das ein Kupferhelm? Gegen welche Waffe soll er taugen?«

Der Gerüstete legte den Kopf in den Nacken und begutachtete den rechten Turm.

»Sag: Ist es ein Angebot für die Unauslöschlichen, um beim Feldzug zu dienen?«, versuchte es Caphalor erneut. Tief in seinem Verstand regte sich etwas. *Diese Runen … Ähnliche sah ich bereits – doch wann? Und wo?*

Der Läufer blieb stumm. Nun wurde der andere Turm eindringlich von ihm gemustert.

Als würde er es sich für eine Zeichnung einprägen. »Dies sind meine letzten Worte an dich. Erkläre dich, oder die nächste Speere gelten dir!«

Die albischen Warnfanfaren erklangen erneut.

Sogàtor richtete die Blicke den Steinernen Torweg entlang. »Da sind noch welche, aber sie ... gehören nicht zu ihm, schätze ich, Benàmoi.«

An der Barrikade wurden Anweisungen gerufen, längst war das Katapult nachgeladen.

Die Zeichen auf den Mänteln der fünf Berittenen, die heranpreschten, kannte Caphalor sehr gut. »Barbaren aus dem Stamm der Jomoniker«, murmelte er verwundert. Für ihn sah es aus, als verfolgten sie den Unbekannten. *Interessant.*

Der Läufer hatte den Kopf wieder gesenkt und das schmale Schlitzvisier auf die Barrikade gerichtet, ohne sich zu rühren.

»Er scheint im Stehen eingeschlafen zu sein.« Sogàtor steckte die Rolle mit den Plänen ein. »Wir sollten die Jomoniker fragen, was vor sich geht und wer dieser Gerüstete ist.«

Caphalor kämpfte gegen den Drang an, den Schussbefehl zu geben. Die friedliche Haltung wollte nicht zu der unheilvollen Ausstrahlung passen, die von dem Unbekannten ausging. Das weiße Banner wehte im Wind, wellte sich und tanzte.

Die Barbaren kamen heran, galoppierten schreiend und mit gezogenen Äxten durch die Ruinen der Zeltstadt und hielten unvermindert auf den Gerüsteten zu.

»Sie werden ihn niedermähen«, prophezeite Sogàtor. »Damit stirbt auch jede Neuigkeit, die der seltsame Besucher für uns bei sich trägt.«

Darauf lasse ich es ankommen. Caphalor verharrte. »Nicht schießen«, rief er seine Anweisung an die Besatzung.

Der erste Reiter preschte dicht am Gerüsteten vorbei und drosch dabei die Axt gegen den Helm. Der Einschlag wäre mörderisch und würde den Schutz samt Schädel zerplatzen lassen.

Klirrend zersplitterte die schwere Klinge jedoch an der rötlichmetallenen Oberfläche, der Stiel zerfaserte.

Der Gerüstete stand unbeweglich und unzerstört wie eine Statue aus reinstem Stahl.

Der zweite Angreifer stieß mit dem Schwert zu, das hoch singend an seinem Rücken abbrach; der dritte und vierte zerstörten ihren Beile an Nacken und Brust.

»Sagte ich es nicht?«, kommentierte Caphalor und genoss das ungewöhnliche Schauspiel – bis ihn beim Anblick der Symbole auf der Rüstung sowie dem ungewöhnlichen Kupferhelm endlich die Erinnerung wie ein fürchterlicher Schlag durchzuckte. *Bei den Unauslöschlichen!*

Er sprang auf in die Lücke zwischen den Zinnen, um besser von den Kriegern an der Barrikade gesehen zu werden, und gab mit einer Geste das Signal, die großen Brandgeschosse vorbereiten zu lassen, die gegen ein Heer gedacht waren. Er konnte sich vorstellen, dass sich die Albae über seine Anordnung wunderten. *Das Feuer wird es vernichten.*

Sogàtor war nicht entgangen, wie verändert sich Caphalor benahm. »Benàmoi, verzeih, wenn ich das frage, aber …« Er musste seine Aufmerksamkeit auf das Geschehen am Boden richten, da sich der letzte Reiter samt Pferd aus vollem Galopp gegen den übermächtigen Widersacher warf.

Die beiden Albae hörten das Brechen der Pferdeknochen, als sei das Tier gegen eine Wand gelaufen, die Vorderläufe knickten ein. Es prallte von dem Unbekannten mit dem Kupferhelm ab und wurde zur Seite geschleudert. Dreck wirbelte in die Höhe, der Barbar flog schreiend in die Zeltgestänge und wurde daran aufgespießt.

»Los!« Caphalor gab das Signal.

Mit einem dunklem Fauchen stiegen die brennenden Petroleumsäcke in den Himmel und schlugen rings um den Gerüsteten ein.

Beim Auftreffen auf den harten Steinboden platzten sie und versprühten die leicht entzündliche Flüssigkeit, die sofort aufflammte.

Die Barbaren und der Unbekannte standen innerhalb weniger Herzschläge in einem Inferno, die Lohen stiegen rauchend und zischend viele Schritte hoch. Das Feuer brannte und hüllte die Gestalten ein. Kreischend vergingen die Jomoniker darin; ein brennendes Pferd galoppierte wiehernd los und stürzte in einen Graben, wo es zuckend verendete.

Caphalor konnte den faszinierenden Anblick nicht genießen, zu sehr drehten sich seine Gedanken um damals. *Wir hätten bereits als Nostàroi damit rechnen sollen, dass sie nicht aufgeben, nur weil wir ihnen zu-*

vorkamen und die Fflecx ausrotteten. Aber seine Pläne hatten sich zuerst um den Feldzug und danach um den Erhalt seines Volkes gedreht. Für Feinde aus Ishím Voróo war kein Platz in seinen Überlegungen gewesen.

Das brennende Petroleum füllte die alten Säuregräben und schuf Wände aus Feuer. Es sickerte in die Ritzen und Rillen des Gesteins und malte lodernde, wirre Zeichen in den Boden.

»Schießt weiter!«, rief Caphalor hinab. »Lasst den Brand leuchten, dass er in den Ebenen von Tark Draan und Ishím Voróo gesehen wird! Bringt den Stein zum Schmelzen!«

Die Bedienmannschaften folgten seinem Befehl. Geschoss um Geschoss stieg auf, als würden sie von einem Heer der Dorón Ashont angegriffen, und bald schien der Steinerne Torweg in ganzer Länge zu brennen. Der Schein spiegelte sich an den Hängen wider und reflektierte sich düster dort, wo Caphalors polierte Tioniumpanzerung unter dem Mantel herausschaute.

Sogàtor sah stirnrunzelnd zu seinem Vorgesetzten. »Wir haben die Vorräte bald aufgebraucht«, wagte er den behutsamen Hinweis. »Es wird uns …«

Ein dunkler Knall ertönte, dem das wütende Fauchen windgepeitschter Flammen folgte.

Caphalor duckte sich gegen die Turmwand und zog den nichtsahnenden Sogàtor mit sich.

Der Turm erbebte, dann schossen Lohen pfeifend über ihre Köpfe hinweg. Die Schreie, die von der Barrikade zu ihnen drangen, vernahmen sie durch das Tosen leise, doch umso erschütternder. Die Hitze rollte gegen sie, doch mehr geschah ihnen nicht.

Kaum verpufften die letzten Ausläufer, sprang Caphalor in die Höhe und starrte auf den Torweg. *Wo ist es hin?*

Die Flammen waren erloschen. Die Wirkung der Detonation hatte die maroden Mauern des Lagers umgeblasen und die Überreste der Zelte, Gestänge und Gebeine davongewirbelt; ein Teil hing in den stark beschädigten Befestigungen. Katapulte lagen zerstört umher, Albaekrieger stemmten sich benommen in die Höhe, andere lagen noch auf der Erde. Kleinere Feuernester loderten verteilt, doch sie vermochten den Türmen und Torflügeln nichts anzuhaben.

Caphalor konnte nichts vom Gerüsteten entdecken.

Sogàtor gesellte sich an seine Seite. »Benàmoi, *was* war das?«, stammelte er fassungslos. »Wohin ist der Kupferhelm?«

»Vergangen.« Caphalor atmete tief ein. Es roch nach Rauch, nach verbranntem Holz und Fleisch. *Aber nicht für immer, fürchte ich. Es könnten neue kommen.* Er löste sich von der Mauer und hastete die Treppe hinab, um beim Aufräumen zur Hand zu gehen. »Lass die Wachen verdoppeln. Und sollte eine solche Gestalt noch einmal auftauchen« – er warf Sogàtor einen ernsten Blick zu – »gießt du wieder Feuer über ihm aus.« Er rannte weiter.

»Was war das, Benàmoi?«, hörte er Sogàtor hinter sich herrufen.

»Ein magischer Späher«, antwortete er und erreichte den ersten Absatz. »Ein Späher der Botoiker.« Caphalor fluchte im Rennen.

Die Zauberer hatten vor dem Beginn des Feldzugs gegen Tark Draan versucht, das Gebiet der gnomenhaften Fflecx vom Westen her zu erobern, was für ihr enormes Selbstbewusstsein sprach. Wer sich mit den Giftmischern anlegte, die für alles und jeden das passende Todesmittel besaßen, musste über etwas verfügen, das sehr siegessicher machte.

Mit dieser gefährlichen Besonderheit ausgerüstet, schienen sie sich nun am Steinernen Torweg umzuschauen, um Gelegenheiten zu ergreifen, die sich boten.

Obwohl sie wissen, dass wir einen Dämon als Verbündeten haben. Caphalor hatte den Boden erreicht und eilte zu den zerstörten Barrikaden. *Das wird die Unauslöschlichen nicht erfreuen.*

Tark Draan (Geborgenes Land), Menschenkönigreich Urgon, 4372. Teil der Unendlichkeit (5202. Sonnenzyklus), Herbst

Sinthoras starrte in die Flammen ihres Lagerfeuers, das sie entzündet hatten, um sich etwas zu wärmen. In den urgonischen Bergen war es bereits empfindlich kalt, die Böen, die durch den kargen Tannenwald fuhren, trugen den Winter mit sich.

Ab und zu traf sein Blick den Assassinen, der auf dem Boden saß und sich gegen einen Stein gelehnt hatte. Die beiden langen Schwerter hielt er in den Händen, um sie jederzeit einsetzen zu können, die

Lider waren geschlossen. *Er saß einst an meiner Tafel. Als mein Untergebener.* Sinthoras atmete langsam aus. *Die Zeiten müssen sich ändern. Rasch.*

»Es ist nicht meine Schuld, dass du deinen Rang als Nostàroi verloren hast«, sagte Virssagòn bedächtig, ohne die Augen zu öffnen.

»Nein, das ist es nicht«, erwiderte Sinthoras ertappt. »Aber ich denke wehmütig an die Zeit, als ich das Heer führte.«

»Zusammen mit Caphalor.«

»Sicherlich.« Sinthoras verzog den Mund und schnalzte mit der Zunge.

»Nun haderst du mit deinem Schicksal, das dich zu meinem Begleiter werden ließ, wo du mir einst Befehle erteilen konntest«, führte Virssagòn den Gedanken fort und lachte verhalten. »Was denkst du, was aus dir geworden wäre, wenn Dsôn Faïmon nicht untergegangen wäre? Auch wenn unser Volk schrecklich darunter leidet« – die Lider schnellten in die Höhe, und der Blick richtete sich auf den blonden Alb – »bist du am besten davongekommen.«

»Ach ja? Ich verlor …«

»Deine Feinde, die in Dsôn … im alten Dsôn an deinem Ende feilten. Sie wurden im wahrsten Sinne aufgelöst. Dir wurde durch die Unauslöschlichen vergeben, und wenn du mich fragst: Es wird nicht lange dauern« – der Assassine warf ein Stück Holz in die Flammen – »und du wirst ganz weit oben stehen. Vielleicht nicht mehr als Nostàroi. Aber du wirst an deine alten Heldentaten anknüpfen.« Virssagòn räusperte sich und schloss erneut die Lider. »Du hast die erste Wache.«

Sinthoras blinzelte, dann sah er hinauf zum Sternenhimmel. *Er hat recht. Ich sollte mich in Geduld üben.*

Auch wenn es ihm nicht passte, als Anhängsel des Meistermörders zu dienen – er lebte. Er durfte sich frei bewegen und genoss zumindest teilweise das Vertrauen des Herrscherpaares.

Sein Auftrag lautete, sich an der Seite von Virssagòn nach Orten in Tark Draan umzusehen, an denen eine weitere Kolonie der Albae errichtet werden könnte, um einen weiteren Machtmittelpunkt zu errichten.

Bislang fand er solche Plätze nicht.

Zwar klang die Mission wichtig, dennoch wirkte sie auf Sinthoras eher erniedrigend. Während Caphalor die Garde am Steinernen Torweg befehligte und wahrlich große Aufgaben wahrnahm, zog er wie ein kleiner Späher durch Tark Draan.

Ich sollte die Truppen gegen die Elben führen oder die Óarcos an die Kandare nehmen, dass ihren tumben Hirnen Hören und Sehen vergeht. Er stocherte mit einem langen Ast im Feuer und löste einen Funkensturm aus. *Unsere Verbündeten tun noch immer, was sie wollen. Die Unauslöschlichen begingen einen Fehler, Imàndaris als Nostàroi einzusetzen.*

Vor seinem geistigen Auge sah er den Vormarsch am Ende. Sein Volk konzentrierte sich auf die eigenen Stätten, während Tark Draan immer besser darin wurde, den magischen Schild zu errichten. Der Dämon kam schleppend voran, die Unauslöschlichen redeten sich sein Vordringen schön, um die Sorge um den Verbündeten nicht ins Gemüt dringen zu lassen.

Aber wer bin ich, dass ich das offen aussprechen darf? Ich warte.

Er warf noch zwei Scheite in die Flammen und genoss die Wärme, die gegen ihn strahlte.

Kurz vor Morgengrauen hatten sie ihr Ziel erreicht: die kleine Stadt Aeghor, der Mittelpunkt des kleinen Fürstentums und geleitet von Paltaina, welche die Amtsgeschäfte von hier aus für ihren jungen Neffen führte.

Sinthoras und Virssagòn eilten durch die Schatten und drangen in die Mauern ein, ohne dass die unaufmerksamen Wachen einen Hauch von Verdacht schöpften. Im Inneren der Siedlung bewegten sie sich durch die Dunkelheit, die Bewohner schliefen überwiegend noch. Das Erwachen verlief langsam, die Ernte war eingefahren. Es gab keinen Grund, sich früh aus den Federn zu erheben.

Mehr als zweitausend Barbaren gibt es hier nicht, dachte Sinthoras, der dem Assassinen durch die Gassen zu dem folgte, was sich Burg nannte, aber nicht mehr als ein befestigtes Haus mit einem Turm darstellte. Die urgonischen Fürsten waren nicht reich genug, um sich gewaltige, prunkvolle Gebäude leisten zu können. *Bis auf Lanfrieds protzigen Thronsaal, von dem er nichts mehr hat.*

Es grämte Sinthoras, umherschleichen zu müssen anstatt mit einem Heer vor Aeghor zu erscheinen, um die Verträge zu erzwingen. So hieß es: verhandeln und heucheln.

In einer Gasse blieb Virssagòn plötzlich stehen und wandte sich zu ihm. »Ich hatte einst einen Schüler«, sprach er überraschend. »Sein Name ist Gàlaidon. Keiner reichte an sein Können heran, und ich gab ihm zur Anerkennung einen kostbaren Ring.«

Sinthoras wurde von der Einleitung überrascht. »Ist dies der rechte Augenblick für Anekdoten?«

»Gàlaidon wusste, dass er gut war und die Fähigkeit besaß, mich eines Moments der Unendlichkeit zu übertrumpfen«, fuhr der Assassine unbeeindruckt fort, als säßen sie am Tisch in seinem Haus und erzählten sich bei einem Glas Wein von vergangenen Zeiten. »Doch anstatt sich auf das zu konzentrieren, was von ihm verlangt wurde, trachtete er nur noch danach, an *diesen* Punkt zu gelangen. Er vernachlässigte seine Pflichten und wurde wie ein gieriges Raubtier, das auf einen blutigen Köder starrt, ohne die Umgebung wahrzunehmen.« Virssagòn nickte ihm zu. »Ich sehe dich in seiner Tradition, Sinthoras. Ich spüre deine Unrast und Unbeständigkeit. Ich werde nicht zulassen, dass beides unseren Auftrag gefährdet.«

Wie kann er es wagen? Sinthoras zwang sich zur Ruhe. »Du sagtest selbst, ich würde zu einem großen Helden werden.«

»Ich sagte nicht, dass es heute geschieht. Oder morgen.« Der Assassine zeigte auf die Burg. »Erfülle deinen Auftrag. Verharre nicht in der Vergangenheit oder versuche, die Zukunft zu erzwingen.« Der Blick, den er Sinthoras schenkte, zeigte all die Grausamkeit und Abgründigkeit, die in Virssagòn lebte. »Ich werde es nicht zulassen«, mahnte er flüsternd erneut und setzte sich lautlos in Bewegung.

Drohte er eben, mich zu töten? Sinthoras schluckte und musste sich beherrschen, nicht nachträglich einen Schauder zu verspüren. Den Assassinen umgab eine besondere Aura, und Sinthoras war bereit zu glauben, dass er niemals einem gefährlicheren Alb als diesem gegenüberstand. *Gefährlich für Freund und Feind gleichermaßen.*

Schnell schloss er zu seinem Begleiter auf. *Ich werde ihn fragen, was mit dem Schüler geschah.* Die angerissene Geschichte ließ nicht auf ein glückliches Ende schließen.

Ebenso unbemerkt, wie sie nach Aeghor eindrangen, gelangten sie ohne Aufhebens im Schutz der weichenden Dunkelheit in die Burg. Es kostete sie kaum Zeit, die Gemächer der Fürstin zu entdecken.

Still begaben sie sich an das Bett der Barbarin, die Sinthoras als nicht sonderlich hübsch einstufte. Er zog die Decke der Schlafenden, die ein dünnes Seidennachthemd trug, weg. *Aber ich gebe zu, dass sie einen geradezu filigranen Leib hat. Als gesichtsverhüllte Sklavin durchaus annehmbar.*

Die dunkelhaarige Paltaina erwachte durch die Kühle und erschrak, als sie die Silhouetten rechts und links neben sich erkannte, doch ihre Lippen blieben geschlossen.

»Ich war es«, sprach Virssagòn, »der deine Schwester tötete und deinem Neffen die Mutter raubte. Ich tat es ohne Bosheit oder Willkür, sondern weil es die Umstände erforderten.« Er setzte sich neben sie auf die Matratze, die sich unter dem Gewicht der schweren Rüstung senkte. »Nun bin ich hier, um von dir zu erfahren, wie es um deine Begeisterung für mein Volk steht.«

»Denn wir vernahmen«, warf Sinthoras ein, der es schwerlich ertrug, als Staffage zu dienen, »dass du uns bewunderst. Solche Menschen sind uns die liebsten. Und wir sind großzügig denjenigen gegenüber, die uns Treue schwören und halten.«

Paltaina atmete rasch, ihre braunen Augen zuckten hin und her.

»König Lanfried ist tot«, eröffnete Virssagòn. »Diese Nachricht wird sich in Urgon bald verbreiten, und nach dem neuen Gesetz geht das Amt auf seinen Sohn über.«

»Doch er ist zu jung und den Aufgaben sicherlich nicht gewachsen«, fügte Sinthoras an. »So dachten wir, wir erfragen deine Meinung dazu, Fürstin Paltaina: Wärst du es?« Er legte eine Hand auf den Dolch, mit dem er den König getötet hatte, und zog ihn, um die Klinge in die ersten Sonnenstrahlen zu halten, die durch das Fenster drangen. »Tarslok war es nicht.«

Paltaina zog die Beine an und machte sich unwillkürlich kleiner.

Virssagòn lachte leise. »Wir drohen dir nicht. Wenn du unsere Offerte ausschlägst, werden wir gehen und uns nach einem anderen Verbündeten umschauen.« Er senkte den Kopf ein wenig. »Doch was er entschließt, kann gegen dich ausfallen. Das solltest du wissen.«

Die Barbarin setzte sich behutsam auf und lehnte sich an das Kopfende. »Ich würde liebend gerne ein Bündnis mit dem Volk der Albae eingehen«, raunte sie hastig.

Sinthoras vernahm die Begeisterung deutlich und lächelte.

»Doch wie?« Paltaina sah sie fragend an.

»Überlass es uns«, sagte Virssagòn knapp. »Wir sorgen dafür, dass es keinen Nachfolger aus dem Königshaus Lanfried gibt, sodass die Fürstenversammlung einberufen werden muss. Die Wahl wird sicherlich auf dich fallen.«

Sinthoras steckte den Dolch zurück ins Futteral. »Betrachte dich bereits als neue Königin von Urgon.« Er wandte sich zum Ausgang, Virssagòn erhob sich und folgte ihm.

»Was erwartet Ihr von mir als Gegenleistung?«, fragte Paltaina verwundert.

»Deine Treue«, erwiderte Sinthoras kalt. »Urgons Truppen werden sich dem magischen Schild nicht mehr nähern und sich keinem Zug gegen unser Reich anschließen. Das ist alles.«

»So wird es geschehen.« Paltaina sprang aus dem Bett und kniete sich nieder. »Wisset: Ich verehre Euch, seit ich die ersten Geschichten über Euer Volk hörte. Nichts Besseres hätte ich mir vorstellen können, als Eure heimliche Verbündete zu sein.«

Die beiden Krieger sahen sich an und wussten, dass sie die Richtige gefunden hatten.

»Achte auf Urgon und beschütze dein Volk vor Óarcos und Trollen und all dem Übel, das aus dem Norden dringt«, sprach Sinthoras mit feinem Spott. »Die Barbaren werden dich dafür lieben.« Er öffnete die Tür und ging zusammen mit dem braunhaarigen Alb hinaus.

»Anbetungswürdige Albae«, rief sie, »dürfte ich Euch um einen Gefallen bitten?«

Virssagòn blieb hinter der Schwelle stehen. »Wir erweisen dir bereits einen, den du kaum mehr gutmachen kannst«, antwortete er abweisend.

»Ihr habt meine Schwester getötet. Das wäre eine Wiedergutmachung, die *Ihr* mir schuldet. Sie tat Euch nichts, sondern wurde Opfer der Umstände.«

Mutiger als ich annahm. »So lass mich hören, was dich bewegt und dir Kummer bereitet«, dämpfte Sinthoras die Härte des Assassinen ab und wandte sich halb zu ihr um. *Umso dankbarer wird sie sein.*

»Es zieht eine Rotte Orks quer durch mein Fürstentum, und nur Tion mag wissen, woher sie gekommen sind. Meine eigenen Truppen befinden sich jedoch noch auf dem Rückmarsch vom Schild, und die Gardisten, die ich aussandte, wurden von den Bestien aufgerieben. Sie stehen nicht weit von hier, im Süden.« Paltaina warf sich gänzlich vor ihnen nieder. »Bitte, befehlt den Grünhäuten, von Urgon abzulassen. Euch werden sie gehorchen.«

»Das tun wir für dich, Fürstin und baldige Königin«, erwiderte Sinthoras und verließ nun auch das Gemach. »Nichts sollte die Ruhe in deinem Land stören.«

Virssagòn und er huschten durch die Gänge und verließen zunächst die Burg, dann die Stadt, ohne dass sie jemand bemerkt hätte – außer Paltaina.

Erst, als sie die Mauern hinter sich gelassen hatten und sie durch den Wald eilten, wandte sich der schwer gepanzerte Alb auf einer Lichtung an Sinthoras, wie er es bereits in Aeghor tat. »Ich dachte, du hättest die Geschichte über meinen Schüler verstanden«, sagte er tadelnd.

»Ich vernahm sie«, entgegnete Sinthoras herablassend. »Allerdings stand *ich* bereits über dir und bin schwerlich mit einem aufmüpfigen Schüler zu vergleichen.« Sinthoras schlug den Weg nach Süden ein. »Das ist ein wichtiger Unterschied zwischen ihm und mir.«

»Das ist in der Tat ein Unterschied. Und doch verhältst du dich wie er, als hättest du nichts aus dem gelernt, was dir widerfuhr.« Virssagòn setzte seinen Marsch nach Westen fort.

Sinthoras blieb stehen. »Wohin gehst du?«

»Meinen Auftrag erfüllen und uns die Verbündeten beschaffen, die wir brauchen«, gab Virssagòn gleichmütig zurück. »Kümmere du dich um die Óarcos, wie du es überflüssigerweise versprachst. Deine Kampfkünste sollten ausreichen, mit den feisten Bestien fertigzuwerden. Oder benötigst du meinen Beistand?« Er warf einen spöttischen Blick über die Schulter. »Wir treffen uns in Dsôn Balsur. Ich werde den Unauslöschlichen berichten, wie erfolgreich ich war.« Dann verschwand er im Schatten der Bäume und wurde unsichtbar, als würde ihn das stärker werdende Sonnenlicht nicht erreichen können.

Ich vergaß zu fragen, was aus seinem Schüler wurde. Sinthoras verfiel in einen raschen Dauerlauf. *Vermutlich brachte Virssagòn ihn um. Oder Gàlaidon zog auf eigene Faust los, um Aufträge zu erledigen.* Er grinste. *Wie ich.*

Wie er die Óarcos dazu bringen würde, sich aus Aeghor zurückzuziehen, würde er entscheiden, wenn er dem Anführer gegenüberstand.

Sinthoras vermutete, dass es sich um eine versprengte Rotte von Toboribars Einheiten handelte. Die Scheusale hatten sich im Süden niedergelassen, irgendwo in einem Höhlengewirr, aus dem sie die Barbaren niemals mehr vertreiben konnten.

Wozu sollte ich denen Befehle geben? Sie würden mir nicht gehorchen, also löse ich das Problem anders. Sinthoras kam die Ansammlung von grober Dummheit recht. Ihm war nach einem Gefecht, und die abtrünnigen Verbündeten eigneten sich ausgezeichnet, um das eigene Können und die Schärfe seiner Waffen einer Probe zu unterziehen. Niemand würde den Grünhäuten nachtrauern.

Sinthoras genoss den Gedanken an den kommenden Kampf und die Abwesenheit des Assassinen.

Möglicherweise taugt etwas an oder in ihnen dazu, ein Kunstwerk ins Leben zu rufen. Ich sollte dringend wieder malen. Ich werde mir ihre Häute mitnehmen, wenn sie nicht zu räudig sind, beschloss er und beschleunigte seine Schritte.

Tark Draan (Geborgenes Land), Steinerner Torweg, 4372. Teil der Unendlichkeit (5202. Sonnenzyklus), Herbst

Caphalor sah unzufrieden auf die Nachricht, die ihm die Unauslöschlichen gesandt hatten. *Sie unterschätzen die Gefahr, die von den Botoikern ausgeht. Oder sie haben in Tark Draan genug zu tun.*

Sogàtor saß ihm in der Wachstube gegenüber und schärfte sein Schwert geduldig mit einem feinporigen Schleifstein, den er angefeuchtet hatte. Insgesamt nutzte er vier verschiedene Steine, alle mit unterschiedlicher Körnung, um dem Stahl unwiderstehliche Tödlichkeit zu geben. »Deinem Gesicht nach ist es nicht das, was du lesen wolltest.«

»Nein. Ist es nicht.« Caphalor warf das Papier auf den Tisch und langte nach dem Glas mit dem Kräutertee. »Absolut nicht.« Er überlegte, woher er mehr Soldaten bekommen sollte, falls das magisch begabte Volk mit einem Sklavenheer aufmarschierte. *Schon Sinthoras und ich begingen den Fehler, sie vollständig aus den Augen zu lassen. Das rächt sich nun.*

»Ich kenne die Botoiker lediglich aus Berichten«, sagte der Gardant beiläufig und hielt den Blick prüfend auf die Schneide gerichtet. »Was erwartet uns, falls sie erscheinen? Und warum verging ihr Späher in einer Detonation?«

»Ich kämpfte gegen sie«, gab Caphalor leise zurück und nippte an seinem Getränk, um dabei aus dem Fenster zu sehen, vor dem die ersten Flocken fielen. Der Winter griff hier zuerst nach dem Grauen Gebirge und dem Steinernen Torweg, bevor er sich von den Hängen auf Tark Draan stürzte. »Sie nutzen die Magie in ähnlicher Weise wie die Zauberer von Tark Draan, und doch kann man sie schwerlich vergleichen.«

»Sie attackieren mit Feuerbällen und anderen unsichtbaren Geschossen?«, versuchte sich Sogàtor an einer Einschätzung.

Caphalor verfolgte den wirbelnden Schnee. »Die Macht der Botoiker äußert sich auf andere Weise«, erklärte er langsam. »Sie manipulieren den Verstand von Lebewesen und bringen ihn in ihre Gewalt.« Er hielt überlegend inne. »Ähnlich wie die Untoten, die der Dämon auf dem Land erschafft, das ihm gehört.«

Sogàtor hielt inne und sah zu seinem Vorgesetzten. »Wie darf ich mir das vorstellen, Benàmoi?«

Erneut nahm er einen kräftigen Schluck und erhob sich, um zum Fenster zu gehen und durch das Glas hinauszublicken. Von hier sah er direkt auf das geöffnete Tor und die beiden Türme, die im weißen Treiben nur als schwarze Schemen erkennbar waren. »Wir zogen damals aus, um sie in ihre Schranken zu weisen. Sie zeigten durchaus mehr Mut und Ausbreitungsdrang, als wir ihnen zutrauten. Die Unauslöschlichen wollten sie davor warnen, sich weiter auf Dsôn Faïmon zuzubewegen«, berichtete Caphalor und ordnete die Erinnerungen, die der Anblick der Runen zurückgebracht hatte. »Wir ritten mit eintausend Kriegern auf ihre damalige Hauptstadt zu, wo sich die elf Festungstürme befinden, in denen die Mächtigsten leben.«

Sogàtor hob die Augenbrauen und legte das Schwert auf den Tisch. »Eine sehr … wagemutige Unternehmung.«

»Sie war tollkühn und sie sollte Eindruck schinden.« Caphalor sah Dhaïs Akkoor vor sich, ein Moloch aus schiefen Hütten und gammelnden Häusern, dicht an dicht auf einer seenüberzogenen Ebene gedrängt, angefüllt mit tausenden Barbaren und niederen Wesen, die nur zusammen hausten, weil die Botoiker ihren Verstand beherrschten.

Die Glücklicheren von ihnen lebten auf Booten oder schwimmenden Behausungen, fuhren durch das brackige Wasser, das an heißen Tagen schrecklicher stank als eine Kloake und Schwärmen von Insekten als Brutstätte diente.

Caphalor roch unvermittelt den Unrat und Fäulnis wieder, Unwohlsein breitete sich aus. »Die Bewohner trugen nichts als Lumpen, die wegen der hohen Luftfeuchte am Leib schimmelten. Sie fraßen sich gegenseitig, wie wir sahen, und gleichzeitig kümmerte es niemanden. Über allem ragten die nadelförmigen, weißen Bauwerke mit den übergroßen Runen empor.« Er wünschte sich, Carmondai könnte seine Worte aufschreiben. *Es gibt nicht mehr viele, die von Dhaïs Akkoor zu berichten vermögen.* »Wir hatten in Erfahrung gebracht, welcher von den elf der Gefährlichste sein sollte, und suchten seinen Turm auf.« Er musste überlegen. »Sh'tu Nhatai, so lautete sein Name. Wir gaben vor, einen Pakt gegen die Fflecx schließen zu wollen, und so empfing er fünfzig von uns in seinem Zuhause.«

»Und wie sehen sie aus?«

»Wie Barbaren eben aussehen. Es fällt nichts an ihnen durch Schönheit auf.« Er leerte das Glas und wandte sich dem Gardant zu. »Wir machten unmissverständlich deutlich, dass wir jegliche weitere Ausbreitung in Richtung Dsôn Faïmon mit einem Krieg beantworten würden.«

Sogàtor hing an seinen Lippen. »Und was geschah?«

Caphalor musste dieses Mal nicht lange nachdenken, zu eindringlich tauchte das Bild aus seinem Verstand empor. »Sh'tu Nhatai blieb besonnen und bat uns freundlichst, mit ihm auf den Balkon zu treten, weil er uns etwas zeigen wolle. Und kaum standen wir siebzig, achtzig Schritte über der stinkenden, an allen möglichen Krankheiten leidenden Stadt, richteten sich die Köpfe der Wesen rings um den Turm zu uns, als hätten sie gleichzeitig ein Signal vernommen. Der Botoiker sprach eine kurze Formel, und dann gingen Hunderte zwei Schritte nach rechts, wie von unsichtbaren Puppenspielern bewegt. Anschließend reckten sie ihre Arme und riefen unablässig seinen Namen. Nach einer weiteren knappen Formel aus seinem Mund fuhren die Bewohner mit ihren Tätigkeiten fort.« Caphalor setzte sich. »Sh'tu Nhatai beherrschte sie mit seiner Magie. Er konnte sie jeden Befehl ausführen lassen, ohne dass seine Sklaven nachdachten. Sie warfen sich in Schwerter, stürzten sich in Schluchten oder taten die absonderlichsten Dinge – weil es sein Wille war. Wenn er es einmal in seinen Fängen hatte, hielt sich eine Macht in einem Wesen, solange er lebte. Das macht die Botoiker so gefährlich. Ihr Zauber verpufft nicht einfach.«

Der Gardant goss seinem Vorgesetzten Tee nach, dann füllte er seinen eigenen Becher. »Hunderte, sagst du?«

Caphalor nickte. »Wir zeigten uns beeindruckt von seiner Zurschaustellung – und dann schoss ihm einer unserer Schützen vom Fuße des Turms einen Pfeil durch den Hals, sodass Sh'tu Nhatai nicht mehr zu sprechen vermochte. Fortan konnten die ganzen Sklaven von ihm nicht mehr befehligt werden. So einfach kann es sein.«

Sogàtor lachte. »So hatte er sich das sicherlich nicht gedacht.«

Er grinste. »Nein. Danach warfen wir ihn vom Balkon, und er zerschmetterte auf dem Boden. Mit seinem Ende war der Bann gebrochen, und während wir schleunigst aus Dhaïs Akkoor abreisten, fielen seine von den geistigen Fesseln befreiten Scheusale übereinander her. So mussten wir uns tatsächlich durch das Getümmel schlagen.« Caphalor lachte leise, als er sich an das überraschte Gesicht des Zauberers entsann. »Wie der Aufstand endete, vermag ich nicht zu sagen, doch seitdem ließen uns die Botoiker in Ruhe.«

»Bleiben noch zehn von ihnen«, sagte der Gardant.

»Oh, nein. Hunderte. Sie leben als Großfamilien in diesen Türmen und bilden Sippschaften. Die Bauwerke sind zerlegbar und bestehen überwiegend aus gesteckten Holzverbindungen und nur wenigen Steinquadern und Gesteinsverschalungen. Es braucht siebzig Momente der Unendlichkeit, bis ein solcher Turm aufgebaut ist. Wenn der Ort durch die Abnutzung ihrer Sklaven zu verkommen ist, ziehen sie weiter. Es gibt auch kleinere Städte und kleinere Türme, aber Dhaïs Akkoor war damals der Mittelpunkt.« Caphalor nahm sich den Mantel und legte ihn um. Ihm war nach Bewegung und Besuch der Barrikaden. »Es gibt auch Hochzeiten zwischen den Familien der verschiedenen Türme. Doch immer nur das Oberhaupt ist der Mächtigste von ihnen und vermag es, die Massen in seinen magischen Bann zu schlagen und sie mit Zaubersprüchen sowohl an sich zu binden wie zu befehligen. Wenn er nicht gerade blitzartig stirbt wie durch uns, gibt er die Kontrolle nach und nach an seinen Nachfolger weiter.«

»Und wie vergrößern sie die Zahl ihrer Sklaven?«

»Durch Raubzüge. Ihre Sklaven ziehen los, verschleppen die verschiedensten Wesen, die sie gerade zu fassen bekommen. Am Turm werden sie durch den Zauber des Botoikers in die Gemeinschaft aufgenommen«, erklärte er und zog die Kapuze über den schwarzen Schopf, um sich vor Wind und Schnee zu schützen. »Wir Albae widerstehen ihnen, da wir selbst magische Kräfte in uns tragen. Vermutlich sind wir ihnen deshalb ein Dorn im Auge.«

»Und jetzt, da sie wissen, wie geschwächt wir sind, wollen sie den Dorn entfernen.« Sogàtor steckte das Schwert in die Scheide und befeuchtete den gröberen Schleifstein, dann widmete er sich einem seiner Dolche. »Das klingt nach unangenehmen Gegnern. Was sagten die Unauslöschlichen?«

»Sie bedankten sich für meine Nachricht und glauben daran, dass die Botoiker die Warnung von damals nicht vergaßen«, fasste er den Inhalt zusammen. Caphalor legte die Hand auf den Türriegel und zog ihn zurück. »Aber genau *deswegen* mache ich mir Sorgen: Die Runen gehörten zur Nhatai- Familie.«

Sogàtor sah langsam auf. »Sie wollen Rache.«

Caphalor drückte ohne Erwiderung den Eingang auf und trat hinaus in den kalten Wind, der ihm sofort die Flocken ins Antlitz warf. Er schloss die Tür zur Wachstube und durchquerte den Vorhof, um zu den geöffneten Toren zu gelangen.

Er senkte den Kopf und hielt den Rand der Kapuze mit einer Hand fest, damit die Böen sie nicht nach hinten schoben.

Erste Verwehungen hatten sich in Ecken und Nischen gebildet, die weiße Pracht breitete sich mehr und mehr am Steinernen Torweg aus.

Als Caphalor die geöffneten Flügel passierte, fiel sein gesenkter Blick auf eine kleine verschneite Erhebung von der Größe eines Kopfes. *Ein Felsbrocken? Sprengt der Frost die Bergwände und will uns verschütten?* Er stieß mit dem Fuß dagegen.

Aber zum Vorschein kam etwas Rötlich-Metallisches.

Der Helm! Sogàtor hatte Caphalor nicht gefragt, was es mit dem

Ende des Spähers auf sich gehabt hatte, worüber er sehr glücklich gewesen war. Besonders starke Botoiker verstanden sich auf eine weitere Kunst außer der Beherrschung der Einfältigen.

Er nahm den Kopfschutz aus dünnem Kupfer auf und kehrte den Schnee mit dem Ärmel ab, ignorierte dabei, dass ihm die Kapuze vom Wind herabgerissen wurde und die schwarzen Haare umherpeitschten.

Seine behandschuhten Finger ertasteten Runen auf der Außenseite, das Innere hingegen war leer. Es gab keinerlei Anzeichen dafür, dass sich je ein Schädel aus Fleisch, Blut und Knochen darin befunden hatte, der durch das Feuer verbrannt wäre. Er verspürte auch kein Kribbeln, nichts, was auf latente magische Energie hingewiesen hätte.

Weder Haare noch Haut. Caphalor roch behutsam daran. *Nur Metall und Kälte. Wie ich es bereits befürchtete.*

Er kehrte um und wischte weiter am Helm herum, den er einer eingehenden Untersuchung unterziehen wollte.

Für ihn stand fest: Die Botoiker aus der Familie der Nhatai hatten ihnen ein Ghaist geschickt, ein magisches Kunstwesen, das wohl durch eine unglückliche Fügung an den Torweg gelangt war. Da die Jomoniker es gehetzt hatten, war das Ghaist sicherlich zuvor dort gewesen und als Späher erkannt worden.

Caphalor öffnete die Tür zur Wachstube und sah den überraschten Sogàtor, der schabend den Dolch schliff.

»Schon wieder zurück, Benàmoi?« Sein Blick fiel auf den Kupferhelm, und die Augen wurden groß. »Der Helm des Spähers!«

»Brühe uns einen frischen Tee, dann hole den Waffenmeister.« Caphalor legte das Fundstück auf den Tisch und schlüpfte aus dem Fellmantel. »Ich möchte seine Meinung zu der Arbeit hören.«

Sogàtor nickte und erhob sich flugs.

Tark Draan (Geborgenes Land), Menschenkönigreich Urgon, 4372. Teil der Unendlichkeit (5202. Sonnenzyklus), Herbst

Sinthoras fiel es nicht sonderlich schwer, die Strecke nachzuverfolgen, welche die Óarcos genommen hatten. Wo immer sich Rauch am Horizont im Fürstentum Aeghor zeigte, konnte er davon ausgehen, dass den Bestien ein Gehöft oder ein Dorf zum Opfer gefallen war.

Der Widerstand, der ihnen entgegenschlug, schien zu unorganisiert, um es mit den kampfgestählten Scheusalen aufnehmen zu können. Es war, als versuchte man, ein Feuer mit leichtem Reisig und Papier zu löschen: Óarcos bekamen die Nahrung, die sie brauchten, auch noch geliefert. Der Alb fand immer wieder die Überreste aufgefressener Barbaren, mal junge, mal erwachsene.

Jedenfalls litten die Grünhäute keinen Hunger, während sie sich nach Süden vorarbeiteten und Schrecken verbreiteten. Sinthoras hatte eine kleine Anhöhe erreicht und sah die Rotte keine halbe Meile von sich entfernt in einer langgezogenen Linie auf einen Hof zustürmen, der aus einem einzigen mächtigen Gebäude bestand, das einer Wehrscheune ähnelte; das laute Scheppern eines Gongs oder eines Klangeisens tönte bis zu ihm. Die Bewohner bereiteten sich auf die Attacke vor.

Eine zweite, kleinere Gruppe der Bestien folgte mit verschiedenen Gespannen, auf denen sie Zelte und sonstigen Kram in wildem Durcheinander mit sich führten, den Óarcos unbedingt zu besitzen glauben mussten; auf einem der Karren saßen verschiedene Gestalten in einem Käfig. *Sie nahmen sich lebenden Proviant mit.* Sinthoras hatte beschlossen, die Scheusale auszulöschen, und der Entschluss stand nach wie vor fest. Allein, weil sich die Verbündeten kurzerhand von den Albae losgesagt hatten, nachdem man in Tark Draan eingefallen war, verdienten sie den Einzug in die Endlichkeit.

Er suchte sich einen Stein, auf den er sich setzte, und beobachtete, wie die Rotte gegen die Scheune anrannte und von dort mit Pfeilen und Armbrustbolzen eingedeckt wurde. Hastig zogen sich die Grün- und Schwarzhäute zurück.

Sinthoras lachte auf. *Gegenwehr ist für Feiglinge lästig.* Er nahm einen Schluck aus seiner Trinkflasche und überschlug die Zahl seiner Gegner. *Fast fünfzig, dazu kommt der Tross von nochmals zwanzig.*

Er bedauerte es, seinen Bogen zurückgelassen zu haben, doch er fand ihn eher hinderlich als nützlich. Gerade jetzt wären die langen, schwarzen Pfeile von großem Wert gewesen. Er hätte die Gegner um die Hälfe verringert, bis sie auch nur annähernd in Schussweite für ihre eigenen Bögen gelangt wären. *Nachts werden sie keine Schwierigkeit für mich bedeuten.*

Er entschied sich, den Ausgang des Angriffs abzuwarten, und nahm etwas zu essen aus seinem Rucksack.

Die Óarcos hatten einen Toten zu beklagen, wie es aussah, vier schienen verletzt zu sein. Aus den schmalen Fenstern des Gebäudes erklang freudiger Jubel über den ersten Erfolg.

Doch die Heiterkeit erstarb rasch, als die Barbaren verstanden, was die Angreifer alles auf den Gespannen mit sich führten: Undiszipliniert und mit viel sinnlosem Gegröle, aber doch mit annehmbarer Geschwindigkeit setzten die Óarcos zwei rollbare Pfeilschleudern sowie ein kleines Seilkatapult zusammen, für das sie Brocken aus der Umgebung einsammelten.

Ich muss ihnen lassen, dass sie vorbereitet sind. Sinthoras verfolgte, wie Brandpfeile in kleinen Schwärmen gegen das reetgedeckte Dach schwirrten und alsbald ein Feuer ausbrach, das sich in Windeseile ausbreitete. Dichter, weißer Qualm drang aus den Fenstern des oberen Stockwerks.

Die Barbaren hatten beim Bau der Wehrscheune nicht daran gedacht, Schindeln aus Stein oder gleich Platten zu nutzen.

Die Óarcos schossen Steine genau in die lodernden Stellen, um das geschwächte Gebälk zum Einsturz zu bringen und das Feuer in die darunterliegenden Ebenen zu verteilen. Auch das verlief recht zügig.

Jetzt wagten sich die Bestien näher heran, die Katapulte wurden mit nach vorne geschoben.

Sinthoras hatte sein Mahl beendet und erhob sich von seinem Sitz, als das kleine Tor aufschwang. *Sie werden doch nicht einen Ausfall wagen wollen? So töricht können sie nicht sein!*

Eine durch das Feuer und den Rauch in Todesangst versetzte Kuhherde rannte hervor und stürmte mitten durch die Bestien, die schreiend und brüllend auswichen. Zwei wurden niedergetrampelt, ein weiterer Óarco aufgespießt.

Nicht schlecht gemacht, dachte der Alb. *Wenn sie schlau sind …*

Etwas mehr als ein Dutzend Barbaren hetzte auf Ackergäulen aus dem gleichen Tor, in den Händen hielten die mit dünnen Lederrüstungen ausgestatteten Männer Äxte und Dreschflegel, mit denen sie aus dem Galopp auf die Óarcoschädel einschlugen; ihnen folgten zwanzig weitere Knechte mit Heugabeln und Sensen, die sich todesmutig ins Gefecht warfen.

Das war zwar nicht falsch. Sinthoras schlenderte die Anhöhe hinab. *Aber so etwas gelingt gut ausgebildeten Soldaten und nicht Bauern.*

Drei, vier Scheusale gingen tatsächlich nach der Reiterattacke zu Boden, doch dann hatten sie ihre Überraschung überwunden und schlossen die Linien rascher, als die unerfahrenen Barbaren entwischen konnten. Äxte flogen durch die Luft, trafen die verwegenen Verteidiger des Gehöfts und holten sie aus dem Satteln, woanders wurden den stämmigen Pferden die Beine weggeschlagen oder sie einfach umgeworfen.

Währenddessen knüppelten die Óarcos in der vordersten Linie die Knechte nieder, ohne dass es sie Anstrengung kostete, entrissen ihnen die Waffen und machten sich einen Spaß, die Barbaren mit den eigenen Sensen aufzuschlitzen oder mit den Zinken zu durchbohren und auf den Gabeln in die Höhe zu stemmen, wo die Männer kreischend zappelten und schmerzvoll verendeten.

Im Tor wurde eine aufheulende Magd sichtbar, die von einer älteren Barbarin zurückgezerrt wurde, ehe die Óarcos aufmerksam wurden. Knarrend schlossen sich die Flügel. Man hatte verstanden, dass keiner der Männer zurückkehren würde.

Ich beteilige mich an dem Spaß. Sinthoras rannte los und zog seine beiden Schwerter.

Als er den hintersten Wagen des Trosses erreicht hatte, tötete er den achtlosen Kutscher, der ihn nicht hatte kommen hören. Die Geschwindigkeit, die Lautlosigkeit und die Genauigkeit machten es den abgelenkten Óarcos unmöglich, ihren Tod namens Sinthoras zu bemerken, bevor er ihnen die Klingen von hinten durch Rüstung und Leiber rammte.

Sinthoras hatte sich innerhalb weniger Herzschläge von Gespann zu Gespann gemordet und richtete sich auf dem Bock des ersten Wagens auf, damit ihn die restlichen Gegner sahen. *Zwanzig weniger.* Er breitete die Arme aus und zeigte seine vom dunklen Blut getränkten Klingen; an seiner Rüstung lief der Lebenssaft der Getöteten in feinen Bahnen hinab. »So ergeht es allen, die ihre Verbündeten im Stich lassen«, rief er in der Dunklen Sprache.

Einige der Bestien vernahmen seine Worte trotz des Tumults durch das Scheppern und Knacken des Gefechts, das zu einem reinen Gemetzel verkam. Mit Brüllen machten sie auf den Alb und seine Morde aufmerksam.

Oh, was sehe ich da? In aller Ruhe rammte Sinthoras die Schwerter in das Holz der Kutsche und nahm einen Óarcobogen samt Köcher von der Ladefläche, auf der die Scheusale willkürlich erbeutete und eigene Waffen geworfen hatten. *Nicht das beste Material, aber auf die kurze Entfernung wird es taugen.*

Noch bevor die Schützen an den Pfeilkatapulten die Plattformen drehen und die Auslöser betätigen konnten, sanken sie mit Geschossen in den Oberkörpern nieder.

Es sind noch etwa dreißig. Sinthoras mochte den Bogen nicht, der weder austariert noch gut gearbeitet war, doch die Schüsse gelangen halbwegs genau.

Die Óarcos tobten und sprangen hinter den erlegten Ackergäulen in Deckung, während er ihnen Pfeil um Pfeil sandte. Nachdem er fünfzehn weitere erlegt hatte, schleuderte er den Bogen davon und befreite die Schwerter aus dem Holz.

»Eure Feigheit ist nicht zu überbieten«, rief er höhnisch und sprang auf den Boden, um die Arme erneut auszubreiten. »Hier stehe ich und erwarte euch. Kommt! Wagt es und nehmt Rache für eure toten Bestienfreunde! Ich vereine euch gerne mit ihnen!«

Die Gegner erhoben sich grunzend und warfen sich Blicke und knappe Worte zu; dann stürmten sie heran, schwangen die breiten Klingen und hoben die Schilde.

Eine Wand aus gefletschten Zähnen, schartigem Eisen und massigen Körpern walzte brüllend heran, der Talg auf ihren Rüstungen stank alt und ranzig.

Sinthoras Lippen wurden von einem dämonischen Lächeln umspielt. *Virssagòn hätte mir den ganzen Spaß verdorben.* Er führte die immer noch ausgebreiteten Arme gleichzeitig nach vorne und reckte die Spitzen unvermittelt gegen die Óarcos. *Tion, erfreue dich! Ich sende dir Seelen.*

Er drückte sich kraftvoll vom Boden ab und katapultierte sich über den ersten Gegner sowie dessen surrenden Morgenstern hinweg.

Bei der Landung schlitzte Sinthoras die Wänste zweier überraschter Bestien auf, drehte sich um die eigene Achse und enthauptete den Óarco, in dessen Rücken er aufgekommen war, mit dem Schwert in der Linken; das rechte zerteilte die Kehle eines heranstürmenden vierten Widersachers. Zeitgleich stürzten die Leichname nieder.

Doch Sinthoras verweilte nicht.

Er tauchte unter einer hervorzuckenden Schildkante weg und stach dem Óarco in die Achsel, versetzte ihm einen Tritt und schleuderte ihn in den Hieb des nächsten Angreifenden, um das Scheusal mit einem Schnitt durch die Fratze zu blenden. »Dich töte ich zum Schluss!«, rief er und parierte blitzartig die auf ihn einprasselnden Schläge.

Fünf Bestien hatten ihn eingekreist, doch das hemmte Sinthoras nicht. Mit Schwertern, Keulen und Äxten drangen sie auf ihn ein, aber seine Instinkte ließen ihn zur rechten Zeit ausweichen oder die Hiebe geschickt abwehren, um sie gegen die Óarcos abzufälschen. »Ihr tötet eure Freunde selbst!«, verspottete er sie, während sie um ihn herum niedersanken.

Das Sirren warnte Sinthoras.

Er warf sich zur Seite und rollte sich ab. Die Pfeile verfehlten ihn knapp.

Sinthoras wälzte einen Leichnam halb auf sich, in den gleich darauf neue Geschosse fuhren. Zwei Óarcos standen am vorderen Karren und hatten sich Bögen aus der Sammlung gefischt, drei weitere hetzten zu ihm heran und schwangen Speere.

Schnell verstaute Sinthoras seine Schwerter und hob stattdessen zwei kleine Rundschilde der Óarcos auf, mit denen er die Speerattacken der drei Scheusale blockte. Zwischendurch fing er damit die Pfeile ab, die sie gegen ihn jagten.

Die Kanten meines Schutzes eignen sich hervorragend zum Zuschlagen. Sinthoras zerschmetterte den Dreien nacheinander die Schädel und Hälse. Dann sprang er mit den Schilden voran auf die beiden Schützen zu, die sich nicht anders zu helfen wussten, als auf den Fersen zu wenden und zu rennen.

Es ist ein Wunder, dass uns mit denen die Einnahme des Steinernen Tor-

wegs gelang. Sinthoras lachte ihnen verächtlich hinterher, warf die Schilde weg und hob einen Speer von der Ladefläche. »Nehmt meinen Gruß«, rief er und schleuderte das Wurfgeschoss, das den vorderen Óarco von hinten durch das Herz traf. Er stürzte und überschlug sich zweimal. »Ich erweise ihn euch gerne!«

Der zweite Speer machte sich auf die Reise und fuhr der letzten Bestie durch den Nacken, ließ sie zusammenbrechen.

Bleibt mir noch einer. Sinthoras sah zu dem geblendeten Óarco, der vorwärts taumelte, in der linken Hand seine Axt haltend. »Nun bist du an der Reihe«, sagte er und pirschte sich an den Blinden an. »Ich versprach es dir.«

Ein rascher Schnitt mit dem Dolch von hinten durch die Kniesehnen, und das Scheusal knickte ächzend ein und krümmte sich auf dem Boden. Es schlug mit der Axt wie von Sinnen um sich, fluchte und schrie.

Sinthoras lachte. »Oh, beruhige dich. Mehr tue ich dir nicht. Den Rest mögen die wilden Tiere vollenden, wenn sie dein Blut riechen und sich hungrig über dich hermachen, so wie du und deinesgleichen sich über Barbaren hermachten.«

Er wandte sich um und richtete seinen Blick auf den Verschlag mit den Gefangenen.

Langsam bewegte er sich darauf zu. Manchen fehlten bereits Gliedmaßen, die Stummel waren mit Lederriemen abgebunden und ausgebrannt worden. Dennoch hatten sich Entzündungen gebildet, die früher oder später zum Tode führten.

Die Óarcos haben sich Stücke genommen, wie es ihnen beliebte. Er öffnete die Tür, sprang zu den Angeketteten, die aus Angst vor ihm aufschrien.

»Nicht doch. Ich bin großmütig und befreie euch vom Leid.« Er erstach sie nacheinander mit einem herrenlosen Óarcoschwert, weil er keine Zeugen dafür brauchte, dass Paltaina gemeinsame Sache mit den Albae machte. Sollte man später ruhig glauben, die tapferen Bewohner der Wehrscheune hätten die Bestien erschlagen und den Erfolg mit dem Leben bezahlt.

Er sah zum Gebäude. *Darin werde ich auch noch aufräumen müssen. Samusin, ich bete für Barbarinnen von gutem Wuchs, mit zierlichen Knochen. Oder reiner weißer Haut, um Leinwände daraus zu machen.*

Das Ächzen eines Gefangenen, den er bereits vor seinem Stich für tot gehalten hatte, weckte seine Aufmerksamkeit.

»Vergib mir, dass ich dich übersah.« Sinthoras legte dem verdreckten Barbaren, dessen Antlitz bemerkenswert feine Züge aufwies, die Schwertspitze in Herzhöhe auf die Brust. Die Scheusale hatten bereits viel von ihm verschlungen: die Ohren waren abgerissen, außerdem fehlten beide Beine und der linke Arm. »Auch dein Leid endet wie das der übrigen. Dein gnädiger Tod heißt Sinthoras, und es kommt nicht oft vor, dass ich gnädig bin. Schätze dich glücklich.«

Er rammte ihm die Klinge durch den Körper – und stockte, als er die leisen Worte des Sterbenden vernahm: Es war nicht die Sprache der Barbaren, sondern …

»Du … bist ein Elb!« Sinthoras fluchte. Wo auch immer die Óarcos ihren Gefangenen gemacht hatten, der Verletzte wusste vielleicht noch mehr. Aber die Wunde war tödlich, auch wenn der Elb noch schwach atmete. »Wie lautet dein Name?«

Der Elb bespuckte ihn, und gleich danach brach sein Blick. Sollte er Geheimnisse geborgen haben, waren sie vergangen.

Der Óarco! Er muss mir sagen, wo sie das Spitzohr einfingen. Sinthoras hastete zum kriechenden Geblendeten und versetzte ihm einen Tritt in den Nacken. »Der Elb, den ihr als Fressen dabei hattet«, herrschte er ihn an, »wo fingt ihr ihn?«

Die Bestie lachte ihn aus, rotschaumige Speichelfädchen spannten sich zwischen den Lippen. Aus den verletzten Augen sickerte rötlichschwarze Flüssigkeit.

Sinthoras stemmte den rechten Fuß in das wulstige Genick und vollführte einen schnellen Schnitt, der dem Gegner einen Finger abtrennte. »Wenn ich mit dir fertig bin, hast du keine Gliedmaßen mehr, um irgendwas festzuhalten.«

Der Óarco heulte auf. »Ich verfluche dich«, erwiderte er stöhnend. »Dir sollen …«

Sinthoras trennte den nächsten Finger ab und schnitt ihm noch in die Wade. »Bald wirst du dein Blut verloren haben. Leichte Beute für die Tiere.«

»In irgendeinem Tal von Urgon«, keuchte die Bestie heraus. »Wir erwischten das Spitzohr, als es in einer Felswand hing. Wir pflückten es.«

»In Urgon?« *Was sollten die Elben hier suchen? Sich in die Gebirge flüchten?* »Was hatte er dabei?«

»Sein Zeug liegt bei der anderen Beute.« Der Óarco bebte nun, ob vor Angst oder Schmerzen, nuschelte und sabberte.

»War er alleine?« Weil es nicht schnell genug ging, trat ihm Sinthoras mit Wucht in den Wanst.

Die Bestie übergab sich würgend. »Das war er.«

»Wohin wollte er?«

»Woher soll ich das wissen, Schwarzauge?«, gab er ausspuckend zurück. »Du hast mich zum Krüppel gemacht!«

»Ich durchtrennte dir die Sehnen. Ein guter Medicus kann sie herauspulen und zusammennähen.« Sinthoras lachte. »Ich vergaß: Eure Heiler vermögen das nicht. Du solltest dich an den Gedanken einer Sänfte gewöhnen.« Die Abscheu vor dem abtrünnigen Vasallen wurde übermächtig, der Gestank des Unschlitts widerte ihn an. *Was soll's.* Blitzschnell stach er zu, das Schwert jagte durch den Nacken. Aufschnaufend sackte die Bestie zusammen.

Sinthoras kümmerte sich vorerst nicht um die Frauen, die sich aus der Wehrscheune wagten und zu den Barbaren gingen, heulend an den Leichen der Gefallenen entlangschritten. *Was hatte das Spitzohr dabei?* Er eilte zum Wagen mit den Beutestücken.

Bald darauf hatte er die Ausrüstung des Elbs mit spielender Leichtigkeit gefunden. Sinthoras durchwühlte sie, rollte die Karten sorgfältig auf und konnte dennoch seinen Augen kaum trauen. *Was ist da im Grauen Gebirge eingezeichnet?*

»Herr«, vernahm er die behutsam-zögerliche Stimme einer Barbarin in seinem Rücken. »Wir … wollten Euch danken, dass ihr uns von Bestien befreit habt.«

Das ist schier kindlich unbedarft. Er wandte sich zu ihr um und zeigte ihr seine schwarzen Augen, die dunklen Löchern glichen.

Sofort erschrak die Magd und begriff, dass sie vom Regen in die Traufe geraten waren. »Schwarzauge«, wisperte sie entsetzt und vermochte nicht, sich zu rühren. »Ich …« Ihre Stimme versagte.

»Du hieltest mich für einen Elb, weil ich euch half?«, führte er den Gedanken fort und verstaute die Karte unter seiner Rüstung. Lachend legte er eine blutige Schwertklinge auf ihre Schulter, die Schneide zielte auf den schlanken, braungebrannten Hals. »Zu welchem Gott du auch immer betest: Dein Tod heißt Sinthoras, und ich bin mächtiger als er.«

Tark Draan (Geborgenes Land), Steinerner Torweg, 4372. Teil der Unendlichkeit (5202. Sonnenzyklus), Spätherbst

Caphalor saß in der Wachstube zusammen mit Sogàtor und dem Waffenmeister Phenìoras um die Überreste des Spähers herum, die sie nach langem, aufwendigem Suchen gefunden und eingesammelt hatten. Der Schnee hatte es fast unmöglich gemacht, die Fetzen zu entdecken und zu bergen, doch es war gelungen.

»Teilst du meine Ansicht?« Es wäre gelogen zu behaupten, dass Caphalor sich mit den Wesen auskannte, die durch Zauberer, Druiden, Magier oder andere Kundige dieser Künste heraufbeschworen werden konnten. Es musste der Anblick des Kupferhelms gewesen sein, der die Erinnerungen an alte Geschichten geweckt hatte.

»Wenn ich bedenke, wie viel Schriften und Wissen in Dsôn Faïmon vergingen, auf die wir hätten zurückgreifen können«, grummelte Phenìoras und zog den Helm zu sich.

Sogàtor drehte und wendete die einzelnen Stücke sicherlich zum hundertsten Mal: eine Beinschiene, ein halber Handschuh, Fetzen des Harnischs sowie ein gegerbter, gehärteter Lappen, der vom Lederhemd rührte. »Weder Haut noch Brandspuren.«

Caphalor musste lachen. »Ich sagte doch: Sie sandten ein Ghaist. Es gibt daran nichts, was einem lebendigen Wesen gleichkommt.« Er deutete auf den Kopfschutz mit den Runen und eingravierten Zeichen. »Bannsprüche, vermute ich.«

»Die Magie darin ist erloschen, sonst würden wir es fühlen.« Phenìoras legte die Fingerkuppen in das schmale Schlitzvisier und zog daran. »Seht nur, wie leicht es sich aufbiegen lässt.«

»Unfassbar, dass die Barbaren daran ihre Klingen zerstörten.« Sogàtor sah zwischen Caphalor und dem schwarzhaarigen Waffenmeister hin und her. »Wenn sie eine Armee aus diesen Ghaisten aufstellen, sind wir verloren.«

»Du sahst, dass man sie mit Feuer zum Vergehen bringen kann. Zudem sind sie nicht sonderlich klug, wenn ich mich richtig erinnere.« Caphalor öffnete das Buch, das er von einem Krieger ausgeliehen hatte und in dem Märchen und Legenden aus Ishím Voróo geschrieben standen. »Ich will diesen Geschichten nicht zu viel Bedeutung beimessen, aber hierin steht, dass sie Wesen der Kälte sind. Setzt man sie längere Zeit den Flammen aus, vergehen sie.«

»Und *wie* sie vergehen«, murmelte Phenìoras und legte den Helm auf die Tischplatte zurück. »Du wolltest meine Einschätzung, Benàmoi.« Er deutete mit der offenen Hand darauf. »Solide geschmiedet, ausgezeichnet verziert, aber viel zu dünn, um auch nur gegen einen Stein zu taugen.«

»Solange die Magie des Botoikers nicht wirkt«, warf Sogàtor ein. »Es betrachtete den Eingang und die Türme lange und genau. Was sollte das?«

Phenìoras zuckte mit den Schultern. »Um sich alles einzuprägen und Bericht zu erstatten?«

Caphalor blätterte in der Geschichte, um daraus etwas schließen zu können. Es war noch keine Zeit gewesen, die Zeilen genauer zu studieren. »Das war auch meine Vermutung. Aus dem Grund jagten ihn sicherlich die Barbaren, weil sie wussten, was ihnen nach seinem Besuch blüht.«

»Vermutlich die Horden eines Botoikers, um sich neue Sklaven zu holen.« Phenìoras nahm Papier und Federkiel zur Hand, um sich Anmerkungen zu machen. »Ich lasse noch mehr Petroleumsäcke herbeischaffen. Zur Sicherheit.«

Ah, das könnte hilfreich sein. Caphalor hatte etwas in der Geschichte gefunden. »Es ist keine einfache Sache, ein Ghaist zu erschaffen und zu binden«, verkündete er. »Es kostet viel Kraft und viele Leben, aus deren Seelen das Wesen geschaffen wird. Man könnte es mit dem Pressen von unzähligen Flocken zu einem Schneeball vergleichen.«

»Was erklärt, weswegen sich die Magier mit so vielen Sklaven umgeben.« Sogàtor schien etwas beruhigter zu sein. »Also steuert er das Ghaist und ist damit verbunden?«

Caphalor suchte in den Aufzeichnungen, fand aber nichts. »Möglich.«

»Seine Augen und Ohren«, murmelte Phenìoras. »Sollte das zutreffen, musste der Späher nicht nach Dhaïs Akkoor zurückkehren.

Er könnte das, was er hier beobachtete, unmittelbar an seinen Herrn geschickt haben.«

Sogàtor stieß einen Fluch aus.

»Das ist reine Mutmaßung.« Caphalor schloss das Buch. »Dennoch halte ich die Aufstockung der Brandgeschosse für dringend notwendig.« Der Waffenmeister nickte und unterstrich auf seiner Liste verschiedene Punkte. »Und du, Sogàtor, suche dir ein Dutzend guter Kriegerinnen und Krieger. Reite den Torweg entlang bis zu dem Stück, wo er sich senkt und ihr eine gute Sicht auf die Windungen habt, die nach Ishím Voróo führen. Errichtet einen Vorposten oder sucht nach verborgenen Verstecken der Untergründigen, um diese zu nutzen. Das wäre einfacher.« Er legte eine Hand auf das Buch. »Sobald ihr einen Platz gefunden habt, lasse ich die Baumeister eine kleine Festung errichten, von der aus wir den Aufgang zum Steinernen Torweg mit Petroleum, Pech und Schlacke überziehen können.«

Sogàtor seufzte. »Und das bei diesem Wetter.«

»Es ist das beste Wetter, das sich ein Ghaist wünschen kann«, meinte Phenìoras. »Je schneller wir dagegen gewappnet sind, desto besser. Außerdem hilft brennendes Petroleum gegen fast alles.«

Caphalor und Sogàtor lachten zustimmend. »An die Arbeit.«

Die beiden Albae erhoben sich und verließen die Wachstube.

Es kann falscher Alarm sein. Aber wenn nicht ... Caphalor blieb alleine zurück. Er hörte das Knacken des brennenden Holzes im Kamin und das Säuseln des scharfen Windes, der neuerlichen Schnee umhertrieb. Die Flocken raschelten leise, wenn sie gegen das Glas trafen.

Er verstand, dass sich die Unauslöschlichen auf Tark Draan und die Eroberungen dort fokussierten. Es gab vorerst kein Zurück, und solange man keine Späher in die Ruinen des untergegangenen Dsôn entsandte, blieb das Schicksal des alten Albaereichs im Verborgenen.

Sie wollen nicht mehr zurück. Caphalors Blicke legten sich auf den Kupferhelm, der im Schein des Feuers und der Kerzen rötlich schimmerte, als würde er von innen beleuchtet. Die kleinen Flämmchen spiegelten sich verzerrt darauf und tanzten. *Die Geschwister haben in Dsôn Balsur bereits ihre neue Heimat gefunden, doch sie übersehen, dass die Gefahren aus Ishím Voróo bis zu uns gelangen können.* Er lehnte sich zurück, ohne die Augen von den Überresten des Ghaist abzuwenden.

Inàste, ich bin genau an der richtigen Stelle, um mein Volk vor Schaden zu bewahren. Dazu werde ich nichts unversucht und ungetan lassen.

Das brachte ihn auf einen Gedanken.

Caphalor richtete sich auf, nahm Feder und Papier und schrieb an Carmondai, wo auch immer sich der Geschichtenweber aufhielt, um seine Meinung zum Ghaist zu erbeten. Wenn schon die Unauslöschlichen die Bedrohung durch die Botoiker nicht so ernst nahmen, wie es sich gebührte, dann vielleicht ihr Städtebauer.

Dazu gesellte sich ein inniger Gruß an Imàndaris, die er vermisste, und die Bitte, sich in Dsôn Balsur nach alten Schriften umzuhören, in denen sich Hinweise auf die Wesen fanden, auch wenn er es nicht glaubte.

Danach setzte Caphalor eine Liste auf, was er an den Barrikaden verändert haben wollte, um besser auf ein großes feindliches Heer vorbereitet zu sein. Nun erwies es sich als Nachteil, die Pforte am Steinernen Torweg nicht schließen zu können. Eine dreißig Schritt breite Schneise konnte sehr schwierig zu verteidigen sein.

Wir brauchen die Losung, und dazu benötigen wir einen Unterirdischen und neue Methoden, um ihn zum Sprechen zu bringen, grübelte er. Tränke, die den Verstand benebeln, damit er uns für Freunde hält. Er lachte auf. *Wäre das möglich?*

Die Tür wurde ruckartig aufgestoßen.

Ein Schwall eisiger Luft wirbelte herein und griff nach seinen Blättern. Nur die schnellen Reflexe des Albs verhinderten, dass die Seiten umherflogen und ins Feuer gerieten. »Bei den … Unauslöschlichen! Schließen!«

Der Besucher, der einen Schal vor dem Gesicht und einen dicken, langen Weißfuchsmantel trug, kam herein und drückte die Tür ins Schloss.

»Habe ich Bewegung in dein eintöniges, unsterbliches Leben gebracht?«, fragte eine sehr vertraute Stimme mit einem Lachen. Mit einer schnellen Bewegung wurde der schützende Stoff entfernt, und Sinthoras feine Züge kamen zum Vorschein. »Ich grüße dich, mein alter Freund.«

Caphalor kämpfte mit der Überraschung und dem Unbill, welcher der Auftritt ausgelöst hatte. »So kenne ich dich«, gab er ungehalten zurück und erhob sich, um den blonden Alb zu umarmen. »Auch wenn du meine Unterlagen durcheinanderbringen wolltest, freue ich mich, dich zu sehen.«

Sinthoras lächelte. »Es wird noch viel besser: Wir beide werden Helden!«

»Waren wir das nicht schon einmal? Ich für meinen Teil habe genug. Aber ich weiß, dass du Anerkennung gerne annimmst. Nein, du gierst danach, wenn wir ehrlich sind.«

»So ist es. Und dazu wird es noch eine ehrenhafte Aufgabe sein, zu der uns die Unauslöschlichen aussenden.« Sinthoras warf den kostbaren weißen Mantel ab, darunter kam eine schwarze Tioniumrüstung zum Vorschein, die der Caphalors sehr ähnelte und noch aufwendiger gestaltet war.

»Ich sehe schon: Du hast dich in Kosten gestürzt, um an die vergangenen glorreichen Momente der Unendlichkeit anzuknüpfen«, spöttelte Caphalor.

»Ein Geschenk und passend für Helden«, wiegelte Sinthoras ab. »Von dir hört man auch Großes.«

»Ich tue meine Pflicht und fühle mich sehr gut.« Caphalor bot Tee an, den sein Freund dankend annahm. »Haben dich die Geschwister wegen der Botoiker gesandt?«

Sinthoras streifte die hellen Strähnen aus dem Gesicht und setzte sich. »Nein, das bringt sie nicht aus der Fassung.« Er langte an seine Seite und zog eine Lederrolle heraus, öffnete sie und legte eine ramponierte Zeichnung auf den Tisch. »*Das* schon.«

Caphalor betrachtete die schwachen Linien, die verwaschen und verdreckt waren. *Das Graue Gebirge.* Er runzelte die Stirn und beugte sich nach vorne. »Ist das ein Fleck?«

Sinthoras zwinkerte ihm zu. »Nun, ich halte es für eine Siedlung.«

»Was mich nicht verwundern würde. Die Unterirdischen …«

»Ich rede von *Elben.*« Der blonde Alb lachte schallend über das verwunderte Gesicht seines Freundes. »Und *ob* meine Vermutung stimmt, das werde ich herausfinden.« Er wies auf Caphalor. »Zusammen mit dir.«

Der Knochenbaum

Einst wanderte eine junge, gelehrte Albin namens Sonoîtai durch Ishím Voróo und fand auf ihrem Weg durch einen großen, toten Wald ein Knöchlein, das aus der Erde ragte.

Sie zog das fingerlange Stück hervor und musterte es eingehend. Doch so sehr sie auch überlegte, sie vermochte das Gebein keiner ihr bekannten Kreatur zuzuordnen, denn weder zu einem Scheusal noch zu einem Barbaren oder gar einem Álb wollte es passen.

» Wie merkwürdig «, sagte Sonoîtai zu sich selbst und steckte es ein.

Als sie einige Schritte gelaufen war, kam sie auf eine Lichtung, auf der sich ausgeblichene Knochen häuften.

Hier fand sie Skelette von allen ihr bekannten Wesen, doch so sehr sie sich durch die Gebeine wühlte, sie fand keines, das zu dem Knöchlein passen wollte. Auch erschloss sich ihr der Grund nicht, warum die Überreste der Toten in diesem Wald zu einem ungeordneten Stapel gefügt worden waren.

So nahm Sonoîtai das Knöchlein mit nach Dsôn, um es den Gelehrten zu zeigen.

Bei ihrer Rückkehr war es bereits tiefste Nacht, und so begab sie sich zu Bett und schlief alsbald ein.

Da träumte sie, dass das Knöchlein zu ihr sprach: » Pflanze mich! Pflanze mich, und ich werde dir zu einem schönen Baume. «

Kaum war Sonoîtai erwacht, da steckte sie das Gebein in einen Topf mit guter Erde und begoss es.

Des Nachts jedoch erschien ihr das Knöchlein wieder im Schlafe und bat: » Pflanze mich! Pflanze mich, und ich werde dir zu einem schönen Baume. «

Sonoîtai grub das Stückchen aus und setzte es in einen größeren Topf, mit noch besserer Erde, und stellte es an einen sonnenbeschienen Ort.

Aber wieder musste sie in ihren Träumen das Knöchlein vernehmen, das nicht nachließ zu flehen: »Pflanze mich! Pflanze mich, und ich werde dir zu einem schönen Baume.«

Sonoîtai war ratlos, wie sie das Knöchlein noch besser pflanzen sollte, und begab sich in den Garten, um nach dem Topf zu schauen.

Sie vernahm aus der Ferne einen lauten Streit und sah Kinder, die riefen und schrien. Sie versuchten, eine Wildkatze aus dem Garten zu vertreiben.

Noch bevor Sonoîtai eingreifen konnte, warf einer der Knaben den Topf mit dem Knöchlein nach dem Tier, verfehlte es jedoch.

Das Behältnis traf eines der Mädchen am Kopf, das auf der Stelle umstürzte und mit offenen Augen liegen blieb. Sie war nicht tot, aber alles Rütteln ihrer Freunde half nicht.

Sonoîtai eilte heran und sah, dass im offenen Mund der kleinen Albin Erde war – und dass das Knöchlein in ihrem Rachen steckte.

Sie streckte die Hand aus, um das Gebeinstückchen zu entfernen und das Mädchen zu einem Heiler zu bringen, als das Knöchlein freudig sprach: »Nun habe ich die Fleischerde, nach der ich mich verzehrte, und das Blutwasser, nach dem mich dürstete.«

Das arme Kind riss die Lider weit auf vor Schmerz und Sonoîtai sah, wie die Wangen einfielen, der Leib schrumpfte, bis der kleine Körper wie eine Mumie dalag.

Das Knöchlein indes sang: »Du pflanztest mich! Nun wachse ich für dich!«

Aus dem Mund des unglücklichen Mädchens schoss ein weißes Knochenstämmchen heraus und wuchs empor, während Wurzeln wie weiße Schlangen knisternd und knackend über die Lippen krochen und der Kopf des Kindes unter dem Gewicht zerdrückt wurde.

Sonoîtai sprang zurück, doch die Jungen und Mädchen wurden von den zustoßenden Wurzelenden durchbohrt. Es erging ihnen wie ihrer Freundin. Sie wurden ausgezehrt, während der Knochenbaum sich weiter bebend in die Breite und Höhe schraubte.

»Du pflanztest mich! Nun wachse ich für dich!«, sang er nun mit dunkler, dröhnender Stimme, und sein Stamm wurde so dick, dass ihn die Albin nicht mehr umfangen konnte.

Sonoîtai lief fort, um Hilfe zu holen, damit man dem grausamen furchtbaren Knochenbaum Einhalt gebot.

Albae strömten herbei, gerüstet mit den besten Waffen, die zu finden waren, doch keine richtete etwas gegen den Gebeinstamm aus. Die Knochenäste peitschten die tapferen Krieger nieder, die Wurzeln schossen plötzlich aus dem Boden und durchdrangen sie, um ihnen ihre Kraft zu rauben.

»Du pflanztest mich! Nun wachse ich für dich!«, schallte es schrecklich über die ausgezerrten Leichen, und der Knochenbaum wuchs und wuchs und wuchs.

Strahlend weiß erhob er sich über Dsôn, seine Wurzeln durchpflügten den Boden, brachen unvorhersehbar aus der Erde und überfielen die Bewohner. Die Kadaver zog der Knochenbaum heran und schob sie unter sich, sodass sein Stamm alsbald auf einer Halde von Gebeinen stand.

Da verstand Sonoîtai, wie die ganzen Knochen auf die Lichtung gekommen waren, und sie tat das Einzige, was ihr einfiel.

Schnell lief sie sich in ihr Laboratorium und mischte ein starkes Gift, das ausgereicht hätte, um Tausende zu töten, dann eilte sie zurück.

»Ich pflanzte dich! Nun stirb durch mich!«, rief die Albin und nahm ihren Trunk ein. Dann warf sich in eine der zuckenden Wurzeln.

Der Knochenbaum sog sich gierig mit ihrem Blut voll und nahm die Kraft ihres Fleisches. Im selben Augenblick färbte er sich pechschwarz. Die weißen Gebeinäste, die Wurzeln, der mächtige Stamm – alles erstarb.

Und während Sonoîtai mit einem Lächeln in die Endlichkeit zog, zerfiel der Knochenbaum und löste sich auf. Nichts blieb von ihm übrig als schwarze Asche, die über Dsôn wehte und vom Nordwind davongetragen wurde.

Bis heute fand sich kein Gelehrter, der sich erklären konnte, welches Gebeinstückchen Sonoîtai in Ishím Voróo fand.

Doch seit diesem Moment der Unendlichkeit ist es verboten, etwas aus der Ödnis aufzulesen und mit nach Dsôn zu bringen.

Denn eine größere Mahnung als diese wahre Geschichte kann es nicht geben.

Nicht
die Feder
ist mächtiger.
Auch nicht
das Wort.

Der Wille
besiegt alles
sogar
die Vernunft.

Über die Barbaren

Briefwechsel zwischen Morana und Nagsar Inàste gefunden in Tark Draan

Verehrte göttliche Nagsar Inàste,

Ihr hattet mich ausgesandt, um Tark Draan zu erkunden, was ich voller Freude und mit ganzer Kraft tat.

Meine ausführlichen Berichte erreichten Euch und Euren Bruder, und ihnen ist kaum mehr etwas hinzuzufügen.

Doch lasst mich es wagen, die Barbaren von Tark Draan anzusprechen.

Meine Wege führten mich weit herum, und ich stellte fest, dass es unter ihnen viele kluge Exemplare gibt.

Sicherlich, sie sind nicht vergleichbar mit uns Albae, da sie ein gänzlich anderes Volk sind, doch gebt mir die Erlaubnis, mich näher mit ihnen beschäftigen zu dürfen.

Geschätzte Morana,

wir wissen Deine scharfen Augen und Deine Beobachtungsgabe zu schätzen.

Genau diese brauchen wir bei dem Zug gegen die Heere von Tark Draan, und so setze Deine Reise fort und erkunde, aber verschwende keinen Splitter der Unendlichkeit mit den Barbaren, es sei denn, Du bringst in Erfahrung, wie sie noch einfacher zu schlagen sind.

Hiermit sende ich Dir meinen geschriebenen Segen.

Verehrte göttliche Nagsar Inàste,

anbei meine neuesten Erkenntnisse über Ländereien und Festungen.

Erlaubt mir festzustellen, dass ich mehr und mehr zu der Überzeugung gelangte, dass die Barbaren in der Lage sind, ihren Verstand zu nutzen, und zwar nicht nur, um Ackerbau und Viehzucht zu betreiben oder Kriege zu führen.

Ich entdeckte umfangreiche Bibliotheken, wahre Bücherhorte!

Es mag Euch unvorstellbar erscheinen, aber sie versuchen sich in Philosophie, in Poesie und Gesang.

Ich glaube, es ist eine von uns unterschätzte Rasse.

Wir sollten versuchen, sie besser kennen zu lernen, um sie auf unsere Seite zu ziehen. Wir würden Zeit und Leben sparen.

Geschätzte Morana,

zu Tark Draan ist alles gesagt: Wir werden es unterwerfen.

Mit allem, was darin lebt.

Die Pakte mit den Barbaren dienen alleine strategischen Zwecken und sind nicht von Dauer.

Für unser Volk standen die Barbaren stets auf der gleichen Stufe wie die übrigen Bestien und Scheusale.

Sie mögen weniger stinken, und ihr Anblick mag erträglicher als der eines Óarcos sein, doch niemals werden sie sich aus dem Sklaventum herausbegeben, in dem wir sie zu Recht halten.

Es ist nicht erwiesen, dass sie etwas Vergleichbares wie eine Seele besitzen.

Sicherlich vermag der Dämon ihre Toten zurückzuholen wie einen Unterirdischen oder einen Óarco, aber auch wenn wir den Begriff *Seele* benutzen, bedeutet dies nicht, dass sie eine haben.

Mein Bruder und ich sind der gleichen Auffassung: dass wir mit den Barbaren nichts anderes anfangen sollten, als sie zu nutzen, um Schnitzereien oder Knochenperlen daraus zu machen.

Nun eile und diene den Unauslöschlichen, damit dir unser Segen sicher ist.

Verehrte göttliche Nagsar Inàste,

erneut erreichen Euch meine Aufzeichnungen. Verzeiht, dass es dieses Mal länger dauerte, doch ich reiste lange umher.

Was die Barbaren angeht: Ihr liegt falsch.

Es geht mir nicht einmal darum, ob sie eine Seele haben oder nicht.
Es ist einerlei.

Ich beschäftigte mich eingehend mit mehreren von ihnen, bis sie mein Vertrauen fassten. Ich lebte eine Zeit lang in ihrer Mitte, studierte sie und stellte fest, dass ihre Denkweise wesentlich umfassender sein kann als vermutet.
Das trifft nicht auf alle Barbaren zu, doch die Schlausten von ihnen können es an Verstand mit uns aufnehmen. Das sollten wir bedenken.

Sie sind sehr auf ihre Familien bedacht, sie handeln überwiegend aus dem Gefühl heraus und weniger mit dem Verstand, was anfangs die Vermutung nahelegte, sie seien dumm.
Das sind sie nicht.

Bitte lasst mich sie näher in Augenschein nehmen.

Morana,

Deine Worte irritieren und erzürnen mich!

Mein Bruder und ich verlangen Deine sofortige Anwesenheit in Dsôn, damit wir über Deine Anmaßung sprechen und entscheiden, welche Strafe Dich trifft.

Du wirst Deine Reise sofort einstellen und zurückkehren.

Auch ist es Dir untersagt, Dich weiterhin den Barbaren zu nähern.

Verehrte göttliche Nagsar Inàste,

verzeiht mir, doch ich werde nicht in die Hauptstadt kommen.

Es widerstrebt mir, mich für etwas bestrafen zu lassen, was in meinen Augen kein Vergehen ist. Ich sehe mich als Erkunderin, so wie Carmondai in Tark Draan umherreist und zeichnet und seine Eindrücke festhält.

Dass ich meinen Schwerpunkt auf die von Euch zu Unrecht im falschen Licht betrachteten Barbaren setze, lasse ich mir nicht vorwerfen.

Morana,

mein Bruder und ich geben Dir die Gelegenheit, die allerletzte Gelegenheit, zu uns nach Dsôn zu kommen und Dich vor uns auf den Boden zu werfen, damit Du um Verzeihung bitten kannst.

All Deine Verdienste, all das Erreichte werden zu Staub zerfallen, solltest Du Dich widersetzen. Carmondai wird Deinen Namen aus allen Aufzeichnungen tilgen, es wird Dich niemals gegeben haben, und somit bist Du in die Endlichkeit gegangen.

Soll dies Dein Schicksal sein?

Verehrte göttliche Nagsar Inàste,

so tilgt mich.

Ab diesem Splitter der Unendlichkeit besitzt Du keinen Namen mehr.

Es gab Dich niemals und wird Dich niemals geben.

Sollten unsere Krieger auf Dich treffen, werden sie Dich als Barbarin betrachten und töten.

Hiermit verfluchen wir Dich, Namenlose!

Mögest Du an einer Krankheit jämmerlich eingehen, die Dir Deine geliebten Barbaren gaben, und möge Deine Unendlichkeit vergeudet sein.

Die Unverstandene

Manch einer mag sich an die Schlussworte meines Epos' »Die Helden von Tark Draan« erinnern: Ich umriss darin etliche Schicksale, ohne auf die Besonderheiten und Feinheiten jener Persönlichkeiten einzugehen, doch holte ich dieses Versäumnis mit Geschichten in den Vergessenen Schriften nach, von Arviû bis Horgàta.

Doch bei keiner Albin tat ich mir so schwer wie bei ihr.

Ich nenne sie »die Unverstandene«, weil ich als Künstler weiß, was es bedeutet, anders zu denken und zu empfinden.

Doch nicht wenige meines Volkes nannten sie »die Verrückte« oder Schlimmeres, wobei »Verräterin« das harmloseste Wort war.

Sie fühlte sich von Barbaren angezogen wie Forscher von niederen Tieren, gab dafür ihren Rang als Benàmoi auf und bereiste Tark Draan, anfangs mit Einwilligung der Unauslöschlichen.

Sie wollte erforschen, wollte verstehen, wie Barbaren denken und warum sie widersprüchlich handeln. Das Herrscherpaar wähnte in ihren Erkenntnissen einen Vorteil für die kommenden Eroberungszüge.

Doch sie verlor sich in ihrem Tun – und ihr Herz an manchen Barbaren.

Mehr als einmal.

Als die Unauslöschlichen sie erbost nach Dsôn zurückbefahlen, um sie zur Rede zu stellen, weigerte sie sich.

Ich behauptete damals, dass ich nicht wüsste, was aus ihr geworden sei.

Nun, da sich die Zeiten wandelten, darf ich die Wahrheit schreiben, ohne um ihr oder mein Leben zu fürchten.

Tark Draan (Geborgenes Land), Weyurn, 4392. Teil der Unendlichkeit (5204. Sonnenzyklus), Sommer

Carmondai und sein Begleiter Nimòras ritten gemächlich nebeneinander auf Barbarenpferden; leise knirschten die Sattel, die Metallringe der Trensen klirrten melodisch im Takt der Schritte. Sie trugen weite Gewänder über ihren Harnischen, um die Rüstungen zu verbergen.

Der Schimmel und der Fuchs waren gemütliche Kreaturen, dazu nicht besonders schnell. Doch sie genügten, um sich kräftesparend und unerkannt durch Tark Draan zu bewegen, was mit Nachtmahren gewiss nicht gelungen wäre.

Kniehohes, saftiges Gras umspielte die Beine der Tiere, die eben durch ein breites, geschwungenes Tal schritten. An den sonnenbeschienenen Hängen waren Weinstöcke in langen Linien angebaut, deren grüne Blätter leuchteten. Schwalben jagten am Himmel entlang, das Zirpen von Insekten und Vogelgesang begleitete sie.

Wie friedlich es in Tark Draan sein kann. Ein wunderschöner Sommertag. Das verspricht eine noch schönere Nacht. Carmondai hatte eine grobe Karte auf dem Sattel liegen und prüfte ihren Aufenthaltsort anhand markanter Punkte, wie der Bergnadel, die sich zu ihrer Rechten erhob. *Der Leuchtturm von Kelaïn. Wir sind richtig.*

»Unglaublich, wie laut das Reitgeschirr der Barbaren ist. Man könnte uns nachts auf zwei Meilen hören«, murrte Nimòras und sah ungeduldig wie ein Kind zum blauen Himmel hinauf. »Wird es noch lange dauern?«

»Woher soll ich das wissen? Ich war noch nicht hier«, gab Carmondai amüsiert zurück. »Aber das da vorne könnte sprichwörtlich ein Lichtblick sein: der Leuchtturm der Stadt Kelaïn. Gegen Mittag werden wir dort sein und in der Nähe warten, bis die Sonne versunken ist.«

Der schwarzhaarige Nimòras nickte und zog die Geschwindigkeit seines Schimmels an; die Tiere verfielen in Trab.

Unbemerkt an den Verteidigungslinien der Heereshaufen aus Tark Draan vorbeizugelangen, wurde immer schwieriger und für größere Gruppen unmöglich. Nur mit rabiater Gewalt gelangten Kontingente durch die Sperrriegel der Verteidiger, die aus rasch erschaffenen Steinwällen und Türmen sowie magischem Stützwerk erbaut worden waren.

Den Trollen war es vor geraumer Zeit gelungen, sich gleich in zwei Königreichen der Barbaren festzusetzen, aber Carmondai nahm an, dass es nicht mehr lange dauerte, bis die Verteidiger ein Mittel gegen die riesigen Scheusale fanden.

Nachdem Carmondai und Nimòras tief nach Südwesten vorgedrungen waren, schlug ihnen weniger Misstrauen entgegen, solange sie nach Einbruch der Dunkelheit auf Einheimische stießen. Man hielt sie für Elben, und das ließen sich die beiden ausnahmsweise gefallen, weil es weniger Umstände bedeutete. Carmondai stand nicht der Sinn danach, sich unentwegt durch die Reihen einfacher Bauern zu schlachten, nur weil sie sie als Albae erkannten. Er war nicht unterwegs, um zu töten, betrachtete es auch nicht als seine Aufgabe.

Seinen Begleiter hatte er mitgenommen, falls die Lage dennoch ein zweites Paar Hände und eine geschickte Klinge erforderte.

Der Wind drehte urplötzlich, wurde kühler und veränderte seinen Geruch.

»Ich … rieche das Meer!«, rief Nimòras aufgeregt und blickte den wesentlich älteren Carmondai an. »Oder täusche ich mich?«

»Reite und sieh nach«, schlug der vor und musste lachen, als der junge Alb daraufhin lospreschte. *Als hätte er niemals in seinem Leben zuvor Wasser gesehen.*

Dann wurde Carmondai bewusst, dass es sich durchaus so verhielt: Die wenigsten Albae kannten die unglaublichen, schier endlosen Wassermassen eines Meeres oder eines gewaltigen Sees.

Jedes Kind hatte natürlich den Wassergraben zur Grenzsicherung von Dsôn Faïmon besucht und ihn mit einem Boot befahren, aber das Ufer blieb immer in Sichtweite. Er gehörte zu den wenigen Auserwählten, die wussten, was das Wort Meer bedeutete.

Kein Vergleich oder Ersatz zu den Weiten der endlosen Wellen. Genau deswegen hatte er sich das Ziel ausgesucht, um sich an alte Zeiten zu erinnern und der Sehnsucht nach Wogen nachzugeben. »Weyurn«, sagte er langsam und ließ den Klang wirken. »Das Land auf dem Meer.«

Carmondai hatte vernommen, die Bewohner hätten Pfahlbauten errichtet und künstliche Inseln angelegt, die auf dem Wasser trieben. Felder, Dörfer, Städte – beinahe alles, was die Barbaren benötigten, sei auf diese Weise entstanden. Dem Land haftete etwas Märchenhaftes an, weil sich die Städte gelegentlich neue Liegeplätze suchten. *Es muss ein grandioser Anblick sein, wenn eine ganze Siedlung durch den Morgennebel zieht und plötzlich mit Türmen und Festungen vor einem aufragt.*

Es war gleichzeitig der beste Schutz vor Scheusalen, den man sich in Zeiten wie diesen wünschen konnte. Das wenige Festland gehörte der Königin, die dort ihre Residenzen und Burgen zur Verteidigung errichten ließ.

Als er von Weyurn hörte, stand für Carmondai fest: Das *musste* er mit eigenen Augen sehen, um davon zu berichten, zu schreiben und zu zeichnen. In Dsôn Balsur wurde er gerade nicht benötigt, die Baumeister hatten genug zu tun, bevor er ihnen neue Aufträge erteilen konnte.

Nimòras war schon längst außer Sicht, als er die nächste Biegung umritt und sich vor ihm der Ausblick auf die scheinbar unendliche Wasserfläche öffnete. Nur sanfte Wellen schwappten auf den flachen Strand und rollten über den Kies; grüne und braune Algen wurden mit hinaufgespült. Links von ihm, ein Stück weiter entfernt, lag ein dichter Schilfgürtel.

Carmondai schloss die Lider und atmete tief ein. *Das Salz fehlt*, dachte er, *doch ansonsten riecht es nach Frische, nach Leben.*

Das Donnern von galoppierenden Hufen ließ ihn zum See blicken.

Dort jagte Nimòras ausgelassen auf seinem Schimmel über die kleinen Steine. Spritzer wirbelten hinter dem Pferd auf und wurden weit emporgeschleudert; die Tropfen glitzerten und funkelten in allen Farben. »Das ist unfassbar!«, juchzte er. »Das Meer!«

Carmondai ritt näher und schaute sich um. *Oder zumindest das, was man dafür halten kann, wenn man einen Ozean nicht kennt.*

Sie waren in einer Bucht gelandet, die sich halbkreisförmig über eine Länge von vier Meilen schwang, ehe sie sich bis auf eine Öffnung von etwa hundert Schritten fast komplett schloss. Der natürliche Riegel gegen hohe Wogen machte sie zu einem perfekten Hafen, wären die Städte von Weyurn darauf angewiesen. So lag die Bucht brach – aber nicht alleine aus diesem Grund. Diese Stelle bedeutete Todesgefahr.

Ganz weit vorne reckte sich ein schmaler, turmgleicher Felsen, in dessen oberen Bereich Öffnungen geschlagen waren, aus dem Gestein. Weyurns Herrscher hatten die Bergnadel aushöhlen lassen und zu einem Leuchtturm gemacht.

Er gab nicht etwa Orientierung oder einen Anlaufpunkt, sondern er warnte. In unregelmäßigen Abständen, so hatte Carmondai vernommen, entstand im See ein Wirbel, der Schiffe oder die schwimmenden Städte in den Abgrund sog und niemals mehr freigab.

Das muss ich sehen. Welch Schauspiel das sein wird! Carmondai beobachtete, wie Nimòras sich mehr und mehr von ihm entfernte und den Hengst forderte, als ginge es bei der Hatz um sein Leben. *Wenn ihn das schon so erfreut, was tut er, wenn wir auf einem Schiff reisen und umgeben von Wasser sind? Vor Ausgelassenheit über Bord springen?* »He, Nimòras! Ich reite die Anhöhe hinauf, um nach dem Turm zu sehen.«

Der jüngere Alb hob als Antwort den Arm und bremste den Schimmel. »Ich komme gleich«, gab er zurück und wendete.

In der Zwischenzeit hatte Carmondai die Ausläufer des Schilfs erreicht und entdeckte im Vorbeireiten einen zweieinhalb Schritt langen Kahn, der zwischen den Halmen feststeckte. Die Riemen lagen darin, als wäre es ein Angebot.

Er hielt an und sprang auf die Steinchen, knackend brachen Muscheln unter seinen Sohlen. Er bahnte sich einen Weg durchs raschelnde Schilf, watete zum schmalen Boot und untersuchte es. *Es ist gut erhalten. Vermutlich löste es sich von irgendeinem Steg und gelangte durch die Strömung hierher.* »Nimòras, was hältst du von einer kleinen Fahrt?«

»Wollten wir nicht zum Turm?« Der Krieger hatte zu ihm aufgeschlossen und sah vom Ufer aus zu ihm, sein Blick hatte sich gewandelt und zeigte deutliches Misstrauen.

Carmondai wusste, dass es nicht ihm galt, sondern den sanften Wellen. »Du lerntest niemals das Schwimmen, habe ich recht?«

»Nun, ich vermag, mich über Wasser zu halten, aber … du erwähntest den Strudel, Wortmeister.« Nimòras nickte in Richtung des Kahns und warf die langen, dunklen Haare zurück. »Ist dies eine gute Eingebung, solange wir nicht wissen, wann sich der Strudel zeigt?«

»Nur bis zum Eingang der Bucht«, erwiderte Carmondai mit einem herausfordernden Lächeln. »Damit du dich an das Wanken unter deinen Füßen gewöhnen kannst. Wenn sich dein Magen hier umdreht, gibt es nur einen Zeugen für deine Schmach.« Lachend schwang er sich ins Boot und glich das Kippeln aus. »Unsere schwarzen Augen verraten uns noch gegenüber den Barbaren, Nimòras. Wir haben Zeit. Bitte sichere die Pferde.«

Der jüngere Alb seufzte und stieg aus dem Sattel, tat, wie ihm befohlen, kam durch die hohen Halme und kletterte in den Kahn. »Ich bete zu Inàste, dass ich weder mein Schwimmen unter Beweis stellen noch mein Mittagsmahl den Fischen opfern muss.« Man sah ihm das Unwohlsein deutlich an.

Carmondai nahm die Riemen und ruderte sie aus dem Schilfgürtel heraus, was anfangs ungelenk wirkte. Die Blätter verhakten sich immer wieder in Schlingpflanzen, doch bald hatte er das Boot aufs offene Wasser manövriert. Er verfiel in einen beständigen Takt, und mit jedem Schlag, den er tat, kehrte die Sicherheit zurück.

Rasch nahmen sie Fahrt auf.

Nimòras sah Carmondai an, dass er sich erinnerte. »Wo liegt das Meer, das du befuhrst?«

»Sehr weit südlich vom alten Dsôn, in Ishím Voróo. Ich kann dir nicht mal sagen, wie groß es ist. Wir hatten keine Zeit, es zu erkunden, denn unser Auftrag lautete, die Cûithonen zu vernichten«, erzählte er, während er ruderte. Das Plätschern des Sees, das kaum hörbare Eintauchen der Blätter, der frische Wind erfreuten Herz und Seele des Geschichtenwebers. »Und es waren gewaltige Schiffe, nicht solch eine winzige Nussschale, die uns gerade eben ausreicht. Wir erkauften uns die Dienste frekorischer Söldner, die es gewiss schon lange nicht mehr gibt. Sie setzten uns mit Dreimastern über, die Rümpfe waren achtzig Schritt lang und beinahe zwanzig breit und so geschickt gebaut, dass sie kaum Tiefgang hatten.«

»Tiefgang?«

»Wie tief ein Rumpf unter die Oberfläche reicht. Er bestimmt, wie weit sich ein Segler an Land oder an ein Riff trauen darf«, erklärte Carmondai. Er fragte sich, ob die Angehörigen seines Volkes gute Seefahrer gewesen wären. *Die Besten*, gab er sich selbst Antwort und legte sich in die Riemen. »Damals mussten die Truppen der Unauslöschlichen weit reisen, um mögliche Feinde des Albaereichs zu vernichten. Die Frekorier waren ungeschlagen auf den Wogen und doch ungefährlich für unser Volk.«

»Also gerade gut genug für uns«, sagte Nimòras mit einem bemühten Lächeln.

»Oh, du hättest dich auf deren Planken wohler gefühlt als in diesem nadeldünnen Gefährt.« Carmondai sah vor seinem geistigen Auge die Schiffe, mit denen sie damals gereist waren. »Das Hauptschiff war mehrstöckig und verfügte über Becken mit Fischen und Getreidesorten, die kaum Platz benötigen, um zu wachsen und hohen Ertrag abwerfen. Hühner sorgten für Eier und Fleisch. Es gab niemals Hunger oder Krankheiten, die aus Mangel entstanden«, erzählte er. »Welch ein Anblick: drei große Masten, dazu zwei kleine auf dem Vordeck. Die einzelnen Segmente des Rumpfs ließen sich abschotten, sodass die Schiffe im Fall einer Beschädigung nicht absoffen. Begleitet wurden wir von vier kleineren Seglern, die uns zusätzlich gegen Angriffe absicherten. Die Mannschaften waren derart eingespielt, dass man sie zu jeder Zeit wecken konnte, und sie sofort wussten, was zu tun war. Sogar im betrunkenen Zustand.« Er lachte. »Nein, niemand legte sich mit einem frekorischen Seetross an, es sei denn, man war verrückt oder verzweifelt. Doch in beiden Fällen fand man den Tod.«

Nimòras lauschte fasziniert und schien seine Übelkeit zu vergessen. »Was machten sie bei einer Flaute? Führten sie Ruder mit? Wie viele bräuchte man, um es von der Stelle zu bewegen?«

Je mehr Carmondai sich an die Überfahrt zu den Cûithonen erinnerte, desto mehr wünschte er sich, noch einmal an Deck einer frekorischen Rònke zu stehen, die mit Vollzeug durch das Meer pflügte. »Nein. Sie nutzten die Strömungen, die unter der Oberfläche herrschen.«

»Wie bei diesem Strudel? Gibt es so etwas?«

»Es ist eher vergleichbar mit dem Wind. Du weißt: Je nach Wetterlage kann am Boden eine sanfte Brise herrschen, während sich einige Schritte höher die Äste der Bäume biegen«, führte Carmondai aus. »Ähnliches gibt es auch im Meer.«

»Sie setzten demnach Segel unter Wasser?«, hakte Nimòras verwundert ein. »Das kann ich mir beim besten Willen nicht vorstellen.«

Carmondai lachte auf und spürte den Schweiß, der sich allmählich unter seiner langen Barbarenkleidung bildete. Rudern strengte an. »In etwa. Stell dir das Unterwassersegel mehr wie eine Mischung aus Reuse und Fischernetz vor, das mit Gewichten beschwert in die passende Tiefe abgelassen wird. Die Frekorier haben Karten, auf denen diese unterseeischen Strömungen mit Verlauf und Geschwindigkeit eingezeichnet sind. Natürlich ist die Fahrt langsamer als mit dem Wind, doch es geht beständig voran.«

»Das müsste doch in Weyurn auch funktionieren«, überlegte Nimòras. »Damit wären wir den Verteidigern überlegen.«

»Ich vermute, man braucht größere Wassermassen, um starke Strömungen zu erhalten. Und ich denke nicht, dass die Barbaren in Tark Draan so einfallsreich sind, um dies zu nutzen. Abgesehen davon brauchen sie es nicht. Die Entfernungen in Weyurn sind überschaubar.«

Der Krieger streckte eine Hand ins aufgewirbelte Wasser. »Du reistest damals mit der Einheit und schriebst deren Heldentaten gegen die Cûithonen auf?«, kam er auf die ursprüngliche Erzählung zurück.

Carmondai sah ihn an, wägte ab, wie viel Wahrheit er dem jungen Alb zugestand. »Unter anderem«, erwiderte er ausweichend. »Jedenfalls war ich von da an begeistert von Meer und Wellen. Und *welche* Wellen wir hatten! Höher als die Masten rollten sie auf uns zu, und der Kapitän jagte das Schiff wie einen Pfeil genau auf die sich auftürmenden Wogen.« Er zwinkerte Nimòras zu. »Ja, ich musste mich damals übergeben. Aber als Letzter. Und nur einmal. Es ist keine Schande, bis sich Verstand und Körper an das Rollen und Schlingern gewöhnt haben.«

Der schwarzhaarige Alb lachte und hielt sich so beiläufig wie möglich an den Seitenwänden des Bootes fest. »Wir sind gleich an der Ausfahrt der Bucht«, verkündete er.

»Steh auf und sieh nach, ob der Strudel zu erkennen ist.«

Nimòras erhob sich von der schmalen Bank und blickte nach vorne. »Nichts. Der See ist etwas unruhiger als das Wasser in der Bucht, aber sonst ist nichts Ungewöhnliches ersichtlich.« Er sah verwundert zu Carmondai, der nicht nachließ. »Was tust du?«

»Hinausfahren. Ich sprach zu viel von der Überfahrt, nun möchte ich spüren, wie sich Weyurns kleines Meer anfühlt.«

Nimòras sah mäßig begeistert aus, schwieg jedoch und setzte sich.

Kaum verließen sie den Schutz des natürlichen Beckens, wurde der Wind stärker und wehte die Haare der Albae durcheinander, riss an der Kleidung und schob den Kahn merklich nach steuerbord.

Carmondai musste die Bewegung durch verändertes Rudern ausgleichen. »Ja, das ist ähnlich wie auf dem Meer«, sagte er laut, um die Böen zu übertönen.

Der junge Krieger sah jedoch wie gebannt nach backbord, das Antlitz zeigte seine immense Überraschung. »Zurück!«, rief er. »Zurück oder sie …«

Der Strudel! Carmondai musste erst wenden, um mit ganzer Kraft gegen den Sog anzukämpfen. *Meine Unbesonnenheit rächt sich.*

Noch während der Drehung erkannte er, was Nimòras wirklich meinte.

Eine kleine Flotte kam in Hufeisen-Formation schnell auf sie zu; die äußeren Schiffe passierten sie bereits und ließen keine Lücke, durch welche Carmondai in die Bucht zurückfahren konnte. Die Bauart war eher klein; mit jeweils einem türkisfarbenen Mast- und Bugsegel ließen sie sich durch den Wind vorantreiben.

Die überlappenden Wellen, die sie vor sich herschoben, brachten den Kahn mit den Albae mächtig ins Schlingern, und Nimòras klammerte sich mit einem Fluch noch fester an die Seitenwände.

»Das sind Weyurns Farben«, befand Carmondai nach einem schnellen Rundumblick. »Elf Schiffe unter dem Banner der Königin.« Die Formation fand er sehr ungewöhnlich. *Sie ergibt nur Sinn, wenn …*

Er wandte den Blick in die entgegengesetzte Richtung und sah in der Ferne einen Pulk kleinerer Fischerboote mit Doppelrümpfen, die wiederum Flöße mit zahlreichen Gestalten darauf hinter sich her schleppten. *Zu breit für Barbaren. Sollten das Óarcos sein? Die beschränkte Vorgehensweise würde zu ihnen passen.*

Nimòras hatte die Schiffe nicht aus den Augen gelassen. »Sie werden uns rammen!«, rief er und versuchte, selbst die Riemen zu ergreifen.

Carmondai stieß ihn zurück auf die Bank. »Lass mich das machen.« Er ruderte und legte den kleinen Kahn in die Bugwellen der Einmaster, sodass sie zwar wie ein Stück Kork auf und nieder hüpften, aber keine Wogen hineinschwappten.

Die Barbaren sahen über die Reling hinab zu ihnen, Befehle wurden gebrüllt. Einige Rufe galten den Albae, die sie aber wegen des Windes und der Art, zu sprechen, nicht verstanden. Da weder Steine noch Pfeile auf sie niedergingen, schien es ausreichend zu sein, kein Óarco zu sein. Die schwarzen Augen fielen den Barbaren offenkundig auf diese Entfernung nicht auf.

»Inàste, steh uns bei«, flüsterte Nimòras kreidebleich, als der hintere lange Teil der Hufeisen-Formation sie erreichte und die Rümpfe wie eine Wand vor ihnen aufragten.

Carmondai erhob sich, nahm einen Riemen mit und begab sich ans Heck des Kahns. Er vollführte Paddelbewegungen, um ihr kleines Boot genau auf den schmalen Durchlass auszurichten, der sich ihnen bot. »Nach vorne«, zischte er Nimòras an. »Nimm das zweite Ruder und stoße uns von den Planken ab, falls es nötig sein sollte.

Der junge Alb erhob sich und kam dem Befehl nach, auch wenn man sah, wie unsicher er war.

Die Flotte rauschte heran, die Bugspriete stachen über die Köpfe der Albae hinweg. Knatternd blähten sich die türkisfarbenen Segel und zogen die Schiffe hinter sich her, der See wogte gleich einem echten Meer. Doch die Geräusche der Elemente konnte das Klackern der Winden, die an den Decks gespannt und ausgerichtet wurden, nicht übertönen.

Carmondai fädelte sie geschickt in die Lücke, sodass Nimòras nur einmal das Ruder einsetzen musste, um den Abstand zu halten. »Sieh nicht hinauf«, rief er ihm zu. »Sollten sie unsere schwarzen Augen sehen, schicken sie uns auf den Grund.«

Keine zehn Herzschläge später glitt das Heck des Schiffs heran und befand sich auf gleicher Höhe, das lange Steuerruder wurde sichtbar – und ein vergessenes Tau, das vom kleinen Aufbau des Decks herabhing.

Diese Gelegenheit lasse ich mir nicht entgehen! Carmondai nutzte den Riemen, um das Seil zu angeln. »Nach hinten«, schrie er Nimòras an und eilte nach vorne. Gerade hatte er das Tau an der Bank verknotet, als es sich mit einem Ruck spannte und den Bug herumriss.

Das Holz knirschte unter der enormen Belastung, die Planken quietschten, doch sie hielten. Die Albae schafften es, das Gleichgewicht zu halten.

Nimòras starrte Carmondai vorwurfsvoll an. »Was hast du vor?«

»Wenn ich schon meinen Wirbel nicht zu Gesicht bekomme« – er deutete mit einem Grinsen nach vorne – »sehe ich mir wenigstens ein Gefecht an. Es wird von Vorteil sein, wenn wir in Erfahrung bringen, wie die Barbaren zu Wasser handeln.«

Und das ist nicht einmal eine Ausrede. Früher oder später würde das Heer der Unauslöschlichen in Weyurn stehen, und das Festland wäre schnell eingenommen. Doch die unfassbaren Weiten der Seen und die schwimmenden Städte bedeuteten eine Herausforderung. *Ich wusste nicht, dass Weyurn dazu noch eine Kriegsflotte sein Eigen nennt. Unsere Späher berichteten davon nichts.*

»Das hätten wir auch von Land aus tun können«, murrte Nimòras und fügte sich.

»Sicherlich. Aber so entgeht mir keine Winzigkeit. Das ist wichtig, wenn wir vor das Herrscherpaar treten und Bericht erstatten.« Carmondai sah zum gespannten Tau. Mit geschätzten drei Schritten Abstand wurden sie vom Einmaster mitgeschleppt. Das erhöhte ihre Hoffnung, nicht vom Ausguck gesehen zu werden. Er ging fest davon aus, dass sich die gesamte Aufmerksamkeit der Barbaren auf die Óarcos richtete.

Nach kurzer Zeit schienen sie die Gegner erreicht zu haben.

Die Einmaster refften blitzartig die Segel und legten sich nach steuerbord, dann schossen die Anker in die Tiefe.

Jetzt wird es zu gefährlich für uns. Carmondai kappte das Tau, das pfeifend davonschnellte. Er ahnte, was der Befehlshaber beabsichtigte. »Ich wette, sie bieten den Óarcos die Breitseite, um sie mit den Katapulten zu beschießen«, rief er Nimòras zu.

Der verbliebene Vortrieb ihres Bootes brachte sie gemächlich dümpelnd in eine Lücke zwischen Bug und Heck, durch die sie perfekt beobachten konnten, was die Seestreitkräfte Weyurns mit den Angreifern anstellten.

Es waren tatsächlich Óarcos, die durch Pfeil- und Speerschwärme von den zusammengebundenen Holzbalken gefegt wurden. Da sich ihnen keine Deckung vor dem unaufhörlichen Beschuss bot, sprangen die Scheusale ins Wasser und tauchten unter oder verbargen sich zwischen den Leichen.

Auf den tief liegenden Fischerbooten sahen die Albae zwischen den gerüsteten, schreienden Bestien nur vereinzelte Barbaren, die offenbar gezwungen worden waren, als Fährmeister zu dienen. Sie wurden von den Óarcos aus Wut niedergemetzelt.

Damit tun sie den Kapitänen der Schiffe nur einen Gefallen. Nun brauchen sie keine Rücksicht mehr zu nehmen, dachte Carmondai und wünschte sich seine Kladde, die noch in der Satteltasche des Pferdes auf ihn wartete. *Dämliche Biester.*

Die Einmaster hielten durch das Ankern sicheren Abstand zu den Scheusalen, die verzweifelt versuchten, Widerstand zu leisten. Aber die wenigen Pfeile, die sie zu den Schiffen sandten, fanden kein Ziel, soweit es Carmondai verfolgen konnte. Und die Wagemutigen, die einen schwimmenden Angriff versuchten, wurden abgeschossen; das Tauchen misslang ebenso, weil die Entfernung zu groß war: Sobald sich ein Óarcoschädel oder nur die Nase aus dem Wasser hob, zischte ein Pfeil oder ein Speer heran und beendete das Leben.

»Die Barbaren sind erprobt«, befand Nimòras. »Sie tun das nicht zum ersten Mal.«

»Du überschätzt sie. Sie kämpfen gegen dumme Gegner«, kommentierte Carmondai weniger beeindruckt. »Die Grünhäute dachten nicht einmal an provisorische Schilde, und dabei scheinen sie einen ganzen Wald für die Flöße gerodet zu haben.« Er schätzte die Bestienzahl auf mindestens vierhundert, eher mehr, die sich nach Weyurn geschlichen hatten – aber nicht unbemerkt geblieben waren.

Doch plötzlich schien einer der Óarcos auf eine wahrlich zündende Idee gekommen zu sein: Brandpfeile jagten hinüber zu den Verteidigern des Königreichs, und zwar in solch hohem Bogen, dass die Geschosse in die gerefften Segel oder in die Bugleinwand einschlugen. Schon tänzelten vereinzelte Flämmchen an den Rahen und fraßen sich in der Takelage entlang.

Matrosen hasteten hinauf, um eine Kette zu bilden und Wasser nach oben zu bringen.

Nun wird es spannender als gedacht. Carmondai drückte sich mit dem Riemen vom Bug des Einmasters ab, dem sie gefährlich nahe gekommen waren. Durch das Schaukeln konnte dessen Rumpf ihre Nussschale durchaus beschädigen.

»Ah, sieh an. Sie sind doch nicht so einfältig wie gedacht«, sagte Nimòras.

»Natürlich sind sie das, sonst hätten sie früher damit begonnen«, hielt Carmondai dagegen und beobachtete weiter.

Das Gefecht, oder besser gesagt das Gemetzel, war derweil zu Ende. Auf den Flößen lagen die Leichen auf- und übereinander, im Wasser trieben noch mehr, auch von den Decks der Fischerboote hingen die getöteten Scheusale. Der Geruch von Blut wehte zu ihnen herüber.

»Woher wissen sie, dass es keine Überlebenden mehr gibt?« Nimòras' Blicke schweiften über die Erschossenen.

»Sie werden Truppen aussenden, um das zu prüfen.«

Über ihnen klirrte es, das Rattern kündete vom Drehen der Ankerwinde. Schon bewegte sich die Kette, glitzernd und blubbernd kam sie Glied um Glied zum Vorschein, Tropfen regneten auf die Albae herab.

»Was machen wir?« Nimòras sah sich alarmiert um.

Die Flotte setzte sich in Bewegung, vier der Einmaster nahmen Kurs auf die Flöße und Fischerkähne, während breite Fallreepe ausgeklappt wurden. Unmittelbar vorne nahmen Bogenschützen Aufstellung, dahinter machten sich Krieger bereit, um die Gefährte zu entern.

»Bleiben und zuschauen.« Carmondai ärgerte sich wieder, nichts zum Schreiben zur Hand zu haben. Der Anblick inspirierte ihn, Worte fügten sich in seinem Kopf aneinander, ein Gedicht schien geboren werden zu wollen, doch würde er es in seinem Verstand bewahren können? *Wir müssen danach rasch an Land zurück. Ich muss es notieren.*

Die Einmaster hatten sich den Doppelrumpfbooten genähert.

Die kaum gepanzerten Seetruppen enterten die Fischerkähne und durchtrennten die Verbindungen zu den Flößen, warfen die Leichen der Scheusale über Bord und machten sich anscheinend bereit, die gekaperten Gefährte zu übernehmen. Die umhertreibenden Óarcokadaver beachteten sie nicht. Es schien genug Raubfische in den gewaltigen Seen zu geben, die sich an ihnen gütlich tun würden.

»Carmondai, unser Boot läuft voll«, hörte er Nimòras hinter sich sagen

Ein kurzer Blick nach unten zeigte ihm den Grund: Beim Straffen des Seils hatte der Ruck die Planken weit genug aufgerissen, dass sich Spalten bildeten, durch die das Wasser einströmte.

Und es ging verflucht schnell.

Damit kommen wir nicht mehr zurück ans Ufer. Carmondai fürchtete, dass Nimòras' Schwimmkünste nicht ausreichten.

Aber noch lag eines der weyurnischen Schiffe unmittelbar neben ihnen, auch wenn der Anker sich bereits gelichtet hatte.

Ein Blick zu Nimòras genügte, und der junge Krieger wusste, was Carmondai beabsichtigte.

So gut es ihr angeschlagener Kahn mitmachte, begaben sie sich in Richtung des Hecks des größeren Gefährts und nutzten das herabhängende Tau erneut – dieses Mal, um sich daran hinaufzuhangeln. Auf einem Vorsprung vor einem schmalen Fenster ließen sie sich nieder.

»Es wird bald dunkel genug sein«, verkündete Carmondai seinen Plan. »Sobald das Schwarz in unseren Augen vergangen ist, zeigen wir uns den Barbaren und verlangen, an Land gebracht zu werden. Wenn sie uns fragen, woher wir kommen, sagen wir, sie hätten versehentlich unser Boot gerammt und versenkt. Gesehen hatten sie uns ja im Vorbeifahren.«

Nimòras nickte und zog seinen Dolch, verkeilte ihn wie einen Griff in den Holzplanken, um sich einen besseren Halt zu verschaffen, dann blickte er durch die Scheibe. »Sieht nach einem verlassenen Zimmer aus.«

»Kajüte«, verbesserte ihn Carmondai. »Ich gebe deinen unausgesprochenen Gedanken recht, dass darin sicherer und angenehmer zu reisen wäre, aber ...«

»Ich sehe einen Tisch mit Karten. Und mit Papier und einem Tintenfass.«

Etwas zu schreiben. »Wenn es sich so verhält ...« Carmondai drückte das Fenster schwungvoll nach innen auf, knackend brach der Riegel entzwei.

Die Albae glitten hinein und schauten sich um.

Carmondai vermutete, dass sie die Unterkunft des Kapitäns gefunden hatten. Es gab eine Hängematte, zwei Truhen für das Hab und Gut, einen Tisch, der an Seilen schwingend an der Decke befestigt war; in kleinen Regalen ruhten stapelweise Karten, die mit Kordeln vor dem Rausfallen bei höherem Seegang geschützt worden waren. Ebenso erging es den Flaschen, Gläsern und anderen Dingen, die in den Borden untergebracht waren. Gewänder hingen an Bügeln an der Wand.

Ohne zu zögern trat Carmondai an den Schreibtisch, tauchte den Federkiel ins Tintenfass und schrieb die Eindrücke der Schlacht auf Blätter nieder.

Nimòras positionierte sich neben der Tür und sichtete eine Karte nach der anderen, bevor er sie eng zusammenrollte und in eine passenden Lederhülle schob. »Damit gehört Weyurn so gut wie uns«, sagte er gedämpft zu Carmondai. »Ich habe alle Seen, dazu die Landfestungen und eine Liste mit den größten Städten, wenn ich das Barbarisch richtig entzifferte.«

»Fein, fein«, erwiderte Carmondai abwesend und konzentrierte sich auf seine Aufzeichnungen. Keine Kleinigkeit durfte verloren gehen, alles, jede Bewegung der Barbaren und das Geschrei der Óarcos, musste auf Papier gebannt werden.

Dann vernahmen beide das Rumpeln: Etwas war gegen den Rumpf gestoßen. Vermutlich hatte ihr Schiff eines der Flöße gerammt.

»Sieh nach, was am Heck vorbeitreibt«, wies Carmondai seinen Begleiter an, ohne aufzublicken. »Sind tote Grünhäute dabei, versuche an den Abzeichen zu erkennen, zu welchem Stamm sie gehören. Ich würden den Unauslöschlichen gerne berichten, welche Abtrünnigen sich an Weyurns Eroberung versuchten. Wer weiß, wie schnell wir die Gelegenheit bekommen, die Óarcos für ihre Anmaßung zur Rechenschaft zu ziehen.«

Nimòras legte die Lederhülle mit den Karten zur Seite und eilte zum Fenster.

Carmondai schrieb wie von Sinnen, hielt lediglich inne, um neue Tinte an den Federkiel zu bringen, und wurde doch für einen Herzschlag lang abgelenkt, als es in der Kajüte urplötzlich dunkler wurde.

»Nimòras, Licht«, knurrte er ungehalten.

Es krachte laut, dann flogen die Fenster auf, Glassplitter prasselten auf die Dielen. Nimòras stieß einen warnenden Ruf aus. Stahl traf singend auf Stahl.

Carmondai wirbelte herum, ließ dabei die Feder fallen und riss seinen Dolch aus der Scheide.

Der junge Krieger stand vor dem Fenster und durchbohrte einen dicken Óarco, der sich eben zu ihnen ins Innere zwängen wollte, mit einem seiner Schwerter.

Der triefende Fettwanst stürzte ächzend nach vorne und zwang Nimòras zum Ausweichen; das wiederum nutzten nachdrängende Scheusale, um in die Kajüte zu gelangen. Zischend und fauchend schoben sie sich herein, ohne zunächst zu verstehen, wen sie vor sich hatten. Ihre Schuhe hinterließen nasse Abdrücke auf dem Holz. Verrostete Waffen wurden drohend geschwungen.

Widerliches Pack! Carmondai vermutete, dass sie sich unter den Flößen im Wasser verborgen und durch die schmalen Spalten zwischen den Stämmen geatmet hatten. Unbemerkt von der Flotte waren sie dem Tod entronnen und versuchten sich am Entern des Schiffs.

Er sah noch weitere Gestalten, die draußen am Seil an der Kabine vorbei zum Deck emporstiegen und sich anschickten, das Ruder zu übernehmen.

Nimòras hatte zwei Bestien mit exakten, blitzschnellen Hieben durch die Hälse getötet. Vier weitere Óarcos, die gerade eingedrungen waren, hielten inne und starrten sie an.

»Albae?«, grunzte eines der Scheusale verwirrt. »Was tut ihr hier?«

»Sie machen gemeinsame Sache mit den Rotblutern«, zischte ein anderer von ihnen aus dem Hintergrund. »Sie haben uns an sie verraten!«

»So war es«, erwiderte Carmondai kalt lächelnd und zog sein Schwert. »So kommt und tötet uns.«

Nimòras lachte leise und führte die Klinge einmal durch die Luft, sodass das Blut der Toten gegen die Gegner spritzte.

Die vier ungerüsteten Bestien sahen sich unsicher an. Sie wussten, dass es ihnen niemals gelang, gegen zwei Albae zu siegen. Gleichzeitig bedeutete es ihren Tod, sobald sie sich zum Fenster umwandten, um zu fliehen. Grollend und zähnefletschend sahen sie hin und her, keiner wagte es, sich zu rühren.

Vom Deck über ihnen erklang angriffslustiges Grölen, gefolgt von den überraschten Rufen der Steuermänner, dann klirrte und polterte es heftig. Die ersten Barbaren hatten ihr Leben verloren.

Unvermittelt krängte das Schiff nach steuerbord. Das Ruder schien ohne führende Hand zu sein, während der Wind die Segel blähte und es zu seinem Spielzeug machte.

Die Óarcos in der Kabine vollführten unbeholfene Ausfallschritte, um nicht zu stürzen – und genau in diesem Moment schlug Nimòras los.

Er vollführte einen unparierbar schnellen Hieb gegen die nächststehende Bestie und teilte den Schädel waagrecht auf Höhe der Ohren. Die folgende Vorwärtsbewegung brachte den Alb nahe genug an den nächsten Feind, um ihm die Spitze der zweiten Waffe auf Bauchnabelhöhe schräg in den Leib zu stoßen und sie nach oben zu ziehen. Das Schwert schien die Haut nur zu ritzen, aber nicht nur die Kleidung klaffte auseinander, sondern auch das Fleisch darunter, sodass die Gedärme vor dem Scheusal auf die Bohlen platschten. Gleich darauf sank es nieder.

Nimòras drehte sich einmal um die Achse, nahm dabei Maß und Schwung, dann fraß sich sein Schwert krachend durch den Brustkorb des Dritten, um Lunge und Herz zu zerteilen. Der junge Krieger ging kreiselnd in die Hocke und wirbelte auf den Ballen voran, das andere Schwert durchschlug beide Knie des vierten Óarcos, der gleich einem gefällten Baum fiel und im Sturz von Nimòras geköpft wurde, sodass er nicht einmal Gelegenheit erhielt, seinen Schmerz hinauszuschreien.

Mit einer Verbeugung vor Carmondai richtete sich der Alb auf und atmete langsam aus. »Oder wolltest du auch?«, erkundigte er sich gespielt schuldbewusst.

»Nein, nein. Ich betrachtete es mit Vergnügen.« Er sah unverändert Schatten vor dem Fenster in die Höhe steigen. *Es müssen mehrere Dutzend sein, die ihr Glück versuchen.* »Kappe das Tau. Sie sollen sich einen beschwerlicheren Weg nach oben suchen.«

Nimòras eilte ans Heck, durchschlug das dicke Seil, woraufhin lautes Platschen und dunkles Geschrei einsetze. »Helfen wir den Barbaren?«

Das Schlingern und Neigen hatte nicht nachgelassen. Niemand schien in der Lage zu sein, das Steuer zurückzuerobern, und die Bestien verstanden sicherlich nichts von Navigation.

»Sollten wir wohl. Ich traue den Óarcos nicht zu, dieses Schiff zu steuern.«

Nimòras grinste. »Aber *du* könntest es?«

»Nein. Außerdem bräuchten wir dazu eine Mannschaft.« Carmondai ordnete seine Aufzeichnungen, verstaute sie rasch unter der Rüstung und nahm außerdem Federkiele, Tintenfass und leere Blätter mit. »Doch …«

Ein heftiger Einschlag brachte den gesamten Rumpf zum Erbeben. Sämtliche Einrichtung zitterte, die aufgehängten Dinge schüttelten sich an ihren Stricken und Ketten, gerieten ins Schwanken.

Es folgten lautes Gebrüll vom Deck, dann ein zweiter Schlag sowie ein dritter. Das Heck hob sich langsam an, die Kajüte neigte sich vorwärts; durch die Türritzen drang stinkender, schwarzer Qualm.

»Beschuss der eigenen Flotte?« Nimòras nahm die Kartenrolle und warf sie sich auf den Rücken. Er war wieder bleich geworden, weil er begriffen hatte, dass seine Schwimmkünste im schlimmsten Fall doch gefragt werden würden.

Carmondai nickte. »Steine und vermutlich brennendes Öl. Sie versenken den Einmaster eher, als ihn dem Gegner zu überlassen. Vernünftige Einstellung.« Er zeigte auf den Ausgang, und Nimòras ging voran.

Der junge Krieger legte gerade die behandschuhten Finger auf die Klinke, da rauschte ein Stein von der Größe eines kleinen Mühlsteins von oben durch die Kabine und bahnte sich krachend den Weg durch das Schiff.

Balken knickten und Planken zerbrachen, Splitter schossen umher; von oben stürzten zwei Óarcos quiekend hinab und rauschten an ihnen vorbei. Einen halben Herzschlag danach gab der Boden unter Carmondais Füßen nach.

Das Abdrücken gelang nicht mehr, und so ging es für ihn abwärts, wo er nach kurzem Fall in kaltem Wasser landete; das eisige Nass raubte ihm den Atem.

Brennendes Öl hatte sich bereits in der Bilge verteilt, der schwarze Rauch waberte und machte es Carmondai schwer, etwas zu erkennen.

Fluchend stemmte er sich in die Höhe, während sich der Rumpf zunächst weiter über den Bug absenkte. *Der vordere Teil ist bereits vollgelaufen. Das wäre bei den Frekoriern nicht passiert.* Wegen des Qualms hatte er keine Vorstellung, wo sich das Loch befand, durch das er gerauscht war, um hinaufzuklettern. Irgendwo hinter ihm im Kämmerchen unterhielten sich die Scheusale, ohne dass er verstand, was sie besprachen.

Ich muss raus, bevor ich ersticke, dachte er hustend.

Das Schicksal ging ihm bei seinem Vorhaben zur Hand, wenn auch anders als erwartet: Ein weiterer Stein durchschlug von oben die Planken und durchbrach unmittelbar vor dem Alb den Rumpf.

In einem dicken Strahl quoll das kalte Wasser herein, gleich darauf gab es einen Knall wie von einem lauten Donnerschlag, und die Holzdecke über Carmondai wurde auseinandergerissen.

Das Schiff ist zerbrochen. Ihm gelang das Kunststück, sich auf den Beinen zu halten, während das nicht vollgelaufene Heck sich ruckartig nach hinten aufrichtete. Brennendes, zähes Pech rann in langen Fäden herunter und verfehlte ihn nur knapp.

»Nimòras!«, rief Carmondai in das Durcheinander aus um sich greifender Vernichtung, Rauch und Geschrei.

Aber der junge Krieger meldete sich nicht.

Von Lidschlag zu Lidschlag löste sich der vordere Teil des Wracks dank des anhaltenden Beschusses sowie der Wirkung des Feuers weiter auf. Durch den wallenden Qualm sah Carmondai verstreute kleine und große Überreste des Schiffes, die als künstliche Inseln auf dem See schwammen, manche davon brennend. Gelegentlich erklang das Rufen von überlebenden Matrosen.

Das Schnauben und das Platschen hinter ihm warnten ihn vor einer neuen Attacke: Ein Óarco sprang heran und schwang seinen Streitkolben, um ihn in den Rücken des Albs zu hacken.

Carmondai drehte sich leicht zur Seite, sodass die Spitzen ihn verfehlten, danach zog er das linke Knie hoch und traf die Bestie in den Unterleib, die daraufhin grollend zu einem Halbkreisschlag in Hüfthöhe ansetzte.

Doch der Alb hatte seinen Dolch bereits gezogen und stieß ihn bis zum Heft in den ungeschützten Nacken des Gegners. Während der Óarco erschlaffend von ihm wegsackte, vernahm Carmondai die rumpelnden Schritte des zweiten Feindes, der ihn aus dem Schutz des Qualms heraus attackierte.

»Ich muss dich nicht sehen, um zu wissen, wo du bist!« Er schleuderte die Waffe in die unruhig zuckende Wolke aus Rauch. Der Dolch verschwand darin. »Oder um dich zu töten.« Mit einem dumpfen Geräusch traf er etwas, das schwere Luftholen eines Scheusals erklang.

Die Schritte näherten sich nun schleppend, bis der andere Óarco aus dem stinkenden, schwarzen Nebel wankte, sein gezacktes Schwert nur noch mühsam haltend. Der nahende Tod schwächte die Bestie bereits. Eine Handbreit unter dem grünhäutigen Kinn steckte Carmondais Waffe bis zum Heft im Gegner.

»Du bringst mir meinen Dolch. Wie aufmerksam von dir.« Der Alb legte eine Hand an den Griff und zog die Waffe aus der sterbenden Bestie, der er einen Tritt verpasste, sodass sie in den See stürzte und davontrieb.

»Carmondai!«, erklang der albische Ruf aus dem Rauch. »Hier drüben! Ich habe das Beiboot. Wohin soll ich rudern?«

Wie gelangte er zum Bug? »Ich komme zu dir«, gab Carmondai zurück, während seine Blicke hin und her zuckten, um den Weg über die dümpelnden Wrackteile zu bestimmen, den er nehmen wollte. Es würde so leicht sein wie über Trittsteine zu laufen. Sorge bereitete ihm der Qualm, der vom Seewind willkürlich hin und her geweht wurde.

Carmondai tat den ersten Sprung von vier Schritten hinüber zur ersten Ansammlung von Planken – als dort überraschend ein verwundeter Óarco aus dem Rauch trat und seine übergroße Axt gegen den Herannahenden schwang.

Für den Alb verlangsamte sich die Zeit, genau wie es ihm Arviû einst beschrieben hatte, als der Bogenschütze von den Splittern der geborstenen Lanze getroffen worden war.

Die Kriegersinne rangen mit denen des Schriftstellers, den die Szenerie faszinierte: die schwellenden Muskeln des Scheusals, das leise Geräusch seines Atems, das Surren, als die Axt nach hinten geschwungen wurde und ruckartig nach vorne zuckte, der wirbelnde, schwarze Qualm um das Scheusal und der orangerote, dreckige Feuerschein – Carmondai drohte von den Eindrücken gefesselt zu werden.

Das änderte sich abrupt, als sein Verstand ihn mahnte, dass die Axt auf *ihn* zuhielt und er nicht mehr der reine Beobachter sein durfte. Im Flug macht er sich klein.

Die breite, von rotem Blut beschmierte Klinge surrte knapp über seine Stirn hinweg und verfing sich in den langen, braunen Haaren, schnitt deutlich spürbar ein paar Strähnen ab.

Carmondai landete auf den Knien vor dem Óarco, der Aufschlag auf den Planken schmerzte. Er riss den Dolch hervor und stach von unten in die ungeschützte Leiste; der Stich würde die Bestie nicht sofort töten, doch sicherlich verbluten lassen – falls der Kampf so lange dauerte.

Aufjaulend nutzte das Scheusal den Schwung des Fehlschlags, führte die Axt fließend weiter bis über den Kopf und hackte senkrecht nach dem Alb, als sei er ein Holzscheit, den es spalten wollte.

Carmondai tauchte zwischen den Beinen des Gegners hindurch und entging dem Hieb. Die Schneide durchschlug die Planken, Wasser spritzte auf.

Mit einem Tritt in die Kniekehle brachte er den Gegner zum Einknicken, ein zweiter beförderte den Óarco von der kleinen Insel in den See, in dem er blubbernd versank. Den Rest übernahm die tiefe Wunde in der Leiste.

Weiter! Der unruhige Wind drückte den Rauch nach unten und gab dem Alb genug Sicht, um einen weiteren genauen Sprung zu wagen, ehe der Qualm erneut aufwallte. Das nächste größere Wrackstück trieb geschätzte fünf Schritte entfernt.

Carmondai nahm Anlauf, so gut es ihm die treibenden Planken ermöglichten, und drückte sich ab.

Im gleichen Augenblick trieb eine Böe eine schwarze Rußwand wie aus dem Nichts heran, durch die er flog. Die feinen Pigmente trafen ihn im Gesicht.

Er schloss die brennenden Augen und landete blind auf dem Trümmerstück, rutschte mit einem Fuß weg und ließ sich fallen, um nicht im Wasser zu enden. Die Augen tränten heftig bei dem Versuch, den Ruß herauszuspülen.

»Carmondai? Wo steckst du?«, hörte er Nimòras.

Carmondai langte in den See und wusch sich damit das Antlitz, um rasch wieder sehen zu können. Er spürte an den Erschütterungen, dass er wieder nicht alleine auf der künstlichen Insel war und sich jemand auf ihn zubewegte. »Ich bin gleich bei dir«, rief er zurück.

Endlich ließ das Brennen nach, und er hob den Kopf.

Etwas von dem Dreck war geblieben und behinderte ihn, alles Blinzeln half nichts. Er sah schemenhafte Gestalten über das abgerissene, dahintreibende Oberdeck auf sich zukommen. Mitten darauf loderte Pechfeuer und sandte sowohl lange, blutrot-gelbe Lohen als auch beißenden Rauch in die Höhe. Um ihn herum brannte der See, was ein Schwimmen oder Tauchen, um den Angreifern zu entgehen, unmöglich machte; zudem hätten sie ihm folgen können.

Es muss auch so gelingen. Carmondai zog Schwert und Dolch. *Inàste und Samusin, ich habe noch so viele Geschichten zu schreiben.* Er lief los und beschleunigte, er rannte auf die Gegner zu, um sie mit Geschwindigkeit zu überraschen. *Gönnt es mir.*

Bevor er auf den ersten Widersacher traf, griff er auf seine albischen Kräfte zurück und sandte Furcht gegen die Unmengen von Óarcos, gefolgt von Dunkelheit, um ihnen die Orientierung zu rauben.

Den ersten Gegner sprang er mit den Füßen voraus an und warf ihn rückwärts gegen den zweiten; beide gingen grölend zu Boden, während Carmondai blitzschnell an dem Fallenden nach oben schritt und sich von der Schulterpanzerung abstieß.

Er zog die Beine an und flog über drei weitere Bestien hinweg, landete auf den Planken und rollte sich sofort über die Schulter ab, kam auf die Füße und nutzte den Schwung, um sich erneut abzudrücken und durch die Flammen zu hechten.

Hinter ihm stampften die Óarcos heran und mussten vor dem Pechfeuer zurückweichen. Sie wagten es nicht, die Lohen zu durchqueren.

Carmondai erhob sich und stand vor zwei kleineren Bestien, die sich auf ihn warfen und mit Säbelhieben eindeckten. Der hartnäckige Ruß in seinen Augen erschwerte das Einschätzen der Attacken, aber er parierte sie dennoch.

Unter seinen Füßen spürte er, dass das geschundene Oberdeck zu zerbrechen drohte und er sich sputen musste, um zu Nimòras ins Boot zu gelangen.

Genug. Carmondai fälschte den nächsten Hieb ab und lenkte ihn gegen die zweite Bestie, durchtrennte damit deren Schlagarm und versetzte ihr einen Tritt, sodass sie rücklings ins brennende Wasser stürzte.

Der verbliebene Óarco konnte die überraschende Attacke des Albs zwar blocken, doch gegen den pfeilschnell zustoßenden Dolch, der ihm seitlich durch das Ohr bis ins Gehirn fuhr, war er machtlos. Er brach vor den Stiefeln des Albs zusammen.

Sie taugen wirklich nichts. »Nimòras? Wo bist du?« Carmondai lief nach vorne, bis ans Ende des auseinanderdriftenden Decks, und starrte hustend in den Rauch.

»Hier!« Plätschernd tauchten Riemen ein, der Bug des Beibootes schob sich durch die künstliche Nebelbank.

Nimòras saß mit dem Rücken zu ihm und ruderte, so gut es ihm bei aller Unerfahrenheit gelang. Er war durchnässt und musste mindestens einmal Erfahrung mit dem Seewasser gemacht haben, die schwarzen Haare lagen auf seiner Rüstung; die Barbarenkleidung hatte er abgelegt. »Wir müssen weg. Es scheint, dass ringsherum alles in Flammen steht«, berichtete er hastig und ging längsseits. »Sie haben ungeheure Mengen Pech und Petroleum ausgeschüttet, damit die …«

Carmondai setzte gerade ein Bein über den Bootsrand, als er das ankündige Pfeifen hörte, doch es ging zu rasch, um eine Warnung ausstoßen zu können.

Der Katapultstein, abgeschossen von einem der weyurnischen Schiffe, warf sich wie aus dem Nichts und gleich einem erloschenen Kometen zwischen die beiden Albae auf die Nussschale und zerschlug die Planken in brachialer Weise.

Es krachte und platschte; eine Wasserfontäne stieg auf und traf Carmondai. Die Wrackteile schossen in alle Richtungen davon.

Sein Fuß trat ins Leere, das Boot mit Nimòras existierte nicht mehr. So fiel Carmondai in den See und versuchte, sich am Treibgut festzuhalten, um den jüngeren Krieger zu sich zu ziehen und ihn vor dem Ertrinken zu bewahren.

Da knallte er mit der Stirn gegen Holz und verlor das Bewusstsein.

Weiche Hände hoben ihn sacht an und senkten ihn ab, um ihn gleich darauf erneut anzuheben, als würde er auf einem weichen Teppich über Hindernisse getragen.

Wasser drang Carmondai in die Nase, er atmete einen Schwall kaltes Nass ein und musste husten.

Als er die Augen aufriss, schoben ihn die Wellen eben weiter den flachen Strand hinauf, näher an den Streifen aus zerstörten Muscheln und Strandgut; im Gegensatz zum Morgen sah er im Schein der Nachtgestirne angefüllt aus: Die Schlacht hatte für angespülte, verbrannte Balken, Seilfetzen, Segelreste und reichlich Kadaver gesorgt.

Wo ist Nimòras? Er richtete sich auf, watete durch das kniehohe Wasser zum Uferstreifen und sah sich dabei unentwegt um. Sein

Schwert hatte er verloren, den Dolch trug er in der Scheide. Irgendwann musste er ihn im Dämmerzustand eingesteckt haben, um ihn nicht auch aufzugeben.

Auf einer Länge von mehr als einer Meile lagerten die meisten der Wrackteile und Leichen, danach wurden die angeschwemmten Überreste von Schiffen, Scheusalen und Matrosen weniger.

Carmondais Albaugen sahen dank des Sternenschimmers beinahe so gut wie am Tag. Keineswegs entgingen ihm die vielen Fackeln, etwa sechshundert Schritte rechts von ihm entfernt.

Strandgutplünderer, die in den Stapeln nach Verwertbarem oder gar Wertvollem suchen. Er wrang seine Kleidung aus, ließ das von der Nässe schwere Gewand weiterhin über seiner Lederrüstung. Hätte er einen Harnisch aus schwerem Tionium getragen, wäre er auf den Grund des Sees gesunken und erstickt. *Sicherlich erging es Dutzenden dämlicher Óarcos so.*

Er streifte die langen, braunen Haare zurück und eilte auf die Gruppe zu. Sie würden ihn als Elb betrachten, und falls nicht … hatte Weyurn einige Bewohner weniger.

Die Barbarengruppe bestand überwiegend aus Männern, und sie trugen einfache, abgetragene Kleidung. Weiter oberhalb hatten sie Handkarren und Säcke am Strand abgestellt, die zu einem großen Teil mit Truhen, Waffen und Rüstungen gefüllt waren. Es schien sich zu lohnen, zwischen den frischen Kadavern umherzuklettern.

Sie bemerkten Carmondai erst, als er dicht neben ihnen ins Licht ihrer Laternen trat und mit dem Fuß absichtlich gegen einen halb eingesunkenen Óarcohelm trat. Zwei Frauen schrien erschrocken auf, ein Mann richtete sofort den Speer gegen ihn.

»Meinen Gruß«, sagte Carmondai langsam in der Sprache der Barbaren und wies ihnen seine leeren Hände. »Mein Name ist Osonaîl«, erfand er geradewegs und hoffte, damit elbisch genug zu klingen. »Mein Freund Nimòras und ich befanden uns auf dem See und gerieten unglücklicherweise mitten in das Gefecht eurer Truppen mit den Bestien. Entdecktet ihr bei eurer Suche einen Elben?«

Die Barbaren wechselten rasche Blicke, der Speer wurde nicht gesenkt.

»Nein«, antwortete einer der Männer, dessen Gesicht von der Sonne braun gebrannt und gegerbt war. »Aber der Strand ist lang. Du solltest ihn suchen, bevor ihn die Krebse finden und bei lebendigem Leib auffressen.«

Carmondai sah sowohl die Abneigung als auch die Furcht in den Gesichtern. Es hatte sich herumgesprochen, dass es Wesen gab, die wie Elben wirkten, doch weitaus schlimmer waren. Sicherlich hatten sie sich wortlos darauf geeinigt, nicht näher nachzuhaken, um den Tod nicht herauszufordern. *Sie senden mich geschickt weg. Sie fragen nicht mal, ob mir etwas fehlt oder ob ich etwas zu essen brauche.* »Wo suchtet ihr bereits?«

»Am gesamten Abschnitt, der hinter uns liegt«, erklärte er und schwenkte die Lampe nach rechts. »Du gehst am besten in die andere Richtung.«

Die übrigen Barbaren schwiegen, pressten die Lippen zusammen und warteten. Weder sammelten sie den Óarcohelm auf noch wühlten sie weiter in dem Durcheinander aus Planken, Algen und Segelresten. Die Spannung lag spürbar in der Luft.

Sie wissen ganz genau, was ich bin, erkannte Carmondai in ihren verschlossenen, groben Gesichtern und der schlecht verborgenen Unsicherheit in den Augen. *Doch woher?* »Nehmt meinen Dank für eure Gastfreundschaft«, sagte er spöttisch, legte die Hände auf den Rücken und wandte sich um.

Die Kleidung des Speerträgers raschelte leise und verriet den Angriff, sodass der Alb mit einer einfachen Seitwärtsdrehung der langen Metallspitze entging, die auf sein Herz gezielt hatte. Die Arme blieben auf dem Rücken, während Carmondai den rechten Stiefelabsatz mit voller Wucht auf den Spann des Angreifers schießen ließ, sodass der Knochen brach.

Der Barbar ächzte und humpelte halb zurück, setzte jedoch aus Wut zu einem neuerlichen Stoß an.

»Nein!«, schrie eine der Barbarinnen auf und versuchte, den Angreifer am Kragen zu packen und zurückzuziehen. »Er wird dich töten!«

Carmondai lachte einmal auf. *Nicht nur dich. Euch alle.*

Der Braungebrannte stieß einen Fluch aus und zog ein óarcisches Kurzschwert aus der Falte seines Gewands, das er reichlich ungelenk gegen den Alb reckte. Die restliche Gruppe zog ebenfalls Waffen, die einmal in der Hand von Bestien gelegen hatten. Sie machten schon aufgrund der Haltung nicht den Eindruck, als verstünden sie sich aufs Fechten. »Geh zu der schwarzäugigen Hexe, aber lass uns in Ruhe«, rief er drohend. »Wir taten dir nichts.«

»Ihr tatet *gar* nichts, was einen gravierenden Unterschied bedeutet. Ihr hättet mich fragen müssen, ob ihr helfen könntet. Ich bin ein Schiffbrüchiger. Ich sollte euch alle auslöschen.« Carmondai blieb, wo er war. »Doch ich gebe euch die Gelegenheit, den Strand lebend zu verlassen: Wen meintest du mit der *schwarzäugigen Hexe?*«

Der Barbar mit dem gebrochenen Fuß sackte zusammen und musste sich in den Sand setzen; mit schmerzverzerrtem Gesicht zog er den Riemenschuh aus und sah auf die Gliedmaße, die bereits anschwoll.

»Man sagt, sie wohne landeinwärts, etwa vier Meilen nach Westen«, antwortete der Braungebrannte.

»Wie kommst du darauf, dass ich etwas von ihr wollen könnte?«

Der Barbar am Boden spuckte Carmondai vor die Füße. »Was sonst würdest du hier suchen? Du bist einer von denen!«, presste er verächtlich unter Schmerzen heraus.

»Wolltest du mich deswegen erstechen? Hinterrücks und feige?«, erkundigte er sich allerfreundlichst. »Was glaubt ihr, *was* ich bin?«, richtete er das Wort an alle.

»Kein Elb«, gab die Frau zurück, die den stürmischen Barbaren abgehalten hatte, nochmals auf Carmondai einzudringen. »Sie kamen niemals bis zu uns.«

»Du bist das, was man *Alb* nennt«, ergänzte der Braungebrannte. »Wir wollen keine Händel mit dir. Verschwinde! Lass uns das Strandgut prüfen und ziehe deiner Wege.«

Nun war Carmondai neugierig geworden. »Aber wir sind doch Gegner. Solltet ihr nicht wenigstens versuchen, mich gefangen zu nehmen oder gar umzubringen?«, hakte er erheitert nach.

»Du bist ein Krieger, wir dagegen sind einfache Leute, die du wohl ganz alleine besiegen könntest, sollten wir dich angreifen«, erwiderte der Sprecher der Gruppe und reckte heldenmütig sein bebendes Schwert. »Doch verteidigen werden wir uns, so gut es uns möglich ist.«

»Weswegen lasst ihr die Albin in Ruhe, die du mir beschrieben hast?«

»Sie ...« Der Barbar zögerte einen Moment. »Sie hat einen mächtigen Fürsprecher.«

Carmondai ließ einen Hauch von Furcht gegen die Plünderer schweben, umwob sie damit und schnürte ihnen die Kehlen zusammen. Die Augen weiteten sich, eine Barbarin keuchte und wandte den Blick von ihm ab. »Ihr werdet niemanden von mir berichten«, schärfte er ihnen ein. »Solltet ihr meinen Freund vor mir finden, werdet ihr euch gut um ihn kümmern, bis es ihm besser geht oder ich bei euch eintreffe. Alles andere«, noch ein kleiner Hauch von Angst zwängte sich in ihre Herzen, »macht mich zu eurem Tod!«

Sie nickten und wichen vor ihm langsam zurück, der sitzende Barbar kroch wimmernd rückwärts.

Carmondai wandte sich um und lief den Strand entlang, rief dabei immer wieder Nimòras' Namen. Gelegentlich blieb er stehen, wenn er glaubte, zwischen den Wrackteilen einen Hinweis auf den jungen Krieger entdeckt zu haben, doch es erwies sich stets als Irrtum.

Dann erkannte er eine Schleifspur, die weg vom Ufer zu einer Reihe von Dünen führte. Ein Körper war von einem Unbekannten aus dem Strandgut gezerrt worden.

Auf den Hügeln endete die breite Bahn, aber Carmondai sah die Abdrücke des Stiefelpaares deutlich, die sich tief in den Untergrund drückten. Dazu fand er einen herausgerissenen Fetzen Stoff, der zu Nimòras' Beinkleid gehörte, sodass es keinen Zweifel gab.

Er ist gefunden und weggetragen worden. Carmondai sah zu den Plünderern, die ihre Arbeit aufgenommen hatten. *Sie waren es nicht, sonst wären sie lange vor mir geflüchtet.* Er fand ihre Einstellung bemerkenswert, die ihnen das Leben rettete und gleichzeitig ihm erlaubte, seinen Weg durch Weyurn unbehelligt fortzusetzen.

Er folgte den Abdrücken, die wiederum zu Hufspuren führten. Es ging nach Süden.

Nun wurde es anstrengend. Wer auch immer Nimòras mitgenommen hatte, es musste einen Grund haben. *Und genau den werde ich herausfinden.* Carmondai ging los und warf dabei das störende Übergewand ab, dann verfiel er in Laufschritt und folgte den Spuren.

Als sich die Sonne erhob, legte Carmondai eine erste Rast unter einem hochgewachsenen Busch ein, der ihm inmitten des Moores Schutz vor Blicken gewährte.

Nun waren seine Augen schwarz wie Tinte, man sah sofort, dass er kein Elb war. Es hatte sich bis in den letzten Winkel von Tark Draan herumgesprochen, wie man die beiden Völker unterschied.

Leider war er weder an einer Siedlung noch an einem Gehöft vorbeigekommen, wo er sich hätte ein Pferd nehmen können. Die wenigsten Weyurner lebten auf dem Festland. Seine bisherige Strecke führte ihn durch Dickicht, eine lichte Schonung und über offenes Feld, auf dem nichts wuchs außer Binsen.

Seit kurzer Zeit lief er durch ein tückisches Moor; der Boden unter seinen Sohlen federte leicht, mal schmatzte es oder es erklang ein Blubbern, und das lange Gras erbebte, das den Anschein einer harmlosen Wiese erweckte. Doch ohne Zweifel würde ihn der Untergrund halten und verschlingen, wenn er nicht achtgab. Ohne die Hufspuren, die ihm den sicheren Pfad wiesen, wäre er rettungslos verloren.

Mücken summten um ihn herum, sie ließen sich in Schwärmen auf seiner Haut nieder. Für einen erschlagenen Blutsauger kamen zehn neue, die den Alb stachen und seinen Lebenssaft aussaugten. Er schien eine schier unwiderstehliche Anziehungskraft auszuüben.

Gibt es denn gar kein Mittel gegen euch? Nach kurzer Zeit gab er das Rasten auf und erhob sich, um den Weg fortzusetzen und den kleinen fliegenden Scheusalen zu entkommen. Der stinkende Wind, der über das Moor strich, verjagte einen Großteil von ihnen, doch es blieben dem Alb genügend treu, sodass er bald viele rote Einstiche an Hals und im Gesicht davontrug. *Sie sind schlimmer als Fflecx!*

Die Hufabdrücke führten ihn genau auf eine Kate zu, aus deren Schornstein heller Rauch stieg. Neben dem Häuschen war eine Scheune angebaut, an der verschieden große, bunt gemusterte Tierhäute an langen Rahmen zum Trocknen in der Sonne aufgespannt worden waren; bei einigen handelte es sich um kleine Hirsche, bei anderen um Nagetiere. Es roch nach Alchemie, nach Gerberei und nach verrottendem Fleisch.

Carmondai konnte es nicht verhindern, dass er sich zwischen den Fellen auch Nimòras' Haut vorstellte. *Wer weiß, weswegen sie ihn hierherbrachten.*

Er schlich näher heran, nutzte das wogende, raschelnde Binsenmeer als Deckung und gelangte bis auf acht Schritte an die Scheune heran. Dann endete das Schilf.

Er lauschte noch eine Weile, doch es erklangen keine Geräusche, die auf Leben schließen ließen, dann erhob er sich und verließ die Halme. *Ich habe keinen besonderen Grund, vorsichtig zu sein. Mit einer Handvoll Barbaren werde ich leicht fertig.*

Zuerst überprüfte er die Scheune, deren Tor offen stand. Der Gestank von Verwesung nahm zu.

Als Carmondai eintrat und sich die Augen an die schwächere Helligkeit gewöhnt hatten, erkannte er jede Menge Bottiche und Kessel, in denen Häute vor sich hin köchelten, gefärbt und haltbar gemacht wurden. Mal entstand Leder, mal wurden Pelze erhalten. In einem Fass, über dem Mückenschwärme kreisten, lagerten die abgeschabten Fleischreste, die bei der Herstellung anfielen.

Aber von Nimòras fehlte jede Spur, nicht mal eine Haarsträhne des Albs war zu entdecken, was Carmondai wiederum erleichterte. Er hatte nicht ernsthaft damit gerechnet, dass die Barbaren den Spieß umdrehten und aus seinesgleichen Kunst fertigte, aber dennoch war ein Unwohlsein aufgekommen, als er die Tierhäute gesehen hatte.

Er verließ das Gebäude und umrundete die Kate, spähte durch die Fenster.

In einem kleinen Nebenraum entdeckte er Nimòras. Der unbekleidete Alb lag auf einem Bett, die Decke war bis zum Nabel herabgezogen, eine breite Naht verlief quer über den Bauch bis zur Brust und hinauf zum Schlüsselbein. Da Spuren von Blut auf der Haut des Schlafenden fehlten, musste er gewaschen worden sein.

Bei Inàste! Carmondai wusste nicht einzuschätzen, ob die Verletzung von der Seeschlacht herrührte oder von dem Barbaren stammte, der Nimòras mitgenommen hatte.

Kurzerhand drückte er das Fenster auf und kletterte hinein, begab sich neben seinen Begleiter und untersuchte die Wunde selbst.

Aus seiner Zeit als Krieger und nicht zuletzt von den letzten Kriegszügen gegen Tark Draan wusste er sehr genau, wie er Verletzungen einzuschätzen hatte. Diese Wunde war lebensbedrohlich, alleine aufgrund des Ausmaßes. Somit stiegen die Aussichten, dass sie sich entzündete und den Alb nachträglich in die Endlichkeit führen konnte. Gleichwohl atmete Nimòras ruhig und beständig, hatte kein Fieber oder kalten Schweiß auf der Stirn.

Carmondai entdeckte auf der Ablage Fläschchen und Tinkturen, Schwämme und eine Schale mit Wasser. *Man kümmert sich um ihn.*

Er hörte ein helles Lachen aus dem Hauptraum der Kate, dann näherten sich Schritte. Noch bevor sich die Tür öffnete, huschte der Alb unter das Bett – nicht aus Furcht, sondern weil er sehen wollte, wer Nimòras' scheinbarer Wohltäter war.

Ein Paar nackter, wohlgeformter Frauenfüße kamen herein, der leicht fleckige Saum eines Kleids wurde sichtbar. Eine leise Melodie wurde behutsam von der Barbarin gesungen, während sie sich dem Schlafenden näherte.

»Nun, mein Hübscher?«, sprach sie zu ihm, Wasser plätscherte und tropfte in eine Schale. »Das sieht gut aus. Falls du mich in deinem tiefen Schlummer hörst: Ich werde die Naht wieder mit den Heilungstinkturen beträufeln, damit sich die Haut verbindet. Eine Woche, länger wird es nicht dauern, bis du dich erheben darfst. Aber bis dahin« – wieder plätscherte es, dann wurde ein Verschluss entkorkt – »werde ich dich in diesem Zustand halten, sonst bewegst du dich und dein Fleisch reißt auf. Das würde unschöne Flecken geben.«

Carmondai verhielt sich ruhig. *Sie hat eine betörende Stimme.*

Die unbekannte Barbarin verrichtete summend ihr Werk, Nimòras stöhnte einige Mal leise auf, woraufhin sie ihn mit »sch, sch« beruhigte. Dann trat sie den Rückzug aus der Kammer an.

Als sie die Tür geöffnet hatte und sich auf der Schwelle befand, verließ Carmondai lautlos sein Versteck und begab sich hinter sie, versetzte ihr einen Stoß, sodass sie überrascht hinausstolperte, und folgte ihr.

Die Barbarin hatte langes, blondes Haar, das sie in einem aufgerollten Zopf trug. Das Kleid war eine Tracht, in Weiß mit braunen und grünen Stickereien. Sie prallte gegen einen Stützpfeiler, fing sich ab und wirbelte herum.

Seine Überraschung wuchs: Das war mit Abstand die hübscheste Menschenfrau, die er je zu Gesicht bekommen hatte.

Ich müsste ihre Züge nicht mal verbergen, wenn sie meine Sklavin wäre. Carmondai sah sich kurz um. Das Zimmer bildete Wohnraum und

Küche zugleich, es gab einfache Möbel sowie eine leiterähnliche Treppe, die nach oben führte, vermutlich zum Schlafgemach. Sie waren alleine.

»Wie kommt es, dass du dich um ihn kümmerst?«, herrschte er sie an. »Was hast du mit ihm vor, wenn er genesen ist?«

Die Barbarin riss die Lider weit auf, als sie seine schwarzen Augen erkannte. »Du bist einer von ihnen«, stellte sie fest und blieb stehen, den Rücken gegen die schützende Stütze gepresst. »Das ist ja wundervoll!«

Langsam kam er auf sie zu. »Wieso ist das …«

»Weg von ihr«, bekam Carmondai den harschen Befehl von der Eingangstür her, wo ein sehr junger Barbar stand, bekleidet mit einer weiten, grünen Hose und langen Stiefeln, die bis über die Knie reichten. Das weiße Oberteil hing lose darüber, an seiner Seite baumelte ein langer, schlanker Dolch.

Carmondai lächelte. »Wackerer Bursche! Du weißt, was ich bin, und gibst mir Befehle?«

»Die Herrscherin zahlt uns Kopfgeld, wenn wir ihr den Schädel des Albs bringen«, hielt der Barbar unerschrocken dagegen, die Lider verengten sich. »Zeige Dankbarkeit, dass wir einen von deiner Sorte gerettet haben anstatt ihn auszuliefern.« Er hatte die langen, schwarzen Haare am Hinterkopf zusammengesteckt, das hübsche Gesicht wurde von einem Bart um Kinn und Mund geziert.

»So, du verlangst Dankbarkeit?« Carmondai lachte. »Die sollst du bekommen, wenn du mir sagst, was du beabsichtigst.«

»Erst entfernst du dich von meinem Weib.«

Nun fand Carmondai den Tonfall nicht mehr amüsant. *Der Knabe braucht eine Unterweisung.* »Denkst du, du könntest mich von irgendetwas abhalten, wenn ich beschließe, euch beide umzubringen und meinen Begleiter mitzunehmen?«, fragte er lauernd.

Der furchtlose Barbar legte eine Hand an den Dolchgriff. »Das ist meine letzte Warnung, Schwarzauge«, entgegnete er selbstbewusst. »Ich möchte deinem Freund bei seinem Erwachen nicht erklären, dass wir dich töten mussten. Am Ende bräche es ihm das finstere Herz, und unsere Mühen waren vergebens.«

Carmondai schnellte vorwärts, zog dabei seinen Dolch und wollte die Klinge an den Hals des Mannes legen – doch er stand nicht mehr auf der Schwelle, sondern neben ihm und packte in die langen, braunen Haare, um ihn daran zurückzuziehen.

Oh, nicht schlecht. Er wand sich aus dem Griff, versetzte dem Barbaren einen Hieb mit Faust gegen das Sonnengeflecht, der den Gegner zurücktrieb, und zielte mit dem Pommel des eigenen Dolches gegen das Kinn.

Doch der Barbar riss pfeilschnell den Arm hoch und fing den Hieb ab, wich sogar Carmondais Kniestoß aus und wollte ihm seinen Ellbogen gegen die Nase dreschen.

Der Alb zog den Kopf zurück. Das spitze Gelenk zischte an ihm vorbei, sodass Carmondai seinerseits mit dem Unterarm über die Schulter des Feindes hinweg zuschlug und ihn am Unterkiefer traf.

Der junge Barbar wurde über den Tisch geschleudert und ging zu Boden. Zwar federte er bereits in die Höhe, kaum dass er den Boden aus gestampfter Erde berührt hatte, aber Carmondai flankte schon über das Hindernis und traf ihn mit beiden Sohlen gegen die Brust.

Rumpelnd wurde der Barbar gegen die Anrichte katapultiert.

Wie du mir … Carmondai schnappte ihn mit der Linken in den Haaren, drosch ihm den Dolchknauf drei-, viermal in die Magengrube, ließ den Schopf los und versetzte dem Gegner zum Abschluss einen Hieb mit dem Handballen von unten gegen das Kinn.

Der Kopf des Barbaren schnappte in die Höhe, er verdrehte die Augen und flog zwei Schritte weit, dann stürzte er nieder.

Carmondai war sofort über ihm. Er drückte ihn mit einem Knie nieder und legte dem halb Bewusstlosen die Schneide an die Kehle. »Siehst du nun, wohin dich Übermut bringt?«, raunte er. »Ich strengte mich nicht einmal an. Wie *kannst* du annehmen, es mit einem Alb aufnehmen zu dürfen?«

Die Klingen, die sich von hinten gegen Kehle und Nacken gleichermaßen legten, ließen Carmondai unwillkürlich versteifen. *Verflucht, woher …?*

Die Barbarin stand noch immer am Pfeiler, sie konnte es nicht sein, die sich angeschlichen hatte. Das Duftwasser, das zu ihm drang, kam ihm sogleich bekannt vor.

»Gelegentlich ist es auch der eigene Hochmut, der Gefahr bedeutet«, flüsterte eine weibliche Stimme in sein Ohr. *Albisch!* »Du wirst den Dolch nun langsam sinken lassen, Carmondai. Ich will keinen einzigen Kratzer auf der Haut des Mannes sehen.«

Das ist … »Morana?«, entfuhr es ihm. Er verstaute die Waffe unverzüglich, und die fremden Klingen wichen zugleich von ihm. Er erhob sich und wandte sich um.

Tatsächlich stand die Albin vor ihm, die einst die zweite Befehlshaberin der Nostàroi-Leibwache gewesen war. Sie trug ein ähnliches Kleid wie die Barbarin, darüber einen langen, kirschroten Ledermantel mit Kapuze. Es fehlte sowohl die Rüstung als auch jegliches andere Anzeichen für ein Leben als Kriegerin.

»Du bist es wirklich«, rief er überrascht.

»Wer sonst wüsste in Tark Draan deinen Namen?«, erwiderte sie herablassend. Die Augen waren ebenso schwarz wie seine. Um ihre dunklen Haare lag ein rotes Kopftuch, das ihre spitzen Ohrenenden verdeckte. In der rechten Hand hielt sie Mond, eine Nahkampfwaffe, die sie von Virssagòn geschenkt bekommen hatte. Zwei gebogene Sichelenden saßen rechts und links von einem kurzen Mittelstück. In der Linken lag Sonne, zwei gerade Klingen, die an die Strahlen des Taggestirns erinnern sollten; die Schneiden waren beidseitig geschliffen, die Finger lagen in einem korbartigen Metallschutz. »Verzeih den unfreundlichen Empfang. Es galt zu verhindern, dass du einen Fehler begehst.«

»Deine Sorge um den Barbaren ist rührend. Ich hätte ihm nichts getan, nur ein wenig Benehmen und Demut in die Haut geritzt, damit er sich beim Blick in alles, was spiegelt, an diesen Splitter der Unendlichkeit entsinnt.«

»Das wird er.« Sie sah zu der Barbarin. »Itayka, hilf ihm auf.« Morana verstaute ihre Waffen in den besonderen Halterungen, die unter dem Mantel verborgen lagen, dann streckte sie Carmondai die Hand hin. »Inàste sei mit dir.« Erst jetzt zeigte sich ein Lächeln auf ihrem Antlitz, das einen Hauch Freude enthielt. Das Misstrauen und eine Prise Wut ließen sich jedoch nicht verleugnen. »Die Göttin scheint der Meinung zu sein, dass du mich finden solltest.«

Carmondai versuchte, ihr Verhalten zu verstehen. Er ergriff ihre schlanken Finger und drückte sie. »Solltest du annehmen, dass mich die Unauslöschlichen sandten, um dich zurückzubringen, kann ich dir versichern: So verhält es sich nicht.«

Sie setzten sich an den Tisch, und er berichtete knapp von den Ereignissen.

Itayka brachte ihnen Wasser zu trinken und entfernte sich rasch zu ihrem jungen Gemahl, der sich stumm auf einen Stuhl neben das Fenster gesetzt hatte und sich den Magen hielt. Die Barbarin presste ein kaltes Tuch gegen sein anschwellendes Gesicht.

Morana sah erleichtert aus. »Dann ist es wahrlich nichts anderes als Fügung«, brach es aus ihr heraus und legte ihre Rechte auf Carmondais Hand. »Ich hege nicht die Absicht, jemals wieder nach Dsôn zurückzukehren und befürchtete, sie hätten dich gesandt, um mich eben dazu zu bewegen.«

»Nein. Auch wenn du schmerzlich vermisst wirst.« Carmondai sah sich sehr auffällig in der Kate um. »Du bist also die schwarzäugige Hexe. Doch dies ist nicht dein ständiges Heim, nehme ich an? So sage mir, weswegen du hierher ins Moor gekommen bist. Ich vermute, die Strandräuber verrieten, dass sie einem Alb begegneten und schickten dich auf meine Spur?«

Sie lächelte und sah zu dem Barbaren. »Noch eine Fügung: Tasároc kam zu mir und berichtete von dem Alb, den er aus dem Wrack zog. Wir kehrten just in dem Augenblick zurück, da du seine Frau wenig freundlich befragtest.« Morana schüttelte tadelnd den Kopf. »Ich warnte dich«, richtete sie die Worte an den jungen Barbaren, »vorsichtig zu sein. Du bist einem Alb nicht gewachsen, auch wenn es nur ein Geschichtenschreiber ist.« Sie zwinkerte Carmondai zu. »*Noch* nicht.«

»Ja, Mutter«, gab Tasároc ebenfalls auf Albisch zerknirscht zurück. Verletzter Stolz und die Schmerzen im Leib sowie am Kinn setzten ihm zu.

»*Er* ist dein *Sohn?*« Carmondai wusste nun, warum der Barbar über die Maßen schnell und geschickt gewesen war. Die Veranlagungen seiner Mutter hatten sich in ihm niedergeschlagen.

Morana nickte. »Ein guter Jäger und Kürschner, der sein Glück mit Itayka fand. Solch anmutige Barbarinnen sind selten zu finden.«

»Du hast nicht die Befürchtung, dass sie dich eines Splitters verrät?« Carmondai sah zu der hübschen Barbarin, die sich hingebungsvoll um den Verletzten kümmerte. *Schade. Ich werde sie kaum mitnehmen können.*

»Nein. Sie liebt meinen Sohn aus ganzem Herzen. Sie war es, die deinen Freund versorgte und die Wunden nähte.« Morana prostete ihm zu und nippte am Wasser. »Eine Entschuldigung wäre angebracht.«

»Mehr als das. Doch das folgt später.« Er starrte die Albin an. »Er ist ein Bast… ein halber Barbar, sehe ich das richtig?«

Morana nickte, seinen Versprecher ignorierend.

»Deswegen färben sich seine Augen nicht schwarz?«

Wieder nickte sie.

»Was vermag er noch?«

»Wir sind dabei, es herauszufinden, doch es ist ihm ein Leichtes, Feuer zum Erlöschen zu bringen. Alles andere wird man sehen. Er ist noch jung, kaum siebzehn Zyklen«, antwortete sie.

»Und sein Vater?«

Die Albin zuckte mit den Achseln. »Wir hatten eine schöne Zeit, aber dann langweilte er mich. Ich verließ ihn und fand in der Nähe ein neues Zuhause, wo ich Tasároc großzog.«

»Die Plünderer sprachen davon. Sie sandten mich nach …«

Aber Morana machte eine verneinende Geste. »Du würdest nur noch eine Ruine vorfinden. Ich lebe inzwischen in einer der schwimmenden Städte.«

»Inmitten der Barbaren?«, entfuhr es Carmondai fassungslos. »Du musst dein Leben in den Schatten fristen, nehme ich an? Wozu das alles? Was fasziniert dich an diesen niederen Wesen so sehr?«

Morana betrachtete ihn mitleidig und nachsichtig zugleich. »Ich trage dir nicht nach, dass du in dieser Überheblichkeit lebst, die dem Volk der Albae angeboren ist. Doch es ist falsch, so zu denken. *Sehr* falsch. Die Barbaren sind reizvoller und schlauer, als die Unauslöschlichen annehmen.«

»Hast du Tasárocs Erzeuger nicht verlassen, weil er dich langweilte?«

»Sicherlich, er hatte einen einfachen Verstand und ließ sich nicht für Neues begeistern, aber es gibt andere«, erwiderte sie verschmitzt. »Viele andere. Du würdest sie auch mögen, Carmondai. Die besonderen Exemplare sind verborgen, man muss lange suchen, um auf wertvolle zu stoßen.« Sie zeigte auf ihren Sohn. »Er gehört nun zu den Besonderheiten, die wiederum ihre Besonderheit weitergeben.«

Carmondai horchte auf. Der Tonfall ließ ihn folgern, dass die Geburt des Bastards nicht zufällig gekommen war. *Verfolgt sie einen eigenen Plan?*

Die Albin trank ihr Wasser aus. »Begleite mich doch nach Weydenwog, Carmondai. Wenn du mir versprichst, unser Treffen mit keiner Silbe in deinen Schriften zu erwähnen, zeige ich dir Seiten der Barbaren, die du ohne mich niemals zu Gesicht bekommen hättest. Wir haben mindestens acht bis neun Momente der Unendlichkeit, bevor dein Begleiter imstande sein wird, die Augen zu öffnen und sich einigermaßen zu bewegen, um mit dir reisen zu können. Die Zeit wäre gut genutzt.«

Carmondai sah sich durch Schächte und Abwasserrohre kriechen, um nicht entdeckt zu werden, im Schmutz hausen und schreckliche Dinge essen, die sie im Abfall fanden oder sich nachts stehlen mussten. *Ist es diesen Besuch wert?*

Morana sah ihm die Zweifel an. »Du sorgst dich wegen unserer schwarzen Augen und dass man uns deswegen jagt?«

»Sollte Tasároc nicht gelogen haben, scheint es Belohnungen auf unsere Leben zu geben.«

»Auf Albae, ja. Aber nicht auf Amènhia die Unerreichte.«

»Wer soll das sein?« Er schaute sie verdutzt an. »*Du?*«

Die Albin lachte und erhob sich. »Lass dich überraschen. Tasároc überlässt dir Kleidung von sich, damit du nicht zu sehr auffällst.«

Carmondai sah zu ihrem Sohn, der noch immer mit Übelkeit in seinen Gedärmen rang, zur reizenden Barbarin, dann zum Ausgang, durch den Morana eben schritt.

Ich muss dorthin, wo die Geschichten auf mich warten. Er setzte den Becher an die Lippen, leerte ihn und folgte der Albin. *Dort wartet eine äußerst reizvolle.*

Mit den Pferden ging es zurück an die Küste zum Leuchtturm von Kelaïn und zur dortigen Anlegestelle, wo mehrere kleine Boote vertäut lagen. Eines davon gehörte Morana.

Carmondai hatte weyurnische Kleidung von Tasároc geliehen bekommen, weil seine Rüstung zu sehr aufgefallen wäre. Nur auf seinen

Dolch und das albische Untergewand wollte er nicht verzichten. Er fühlte sich in der einheimischen Tracht einigermaßen wohl, fand den Stoff jedoch sehr grob gewoben.

Sie überließen die Tiere der Besatzung des Turms, die sie in den Stallungen unterbrachten. Es handelte sich um eine gängige Handhabung, dass die Pferde untergestellt werden konnten, wie die Albin erklärte. Lösten die Eigner die Tiere nicht innerhalb einer bestimmten Spanne aus, fielen sie an die Türmler.

Dann gingen sie den Steg entlang bis zum Boot.

» Wir müssen uns beeilen, sonst verpassen wir den besten Moment, die Inselstadt zu betreten «, sagte Morana und stieg ein. » Du nimmst den rechten Riemen, ich den linken. Pull so schnell und kräftig, wie du vermagst. «

Carmondai folgte ihr und setzte sich neben sie, ergriff das Ruder und legte sich ebenso ins Zeug, wie die einstige Leibwächterin. » Diese Städte folgen einer gleichbleibenden Strecke? «

» Sie werden bald vor Anker gehen, und es wäre einfacher, wenn wir Weydenwog betreten, solange noch alle mit dem Manöver beschäftigt sind. Dann stellen sie weniger Fragen nach deinem Auftauchen. «

» Sagtest du nicht, es sei ungefährlich? «

» Nein, das sagte ich nicht. Aber es ist auch nicht zwangsläufig tödlich für dich. « Sie steuerte das Boot in den gräulichen Nebel hinein, der vom See heranrollte. » Wir sind nah. «

» Verstehe. Darin verbirgt sich die Stadt vor Feinden. «

» Das könnte man mit Blick auf die Óarcos meinen. Aber es ist mehr eine gelegentlich auftretende Besonderheit, die mit der Kälte des Wassers und der Wärme der Siedlung zusammenhängt. Gerade abends und morgens hüllen die Schwaden die Städte ganz gerne ein, sodass man die Hand vor Augen nicht mehr sieht. « Sie warf ihm ein Lächeln zu. » Das macht es für uns perfekt. «

Das Boot schoss durch das Wasser, die Wellen wurden höher und brachten den Bug zum Hüpfen. Die Anstrengung zwang die Albae zum Schweigen, während ihr Gefährt in den Nebel jagte.

Dann erklang das dumpfe Schlagen einer Glocke.

» Langsamer. Wir sind gleich da. « Morana zog den Riemen ein, Carmondai tat es ihr nach, und das Boot trieb nur noch vorwärts.

»Die Glocken liegen an den äußeren Rändern, die nichts weiter sind als schmale Streifen aus Kies und Gras. Dahinter ragen die Mauern in die Höhe. Durch das Auf und Ab werden die Glocken in Bewegung gehalten und geben das Signal an Schiffe, sich fernzuhalten.«

Carmondai wischte sich den Schweiß von Stirn und Kinn, wo er sich in kleinen Tröpfchen gesammelt hatte. *Nun bin ich gespannt.*

Er sah eine massive, dunkle Mauer durch den Nebel aufragen, deren Höhe er auf acht, neun Schritt schätzte.

Ihr Boot glitt in ein viereckige, künstlich angelegte Bucht, die von den Wänden eingefasst wurde. Zwei Stege ragten hinein, und beide führten jeweils vor das Tor, das offen stand; das Fallgitter war in die Höhe gezogen.

Morana warf ein Seil, an dessen Ende sich eine Schlinge befand, um einen Pfosten und zog das Gefährt an den Steg. Sie machte das Boot daran fest und stieg aus, Carmondai folgte ihr.

Morana warf ihm einen prüfenden Blick zu. »Warte.« Sie nahm ein weiteres Kopftuch aus ihrem Rucksack und zog es ihm über, sodass die spitz zulaufenden Ohren darunter verschwanden. »Nun können wir.«

Sie liefen auf den Eingang zu, wo vier gerüstete Wächter in den Nebel starrten und sie kommen sahen. Sie trugen türkisfarbene Waffenröcke über den gehärteten Lederharnischen sowie runde Helme ohne Visiere, vermutlich damit sie nicht erstickten, sollte einer von ihnen ins Wasser fallen.

»Halt«, befahl der Hauptmann. »Wer …« Er musterte Morana. »Ah, Ihr seid es, Amènhia. Verzeiht, dass ich Euch nicht sofort erkannte, doch dieser Dunst ist dick wie Brei.«

»Es ehrt mich und meine Kunst, dass Ihr meinen Namen und mein unscheinbares Gesicht zuordnen könnt.« Morana lachte hinreißend und ging weiter, Carmondai blieb immer dicht neben ihr. Sie zeigte auf ihn. »Das ist Dendûwain von Osant. Er ist ein wundervoller Mime und ein noch begnadeterer Geschichtenschreiber.«

»So feilt Ihr an einer neuen Aufführung?« Der Hauptmann deutete bewundernd eine Verbeugung an.

»Es mag so kommen. Wir werden sehen, wie sehr Weydenwog meinen Freund inspiriert.« Die Albae setzten den Weg unbehelligt ins Innere der Stadt fort.

»Grüßt mir Klerond«, rief ihnen der Hauptmann nach.

Als Antwort hob Morana nur den Arm, was der Barbar wegen des Nebels sicherlich nicht mehr sah.

»Ich durchschaue deinen Trick: Du gibst dich als *Schauspielerin* aus!« Carmondai lachte leise. »Wie geschickt. Somit kannst du jederzeit behaupten, du wärst in die Maskerade einer Albin geschlüpft.«

»Der Hauptmann verpasst keine Vorstellung, die ich gebe.« Sie stimmte in seine Heiterkeit ein, sogar ihre blaugrauen Augen spiegelten die Fröhlichkeit. »Es ist so einfach, nicht wahr? Ich habe mich dem kleinen Theater in Weydenwog angeschlossen, die von meinen Talenten begeistert waren. Das werde ich meinen Kindern empfehlen. Es ist die beste Tarnung, die man sich vorzustellen vermag. Dort kann ich meine Rüstung und meine alten Kleider aus Dsôn tragen, um darin bewundert anstatt verfolgt zu werden. Die Barbaren sind glücklicherweise leicht zu täuschen und mitunter so gutgläubig.«

»Klerond ist dein Gemahl?«

Sie nickte. »Er ist einer der Stadträte und Vorsitzender der Hiever-Zunft. Die Hiever sind dafür verantwortlich, dass die Anker in der richtigen Reihenfolge geworfen und gehoben werden.« Sie blieb stehen und legte einen Finger an das rechte Ohr. »Gleich geht es los. Hör genau hin.«

Kaum hatte sie es ausgesprochen, erklang das anhaltende Tönen einer sehr tiefen Pfeife, in das nach und nach andere einstimmten.

»Das ist das Zeichen für die Hiever des Inneren Kreises«, erläuterte Morana. »An verschiedenen Stellen werden nun die schweren Anker abgelassen und nehmen Weydenwog die Geschwindigkeit. Erst wenn diese langsam genug ist, werden die Anker des mittleren und dann des äußeren Kreises ausgeklinkt und auf den Grund geschickt. Würde man die Äußeren zuerst setzen, würde es die Stadt womöglich auseinanderreißen.«

Carmondai besaß eine ungefähre Vorstellung, wie das alles funktionierte und ablief, doch ihm fehlte der große Überblick. »Kannst du mir das genauer schildern?«, bat er, während sie durch die Straßen und Plätze eilten. Nichts wies darauf hin, dass unter ihren Füßen Wasser und ein meilentiefer See lag.

»Das tue ich – sofern du mir versprichst, es für dich zu behalten und es erst öffentlich beschreibst, wenn es keine Rolle mehr spielt.« Morana sah ihn ernst an. »Die Unauslöschlichen sollen ihre Spione senden, um zu kundschaften. Nicht dich, einen Gelehrten und Geschichtenweber, dem man bereitwillig Auskunft erteilt.«

Carmondai musste keinen Herzschlag lange zögern. »So sei es.«

Die Albin leitete ihn durch Weydenwog. Dabei passierten sie eine der Hebevorrichtungen. Große Räder, die von Tieren und Barbaren gleichermaßen angetrieben wurden, waren über Umlenkrollen, Zahnkränze und Ketten gekoppelt.

Die vereinten Kräfte übertrugen sich auf eine gewaltige Trommelwinde, auf der sich eine Kette befand, deren Glieder die Länge eines Albs und die Dicke eines Armes betrugen. Sie wurde langsam abgewickelt, dabei blieb der Pfeifton beständig.

»Würden wir die Anker einfach fallen lassen, wäre auch hier die Wucht des Rucks zur groß«, erklärte Morana. »Zuerst schleifen sie kaum merklich über den Grund und vermindern die Geschwindigkeit der treibenden Stadt, bis ihnen erlaubt wird, sich am Boden einzuhaken. Solange das Signal noch zu hören ist, wissen die übrigen Hiever, dass das Ablassen noch nicht beendet ist.«

Die dunklen Pfeiftöne verstummten, sogleich erklangen hellere.

Morana zog ihn weiter. »Komm. Sei mein Gast, geschätzter Mimenfreund«, sagte sie neckend. »Welches Stück führen wir auf?«

»Oh, mir gehen gerade so vielerlei Gedanken durch den Kopf, wir würden in zehn Teilen der Unendlichkeit ein neues Stück nach dem anderen geben«, antwortete Carmondai lachend und kam vor einem großen Gartentor zum Stehen. Dahinter wurde ein stattliches Herrenhaus sichtbar, das vollständig aus dicken Steinquadern errichtet zu sein schien.

Morana öffnete das Tor und führte ihn über einen Kiesweg zur doppelflügeligen Eingangstür. »Hier wohne ich mit meinem Gemahl.« Sie klopfte dagegen, und ein stoppliges Männergesicht wurde gleich darauf hinter einer Gucköffnung sichtbar.

»Herrin!«, rief der Barbar und riss den Eingang auf, verneigte sich. Er hatte sich einen langen Mantel über das Nachthemd geworfen, die Füße steckten in Sandalen. Die Haare standen wirr von seinem Kopf ab.

»Ist der Hausherr zugegen?«, fragte sie.

»Noch nicht, Herrin. Aber die Kleinen werden sich freuen. Wir rechneten erst morgen mit Eurer Rückkehr.«

»Ich traf, wie es die Götter wollten, einen alten Freund, Dendûwain von Osant. Und ich musste ihm einfach zeigen, wie man in Weydenwog lebt. Er stammt aus Istèndun und kennt unsere Art, zu leben, nicht.« Sie berührte ihn im Vorbeigehen kurz an der Schulter. »Lass die Kleinen träumen. Sie sehen mich morgen. Dendûwain und ich haben viel zu bereden.«

Der Barbar deutete erneut eine Verbeugung an. »Darf ich etwas anrichten lassen, Herrin?«

Morana nickte. »Aber streng nach meinen Anweisungen, wie sonst auch. Dendûwain und ich waren früher so lange gemeinsam unterwegs, dass wir die gleichen Vorlieben entwickelten.« Sie führte den Alb die geschwungene Marmortreppe hinauf.

Carmondai sah die vielen Bilder, die überwiegend Weydenwog zeigten und wie es dahinglitt. Dazwischen hingen Zeichnungen von Morana mit zwei kleinen Kindern und von Morana mit einem kräftig gebauten Barbaren in einer gelb-weißen Uniform. Sie lächelten sich darauf glücklich an. »Du hast mit ihm Nachwuchs gezeugt?«

»Ja. Es fällt mit Barbaren erstaunlich leicht.« Sie zeigte auf ihren Schopf. »Dafür bekomme ich keine Strähnen für jedes Leben, das ich in diese Welt setzte, wie es eigentlich bei den Albinnen üblich ist. Es hat den Anschein, dass halbe Albae für Inàste nicht zählen.«

»Demnach hast du drei …«

»Es sind insgesamt fünf«, fiel sie ihm ins Wort.

»Bedeutet das Gebären so viel Spaß? Mir wurde von heftigen Schmerzen berichtet, die damit verbunden sind«, konnte er sich die Anmerkung nicht verkneifen.

Aber Morana lachte und führte ihn in einen großen Raum, dem man sofort ansah, dass sie und ihre Schauspieltruppe gelegentlich darin probten.

Kostüme lagen umher, ein Podest stellte die Bühne dar; es gab sogar Vorhänge und einen Tisch mit Tintenfass und Feder, einen Schrank mit Unmengen Büchern sowie zusammengerollten Schriftstücken. Zum Setzen und Besprechen luden bequeme Sessel sowie zwei gepolsterte Liegen ein.

Hinter ihm schloss sie den Eingang. »Es wäre gelogen, wenn ich sagte, es sei eine wahre und reine Freude, das Leben aus einem zu pressen«, erwiderte sie auf seine Bemerkung. »Und doch bedeutet es mir sehr viel.« Sie setzte sich, er ließ sich neben ihr nieder. »Ich brachte in meinem unendlichen Leben bislang nur den Tod über andere, Carmondai. Und nun spende ich Leben. *Einzigartiges* Leben.«

Er langte wie selbstverständlich nach den Blättern, Tinte und Kiel, begann seine Notizen. Die ersten waren Opfer des Sees geworden. »Wie du sagtest: Inàste scheint deine Nachkommen nicht anzuerkennen.«

»Das ist mir gleich. Ich weiß, dass sie wundervoll sind und ihre Besonderheit weitergeben werden.«

Er runzelte die Stirn. »Ist *das* deine Absicht? Du möchtest den Keim der Albae in Tark Draan auf diese Weise verbreiten anstatt mit Truppen? Es klingt nämlich fast danach.«

Sie setzte zu einer Erwiderung an, doch da klopfte es.

Der Diener brachte ihnen Wein, Fleisch in verschiedenen Soßen, dazu mildes Brot und gekochtes Gemüse. Schnell verabschiedete er sich wieder, nachdem er die Speisen vorgelegt hatte.

»Das riecht beinahe wie in Dsôn«, befand Carmondai und kostete von dem Fleisch. Beim Kauen entwickelte sich der Geschmack mehr und mehr. »Das ist wundervoll zart und … wie hast du das hinbekommen? Es schmeckt *genau* wie in Dsôn!«

Morana aß ebenfalls. »Nur, weil ich mich unter sie mische, heißt es nicht, dass ich zu einer von ihnen werden muss. Manche Sitten und Essgewohnheiten widerstreben mir zu sehr, um sie anzunehmen.« Sie schnitt sich von dem Braten ab, der butterweich und ohne Kruste zubereitet worden war. »Du fragtest mich, was ich beabsichtige.« Sie sah zur Bühne. »Es geschieht so vieles, Carmondai. Überall im Geborgenen Land gehen kleine Dramen und große Abenteuer vor. Ich will nicht, dass das Volk der Albae nur im Schlechten genannt wird. Meine Kinder und Kindeskinder sollen ihren Beitrag dafür leisten.«

»Indem sie Heldentaten vollbringen.« Er warf einen kurzen Blick auf das Bild, das sie mit ihrem Nachwuchs zeigte, bevor er sich einen Bissen abschnitt. »Denkst du, sie wollen das?«

»Das entscheide nicht ich. Aber da sie nun in die Welt gekommen sind, wird den Götter einfallen, wann und wo sie zur Geschichte beitragen, und ich bete zu Samusin, dass es etwas Gutes sein wird.«

»Du fieberst also doch mit den Barbaren.«

»Ich habe sie lieb gewonnen, das gestand ich bereits.« Sie nahm das Essen wieder auf. »Mein Gefühl sagt mir, dass es keinen schnellen Sieg gegen die Magi und gegen das Heer geben wird. Die Unauslöschlichen unterschätzten in ihrem Hochmut alles, was aus dem Geborgenen Land kommt, sogar die Magi und Magae.« Sie goss zuerst ihm, dann sich selbst Wein ein; dann prosteten sie sich zu. »Auf deinen Besuch in Weydenwog. Möge er dich beeindrucken.«

Sie tranken gemeinsam.

Carmondai konnte nachvollziehen, was sie meinte, doch er begriff es nicht. Ein Mischwesen aus Alb und Barbar sollte die Götter beeindrucken? Für so etwas wie Verbrüderung sorgen? Wenn die Unauslöschlichen hiervon erführen, ließen sie Morana und sämtliche Nachkommen jagen und ausrotten. *Das ist Frevel an den unendlichen Leben der Albae.*

Und doch konnte er nicht anders als ihr für die Gedanken und die Einstellung Respekt zu zollen. Es klang abstrus, was sie erläuterte, zumindest für ihn. *Aber ich bin der Letzte, der das Recht hätte, sie deswegen gering zu schätzen.*

Morana unterbrach ihr Mahl und erhob sich, ging vor dem Schrank hin und her, wählte eine der Papierrollen und breitete sie auf dem Tisch vor Carmondai aus.

Zum Vorschein kam Weydenwog, von oben betrachtet und sicherlich nicht genau im Maßstab, aber es genügte, sich einen Eindruck zu verschaffen.

»Die Stadt ist groß«, sagte er staunend.

»Um die Zehntausend leben darauf, und es gibt noch größere Siedlungen als diese. Die Barbaren haben sogar Inseln gebaut, auf denen Getreide und Bäume angepflanzt werden. Deren Wurzeln wachsen in die Breite und nicht in die Tiefe.« Sie nahm einen Federkiel und nutzte ihn umgedreht als Zeigestöckchen. »Der Untergrund, auf dem die Fundamente bestehen, wurde mit großen Paketen aus hohlen Zweigen geformt, die erst nach hundert Zyklen verrotten und nach genau errechneten Abständen rechtzeitig ausgetauscht werden. Sie sorgen für den immerwährenden Auftrieb, und darüber kommen mehrere Lagen Holz mit Luftkammern, die durch Metallbleche sowie Pechnähte abgeschottet sind.« Der Federkiel deutete auf eine angedeutete Küstenlinie. »Einst bauten die Weyurner ihre Städte auf Pfähle, bis sie bemerkten, dass es vorteilhafter ist, wenn man die Siedlung vollständig verlagern kann, sollte es erforderlich sein. Nicht immer sind Feinde der Grund gewesen.«

Carmondai hörte zu und schrieb rasend schnell. »Dann bestehen die Städte aus verschiedenen Segmenten. Wie sind sie verbunden?«

Morana nickte. »Jedes Segment misst fünfzig mal fünfzig Schritt, verbunden sind sie durch Ketten und Klammern. Bei Bedarf können sie abgekoppelt werden, entweder wegen eines unlöschbaren Feuers oder um an der Stelle hinabzutauchen und die Ballen auszutauschen.«

Carmondai gefiel der Einfall der Barbaren. *Abgesehen von der groben Weise, die Behausungen zu errichten, wäre das durchaus etwas für mein Volk.* »Wie hoch ist das höchste Gebäude?«

»Die zeige ich dir später. Aber es gibt Paläste, große Tempel und Türme«, antwortete sie. »Wir haben in Weydenwog alles, was du an Land finden würdest.«

»Außer einem Kellergewölbe«, fügte er grinsend hinzu.

Morana lachte auf.

Er betrachtete erneut die Karte. »Es wäre am einfachsten, die Stadt von unten anzugreifen. Mit Tauchern«, überlegte er halblaut vor sich hin. »Nimmt man den Segmenten den Auftrieb, sinkt das schwere Gebäude ab. Wiederholt man das oft genug und den Barbaren gelingt es nicht, die Ketten und Klammern zu lösen, wird Weydenwog auf den Grund gezogen.«

Morana rollte abrupt die Zeichnung zusammen, ihr Antlitz hatte sich verschlossen. »Du kannst deine Herkunft als Krieger nicht verleugnen«, sagte sie kühl. »Anstatt dich an der Schönheit und dem Einfallsreichtum zu erfreuen, willst du sie zerstören.« Sie legte die Karte in den Schrank zurück. »Ich denke, es ist besser, wenn ich dich morgen zurück an Land bringe, Carmondai.«

»Nein! Bei Inàste, das war doch nicht ernst gemeint«, beteuerte er. »Es ist wie … bei einem Tharc-Spiel mit Miniaturheeren auf einem Tischplan.« Er nahm seine Notizen an sich, weil er fürchtete, sie könnte danach greifen. »Ich *schwöre* dir, dass ich den Unauslöschlichen nichts über dich und deine Kinder erzählen werde.«

Morana starrte ihm in die Augen, die linke Hand lag am Griff der gebogenen Waffe namens Mond. »Ich nehme deinen Schwur an und binde ihn an dein Leben, Geschichtenweber«, raunte sie düster. »Sollte das Heer der Albae erscheinen, sollten Taucher gegen Weydenwog eingesetzt werden und wird diese Stadt in die Tiefe gezogen, wie du es beschriebst«, sie lehnte sich nach vorne, »wird meine erste Tat sein, dich zu suchen und zu töten, Carmondai. *Dies* ist *mein* Schwur.«

Carmondai rührte sich nicht, weniger aus Angst, sondern weil er beeindruckt vom Willen und von der Treue der Albin zu den Barbaren war. *Das wird niemand verstehen. Niemand wird sie verstehen.*

Es pochte einmal gegen die Tür, und schon schwang sie auf.

»Wir haben Besuch bekommen, sagte man mir?« Im Rahmen stand ein recht hochgewachsener Barbar in einer gelb-weißen Uniform, den Carmondai von den Bildern in der Eingangshalle wiedererkannte. Er wirkte verschwitzt.

Morana erhob sich und warf sich ihm in die Arme, die ihren Muskelumfang sicherlich den Arbeiten an der Hebevorrichtung zu verdanken hatten. »Klerond! Du bist schon zurück?«

»Das Setzen der Anker lief schneller als gedacht. Weydenwog ist vertäut und wird die Zeit nutzen, den Abfall der letzten Umläufe an Land zu schaffen.« Er sah auf Carmondai. »Ihr seid Dendûwain von Osant.« Er musterte ihn. »Ich verstehe. Ihr und meine Frau gaben in den gemeinsamen Stücken sicherlich ganz ausgezeichnete Albae.«

Er lächelte und deutete eine Verbeugung an. »Wir waren von echten nicht zu unterscheiden.« Eine Albin, die sich an einen Barbaren schmiegte, blieb für ihn ein merkwürdiger Anblick. Carmondai deutete auf seine Augen. »Wir haben sogar eine Flüssigkeit, mit der man das Weiß einfärben kann. Ich musste mehr als einmal von der Bühne flüchten, weil ich zu echt aussah.«

Klerond lachte, und Morana fiel mit ein. »Dann heiße ich Euch willkommen, Dendûwain von Osant. Bleibt, solange Ihr möchtet.«

»Er reist morgen schon wieder ab«, eröffnete Morana hurtig, bevor der Alb etwas erwidern konnte. »Wir feiern ein kleines Wiedersehensfest, und dann kehrt er zu seiner Truppe zurück.«

»So ist es.« Carmondai verstand ihren Grund. *Sie fürchtet, dass ich zu viel in Erfahrung bringe und bereut ihre Einladung nach Weydenwog bereits.* »Dennoch muss ich mich für die Gastfreundschaft bedanken. Ihr habt ein außerordentlich schönes Haus, Klerond.«

»Vielen Dank. Die Götter waren uns gnädig und bedachten uns mit Reichtum, den ich gerne mit meiner Frau teile.« Er zog Morana zu sich und küsste ihren schwarzen Haaransatz.

Carmondai nahm ein neues Blatt und fertigte eine rasche Zeichnung der beiden an. »Dann wünsche ich Euch weiterhin deren Beistand. Man weiß nie, wie lange man sich der Gunst der Unauslöschlichen … Wesen sicher sein darf.«

Morana warf ihm böse Blicke zu, ohne dass Klerond etwas bemerkte.

»Das ist wohl war, Dendûwain von Osant«, erwiderte der Zunftmeister. »Schade, dass Ihr abreist, sonst hätte ich Euch manche Geheimnisse von Weydenwog gezeigt.«

»Die ihn aber langweilen würden«, warf die Albin schneidend ein. »Er interessiert sich einzig für Kunst. Bringen wir ihn nicht in die Verlegenheit, Faszination heucheln zu müssen.«

»Was ich ohne Weiteres vermöchte, doch meine alte Freundin spricht die Wahrheit.« Er zog den letzten Strich, stand auf und reichte das Papier an den Barbaren. »Als kleines Andenken und Dank für Eure Gastfreundschaft.«

Klerонds Augenbrauen schossen in die Höhe. »Das ist … von unglaublicher Genauigkeit! In dieser kurzen Zeit? Das muss in unsere Eingangshalle! Es erhält einen Ehrenplatz.« Er sah genauer auf die Signatur. »Ich kann die Unterschrift kaum entziffern. Steht da … Carmondai?«

Morana seufzte wissend.

»Es ist nur ein Kürzel, weil Dendûwain von Osant zu lange ist und das schöne Bild ruinierte«, erwiderte er feixend.

»Dann lasse ich euch beiden Bühnengefährten allein, damit ihr in die Geschichten von damals eintauchen könnt.« Klerond verabschiedete sich von Carmondai mit einem Nicken und von Morana mit einem langen Kuss auf die Lippen, dann ging er hinaus und zog die Tür zu.

Die Albin kehrte an ihren Platz zurück und nahm das Essen wieder auf, Carmondai kritzelte weitere Gedanken hin.

Lange Zeit blieb es still.

»Die Geschichten von damals«, wiederholte der Alb sinnierend. »Vermisst du dein Volk nicht?«

Morana schüttelte den schwarzen Schopf.

»Nicht einmal unsere Lieder, unsere Gedichte?«

Nun zögerte sie.

»Dann erlaube mir, dass ich dir einige Zeilen vortrage. Und wenn du magst, musizieren wir zusammen.« Er sah sich um. »Hast du Instrumente hier?«

Die Albin beendete ihr Mahl, tupfte sich den Mund mit dem Tuch ab und lehnte sich zurück. »Ich weiß deinen Vorschlag zu schätzen, Geschichtenweber, doch ich gehöre nicht länger zu den Albae. Äußerlich, ohne Zweifel. Mit vielen meiner Gedanken, unbedingt. Die Waffen, oh ja! Doch mein *Herz* verweilt nicht in Dsôn. Mein Herz« – sie führte die Hand gegen die Brust und legte sie danach auf die Zeichnung von sich und ihrem Gemahl – »schlägt hier.«

Carmondai überlegte. »Dann lehre mich Lieder von Weydenwog«, entschied er. »So erfahre ich mehr von der Sangeskunst der Barbaren.« Er zwinkerte. »Am Ende werden sie doch noch ein Gespür für Melodien und Töne entwickeln. Sie haben mit dir eine Meisterin unter sich, ohne es zu wissen.«

Morana langte nach dem Becher mit dem Wasser. »Das tue ich gerne. Morgen bringe ich dich dennoch an Land zurück.« Sie nahm einen Schluck, dann erhob sie ihre Stimme und gab ein Lied zum Besten.

Carmondai schloss die Augen und lauschte.

Am nächsten Morgen und nach einer langen Nacht mit den Liedern der Stadt sowie aus Weyurn, wurde Carmondai von dem Diener geweckt und zur Frühstückstafel gebracht, wo ihn Klerond und Morana mit den beiden Kindern erwarteten. Vorher nahm er sich rasch noch Blätter, Tinte und Federkiele.

Vor allem die Kleinen wichen kaum von der Seite des Geschichtenwebers, als würden sie ihn schon lange kennen. Morana lächelte wissend, während sich ihr Gemahl wunderte, dass sie Zutrauen zu einem Fremden fassten. Man sah ihnen nicht an, dass sie zur Hälfte Alb waren.

Verborgene Krieger, mitten unter den Barbaren, dachte Carmondai und spürte ein neues Gedicht, das zum Leben erwachte. *Man stelle sich vor, sie würden sich auf einen Schlag ihrer albischen Herkunft besinnen und über die Menschen herfallen.*

Es war ein herzlicher Abschied, mit dem ihn Klerond und die Kleinen entließen.

An Moranas Seite ging es zurück zur Anlegestelle.

Dichter Nebel verhinderte, dass er mehr von Weydenwog sah. *Tark Draans Götter scheinen die Barbaren schützen zu wollen.*

Die Albin schwieg, weil sie ihre angeschlagene Stimme schonen wollte, wie sie knapp erklärte. So verlief die Überfahrt ebenso stumm, der graue Dunst dämpfte die Geräusche und sogar das leise Plätschern der Ruderblätter.

Als sie am Festland anlegten, lichtete sich wie zum Hohn der Nebel.

Das sei mir wohl vergönnt. Auf Entfernung scheine ich ungefährlicher zu sein. Carmondai sah nun wenigstens Weydenwogs gewaltige Umrisse aus der Ferne, erblickte strahlende Türme und glänzende Kuppeln; lange, türkisfarbene Banner wehten im Wind, und die leisen Töne eines Glockenspiels drangen über das Wasser zu ihnen. *Als spielten sie mir zu Ehren oder aus Erleichterung, mich nicht länger in den Mauern zu wissen.*

Er setzte sich auf einen Steinbrocken unterhalb des Leuchtturms, nahm Papier, Tinte und Feder zur Hand und zeichnete die Stadt.

Morana wartete geduldig. Kurz bevor er die Arbeit vollendet hatte, verschwand sie und brachte ihm das gesattelte Pferd.

»Du findest zur Hütte, wo Nimòras auf dich wartet?«, vergewisserte sie sich.

Er erhob sich und verstaute das skizzierte Weydenwog. »Sorge dich nicht darum.«

Sie reichten einander die Hände.

Carmondai schwang sich in den Sattel und sah zur ihr hinab. »Ich wünsche dir eine gute Zeit mit den Barbaren.«

Sie bedankte sich mit einem Nicken. »Und du denke an meinen Schwur«, gab sie freundlich und kühl zugleich zurück. »Du bist mir als Gast jederzeit willkommen. Doch nur du und niemand sonst aus deinem Volk.«

Sie wandte sich ab und schritt den Steg entlang, um zum Boot und damit zu ihrer Familie auf die schwimmende Stadt zurückzukehren. Ihre langen, schwarzen Haare wehten im Wind, das Kopftuch vermochte sie nicht zu bändigen.

Carmondai sah ihr lange nach. Verstehen würde er Morana niemals, doch er war neugierig, ob an einem Moment der Unendlichkeit einer ihrer Nachfahren eine entscheidende Rolle in Tark Draan spielen würde. *Ich werde darauf achten.*

Er wendete das Tier und ließ es in Trab verfallen.

Die Laute mit den acht Saiten

Die Unauslöschlichen riefen die besten Instrumentenmacher des Reichs zusammen und lobten einen Wettbewerb aus: Wer ihnen ein Instrument brachte, ganz gleich welches, das die schönsten Melodien spielen könne, der solle bis ans Ende seiner Unendlichkeit zu Anfang eines jeden Teilzehnts eine stattliche Summe erhalten.

Die Instrumentenmacher ersannen die wunderschönsten Harfen, Flöten, Trombonen, Hörner, Geigen und Lauten, um sie zum Herrscherpaar zu bringen und ihnen darauf vorzuspielen. Manche erschufen gar gänzlich neue Instrumente, für die es keinen Namen gab und die alleine durch ihr Aussehen Entzücken auslösten.

Doch die Unauslöschlichen zeigten sich mit dem Klang der erbauten Instrumente nicht zufrieden.

Daher verließ ein Klangmacher nach dem anderen traurig den Beinturm, um sein Instrument den Flammen zu übergeben, da es nicht gut genug war.

Bald wagte es niemand mehr, sein Werk anzubieten, und so kam der Wettbewerb zum Erliegen, ohne dass sich ein Sieger fand.

Doch gab es in Dsôn einen Lehrling von geringem Alter mit Namen Ophaîtas.

Er erinnerte sich an einen Kindergedicht, das ihm einst seine Mutter aufgesagt hatte. Es handelte von einer Gebeinlaute, deren acht Saiten besonders sein mussten.

Er hielt die Mär geheim, damit niemand vor ihm dieses wundersame Instrument erschuf, blieb bei seinem Meister, lernte von ihm das Instrumentenbauen und zog nach drei Teilen der Unendlichkeit los, um zu finden, was brauchte.

Für den Corpus, rat ich dir,
nimm den Leib vom Einhorntier.

Ophaîtas verabschiedete sich von seiner Gefährtin, ging nach Ishím Voróo und suchte nach Einhörnern.

Alsbald sah er die widerlichen Kreaturen auf einer Lichtung äsen. Da er um deren Gefährlichkeit wusste, ersann er eine List, um sie zu fangen, ohne dass sie ihn durchbohren könnten.

Des Nachts grub er ein Loch und deckte es mit Reisig und Blättern ab.

Als die Einhörner mit dem Sonnenaufgang auf die Lichtung eilten, brach eines von ihnen ein.

Ophaîtas musste lange warten, bis es darin verendet war und die Herde es nicht länger schützte. Sodann eilte er hin, brach das Tier auf und zerteilte es, um an die Knochen zu gelangen.

Dann sagte er die nächsten Zeilen des Reims auf.

Genau acht Saiten müssen's sein,
nur so klingt diese Laute fein.
Zwei aus des Einhorns warmem Gedärm,

Da Ophaîtas das Einhorn schon gefangen hatte, fiel ihm diese Aufgabe leicht.

zwei aus dem Bauch des Barbaren,

Einen Barbaren zu fangen war das Einfachste, was er sich vorstellen konnte.

Ophaîtas brauchte sich nur abseits ihrer Felder auf die Lauer zu legen.

Als sie kamen, um die Äcker zu bearbeiten, griff er sich unbemerkt einen von ihnen und schlitzte ihm den Wanst auf, um an die Innereien zu gelangen.

So schnell, wie er gekommen war, enteilte der Alb mit seiner Beute und hing den Darm zum Trocknen neben den des Einhorns.

zwei von den Därmen eines Elbs,

Einen Elb zu fassen war kein ganz leichtes Unterfangen, das wusste Ophaîtas.

Die Todfeinde waren tückisch, hinterhältig und schwer im Kampf zu packen. Also ersann er eine ähnliche List wie bei dem Einhorn, um an sein Ziel zu gelangen.

Ophaîtas verbrachte viel Zeit in Ishím Voróo, bis er endlich von einem Elb hörte, der des Öfteren in einer Barbarenstadt erschien, um Handel zu treiben.

Der Alb wartete, bis die Nacht hereingebrochen war und die schwarzen Augen ihn nicht verraten konnten, um sich zum Elb ans Feuer zu begeben.

»Mein Freund«, sprach Ophaîtas, »gewähre mir einen Platz bei dir an den schützenden Flammen.«

Der Elb musterte ihn und zog sein Schwert. »Wie kann ich sicher sein, dass du kein Alb bist?«

»Wie kann ich sicher sein, dass du keiner bist?«

»So prüfen wir uns gegenseitig«, sprach der Elb, ohne die Klinge zu senken. »Wie lautet der Name des Elbenkönigs?«

»Bevor ich dir das sage«, erwiderte Ophaîtas, »schreibe ihn heimlich vor dir in den Sand, damit ich sicher sein kann, dass du das Gleiche weißt.«

Als der Elb mit dem Schwert den Namen schrieb, löschte der Alb das Feuer und tat einen großen Sprung an der Feindesklinge vorbei und stach dem Elben den Dolch in den Bauch.

»So vernimm, dass dein Tod Ophaîtas heißt«, raunte er ihm zu. »Und wisse, dass du mir gute Dienste leisten wirst, über deinen Tod hinaus.«

Und so gelangte Ophaîtas an die Gedärme des Elbs, die er zu denen des Einhorntieres und des Barbaren legte.

Doch die letzte Zeile bereitete ihm arge Zweifel:

und auch zwei aus einem Alb.

Weil Ophaîtas keinen aus seinem eigenen Volk töten wollte und durfte, tauschte er die Saiten gegen noch mehr Gedärme des Elbs aus.

Zurück mit seinen Saiten und den Knochen für den Korpus, begab Ophaîtas sich in die Werkstatt, um die Laute zu vollenden.

Beinahe einhundert Momente der Unendlichkeit später hatte er das Instrument erschaffen und bespannt und versuchte, darauf eine Melodie zu spielen.

Und obwohl er auf die Därme eines Albs verzichtet hatte, lockte sein Spiel die Neugierigen an, weil sie wissen wollten, was da so herrlich klang.

Als er sah, wie betört die Albae von den Lautentönen waren, wagte sich Ophaîtas zum Beinturm, wo die Unauslöschlichen warteten.

Er kniete vor ihnen nieder und spielte auf der Laute, sodass die blinden Wächter vor Rührung weinten.

Ophaîtas wähnte sich sicher, den Wettbewerb gewonnen zu haben, und freute sich auf seinen Lohn.

Doch das Herrscherpaar zeigte sich unbeeindruckt.

»Lautenmacher«, sprach Nagsar Inàste. »Wir hören, wie schön dein Instrument erklingt. Doch ich fürchte, du hast dich vertan.«

»Wie sollte ich mich vertan haben?«, wagte Ophaîtas den Einwand. »Sagtet ihr nicht, dass sie wundervoll ist? Seht Ihr nicht die Tränen auf den Wangen Eurer Wächter?«

»Ich sagte, dass sie schön klingt«, erwiderte die Unauslöschliche. »Sag, was hast du falsch gemacht?«

»Nichts«, antwortete Ophaîtas mit bangendem Herzen.

»Bist du dir sicher, Lautenmacher?« Und als der Alb zögerlich nickte, hob sie an zu sprechen:

Für den Corpus, rat ich dir,
nimm den Leib vom Einhorntier.
Genau acht Saiten müssen's sein,
nur so klingt diese Laute fein.
Zwei aus des Einhorns warmem Gedärm,
zwei aus dem Bauch des Barbaren

zwei von den Därmen eines Elbs,
und auch zwei aus einem Alb.

Daraufhin legte sie ihre Hand an sein Kinn und drückte es nach oben, sodass er sie anblicken durfte und sogleich an ihrer unbeschreiblichen Schönheit starb. »Dies war für deine Lüge, Lautenmacher.«

Nagsar Inàste ließ Ophaîtas aufschneiden und seine Gedärme als Saiten aufziehen, nachdem sie ein Paar Saiten der Elben entfernt hatte.

Als die Gebeinlaute dieses Mal erklang, weinten auch Nagsar und Nagsor Inàste vor Glück. Der Instrumentenmacher hatte den Wettbewerb gewonnen.

So zahlten die Unauslöschlichen den Lohn zu Beginn eines Zehnteils an Ophaîtas' Gefährtin, solange ihre Unendlichkeit weilte.

Leben und nicht leben lassen

Während meiner Zeit in Phondrasôn traf ich einen Assassinen, einen Meister seines Fachs, der wiederum beim Besten lernte.

Sein Name lautete Gàlaidon.

Er war es, den ich seinerzeit an diesem Hort der Schrecknisse traf, nach meinem Sturz durch eine Felsspalte. Gemeinsam gelangten wir zu den Drillingen.

Ich hörte, dass es einen seltsamen Verlauf mit seiner Unendlichkeit nahm, wie er vom Stellvertreter des berühmten Helden Aïsolon zu einem Recken der Dsôn Aklán und zum Sytràp ihrer Garde wurde, bevor er ein jähes Ende fand.

Auch hörte ich, dass Gàlaidon ein besonders gut vorbereiteter Karderier gewesen sein soll, der von Tirîgon gestellt und getötet wurde.

Lange zweifelte niemand an dieser Geschichte.

Doch dieses jähe Ende machte mich stutzig.

Meine Nachforschungen begannen, um zu ergründen, was sich in jenen Splittern der Unendlichkeit wahrlich in dem Raum zwischen Tirîgon und Gàlaidon zutrug.

Denn ich glaubte nicht mehr daran, dass der hochgewachsene, blonde Alb mit dem durchdringendsten Blick, der mich jemals traf, von einem Karderier ersetzt worden sei.

Wie hätte dieses Wesen die Wutlinien und das natürliche Einfärben der Augen nachahmen sollen?

So begnadet ist selbst der abgefeimteste Gestaltwechsler nicht.

Ich erkenne Wahn in den Pupillen eines Gegenübers.

Aber es nistete mehr als Wahn in Gàlaidons Verstand, daran entsinne ich mich sehr genau.

In seltenen Momenten blitzte darin eine Eigenschaft auf, die gefährlicher als jedes andere Gefühl ist: vollkommener Gleichmut.

Dies ermöglicht einem Meistermeuchler die besten und zugleich schrecklichsten Taten, wodurch er Mörder an alles und jedem werden kann.

Sogar an seinem eigenen Volk.

Nach meiner Rückkehr nach Tark Draan forschte ich weiter, behutsam und ohne Aufmerksamkeit zu erregen.

Dies ist die Geschichte eines Assassinen, der durch Tirîgons Hand starb. Daran zweifle ich wiederum nicht.

Nur die Gründe werden wohl für immer in Phondrasôn bleiben.

In unendlicher Verbannung.

Ishím Voróo (Jenseitiges Land), Albaereich Dsôn Faïmon, Strahlarm Wèlèron, 4369. Teil der Unendlichkeit (5188. Sonnenzyklus), Spätherbst

Der schwarzrötliche Feuerstier jagte schnaubend die breite Landstraße entlang, die quer durch den Strahlarm Wèlèron führte, Blätter und Stückchen gefrorener Erde wirbelten unter den Hufen empor. In dessen schaukelndem Sattel hielt sich Gàlaidon eben noch aufrecht.

Im Grunde war der Alb zu erschöpft, um sich noch nach Sontèra zu schleppen und sich mit seiner Gefährtin zu treffen, aber die verlangenden Gefühle duldeten keinerlei Widerspruch und boten die letzten Kräfte auf. Dazu kam die aufputschende Kälte, die dank des Ostwinds noch eisiger durch die Kleidung und den Schal vor seinem Gesicht schnitt.

In der Ferne erschien die Silhouette der kleinen Stadt, in der sich zwei Schulen befanden. An ihnen unterwies seine Gefährtin die Anfänger, während sie selbst für die höheren Weihen der Zunft in der nahe gelegenen Akademie unterrichtet wurde. Dort studierten die Gelehrten die angeborenen Kräfte seines Volkes und suchten nach Möglichkeiten, sie zu verstärken und zu verbessern.

Gàlaidon machte sich im Sattel kleiner, um dem Wind zu entgehen. *Man könnte meinen, die Böen wollen mich einfrieren. Ich werde das Wärmen von Körper und Geist nötig haben.*

Er wusste von den Geschichten, die man sich erzählte. Die Unauslöschlichen besäßen die Macht, echte Magie zu wirken, ähnlich wie die Botoiker, und dass es weitere Albae gab, die man zu den legendären Cîanai rechnete: wahre Beherrscher dieser unsichtbaren Kraft, mit der man Feuer, Blitze und andere zerstörerische Effekte hervorrufen konnte. Nichts schien denjenigen verschlossen zu sein, welche Zauber woben.

Doch Gàlaidon hielt die echten Cîanai für nichts anderes als eine Legende. Einige nannten sich so, auch in der Akademie, aber von gewaltigen magischen Wundern hatte er noch nichts vernommen. *Sonst hätten sie sich schon lange gezeigt oder wären mit unseren Heeren in die Schlacht gezogen.* Er gab dem Feuerstier die Sporen, sodass das muskulöse Tier wütend brüllte, den Kopf senkte und sich streckte, um zu beschleunigen. *Alles andere wäre strafens- und nicht bewundernswert.*

Das abendliche Sontèra rückte näher, die Lichter dienten der Orientierung. Es lag eine halbe Meile abseits der Hauptstrecke, eine kleinere Straße führte zum torlosen Eingang, auf die Gàlaidon den Stier einschwenken ließ.

Keine Stadt im Reich der Albae benötigte Befestigungen, denn der ringförmige Wassergraben und die Verteidigungsanlagen um Dsôn Faïmon ließen keinen Gegner durch. Und marodierende Horden oder Banden wie in Ishím Voróo gab es nicht. Nicht mal die unzähligen Sklaven wagten Aufstände, weil sie wussten, dass sie es nicht für einen Splitter der Unendlichkeit auf dem Schlachtfeld mit den Kriegern würden aufnehmen können. Die meisten Mauern und Befestigungen innerhalb des Albaereichs dienten eher zur Zierde oder Zurschaustellung.

Gàlaidon jagte in das kleine Sontèra hinein, ohne dem Tier Einhalt zu gebieten. Sie schossen an umherwandelnden Bewohnern vorbei, die gefeilten Hornspitzen verfehlten mehr als einmal nur knapp den Leib eines Albs.

Kurz vor Ahisiás Haus brachte Gàlaidon den Feuerstier mit einem kräftigen Ruck an den Zügeln zum Stehen, die Lederriemen rissen an Trense und Nasenring. Da es nicht sein eigener Stier war und keine Vertrautheit zwischen ihnen herrschte, musste der Alb zu dem Hilfsmittel greifen, sonst wäre das unglaublich starke Tier nicht zum Anhalten zu bewegen gewesen. Die Hufe rutschten über den Knochenkiesweg, und genau vor dem Tor endete der Ritt.

Gàlaidon sprang aus dem Sattel und reichte die Zügel einem verhüllten Sklaven, der aus dem Nebengebäude eilte, wo sich Gesinde und Stallung befanden. »Achte auf seinen linken Hinterlauf. Dieser Dämon tritt gerne«, warnte Gàlaidon und eilte an dem Barbaren vorbei auf das große Portal zu, das für ihn bereits geöffnet wurde; dahinter wartete eine Sklavin, die wie alle Leibeigenen die graue Kleidung trug, an der sich das Wappen ihrer Herrschaften befand.

Gàlaidon schüttelte den wenigen Dreck vom dunkelgrünen Mantel, damit die schwarzen Ornamente wieder richtig zur Geltung kamen. Er hatte sich den Namen der Barbarin nicht gemerkt, auch wenn sie unverschleiert ihren Dienst verrichtete. Sie war von Ahisiás Vater als hübsch genug erachtet worden, um auf ihren Sichtschutz zu verzichten. Gàlaidon vermied es meist, sie länger anzublicken. Das Kinn war ihm nicht perfekt genug, und in den Augen flackerte gelegentlich Widerborstigkeit auf, die scheinbar nur von ihm bemerkt wurde. *Das Beste an ihr ist die sehr sanfte Stimme, doch daraus lässt sich leider kein Kunstwerk formen.*

Sie verbeugte sich tief vor ihm und gewährte ihm Eintritt. »Willkommen«, sagte sie. »Die Gebieterin erwartet Euch.«

Gàlaidon blieb stehen und zog den Mantel aus. »Reinige ihn gründlich vom letzten Schmutz und sieh nach dem Saum. An einer Stelle ist ein Faden lose.« Er reichte ihn der Sklavin. »Seit wann sprichst du mich ohne Erlaubnis an?«

Sie legte den Mantel zusammen und behielt die demütige Haltung bei. »Verzeiht mir, Herr. Ich wollte …«

»Wende dich noch einmal an mich, und es werden deine letzten Worte sein. Die Münzen für dich habe ich schnell gezahlt, um eine Nachfolgerin zu beschaffen.« Er ging an ihr vorbei und richtete sein dunkelrotes Lederwams, das er eng anliegend über dem knielangen, schwarzen Hemd und den gleichfarbigen Hosen trug. Die weichen Sohlen der Stiefel setzte er geräuschlos auf dem dunklen Holzboden auf.

Gàlaidon schritt zügig aus, um Ahisiá in die Arme schließen zu können; die Sklavin hatte er bereits vergessen.

Das alles andere als bescheidene Haus war vollständig aus Hölzern errichtet. Rotblut-Buchen, Knochen-Eichen, Nacht-Eschen und viele Bäume mehr hatten ihre Stämme dafür gegeben. Die besten Zimmerleute und Kunstschnitzer hatten einen Teil der Unendlichkeit gearbeitet, um die geschwungenen Durchlässe und Treppen einzupassen, die Erker zu gestalten, die Intarsien aus Edelsteinen und Metallen zu fertigen.

Entstanden war ein warmes, vollendetes Zuhause, das ständig leise knarzte und leicht nach Harzgemisch roch, selbst nach so vielen Momenten der Unendlichkeit. Das Glas der hohen, runden Fenster war überwiegend in sattem Dunkelblau und Grün gehalten, hier und da war es gelb.

Gàlaidon mochte die Stimmung, die darin herrschte und ihn stets an seinen Tauchgang im klaren Wassergraben erinnerte. Sogar das Licht der Knochenscheibenlüster wirkte wärmer, die spiegelnden Goldbleche an den Wänden verstärkten den Eindruck.

Er lief die Treppe hinauf, die aus Gebeinen bestand und dem Skelett eines gewaltigen Fabelwesens nachempfunden war, ging auf der Galerie nach rechts und pochte gegen Ahisiás Tür.

Die schwarzhaarige Albin riss den Eingang zu ihrem Gemach auf und warf sich gegen ihn, schlang die Hände um seinen Nacken und küsste ihn. Weich lagen ihre Lippen auf seinen, und er schloss die Lider, um sich dem Gefühl gänzlich hinzugeben.

Gàlaidon legte seine Arme um sie und zog sie dichter an sich, um ihre Wärme durch das nachtblaue Kleid deutlicher zu fühlen. Ahisiá seufzte wohlig und ging langsam rückwärts, zog ihn mit ins Zimmer, das in Knochenweiß und Schwarz gehalten war, in dem Ornamente an den Wänden aus Silber und Gold schimmerten. Zwei kleine Kerzen brannten, es roch nach Blüten.

Gemeinsam sanken sie auf die breite Liege vor dem Fenster, küssten sich und konnten nicht voneinander lassen. Als die Albin ihre Hand über seine Brust streifen ließ und unter den Stoff rutschte, ertastete sie den Verband – und hielt inne.

»Du bist verletzt!«, rief sie bestürzt und zog den Kopf zurück, spähte durch die Öffnung im Gewand. »Bei den Infamen! Wie lang *ist* diese Wunde?«

»Ein harmloser Schnitt«, beruhigte er sie. »Hast du mich schreien hören, als du mich berührtest?«

Ahisiá musterte ihn besorgt. »Du schmeckst nach Kräutern. Du hast dir etwas gegen die Qualen geben lassen«, folgerte sie.

»Ein Trunk gegen die Müdigkeit«, erwiderte er und fand, dass es nicht gelogen war, wenn er verschwieg, dass das Mittel auch vor Schmerzen schützte.

Aber Ahisiá war misstrauisch. »Von *wo* bis *wo*, Gàlaidon?«

Er räusperte sich und setzte sich auf, deutete auf das rechte Schlüsselbein, fuhr in einer geraden Linie abwärts bis fast auf Höhe des Bauchnabels. »Ich war unvorsichtig.«

»Unvorsichtig? Du?« Sie atmete tief ein. »Soll ich Vaters Heiler rufen?«

Gàlaidon lachte leise und streichelte ihr hübsches Antlitz. »Ich habe bereits den besten Heiler sein Werk an mir verrichten lassen. Es wird kaum eine Narbe bleiben, versprach er mir. Nach einem Zehntteil der Unendlichkeit wird der feine weiße Strich so gut wie verschwunden sein.«

Ahisiá erhob sich und betätigte die Leine, mit der die Glocke im Sklavenzimmer in Bewegung gesetzt wurde. »Ich lasse dir dennoch etwas zur Stärkung bringen.«

Schon klopfte es an der Tür, und ein verhüllter Barbar stand auf der Schwelle, um Anweisungen entgegenzunehmen.

Die Albin schickte ihn, um Tee und einen Eintopf aus verschiedenen Fleischsorten aufzusetzen, und der Barbar verschwand stumm.

»Was machen sie mit euch bei der Garde?«, sprach sie kopfschüttelnd. »Die Kampflektionen sollten euch verbessern, nicht zu Krüppeln machen.« Ahisiá küsste ihn und setzte sich dann auf die basaltene Fensterbank, ließ das rechte Bein herabhängen und legte die Fußsohle auf seinen rechten Oberschenkel. »Erzähl mir von deiner Heldentat.«

»Ich konterte einen Angriff und lief dabei in die zweite Waffe«, fasste Gàlaidon kurz zusammen. »Es bereitet keine Freude, über Niederlagen zu sprechen, mein Nachtsamt.« Er mochte es, sie bei ihrem Kosenamen zu nennen.

»Ich kann meinen Vater bitten, mit dem Ausbilder …«, setzte sie an.

»Nein«, unterbrach Gàlaidon sie hart. »Ich war unvorsichtig und verdiente den Schnitt.«

»Die Klinge hätte dich töten können!«

»Sie war wohl geführt und diente dazu, mich daran zu erinnern, dass ein Kampf erst vorüber ist, wenn der Feind tot zu meinen Füßen liegt.« Er streichelte ihren zierlichen, nackten Fuß. »Berichte mir lieber, was ihr in den letzten Momenten der Unendlichkeit machtet. Wie sehr ist deine magische Macht gewachsen?« Seine Tonlage änderte sich, wurde übertrieben freundlich und dramatisch. »So offenbare mir: Vermagst du es endlich, Nacht am hellllichten Tag zu bringen oder die Furcht derart stark werden zu lassen, dass man damit gar einen Drachen zu Tode ängstigen kann?«, neckte er sie. »Gewann ich etwa das Herz einer unsagbar mächtigen Cîanai?«

Ihre Augen wurden zu schmalen Schlitzen, doch sie musste grinsen. »Das würdest du daran merken, dass ich dir meinen Namen auf magische Weise quer über deinen wundervollen Körper schreiben würde, sodass ganz Dsôn wüsste, zu wem du gehörst.«

Er täuschte Bestürzung vor. »Dann ist meine Wunde womöglich *dein* Werk und ein misslungener Zauber?«

»Ganz recht«, fauchte sie und riss die Arme nach oben, die Finger zu Klauen geformt. »Ich wollte dir das Herz aus der Brust reißen.«

Sie lachten beide.

»Wozu? Mein Herz gehört dir schon.« Gàlaidon küsste ihre Knie und legte das Kinn darauf. »Los, erzähle mir aus der Welt der Gelehrten und Buchhorte und Vorlesungssäle und Laboratorien«, bat er, dieses Mal ohne Spott.

Ahisiá kam seinem Wunsch nach, und er verlor sich in ihrer Stimme.

Seine Gedanken kreisten, während er ihr zuhörte. Gàlaidon durfte ihr nicht verraten, dass er zwar in der Garde diente, doch zusammen mit einigen Ausgesuchten eine besondere Ausbildung durchlief, bei der er sich diesen Schnitt eingehandelt hatte.

Es war nicht der Erste gewesen.

Ohne die Heilkunst wäre er verblutet oder an einer Vergiftung gestorben. Die Knochenbrüche zählte er nicht, ebenso wenig die Platzwunden, die blauen Flecken, Stauchungen und Quetschungen. Immerhin trug er noch sämtliche Zähne im Mund, was sein Mitschüler Odaikàlor nicht länger behaupten durfte.

Der Alb, dem Gàlaidon den Schnitt verdankte, war Virssagòn persönlich gewesen. Der Meister.

Nach einem anstrengenden Moment der Unendlichkeit, den sie mit Laufen und Gewichte stemmen verbracht hatten, folgte ein Waffengang mit überschweren Schwertern, was besondere Konzentration und Technik verlangte, da mit Kraft kaum etwas auszurichten war.

Die müden, erschöpften Muskeln jedoch führten die Parade nicht schnell genug aus, die sich Gàlaidon ersonnen und zuvor im Kreise der Mitschüler großspurig als seine Erfindung angepriesen hatte.

Prompt bekam er das Andenken verpasst.

Dabei befanden sich Gàlaidon und die anderen noch in der Phase des Aussortierens. Die Besten aus einem Teil der Unendlichkeit waren Virssagòn von den Benàmoi und Gardanten zugeführt worden, aber nur fünf hatte der Meistermeuchler als wertvoll und vielversprechend betrachtet.

Unter diesen brannte ein Wettkampf, wer letztlich der neue Schüler werden würde und wer zurück in die Garde oder in das Kriegerheer musste. Das bedeutete zwar keine Schande, doch wer einmal einen kleinen Einblick in die Künste und das Leben eines Assassinen erhalten hatte, empfand das unendliche Dasein als Soldat nahezu als Verschwendung.

»Hörst du mir überhaupt zu?«, erkundigte sich Ahisiá leicht beleidigt.

»Ich ... schweifte kurz ab«, gestand er, da eine Lüge keinerlei Sinn ergab.

»Du gähntest.«

»Verzeih mir, es war anstrengend.«

Es klopfte.

Der Sklave kehrte mit Tee und Eintopf zurück, was die Spannung unterbrach und Gàlaidon die Gelegenheit gab, wacher zu werden.

Es duftete köstlich und weckte seinen Hunger, der Tee verlieh seinem Geist die Anregung, die er benötigte. Gemeinsam speisten sie.

Nach ein paar amüsanten Anmerkungen und Komplimenten schien Ahisiá wieder halbwegs versöhnt zu sein. »Falls du es nicht vernommen haben solltest: Ich erzählte dir von dem ungeheuren Vorfall.«

Er hob den Löffel. »Lass mich raten: Es drehte sich dabei wieder um ... Marandëi?«

Die Albin nickte. »Diese eingebildete Albin hat sich etwas erlaubt. Unvorstellbar! Unbegreiflich! Es scheint nichts zu geben, was sie sich nicht zutraut. Und am schlimmsten ist,« – Ahisiá zerdrückte das butterweiche Fleischstück mit ihrem Besteck – »dass ihr auch noch das Meiste gelingt.«

»Und was mag es dieses Mal sein, was ihr gelang?«

»Den Höchsten Cîanoi so sehr zu ärgern, dass er sich auf einen Wettstreit mir ihr einlassen wird.« Ahisiá rührte im Eintopf. »Ich hoffe, sie unterliegt ihm und wird aus der Akademie entfernt. Ich kann sie nicht ausstehen.« Sie senkte die Stimme und sah Gàlaidon verunsichert an. »Ich hörte, sie sei eine Anbeterin der Infamen und fest überzeugt, dass der Glaube an sie und die Infamen selbst zu uns zurückkehrt.«

»Das werden die Unauslöschlichen nicht zulassen«, erwiderte er. »Sie verbaten die Kulte und Rituale um die grausamen Götter.«

»Das schert Marandëi nicht. *Nichts* schert sie!«, regte sich Ahisiá auf. »Sie reizte den Meister mit ihrer Überheblichkeit so sehr, dass er gar nicht anders konnte, als sie herauszufordern.«

»Und nun wird ein Dämon heraufbeschworen, und wer den schrecklichsten auf seine Seite zieht, darf sich Gewinner nennen?«, fragte Gàlaidon mit einem Zwinkern.

Ahisiá schnalzte missbilligend mit der Zunge. »Morgen wird der Wettstreit stattfinden. Er schwor ihr, jeden ihrer Zauber zu parieren und dreifach so stark gegen sie zu schleudern.«

Gàlaidons Augen verengten sich. »Kann das gefährlich für euch werden?«

»Für uns?« Ahisiá verstand nicht, auf was er hinauswollte.

»Wird der Wettstreit hinter verschlossenen Türen stattfinden oder vor den Augen aller?« Er küsste ihr Knie erneut und wanderte mit den Lippen am Oberschenkel hinauf. »Nicht, dass am Ende ein Blitz oder eine Lohe die Unschuldigen trifft.«

Ahisiá lachte auf. »Oh, so etwas vermag nicht einmal unser Höchster Cîanoi. Es wird vielmehr darum gehen, wer die angeborenen Künste unseres Volkes am besten beherrscht.« Sie schloss genießend die Augen, als er weiter ihr Bein liebkoste. »Oh, wenn du nicht gleich aufhörst, werde ich von dir *mehr* verlangen als Küsse, trotz deiner Wunde!«, sprach sie leise und atmete schneller.

Gàlaidon nahm ihr den Teller und das Besteck sanft aus den Händen. Er hatte nicht vor, mit seinen Berührungen aufzuhören, und die Verletzung würde ihn nicht davon abhalten, Ahisiá zu lieben.

Als angehender Assassine hielt ihn nichts auf, wenn er ein Ziel hatte. Und sein Ziel war an diesem Abend die wunderschöne Albin, die sich ihm hingeben würde.

Für ihn war sie die Gefährtin seiner Träume: in vielen Dingen und Ansichten das vollständige Gegenteil zu ihm, doch in den wichtigsten Angelegenheiten bewegten sie sich auf der gleichen Ebene und verstanden sich blind.

Gàlaidon streckte sich, ignorierte das Ziehen über der Brust und küsste Ahisiá behutsam auf die weichen, warmen Lippen. Sie waren sich einig, dass sie so lange zusammenbleiben wollten, bis aus ihrer Liebe ein Kind geboren war. Diese Nacht eignete sich hervorragend dazu, einen neuerlichen Versuch zu unternehmen.

Ahisiá seufzte und umfasste seine rechte Wange, erwiderte die Zärtlichkeit.

Gàlaidon schauderte, die Glücksgefühle drohten, ihn zu überwältigen. Das alles erreichte die Albin mit einem einzigen, tiefen und innigen Kuss. In seiner Ausbildung hatte er bereits viel gelernt und vor allem an seiner Beherrschung gefeilt. Doch Ahisiá durchbrach sämtliche Schranken, sämtliche Barrieren. *Wie einfach es ihr fällt. Mit der Macht der Gefühle.*

Er wollte ihr möglichst spät verkünden, dass er beabsichtigte, ein Zhartài zu werden: ein Assassine, der sich durch nichts aufhalten ließ, nicht einmal durch andere Albae. Für ihn gab es keine Gnade, kein Verbot, ja, nicht einmal das Gebot, die Waffe nicht gegen das eigene Volk zu richten.

Die Zhartài waren eine Legende, die Besten der Schattenmörder. Und doch besaßen sie keinerlei Ansehen.

Ob ich ihr offenbaren soll, was meine Bestimmung sein soll? Möglicherweise war Virssagòn ein Zhartài, es war denkbar bei seinem Können, seiner Geschwindigkeit und wegen seiner vagen Andeutungen, doch er hatte noch keinerlei klare Aussagen dazu gemacht. *Gewiss fürchtet er um seinen Ruf.*

Ahisiás Berührungen lenkten ihn von seinen ernsten Gedanken ab.

Er zog sie zu sich und schloss sie behutsam in seine Arme, und die Nacht versank in einem Rausch.

Ishím Voróo (Jenseitiges Land), Albaereich Dsôn Faïmon, Strahlarm Kashagòn, 4369. Teil der Unendlichkeit (5188. Sonnenzyklus), Frühwinter

Gàlaidon stahl sich durch die Ruinen, auf denen der Frost seine ersten Spuren hinterlassen hatte. Ein dünner, eisiger Überzug lag auf den Steinplatten, auf den umgestürzten Ecksäulen und den verstreut umherliegenden Dachpfannen.

Der blonde Alb war nackt, einzig sein Antlitz wurde durch eine eng anliegende, schwarze Stoffmaske verborgen. Kein Anwärter auf die Ausbildung zum Assassinen zeigte seine Züge offen. Niemand durfte wissen, wer sich der schwersten und höchsten aller Tötungskünste verschrieb und vielleicht zum gefehmten Zhartài wurde. Auch die Namen waren nicht ihre wahren. Er selbst nannte sich den anderen gegenüber nur Gàdion.

Wo stecken sie? Gàlaidon erklomm eine aufrecht stehende, einsame Säule, seine Fingerspitzen glitten dabei in die schmalen Risse und Löcher und gaben ihm Halt. Als er das obere Ende der Säule erreicht hatte, blieb er flach darauf liegen, um sich seinen Widersachern nicht zu zeigen. Die Kälte des Untergrundes blendete er aus. Ein angehender Meuchler musste jedwede körperliche Qual erdulden, um im entscheidenden Moment zuschlagen zu können.

Virssagòn hatte fünf von ihnen in den Kampf geschickt. Die Ruinen fungierten dabei als Arena, in der die Albae ihre Geschicklichkeit beweisen mussten.

Keine Waffen, keine Ausrüstung, keine Panzerung, nicht einmal Kleidung war ihnen erlaubt. In einem Einsatz gegen Feinde konnte alles geschehen, bis hin zum Verlust sämtlicher Dinge, die man bei sich trug.

Gàlaidon spähte umher und machte Odaikàlor rechts unterhalb von sich aus. Der schwarzhaarige Alb hielt einen beinlangen Stock in der Hand, den er in den Ruinen gefunden hatte, und pirschte vorwärts, geradewegs auf die lauernde Weïdori zu, die zwei Steine in den Fäusten umklammert hielt, um ihren Schlägen mehr Härte zu verleihen.

Das wird ein spannender Zweikampf. Er grinste, gönnte sich aber nicht das Vergnügen, den Verlauf in aller Genauigkeit zu beobachten. Sein Auftrag war es, alle anderen auszuschalten. Also begab er sich in eine bessere Position, um den Sieger der Auseinandersetzung niederzuringen.

Am Rand des großen Platzes erkannte er die ausgestreckten Umrisse von Phainòri, die regungslos neben einer Mauer lag. Sie schien bereits unschädlich gemacht worden zu sein.

Weder vernahm ich einen Schrei noch Kampfgeräusche. Gàlaidon lobte den Gewinner des lautlos vonstattengegangenen Zweikampfs. *Er muss sie …*

Eine sachte Erschütterung durchlief die Säule, auf der er kauerte, dann sackte sie plötzlich zur Seite und geriet vollends ins Kippen.

Gàlaidon richtete sich notgedrungen auf, hielt das Gleichgewicht, so gut es ging, während die Säule fiel. Sobald sich die Neigung dazu eignete, rannte er los, immer an der Seite entlang nach vorne.

Am anderen Ende erkannte er Daithòras, der zum Wurf ausholte und etwas gegen ihn schleuderte.

Gàlaidon stieß sich vom Stein ab, entging dem Geschoss und dem Aufschlag der Säule, die auf den Boden krachte und in viele Teile zerbarst. Der aufwirbelnde Staub umschloss ihn und bewahrte ihn vor weiteren Attacken des wartenden Gegners.

Die Landung misslang dank des Dunstes, Gàlaidon kam schräg auf und musste sich über die Schulter abrollen, um nicht zu stürzen.

Als er eine weitere Rolle anfügte, um Raum zwischen sich und Daithòras zu bringen, fand er sich vor der verdutzten Weïdori wieder. Der Ausdruck in ihren Augen sagte ihm alles.

Dann eben du. Gàlaidon fegte ihr die Beine unter dem Leib mit einem harten Tritt weg, versetzte der Fallenden im Sturz einen Hieb mit der Faustunterseite gegen das Sonnengeflecht, sodass die Albin die Augen verdrehte, und sandte sie mit einem Treffer der Ferse gegen ihre rechte Wange in die Bewusstlosigkeit. Rasch nahm er ihr die Steine ab. *Die kann ich besser gebrauchen.*

Da kam Odaikàlor bereits auf ihn zugesprungen, den Stock von rechts nach links führend. Surrend jagte das Holz heran.

Gàlaidon hob den Arm, spannte die Muskeln und ließ sich gegen die Rippen treffen, um den Stock danach blitzschnell unter der Achsel einzuklemmen. Die Schmerzen ignorierte er, das warme Rinnsal an seiner Seite war das Blut aus der Platzwunde.

Odaikàlor ließ den Stock los und setzte zu einem Kniestoß an, aber

Gàlaidon warf ihm mit aller Wucht einen Stein gegen die Maske. Ächzend wankte der Alb zurück.

Gàlaidon sprang nach vorne, rammte ihm das angezogene Knie gegen die Brust und schleuderte Odaikàlor zwei Schritte zurück. Er griff im Sprung nach dem Stock, drosch ihn seitlich gegen den Hals seines Feindes und setzte noch einen Faustschlag in die Herzgrube nach; der Stein in seinen Fingern machte den Treffer mörderisch hart.

Ohne einen Laut brach Odaikàlor zusammen.

Der Angriff erfolgte hinterrücks. Gàlaidon ahnte ihn mehr, als dass er ihn wahrnahm.

Er wich nach rechts aus und machte sich schmal. So sah er die rostige Eisenstange, die knapp seine Nase verfehlte.

Dem heranschießenden Ellenbogen jedoch vermochte er nicht mehr zu entgehen und das spitze Gelenk traf seinen Unterkiefer.

Es krachte, Sterne und Funken glühten vor Gàlaidons Augen. Er gab dem Einschlag nach, nutzte den Schwung, um sich einmal um die eigene Achse zu drehen und trotz seiner Benommenheit einen enormen Fußtritt gegen die Körpermitte des Feindes zu setzen.

Daithòras jedoch schlug mit seiner Eisenstange gegen den heranschießenden Unterschenkel, warf seinen Gegner aus der Bahn, wirbelte ebenfalls über den Rücken herum und verpasste Gàlaidon vier, fünf weitere Hiebe mit dem Ellbogen gegen verschiedene Stellen im Gesicht.

Keuchend brach er vor Daithòras zusammen. Er sah seine Umgebung verschwommen und zerlaufend, die Augen tränten unaufhörlich, und sein Antlitz schien durch die Einschläge der Unterarme und Ellbogen vollständig verschoben zu sein. Es brannte und klopfte, Blut lief ihm am Hals hinab. Noch fühlte er keine Schmerzen, der Kampfrausch verhinderte es. Aber sie würden kommen.

»Damit ist deutlich, wer der Beste in dieser Gruppe ist«, tönte der Alb über ihm voller Selbstherrlichkeit und Genugtuung. »Virssagòn wird mich zu seinem Schüler machen.«

Aber du wirst ewig an deinen Sieg über mich denken! Gàlaidon täuschte mit dem Stock einen lahmen Angriff an, den Daithòras lachend parierte. Gleichzeitig hob er den Stein, den er immer noch mit seiner Linken umschloss, und zerschmetterte die Zehen des linken

Fußes seines Gegners. Haut und Fleisch platzten auf, Blut spritzte umher.

Aufschreiend hob der Alb die Eisenstange, um Gàlaidons Schädel zu brechen.

Aus dem Nichts zuckte die Klinge eines Schwertes heran und hielt den Hieb auf, nach einer weiteren Bewegung fiel die Stange klirrend zu Boden.

»Das genügt mir«, erklang die leise, doch klare Stimme des Meistermörders. »Ich sah genug.« Er stand plötzlich vor Daithòras und schob ihn mit der Breitseite der Klinge rückwärts. Er trug wie stets die schwarze Rüstung mit den Nieten, das braune Haar wurde durch einen schmalen Riemen gebändigt.

Gàlaidon rollte sich herum, kämpfte sich auf die Knie und dann auf die Beine, um sich schwankend zu erheben. *Ich gönne Daithòras nicht den umfassenden Triumph.* Abfällig spie er einen Klumpen blutigen Speichels aus.

Phainòri tauchte auf, und auch Weïdori erschien in der Runde, die er schemenhaft erkannte. Lediglich Odaikàlor lag noch an der gleichen Stelle, wo er zusammengebrochen war.

Virssagòn ging zu ihm, prüfte den Herzschlag an der Halsader, dann langte er an die Maske des Albs und entfernte sie behutsam. Die Augen des Anwärters sahen gebrochen ins Nirgendwo.

»Sein Tod hieß Gàdion«, sprach Virssagòn bedächtig und richtete sich auf, um ihn anzuschauen. »Den Regeln der Ausbildung zu einem Meistermörder nach gehört der Leichnam dir, seinem Bezwinger.«

Gàlaidon nickte, eher aus einem Gefühl heraus, nicht weil er begriffen hatte. Sein Kopf dröhnte zu sehr. Es gelang ihm nicht, den Blick zu fokussieren; auch brauchte er lange, um zu erfassen, was ihm Virssagòn sagte und welche Folgen es nach sich zog. Die meiste Kraft benötigte er gerade, seinen Muskeln den Befehl zu geben, ihn aufrecht zu halten, um nicht vor seinem Meister zusammenzubrechen.

Virssagòn sah in die Runde. »Du, Daithòras, hieltest dich *zu früh* für den Besten. Dein Gegner vermochte noch immer, sich zu wehren.«

»Ich holte eben zum Schlag aus, als …«, setzte der Alb zu einer Verteidigung an.

»Da war es bereits zu spät«, unterbrach ihn der Meistermörder, seine Stimme war schneidend wie gebrochenes Glas. »Wäre es kein Stein, sondern eine vergiftete Waffe gewesen, hättest du deinen Sieg nicht mehr auskosten können. Deine Unsterblichkeit wäre verwirkt.« Er sah auf die zerquetschten Zehen, aus deren blutiger Masse die Knochen ragten. »Lass dies dir Mahnung für dein restliches Leben sein. Du bist entlassen. Kehre zurück in die Reihen der Krieger.«

»Aber ...« Daithòras biss sich auf die Lippen. »Ich danke dir, Virssagòn, dass du mich anfangs für würdig erachtetest.« Er wandte sich um und humpelte davon.

»Du«, sprach der Meistermörder zu Gàlaidon, »wirst noch heute wie die anderen aufbrechen und Dsôn Faïmon verlassen.« Er sah in die Runde. »Zieht nach Ishím Voróo, übersteht ein zehntel Teil der Unendlichkeit und bringt mir zehn verschiedene Andenken mit, die beweisen, dass ihr euch mit Bestien und Scheusalen gemessen habt.«

Weïdori neigte den Kopf. »Verzeih mir, doch meine Familie wird sich sorgen. Sie denkt, ich diene in Dsôns Garde.«

»Ich werde sie in Kenntnis setzen, dass ihr einen besonderen Auftrag erhalten habt, sodass sie euch mit offenen Armen und Stolz bei eurer Rückkehr empfangen werden«, erklärte er und wandte sich ab. Das schwarze Tionium seiner Rüstung schimmerte. »Im Aufenthaltsraum erwarten euch Rucksäcke mit Ausrüstung. Alles, was ihr sonst noch benötigt, müsst ihr euch in Ishím Voróo besorgen.« Virssagòn warf jedem einen letzten Blick zu, dann schritt er über den Platz und verschwand hinter einer Mauer.

Die Albae blieben stumm. Es war zu viel geschehen, jeder von ihnen schien seine Gedanken zu ordnen. Aber alle hatten verstanden: Für sie ging die Ausbildung vorerst weiter.

Weïdori verließ die kleine Versammlung als Erste, ohne die anderen anzuschauen.

Was mache ich mit der Leiche? Gàlaidon musste sich gegen eine halb eingestürzte Mauer lehnen. Er spürte seinen Körper nicht mehr und vermochte nicht, seinen Triumph auszukosten. *Ich sollte mir wenigstens einen Knochen als Talisman mitnehmen.*

Phainòri trat vor ihn und legte den Kopf leicht schief. Ihre dunkelblauen Augen, die fast schwarz anmuteten, verströmten Todeskühle. »Solltest du lebend aus Ishím Voróo zurückkehren«, wisperte sie, »werde ich dich töten, Gàdion.« Sie deutete auf den Toten. »Ich kannte ihn, und er war mir stets ein guter Freund. Er nahm unglaubliche Entbehrungen auf sich, um so gut zu werden, dass ihn Virssagòn erwählte.«

»Nicht gut genug«, hielt Gàlaidon dagegen. »Ich brachte ihn nicht absichtlich um.«

»Dir stand es nicht zu, sein Tod zu sein. Und was *du* dir herausnimmst, vermag *ich* schon lange.« Phainòri legte ihm die Hand auf die Brustmitte. Ihre Hand war warm auf seiner kalten Haut. »Ich gelobe, dass ich dich töten werde, wer immer du bist.«

»Dann wärst du eine Zhartài.«

»Vielleicht möchte ich das? Und du wärst der Anfang auf einer langen, langen Liste.« Die Albin nahm zärtlich ihre Finger von ihm. »Tue mir den Gefallen und kehre zurück.« Sie ließ ihn stehen und ging lautlos davon.

Gàlaidon gelang es endlich, seine Gedanken zu festigen und zu formen: Er würde seine liebste Ahisiá entbehren und Gefahren überstehen, in seine Heimat zurückkehren – und dort mit dem Tode rechnen müssen.

Phainòri wird sich wundern. Er atmete trotz der schmerzenden Rippen tief ein. *Weder wird sie mich umbringen noch eine Zhartài werden.* Gàlaidon sah auf Odaikàlor, sein Mund verzog sich. *Ich habe nicht viel Zeit, mir ein Andenken zu nehmen.*

Mühsam setzte er sich in Bewegung und taumelte auf den Leichnam zu, hob die Eisenstange dabei auf. Sie war an einer Seite schartig genug, um damit Haut zu zerschneiden.

Ishím Voróo (Jenseitiges Land), Albaereich Dsôn Faïmon, Strahlarm Kashagòn, 4370. Teil der Unendlichkeit (5189. Sonnenzyklus), Frühwinter

Gàlaidon hatte den Wassergraben passiert und ritt mit einem Feuerstier, den ihm der Benàmoi der Inselfestung umgehend zur Verfügung gestellt hatte, durch das Albaereich, um zu Virssagòn zu gelangen; über dem breiten hinteren Rücken des Tieres hingen drei vollgepackte Satteltaschen, in denen er die Mitbringsel transportierte.

Alles andere an Ausrüstung und Kleidung hatte er noch vor dem

Betreten der Brücke im tiefen Graben versenkt. Es sollte nicht nach Dsôn Faïmon gelangen und es verunreinigen. Sogar die schlichte Soldatenkleidung, die er nach einem raschen Bad angelegt hatte, stammte von der Inselfestung.

Es kümmerte Gàlaidon nicht, ob er als Erster bei dem Meistermörder eintraf. Denn er war sich sicher, die wertvollsten Andenken aus Ishím Voróo mitzubringen.

Der Auftrag hatte gelautet, zehn Beweise vorzulegen, dass man mit allen möglichen Scheusalen in der Ödnis gerungen habe.

Gàlaidon hatte sich mit unzähligen Bestien und Ausgeburten der Boshaftigkeit und Niedertracht angelegt, die Tion ersonnen hatte.

Dabei machte er einen großen Bogen um die Barbaren. Sich mit ihnen zu messen galt so viel wie sich mit Kindern zu prügeln. Sie bedeuteten erst in großer Stückzahl eine Herausforderung, weil sie gerne in großen, ungeordneten Pulks angriffen. Das machte es notwendig, die Hiebe schnell und genau zu führen, ohne zu viel Wucht hineinzulegen und Gefahr zu gehen, dabei Kraft zu verlieren. Doch sie bedeuteten keine Prüfung für einen Krieger.

Nach einem Ausflug zu den gnomartigen Fflecx, denen es nicht gelungen war, ihn mit ihren vergifteten Pfeilen zu treffen, hatte Gàlaidon einen Botoiker herausgefordert und wäre ihm beinahe unterlegen gewesen. Er hatte die Macht des magischen Volkes unterschätzt, das in der Lage war, sich den Geist anderer Lebewesen untertan zu machen.

Und doch bildeten Fflecx- und Botoikerschädel lediglich den Auftakt zu weiteren Überraschungen.

Ich freue mich auf die staunenden Augen meiner Mitstreiter. Gàlaidon jagte die Straße entlang und hielt auf die Grenze des Strahlarms zu. Unter dem Hemd pendelte sein Talisman gegen die Brust: ein Fingerknochen von Odaikàlor, unterwegs in Form geschnitzt, sodass das Gebein nun die Form eines Dolches trug.

Nach einigen Meilen griff er in die Tasche und zog die sonnengebleichte, zerschlissene schwarze Stoffmaske hervor, die er in den vergangenen Momenten der Unendlichkeit getragen hatte. Nur für die erlegten Gegner nahm er sie ab, um ihnen in die brechenden Augen zu schauen und sie wissen zu lassen, wie ihr Tod hieß und wie er wahrlich aussah.

Gàlaidon legte die Maske an, um sein Antlitz niemandem zu weisen, und passierte etliche kleinere Festungen, in denen Krieger und Gardisten ausgebildet wurden.

Auch die Goldstählerne Schar lebte in diesem Strahlarm, die legendären Kämpfer der besonderen Einheit, in der jeweils gleichgeschlechtliche Liebespaare dienten. Es gab kein stärkeres Band als das Gefühl für einen anderen Alb. Sie taten alles, um das Leben ihres Geliebten oder ihrer Geliebten zu bewahren und vollbrachten dadurch im Feld wahre Wundertaten. Gàlaidon erinnerte sich an die Geschichte des Paares, das alleine in einer Schlacht eintausend Gegner fällte, ehe es der Heimtücke zum Opfer fiel.

Er dachte an Ahisiá, und sein Herz schlug rascher. *Ich sehne mich nach ihr. So sehr.* Sie einen zehntel Teil der Unendlichkeit weder sehen noch hören, geschweige denn berühren zu dürfen, bedeutete die allergrößte Entbehrung. *Aber zuerst zu Virssagòn.*

Er lenkte den Feuerstier auf den Seitenweg, der ihn durch einen dichten Wald und geradewegs auf den Wehrhof des Meistermörders führte.

Der viereckige Bau von hundert mal hundert Schritten erinnerte an eine Burg, doch waren die Mauern nichts anderes als die Außenwände der Gebäude. Auf dem gewaltigen Innenhof übten die Anwärter gemeinsam mit den Veteranen; bei Bedarf wurden Stellwände errichtet, um den Platz in kleinere Parzellen aufzuteilen. Auf den Dächern flatterten Fahnen im Wind, das leise Schlagen von Trommeln lag in der Luft. Jenseits des Wehrhofs lagen die Ruinen, die aus dem Bauschutt größerer Gebäude angelegt worden waren.

Gàlaidon ritt durch das offene Tor. Der Feuerstier schnaubte wegen der ungewohnten Umgebung und den Gerüchen. Er orientierte sich mit einem Schwenk des breiten, hornbewehrten Kopfes. Der Kampf lag diesen Tieren im Blut, sie rechneten stets mit einem Angriff oder einem Befehl zur Attacke. »Ruhig«, zischte Gàlaidon und ließ den Stier in einen langsamen Trott verfallen.

Auf dem hinteren Teil des Hofs übten Veteranen mit Speeren, einige von ihnen sahen zu dem Neuankömmling, ohne ihr Tun zu unterbrechen. Die Trommelschläge dienten einer zweiten Gruppe bei der Körperertüchtigung: Mit jedem Signal mussten sie schwere Steine anheben, über den Kopf stemmen und wieder absetzen.

Gàlaidon ritt auf das verzierte Hauptgebäude zu, dessen Eingang in zwei Schritt Höhe lag und der nur über eine beinerne Treppe zu erreichen war. Ein überdachter Balkon ermöglichte, von dort auf die Übenden im Hof zu schauen. Jedes Stück Knochen, jeder Schädel an der Hausfront stammte von Feinden, die Virssagòn getötet hatte. Die Sammlung war stattlich. Sie zog sich über die gesamte Breite, ergab durch die Anordnung Ornamente und Symbole, die wundervoll anzuschauen waren. Die besten Schnitzer waren dem Meistermörder gerade gut genug gewesen.

Während sich Gàlaidon dem Gebäude näherte, erklang eine Fanfare, die seine Ankunft allen verkündete.

Die gewaltige, nicht minder prächtige Tür aus gedunkeltem Gebein schwang auf, und heraus trat Virssagòn in seiner nietenbesetzten, schwarzen Rüstung. Die langen Haare trug er in einem Zopf, die Schwerter steckten gekreuzt in der Rückenhalterung.

Gàlaidon ließ den Feuerstier am Fuße der Treppe halten, sprang aus dem Sattel und zog die Taschen ab, um die Stufen hinaufzulaufen, vorbei an den aufgereihten Feuerkörben, und sich vor den Meistermörder zu knien. »Ich kehre zurück«, sprach er aufgeregt und angefüllt mit Vorfreude, weil er fest mit dem Erstaunen des Albs rechnete. »Ich brachte dir Andenken mit, die ihresgleichen suchen.«

Virssagòn nickte huldvoll und vollführte eine knappe Geste.

Daraufhin traten Weïdori und Phainòri aus dem Schatten des Eingangs und begaben sich an die Seite des Balkons, um mit zu verfolgen, was ihr Widersacher aus Ishím Voróo mitbrachte. Sie trugen leichte Lederrüstungen und weite, schwarze Hosen, dazu Stiefel und natürlich die Masken.

Während Weïdori teilnahmslos wie immer schien, funkelte ihn Phainòri kalt an. Sie wusste, dass sie von nun an in der Schuld ihres eigenen Schwurs stand, Gàlaidon umzubringen.

Das habe ich nicht vergessen, und ich werde nicht so töricht sein, dich zu unterschätzen. Er öffnete die erste der drei Packtaschen. Sorgfältig in Ölpapier eingeschlagen, ausgekocht und herausgelöst legte er den blanken Schädel eines Fflecx vor Virssagòn nieder, gefolgt von einem besonders gewaltigen, skelettierten Óarcokopf.

»Was dies ist, bedarf keiner Erklärung«, sprach Gàlaidon dabei und zog dann seinen ersten Trumpf hervor, den er in einem Korbglas aufbewahrte, eingelegt in Petroleum. »Dieses jedoch sieht man selten.« Er stellte das Gefäß ab, sodass die Hautlappen mit den Lamellen sichtbar wurden. »Die Kiemen einer Gryton-Schlange.«

Virssagòns Augenbrauen zuckten kurz, er ließ sich das Glas von Phainòri reichen und hielt es ins Gegenlicht. »Das sind sie«, bestätigte er bedächtig. »Du musst weit in den Norden vorgedrungen sein, um eine Gryton zu stellen.«

»Ich wollte die ausgefallensten Dinge mitbringen«, gestand Gàlaidon freimütig. »Es ging mir weniger darum, bei der ersten Schneeflocke zurück in Dsôn zu sein.« Er lächelte die Albinnen kalt an und nahm eine Kralle sowie etwas hervor, das an eine eingetrocknete Nabelschnur erinnerte. »Die gehörte einer Cêtchi-Echse. Ihre nadelspitze, peitschenlange Zunge verfehlte mich knapp, doch letztlich musste sie mir nicht nur ihr Leben, sondern auch die Zunge überlassen.«

Virssagòn sah ihn plötzlich anders an als zuvor. »Das ist *sehr* bemerkenswert.«

»Ich verspreche dir, dass es noch besser kommt.« Gàlaidon legte aus der zweiten Tasche den Botoikerkopf dazu, es folgten die Augen einer Krò-Katze und die Schuppen eines Bhaqij-Pferdes, die Verwandte von Nachtmahren sein konnten. Er weidete sich am verblüfften Ausdruck seines Meisters und an den neidischen Blicken von Phainòri. Weïdori hingegen schien durch nichts zu beeindrucken zu sein. »Und zuletzt begegnete mir diese Kreatur, als ich mich auf dem Rückweg befand«, offenbarte er und kramte aus der dritten Tasche einen rotgrünlichen Klumpen heraus, der sich unentwegt dehnte und zusammenzog, als würde sich darin etwas bewegen. »Es ist das Einzige, was von ihr übrig blieb, nachdem ich sie vernichtete.«

Virssagòn stieß einen Fluch aus und zog eines seiner Schwerter aus der Halterung, hielt die Klingenspitze in die brennenden Scheite eines Feuerkorbs. »Du kannst nicht ermessen«, sprach er derweil, »was du mir brachtest. Doch ich muss gestehen, dass ich voller Bewunderung für dich bin.« Er senkte das heiße Schwert in den Klumpen.

Ein helles Zischen erklang, in das sich grelles Pfeifen mischte. Das Überbleibsel verging schmurgelnd, dann jagte eine Lohe in die Höhe und verpuffte. Grässlicher Gestank verbreitete sich, es roch nach Schwefel, nach Krankheit und schwärenden Geschwüren.

Phainòri und Weïdori würgten, Gàlaidon wurde von unsäglichem Schwindelgefühl befallen.

»Weiß einer von euch, was es wirklich war?« Virssagòn betrachtete das zusammengeschrumpelte, verkrustete Beutelchen, das unter seiner Stiefelsohle knisternd zerblätterte und vom Wind davongetragen wurde.

Niemand antwortete ihm.

»Ein Pestbringer. Du hast bei deinem Kampf lediglich seine äußere Hülle vernichtet«, erklärte Virssagòn daraufhin. »Sie nehmen die vage Gestalt der Wesen an, unter denen sie sich gerade befinden und verstreuen ihre Krankheitssporen.« Er sah den Ascheflöckchen nach. »Nur mit Hitze vernichtet man sie restlos. Dieser hier war noch zu schwach, um sich auf die Schnelle die Hülle eines Albs zu geben, zumal sie die Feingliedrigkeit unseres Volkes nur schlecht nachahmen können.«

Ich unwissender Narr. Gàlaidon blieb in der knienden Haltung, um die Bestrafung für seine Torheit zu erfahren.

Virssagòn schwenkte die noch immer heiße Klingenspitze langsam auf ihn zu. »Du willst dich nicht herausreden?«

»Wozu? Ich beging einen Fehler«, erwiderte Gàlaidon zerknirscht. »Mit welchem Grund könnte ich mich verteidigen? Unwissenheit schützt vor Strafe nicht, heißt es.«

Der Meistermörder senkte das Schwert weiter, die Wärme wallte gegen die Gesichtsmaske und durchdrang den dünnen Stoff. Fast schien es, als wollte er das Metall gegen die Wange drücken.

Gàlaidon atmete tief ein und erwartete den Schmerz.

Aber nichts geschah.

»Und schon wieder staune ich«, sagte Virssagòn nach einer Weile gedämpft. »Nicht nur, dass du die ungewöhnlichsten Mitbringsel aus den Taschen ziehst, du gestehst auch einen Fehler ein. Ohne einen lahmen Versuch, dir eine Ausrede einfallen zu lassen.« Virssagòn zog die Waffe zurück und hielt sie am langen Arm nach unten, die Spitze brannte einen dunklen Fleck in das Gebein. »Gehe nun in dein Quartier. Dort erwarten dich Stärkung und ein Heiler, der deinen Körper eingehend untersucht, um zu sehen, wie es dir in der Ödnis ergangen ist. Auch dein Zustand spielt in meiner Beurteilung eine große Rolle. Wie bei den anderen auch.« Er drehte sich zum Eingang. »Danach erwarte ich dich zum Mahl. Du sollst sehen, was die anderen brachten.«

Gàlaidon nickte, wurde jedoch unruhig. »Ich danke dir.« Er wollte zu Ahisiá, er hatte keine Sorge um sein Wohlbefinden. »Darf ich einen Wunsch äußern?«

Der Meistermeuchler hielt inne, als könnte er es nicht glauben. »Einen Wunsch?«

»Ich … möchte zu meiner Gefährtin, so schnell, wie es irgendwie geht. Vergib mir, wenn ich die Begutachtung durch die Heiler auf morgen verschieben und das Essen ausfallen lassen möchte.« Er sah zu Phainòri und Weïdori. »Ich denke, die Freude über ein gemeinsames Essen hält sich bei ihnen nicht minder in Grenzen.«

Virssagòn lachte. »Dieser Wunsch sei dir ausnahmsweise deiner Verdienste wegen gestattet. Doch ich erwarte dich morgen früh zurück. Bei Sonnenaufgang gehen die Lektionen weiter.« Er verschwand im Haus, die Anwärterinnen folgten ihm.

Gàlaidon sprang auf und rannte die Stufen hinab, schwang sich in den Sattel und gab dem Stier die Sporen. *Ein Hoch auf meine Taten!*

In wilder Hatz ging es zum Tor hinaus, und unterwegs konnte der blonde Alb nicht anders, als seine Vorfreude laut hinauszuschreien.

Schon von Weitem sah Gàlaidon Ahisiás Haus, mit seiner wundervollen Holzfassade, die künstlerischer, eleganter und weniger kriegerisch als Virssagòns Gebäude gestaltet war. Seine Maske hatte er kurz vor der Stadt abgezogen.

Ich kann es kaum erwarten.

Zu seinem Leidwesen brannte in Ahisiás Gemach kein Licht. Entweder war sie nicht da, oder sie schlief bereits. *Ich wecke sie. Der Schlaf wird sie nicht von mir und meiner Liebe abhalten.*

Er dachte drüber nach, den Glockenzug zu betätigen, doch er entschied sich für die größere Überraschung.

Gàlaidon zügelte den Feuerstier, band ihn an einem Stützpfeiler vor den drei Treppenstufen aus Marmor an, umrundete das Anwesen und schwang sich mit traumwandlerischer Sicherheit an der Mauer hinauf, um über den Balkon ins Haus zu schleichen.

Von dort huschte er die Galerie entlang bis zu Ahisiás Tür, öffnete sie und betrat den dunklen Raum.

Das durch die Fenster fallende Licht genügte ihm, um zu erkennen, dass die Albin nicht da war. Ihr Bett lag unberührt zu seiner Rechten, die meisten ihrer Habseligkeiten fehlten.

Gàlaidon runzelte die Stirn. *Ist sie verreist? Womöglich ein Ruf an eine andere Akademie?*

Er öffnete die Schränke und sah nichts als Leere. Es gab nicht einmal mehr die kleinen Dinge, die Ahisiá immer so liebte, wie die Eiskristall-Orchidee oder den immer blühenden Zweig der Giftrose.

Das beunruhigte ihn.

Verlor sie ihr Herz an einen anderen? Der Gedanke versetzte ihm einen Stich. Sicherlich, jede Albin und jeder Alb war frei, sich neu zu binden. Doch er hatte es ernst gemeint, als er von der Geburt eines Nachkommen sprach.

Ihm fiel ein, dass er nicht wusste, was Virssagòn in seinem Namen als Erklärung für seine Abwesenheit hatte ausrichten lassen.

Seine Kehle war trocken, Aufregung und Unruhe hielten ihn gepackt.

Ich brauche Erklärungen. Gàlaidon verließ das Haus so unbemerkt, wie er es betreten hatte, und begab sich vor die Eingangstür. Er betätigte artig den Glockenzug und wartete, dass man ihm öffnete.

Er hörte das melodische Spiel, das durch ihn in Gang gesetzt wurde, vernahm das Echo, das durch die Galerie und die Korridore hallte.

Doch niemand kam, um dem Besucher die Tür zu öffnen.

Sind alle verreist? Er machte zwei Schritte zurück, um die Fassade und Fenster genauer zu mustern. *Ich sehe keine Bewegung, die …*

»Gàlaidon?«, vernahm er eine helle Stimme in seinem Rücken.

Ahisiá, dachte er im ersten Moment.

Er drehte sich halb um und erkannte die junge, brünette Lanòri auf der anderen Seite der Straße in einem dunkelgoldenen Ornamentkleid vor der Tür stehen. Sie schien eigens für ihn herausgekommen zu sein und hielt einen Krug sowie ein Glas in der Hand.

»Ich grüße dich.« Er zeigte auf das Anwesen des Künstlers. »Sind sie verreist?« Dabei versuchte er, so entspannt wie möglich zu klingen.

Lanòri reichte ihm das Gefäß, in dem Wein schwappte, der nach Kräutern roch, als sei er mit einer Arznei versetzt. »Du kehrtest soeben zurück, nehme ich an.« Sie lächelte schwach.

Ist das Mitleid in ihren Augen? Er nahm den Wein und stürzte ihn hinab. »Ich bitte dich, sag mir, was vorgefallen ist!«, verlangte er und ärgerte sich, dass man ihm die Sorge so deutlich anhörte. Das stand einem angehenden Meistermörder nicht.

Sie erbleichte. »Dann bin ich die Erste, die dich spricht?« Ansatzweise schüttelte sie den dunklen Schopf. »Ahisiás Familie ist zerbrochen, alle sind weggezogen und haben das Haus sich selbst überlassen. Seit dem Tod ihrer Tochter …«

Gàlaidon ließ das Glas fallen und packte sie an der Kehle. »Nein«, wisperte er. »Niemals. Sie kann nicht gestorben sein!«

Lanòri sah ihn trotz ihrer Angst weiterhin mit einem Hauch Mitleid an. »Es geschah bereits vor einiger Zeit«, krächzte sie. »Lass mich los, damit ich es dir erkläre.«

Gàlaidon drückte langsam weiter zu. »Nein. Ich will nichts erklärt bekommen. Ich will es nicht hören und nicht glauben!« Er unterdrückte das Schluchzen und nahm schließlich die Finger von ihrem Hals, sackte auf den Stufen zusammen.

Lanòri setzte sich hustend neben ihn, reichte ihm den Krug, den er in beide Hände nahm, ohne daraus zu trinken. »Ihr Vater erzählte mir, dass in der Akademie ein Unglück geschah. Anscheinend verlief ein Experiment nicht wie vorgesehen«, begann Lanòri ihren Bericht und musste sich mehrmals räuspern. »Es gab Tote, manche sprechen gar von Hunderten, was ich nicht glaube.«

»Ein Experiment.« Gàlaidon erinnerte sich vage, dass Ahisiá den Zweikampf erwähnte, zwischen dieser Marandëi und dem Meister. *Soll es dabei zur Katastrophe gekommen sein? Oh, ich warnte sie! Ich hatte sie so sehr davor gewarnt, in der Nähe zu sein!*

»Genaueres ist nicht bekannt geworden, aber wir alle sahen die enorme, schwarze Wolke, die sich für kurze Zeit über der Akademie bildete.« Lanòri legte ihm eine Hand auf die Schulter. »Du bist nicht alleine mit deiner Trauer, Gàlaidon. Wir vermissen sie auch.«

Und was bringt mir das? Mindert es meinen Verlust? Macht es mein Leben fortan einfacher? Er stellte den Wein neben sich, ohne noch einen Schluck genommen zu haben, schenkte der Albin ein Lächeln und erhob sich. »Lebewohl, Lanòri. Danke für den Trunk. Und verzeih mir, dass ich dich so hart anpackte.«

Gàlaidon ging langsam zum Feuerstier, machte ihn los und stieg in den Sattel. Er verließ die kleine Stadt, ohne sich noch einmal umzudrehen, wie er es früher stets getan hatte.

Er ließ das Tier entscheiden, wohin es traben wollte, er hatte kein Ziel, und seine Gedanken waren zu aufgewühlt.

Das nächtliche Wèlèron zog an ihm vorbei, doch Gàlaidon hatte keine Augen für die Schönheit der Umgebung und das Funkeln am Firmament.

Ich dachte ständig an sie. Ihr Bild hielt mich in Ishím Voróo aufrecht, gab mir Kraft und Zuversicht. Und nun soll mir ihre Existenz vorkommen wie ein Traum? Er atmete schneller. *Vergangen. Verloren. Und ich vergeudete unsere Zeit, die wir hätten haben können, indem ich durch die Ödnis reiste, um für Virssagòn Andenken zu sammeln!*

Gàlaidon riss den Stier plötzlich herum. Er wollte zurück in seine Unterkunft bei Virssagòn.

Sein Verstand beruhigte sich nicht. Mehr und mehr kam ihm sein Tun, sein Streben nach einem Dasein als Meistermeuchler unsinnig vor.

Er stellte sich vor, was Ahisiá zugestoßen war, wie sie gelitten haben musste, wie sie gar seinen Namen geschrien hatte, damit er kam und sie rettete.

Aber ich war in Ishím Voróo, brachte Scheusale um und hielt mich für den besten Anwärter, den es jemals in dieser Schule gab und geben wird. Was sind diese Erfolge, gemessen an meinem Verlust?

Er jagte über den Innenhof und sprang auf den Boden, ohne den Stier in die Stallungen zu bringen.

Die Verzweiflung über Ahisiás Dahinscheiden bohrte sich tiefer und tiefer in ihn, rüttelte an seinen Überzeugungen, an allem, was er sich erarbeitet hatte.

Ständig hämmerte der Gedanke in ihm, er habe die gemeinsame Zeit vergeudet. Er, er ganz alleine.

Weil ich dachte, wir seien unsterblich. Gàlaidon schlich die Treppen des Hauptgebäudes hinauf, ging durch die Halle und bog in den Gang ab, der zum Laboratorium führte. Hier mischten Virssagòns Heiler die Salben und Tränke, um Verwundete schneller gesunden zu lassen.

Doch wir sind nicht unsterblich. Die Endlichkeit lauert überall.

»Samusin, Gott der Winde und des Ausgleichs, und Inàste, meine Schöpferin, ich rufe euch an«, murmelte er und betrat den Raum mit den Tiegeln, Töpfen und sonstigen Gerätschaften, die man zum Destillieren, Kochen und Anfertigen von Elixieren und Essenzen benötigte. *Lasst mich herausfinden, wie viel Zeit ich noch habe – und was ich mit ihr tun soll, da Ahisiá nicht mehr lebt. Ich lege meine Unsterblichkeit in eure Hände.*

Wahllos schüttete er Pülverchen und Flüssigkeiten in einem Mörser zusammen, mischte sie grob und gab einen Schuss Wasser hinzu.

Es roch augenblicklich stechend; alleine der graublaue Dampf bescherte ihm Schwindel.

Gàlaidon setzte das Gefäß an die Lippen. *Zeigt mir meinen Weg.* Dann trank er es restlos aus.

Als der letzte Tropfen aus dem Mörser in seinen Mund und seinen Schlund hinabglitt, begann sein schier endloser Rausch, der durch nichts mit Worten zu beschreiben war.

Oben wurde zu unten, Farben rochen, Geräusche wurden zu Musik, er schwebte und stürzte zugleich, er fühlte sich gleich einem Riesen, dann winziger als eine Laus.

Er drehte sich um sich selbst, dann stand er still, und die Welt drehte sich für ihn weiter, bunt und laut, leise und grau, mitten in der Nacht schien die Sonne, und plötzlich fallender Schnee brannte und brannte und brannte …

Gàlaidon fand sich auf einer Liege im Krankenlager wieder.

Die Helligkeit um ihn herum verriet den angebrochenen Tag.

Er hatte das Gefühl, die Augen die ganze Zeit über nicht geschlossen zu haben, obwohl er geschlafen haben musste. *Oder starrte ich die ganze Zeit an die Decke?*

Von draußen klangen Befehle, das Klirren von Waffen und Scheppern von Schilden. Es wurde geübt, wie stets auf dem Hof.

Nur dass er dieses Mal nicht dabei war.

Der Alb lauschte in sich, fühlte jedoch keine körperliche Veränderung, die auf die Einnahme des selbst angerührten Mittels zurückging. *Meine Hände kribbeln, und …*

» Hättest du eine Prise mehr von dem Stechapfel genommen, wärst du in die Endlichkeit gegangen «, vernahm er die sonore Stimme seines Meisters, der sich irgendwo im Schatten aufhalten musste.

» Wie lange … « Gàlaidons Stimme kratzte, sein Hals schmerzte.

» Elf Momente der Unendlichkeit dauerte dein Rausch an, dann verfielst du in eine Starre, in der du wiederum elf Momente weiltest.« Virssagòn trat an das Bett. »Weïdori und Phainòri verlangten nach deiner Tat, dass ich dich aus meinen Diensten entlasse.« Der Blick ruhte forschend auf ihm. »Sollte ich das, Gàdion?«

Gàlaidon lauschte erneut in sich und ergründete seine Gefühle – doch er spürte nichts. *Es ist mir gleich*, stellte er erstaunt fest. *Es ist mir alles gleich. Doch … da die Götter entschieden, mich am Leben zu lassen, muss ich ihren Willen erfüllen.*

»Der Verlust deiner Gefährtin verwirrte dich. Ich entschuldige das, weil du jung bist und deine Ausbildung noch nicht abgeschlossen ist.«

»Ich danke dir, Virssagòn. Und ich habe mich entschieden, die Ausbildung fortzusetzen.« Gàlaidon richtete sich auf.

»Im Andenken an deine Gefährtin?«

»Nein. Weil ich es will.«

»*Das* ist der einzige wahre Grund. Jede andere Antwort hätte dich zurück zu den Kriegern geführt.« Virssagòn griff nach einem kleinen, polierten Silberspiegel, der auf dem Wandregal stand, und hielt ihn vor Gàlaidons Augen. »Was immer du gemischt hast, es hinterließ seine Spur an dir.«

Im Schwarz der Augen strahlte das Grün um die Pupillen hell und durchdringend, als würde dahinter ein Licht brennen. *Ich sehe es als Inàstes Zeichen.* Gàlaidon erhob sich und neigte den Kopf vor dem Meistermörder. »Strafe mich für mein Fehlverhalten, wie immer du es für richtig hältst, sodass Phainòri und Weïdori beschwichtigt sind, und danach beginne ich von vorne, als würde ich in diesem Splitter der Unendlichkeit zum ersten Mal meinen Fuß auf den Hof setzen.«

»So soll es geschehen.« Virssagòn legte den Spiegel zurück und wiegte den Kopf kaum merklich. »Und ich merke, dass du dich verändert hast. Ob das der Trank anrichtete oder der Verlust von Ahisiá, vermag ich nicht zu entscheiden.« Er wandte sich halb um. »Doch es ist gut.« Nach einem Nicken verließ er das Krankenlager.

Gàlaidon nahm den Spiegel erneut zur Hand und betrachtete seine strahlenden Augen. *Es ist gut.*

Ishím Voróo (Jenseitiges Land), Albaereich Dsôn Faïmon, Strahlarm Kashagòn, 4371. Teil der Unendlichkeit ((5199. Sonnenzyklus), Sommer

»Ich bin von den Unauslöschlichen auserkoren worden, die Nostàroi bei ihrer Eroberung von Tark Draan zu unterstützen.« Der gerüstete Virssagòn sprach laut vom Balkon auf den Hof hinab, wo sämtliche Schüler und Veteranen, die ihm zur Ausbildung unterstanden, aufgereiht waren und lauschten. Die Banner auf den Gebäudedächern wellten sich und zuckten im lauen Wind, das leise Knattern und Rascheln vermochte die Stimme des Assassinen jedoch nicht zu übertönen.

Gàlaidon verharrte in der ersten Linie und trug wie alle ein einfaches, schwarzes Gewand. Im Gegensatz zu den anderen Schülerinnen und Schülern prangten an seiner Brust zehn schmale, silberne Lederbändchen mit hauchdünnen, blutroten Runen darauf. In allen Zehntel des vergangenen Teils der Unendlichkeit war er der Beste gewesen, in sämtlichen Disziplinen, was noch keinem zuvor gelang. Und doch schien der Alb mit den leuchtend grünen Augen für einen Außenstehenden die Auszeichnungen mit Gleichmut zu tragen.

Wir sollen ohne unseren Meister unsere Ausbildung absolvieren? Gàlaidon zweifelte daran. *Niemand ist besser als er. Auch die Veteranen sind ihm unterlegen. Mit wem soll ich mich messen?*

»Ihr, Kriegerveteranen und Schüler des Mordens, werdet ebenfalls in die Schlacht ziehen. Nur das Gesinde und eine kleine Einheit bleibt im Hof zurück, um nach dem Rechten zu sehen. Alle anderen« – er hob den gepanzerten Arm und deutete nach Süden – »ziehen gegen Tark Draan und jagen die Elben, wo sie sich uns zeigen. Das ist eure Aufgabe, Veteranen.« Langsam kam er die Gebeinstufen hinab. »Dort, wo sie sich *verbergen*, meine Schüler, werdet ihr euch auf die Suche begeben. Kein Todfeind darf uns entgehen, jetzt, da uns die Gelegenheit gegeben wird, sie endlich zur Strecke zu bringen.« Er begab sich vor die Reihe mit Phainòri, Weïdori und Gàlaidon. »Aber zuvor werdet ihr drei eure letzte Prüfung ablegen. In Tark Draan. Wer sie zuerst erfüllt, wird mein neuer Schüler.« Seine Augen wanderten hin und her, er bedachte jeden von ihnen mit langen Blicken. »Nun geht und packt. Bereitet den Abmarsch vor. Ich muss nach Dsôn, um Angelegenheiten zu erledigen. Wenn ihr aus

Tark Draan zurückkehrt, werde ich einen von euch zu meiner rechten Hand gemacht haben.«

Gàlaidon sah weder nach rechts noch nach links. Seine Mitbewerberinnen betrachtete er schon lange nicht mehr als eine ernsthafte Gefahr für sein Ziel. *Die Götter entschieden, ich erfülle nur ihren Willen.*

Auf Virssagòns Wink hin wurde ihm sein Nachtmahr gebracht. Er stieg auf, grüßte mit einer knappen Geste und preschte auf dem gewaltigen Rappen über den Hof, vorbei an den Reihen seiner Krieger, und verschwand zum Tor hinaus.

Kaum war der Meistermörder aufgebrochen, lösten sich die Formationen auf, und es begann eine rege Geschäftigkeit, die mit lauten Wortwechseln einherging.

Die Veteranen hatten schon mehrere Einsätze und Feldzüge gegen die Feinde der Albae hinter sich gebracht, sie wussten, worauf sie beim Zusammentragen der Habseligkeiten und Ausrüstung zu achten hatten. Und doch nahm Gàlaidon die Unruhe deutlich wahr, die jede und jeden befiel. *Weil wir gegen Tark Draan ziehen.*

Phainòri stand vor ihm und sah ihn feindselig an. »Ich weiß, was du denkst.«

Er erwiderte gleichmütig ihren Blick, ohne den Hauch von Interesse durchscheinen zu lassen. Ihm kam seit jener Nacht und dem Trank jegliches Gefühl wie gespielt vor, aufgesetzte Regungen, mit denen er die Umgebung täuschte. *Wie es sich für einen angehenden Meistermörder gehört. Oder sollte es die Vorbereitung für eine Laufbahn als Zhartài sein?* »Du weißt nicht, was ich denke.«

»Du siehst dich bereits als Sieger.«

Gàlaidon tippte gegen die Auszeichnungen. »Es lief bislang sehr gut für mich, doch es bedeutet nichts. Wer weiß, was Virssagòn von uns verlangen wird.« Er lächelte die Albin an, was sie durch den Stoff sehen musste. »Möglicherweise gelingt es dir, mich zu schlagen.«

Sie wirkte überrascht. »Möglicherweise«, sagte sie langsam.

Der Alb blickte zu Weïdori. »Es kann ebenso sein, dass du uns beide übertrumpfen wirst. Die Götter entscheiden stets mit, und ihre Lieblinge haben es leichter als diejenigen, welche von ihnen verachtet werden.«

Weïdori stieß die Luft aus und erzeugte ein Geräusch, das Zustimmung und Unglaube ausdrückte. »Wir werden sehen, auf welcher Seite sie stehen.«

Gàlaidon hakte die Daumen unter seinen Gürtel und ging langsam los. »Ach ja«, sprach er, als er sich auf Phainòris Höhe befand, »ich sagte dir doch, dass du nicht weißt, was ich denke. Das wirst du *niemals.*«

Er schlenderte in die Unterkunft, wo er in aller Ruhe seinen Rucksack schnürte und einpackte, was man als Assassine benötigte; die Wäsche und Wechselkleidung verstaute er in einem eigenen Seesack. Dann legte er die leichte, schwarze, gehärtete Lederrüstung an und begab sich ins Freie, um die Übungen aufzunehmen, die in diesem Moment der Unendlichkeit anstanden. Es gab keinerlei Grund, auf sie zu verzichten.

Ich werde der Beste sein, und wenn ich dafür alle Besseren töten muss. Gàlaidon verfiel in Dauerlauf und steuerte die Nebenpforte des Wehrhofs an, durch die man direkt zu den Ruinen gelangte. Ihm war nach Bewegen, nach Springen und Klettern.

Etwas sagte ihm, dass er diese Art von Geschicklichkeit dringend benötigen würde.

Der Marsch gegen Tark Draan begann für die drei Anwärter enttäuschend, da sie von Virssagòn zum Warten verdonnert wurden.

Der Meister wollte sie nicht bei den Attacken gegen den Steinernen Torweg dabeihaben, sondern zunächst die minderen Scheusale die gefährlichste Arbeit gegen die Verteidiger verrichten lassen, bevor das Heer der Nostàroi nachrückte. Die Wolken aus Bolzen und die Hagelstürme aus Steinbrocken sollten Óarcos, Trolle, Gnome und Barbaren für die Albae abfangen.

So kam es, dass die Schlacht im Grauen Gebirge längst geschlagen war, als Gàlaidon, Phainòri und Weïdori durch die Pforte schritten.

Die Kadaver der getöteten Bestien lagen auf dem dreißig Schritt breiten Weg, es stank nach einsetzender Verwesung, auch wenn die Kälte die Leichen kühlte. Raben und andere Aasfresser hopsten und huschten über die Leiber, hackten sich Fleisch heraus. Gelegentlich erklang metallisches Ticken und Tocken, wenn die Schnäbel gegen Rüstungen schlugen. Die Vögel ergriffen die Flucht, als sich die drei Albae näherten.

Virssagòn erwartete sie unmittelbar hinter dem Tor, in dem Vorhof, in dem die Eingänge in das Reich der Unterirdischen lagen.

Rasch setzte er sie in Kenntnis, dass man den Verteidigern horrende Verluste beschert und das Heer sich nach Tark Draan aufgemacht habe, um mit der Einnahme fortzufahren und die Überraschung zu nutzen.

»Die Nostàroi haben Pläne, die mich ebenfalls tief nach Tark Draan senden. Wie ich sagte: Euch erwartet hier eure Prüfung«, sprach Virssagòn zu ihnen. »Die Unterirdischen dieses Stammes sind größtenteils besiegt, aber es treiben sich immer noch versprengte Einheiten herum, in den Stollen, Minen und Hallen.« Er blickte zu den Eingängen. »Ihr werdet losziehen und mir das schlagende Herz eines Unterirdischen bringen, ganz gleich, wo ich mich gerade befinde.«

»Das *schlagende?*« Phainòri schien Zweifel an der Formulierung zu hegen.

»Das ist die besondere Herausforderung, denn einen Unterirdischen lediglich aufspüren und umbringen wäre zu leicht, auch wenn wir uns in ihrer Welt befinden.« Der Meistermörder bedachte sie mit durchdringendem Blick. »Wer es mir zuerst bringt, wird bleiben dürfen.« Er wies auf die Höhlen. »Eure Prüfung beginnt.«

Sie verneigten sich und gingen los.

Nach wenigen Schritten warf Gàlaidon den Rucksack mit der Kleidung ab und behielt lediglich seine Waffen. *Ich werde nicht lange brauchen. Nur so finde ich den Unterirdischen und den Meister schnell genug.*

»Ein schlagendes Herz«, murmelte Phainòri und schnalzte unwirsch mit der Zunge. »Es ist obendrein noch ein Rätsel.«

»Das nicht besonders schwer zu lösen ist«, meinte Weïdori geringschätzig. »Solange der Zwerg lebt, schlägt sein Herz. Also schaffe eine lebendige Bergmade bis zu Virssagòn und schneide ihm dort das Herz aus dem Leib.«

Phainòri lachte auf. »Oh, ihr Götter! Das ist …«

»Zu einfach?«, fiel Gàlaidon ein. »Tröste dich. Ich kam auch eben erst auf den Gedanken.«

»Cîanai müsste man sein. Dann könnte man einen Zauber weben und das kleine Stück Abschaum an Ort und Stelle zerlegen. Das Herz würde weiterpumpen«, murmelte Phainòri vor sich hin.

Gàlaidon lächelte. Es gefiel der Albin nicht, dass sie sich mit einem Gefangenen belasten musste. Damit hatten Assassinen keine Erfahrungen, denn sie waren ausgebildet worden, um schnell und ungesehen zu töten, nicht um einen Unterirdischen durch halb Tark Draan zu schleifen. *Deswegen muss ich schnell sein, solange Virssagòn noch im Gebirge ist.* »Solche Macht besitzt keiner unserer Magier. Sie können einzig unsere eigenen Kräfte verstärken.«

»Wer mit den Infamen ist, wird belohnt, heißt es«, mischte sich Weïdori ein. »Die Unauslöschlichen haben den Kult um sie verboten, weil die Götter Albaeblut für ihre Gunst verlangten. Ich hörte von mächtigen Zauberern, die sich zu den Infamen bekannten.«

»Unsinn. Das sind Märchen, die du erzählt bekommen hast.« Phainòri schien nicht gewillt zu sein, dem Gehörten Glauben zu schenken. »Es sind die gleichen Leute, die auch sagen, dass die Akademie damals nicht durch einen Unfall zerstört wurde. Angeblich lässt das Herrscherpaar die Schuldige jagen.«

Gàlaidon dachte unvermittelt an Ahisiá – doch es stellte sich keinerlei Schmerz ein. Einzig ihr Bild zog vor seinem inneren Auge auf, verblasst und wirkungslos und so gut wie jede andere Zeichnung einer Albin. Er fühlte nichts.

»Das weiß ich nicht. Aber ich glaube an die Macht der Infamen, auch wenn es die Unauslöschlichen nicht gerne hören.« Weïdori hatte als Erste den Eingang erreicht. »Hier stinkt es nach Óarco. Die Grünhäute sind hier wohl durch und haben ihr Lager aufgeschlagen.«

»Wo sie sind, werden wir keine Unterirdischen finden«, mutmaßte Phainòri. »Was haltet ihr davon, wenn wir uns zusammentun und drei Zwerge beschaffen, gemeinsam zu Virssagòn reisen und ihm gleichzeitig die Herzen überreichen? Dann müsste er uns alle drei nehmen.«

Weïdori lachte auf. »Du hast Angst, die Probe zu verlieren.« Sie ging los und stellte ihren Rucksack ebenfalls ab. »Darauf lasse ich mich nicht ein.«

»Ich auch nicht.« Gàlaidon ging an ihnen vorbei. »Dennoch wünsche ich euch den Beistand der Unauslöschlichen.«

»Aber nicht den Sieg, wie ich vernehme«, fügte Weïdori amüsiert hinzu. »Dann möge es dir ebenso ergehen.«

»Wir sehen uns bald wieder«, rief ihnen Phainòri nach und blieb zurück.

Tun wir nicht. Und falls doch, werde ich euch töten. Gàlaidon bog nach rechts in einen Seitengang und trabte locker vorwärts.

Gàlaidon verstand nach einem gefühlten halben Teil der Unendlichkeit, dass er weit würde laufen müssen und es einer glücklichen Fügung bedurfte, um einen Unterirdischen zu finden.

An ihren kleinen, hässlichen Leichen kam er gelegentlich vorüber, meistens waren sie gespickt mit Bolzen aus den Armbrüsten der Óarcos und anschließend mitsamt des Kettenhemdes zu Brei zerschlagen.

Die Überlebenden des Angriffs verfügten in den gewundenen Gängen, vertäfelten Tunneln, grob gehauenen Stollen, künstlichen Höhlen und natürlichen Kavernen über unendliche Möglichkeiten, sich vor den Angreifern zu verbergen und zu formieren, um einen Gegenschlag vorzubereiten.

Ich bin in ihrer Heimat. Wie würde ich vorgehen, wenn sie zu uns gekommen wären? Was lockte mich heraus? Er blieb stehen und nahm einen Schluck aus seiner Trinkflasche.

Die Antwort fiel überraschend einfach aus: Ein Unterirdischer in Bedrängnis würde sie gewiss dazu veranlassen, sich zu zeigen und ihm zu Hilfe zu eilen.

Gàlaidon sah sich um. *Also müsste ich eine Falle vorbereiten. Aber nicht hier. Ich bin noch zu nahe am Eingang. Hier rechnen sie mit einem Hinterhalt.*

Er setzte seinen Weg fort und sammelte von den Toten Kleidung und Rüstungsteile zusammen, um daraus eine Puppe zu bauen, die sein Köder werden sollte. Auch ein Rufhorn steckte er ein. Das war leichter zu transportieren als ein Kadaver, der sicherlich zu stinken begann, wenn er sich länger gedulden musste.

Nachdem er sich mit seiner schweren Ladung weit genug entfernt hatte und er keinen Duft nach Bestie mehr wahrnahm, entschied er sich in einer Höhle, seine Falle zu stellen.

Mit Geschick und Sorgfalt sowie Steinen und Schnur erschuf er die Imitation eines Unterirdischen, der scheinbar von einem Steinschlag erwischt worden war. Damit umging er die Frage nach der mangelnden Beweglichkeit: Niemand wunderte sich, warum ein größtenteils Verschütteter sich nicht rührte.

Gàlaidon legte sich im Schatten auf die Lauer, hielt die Waffen griffbereit. Da er nicht wusste, wie viele er mit seiner List anlockte, müsste er bei deren Auftauchen entscheiden, was genau zu tun war.

Sie sollen zäh sein. Auch wenn sie klein sind und schwere Rüstungen bevorzugen, begehe ich nicht den Fehler, sie zu unterschätzen. Er setzte das Horn an die Lippen und spielte einen einzigen, lang gezogenen und gequält klingenden Ton. *Nur einer muss überleben, das genügt. Ich könnte ihm die Arme und Beine abtrennen. Wenn die Wunden gut abgebunden und ausgebrannt sind, würde mir das den Transport erleichtern.*

Dann begann das Warten, unterbrochen von Lauschen und gelegentlichem Signalgeben.

Was er dann vernahm, sprach zwar für seine List, doch zeigte es ihm, dass er etwas nicht bedacht hatte.

Was sich vor seinen fassungslosen Augen in die Höhle hineinbewegte, waren *Óarcos!*

Angelockt vom Klang des Zwergenhorns hatten sie sich auf die Suche begeben und den Weg in die Höhle gefunden, um den vermeintlichen Unterirdischen zu stellen und ihm den Garaus zu machen. Eine Rotte von zwanzig Hässlichkeiten stampfte herein, willkürlich durcheinandergewürfelt und ohne erkennbare Formation.

Grunzend und grollend verteilten sie sich, schnupperten und stießen sich gegenseitig an.

Die Gier der Bestien ist einfach zu groß. Gàlaidon überlegte, was er unternehmen könnte. Auf seine Bitte, die Höhle zu verlassen, würden sie kaum eingehen. Eher ließen sie sich nieder und warteten zusammen mit ihm auf die Unterirdischen.

Die Óarcos entdeckten die Puppe und näherten sich ihr mit gereckten Waffen.

Andererseits … Es würde den Hinterhalt glaubwürdiger machen, wenn ich die Leichen der Bestien um meinen Köder platziere. Gàlaidon fand seinen Entschluss sinnvoll und langte nach seinem Speer. Die Höhle bot Platz genug, die wundervolle Waffe einsetzen zu können. Außerdem kam ihm die Bewegung gerade recht. Seine Kampffertigkeiten wollten nach dem Herumsitzen gefordert werden.

Er griff auf seine albischen Kräfte zurück und ließ eine Woge aus

Furcht gegen die Bestien branden, die sich sofort duckten und ängstlich nach allen Seiten umschauten. Sie vermochten sich den Schrecken, der nach ihnen griff, zuerst nicht zu erklären, dann grölte einer: »Albae!«

Gàlaidon fiel über die Óarcos her.

Lautlos näherte er sich ihnen und tötete vier, bis das Geräusch der fallenden Körper die anderen aufmerksam machte. Er unternahm nicht einmal den Versuch, sich zu verbergen, sondern ließ sie herankommen, um den Speer zu wirbeln und es mit vier, fünf von ihnen gleichzeitig aufzunehmen.

Gàlaidon führte die Waffe windschnell und wasserflink, stach und drosch damit zu, nutzte die Klinge und das stumpfe Ende, parierte und wich aus, schlitzte Kehlen und Wänste auf. Er bückte und verbog sich, rammte die Klinge in die Feinde, bis der letzte sterbend niedersank.

Die Bestien lagen in einem exakten Kreis von drei Schritt Abstand neben- und übereinander, was der Reichweite des Speeres entsprach. Nicht ein Spritzer ihres widerlichen Blutes hatte Gàlaidon getroffen. Wenn bei dem Gemetzel mehr als sechzig Herzschläge vergangen waren, müsste er sich schon sehr getäuscht haben.

Dann verteile ich euch mal. Gàlaidon war mit sich zufrieden und zerrte die Leichen umher, bearbeitete ihre Wunden mit einer Zwergenaxt nach und legte sich erneut auf die Lauer, gab noch einmal das Signal. *Wenn wieder Bestien auftauchen, wird die Höhle bald zu klein für die ganzen Toten.*

Erneut verging die Zeit.

Die Müdigkeit schlich sich an, brachte Unaufmerksamkeit und machte Gàlaidons Lider schwer. Er schob sich ein kleines Blättchen des belebenden Traîi-Strauchs in den Mund und lagerte es in der Wangentasche. Die Schläfrigkeit wich.

Und endlich, endlich hörte er das leise Plingen, das Kettenhemdringe verursachten, wenn sie gegeneinander stießen und rieben.

Das sind keine Bestien. Ich rieche den Talg ihrer Rüstungen nicht.

Das leise Trappeln von Schritten näherte sich, der Schein einer schwach leuchtenden Lampe fiel auf die Höhlenwände und erhellte sie.

Gàlaidons Herz tat vor Freude einen Schlag mehr, als er die gedrungenen Gestalten ausmachte, die sich umsichtig in die Kaverne schoben. *Keine Gnome, sondern Unterirdische!*

Er zählte und kam auf vier, alles hässliche Gestalten mit faltendurchzogenen Gesichtern, die vor Barthaaren kaum zu erkennen waren. Sie hatten sich Kettenhemden übergeworfen, schleppten Äxte und Beile, beschlagene Schilde gaben ihnen Deckung. Ihre kleinen Augen blickten blinzelnd umher, betrachteten die niedergemetzelten Óarcos; es wurden leise Worte gewechselt.

Sie kommen nicht näher. Gàlaidon vermutete, dass sie der Sache nicht trauten. *Warte ich länger, ziehen sie sich zurück.* Er schnellte los, warf Dunkelheit um sich.

Es war sein erster Kampf gegen Unterirdische, und er schätzte ihr Können nicht sonderlich hoch ein. Alleine ihre Gliedmaßen und ihr viel zu kurzer Leib eigneten sich nicht für Geschwindigkeit und präzise Bewegungen. *Ich werde zwei töten und zwei am Leben lassen. Dann trage ich einen in Reserve, falls mir einer stirbt.*

Er stieß mit dem Speer zu, um den ersten zu töten – doch der beschlagene Schild zuckte herum.

Klirrend rutschte die Spitze über das Metall und unterließ einen langen Riss darin.

Der unverzüglich zuschlagenden Axt wich Gàlaidon elegant aus; zugleich versetzte er dem Gegner einen Tritt gegen den Kopf, sodass er zu Boden stürzte. *Nun unterschätzte ich sie doch*, ärgerte er sich und fälschte eine ganze Serie von Beilangriffen eines zweiten Feindes mit dem Speerschaft ab, der unter der Belastung ächzte. *Unerwartet flink für Maden.*

Der Unterirdische deckte ihn mit Hieben ein, die allesamt vorhersehbar waren. *Genug. Lass mich dein Tod sein.* Als Gàlaidon zu einem tödlichen Herzstich ansetzte, klackte es aus dem hinteren Teil der Höhle.

Den abgeschossenen Bolzen sah er durch das wenige Licht kaum nahen, sodass ihm die Abwehr erst im allerletzten Augenblick gelang. Gleich darauf musste er wieder die zornesvoll geschwungenen Beilhiebe abwehren.

Der Unterirdische hatte den behelmten Kopf eingezogen, blickte grimmig und setzte unerbittlich nach, als hätte er einen gewöhnlichen Óarco vor sich.

Er fürchtet sich nicht vor mir. Ein weiterer Bolzen schoss herbei, und dieses Mal wusste Gàlaidon, was zu tun war: Er nutzte die Breitseite des Speeres, um das Geschoss abzufälschen und gegen den Feind zu lenken.

Zwar zerbrach der Bolzen dabei, aber die massive Spitze fuhr dem Unterirdischen am Nasenschutz vorbei ins Gesicht. Blut rann sofort aus dem Loch neben der breiten, ungeschlachten Nase; brummend fiel der Zwerg zur Seite und lag still.

Der Alb setzte über ihn hinweg, nutzte den Speer zum Abstützen und verlängerte seinen Flug bis in den Rücken der verbliebenen zwei Unterirdischen. Auch sie gingen sofort in den Angriff über und deckten sich gegenseitig geschickt mit den Schilden.

Gegen einen herkömmlichen Feind würden sie damit einen Sieg davontragen.

Aber nicht gegen einen Assassinen.

Von ihnen könnten die Óarcos noch was lernen. Gàlaidon täuschte einen Stoß vor, setzte die Spitze jedoch vor den Gegnern auf den Fels und drückte sich schräg ab; zeitgleich schuf er dichteste Dunkelheit, um ihnen die Orientierung zu rauben.

Die seitliche Höhlenwand diente dem Alb als Laufuntergrund, während er sich am Schaft festhielt, und sich schließlich schwungvoll, mit den Füßen voraus gegen die Schilde warf. Noch während die beiden stürzten und er sie nach unten drückte, griff Gàlaidon an seiner Waffe um und rammte dem Rechten das stumpfe Speerende mitten ins Gesicht, woraufhin er zusammensackte.

Der andere schrie zornig und vollführte eine knappe Bewegung mit dem Schild.

Die Kante traf Gàlaidon trotz seines Ausweichens unterhalb des Knies, was einen trockenen, doch harten Schmerz verursachte, der bestehen blieb. *Hoffentlich ist nichts gerissen!*

Der fluchende Unterirdische hackte mit dem Beil nach ihm.

Der Alb wich hinkend aus und sah die Kante erneut auf sich zurasen. Um sich Ruhe zu verschaffen, stach er dem letzten Gegner mit dermaßen viel Kraft in den Bauch, dass die Klinge durch das Kettenhemd schnitt, Fleisch und Gedärme durchdrang. Mit einem lauten Schrei starb der Unterirdische.

Gàlaidon lauschte, ob sich noch mehr Gegner einstellten, vernahm allerdings nichts. Erst dann prüfte er mit kundigem Tasten sein Knie, das jedoch intakt zu sein schien.

Das Stöhnen des Unterirdischen, den er mit einem Tritt gegen den Kopf ausgeschaltet hatte, überraschte und erfreute ihn. *Also bleiben mir doch zwei. Wie ich es haben wollte!*

Schnell zog er die gedrungenen Feinde bis auf den Unterleibswickel aus und fesselte sie, sodass sie nur ihre Beine bewegen konnten; die Stricke um den Oberkörper und den Hals schlang er so, dass sie sich gegenseitig würgten, sollten sie versuchen, die Arme zu bewegen.

Dabei bemerkte er, dass einer seiner Wurfdolche fehlte. Er konnte nicht sagen, wann er ihn verloren hatte – obwohl die Befestigung am Gürtel das eigentlich unmöglich machte.

Mit dem Wasser aus den Flaschen der Óarcos holte er die Unterirdischen aus dem Reich des erzwungenen Schlummers und drehte den Docht der Lampe höher, damit sie ihn besser sahen.

Sie fluchten sofort, bedachten ihn mit Worten, die sehr hart und einfach klangen, sich aber deutlich von denen der Barbaren unterschieden.

Ich spreche ihre Sprache nicht. Er zeigte mit dem Speer den Gang entlang. *Das werden sie ja wohl begreifen.*

Die Gefangenen verfielen in Schweigen, als er seinen Finger an die Lippen legte und dann auf seine Waffe wies, um ihnen verständlich zu machen, dass sie ruhig sein sollten, da er sie sonst umbrächte. Sie erhoben sich und schlurften durch den Stollen; Gàlaidon hielt den blutigen Speer unentwegt in ihre Richtung. Sein Knie schmerzte noch immer.

Gelegentlich versuchten die Unterirdischen, einige Worte in ihrer Sprache zu wechseln. Jedes Mal stach Gàlaidon sie ein bisschen, damit sie verstummten. Sie bedachten ihn daraufhin mit Schimpfworten, aber nach einem tieferen Schnitt am Hintern von einem der beiden ließen sie auch das sein.

Als sie eine Höhle auf einem abschüssigen Weg durchquerten, stand plötzlich Weïdori vor ihnen.

Sie sah zu Gàlaidon, dann auf seine Gefangenen. »Ich nehme nicht an«, sprach sie langsam, »dass du einen für mich erbeutet hast?«

»Weder für dich noch für Phainòri«, erwiderte er und spannte kaum merklich die Muskeln.

»Kann ich dir einen abkaufen?«

»Virssagòn sandte uns aus, um eine Probe zu bestehen.«

»Wie ich mir einen Unterirdischen beschaffe, bleibt mir überlassen, nicht wahr? Es gab keinerlei Anweisung dazu«, hielt sie dagegen. »Außerdem verlangte ich nichts von dir und Phainòri, als ich das Rätsel löste. Es wäre nur rechtens, dich erkenntlich zu zeigen.«

»Ich kam von selbst darauf.«

Die Albin lachte. »Sicherlich, Gàdion. Ich kann dir auch nicht das Gegenteil beweisen. Leider.« Sie rührte sich nicht von der Stelle, als warte sie auf den Moment, in dem sie angreifen konnte.

Gàlaidon rechnete fest damit, dass sie es versuchte. »Dann schlage ich vor, du beeilst dich, um Unterirdische zu fangen. Gehe in diese Richtung, aus der ich gekommen bin. Da scheint es noch welche von ihnen zu geben.«

Weïdori hob grüßend die Hand und umrundete ihn und seine Beute, um den Weg entlangzueilen. »Ich werde dich einholen, Gàdion«, versprach sie. »Mit zweien von dieser Sorte wirst du langsamer sein als ich. Ihre Beine sind zu kurz.«

Gàlaidon sah ihr nach, bis er sicher sein konnte, sie nicht im Rücken zu haben, und trieb dann die Unterirdischen zur Schnelligkeit an.

Er traute der Albin zu, was sie sagte.

Tark Draan (Geborgenes Land), Graues Gebirge, 4371. Teil der Unendlichkeit (5199. Sonnenzyklus), Sommer

Gàlaidon benötigte für den Rückweg zum Ausgang wesentlich länger als für den Weg hinein. Es war, als wollte der Fels verhindern, dass er ihm die Unterirdischen entriss.

Das raubte ihm wertvolle Zeit, die Phainòri und Weïdori sicherlich nutzten. Auch die Óarcos, denen er unterwegs begegnete, hielten ihn auf. Sie wollten unbedingt die Gefangenen haben. Er tötete die Bestien, weil es schneller ging, als langwierig mit ihnen zu verhandeln.

Am Steinernen Torweg erfuhr er zu seinem Ärger, dass Virssagòn sich am anderen Ende des einstigen Zwergenreichs aufhielt, um sich mit den Nostàroi zu besprechen.

Also machte sich Gàlaidon erneut auf den Weg. Er legte die Unterirdischen auf ein Gespann, das von vier Ponys quer durch das Graue Gebirge gezogen wurde, so schnell es die Wege zuließen.

Die Götter waren ihm wohl gesonnen: Just, als er an das große Tor kam, das nach Tark Draan hinausführte und durch den sich bereits das Heer von Albae und Scheusalen ergossen hatte, sah er, wie sich Virssagòn bereit machte, in die Tiefen des unbekannten Landes vorzustoßen. Um ihn herum herrschte reges Treiben. Wachen eilten umher, und ein Tross nach dem anderen zog auf dem Weg hinaus, um den Nachschub für das Heer zu gewährleisten.

Inàste, sei bedankt! Rasch zerrte Gàlaidon seine entkräfteten Gefangenen vom Wagen und trieb sie vor sich her, um sie zu seinem Meister zu bringen, der eben den Sitz des Sattels seines Nachtmahrs überprüfte.

»Hier bringe ich dir die Herzen«, grüßte er ihn von Weitem und stellte mit ein wenig Genugtuung fest, dass weder Phainòri noch Weïdori zu sehen waren. »Du magst dir aussuchen, welches ich dir überreichen soll, oder beide einfordern.«

Der Assassine wandte sich um und lächelte, als hätte er gewusst, wie der Verlauf der Probe enden würde. »Hervorragend. Du verstehst dich auf Pünktlichkeit. Noch drei, vier weitere Splitter der Unendlichkeit, und du hättest dich auf eine langwierige Suche nach mir in Tark Draan begeben müssen«, sagte Virssagòn und legte ihm die Hand auf die Schulter. »Ich ahnte, dass du derjenige bist, der mich als erster aufsucht.« Er betrachtete die Unterirdischen. »Und du hast dich an meine Anweisung gehalten.« Virssagòn lachte dunkel. »Sieh sie dir an, die Bergmaden. So klein und gering, und doch haben sie mehr Mut als die meisten Bestien und einen Willen aus Stahl.« Er machte einen Schritt zurück. »Lass uns nachsehen, wie es um das Herz bestellt ist. Man sagt, sie hätten eines aus Gold.«

Gàlaidon nickte, zog seinen Dolch und schlug die Gefangenen rasch mit dem Knauf nieder. Kaum waren sie niedergestürzt, brach der Alb sie auf, wühlte die schlagenden Herzen aus der Brust und hielt sie Virssagòn darbietend hin; eines davon tat wirklich noch Schläge und pumpte den dunkelroten Lebenssaft aus den Kammern, bis es zwischen seinen Fingern erstarb. »Wie du es verlang–«

»Mörder!«, erklang Phainòris laute Stimme plötzlich anklagend und hallte in der Höhle wider. »Gàdion ist ein niederträchtiger Mörder!«

Sämtliche Albae schauten zu ihr, die eben mit einem Karren herangerast kam. Wachen nährten sich der kleinen Gruppe langsam.

Phainòri zog die Bremse an, die blockierenden Räder rumpelten über den Stein, und sie brachte das Gespann zum Stehen.

Auf der Ladefläche lag Weïdoris Leichnam. Den Wurfdolch, der in ihrem Nacken steckte, erkannte Gàlaidon wieder. *Das ist der, den ich verloren glaubte.*

Phainòri sprang zur toten Albin, die bereits deutliche Zeichen von Verwesung zeigte. »Ich fand sie, der Endlichkeit nahe, in einem Gang«, rief sie laut von oben herab, sodass sie von allen Umstehenden gehört werden musste. »Weïdori stammelte mit ihren letzten Worten, dass Gàdion sie heimtückisch ermordet und ihr die beiden Gefangenen genommen habe.«

Virssagòn sah auf die toten Unterirdischen, die man nicht mehr zu den Anschuldigungen befragen konnte. »Ist das dein Dolch?«

Gàlaidon wusste, das alles gegen ihn sprach. Phainòri hatte ihn in eine Falle gelockt und sicherlich die Waffe kurz vor dem Aufbruch gestohlen. Der Beweis und ihre Lüge sprachen gegen ihn. Ein Mosaiksteinchen fügte sich zum anderen, auch wenn das Bild, das dabei entstand, ein falsches war.

Es spielt keine Rolle, was ich sagen werde. Man wird mich für schuldig halten. Gàlaidon sah voll Gleichmut zu Phainòri. »Wir beide wissen, was geschehen ist«, erwiderte er ruhig und drehte den Kopf zu seinem Meister. »Bedenke, dass sie nicht einmal ihren Auftrag erfüllte. Sie kehrt mit leeren Händen und einer Lüge zurück.« Er hielt die Zwergenherzen nun mit einer Hand.

»*Das* ist deine Erwiderung auf meine Anklage?«, rief die Albin vom Wagen herab. »Wie muss es in deinem Herzen aussehen, wenn …«

Gàlaidon bewegte sich zu schnell, als dass Virssagòn ihn aufhalten konnte: Er langte an den Gürtel, wo der noch blutige Dolch in der Scheide steckte, und warf ihn nach Phainòri.

Die Klinge drehte sich und landete im offenen Mund der Albin, zerschlug ein paar Zähne und trat aus dem Nacken wieder heraus, einen halben Finger lang, während der Griff zwischen den Lippen hervorragte. Phainòri fiel nach vorne auf Weïdoris Leichnam.

Die Wachen rissen die Speere hoch und rückten vor, ohne jedoch einzugreifen. Solange Virssagòn nichts befahl, würden sie sich zurückhalten.

Gàlaidon verbeugte sich vor seinem Meister. »Betrachte das als meine Erwiderung.«

»Ausgezeichnet.« Virssagòn nickte ihm zu. »Du hast bestanden.«

Der blonde Alb traute seinen Ohren kaum. »Du glaubst mir? Trotz ihrer Geschichte und meines Dolches im Nacken der Leiche?«

»Sie wurde bei der Tat beobachtet, und die Nachricht über das ehrlose Verhalten erreichte sowohl mich als auch die Nostàroi. Da Phainòri meine Schülerin ist, überließen sie es mir, sie zu strafen, und ich hatte mich bereits für ihren Tod entschieden, den sie im Gefecht erleiden sollte. Nun, dies war ein Gefecht, wenn auch ein sehr kurzes. Außerdem« – der Meistermörder langte in die Gewandtasche und zog einen Ring hervor, der aus Tionium und Silber bestand – »wollte ich sehen, wie du handelst.« Er hielt das Schmuckstück hoch. »Die Intarsien sind aus dem Knochen deines ersten Opfers, Gàlaidon«, verkündete er. »Das ist besser, als ein Knöchelchen als Talisman mit sich herumzuschleppen.« Er reichte ihn an den jüngeren Alb, der die Herzen immer noch in einer Hand hielt. »Hiermit nehme ich dich als meinen Schüler, und du bist der bislang beste. Aus dir vermag der größte Meistermörder werden, den unser Reich je sah. Du wirst uns gute Dienste leisten.«

Gàlaidon blickte versonnen auf den dunkelviolett glimmenden Stein auf der dünnen Platte. »Das Symbol darin steht wofür?«

»Es ist *dein* Zeichen, von nun an und für immer. Ich ließ es für dich anfertigen, von einem Wappenmacher. Die übrigen Symbole sollten dir bekannt sein.« Virssagòn nickte ihm zu.

Mein Zeichen? Er roch das Blut der Unterirdischen, malte sich seine Zeit bei Virssagòn aus, sah sich auf unzähligen Missionen für die Unauslöschlichen, sah Tod und Verderben über die Feinde seines Volkes bringen – und empfand weder Stolz noch Freude, ihm zu dienen.

Ein Bild stieg empor, das ihm wesentlich mehr gab, das seine Gleichgültigkeit aushebelte und das sein Herz schneller schlagen ließ: Er sah sich über einem heimtückisch ermordeten Alb.

Das ist es. Das will Inàste von mir! »Ich werde ein Zhartài«, sagte

Gàlaidon gleichgültig und ließ die Zwergenherzen auf den Boden fallen.

Virssagòns Antlitz verfinsterte sich, dann schaute er sich nach allen Seiten um, aber die Wachen hatten nichts vernommen. »Ich werde so tun, als hätte ich deine Worte nicht vernommen«, flüsterte er.

»Soll ich sie lauter wiederholen, Meister?«, gab er zurück.

Der ältere Alb neigte sich nach vorne. »Was du werden möchtest, ist ehrlos«, warnte er. »Es gab schon viele Teile der Unendlichkeit keinen mehr, der es wagte, diesen Titel zu tragen.«

»In jenem Moment, an dem ich nicht zur Stelle war, als mich Ahisiá benötigte, um sie vor der Endlichkeit zu bewahren«, raunte Gàlaidon, »habe ich meine Ehre verloren. Ich verlor *alles*, Meister. Die Götter entschieden, dass ich das Gift überlebte. Die Götter gaben mir Ehrgeiz und Gleichmut, um der Beste zu werden. Und den Göttern schwor ich ebenso wie Ahisiá, dass ich erreichen werde, wozu andere nicht imstande sind.« Er streifte den Ring über den blutigen Finger. »Ich soll nicht länger dein Schüler sein. *Dies* ist Inàstes Wille.«

Virssagòn richtete sich vorsichtig auf, er schien sich für einen Angriff zu wappnen. »Der Trank veränderte dich stärker, als ich ermessen konnte.«

»Nicht der Trank. Ahisiás Tod. Der Trank machte es nur leichter«, verbesserte Gàlaidon. Er las im Gesicht des Meistermörders, dass dieser zum ersten Mal nicht wusste, was zu tun war. »Fürchtetest du dich, wenn ich zu einem Zhartài würde?«

»Ich fürchte um mein Volk, wenn *du* zu seinem Mörder wirst.« Virssagòn legte eine Hand an den Schwertgriff. »Du bist zu gut geworden, zu talentiert, um dir diesen Schritt zu erlauben.«

Gàlaidons Herz pochte schneller, doch nicht aus Furcht, sondern aus Freude darüber, dass Virssagòn sein erstes Opfer werden konnte. *Aufregend!* »Und nun verlasse ich dich.« Behutsam rückwärts gehend legte er Schritt um Schritt zwischen sich und den Assassinen, nahm den Speer von seinem Karren.

»Ich werde deinen Namen aus meiner Schule tilgen«, versprach Virssagòn schneidend. »Sollte ich jemals wieder auf dich treffen, werde ich dich als einen Zhartài behandeln. Auch aus deinem wahren Namen mache ich nicht länger ein Geheimnis, wie es bei Anwärtern üblich ist.«

»Tu das. Es ist nicht mehr als recht und billig. Bis dahin habe ich sicherlich einige unseres Volkes getötet, weil ein Alb dem anderen die Endlichkeit wünschte.« Er schwang sich mit einem gewaltigen Satz auf Virssagòns Nachtmahr und ließ den Speer kreisen.

Der Rappe stieg auf die Hinterläufe, versuchte den fremden Reiter zu beißen, aber ein Stich mit der Klinge in den hinteren Rücken ließ ihn ruhig werden; die roten Augen glühten vor Wut.

»*Du* wirst der Einzige sein, den ich nicht umbringe, wie hoch auch immer der Lohn sein möge.« Gàlaidon hob den Finger mit dem Ring. »Auch deinen Nachtmahr sollst du zurückbekommen. Ich verdanke dir viel, und doch stehst du in meiner Schuld, alter Meister. Ohne dich wäre Ahisiá womöglich noch am Leben. Diese Schuld soll dich einholen, das ist mein Wunsch für dich.« Er jagte auf dem schwarzen Hengst zur Höhle hinaus in den Gang.

Ishím Voróo erwartete ihn, dort wollte er seine Kampfkunst verfeinern. *Und wenn es soweit ist, kehre ich nach Dsôn zurück und biete den Albae meine Dienste an.*

Sicherlich, ein Zhartài war ehrlos, weil er die Unsterblichen ohne ein Vergehen in die Endlichkeit schickte. Doch es gab genügend seines Volkes, die auf sein Können zurückgreifen würden.

Er sah auf den Ring, der an seinem roten Finger blitzte.

Virssagòns bester Schüler, angefüllt mit Gleichmut und Können, mit kaltem Ehrgeiz und dem Wissen, dass die Götter ihn dazu auserkoren hatten. *Wieso sonst ließen sie mich in jener Nacht am Leben? Wieso sonst raubten sie mir meine Empfindungen, um mich kalt werden zu lassen,* dachte er und drosch den Rücken des Nachtmahrs blutig, um dieses grässliche Gebirge zu verlassen. Schnaubend preschte der Hengst voran, durch Soldaten, durch Bestienhorden hindurch.

Phainòris und Weïdoris Tod erfüllte Gàlaidon weder mit Genugtuung noch mit Mitleid. Sie waren gestorben, ausgelöscht und vergangen. Sie hatten ihn niemals interessiert.

Gàlaidon jagte dahin, spürte den Wind. *So bin ich es denn, das Werkzeug von Samusin und Inàste, vom Gott des Ausgleichs und der Schöpferin.*

Deutlicher hätten sie es ihm nicht zu verstehen geben können.

Die Liebe
bringt größtes Leid in diese Welt.

Doch nur die Liebe
vermag dieses Leid zu nehmen.

Wer nun sagt, dass die Liebe ein Dämon sei,

dem sage ich:
Gib dich ihm hin!

Er wird dich lohnen, er wird dich strafen,
doch du wirst erkennst,
dass es die Liebe ist,
die unsere Unendlichkeit erträglich,
ja sogar
lebenswert macht.

Was Liebe bewirken und anzurichten vermag …

Über die Goldstählerne Schar wurde und wird vieles erzählt.

Diese besondere Einheit, gesegnet mit den tapfersten Kriegerinnen und Kriegern, die es in unserem Volk gibt, ist bislang kaum im Feld gesehen und beobachtet worden.

Das liegt an dem Umstand, dass die Unauslöschlichen die Goldstählernen meist ohne unsere üblichen Soldaten aussenden, um ihr Ansehen bei den Gegnern zu stärken und die Feinde allein durch den Anblick der besonderen Rüstungen zur Aufgabe bewegen zu können.

Die Stärke, die Überlegenheit, die Einzigartigkeit dieser Veteraninnen und Veteranen liegt nicht nur in ihrer Waffenkunst begründet.

Sie liegt in einem Gefühl: bedingungslose Liebe. Weder wird sie verlangt noch gefordert, nicht offen und nicht durch geschickte Worte.

Die Paare verteidigen ihre Leben unerbittlich, gnadenlos und mit einer unaufhaltsamen Wut, gegen die nichts besteht.

Wie ich schon einmal schrieb:

Wo reine Kraft und purer Verstand ein Schwert führen, ist die Liebe tausendfach überlegen. Denn Liebe tötet, um Liebe zu schützen.

Einen stärkeren Antrieb kann es nicht geben.

Vernehmt, was ihnen geschah und was sie herausragender, edler und bewundernswerter macht.

Ishím Voróo (Jenseitiges Land), Albaereich Dsôn Faïmon, Strahlarm Kashagòn, 4369. Teil der Unendlichkeit (5188/89. Sonnenzyklus), Winter

Bestens gegen die Harnische der Kwaitoo geeignet. Haïmoná, in einen dicken, nachtblauen Mantel gehüllt, saß auf einer Steinbank und prüfte die glattrunde Speerspitze, die dafür gedacht war, massive Panzerungen zu durchbrechen, und die ohne Widerhaken auskam. Dahinter schloss sich eine umlaufende Reihe gezackter Klingen an, die ins Fleisch schnitten; der Schaft, der anderthalb Schritt maß, war unmittelbar hinter dem Eisen angefeilt, sodass er nach der Wucht eines Einschlags von selbst abbrach. Damit würde der Feind keine Gelegenheit erhalten, die handlange Spitze zu entfernen. *Das wird ihnen eine vernichtende Lehre sein.*

»Du siehst dir die neuen Speere bereits zum vierten Mal an, seit ich dir zuschaue«, kommentierte Amitàrai aus dem Schatten eines immergrünen, vollblättrigen Stjarfô-Baums. Die Wintersonne schien grell und grausam vom Himmel, der Schnee streute die gleißende Helligkeit unbändig. Die blonde Albin hatte im Baum Zuflucht vor dem Licht gesucht und schlug Wurfsteine mit verschiedenen Werkzeugen in Form. »Hast du kein Vertrauen in unsere Schmiede?«

»Als Ntîstai prüfe ich meine Wurfgeschosse, ehe ich in die Schlacht gehe. Stets. Sie retten mein und euer Leben.« Haïmoná lächelte und schob den Speer in den Stapel der anderen, die in einem Köcher lagerten. Die Geschosse waren am Ende des Schaftes mit einer Schlaufe versehen, durch die Zeige- und Mittelfinger geschoben wurden, während die übrigen Finger den Schaft hielten. Eben diese Schlaufe ermöglichte es, den Speer mit großer Wucht und Genauigkeit zu werfen. »Selbstverständlich auch deines, Windschwester. Vergiss das nicht.«

»So wie diese den Tod bringen.« Amitàrai hob den scharfkantigen schwarzen Stein, und der Ärmel ihres dunklen Mantels rutschte nach unten. »Ich weiß, was ich dir und unseren Geschwistern als Fendònistai schuldig bin.«

Die Goldstählernen grinsten einander an. Haïmonás dunkle Augen huschten über Amitàrai, deren Gestalt unter dem Mantel verborgen lag und äußerst ansprechend war.

Doch wahre Anziehungskraft entfaltete die Albin nicht auf sie.

Das Herz der schwarzhaarigen Haïmoná gehörte Caiphôra, die sie verteidigte und für die sie in die Endlichkeit gehen würde.

Waren sie alleine in ein Gefecht verwickelt, bildeten sie eine Einheit. Während Haïmoná sich mit allem auskannte, was man warf und schleuderte, zählte ihre rothaarige Gefährtin zu den Asfámchai, den Schwertkämpferinnen, die mit Schwert und Schild ebenso umzugehen wusste wie mit zwei Klingen oder gar zwei Schilden.

Rücken an Rücken standen sie im Kampf, dämonengleich in der Schlacht und Furcht einflößend für ihre Feinde. Die Maskenvisiere der gold-schwarzen Helme machten sie zu fremdartigen Wesen, unirdisch und tödlich. Ein Trick und ganz ohne albische Kraft, die diesen einschüchternden Eindruck vervielfachte.

»Was weißt du über die Kwaitoo?«, erkundigte sich Amitàrai. Der Stapel mit ihren Schleudersteinen, deren Ecken durchaus Helme und Rüstungen durchdrangen, war gewaltig.

»Dass sie die Unauslöschlichen herausforderten. Die Barbaren halten sich für unbesiegbar, weil sie wissen, wie man unterirdische Festungen errichtet«, gab Haïmoná zurück. »Wie die Insekten. Ich vermute, die Bergmaden würden sich über diese Bauten totlachen. Und doch ziehen sie daraus die närrische Zuversicht, gegen uns bestehen zu können.«

»Man erzählt sich, dass ihnen der Fflecx-Abschaum Gifte gegen uns überließ«, fügte Amitàrai hinzu.

»Die Kwaitoo erzählen das. Aber wir beide wissen wie unsere Windgeschwister, dass die niederträchtigen Gnome ihre Gifte nicht veräußern. Die feigen Barbaren streuten das Gerücht, um uns vom Angriff abzuhalten.« Haïmoná lachte. »Das haben die Angeber nun davon: Das Herrscherpaar entsendet *uns!*«

»Benàmoi Ewìlor überlegte sich bereits eine Vorgehensweise«, wusste die blonde Albin zu berichten. »Und ich halte es für eine gute Eingebung. Damit werden die Kwaitoo nicht rechnen.«

»So?« Haïmonás Neugier war geweckt. »Woher weißt du das?«

Amitàrai lächelte und packte einen Stein nach dem anderen in einen Lederrucksack; einfachen Stoff hätte das geschliffene Gestein sofort durchschnitten, weswegen die Fendònistai zum Schutz Handschuhe aus winzigen Kettenringen trug. »Ich traf Ewìlor in der Bibliothek, wo er über alten Schriften brütete. Wenn ich es richtig sah, beschäftigte er sich mit der Kunst, Sand zu verflüssigen.«

Haïmoná hob das Kinn, die rechte Augenbraue zuckte in die Höhe. »Das würde die Barbaren mehr als überraschen. Und es ist wichtig für uns.«

Amitàrai nickte. »Ich verspüre wenig Lust, mich unter die Erde zu begeben. Unsere Stärke liegt in der Geschwindigkeit und in der Täuschung unserer Feinde.«

»Gut für uns.« Haïmoná erhob sich und schulterte den Köcher mit den Wurfspeeren. Sie wollte in die Unterkunft zurückkehren.

»Bevor du gehst, sag, stimmt es, was man vernahm: Inóro und Gàthoras sind nicht mehr länger vereint?«

»Man sagt es, ja. Doch mehr weiß ich nicht.« Die schwarzhaarige Albin dachte kurz nach. »Fürchtest du um unsere Einheit?«

»Ich fürchte nur, dass die Liebe sich einen anderen Weg in unseren Reihen sucht und es zu Verwicklungen kommt«, gab Amitàrai zurück. »Solange sie das in der Garnison austragen und die Fronten klären, ist mir das recht. Aber da wir gegen die Kwaitoo ziehen werden, will ich nicht darüber nachdenken müssen, welches Albherz gerade vor Sehnsucht weint und welches vor Eifersucht brennt. Beides führt in die Endlichkeit.« Sie nahm sich den letzten Schleuderstein und bearbeitete ihn mit dem Werkzeug. Ihre Schläge wirkten fester, die Spänchen flogen weiter als zuvor. »Ich hoffe, unsere Küche überbietet sich mit dem Essen. Ich werde nach der Schufterei hungrig sein.«

Haïmoná lachte und stapfte durch den Schnee zurück zum Gebäude, in dem ihre Einheit lebte, die sich der Schrei des Westwindes nannte.

Außer den Goldstählernen gab es noch die Anwärterpaare, die darauf warteten, in die Eliteeinheit aufgenommen zu werden.

Doch die Nachrücker benötigten Geduld, da Ausfälle kaum vorkamen und Verletzungen dank der Heiler schnell genasen. Die Anwärter wurden ebenso hart ausgebildet und unterwiesen, mussten die gleichen Anforderungen erfüllen. Ausgetauscht wurde fast immer ein Paar, kaum ein einzelner Alb oder eine einzelne Albin. Es kam selten vor, dass nur einer gehen musste.

Amitàrai sprach weise Worte. Man sollte Benàmoi Ewìlor bitten, den Austausch vor dem Einsatz vorzunehmen, ehe die Unruhe zu groß und gefährlich wird. Haïmoná ging den kaum erkennbaren Weg entlang, ihr Atem quoll als weißes Wölkchen aus Mund und Nase. *Samusin scheint seine Späße mit uns zu treiben.*

Der Austausch gegen Anwärter wäre schmerzlich. Inóro und Gàthoras bildeten das beste Kampfpaar, das in den letzten zwei Teilen der Unendlichkeit über die Schlachtfelder gezogen war.

Inóros Dolche und Wurfsteine verfehlten selbst auf größte Entfernung niemals das kleinste Ziel, und Gàthoras tötete jede Art von Gegner, von Barbar bis haushoher Bestie, mit solch unglaublicher Geschwindigkeit, dass man seine Bewegungen höchstens nachvollziehen könnte, wenn man die Zeit verlangsamte.

Haïmoná war voller Bewunderung für die beiden Albae. *Aber wenn ihre Liebe sich verlor und erlosch, wie können sie länger in unseren Reihen kämpfen?* Sie spielte mit dem Gedanken, eine Prüfung der Goldstählernen zu verlangen, um einen Beweis für ihre tiefen Gefühle zu erhalten. *Doch nur aufgrund eines Gerüchts?* Sie fluchte leise.

Währenddessen hatte sie die Pforte des burgähnlichen schlichten Gebäudes aus Schwarzholz, Basaltquadern und Silbermörtel erreicht und durchschritt das Tor zum großen sternförmigen Innenhof.

Von dort erklang deutlich vernehmbares Krachen und Rumpeln.

Als Haïmoná aus dem Schatten trat, sah sie die Anwärter den Kampf mit verschiedenen Schildsorten üben: rund, vier- und dreieckig, oval und halb ausgesparte Formen, die einen besseren Blick auf die kommenden Gegner erlaubten.

Die Anwärter trugen trotz der Kälte lediglich eine lange, schwarze Hose und Stiefel, die Veteranen kamen ohne Hemd aus, die Veteraninnen hatten schmale Brusttücher angelegt. Auf der Galerie an der Nordseite stand der gerüstete Ewìlor und überwachte die Bewegungen und die Techniken. Um seine Schultern lag der gold-schwarze Umhang der Einheit.

Sucht er schon die Nachfolger aus? Haïmoná blieb stehen und beobachtete abwechselnd den Benàmoi und die Gruppe.

Ein Schild taugte nicht nur als Fang von Schwerthieben und Geschossen, er eignete sich bestens als Angriffswaffe. Sogar abgerundete Kanten brachen Knochen im Gesicht oder in den Armen, die Ecken durchbohrten den Stiefel samt Fuß darin; über eine Federvorrichtung ließen sich Klingen oder Dorne ausklappen, die beim Rammen in den Körper des Feindes eindrangen.

Haïmoná kannte Goldstählerne, die ihre Schilde kurz vor dem Kampf mit Gift bestreuten, andere versahen sie an bestimmten Stellen mit einer dünnen Schicht Petroleumpaste, die sie mit einem Funken entzündeten. Es sorgte zum einen für Feuer, das dem Angreifer entgegenschlug, zum anderen gab der dunkle Rauch zusätzliche Deckung. Selbst wenn die Flammen längst erloschen waren, vermochte die erhitzte Oberfläche auf blanker Haut große Brandwunden zu erzeugen. Beim gemeinsamen Üben jedoch verzichtete man auf den Einsatz solcher Besonderheiten.

Haïmoná verfolgte, wie sie an ihrer Geschwindigkeit feilten, einmal im Kampf gegeneinander, dann auch an Puppen. Zu einem späteren Zeitpunkt der Ausbildung, wenn die Kenntnisse sich gefestigt hatten, wurden Sklaven in den Hof gebracht, die man um ihr Leben kämpfen ließ. Natürlich war noch keinem das Wunder gelungen, gegen einen Alb oder eine Albin zu bestehen.

Haïmoná betrachtete Ewìlor. *Was geht in dir vor?*

Als hätte der Befehlshaber ihre Gedanken vernommen, hob er den Kopf, die Augen richteten sich auf sie. Er machte ihr mit Zeichensprache deutlich, dass sie einen Speer nach einem der Anwärter werfen sollte: ein sehr schlanker, drahtiger Alb, der seine dunkelblau schimmernden Haare in einem Zopf trug; die Umwicklung mit dem Lederband war eng und ungewöhnlich lang.

Ewìlor traf seine Wahl und möchte sehen, ob er sich täuscht. Sie zog ein Wurfgeschoss aus dem Köcher, so leise und lautlos, wie sie es auch auf dem Schlachtfeld beherrschte. Das Krachen der zusammenprallenden Schilde übertönte zwar beinahe alles, aber sie sah es als Herausforderung.

Haïmoná maß die Entfernung, löste sich zwei Schritte von der Mauer und hob den Arm. Sie legte nicht die übliche Kraft in die Bewegung, da sie den Blauhaarigen sonst unweigerlich erlegen würde. *Das kann nicht Ewìlors Absicht sein. Er will die Sinne des Anwärters prüfen.*

Schon jagte ihr Speer davon.

Innerhalb weniger Herzschläge überbrückte er die Lücke zwischen ihnen und senkte sich, die Spitze zielte auf den Rücken des Albs.

Bevor der Speer in den Leib eindringen konnte, drehte sich der Anwärter zur Seite und hielt den Schild vor seinen Körper. Damit ließ er das Geschoss in einem sehr flachen Winkel auftreffen, sodass es keinesfalls das Metall durchschlagen konnte.

Der Schaft brach beim Aufschlag, die geschliffene Spitze prallte ab, trudelte davon und hüpfte nach etlichen Schritten hell klimpernd über den Hof.

Der Blauhaarige stellte sich breitbeiniger und senkte den Schild ein wenig, die Muskeln wirkten dünnen Seilen gleich, die unter der Haut verliefen und zuckten. Seine Blicke durchbohrten die Werferin voller Wut. »Was sollte das? Bist du eine Ntîstai, die ihren Verstand verlor?«, rief er. »Und sage mir nicht, dass du mich für einen Sklaven hieltest!«

Das Üben kam zum Erliegen.

Alle Anwärter starrten zu Haïmoná. Manche packten die Griffe fester und hoben die Schilde leicht an, was nach einer unverhohlenen Drohung aussah.

Haïmoná zuckte mit den Achseln. »Ich kann dir die Frage nicht beantworten.« *Das soll der Benàmoi selbst tun,* fügte sie in Gedanken hinzu und nahm an, dass Ewìlor absichtlich schwieg, um zu sehen, wie der Anwärter nach dem Wurf handelte.

Aus der Reihe der Übenden löste sich ein weiterer Alb, der eine wilde blonde Lockenpracht trug und deutlich kräftiger gebaut war. Er hielt nicht an, sondern kam direkt auf Haïmoná zu. »Du magst eine Goldstählerne sein«, sprach er laut und rotierte den dreieckigen Schild dermaßen schnell um die Achse, dass die Konturen verschwammen. »Aber was erlaubst du dir?«

»Raikânor!«, rief ihn der Blauhaarige scharf zurück. »Es steht uns nicht zu!«

»Oh, es steht *ihr* auch nicht zu, einen Speer nach dir zu schleudern, Yágôras«, erwiderte er grimmig und verfiel in weittragende Zick-Zack-Sprünge, die Haïmoná das Zielen erschweren sollten; dabei tauchte sein Oberkörper beständig hinter dem Schild ab, pendelte lockend. »Los, versuch dein Glück bei mir!«, forderte er herablassend. »Was wird dir wohl gelingen, wenn dein Gegner dich kommen sieht?«

Du wirst dich wundern. Sie warf einen kurzen Blick zum Benàmoi, der ihr mit einer knappen Geste den Wurf erlaubte. So langte Haïmoná in den Köcher, ohne die Augen von Raikânor zu nehmen, und wirbelte den gewählten Speer vor dem Körper hin und her, sodass der Schaft surrte. »Du bist nicht einmal mutig«, schleuderte sie ihm die Worte entgegen, als seien sie Teil ihrer Geschosse. »Du bist lediglich anmaßend.«

Yágôras hatte jedoch bemerkt, wohin Haïmoná geschaut hatte, und wandte sich um. Er sah jetzt erst den Benàmoi, der seine Arme vor der Brust gekreuzt hatte und im wahrsten Sinne über den Geschehnissen stand. Er ahnte, was hinter dem vermeintlich sinnlosen Angriff steckte. Schon öffnete sich der Mund, um eine Warnung an seinen Gefährten zu senden.

Weise uns dein Geschick, stürmischer Anwärter. Haïmoná holte aus und täuschte an, auf den Kopf zu zielen, doch kurz vor dem Wurf senkte sie den Arm und schleuderte das Geschoss auf Höhe des Oberschenkels.

Raikânors Dreieckschild stieß nach unten und hielt den Speer auf, der wiederum an dem Metall zerbrach. »Und nun zeige, was du vermagst«, zischte er und vollführte einen Ausfallsprung. Die Kante sirrte waagrecht heran.

»Lerne durch Schmerzen!« Haïmoná griff hinter sich und zog zwei weitere Speere, drehte die Klingen zu sich, um Raikânor nicht zu töten, und kreuzte die Schäfte, um den nahenden Schild zu blocken.

Die Kante blieb stecken wie eine Münze zwischen den geöffneten Schenkeln einer Schere.

Nun ich. Haïmoná vollführte eine rasche Hebelbewegung mit den Speeren, welcher der blonde Alb folgen musste, da der Druck auf seine Gelenke zu groß wurde.

Raikânor neigte sich notgedrungen nach links, öffnete seine Deckung somit weiter als gewollt. Ohne das Nachgeben wären seine Knochen gesprungen und Sehnen zerrissen.

Die Albin hielt die Klammer um den Schild aufrecht und trat dem Gegner vor die Brust, sodass er nach hinten flog und auf den Boden fiel. Doch in der erzwungenen Rückwärtsbewegung langte er an seinen Gürtel und schleuderte etwas.

Geschickt. Haïmoná wich zwei der heranzischenden Wurfsterne mit einer leichten Drehung aus, den dritten fing sie mit dem Speerschaft ab. »Noch schonte ich dich«, raunte sie und sah auf die schimmernden Spitzen, die teilweise im Holz steckten. »Aber nun ist es damit vorbei.«

Sie schwang den Speer mit dem Stern darin gegen Raikânor, der den Hieben zuerst durch Wegrollen entkam und sich dann unter seinen Schild duckte. Als er mit der Kante nach Haïmonás Schienbein stieß, hob sie blitzartig den Fuß und trat von oben auf das Metall, drückte damit den Arm herab und bannte den ungestümen Alb auf den Hofboden. Er bekam die Hand nicht mehr aus der Schlaufe.

Lächelnd legte sie die Speerspitze in den Nacken des vor Wut keuchenden Anwärters. »Ich scheue keinen Gegner, auch wenn ich ihn auf mich zukommen sehe. Im Gegenteil« – sie ritzte seine Haut sachte ein – »es bedeutet eine größere Herausforderung.«

»Eine gelungene Darbietung«, rief Ewìlor von der Galerie hinab. »Lass ihn aufstehen, Haïmoná.«

Sie machte einen Schritt zurück, legte dabei zum Abschied kurz mehr Gewicht auf den Fuß, sodass Raikânors Schultergelenk knirschte.

Der blondgelockte Alb knurrte, sprang in die Höhe und atmete heftig, die kräftigen Brustmuskeln zuckten. Dreck und Schneereste lösten sich von seiner Haut, doch er war schlau genug, nichts zu sagen. Er hatte begriffen, dass es sich um eine Probe handelte, auf die ihn der Benàmoi gestellt hatte.

»Windgeschwister! Damit es alle verstehen: Haïmoná handelte auf meine Order hin«, rief Ewìlor in den sternenförmigen Hof hinab. »Ich wollte sehen, in welcher Verfassung ihr seid. Denn es steht ein Austausch bevor: Ein Paar wird uns verlassen, und ich brauche einen zuverlässigen, ebenbürtigen Ersatz.«

Haïmoná war erleichtert. *Er kann Gedanken lesen. Das bringt uns die Ruhe, die wir brauchen.*

Ewìlor zeigte auf Yágôras und Raikânor. »Ihr beide werdet die Auserwählten sein. Ich sehe in euch die Besten auf diesem Hof. Ob ihr die Besten bei den Goldstählernen sein werdet, könnt ihr schon bald beweisen.«

Die Anwärter pochten gegen die Schilde, um ihren Beifall zu bekunden.

Die beiden Auserwählten verneigten sich vor dem Benàmoi. Raikânor sah danach zu Haïmoná. »Damit behältst du dein Leben«, flüsterte er zwinkernd. »Ich dachte wirklich, dein Verstand sei gegangen.«

Sie reichte ihm den Speerschaft mit dem Wurfstern darin. »Als Andenken an den Moment der Unendlichkeit, an dem ihr aufgenommen wurdet, und an deine Niederlage gegen mich.«

Er nahm das Geschenk grinsend entgegen. »Das habe ich wohl verdient.«

Ewìlor richtete die Augen auf Haïmoná. »Mein Dank geht an dich, Ntîstai. Du hast geholfen, meine Entscheidung zu treffen. Damit ist deine Aufgabe erfüllt. Du wirst morgen die Garnison der Goldstählernen verlassen.«

»Ich reise *wohin*, Benàmoi?«

»Nach Osten, zum Wassergraben und der dortigen Inselfestung Acht-Fünf. Du wirst die neue Befehlshaberin. Das ist eine ehrenvolle Aufgabe.«

Es war Brauch, dass Ausgeschiedene einen hohen Posten bei der Grenzsicherung erhielten, das wusste Haïmoná. *Aber … ich?* »Benàmoi, das begreife ich nicht.« Ihre Stimme hallte von den Mauern wieder, und sie kam ihr viel zu hoch vor. Lag gar ein Zittern darin? »Ich dachte, Inóro und Gàthoras würden ersetzt?«

Nun zeigte sich Verwunderung auf der Miene des Befehlshabers. »Das *wurden* sie bereits. Deine einstige Gefährtin Caiphôra bat um *deine* Entlassung aus unseren Reihen. Ich nahm an, sie hätte dich darüber in Kenntnis gesetzt.«

Haïmoná fühlte sich plötzlich schwach, die Beine zitterten. So unauffällig wie möglich nutzte sie den verbliebenen Speer in ihrer Hand als Stütze. *Sie liebt mich nicht mehr? Ihr Götter, sie hat mich dazu noch einfach gegen eine andere ausgetauscht, anstatt …* »Verzeih mir, ich verdrängte es. Es ist noch … so frisch«, brachte sie leise über die Lippen und spürte, wie die Farbe aus ihrem Antlitz wich. »Ich danke für die Zuteilung, Benàmoi. Ich werde über Dsôn wachen.«

Steif wie eine Tote ging sie über den Platz, vorbei an den verstummten Anwärtern, die sie mitleidig betrachteten. Die Blicke schmerzten zusätzlich, denn alle wussten, was vorgefallen war.

Verlassen worden. Sie gab ihr Herz einer anderen. Einfach so. Haïmoná bewegte sich vorwärts, ohne ihre Umgebung wahrzunehmen. Auf Begrüßungen reagierte sie knapp, irrte durch die Korridore, die ihr plötzlich fremd vorkamen, fand sich im Garten wieder und lief über unberührten Schnee, bis sie in dem kleinen Hain ankam, der auf einem zerklüfteten Felsrücken stand.

Hier ging es nicht mehr weiter.

Ausgetauscht. Die Albin ging bis an den Rand der Abbruchkante und starrte in den Abgrund, der hundert Schritte nach unten verlief. *Und nicht eine Zeile an mich.*

Künstler und Musiker hatten das Gestein so behauen, dass der Wind sich daran rieb und willkürliche Melodien spielte, zu Ehren Samusins. Die Töne überlagerten sich und schwollen mehr und mehr an, die Böen rissen an ihren schwarzen Haaren und an ihrer Kleidung.

Ich will nicht Benàmoi auf einer Inselfestung sein. Ich will keine Garde leiten. Ich will … Haïmonás Augen füllten sich mit Tränen. *Ich will sie. Einzig sie.*

Schlagartig wurde ihr bewusst, dass sie nichts gegen den Verlust unternehmen konnte; dass sie Caiphôra nicht zurückbekam; dass ihre einstige Gefährtin ihr Leben nicht mehr für sie geben würde.

Ich bin es nicht mehr wert. Haïmoná lehnte sich unbewusst nach vorne, neigte sich der Tiefe entgegen. *Aber ich bin zu gut, um den Wogen des Wassergrabens bei ihrem Spiel zuzusehen. Es wäre Verschwendung.* Ihre braunen Augen richteten sich auf den Boden in weiter Entfernung. *Meine Unendlichkeit wäre Verschwendung.*

Sie verzog die Lippen und hielt das Weinen zurück, reckte den Oberkörper noch weiter und lauschte auf die zufällig entstehende Musik, welche die Luft für sie spielte. Die schwarzen Strähnen tanzten und schlängelten sich wie Schattententakel.

Von einem Herzschlag auf den nächsten setzte der heftige Wind aus – und der ausgleichende Gegendruck wich von Haïmoná.

Wenn dies dein Wille ist, Samusin, folge ich ihm. Sie kam aus dem Gleichgewicht – und ließ den Sturz in den Abgrund zu.

Ein lautes Fauchen erfüllte die Stille, als würde ein erwachter Eisdrache seinen frostigen Brodem gegen sie werfen. Die eben noch säuselnde Melodie wich einem wütenden, schrillen Pfeifen, das in ihren Ohren gellte. Eine Böe von solcher Wucht, die der Albin den Atem raubte, traf sie und schleuderte sie empor.

Haïmoná fiel umgeben von wirbelndem Weiß hart auf den Vorsprung nieder, ins Gesicht hingen ihr die Haare, die sie erst zurückstreifen musste, um etwas zu sehen. Das Luftholen gelang ihr wieder, doch die Kälte des abrupten Windstoßes schien ihr bis in die Knochen zu reichen. Sie zitterte am ganzen Leib, klapperte mit den Zähnen.

Westwind! Der Gott hatte zu ihr gesprochen und sie vor der Endlichkeit bewahrt.

Ihre Blicke huschten umher. Sie rechnete fast damit, dass sich Samusin selbst zeigte, während die Bäume heftig nachwogten und sich knarrend bogen. Um sie herum stoben Schneewolken, die sich allmählich legten.

So wurde mir der Tod von höchster Macht verwehrt. Haïmoná kämpfte sich auf die Beine und lief durch den Hain zurück in die Garnison.

Es war ein Zeichen, das sie empfangen hatte. Nur das Deuten fiel ihr zunächst schwer.

Als die Albin die Mauern vor sich auftauchen sah, fasste sie den Entschluss, Caiphôra zurückzugewinnen. *Es ist meine Bestimmung, an ihrer Seite und in den Reihen der Goldstählernen zu sein. Das war Samusins Botschaft an mich.*

Jetzt brauchte sie nur noch eine Idee, wie dies zu bewerkstelligen war.

Möglicherweise sorgte der Aufenthalt auf der Inselfestung für die notwendigen Gedanken, die zu einem Plan führen würden.

Ishím Voróo (Jenseitiges Land), nördlich des Albaereichs Dsôn Faïmon, 4369. Teil der Unendlichkeit (5188/89. Sonnenzyklus), Winter

Die Goldstählerne Schar trabte fast durchgehend von Mondaufgang bis Mondaufgang nordwärts durch Ishím Voróo. Gelegentlich befahl Benàmoi Ewìlor eine kurze Rast, um von den Rationen zu essen und zu trinken, dann ging es weiter.

Die Veteraninnen und Veteranen liefen in loser Ordnung, jeder nur mit seinen Waffen und wenig Proviant ausgestattet. Gegen den Hunger gab es Riegel aus gepresstem und getrocknetem Fleisch, mit Gewürzen und Getreide, die für viele Momente der Unendlichkeit ausreichten. Weder nutzten sie Nachtmahre noch Feuerstiere, weil die Tiere einen immensen Futterbedarf hatten. Dies war eine von vielen Besonderheiten der Einheit: Sie war schnell, lautlos und ließ sich durch nichts aufhalten, schon gar nicht durch einen Versorgungstross.

Das beständige Laufen war den Goldstählernen in Fleisch und Blut übergegangen, an Ausdauer nahm es niemand mit ihnen auf, was einen weiteren Vorteil auf dem Schlachtfeld bedeutete. Selbst nach einem vollen Moment der Unendlichkeit des beständigen Trabens konnten sie sich in den Kampf stürzen und siegen. Jede und jeder von ihnen besaß ein kleines Beutelchen, in dem sich verschiedene Pulver befanden, die gegen Müdigkeit und Schmerzen halfen. Für den Notfall.

Wie geschmeidig sie sich bewegt. Caiphôra folgte ihrer neuen Liebe, Fhòrinaî, einer schwarzhaarigen Albin von noch schlankerer Statur, als es Haïmoná war. Sie trugen wie alle der Schar die schwarzen Rüstungen aus Tionium und gehärtetem Leder mit den goldenen, lang gezogenen Linien, die dem Harnisch durch ihre kunstvoll geschickte Anordnung ein skeletthaftes Äußeres gaben. *Eine Dämonin in vollem Lauf.* Nur zu ausgefallenen Gelegenheiten zeigte sich die Einheit in Prunkrüstungen und vollständig goldschimmernd.

Caiphôra und die ehemalige Anwärterin Fhòrinaî kannten sich lange und hatten ihre Gefühle für Freundschaft gehalten, bis sie erkannten, wie es in ihren Herzen aussah. So leid es beiden um Haïmoná tat, sie durften sich nicht länger einer Lüge hingeben.

Caiphôra blieb die Asfámchai in ihrem Bund, Fhòrinaî erwies sich als sehr gute Fendònistai, was einen Unterschied zu Haïmoná bedeutete: Sie benötigte mehr Platz beim Kampf, um die Steine, Eisen- und Säurekugeln sowie sonstige Geschosse auf den Weg zu senden.

Daran mussten sich beide noch gewöhnen, aber sie hatten Ewìlor versichert, dass es keine Schwierigkeiten geben würde. Caiphôra wusste, dass der Benàmoi diese Mission als ihre Bewährungsprobe betrachtete.

Fhòrinaî setzte mit Leichtigkeit über einen Baumstamm hinweg, glich den vereisten Untergrund unter ihren Sohlen spielend aus und wurde kein bisschen langsamer.

Schräg neben ihnen liefen der dunkelblauhaarige Yágôras und der blonde Raikânor, die ebenfalls zu ihnen gestoßen waren. Sie bildeten von ihrem Wuchs her ein sehr ungleiches Paar, doch Ewìlor schien sie für gut genug befunden zu haben. Somit gab es keinerlei Zweifel, dass aus den Anwärtern würdige Nachfolger für Gàthoras und Inóro werden würden.

Caiphôra schloss auf gleiche Höhe zu ihrer Geliebten auf, um ihr näher zu sein, und musste sich beherrschen, um sie nicht zu berühren. Nach ihrem Auftrag würde ihnen Zeit für Nähe und Hingabe bleiben, doch nicht jetzt.

Fhòrinaî erahnte ihre Gedanken und warf ihr ein kurzes, liebevolles Lächeln zu.

»Alle zu mir«, erklang die Anweisung in der silberhellen Frostnacht, und sofort sammelten sich die Goldstählernen um ihren Benàmoi; nicht ein verräterisches Geräusch erklang dabei.

Ewìlor stand auf einem kleinen Felsen und hielt ein Pergament hoch, auf dem eine Zeichnung zu sehen war. »Wir erreichen gleich einen ihrer Eingänge. Vor uns liegt zerfurchtes Felsgebiet, die Pfade führen abwärts in tiefe, enge Schluchten und Hohlwege, mitunter sogar durch Röhren, die aus den Zeiten stammen, in denen hier ein Gewässer entlangzog.« Er schwenkte die Zeichnung langsam von rechts nach links. »Es existiert aber wohl noch ein kleiner Fluss, der sich südlich von uns befindet. Ihn suchen wir.«

»Wasser gegen die Kwaitoo?«, erkundigte sich Yágôras und legte eine Hand gegen seinen Schild. »Sollten wir ihnen nicht zeigen, was es heißt, die Unauslöschlichen zu beleidigen?«

»Das tun wir – nachdem das Wasser uns einen Teil die Arbeit abnahm.« Ewìlor schien den Einwurf gelassen hinzunehmen.

Caiphôra war gespannt, was er vorhatte, und rückte näher an Fhòrinaî heran. Es tat gut, ihre Wärme zu spüren, auch wenn es sicherlich nur Einbildung war, denn durch Rüstung und Kleidung drang nichts dergleichen.

»Die Kwaitoo errichteten ihre Festung auf dem Sandboden, den sie vorfanden, und halten ihn für beständig genug«, fuhr Ewìlor fort. »Es kostet uns kaum Mühe, das Bachbett zu verschließen, sodass ein Großteil des Flüsschens in die Höhle sickern wird.« Er gab die Karte an die Vorderen, damit sie einen Blick darauf werfen und sie weiterreichen konnten. »In der Zwischenzeit lenken wir die Barbaren mit vorgetäuschten Verhandlungen und kleineren Scheinattacken ab. Es wird nicht lange dauern, bis der Sand durch das einströmende Wasser locker wird und die Mauern einbrechen. Dann« – er zeigte auf die Goldstählernen – »kommt unser Einsatz. Eine Handvoll Barbaren darf überleben, denn sie werden die Leichen ihrer eigenen Leute für uns ringsherum an den Eingängen zum unterirdischen Irrgarten als Warnung für andere auftürmen. Erst danach sind auch sie an der Reihe. Haben das alle verstanden?«

Caiphôra stimmte in den bestätigenden Ruf der Veteraninnen und Veteranen mit ein.

»Das wird eine leichte Aufgabe«, raunte Fhòrinaî ihr zu, und ihr klarer Atem umwehte Caiphôras Ohr, sodass sie schauderte. »Danach haben wir endlich Zeit für uns.« Gemeinsam warfen sie einen Blick auf die Zeichnung, auf der ihr Weg durch das Gewirr markiert war. Innerhalb weniger Lidschläge hatten sie sich die Einzelheiten eingeprägt.

»Dann los. Jedes Wesen, das uns von nun an begegnet, wird getötet. Niemand darf die Barbaren warnen, bevor wir den Flusslauf nicht veränderten«, befahl der Benàmoi und sprang vom Felsen. »Bekamen alle die Karte zu sehen?«

Wieder ein einziger zustimmender Ruf.

Ewìlor nickte und gab das Signal zum Vorrücken in rautenförmiger Kampfformation, welche die Schar einnahm, sobald sie als Verband in ein Gefecht zog. Auch wenn es Caiphôra und Fhòrinaî schwerfiel, sie mussten sich trennen.

Die Asfámchai rückten nach außen, vor sie schoben sich die Ntîstai mit ihren langen Schilden zum Schutz, während die Fendònistai in die Mitte wanderten und ihre Schleudern bereithielten.

Auf Bogenschützen, die in dieser Einheit Xotai genannt wurden, verzichtete Ewìlor. Er fand, dass sie nicht zu den Goldstählernen passten und keinen taktischen Vorteil bedeuteten; zumal das Holz der Fernwaffen anfälliger war als die robusten Schleudern.

Die Goldstählerne Schar eilte voran, lautlos und tödlich.

Die Augen der Albae nahmen dank des Sternenschimmers die Umgebung bestens wahr, die Reflexionen des liegenden Schnees leuchteten in jeden Winkel und raubten den Schutz der Schatten.

Doch als würde es das Leben ahnen, dass Tod in hundertfünfzigfacher Form durch Ishím Voróo glitt, die Klingen der Speere und Schwerter geschliffen und die Schleudern bereit, gab es für die aufmerksamen, misstrauischen Albaugen nichts zu entdecken. Nichts und niemand streifte umher.

Samusin ist mit uns. Caiphôra freute sich darüber, dass ihr Vormarsch glatt vonstatten ging. Sie verdrängte ihre Ungeduld, die der Liebe und dem Neuen geschuldet war, und wagte es nicht, sich nach ihrer Fendònistai umzuwenden.

Vor ihnen erschien die ebene, doch äußerst furchige Gesteinslandschaft. Es wirkte, als seien wahllos geschwungene, schlangenartige Gräben tiefer und tiefer in den Felsenboden getrieben und an den Rändern rund geschliffen worden.

Hier und da senkten sich Pfade ab und führten unmittelbar in die Unterwelt, in der die Kwaitoo ihre Festung errichtet hatten, von der sie glaubten, sie sei uneinnehmbar.

Ihr Infamen und Unauslöschlichen. Für euch! Caiphôra atmete tief ein, sog mit der frischen Luft Kälte in die Lunge, während die Goldstählernen ihrem Benàmoi auf den zweiten Hohlweg folgten, der abwärts verlief und sich recht breit in den Fels grub, sodass sie ihre Rautenformation beibehalten konnten.

So hasteten sie einige Zeit voran.

Das Licht wurde schlechter, doch noch verzichteten sie darauf, kleine Lämpchen zu entzünden. Es roch nach altem Stein und nach Feuchtigkeit.

Urplötzlich erhob sich vor ihnen ein Haufen aus Schutt und Geröll, steil und viele Schritte hoch. Die Schar verharrte.

Ewìlor sandte Yágôras und Raikânor hinauf, um zu erkunden, wie weit sich die Halde erstreckte. Geschickt arbeiteten sich die beiden hinauf und verschwanden für etwa hundert Herzschläge aus Caiphôras Gesichtsfeld.

Die Goldstählernen bildeten derweil einen Kreis, die Schilde nach außen, dahinter die Schwertkämpfer, dann die Fendònistai.

Man hört nichts. Caiphôra wagte nun doch einen Blick zu Fhòrinaî, die ihre Augen jedoch unverwandt in die Höhe gerichtet hielt, um eine mögliche Bedrohung sofort zu erkennen; die mit einem Kantstein bestückte Schleuder lag locker über der Schulter. *Nimm dir ein Beispiel an ihr*, maßregelte sie sich selbst. *Achte auf die Umgebung.*

Die Anspannung schwebte über dem kleinen Bollwerk, das sie souverän errichtet hatten. Angst verspürte niemand, doch die Stimmung in diesem Gang besaß etwas Bedrohliches. Ständig klickerten kleine abgesprungene Felsfragmente über den Boden und erzeugten das Trugbild, es würden sich Feinde nähern.

Es gab weder vernehmbare Schritte noch echte Anzeichen.

»Hört oder riecht jemand etwas Ungewöhnliches?«, wisperte der Benàmoi.

Außer einem Gefühl des zunehmenden Unwohlseins konnte Caiphôra nichts erwidern, also schwieg sie und der Rest der Schar tat es ihr gleich.

Die beiden ausgesandten Aufklärer erschienen wieder und rutschten über die Steine hinab zu ihnen.

»Diesen Weg können wir nicht nehmen. Weiter vorne gibt es kein Durchkommen«, berichtete Yágôras schnell, doch keinesfalls überhastet; dabei dämpfte er die Stimme, als wolle er die Nacht nicht erschrecken. »Die Schlucht ist teils eingestürzt, die Brocken türmen sich und liegen mitunter lose umher.«

»Das Gestein sieht spröde aus«, fügte Raikânor hinzu. »Es könnte zu neuen Abbrüchen kommen.«

Caiphôras Gedanken arbeiteten. *Was löste den Einsturz aus? Ein Erdbeben dieser Stärke hätten wir bis nach Dsôn gespürt, zumal* – sie blickte den Weg entlang, den sie gekommen waren – *hier keine Felsen liegen.*

Ewìlor betrachtete die Wände, die sich um sie erhoben. »Jemand versperrte den Pfad absichtlich.«

»Wegen uns?«, entschlüpfte es Yágôras.

»Dann wäre unsere Überraschung dahin.« Der Benàmoi nahm die Karte aus der dünnen Lederrolle heraus.

Caiphôra sah ihm an, dass er überdachte, einen anderen Weg bis zur Festung zu nehmen. »Doch was ist, wenn die Barbaren nicht die Urheber des Einsturzes waren?«

Ewìlor studierte die Zeichnung. »Du meinst, dass jemand die Kwaitoo einsperren wollte anstatt uns aus?«, gab er ohne aufzublicken zurück. »Jemand, der vor uns mit ihnen eine Rechnung begleichen wollte?«

»Trolle womöglich?« Raikânor legte eine Hand an den Waffengurt. »Sie vermögen es, Gebirge zum Einsturz zu bringen.«

»Es gibt hier keine Trolle«, hielt Caiphôra dagegen. »Dieses Gebiet war verlassen.«

Ewìlor hob ruckartig den Kopf. »*Was* sagst du?«

»Das Gebiet war verlassen«, wiederholte sie zögerlich. »Ich … vernahm, wohin uns die Unauslöschlichen senden, und erkundigte mich. Ich sah dich zwischen den ganzen Bergen von Schriftrollen sitzen und dachte, du tätest das Gleiche.«

»Ich suchte nach Schwachstellen in der Umgebung, doch ich kümmerte mich nicht um die Geschichten, die es zu diesem Ort gibt.« Der Benàmoi ließ Yágôras und Raikânor ihre Posten einnehmen und kam zu Caiphôra. »Gibt es etwas zu erzählen, was uns weiterhilft?«

»Nur eine Geschichte, mit der man kleine Kinder erschrecken könnte.«

In diesem Augenblick erklang ein dumpfes Grollen wie von einem fernen Gewitter, das lange rumorte und sich schier nicht beruhigen wollte.

Alle fühlten das sachte Beben unter den Stiefelsohlen, und schon lösten sich erneut winzige Steinchen von den Wänden, fielen prasselnd und klickend gegen die Schilde und Helme der Goldstählernen, als würde es hageln.

Caiphôra blickte nach oben. *Sternenklar.*

Ewìlor packte sie am Arm. »Die Geschichte, Caiphôra. *Jetzt!*« Sein Blick war hart.

»Ich fand sie durch eine Fügung, zwischen den ganzen Beschreibungen der Ödnis dieses Ortes«, begann sie, das Gelesene aus dem Gedächtnis wiedergebend. »Es ist eine Legende, die besagt, dass genau an dieser Stelle ein Dämon aus den Wolken geboren wurde. Die Niederkunft, die aus einschlagenden Blitzen, ätzendem Hagel und unaufhörlichem Sturm bestand, dauerte lange. Das fruchtbare Land, das sich einst hier befand, wurde vernichtet und der Fels darunter für immer gezeichnet.« Caiphôra überlegte. »Das war alles. Ich hielt es für einen netten Mythos.«

Erneut dröhnte das Donnern, dieses Mal näher und wütender, gefolgt von einem Steinchenschauer, der auf die Einheit niederging.

»Was geschah mit dem Dämon?«

»Ich … weiß es nicht. Das stand nicht geschrieben.« Caiphôra schluckte.

»Es hat vielleicht gar nichts mit ihrer Festung zu tun. Dachten die Kwaitoo *deswegen*, wir wagten nichts gegen sie zu unternehmen?« Raikânor zeigte auf den Schuttberg. »Weil sie sich mit dem Dämon verbündeten?«

Yágôras lachte ihn aus. »Es ist eine Geschichte!«

Ewìlor atmete langsam aus und gab Caiphôras Arm frei. »Wir sind in Ishím Voróo. Hier ist *alles* möglich.« Er lauschte auf die letzten Echos, sein Antlitz zeigte die Sorge. »Wir ziehen uns zurück.«

Caiphôras Blicke huschten zu Yágôras und Raikânor, die ihren Benàmoi anstarrten, als hätte er befohlen, ein Schlaflied anzustimmen. *Sie werden klug genug sein, den Mund zu halten.*

Die Goldstählerne Schar nahm die Rautenformation ein und eilte den Weg zurück, den sie gekommen war.

Das Rumpeln und Donnern begleitete sie, wurde heftiger – und unvermittelt flog ihnen eine grauschwarze Staubwolke auf dem gewundenen Pfad entgegen.

»Windgeschwister, Glocke bilden!«, schrie Ewìlor, und die Einheit schloss sich wieder zu der kleinen Festung zusammen, nur dass dieses Mal die Schilde wie eine Abdeckung genutzt wurden und übereinanderlappten.

Eine zweite Steinlawine. Caiphôra kauerte sich hinter die Wand aus Metall und Holz, machte sich möglichst klein und wünschte sich, Fhòrinaî in ihrer Nähe zu haben.

Die Wolke aus Dreck schoss heran und umströmte die Goldstählernen, presste sich durch die kleinsten Öffnungen, die sie finden konnte, und überzog die Albae mit einer mehligen, dünnen Schicht. Caiphôra schmeckte den zermahlenen Felsen in ihrem Mund und widerstand dem Drang, auszuspucken.

Es dauerte lange, bis die Wolke sich verzogen hatte und Ewìlor den Befehl gab, behutsam die Schilde zu lüften.

Die Luft kribbelte aufgeladen. Blaue und grüne Blitze zuckten zwischen den Felswänden hin und her, vereinzelt stießen sie ganz in der Nähe der Goldstählernen in den Boden und hinterließen schwarze Brandflecken.

Magie umgibt uns. Caiphôra hielt ihr Schwert fest und sah den haushohen, menschlichen Schemen, der sich auf dem Pfad vor ihnen erhob.

Er war dünn und wirkte zerbrechlich, die überlangen Ärmchen streichelten zärtlich die Bergflanken, was erneute Entladungen zur Folge hatte.

Geht die Kraft von ihm aus oder macht er sie sich zunutze?

»Benàmoi«, raunte Caiphôra, um ihn auf ihre Entdeckung aufmerksam zu machen.

Ewìlor hob den Kopf und starrte auf das ausgemergelte Wesen.

Die Albin wusste sofort, dass er keine Ahnung hatte, was sich auf sie zubewegte. Es konnte ein ausgehungerter Troll oder aber jener Dämon sein, von dem sie gelesen hatte. *Aber kein Scheusal beherrscht Magie.*

»Fordert das Ding nicht heraus. Los, in den Seitengang«, befahl er. »Wir schlagen uns über Umwege aus diesem Irrgarten. Ich fürchte, dieses Wesen zieht seine Kraft aus dem Gestein.«

Die Einheit lief los.

Das Wesen folgte ihnen, während das Kribbeln um sie herum zunahm. Harmlose, farbige Flämmchen umspielten die Klingen und Helme, tanzten über die Schilde.

Nahm Caiphôra die Erscheinungen anfangs nur zur Kenntnis, steigerte sich das beißende Gefühl auf der Haut alsbald zu einem spürbaren Stechen, wie von unzähligen feinen Nadeln.

Aus den Nadeln wurden Nägel, dann scharfe Klingen.

Caiphôra geriet kurz ins Straucheln, als sich ein Stich durch ihren Unterschenkel bohrte. Sie zog vor Pein die Luft ein, blickte auf ihr Bein, das äußerlich keine Wunde zeigte. Gegen einen solchen Feind nützte auch das Kriegswissen der Goldstählernen nichts. *Welche Macht es auch ist, die uns verfolgt, wir können ihr nichts entgegensetzen. Ewìlor tut gut, den Rückzug zu suchen.*

Und der dürre, lange Schatten folgte ihnen unbeirrt auf seinen hageren Beinchen.

Ishím Voróo (Jenseitiges Land), nördlich des Albaereichs Dsôn Faïmon, 4370. Teil der Unendlichkeit (5189. Sonnenzyklus), Winter

Haïmoná blickte vom Wehrgang der Inselfestung Acht-Fünf sinnierend auf das dahintreibende Wasser, auf dem die Schneeflocken landeten und sich sofort auflösten.

Die Strömung verhinderte zusammen mit den überschweren, klingenbesetzten Ketten, die im Winter von den Brücken gelassen wurden, dass große Eisschollen entstanden und der Graben zufror. Andernfalls hätten Angreifer leichtes Spiel gehabt, nach Dsôn Faïmon einzudringen.

Machte es ein harter Winter erforderlich, kamen besonders schwere Schleppboote zum Einsatz, welche die Schollen mit ihren keilförmigen Rümpfen zerbrachen und das Vereisen verhinderten.

Die Eintönigkeit kam Haïmoná zupass. So konnte sie in Ruhe überlegen, wie sie Caiphôra zurückgewinnen und in die Goldstählerne Schar zurückkehren könne. Das Befehligen der Wachmannschaft fiel ihr nicht schwer. Es ging nur darum, darauf zu achten, dass jeder seine Aufgabe erfüllte. Bislang waren all ihre Nachrichten an die Garnison in Kashagòn ohne Erwiderung geblieben.

Haïmoná spielte bereits mit dem Gedanken, sich für einige Momente der Unendlichkeit aus der Festung abzusetzen und ihre einstige Gefährtin zu besuchen.

Das Warten zermürbt mich. Sie dachte oft an jenen Augenblick, in dem Samusin sie vor dem Sturz bewahrt hatte. »Und nun brachte es mir nichts als Gedanken, die sich im Kreise drehen wie die Strömungen des Wassers: Sie sind in Bewegung und verharren doch auf der Stelle«, murmelte sie und sah sich gleich darauf um, ob jemand ihr Selbstgespräch bemerkt hatte.

Doch die Krieger befanden sich weit genug entfernt, die wachsamen Blicke auf Graben, Ufer und den gerodeten Landstreifen gerichtet.

Haïmoná seufzte. Gedichte hatte sie gesandt, kleine Aufmerksamkeiten, doch Caiphôra ließ sich nicht erweichen oder dazu herab, ihr zu antworten. Gelegentlich zweifelte sie daran, ob sie das Zeichen des Windgottes richtig verstanden hatte. *Aber was könnte er sonst gemeint haben?*

Ein Botenreiter aus Richtung Dsôn wurde gemeldet, und Haïmoná befahl, das Tor für ihn zu öffnen.

Sie unterdrückte ihre Unruhe und zugleich die Hoffnung, er könne eine ersehnte Nachricht von Caiphôra bei sich tragen. *Aber deswegen macht sich kein Melder auf den Weg,* schalt sie sich selbst und sah zwischen den Zinnen des Wehrgangs nach unten, wo der Reiter in den Hof preschte.

Er stieg ab, wechselte einige Worte mit den Wachen und kam die Treppe hinauf zu ihr; in der Hand hielt er eine versiegelte Pergamentrolle. Das Abzeichen darauf gehörte der Goldstählernen Schar.

Nun schlug Haïmonás Herz schneller. »Du bringst Kunde?«

Der Alb nickte und grüßte. »Benàmoi Ewìlor sandte mich. Es sind persönliche Zeilen von ihm, die ich nur dir übergeben darf. So lautete mein Auftrag.« Er überreichte ihr die Rolle und machte zwei Schritte rückwärts. »Ich wünsche dir den Segen der Unauslöschlichen.«

Von Ewìlor? Aus Vorfreude wurde Sorge. »Willst du nicht warten, ob ich dir eine Antwort mitgeben möchte?«

Er schüttelte den Kopf. »Es sei lediglich eine Unterrichtung, sagte er mir.« Der Melder deutete eine Verbeugung an und eilte zu seinem Nachtmahr zurück. »Ich habe noch weitere Botschaften für Inselfestung Acht-Neun bei mir. Ich muss mich sputen«, rief er im Gehen.

Haïmoná kümmerte sich nicht weiter um ihn und öffnete die Rolle. *Eine Unterrichtung? Oh, ihr Götter, was ist geschehen?*

Sie zog das Blatt heraus und las die Worte, die an sie gerichtet waren.

Geschätzte Haïmoná,
Windschwester im Geiste,

wir kehrten vor elf Momenten der Unendlichkeit von unserer Mission zurück, auf die uns die Unauslöschlichen sandten.

Nun, da ich in Dsôn war und dem Herrscherpaar schilderte, was uns widerfuhr, ist es meine traurige Verpflichtung, dir vom Ausgang unseres Auftrags zu berichten.

Das Gute vorweg: Die Kwaitoo, gegen die wir ziehen sollten, existieren nicht mehr.

Auch die Festung, die sie vermeintlich sicher vor uns glaubten, ist nichts mehr als ein Haufen Schutt.

Doch es ist nicht das Verdienst der Goldstählernen, so gerne ich das behaupten würde. Es ist nicht die Art unseres Volkes, sich mit den Taten anderer zu rühmen.

Wir reisten in die Ödnis, fanden die Täler und Schluchten vor, in denen die Kwaitoo sich verborgen hatten und ihre Drohungen gegen Nagsor und Nagsar Inàste ausstießen.

Unser Vordringen wurde durch nichts behindert, und wir gelangten tief in ihren Rückzugsort, als wir auf dieses Wesen trafen, von dem Caiphôra annahm, es handele sich um einen Dämon.

Was immer es ist, es beherrscht Magie oder zumindest Fertigkeiten, gegen die weder Schwert noch Lanze noch Wurfstein helfen.

Wir zogen uns bei seinem Auftauchen zurück, weil ich verstand, dass Widerstand keinerlei Sinn ergab.

Doch das Wesen verfolgte uns, während es uns mit seinen rätselhaften Kräften weiter zusetzte und uns über die Entfernung mit Magie peinigte.

Du kannst nicht ermessen, wie sich die Qualen steigerten, wie aus einem leichten Beißen auf der Haut ein Reißen und Schneiden in Gliedmaßen und Leiber wurden, als würden wir in Stücke geschnitten.

Aber man sah die Wunden nicht. Diese Magie wirkte anders. Grausamer. Gewaltiger. Überwältigender.

Doch keiner der Goldstählernen beschwerte sich.

Haïmoná schluckte und senkte den Brief, lehnte sich gegen die Zinne. *Ich ahnte, dass etwas geschehen ist. Samusin, nein, bitte verschone Caiphôra. Lass sie nicht zu Schaden gekommen sein.*

Obwohl sie das Schlimmste befürchtete, musste sie fortfahren, den Brief zu lesen.

Auf dem Rückzug vor dem Scheusal stießen wir tiefer in den Ort vor, passierten Schluchten und Röhren, bis wir die Festung erreichten, welche die Kwaitoo errichtet hatten.

Doch kein Stein stand mehr auf dem anderen.

Alles war von dem Wesen vernichtet worden, die Brandspuren auf den Quadern erklärten uns auf einen Blick, was vorgefallen war.

Und genau in dieser Höhle holte uns die Bestie ein.

Wir verteidigten uns, verschanzten uns, deckten sie mit Speeren und Steinen ein, und mussten letztlich die Flucht antreten.

Glaub mir: Gegen diese Art von Angriff half keiner unserer Schilde!

Fhòrinaî entdeckte einen Durchgang, den die Kwaitoo wohl in ihrer Festung angelegt hatten, um sich bei einer Belagerung befreien zu können.

Ich befahl den Rückzug, während der Dämon umso wütender seine Blitze gegen uns schleuderte. Zahlreiche Verletzte mussten getragen werden, aufgeplatztes Fleisch, herausstehende Knochen, verbrannte und verätzte Haut – jede Art von Wunde sah ich bei meiner Schar.

Es gelang uns, durch den Gang zu entkommen und der völligen Vernichtung durch den Dämon zu entgehen.

Allerdings verloren wir dabei Caiphôra, Yágôras und Raikânor. Sie bildeten den Abschluss der Schar, als der Gang einbrach und sie von uns abschnitt. Es gibt keine Hoffnung für sie.

Ich befahl den Goldstählernen den Marsch zurück, um dem Herrscherpaar meinen Bericht abzuliefern und zu erfahren, wie es mit dem Dämon weitergehen solle.

Die Unauslöschlichen haben beschlossen, keine weiteren Truppen gegen den Dämonen zu entsenden.

Eine Legende zu dem Dämon besagt, dass er an diesen Ort gebunden bleibt, bis seine Zeit gekommen ist. Er kann Dsôn und unserem Volk nicht gefährlich werden.

Zudem: Er rottete die Kwaitoo mit Stumpf und Stiel aus, zerschlug ihre Festung in kleine Stücke und wird dafür sorgen, dass uns die überheblichen Barbaren niemals mehr stören.

Wenn du mich nach dem Preis fragst, den wir mit Caiphôra, Yágôras und Raikânor zahlten: Ja, er ist zu hoch.

Viel zu hoch.

Doch es gab kein Mittel gegen die dämonische Magie.

Dieser Brief soll dir übermitteln, wie sehr ich mit Dir fühle: Zuerst verlorst du Dein Herz, nun Deine Hoffnung, Caiphôra jemals wiederzusehen.

Es mag Dir noch zu früh sein, doch ich möchte Dir versichern, dass Du einen Platz in unseren Reihen haben kannst. Denn findest du eine neue Gefährtin, die eine herausragende Asfámchai sein sollte, stellt euch jederzeit bei mir vor. Nach einer Prüfung seid ihr mir willkommen.

Die Goldstählernen empfangen euch mit offenen Armen.

Ich wünsche Dir …

Haïmoná wandte sich um und schleuderte den Brief mit einem Schrei über die Zinnen. »Ich soll leben, damit sie stirbt! Ist dies deine Vorstellung von Ausgleich, Samusin?«, rief sie anklagend.

Alle Krieger wandten sich zu ihr um, da sie annahmen, sie hätte etwas jenseits des Grabens entdeckt.

Sie krallte sich in den Stein, bis ihre Fingerkuppen und -nägel schmerzten, starrte auf das Wasser und die kleinen Eisstückchen darauf. Dazwischen trieb das Papier, kreiste und wurde von kleineren Wellen überspült. Die Tinte darauf verwischte und löste sich vom Untergrund, der sich nach und nach vollsog und dunkler färbte.

Haïmoná hielt einen Krieger mit einer Handbewegung davon ab, sich ihr zu nähern.

Besinne dich. Es stand nicht im Brief, dass sie tot sind. Der Gang stürzte ein, mehr nicht, sagte sie zu sich selbst, während ihre Blicke unentwegt Ewìlors Nachricht verfolgten, die sich von der Festung entfernte.

Als das Papier versank und nicht mehr zu sehen war, wandte sich die Albin um. »Bringt mir meinen Nachtmahr«, befahl sie dem Krieger, der ihre Order weitergab. »Du hast das Kommando, solange ich fort bin.«

»Sicher, Benàmoi.« Er salutierte und rang sichtlich mit sich, ob er eine Frage zu ihrem hastigen Aufbruch stellen durfte.

»Senkt die zweite Brücke. Ich muss nach Ishím Voróo«, sagte Haïmoná, um jeden Zweifel an ihrem Tun im Keim zu ersticken. »Die Unauslöschlichen senden mich aus, um eine Sache zu überprüfen.« *Diese Lüge wird niemand anzweifeln.*

Befehle wurden gerufen, ratternd ließen die Winden das zweite Brückenteil hinab und ermöglichten einen Übergang in die Ödnis; derweil wurde ihr ein gesatteltes Reittier gebracht. An der Seite hing ein Köcher voller Speere. Sie konnte ihre Herkunft als Ntîstai nicht verleugnen. Es war die vertrauteste Waffe.

Haïmoná ließ sich Proviant in die Satteltaschen packen und stieg auf. »Seid immer wachsam, wie ich es euch beibrachte, achtet auf die kleinste Kleinigkeit«, schärfte sie ihnen ein. »In etwa zehn Momenten der Unendlichkeit werde ich zurück sein.«

Sie ließ den Nachtmahr antraben und galoppierte über die Brückenbohlen, bevor der Rappe mit einem Satz die blitzumspielten Hufe auf Ishím Voróo setzte und über das gerodete Gelände jagte.

Die Albin machte sich klein und erlaubte dem Hengst, so schnell zu rennen, wie er wollte. Sie musste nach Norden, in dieses Gebiet, in dem der Dämon hauste.

Der Gedanke, dass ihre einstige Gefährtin verschüttet, aber lebendig auf ihre Hilfe wartete, überwog jede mögliche Gefahr, die auf sie wartete. Was war schon ein Dämon!?

Der Wind spielte mit ihren langen, schwarzen Haaren, die kalte Luft schmerzte auf dem Antlitz, sodass sie den Schal richtete und nur noch die Augen frei ließ.

Der Nachtmahr schnaubte und galoppierte dahin, sie spürte die Bewegungen der kräftigen Muskeln unter sich. Gefrorene Dreckbrocken flogen empor, loser Schnee spritzte auf.

Niemals werde ich Fhòrinaî verzeihen, dass sie Caiphôra alleine zurückließ. Das wird sie zu spüren bekommen, sobald ich mit Caiphôra zurückkehre. Haïmoná lächelte, trotz allem. *Nun verstehe ich, Samusin: Ich sollte leben, um sie zu retten. Nichts wird mich davon abhalten, kein Wesen, das sich Tion oder Elria oder ein Infamer ausdenken kann!*

Haïmoná machte sich keine Gedanken über die Strafen, die ihre Handlung nach sich ziehen würde. Ein Benàmoi, der seine Inselfestung verließ, um auf eigene Faust nach Ishím Voróo zu reiten – das hatte es in der Geschichte des Albaereichs ihres Wissens nach noch nie gegeben.

Sollten die Unauslöschlichen beschließen, mich deswegen nach Phondrasôn zu verbannen, nehme ich die Strafe auf mich, denn ich weiß, dass es richtig war, was ich tat.

Haïmoná und der Nachtmahr jagten dahin, immer nach Norden.

Solange ich Caiphôra lebend wiedersehen darf, nehme ich alles auf mich. Alles.

Ishím Voróo (Jenseitiges Land), nördlich des Albaereichs Dsôn Faïmon, 4370. Teil der Unendlichkeit (5189. Sonnenzyklus), Winter

Haïmoná lenkte den Nachtmahr behutsam in den mittleren der insgesamt sieben geschlängelten Pfade, die sich leicht abschüssig in die Schluchten und Tunnel senkten. Drei von ihnen waren zugeschüttet und somit unbenutzbar.

Samusin, du wirst mich lenken. Haïmoná glaubte, einen leichten Luftzug zu spüren, der aus dem Westen kam und sie in eben jenen Hohlweg führte. Der Wind des Krieges, der den Geruch von Eisen und Erde mit sich trug, war mit ihr. Sie dachte an die seltenen Momente, wenn der Gott seine Größe zeigte und man flirrende Goldplättchen und funkelnde Glassplitter darin sah.

Der Rappe setzte einen Huf vor den anderen, das Klappern schwang als Echo zwischen den Wänden hin und her.

Haïmoná störte es nicht, dass der Dämon sie kommen hörte. Sollte die Bestie wahrlich eine derartige Kreatur sein, besäße sie ohnehin die Fähigkeit, die Albin aufzuspüren. Lieber saß sie beim Aufeinandertreffen auf dem Rücken eines Nachtmahrs und konnte ihn zu ihrem eigenen Vorteil einsetzen: zur Ablenkung, zur Flucht, wofür auch immer.

Ihr fielen die zahlreichen Steinsplitter auf, die den Boden übersäten. *Das Erscheinen des Dämons ging wohl mit Erschütterungen einher.*

Sie richtete den Blick auf die rissigen Wände und bemerkte die dunklen Spuren, die sich in gezackten Linien über das Gestein zogen. *Das wird die Magie gewesen sein, von der Ewìlor im Brief sprach.*

Haïmoná und der Nachtmahr bewegten sich tiefer in das Gewirr hinein und folgten trotz der zahlreichen Kreuzungen und Abzweigungen dem Westwind, dem die Albin vorbehaltlos vertraute.

Plötzlich schnaubte der Hengst und blieb wie angewurzelt stehen.

Seine Muskeln spannten sich, er zog die Lippen zurück und entblößte die messerscharfen Reißzähne, ohne einen Laut von sich zu geben.

Was kommt auf uns zu? Haïmoná zog einen ihrer Wurfspeere aus dem Köcher und hielt ihn am ausgestreckten Arm nach unten; die andere Hand gab die Zügel frei und legte sich an den Griff des Schwerts.

Der Nachtmahr klappte die Ohren zurück, ein dunkles, leises

Schnauben entwich den Nüstern. Die roten Augen glommen in der Dunkelheit der Schlucht, er streckte den Hals lang und witterte.

Das Geräusch, das an Haïmonás Ohren drang, klang zunächst wie ein weit entfernter, säuselnder Wind, doch es veränderte sich mehr und mehr: Je näher es kam, desto mehr glich es dem Plätschern und Rauschen eines Flusses.

Das Echo rollte ankündigend heran, steigerte sich, bis Haïmoná begriff: *Das sind Stimmen. Die Stimmen eines Heeres, das genau auf uns zueilt.*

Geschätzte vierzig Schritte vor ihnen erschienen die ersten Gestalten im Hohlweg, die sich rennend auf die Albin zubewegten. Sie trugen verschlissene Mäntel gegen die Kälte, und über ihnen erhob sich Dampf, ausgelöst durch die Wärme ihrer überhitzten Körper.

Haïmoná sah die verschiedensten Bestien heranstürmen, Óarcos, Gnome und Fflecx, sich gegenseitig anschiebend und drängelnd, als wollte jeder von ihnen zuerst über eine Ziellinie laufen. Flüche und Rufe wurden ausgestoßen. Mittendrin hasteten verkommene Barbaren, denen die Scheusale kein Haar krümmten; nicht einer der Heranstürmenden hielt eine Waffe in den Händen, obwohl die meisten Dolche, Schwerter und Keulen an Gürteln und in Halterungen mit sich führten.

Weniger als zehn Schritte trennten die Albin von der stürmenden Horde.

Haïmonás Augenbrauen zogen sich zusammen, sie blieb ruhig und beobachtete. *Was ist das für ein merkwürdiger Wettlauf?*

Da erschien eine geschlossene Sänfte, die über dem Meer aus Köpfen zu schweben schien und rasch näher gespült wurde; zahllose Hände trugen sie.

Obwohl der Strom aus Bestien und Barbaren durcheinander und konfus anmutete, blieb die Sänfte ruhig, als wäre sie auf weichen Dämpfern gelagert. Sie war aus dunkelbraunem Holz gefertigt und mit klarem Lack überzogen. Weiße Runen und Symbole prangten darauf, peinlich genau angebracht und einer penibel Anordnung folgend. Die großen Fenster waren mit gelochten Läden verschlossen, dunkelgrüne Vorhänge schwangen vor und zurück.

Der Nachtmahr zog den Kopf zurück und tänzelte auf der Stelle, wieherte aufgebracht und warnend.

Haïmoná hatte alle Mühe, ihn vor dem Ausbrechen zu bewahren. Für einen Rückzug war es zu spät. Die Geschwindigkeit, mit der sich die Horde fortbewegte, lag weit über dem normalen Tempo eines rennenden Óarcos.

Dann waren sie heran und umschlossen den Rappen von allen Seiten wie strömende Fluten, sie schoben und rieben an seinen Flanken vorbei, ohne anzuhalten oder sich von den auskeilenden Hufen und schnappenden Zähnen in Sicherheit zu bringen.

Was bei den Infamen …? Haïmoná verfolgte fasziniert aus dem Sattel herab, wie die Gebissenen trotz ihrer schweren Verletzungen weiterhetzten und die Gestürzten von den Nachfolgenden niedergetrampelt wurden, als wären sie lästiger Dreck. Für die Masse bedeuteten Nachtmahr und Albin ein einfaches Hindernis, aber keine Gegner.

Was ist mit euch? Sogar als Haïmoná ihren Speer schwang und mehrere Scheusale sowie einen Barbaren ohne Gegenwehr abschlachtete, änderte sich das Verhalten nicht. Sie wurde einfach ignoriert.

Die Sänfte kam näher und näher, gleich einem Floß, das auf einem Fluss dahinjagte.

Haïmoná hielt den Nachtmahr mit dem Schenkeldruck genau in der dahineilenden Menge, damit der Hengst nicht zusammen mit ihr umgeworfen wurde. *Wer wird sich von diesem Abschaum tragen lassen? Und wie gelingt es ihm, die Horde zu …*

Unvermittelt blieb das Gesindel stehen, als wäre eine Glocke geschlagen worden, die sie zum Anhalten zwang.

Letztes leises Fußscharen erklang, ein Rascheln hier, ein Straucheln dort, schließlich stand die stumme Menge erstarrt, Schulter an Schulter. Der Pfad war auf seiner gesamten Länge angefüllt mit ihnen, sie bewegten nicht einmal die Köpfe, sondern blickten stur geradeaus.

Der Nachtmahr wieherte und schnappte um sich, bevor Haïmoná eingreifen konnte.

Der Schädel eines Barbaren wurde von den kräftigen Kiefern geknackt, die spitzen Zähne zerfetzten den dicken Hals eines Óarcos, und bevor noch ein Fflecx durch eine dritte Attacke sterben konnte, versetzte die Albin dem Rappen einen maßregelnden Tritt in die weiche Seite. Aufbegehrend röhrte er auf, doch stellte er seine Angriffe ein, während ihm das Blut der Getöteten aus dem Maul rann; die lange Zunge leckte die vermengten Lebenssäfte auf.

»Wer auch immer darin ist, zeige sich!« Haïmoná hielt den rotfeuchten Wurfspeer wieder gesenkt. Sie glaubte schon lange nicht mehr, dass sie es mit dem Dämon zu tun hatte.

Jetzt ruckten die Köpfe der Horde herum, Stoff raschelte, Leder knarrte, Metallringe rieben aneinander, und das Echo kroch hohl die Wände hinauf.

Die Augen der Bestien und Barbaren richteten sich erwartungsvoll auf die Sänfte, als wüssten sie, was als Nächstes geschah. Sie atmeten lediglich; die austretende Luft aus Nasen und offenstehenden Mündern wurde durch die Kälte sichtbar und mischte sich mit dem Dampf, den sie durch die Wärme ihrer Körper absonderten.

Haïmoná konnte nicht verhindern, dass ihr ein Schauder über den Rücken lief. *Wenn sie sich alle auf einen Schlag auf mich werfen, werde ich ihnen nicht entkommen. Es sei denn, ich nutze ihre Köpfe und Schultern als Trittsteine.* Behutsam nahm sie die Füße aus den Steigbügeln.

Ganz langsam wurde der vordere Fensterladen aufgeschoben.

Dahinter schimmerte das Licht einer Lampe, die mit Ketten befestigt von der Sänftendecke baumelte. Die Albin sah eine Gestalt, die sich nach vorne beugte und in der Öffnung deutlich sichtbar wurde.

Es war eine Barbarin, die ihren Kopf geschoren und mit weißen Tätowierungen versehen hatte. Die Runen glichen denen auf der Sänfte, unterschieden sich geringfügig durch den Schwung und die Feinheiten. Auf der Nasenwurzel prangte ein schwarzes Oval, das den aufgeklebten Diamantsplitter betonte. Ihre fließenden Gewänder waren in Weiß und Dunkelgrün gehalten, Ketten aus Silber und mit Edelsteinen besetzt baumelten um Hals und Handgelenke.

»Du bist eine Albin«, sagte die Unbekannte in der Allgemeinsprache von Ishím Voróo und richtete den stechenden Blick ihrer hellgelben Augen auf sie.

»Das ist richtig.« Haïmoná erwiderte die Musterung.

»Aber du bist nicht die Schuldige.«

»Die Schuldige?«

»Ich bin Fa'losôi, Tochter von Sh'taro Nhatai aus der Nhatai-Familie, und suche einen anmaßenden Vertreter deines Volkes«, sprach sie zornig. »Er kam zu uns, tötete meinen Großvetter und schnitt ihm den Kopf ab. Nun folge ich ihm, um ihn zu bestrafen.«

Aber natürlich! Haïmoná überblickte die Zahl der Gefolgsleute und konnte sich endlich einen Reim auf das Verhalten der zahllosen Bestien machen. *Sie ist eine Botoikerin.* Wie genau das magisch begabte Volk seine Kräfte einsetzte, entzog sich ihrer Kenntnis, aber es schien darauf hinauszulaufen, dass sie anderen Wesen ihren Willen aufzuzwingen vermochte. *Waren wir nicht immun?*

Haïmoná hatte sich nie für die Bewohner von Ishím Voróo interessiert, und ihre Einsätze führten sie bislang gegen andere Völker. »Dann folge ihm weiter«, schlug sie vor.

»Was treibt dich alleine an diesen Ort?« Fa'losôi umfasste mit der Linken ihre Kette. »Bist du eine Späherin?«

»Nein«, erwiderte Haïmoná wahrheitsgemäß. »Ich suche eine Freundin. Sie kehrte von ihrem Einsatz nicht zurück.«

»Dann sind wir beide Suchende, wenn auch aus anderen Gründen.« Die Botoikerin schwieg eine Weile, ohne den Blick abzuwenden. »Weißt *du*, wer meinen Vetter ermordete?«

Haïmoná schüttelte den Kopf. »Mir ist nichts bekannt von einer neuen Strafaktion gegen euch. Es ist lange her, dass die Unauslöschlichen euch in eure Schranken verwiesen. Seither blieben wir beide friedlich.« *Wie komme ich aus dieser Schlucht?* Sie war sich sicher, dass Fa'losôi sie nicht am Leben lassen wollte. Der stechende, mordlüsterne Blick verriet ihre Absichten allzu deutlich.

»Eben! Wir unternahmen nichts, und das schwöre ich beim enthaupteten Leichnam meines Vetters. Nichts rechtfertigte den Mord an ihm.« Die Glatzköpfige spielte mit den schwarzen Edelsteinen. »Ich habe den Rat der mächtigsten Familien einberufen, um darüber entscheiden zu lassen, wie unsere Antwort darauf lauten wird.«

»Und bis diese Entscheidung fällt, nahmst du dir die Heerscharen deines Vetters und folgst den Spuren des Attentäters, nehme ich an«, fügte Haïmoná hinzu. In ihrem Kopf hatte sich bereits ein Plan entwickelt: *In die Sänfte hechten, die Botoikerin töten und von Bestie zu Bestie springen wie von einem Trittstein zum anderen.* Das bedeutete das Ende des Nachtmahrs, aber anders ging es nicht.

»So ist es. Ich weiß einzig, dass es ein blonder Alb war. Zwar sah ich ihn, doch ich vermochte nicht mehr einzugreifen.«

Haïmoná schmunzelte böse. »Es wäre dir nicht gelungen. Wir sind zu rasch, um uns aufhalten zu lassen.«

»Ich hätte mich ihm in den Weg gestellt, und die wenigen Lidschläge mehr, die er brauchte, um mich zu töten, hätten meinem Großvetter ausgereicht, um seine Horden zu rufen.« Fa'losôi ließ die Steine los und legte beide Hände in den Schoß, der grüne Stoff um ihre Arme raschelte leise. »Du hast mir deinen Namen noch nicht genannt.«

»Sollte ich?«

»Ich mag die Namen deines Volkes. Sie sind oft recht klangvoll und sorgen dafür, dass eine Stimmung zurückbleibt, sobald man ihn ausspricht.« Die Botoikerin betrachtete die sieben Ringe an ihrer rechten Hand, die mit den gleichen Steinen wie die Kette besetzt waren. »Ich schwor dem Leichnam meines Vetters, dass ich nicht eher raste und ruhe, bis ich seinen Mörder gefunden habe.«

»Es könnte dich eine unglaublich lange Spanne kosten, bis du herausfindest, wer es war. Du weißt, dass wir ewig leben?«, gab Haïmoná zurück. »Zudem wird dir niemand sagen, wer der Mörder ist, weil vermutlich nur eine Handvoll Albae wissen, warum dein Vetter sterben musste. So oder so wird es einen Grund geben, weswegen er den Kopf verlor.« Sie bemerkte die Spannung, die in den Reihen der Horde aufkam. Sie bewegten sich kaum merklich, aber die Finger zuckten verräterisch, als wollten sie zupacken. *Ich muss gleich zuschlagen.* »Dieser Schwur ist nicht erfüllbar.«

»Doch! Und wenn ich euer Reich in die Knie zwingen muss«, spie Fa'losôi hasserfüllt.

»Er ist *nicht* erfüllbar«, beharrte Haïmoná. »Ich zeige dir, weswegen.« Sie winkelte die Beine an, sodass die Zehenspitzen auf dem Rücken des Nachtmahrs auflagen, und drückte sich ab.

Die Albin flog mit gerecktem Speer auf den offenen Laden der Sänfte zu und sah das jugendliche Gesicht der Botoikerin, das einen entsetzten Ausdruck annahm.

Die Spitze jagte auf die Barbarin zu – als sich vor Haïmoná von einem Herzschlag auf den nächsten eine Woge aus Scheusalen und Barbaren auftürmte. Sie hoben sich gegenseitig an oder schleuderten die leichteren Fflecx wie Puppen in die Höhe, sodass der Albin Sicht und Durchkommen zu Fa'losôi versperrt wurde.

Ihr Speer durchbohrte zunächst unvorhergesehen einen Barbaren, der vor Schmerz schrie und doch nach ihr schlug; darunter folgte ein Óarco, dessen Körpermasse ausreichte, um die zischende Spitze und den Schaftrest vollständig in sich aufzunehmen.

Ein, zwei Gnome prallten gegen Haïmoná und krallten sich an ihr fest, während die Getroffenen nach unten sackten und der Speer verloren ging. Ihr genau berechneter Flug zur Sänfte verwandelte sich in einen Sturz, während die Klauen der Fflecx an ihr zogen und zerrten. Stücke ihres verstärkten Lederharnischs wurden einfach abgerissen und herausgebrochen.

Ich muss nach oben. Irgendwie muss ich … Sie ging in der Horde unter, sah die Unterschenkel und Knie, die sich um sie drängten. Verschieden große Sohlen hoben sich und traten auf sie ein, beförderten die Luft aus den Lungen, brachten die Knochen und Gelenke zum Knirschen.

Wohin sie sich auch zu rollen und wenden versuchte, es gab kein Entkommen. Schon drehten sich feurige Kreise und blitzten Sternchen vor ihren Augen.

Laut erklang das dröhnende, schreihafte Wiehern des Nachtmahrs, dem ein grauenvoll lauter Aufschrei der Masse folgte. Das Klappern der trampelnden Hufe verlor sich darin.

Um Haïmoná wurden die Scheusale und Bestien unvermittelt weggestoßen, zur Seite gerissen und davongeschleudert. Der Hengst wehrte sich mit Tritten und Bissen gegen die Angriffe der blind gehorchenden Horde und verschaffte der Albin – bewusst oder unbewusst – wertvolle Zeit.

Ich muss die Botoikerin töten, sonst bin ich verloren. Sie schnellte durch eine Lücke in den Angreifern in die Höhe, sprang auf und nutzte die massive Schulterpanzerung eines Óarcos als Ausguck, um sich innerhalb weniger Herzschläge zu orientieren.

Die Sänfte befand sich zu ihrer Enttäuschung allerdings schon viel zu weit entfernt. Mit ihren Speeren hätte sie darauf werfen können, aber für einen Angriff mit dem verbliebenen Schwert reichte die Zeit nicht aus.

Der Nachtmahr war bereits niedergeworfen worden. Sie erkannte anhand des Tumults der davonfliegenden Scheusale, wo der Hengst sich mit Huftritten unvermindert zur Wehr setzte, doch Haïmoná sah die große Dampfwolke, die aus den aufgerissenen Gedärmen wallte, und roch das Blut, das in Strömen aus dem Tier lief.

Tapferer Nachtmahr. Schon spürte sie eine Hand, die sich um ihren Knöchel schloss, das grünhäutige Scheusal grunzte und machte weitere auf sie aufmerksam.

Dann beim nächsten Mal. Haïmoná kappte den Óarco-Unterarm mit einem knappen Hieb, sprang weiter voran von Schulter zu Schulter und entging den zuschnappenden Fingern und den geschleuderten Speeren und Dolchen. *Die Unauslöschlichen müssen von Fa'losôi erfahren.*

Die Albin hetzte über die Menge, hüllte sich in Dunkelheit, so gut es ging, um den Augen der Gegner zu entgehen.

Doch der Strom an Gefolgsleuten schien endlos zu sein.

Allmählich spürte Haïmoná die Auswirkungen der Anstrengung. Zudem gab die Horde die Versuche nicht auf, sie zu ergreifen, was sie zusätzliche Aufmerksamkeit kostete. Mehr als einmal schnitt sie Klauen und Finger ab, spaltete Hände und teilte Unterarme. *Es hört nicht auf. Es müssen Tausende sein, die Fa'losôi befehligt.* Haïmoná konnte sich nicht dagegen wehren, von der Macht der Botoikerin beeindruckt zu sein. *Ich verstehe, weswegen die Unauslöschlichen sie auf Abstand zu unserem Reich halten wollen.*

Ihre Augen machten eine Felsspalte etwa vier Schritte über ihr aus.

Besser, als diesen Ausgeburten der Tumbheit durch einen Zufall zum Opfer zu fallen. Haïmoná wich einer Schlinge aus, die nach ihr geworfen wurde, und durchtrennte eine zweite mit dem Schwert. Sie steuerte einen großen Barbaren an, drückte sich von seinem Schädel ab und brach ihm beim Abstoßen das Genick, wie sie deutlich am Rucken unter ihrer Sohle spürte.

Der Schwung reichte aus, um die Kante mit einer Hand zu fassen und sich in einer fließenden Bewegung hinaufzuschwingen, wo sie sich über die Schulter abrollte und auf einem Knie hockend unten blieb. Das Schwert reckte sie zur Verteidigung nach vorne.

Der schmale Pfad war jedoch leer. Schneeflocken rieselten durch die Spalte nach unten und tanzten in dem beständig anhaltenden Luftstrom.

Westwind. Samusin ist wieder mit mir. Haïmoná lächelte und richtete sich behutsam auf, dann warf sie einen Blick über die Schulter nach unten.

Die Horde rannte unentwegt weiter und kümmerte sich nicht mehr weiter um die entkommene Feindin.

Ich muss Caiphôra finden, bevor Fa'losôi auf sie stößt. Haïmoná folgte dem engen Gang und betete, dass der Gott des Ausgleichs seinen Beistand aufrechterhielt.

Ishím Voróo (Jenseitiges Land), nördlich des Albaereichs Dsôn Faïmon, 4370. Teil der Unendlichkeit (5189. Sonnenzyklus), Winter

Haïmoná schob sich seitlich durch den enger und immer enger werdenden Pfad, auf den schon lange kein Óarco und kein Barbar mehr passte.

Jedenfalls können mir keine Häscher folgen. Sie hatte Rüstung und Mantel abgelegt, um sich zwischen den Felswänden hindurchzupressen, zog die Ausrüstung an ihrem Ledergürtel hinter sich her. Solange der Westwind anhielt und beständig die Richtung wies, zweifelte sie nicht an ihrem Weg.

Dann wurde es Schritt für Schritt dunkler um sie herum. Die Ränder über ihr schoben sich zusammen und schlossen sich, bildeten ein Dach und schirmten Haïmoná gegen Schnee und Licht ab. Dafür weitete sich der Gang, der Untergrund bestand aus losem, leichtem Sand.

Sie warf sich in Rüstung und Mantel, nahm ihre Waffen und hastete vorwärts. Vereinzelt stachen Lichtlanzen durch kleine Löcher in Wänden und Decke durch die Finsternis und verschafften der Albin genügend Licht.

Letztlich gelangte sie vor ein massives Tor, gefertigt aus Holz und mit dickem, schmucklosem Blech beschlagen. Es diente nicht zur Zier, sondern zur Abwehr von Eindringlingen.

Wären die Flügel geschlossen gewesen, hätte Haïmonás Weg ein Ende gefunden. Aber der Westwind wehte unverändert und schob sie regelrecht auf den klaffenden Spalt zu.

Was erwartet mich? Die Kriegerin spähte vorsichtig hindurch.

Dahinter erstreckte sich im Zwielicht von loderndem Feuer, einfallendem Tageslicht und Rauch eine immense Höhle, deren Boden mit Trümmern übersät war. Die Grundfesten ließen auf eine Zitadelle schließen, die sich einst darin befand, doch sie war vollkommen zerstört, die massiven Quader mitunter gesprengt und sogar zu Staub zermahlen. Verankerungen lagen herausgerissen umher, letzte Glutnester schwelten vor sich hin und sorgten für umherwabernden Qualm, der zur Decke zog und durch Löcher verschwand.

Das muss die Burg gewesen sein, von der Ewìlor im Brief sprach! In den Geruch von Rauch mischte sich der süßliche Duft verwesenden Fleisches. Die faulenden, aufgedunsenen Überreste der Kwaitoo lagen unter und zwischen den Trümmern, verrotteten langsam und zersetzen sich unaufhörlich.

So sehr sich Haïmoná umschaute, sie entdeckte keinerlei Aasfresser, die sich an den Kadavern gütlich taten. *Das muss einen Grund haben.*

Gerade in Ishím Voróo gab es genügend Kreaturen und Bestien, die sich von den reichlich vorhandenen Toten ernährten. Warum sie sich ausgerechnet hier nicht herumtrieben, machte Haïmoná ebenso stutzig wie nachdenklich.

Die Macht des Dämons? Treibt er sich in der Nähe herum? Behutsam schlich sie durch den Spalt in die Höhle, zog ihren Schal zum Schutz gegen den Rauch und den Gestank vor das Antlitz. Inzwischen ärgerte sie sich, den Brief weggeworfen zu haben, denn sie konnte sich nicht erinnern, ob er Hinweise auf den Ort beinhaltet hatte, an dem sich der Tunnel befand, durch den die Goldstählernen vor dem übermächtigen Dämon geflohen waren.

Es war still in der Höhle. Kein Rascheln, kein Knacken oder Scharren. Die Endlichkeit hatte den Ort heimgesucht, mit ganzer Macht und tödlicher Wucht.

Lautlos schlich Haïmoná vorwärts, kletterte aufmerksam über die Ruinen.

Wage ich es, nach Caiphôra zu rufen? Sie hielt das Schwert schlagbereit, falls es doch Kreaturen in der Höhle gab, die sich durch Stahl töten ließen.

Was sie gegen den Dämon unternehmen konnte, wusste sie nicht.

Haïmoná erreichte die Mitte der Stätte, an der sich die Festung der Kwaitoo erhoben hatte. Sie sah zerfetzte und aufgeplatzte Körper, die von den Zaubern des Dämons unmittelbar getroffen worden sein mussten. Das schwarz schwärende Fleisch stank grauenhaft, und zu allem Überfluss gab es nicht einen Knochen oder ein Körperteil, das sich zur Schaffung von Kunst eignete.

Das Trümmermeer, das sie stellenweise um das Vierfache überragte, gab Haïmoná wenig Zuversicht, ihre vermisste Gefährtin zu finden. Wenigstens fand sie ein Bündel Speere, die von einer Ntîstai stammten, und lud sie auf den Rücken; einen davon tauschte sie in ihrer Hand gegen das Schwert aus.

Haïmoná erklomm die höchste Stelle und hielt Ausschau, ohne sich vollständig aufzurichten. Von hier oben wirkte es, als stünde sie über einem erstarrten Meer aus Stein, in dem jedes Leben von den Felswogen erschlagen und erdrückt worden war.

Der erschütternde Anblick entfachte die größtmögliche Sorge in ihrem Herzen.

Sie konnte es nicht länger unterdrücken. »Caiphôra!«, schrie Haïmoná immer wieder und drehte sich dabei im Kreis. Ihre Stimme hallte von den Höhlenwänden wider.

Sicherlich würde der Dämon sie vernehmen, aber welchen Sinn ergab die Unsterblichkeit, wenn es niemanden mehr gab, für den man leben durfte?

Nach einer Weile und trotz mehrerer Schlucke aus der Wasserflasche wurde Haïmoná heiser. Lange hielt sie das Rufen nicht mehr durch.

Plötzlich nahm sie eine Bewegung wahr: Unter einem der Quader, etwa siebzig Schritte von ihr entfernt, schob sich eine Schwertklinge empor, die langsam vor und zurück bewegt wurde, um Aufmerksamkeit zu erregen.

Ihr Götter! Haïmoná eilte mit großen Schritten los, setzte über die Trümmer hinweg und behielt die Umgebung im Auge. *Das ist Caiphôras Schwert.* Sie erkannte es anhand der Gravuren auf der Klinge. Haïmoná erreichte die Stelle, an der die Bruchstücke sich aufeinanderstapelten und einen schmalen Hohlraum geformt hatten.

Sie pochte mit der Speerspitze gegen das Schwert, leise klirrte es. »Caiphôra, ich bin es, Haïmoná«, sprach sie in den Spalt. »Bist du verletzt?«

Die Waffe wurde zurückgezogen, ein blaufarbenes Auge erschien, das nicht ihrer einstigen Gefährtin gehörte. »Hier ist Yágôras. Caiphôra ist bei mir, aber sie hat das Bewusstsein verloren. Sie braucht dringend Wasser und etwas zu essen.«

»Der Spalt ist zu schmal, um …« Haïmoná hatte zunächst Enttäuschung verspürt, als sie den Alb erkannte, doch ihre Geliebte lebte noch! Vor Freude hämmerte das Herz in ihrer Brust. »Warte.« Sie sah sich um und entdeckte in den etwas weiter entfernten Überresten einer Schmiede einen Vorschlaghammer und einen Meißel. »Ich bin gleich zurück.«

Das Werkzeug war schnell eingesammelt, und sofort machte sie sich an die Arbeit, die Lücke mit Meißel und Hammer zu vergrößern. Hell und alarmierend tönte das *Kling* durch die Höhle, sobald der massive Kopf auf das abgeflachte Ende schlug.

Haïmoná drosch wie von Sinnen, bis der Eisenkeil nach innen in den Hohlraum fiel. Schnell reichte sie Yágôras mehrere Rationen hinein und zwängte den Trinkbeutel hinterher. »Welcher Art sind eure Verletzungen?«

»Quetschungen und einige Platzwunden«, erklärte der Alb von drinnen, seine Stimme klang dumpf. »Das Schlimmste war, dass uns die Vorräte ausgingen.«

Haïmonás Herz tat einen Sprung, als sie Caiphôra schwach husten hörte. Sie musste sich am Wasser verschluckt haben, doch sie lebte. »Caiphôra!«, rief sie in den Spalt. »Samusin leitete mich zu dir. Ewìlor gab euch auf, aber ich musste einfach kommen, um dich zu retten!« Sie streckte eine Hand hinein. »Es wird alles gut.« Sie schloss die Augen, als ihre Finger ergriffen wurden.

»Ich bin dir unendlich dankbar und stehe für immer in deiner Schuld«, erwiderte Caiphôra. »Ist Fhòrinaî bei dir?«

Zuerst fühlte es sich an, als sei ihr eine Klinge in die Eingeweide gerammt worden, und Haïmoná beherrschte sich, um nicht zurückzuzucken. *Wie kann sie nur an sie denken?*

Doch dann entstand ein böses Lächeln um ihre Lippen.

»Nein, sie ist nicht bei mir. Sie wollte das Wagnis nicht eingehen, die Schar zu verlassen«, sagte Haïmoná vorwurfsvoll. »Aber ich, Caiphôra, eilte durch Ishím Voróo, um dich zu retten. Hörst du? Ich bin hier.« Als ihre Hand gedrückt wurde, wäre sie beinahe vor Glück in Tränen ausgebrochen.

»Wir müssen aus diesem Loch, bevor der Dämon anrückt«,

warf Yágôras drängend ein. »Der Lärm wird ihm nicht entgangen sein.«

»In der Schmiede liegen noch mehr Stemmeisen und anderes Werkzeug. Wir können versuchen, einen der unteren Quader zu lösen, damit ihr hinauskriecht und der Hohlraum nicht zusammenbricht«, erwiderte Haïmoná.

Caiphôras Finger glitten zurück, die Albin zog den Arm ins Freie. Bei aller Sorge fühlte sie sich gelöst und freudig. *Ich werde sie zurückbekommen.*

»Das wird die einzige Möglichkeit sein, die uns bleibt«, stimmte Yágôras zu. »Sag: Sahst du Raikânor? Kehrte er mit den Goldstählernen nach Dsôn zurück?«

Haïmoná überlegte einen Moment, erinnerte sich an den Wortlaut des Briefs. »Nein. Er gilt ebenso als vermisst«, erwiderte sie behutsam.

Ein lautes, kurzes Schluchzen erklang von innen. »Bring uns rasch die Werkzeuge«, verlangte er mit erstickter Stimme. »Ich muss hinaus und nach ihm suchen.«

Haïmoná enthielt sich einer Entgegnung. Angesichts der Zerstörung bezweifelte sie, dass Raikânor lebend zu finden sein würde. *Aber da Caiphôra und er überlebten, warum sollte es ihm nicht gelungen sein?* »Sicherlich«, rief sie zu den Eingeschlossen. Sie huschte zurück zur Schmiede und griff sich alles, was ihnen dabei helfen konnte, den Stein zu bezwingen.

Es dauerte einige Splitter der Unendlichkeit, einen lockeren, angeschlagenen Quader ausfindig zu machen, den Mörtel herauszuhämmern, am Stein herumzuhebeln und mit vereinten Kräften aus dem Verbund zu lösen. Die Zeit verrann beim harten Arbeiten, Schwitzen und Fluchen zäh wie eingekochtes Blut.

Das scheppernde Klirren des unentwegten Hämmerns klingelte Haïmoná in den Ohren, und sie konnte sich vorstellen, dass es im Hohlraum unglaublich stickig, staubig und heiß war. *Ich werde taub sein, bis wir sie befreit haben.*

Wie lange sie brauchten, wusste keiner der drei Albae zu sagen, doch irgendwann lag die Öffnung frei.

Zuerst kroch Caiphôra, deutlich dünner als beim letzten Zusammensein, aus dem Loch, über und über mit Staub bedeckt. Sie fiel

Haïmoná in die Arme, weinte vor Erleichterung und Freude. Das Rot ihrer Haare schien während der Gefangenschaft in dem Loch ausgeblichen zu sein.

Haïmoná drückte die Vermisste an sich, schloss die Lider und atmete tief ein. Dann gab sie Caiphôra einen behutsamen Kuss auf die rissigen Lippen. »Ich werde dich niemals mehr alleine lassen«, versprach sie flüsternd. »Ich kehre zu dir in die Schar zurück, und wir werden das beste Paar, das den Unauslöschlichen jemals diente.«

Caiphôra nickte heftig und riss Haïmoná an sich. »Verzeih mir«, raunte sie in ihr Ohr. »Ich … weiß nicht, was mich dazu brachte, Fhòrinaî zu bevorzugen.«

»Es ist mir gleich«, unterbrach Haïmoná sie. »*Wir* sind wieder zusammen. Das zählt.«

Neben ihnen erschien ein angeschlagener Yágôras, der die blauschwarzen Haare vom Staub befreite und ein schwaches Lächeln auf dem Antlitz trug. »Ich danke dir«, sprach er zu Haïmoná, »dass du uns nicht zurückgelassen hast. Du bist eine wahre Windschwester.« Er sah auf seine Hände, auf denen sich einige Blasen geöffnet hatten. Rötliche Flüssigkeit rann über die schmutzige Haut. Er blickte zwischen den Albinnen hin und her. »Ihr werdet verstehen, dass ich nach Raikânor suchen muss.«

Haïmoná nickte verständnisvoll. Sie zeigte mit dem Speer auf die aufragenden Wände aus Schutt und eingestürzten Mauern. »Wirst du ihn schnell finden?«

Yágôras begriff, was zwischen ihren Worten mitschwang. »Du möchtest mir sagen, dass wir keinen Proviant mehr haben, und der Dämon –«

»Es kommt noch schlimmer«, fiel sie ihm ins Wort. »Ich traf in den Gängen auf eine Botoikerin, deren Vetter wohl von einem unserer Assassinen getötet wurde. Sie sinnt nun auf Rache. Sie befehligt eine unüberschaubar große Horde aus Scheusalen und Barbaren. Ich versuchte, sie zu töten, aber es misslang.« Haïmoná hielt Caiphôras Taille mit einer Hand umfangen, teils um sie zu stützen, teils um sie zu spüren. »Sollte sie uns finden, werden wir alle sterben. Bedenke dies.«

»Ich verstehe.« Yágôras stöhnte auf. »Was ist, wenn Raikânor noch lebt?«, raunte er und schickte sich an, eine schiefe Mauer zu erklimmen. »Wenn er uns hört und sich nicht verständlich machen kann?« Er hatte den oberen Rand erreicht und hielt das Gleichgewicht. »Ist das gerecht, Samusin?«, schrie er über die Ruinen. »Wieso gibst du mir keinen Hinweis?« Er holte tief Luft. »Raikânor! Raikânor, wo ...«

Knisternd schoss ein greller, vielfarbiger Blitz über die Albinnen hinweg und traf Yágôras gegen den schwarz-goldenen Brustharnisch.

Der Ntîstai stürzte rücklings von der Mauer, zog eine Qualmspur hinter sich her und schlug zu seinem Glück auf einem weichen Sandberg auf; in einer Wolke aus Rauch und Staub rollte er den Albinnen vor die Füße.

Eine weitere Entladung knallte.

Die Mauer, auf der Yágôras eben noch gestanden hatte, zerbarst im Einschlag der gleißenden Energien, danach erfolgte das Rumpeln und Grollen wie von einem Unwetter, das sich in die Höhle schob.

»Das ist *er*«, rief Caiphôra. »Der Dämon greift uns an.«

Haïmoná bückte sich und prüfte Yágôras' Halsschlagader. *Er lebt noch.* »Nimm so viele Stemmeisen, wie du zu tragen vermagst, und folge mir«, wies sie Caiphôra an. Ohne lange zu zögern, warf sie sich Yágôras über die Schulter und hastete auf das Tor zu, durch das sie gekommen war. »Dort ist ein Ausgang. Ich bin sicher, dass er uns nicht durch die schmale Passage folgen wird.«

Sie liefen durch die Trümmer, das Krachen und die Blitze schossen um sie herum in die Überreste der Festung. Die aufspritzenden Dreckschleier gaben ihnen Deckung, die Albinnen woben dazu noch Dunkelheit um sie herum, sodass die Kreatur keine sichtbaren Ziele fand.

Umherfliegende Steinsplitter trafen Haïmoná ins Gesicht, Staub knirschte in ihrem Mund, doch sie hetzte mit Yágôras auf der Schulter weiter.

Caiphôra hielt die Geschwindigkeit trotz der Stemmeisen und ihrer Entkräftung. Das Wissen, das die Endlichkeit ihnen folgte und ein einziger Treffer ausreichte, verlieh beiden enorme Kräfte.

Endlich erreichten sie das Tor.

Haïmoná ging zuerst hinaus, dann keuchte die rothaarige Albin hinterher. »Warte hier.« Schnell legte sie Yágôras auf den Boden und kehrte in die Höhle zurück.

Sie prüfte den Mechanismus, mit dem der Durchgang verschlossen wurde. Es sah nach mehreren Riegeln aus, die von Hand vorgelegt werden mussten. Über einen Zahnradmechanismus schob sich ein Sperrbolzen von oben durch alle Riegel und hielt sie unverrückbar an ihrer Stelle.

Haïmoná fluchte. *Wie dumm, dass wir auf der falschen Seite stehen, um ihn auszulösen.* »Caiphôra, wir brauchen die Stemmeisen, um das Tor zu verkeilen«, rief sie hinaus und wollte los. »Bete zu Samusin, dass wir …«

Das Knistern hinter ihr folgte zusammen mit dem Einschlag in ihren Rücken.

Haïmoná sah für die Dauer eines Atemzugs nur Weiß, dann schälte sich die Umgebung behäbig aus der Helligkeit. Sie lag neben dem Tor, die Kraft des Angriffs hatte die Albin gegen den offenen Flügel geschleudert und ihn einrasten lassen.

»Haïmoná?«, vernahm sie Caiphôra leise von der anderen Seite. »Windschwester, was tust du?«

Die Ntîstai erhob sich mit zitternden Gliedern, hustete Blut und fühlte die Schmerzen von Herzschlag zu Herzschlag stärker, die durch ihren Rücken tobten. Der Blitz musste Mantel, Kleidung und Rüstung durchdrungen haben, es roch nach rohem Fleisch und Blut.

Haïmoná tastete unter Schock hinter sich und fühlte freiliegende Knochen, das Rückgrat und das Schulterblatt. Schwindel packte sie, die Ohnmacht griff nach ihr. *Ich werde sterben,* sickerte es durch den von Qual halbbetäubten Verstand.

»Haïmoná!«, schrie Caiphôra außer sich.

»Die Stemmeisen«, rief sie zurück, so laut sie noch konnte, während es hinter ihr erneut knisterte. Die nächste Entladung stand bevor, die sie nicht überleben würde. Haïmoná schluckte und arretierte die Riegel, streckte den Arm aus, um den Sperrbolzen einrasten zu lassen. »Verklemme sie unter dem Spalt, sonst …«

Ihre Worte wurden vom Krachen der magischen Attacke abrupt beendet.

Erneut schlug Haïmoná gegen das Tor, ächzte und sah sich von hellrosa und gelblichen Lohen umtanzt, die an ihr zupften. *Wenn es mir nicht gelingt, die Bolzen einrasten zu lassen, dann …* Sie streckte den Arm weiter und sah voller Verwunderung, wie der Zauber des Dämons Kleidung, Haut und Fleisch von den Knochen brannte, ohne dass sie Schmerzen spürte. Die Sehnen rissen und zogen sich zusammen, sodass sich Haïmonás Finger unwillkürlich krümmten.

Etwas weniger als eine Handbreit fehlten ihr zum Auslöser der Mechanik, doch da sich die Hand wie eine Klaue krümmte, reichte sie nicht heran.

Das Feuer um Haïmoná erlosch.

Sie wankte, fühlte die Hitze, die das Blech des Tores abstrahlte. *Ich schaffe es nicht*, dachte sie verzweifelt.

Unvermittelt strich ein sanfter Wind über ihr verbranntes Gesicht und kühlte es, spielte mit den Resten ihrer verkohlten Haare und umschmeichelte den geschundenen Leib.

Westwind! Haïmoná sammelte all ihre Kraft und bereitet sich auf einen Sprung vor. Ihr Körper spannte sich – und gleichzeitig traf sie ein dritter, kreischender Blitz.

Ishím Voróo (Jenseitiges Land), nördlich des Albaereichs Dsôn Faïmon, 4370. Teil der Unendlichkeit (5189. Sonnenzyklus), Winter

Caiphôra versuchte, das Tor zu öffnen, doch die beschlagenen Flügel schienen plötzlich von innen verriegelt zu sein. »Haïmoná!«

Sie bekam etwas zur Antwort, was sie kaum verstand, doch es schien die Anweisung zu sein, die Stemmeisen in den schmalen Spalt unter das Tor zu schieben, um es zu blockieren. Dann krachte es, und das Blech auf ihrer Seite erhitzte sich spürbar.

Sie hat sicherlich einen anderen Ausgang für sich gefunden. Caiphôra rammte die Eisen unter das Tor und erschrak, als Yágôras plötzlich an ihrer Seite erschien und ihr ohne zu fragen half. »Haïmoná ist noch auf der anderen Seite«, erklärte sie. »Sie nimmt einen anderen Ausgang.«

Yágôras nickte stumm, aber seine Blicke sagten, dass er daran ebenso wenig glaubte, wie seinen Gefährten jemals wiederzusehen.

Caiphôra sah den Brandfleck auf seinem Rücken, das Loch im Mantel und an der Rüstung. Anscheinend war der Blitz durch die Entfernung nicht bis zum Körper vorgedrungen.

Schweigend verankerten sie das beschlagene Tor und liefen los, in die anschließende Röhre. Sie entledigten sich ihrer Rüstungen und schoben sich hindurch, bis sie das andere Ende erreicht hatten.

Unter ihnen erstreckte sich ein Hohlweg, auf dem sie Blutspritzer, zwei verlorene Helme und die zerfetzten Überreste eines Nachtmahrs in einiger Entfernung sahen. Um dessen Kadaver lagen Dutzende getötete Bestien und Scheusale, doch letztlich hatte der Rappe gegen die Übermacht verloren.

Caiphôra sank auf den kalten Stein und schnallte sich den Harnisch um, Yágôras tat es ihr nach. »Warten wir auf sie«, sagte sie mit brüchiger Stimme, in der das Wissen mitschwang, Haïmoná verloren zu haben.

»Sie ging in die Endlichkeit. Wie Raikânor«, erwiderte Yágôras leise und setzte sich neben sie. »Es gibt keinen anderen Ausgang. Zuerst fand sie uns, dann opferte sie sich für uns.«

Caiphôra setzte zu einer Entgegnung an, aber die Tränen brachen aus ihr heraus. Sie konnte das Weinen nicht aufhalten, sie schluchzte, ihr Körper wurde durchgeschüttelt.

Yágôras nahm sie in den Arm.

Die Albin fühlte feuchte, warme Tropfen, die ihren Nacken benetzten. Auch er ließ seiner Trauer freien Lauf, beweinte stumm den Tod seines Gefährten.

Caiphôra wand sich behutsam aus seiner Umarmung und küsste den Alb auf die heiße Stirn. »Lass uns nach Dsôn gehen und ihren Heldenmut preisen. Sie sollen Geschichten über Raikânor und Haïmoná singen, damit sie niemals vergessen werden.«

»Das tun wir.« Yágôras wischte die Tränen aus dem Antlitz und erhob sich, zog die Albin auf die Beine.

Lautlos kletterten sie hinab, folgten dem Pfad, während der Westwind sie umspielte und Schneeflocken um sie wirbelten.

Sie kamen am zerfetzten Nachtmahr vorbei und erstachen drei Bestien sowie einen Barbaren, in denen noch ein Hauch von Leben steckte.

Weiter und weiter folgten die Albae dem Weg, bis es endlich bergauf ging, hinaus aus dem gewundenen Schluchtengewirr.

Doch oben angekommen, blieb ihnen eine weitere schreckliche Entdeckung nicht erspart.

»Ihr Götter und Unauslöschlichen«, wisperte Caiphôra und stützte den schwankenden Yágôras, der den Anblick kaum ertrug.

In großer Höhe auf einem verwitterten Rad befestigt fanden sie Raikânors zerteilten und geschändeten Leichnam. Arme und Beine waren abgehackt und einzeln mit langen Nägeln in den Speichen festgeschlagen, der geschorene Kopf des Albs hing auf der Radnabe, seine langen, blonden Locken ragten aus dem geöffneten Mund. Das Blut tropfte vom Rad und lief am Mast hinab. Der dazugehörige Torso lag darunter, achtlos hingeworfen und mit wuchtigen Axtschlägen zerteilt.

Caiphôra las die Botschaft, die mit Blut auf Raikânors abgezogene bleiche Haut in Allgemeinsprache geschrieben stand und am Mast im Wind flatterte.

Mein Name ist Fa'losôi aus der Familie der Nhatai,
Ich tue kund,
dass die Familie der Nhatai nicht eher ruht,
bis der Mörder meines Großvetters gefunden
und getötet ist.
Bis dahin ist
jeder Alb
Freiwild für die Familie der Nhatai.
Sollte die Nachricht zum Mörder meines Vetters gelangen:
Stell dich und rette unzähligen Albae
das Leben.
Denn ich werde kommen
und mir
alle
nehmen,
die ich bekommen kann.

Yágôras riss den beschriebenen Hautfetzen ab und legte eine Hand gegen das blutgetränkte Holz. Anschließend betrachtete er die geröteten, glitzernden Finger, legte den Kopf in den Nacken und sah zu Raikânor hinauf. »Diese Endlichkeit hattest du nicht verdient.«

Caiphôra legte dem Alb die Hand auf die Schulter. »Begraben wir ihn.«

»Nein«, kam es sofort aus Yágôras' Mund. »Ich will diesen Mast mit ihm daran verbrennen. Nichts darf an die Botoikerin und ihre Tat erinnern.« Er blickte die Albin bittend an.

Caiphôra nickte.

Als es Nacht wurde, standen sie vor den zuckenden Flammen, die sich an dem Pfahl hinauffraßen. Westwind hielt die Lohen am Brennen, fachte sie an und sorgte für ein weithin sichtbares Fanal.

»Das wird ihm gerecht.« Yágôras schauderte. »Strahlend vergehen, nicht vermodern und verwesen.«

So darf es nicht enden. Nicht für ihn, nicht für mich und nicht für diejenigen, denen wir unsere Herzen schenkten. Caiphôra legte einen Arm um den Goldstählernen. »Denkst du, dass Lieder ausreichen werden, um sie zu ehren?«

Er sah sie an. »Was schwebt dir vor?«

»Wir beide kehren zurück in die Goldstählerne Schar. Als Paar und obwohl wir einander nicht lieben«, erklärte sie. »Aber die Liebe zu Raikânor und Haïmoná sowie die Dankbarkeit für das, was sie für uns taten und auf sich nahmen, schweißt uns fester zusammen als es jedes vergängliche Gefühl zu tun vermag.«

Yágôras' Antlitz wurde noch ernster, aber in seinen Augen las sie bereits Zustimmung zu ihrem Vorhaben. »Ob die Unauslöschlichen erlauben, dass wir –«

»Ich bin eine herausragende Asfámchai, du bist ein Ntîstai, der seine Prüfung bestand«, unterbrach sie ihn. »Weswegen wir uns auf dem Schlachtfeld beschützen und alles tun, um die Schar vor Leid zu bewahren, ist unerheblich.« Sie küsste ihn behutsam auf den Mund. »Ich schwöre bei Haïmoná, dass ich niemals von deiner Seite weichen werde, bis zu meinem Einzug in die Endlichkeit. Nichts wird mich dazu bringen, dich im Stich zu lassen.«

»Ich schwöre es dir bei Raikânor«, erwiderte Yágôras bewegt und legte seine Lippen sanft auf ihre. »Wir werden die besten Goldstählernen sein, die es jemals gab.«

Caiphôra und er sahen sich fest in die Augen, während das Feuer um den Mast toste und Funken in den Nachthimmel gen Osten trug.

Süßer Wein
und süße Schmeicheleien
eint eines:
Sie verursachen oftmals Unwohlsein.

Über den Sinn der Kunst

Briefwechsel zwischen Minálor und Phaimônae gefunden in Tark Draan

Geschätzter und gehasster Minálor,

als ich letztens vor meiner Staffelei stand, fragte ich mich, welchen Sinn die Kunst eigentlich verfolgt und was uns antreibt, sie nicht nur zu betreiben, sondern auch besser zu werden und nach Vollkommenheit zu streben.

Ist es ein Bedürfnis wie Atmen und Essen?

Woher kommt es?

Es grüßt
Phaimônae

Unwürdige Phaimônae,

diese Frage ist nicht von Bedeutung, denn was Du an der Staffelei vollbringst, ist keine Kunst.

Was mich betrifft: *Ich* erschaffe marmorne Göttlichkeit, deren Auftrag und Aufgabe es ist, den Betrachter in Staunen über mich und meine Fertigkeiten zu versetzen sowie Wohlbefinden auszulösen.

Es grüßt nicht
Minálor

Geschätzter und inzwischen sehr gehasster Minálor,

ich kenne Albae, die Deine Marmorbüsten dafür benutzen, Sklaven zu erschlagen, weil es nichts Wertloseres in ihrem Haushalt gibt, abgesehen von anderen Sklaven.

Somit folgere ich, dass Deine Kunst den Auftrag und die Aufgabe hat, ein übermäßig teures Werkzeug zu sein.

Mir hingegen ist kein Fall bekannt, bei dem jemand einen Sklaven mit einem meiner Bilder umbrachte.

Es grüßt verächtlich
Phaimônae

Noch unwürdigere Phaimônae,

mir ist *ein* Fall bekannt, bei dem der schiere Anblick eines Deiner Bilder für ein Sterben der Betrachter sorgte.

Man sollte Deine Arbeiten vor den Streitkräften hertragen, um die Feinde zu töten!

Doch ich konnte nicht umhin, dass mich Deine Frage beschäftigte: Welchen Sinn ergibt die Kunst?

Ohne Frage ist es der göttliche Funke, der uns erschaffen lässt, denn so wie die Götter uns erschufen, so verblieb ein Teil ihrer Göttlichkeit in uns und bringt uns dazu, auch zu erschaffen.

Leider besitzen wir nicht die gleichen Mittel wie die göttlichen Wesen, denn sonst würde es vor neuen Welten und Kreaturen nur so wimmeln.

Oder ist es eher ein Segen für uns alle, dass uns dies nicht gelingt?

Dass die Barbaren und Scheusale sich ebenfalls an Kunst versuchen, und dazu noch sehr widerliche Dinge vollbringen, ist leicht zu erklären: Ihre Götter sind nicht minder hässlich.

Es grüßt niemals
Minálor

Geschätzter und äußerst gehasster Minálor,
ich werde den Unauslöschlichen den Vorschlag unterbreiten, Deine Statuen als Geschosse für die Schleudern zu verwenden.

Somit würdest Du endlich mit dem Verkauf Deiner schrecklich ungenauen Werke beginnen dürfen und zum ersten Mal in Deiner Unendlichkeit Geld verdienen.

Folge ich Deiner Theorie, so wären die Meister des Wortes, die Schreiber und Schriftsteller, die Weltenbauer diejenigen, welche den Göttern am nächsten kämen.

Sind sie es doch, die in langen Tagen und Nächten unermüdlich neue Welten und Kreaturen ersinnen und Helden auf die Reise schicken, um deren Schicksal zu bestimmen, wie es die wahren Götter auch tun?

Es grüßt abfällig
Phaimônae

Nichtswürdige Phaimônae,

ohne Zweifel wären meine Statuen die besten Geschosse, die unser Heer jemals zum Einsatz brachte, und ich würde nur Dein Gesicht hineinmeißeln, damit die Gegner vor Abscheu ruhig stehen bleiben und vom Stein erschlagen werden.

Zu deiner kindischen Erkenntnis kann ich nur anmerken: *UNSINN*!

Niemals sind die Schreiber unsere Größten.

Worte sind lediglich ihre Werkzeuge wie mein Hammer und meine Meißel, mit denen ich nicht minder Figürchen erschaffen könnte, um sie durch herausgekratzte Landschaften ziehen zu lassen.

Wir befinden uns demnach allesamt auf einer Stufe und unterscheiden uns alleine buchstäblich durch die Kunstfertigkeit auf unserem Gebiet.

Dass Du bei den Malern ganz unten stehst, dürfte Dir bekannt sein.
Neulich mussten Deine Bilder sogar verschenkt werden.
An Blinde.

Es grüßt nicht mal mit dem kleinen Finger
Minálor

Geschätzter und innigst gehasster Minálor,

die Blinden wissen die Farben mehr zu schätzen als die Sehenden. Ich besitze die Gabe, die Farben durch Berühren der Leinwand innerlich sichtbar werden zu lassen.

Deine hässlichen Figuren hingegen möchten keine Blinden berühren, weil sie Abscheulichkeit zu genau ertasten können.

Du flößt sogar den Augenlosen Furcht vor Deinen Werken ein.

Aber ich erkenne den Sinn in Deinen Erläuterungen.

Doch wisse eines: Was immer Du mit deinen Steinen hervorbringst, es wird tot sein.

Aber ich erschaffe lebendige Farben, die in den Geist eindringen und ihn beleben sowie die Vorstellungskraft des Betrachters fordern.

Du bringst Steine in eine andere Form. Das vermag auch Wasser.

Es grüßt herablassend
Phaimônae

Lächerlichste Phaimônae,

jedes weitere Wort an Dich ist Zeitverschwendung.

Doch ich schlage ein Treffen vor, denn ich möchte die Albin sehen, die mich so herrlich mit ihrer Einfachheit unterhalten hat.

Ohne Blick
Minálor

Geschätzter und aus vollem Herzen gehasster Minálor,

gerne lasse ich mich von Dir um ein Treffen anbetteln.

Schon lange sehnst Du Dich danach, wie ich weiß. Mich und meinen Leib wirst du betrachten dürfen, meine Vollkommenheit preisen und danach in Dein Haus zurückkehren.

Und ich weiß, dass die nächste Statue meine Züge haben wird, und es wird die schönste sein, die Du jemals erschufst.

Dies ist mir eine große Genugtuung.

Es grüßt missbilligend
Phaimônae

Von Elben, Botoikern und einem Ghaist

der Geschichte zweiter Teil

Den ersten Teil durftet ihr bereits erfahren.

Nun vernehmt, welchen Verlauf diese Unternehmung der beiden nahm, was sie über das Ghaist, die Botoiker und jenen Fleck im Grauen Gebirge in Erfahrung brachten, den die Zehn viele Teile der Unendlichkeit nach ihnen erneut betraten.

Zumindest nehme ich das an …

Tark Draan (Geborgenes Land), Graues Gebirge, Steinerner Torweg, 4372. Teil der Unendlichkeit (5202. Sonnenzyklus), Frühwinter

Caphalor fluchte und schob sich noch näher an die Bergwand, um dem schneidenden Wind zu entgehen, der ihm und Sinthoras entgegenschlug. *Welch Unterfangen, zu Beginn des Winters.*

Er hatte zwei Lagen Kleidung unter der Rüstung und über dem schwarzen Tionium einen dicken Mantel und das schwarze Wolfsfell. Dennoch brachte ihn die Kälte an den Rand des Ertragbaren. *Wie konnte Sinthoras diesen Irrsinn in Angriff nehmen?* Er richtete die Haube aus vierfacher Drî-Seide und Schafwolle, die er unter dem Helm trug. *Wie konnte ich ihm folgen?*

Zwei Schritte vor ihm kämpfte sich der blonde Alb durch den Sturm, stützte sich auf seinen Speer und hielt den Kopf gesenkt, damit die eisigen Böen nicht unmittelbar in sein Antlitz bliesen. Sein grauweißer Mantel mit den schwarzen Stickereien flatterte und wand sich hektisch, als steckte dämonisches Leben darin. »Wir gehen zu dem Dorf«, schrie er gegen das grelle, allgegenwärtige Surren an und wies nach Norden. »Der Wind wird uns sonst das Blut in den Adern gefrieren lassen.«

Caphalor blickte in die angegebene Richtung und machte in der Mischung aus Dunkelheit und dahinjagendem Schnee schwache

Lichter aus. »Wir sind im Norden von Tark Draan«, rief er zurück. »Sie wissen, dass wir keine Elben sind. Wir werden die Barbaren töten müssen, um uns an ihren Feuern zu wärmen, und ich spüre meine Finger kaum vor …«

»Was?«, brüllte Sinthoras und deutete auf sein Ohr zum Zeichen, dass er ihn nicht verstand.

Caphalor verzog den Mund und gab mit einer Hand das Zeichen, sein Freund möge den Weg fortsetzen. *Dann töten wir sie eben, auch wenn Eis in meinen Adern knirscht und mich langsamer als einen fetten Óarco werden lässt.*

Die Albae wichen von dem schmalen Pfad ab, den sie mit Mühe gefunden hatten, und hielten auf die Siedlung zu.

»Wo schlagen wir unser Nachtlager auf?« Sinthoras ließ seinem Begleiter die Wahl.

Caphalor betrachtete die gedrungenen Steinhütten, denen der Wind nichts anhaben und von denen der Alb sich genau ausmalen konnte, wie es darin aussah: karg, verqualmt, dreckig und keinerlei Annehmlichkeiten, wie er es gewohnt war. Fast wäre er bereit gewesen, eine einfache Höhle diesem Dorf vorzuziehen, aber ohne Brennholz würden sie die Nacht nicht überstehen.

Weder gab es Wachen noch Bewohner auf der verschneiten Straße, ihre Ankunft blieb vollkommen unbemerkt. Er konnte es sich sparen, den Bogen von der Schulter zu nehmen.

Sein Blick fiel auf das kleinste Häuschen, in dem höchstens ein halbes Dutzend Barbaren lebten. *Das verlangt am wenigsten Arbeit.* »Das da.«

»Wieso denn ausgerechnet diese winzige Behausung?«, wunderte sich Sinthoras. »Wir werden uns darin kaum umdrehen können.«

Caphalor übernahm die Führung. »Weil ich keine Lust auf Schlachterei verspüre. Und bitte vermeide es, viel Blut zu vergießen. Wir müssen noch darin schlafen. Der Geruch von vergossenem Barbarenblut ist nicht das, womit ich einschlafen und aufwachen möchte.«

Der blonde Alb folgte ihm leise lachend.

Sie gingen auf das Haus zu, spähten durch die Läden ins Innere und sahen im Schein des Feuers, das in der Mitte des Bodens loderte, eine Barbarin und einen Barbaren in sehr schlichter Wollkleidung sitzen, die sich unterhielten und dabei schäumendes, dampfendes Bier tranken.

Caphalor deutete auf die Leiter, die hinauf in eine niedrige Etage führte; der Fellvorhang war vor der letzten Sprosse zugezogen. »Da oben schläft ihre Brut.«

Sinthoras grinste. »Sollen wir den Bewohnern ein Rätsel hinterlassen?« Er legte eine Hand auf die grob geschmiedete Klinke und drückte sie ruckartig hinab, während gleichzeitig der Feuerschein im Innern der Hütte durch seine albische Kraft erlosch.

Caphalor sah ihn noch hineinhuschen, dann erklangen zwei pfeifende, dunkle Geräusche, gefolgt von einem trockenen Knacken. Gleich darauf flackerten die Flämmchen wieder höher und sorgten für Licht.

Barbarin und Barbar lagen halb übereinander, die Bierkrüge waren ihnen aus den kraftlosen Händen gefallen; der Inhalt ergoss sich auf den Steinboden und versickerte in den breiten Fugen.

Sinthoras stand hinter den Leichen und stützte sich auf seinen Speer. »Ganz ohne Blutvergießen, wie du es wünschtest«, sagte er leise und deutete mit der freien Hand darbietend auf die Toten.

»Du brachst ihnen das Genick«, mutmaßte Caphalor.

»Ganz recht. Zwei schnelle, harte Schläge des Speerschafts in den Nacken der Ahnungslosen, und da war es vorbei mit ihren armseligen Leben.« Er zeigte zur Koje hinauf. »Später schreibe ich noch eine Botschaft in den Dreck, damit die Bewohner grübeln können, warum die Nachkommen ihre Eltern töteten.« Er lachte düster. »Den Prozess würde ich zu gerne verfolgen.«

Caphalor war es ganz recht, dass sein Begleiter nicht anfing, die Brut ebenso umzubringen. *Das können wir tun, falls sie wach werden.* Er war müde und wollte sich an den Flammen wärmen. Dass er seine Zehen und Finger nicht mehr spürte, entsprach der Wahrheit. »Halten wir Wache?« Er schaute sich um und warf zwei Scheite mehr ins Feuer, dann setzte er sich daneben und reckte die Hände nach vorne.

»Ich verlasse mich auf meine Kriegersinne«, gab Sinthoras zurück und ließ sich ebenso nieder, um sich hinzulegen und die Lider zu schließen. Er streifte sich noch Helm, Haube und Handschuhe ab. Das blonde Haar war verknotet, sodass es nicht mit der Erde in

Berührung kam. »Kinder fürchte ich nur, wenn sie mit mir spielen möchten.«

Caphalor grinste. Das Kribbeln in Zehen und Fingern zeigte ihm, dass Leben in seine eisigen Gliedmaßen zurückkehrte.

Er zog ebenso seinen Kopf- und Wärmeschutz aus, lauschte nach Geräuschen, die von der Barbarenbrut stammten, vernahm aber nichts. *Gut. Dann kann ich beruhigt sitzen bleiben.* Mit einer kurzen Bewegung schüttelte er die schwarzen Haare auf, die Kopfhaut juckte.

Er dachte an seine Gefährtin Imàndaris, die als Befehlshaberin im neu entstehenden Dsôn Anweisungen gab, Truppen aufteilte und die Eroberungen der Elbengebiete unerbittlich anging, unterstützt von Kriegern und Meistern der Kampfkunst. *Jeder dient den Unauslöschlichen, wie er es am besten vermag.*

Caphalor betrachtete es als Erleichterung, das Amt eines Nostàroi nicht mehr versehen zu müssen. Für ihn hatte es letztlich eine Bürde bedeutet, aber sein von Ehrgeiz beherrschter Freund Sinthoras wäre gerne zurück auf diesem Posten, bewundert und gefeiert.

Darauf wird er noch lange warten müssen. Er machte sich im alten Dsôn zu viele Feinde. Da mag es keine Rolle spielen, dass er seine Strafe offiziell verbüßte. Auch wenn die größten Neider, lautesten Missgünstlinge und mächtigsten Gegenspieler des blonden Albs beim Untergang von Dsôn Faïmon ihr Ende fanden, blieben die Gerüchte und das Gerede. *Darauf zu hoffen, dass das Gedächtnis von Unsterblichen nachließe, wäre sträflich.* Caphalors Magen grollte. Mit der Wärme und dem Gefühl in den Gliedmaßen kam der Hunger. *Das Gerücht ist unsterblicher als alles andere.*

Caphalor blickte sich erneut um und entdeckte nichts, was er in seinen Innereien wissen wollte. Weder der geräucherte Schinken noch die Käseleiber oder die Brotstücke wirkten ansprechend geschweige denn verträglich. Seufzend nahm er eine Ration des getrockneten Fleischgetreideriegels heraus und aß davon.

Dass das Herrscherpaar sie tatsächlich ausgesandt hatte, um zu prüfen, was es mit diesem Fleck im Grauen Gebirge auf sich hatte und ob dort wahrlich Elben lebten, vermochte er noch immer kaum zu glauben.

Zuerst hatte er Sinthoras verdächtigt, das Schreiben, das er ihm zeigte, selbst verfasst zu haben, um ihn auf das Abenteuer mitzunehmen. Aber das Siegel erwies sich als echt, und so folgte er seinem Freund zunächst zurück zum Durchgang nach Tark Draan, um sich mit ihm von dort nach Osten durchzuschlagen, immer dem vagen Weg der fleckigen Karte des Elbs nach.

Caphalor beugte sich nach vorne und zog die Transporthülle aus Sinthoras' Rucksack, schob die Karte hervor, um sie erneut zu betrachten.

Es glich einem Wunder, dass überhaupt etwas zu erkennen war. *Oder führt er uns aufs Geratewohl und tut nur so, als wisse er, wohin wir gehen?* Das Misstrauen war nicht böse gemeint, doch die Vergangenheit lehrte ihn, bei seinem Freund mit allem zu rechnen.

Und doch würde er ihm sein Leben jederzeit anvertrauen.

Caphalor hob die Karte an, damit der Feuerschein von der Gegenseite darauf fiel und vielleicht Verborgenes zutage förderte.

Doch sie sah noch immer aus wie ein sehr schlampig behandeltes Stück Pergament, dem man ansah, dass es schon viele Besitzer gehabt hatte.

Er konnte es drehen, wie er wollte: Es blieb ein kaum wahrnehmbarer Strich in dem zerschlissenen Material, den Sinthoras als Pfad und Weg deutete, sowie ein Fleck als Ziel ihres Ausfluges im Namen der Unauslöschlichen an einen sehr, sehr unwirtlichen Ort im Grauen Gebirge.

Wieso sollten dort Elben leben? Caphalor verzog den Mund, das Missfallen ließ sich nicht verbergen. *Nichts gedeiht in dieser Höhe, es sei denn, sie vermögen es, Schnee und Eis zu Essbarem zu verwandeln.*

In ihm wuchsen die Zweifel, dass sie die Siedlung der Todfeinde tatsächlich erreichen konnten.

Wenn der nahende Winter hier tobt, was tut er erst weiter oben in den Bergen? Er warf seinem schlafenden Freund einen anklagenden Blick zu. *Ich wette, du hast dem Herrscherpaar diesen Einfall erst in den Kopf gesetzt. Sie halten es für ebenso abstrus wie ich, weswegen sie nur uns und kein Heer entsandten.*

Seine Müdigkeit steigerte sich.

Caphalor legte eine Hand an den Dolchgriff, bevor er sich mit dem Rücken gegen einen Stützbalken lehnte und die Lider schloss. *Mit etwas Beistand, Samusin, kann ich Sinthoras davon abbringen. Ich wäre lieber bei meinen Leuten.*

So sehr er es versuchte: Der Gedanke an den Späher der Botoiker ließ ihn nicht los, obwohl die Unauslöschlichen nichts darauf gaben und Sinthoras nur mit den Schultern gezuckt hatte.

Beide Verhaltensweisen empfand Caphalor nicht als weise.

Wenn der Schlaf dem Gefühl wich, dass etwas nicht stimmte, hinterfragte Caphalor sein Erwachen nicht.

Regungslos verharrte er am Pfeiler, schaute durch einen dünnen Spalt zwischen den Lidern und suchte zu ergründen, was ihn aus dem Schlummer geholt hatte.

Zwar gab es in dem schwach von den Flämmchen beleuchteten Zimmer nichts zu sehen, doch er vernahm leise Kinderstimmen, die tuschelten.

Die einfache Sprache der Barbaren verstand er mittlerweile gut. Wenn er deren gedämpfte Unterredung richtig deutete, ging es darum, ob sich eines der Blagen durch den Sturm zum Abort kämpfen sollte oder ob es durchhielt, bis der Wind nachließ.

Lautlos erhob er sich und schlich sich zur Treppe, zog den Dolch und lauerte, dass der Fellvorhang aufgezogen wurde. Sollte dies geschehen, würde es doch zum Blutvergießen kommen. *Ich wünsche dir eine Blase, die groß genug ist. Zu deinem eigenen Wohl, kleiner Barbar.*

Das Flüstern endete.

Dann rutschte ein leichter Körper über die Dielen, Staub rieselte durch die Spalten der Bohlen. Kleine Finger streckten sich durch den Spalt im Vorhang.

Caphalor hob den Dolch und machte sich bereit.

Eine laute Böe pfiff um das Haus, das Gebälk knirschte leidend. Schnee und Eiskristalle jagten gegen die Läden und waren fast so laut wie das knackende Feuer.

»Hörst du, wie es stürmt und heult? Bleib drin«, hörte Caphalor ein Mädchen sagen. »Du wirst draußen erfrieren.«

»Aber ich …«

Der schwarzhaarige Alb spannte die Armmuskeln. *Überleg es dir.*

»Es wird bald hell, und dann legt sich der Sturm«, beruhigte das Mädchen. »Du hättest nicht so viel trinken sollen.«

Die Finger ließen die weiche Kante des Vorhangs los und wurden wieder zögerlich zurückgezogen; das Scharren zeigte Caphalor, wo sich der Spross niederließ. Es wäre ein Leichtes, mit der Klinge durch den Spalt zu stoßen und den Barbarenknaben zu töten. »Lange halte ich es dennoch nicht mehr aus.«

Eine Decke raschelte, dann wurde es wieder still in der Hütte.

Du schuldest deiner Schwester dein Leben. Erst nach einer Weile zog sich Caphalor zurück und verstaute den Dolch. *Da es bald hell wird, sollten wir verschwinden.*

Behutsam weckte er Sinthoras und deutete an, dass sie sich für den Aufbruch bereit machen sollten.

Nachdem der blonde Alb seine Nachricht neben die Toten und von außen mit einem Stück Kohle gegen die Tür geschrieben hatte, um auf den Mord der Brut an ihren Eltern aufmerksam zu machen, verließen sie das Dorf, dessen Namen sie nicht erfahren hatten.

Der Wind ebbte ab, sobald sie die letzte Steinhütte passiert hatten, als wollte die Witterung ihnen zeigen, dass die Vorzeichen für die Wanderung besser standen als am Tag zuvor.

Sinthoras schritt voran und kehrte auf den Pfad zurück, den er unmöglich ohne die Karte gefunden hätte.

Darauf vermag kein Heer zu marschieren. Caphalor folgte seinem Freund mit einigem Abstand und nahm das Verfluchen der Berge alsbald erneut auf. Es gab einen Grund, warum darin die Unterirdischen hausten und nicht sein Volk.

Tark Draan (Geborgenes Land), Graues Gebirge, Steinerner Torweg, 4372. Teil der Unendlichkeit (5202. Sonnenzyklus), Winter

Da vorne ist der Gipfel. Caphalor sah die Zacken, die sich am höchsten Punkt des Pfades zu einer Krone formten. Keuchend sog er die Luft ein, die nicht auszureichen schien, seine Lungen zu füllen. *Damit haben wir das Ziel fast erreicht.*

Der Aufstieg nahm mehr Momente der Unendlichkeit in Anspruch, als sie beide gedacht hatten, was vor allem am Wetter lag, das den Albae keinerlei Schonung gewährte. Inzwischen waren Sinthoras und Caphalor glücklich, wenn es bei dem eisigen Wind blieb. Die Temperaturen fielen beständig, und sobald Schnee, tief hängende

Wolken und Gewitter hinzukamen, mussten sie den beschwerlichen Aufstieg unterbrechen und Schutz unter Vorsprüngen oder in Einbuchtungen suchen.

Dazu gesellten sich die Strapazen der Höhe, in die sie sich begaben. Kopfschmerzen fühlten beide, das Atmen fiel schwer, und nach jeweils zwanzig Schritten mussten sie innehalten und die dünne Luft wie Ertrinkende einsaugen.

Doch was immer Caphalor auch anführte, um seinen Freund zur Umkehr zu bewegen, er scheiterte mit seinen Gründen. Sinthoras war beseelt davon, an diesem Fleck hinter der gezackten Bergspitze anzukommen.

Ich hätte ihm eine Wette vorschlagen sollen, was er mir schuldet, wenn wir nichts finden außer noch mehr Schnee. Caphalor wischte die Eiskristalle an Helm und Haube weg, die sich vor Mund und Nase gebildet hatten. Knisternd brachen sie ab und fielen in weiteres Weiß.

Sinthoras ließ sich nicht mehr aufhalten. Er befand sich bereits bei der namenlosen Felsformation und verschwand zwischen den emporragenden, großen Steinen. Caphalor hatte noch einige Schritte vor sich und stapfte langsam wie ein Barbarengreis heran.

Er fand seinen Freund auf der anderen Seite, locker gegen das Gestein gelehnt und nach unten blickend.

Was mag es wohl zu betrachten geben? »Siehst du eine goldene Elbenstadt?«, neckte er ihn. »Oder macht dich die Enttäuschung unbeweglich wie eine Statue?« Caphalor begab sich an seine Seite – und konnte sein Staunen unmöglich verbergen: Weiter unterhalb der zackenartigen Spitze sah er etwas Grünes, das umgeben von klirrendem Eis und Schneemassen lag. *Ist das wahrhaftig … ein Tal?*

Sinthoras hob die rechte Hand, in der er die Karte hielt. »Was macht *dich* unbeweglich wie eine Statue?«, gab er leise zurück und lachte. »Wir haben die Siedlung gefunden.«

»Wir sehen ein Tal, das aus irgendwelchen Gründen vom Winter verschont bleibt«, verbesserte Caphalor.

»Magie. Was sonst?«

»Eine heiße Quelle, deren Hitze ausreicht, um die Kälte abzuwehren. Oder das Gestein selbst ist …«

Sinthoras wandte sich um und schenkte ihm einen beleidigten Blick. »Du machst mir meine Entdeckung madig?«

»Ich mache dich darauf aufmerksam, dass du zu viel annimmst. Und das führt zu Trugschlüssen und Folgen, die schlecht für uns sein können.« Caphalor gefiel sich nicht in der Rolle des Besserwissenden, aber bevor eine Katastrophe geschah, wollte er Gewissheit haben über die Dinge, die in dem Tal vorgingen. »Gegen das Annehmen hilft Nachschauen.« Er ging los.

Sinthoras verstaute die Karte und schloss zu ihm auf, dann hielt er ihn am Arm fest. »Sie werden uns sehen!«

»Würde ich dort leben, hätte ich einen Wächter auf dem Gipfel postiert, der mir sofort ein Signal gibt, sobald sich Unbekannte nähern.« Caphalor löste die Hand seines Freundes und ging weiter. »Weder sah ich dort oben Spuren noch hörte ich einen Hornruf oder sah Reste von Feuerholz oder auch nur eine Schale. Wer solche Fehler begeht, stellt auch weiter unten keine Späher auf.«

Sinthoras eilte erneut an seine Seite.

»Aha. Sag: Ist das nun *auch* eine Annahme, die zu Folgen führt, die schlecht für uns sein können?«, erkundigte er sich spitz.

Caphalor grinste. »Nein. *Das* ist Erfahrung.«

Gemeinsam gingen sie auf das Tal zu, das sie auf eine Länge von zwei Meilen und eine Breite von einer halben schätzten.

Weitläufige Terrassen waren in den Fels geschlagen worden, auf denen Bäume und Getreidehalme gediehen; an manchen Ästen leuchteten reifende Früchte in der Wintersonne. Ihr süßer Geruch strömte bis zu den Albae herauf.

Sie sahen Steingebäude, deren eigentümliche Formen eindeutig für Elben als Urheber sprachen und deren Dächer aus Reet bestanden. Es gab Brücken von Ebene zu Ebene und Kabinen, die an langen Tauen über das Tal von rechts nach links gezogen werden konnten. Ein Wasserfall ergoss sich schäumend in einen kleinen See und trieb bei seinem Sturz eine Ansammlung von Mühlrädern an, die an die Wand gebaut waren und sich schnell und unaufhörlich drehten.

Was nicht auszumachen ist, sind die Bewohner. Caphalor wurde von einer Anspannung befallen, die sich verstärkte, als sie an den Rand des Tales gelangten. Etwas westlich von ihnen führte eine breite Treppe in Serpentinen hinab. »Keine Befestigungen, keine Wachen«, murmelte er und streckte eine Hand aus. Da nichts kribbelte und auf Magie hinwies, existierte ebenso wenig ein magischer Schild.

»Sie verlassen sich wohl auf die Höhe und ihre geschützte Lage.« Sinthoras hielt seinen Speer nicht mehr locker, sondern kampfbereit; sein Kopf bewegte sich nach rechts und links; er suchte den Ort nach Lebenszeichen ab. »Sie müssen sich vor uns versteckt haben.«

Caphalor konzentrierte seine Blicke auf die Häuser und die Terrassen. Unkraut wucherte zwischen dem Getreide, ganze Holzsegmente fehlten in den gewaltigen Rädern, viele Taue waren verwittert wie die Dacheindeckungen; auf dem Boden lagen die Trümmer von abgestürzten Gondeln und abgerissenen Brücken. *Heruntergekommen und verwildert.* »Hier lebt niemand mehr«, befand er und setzte den Fuß auf die erste Stufe, verharrte zwei, drei Herzschläge lang, um doch eine mögliche Reaktion abzuwarten, und setzte den Abstieg fort.

Der aufströmende Wind erwärmte sich schlagartig, der Duft von reifem Obst glitt lockend heran. Das Rascheln der Blätter und Halme schuf die Illusion, sich an einem Sommertag in der Nähe von Dsôn aufzuhalten. Aber ein Blick auf das sich türmende Weiß an den Berghängen oberhalb genügte, um Caphalor daran zu erinnern, wo sie sich befanden.

»Ich sah es ebenfalls. Sie haben das Tal aufgegeben.« Sinthoras schritt neben ihm die Treppe hinab und hielt seine Waffe bereit, Caphalor hatte sein Schwert gezogen. »Du hattest recht: Ich fühle keine Anzeichen für starke Magie, die das Wunder bewirken könnte. Nur einen sehr heißen Wind.« Er zeigte nach rechts. »Siehst du die Löcher in den Wänden?«

»Ich sehe sie. Und ich stimme dir zu: Der Wind hat seinen Ursprung im Gebirge.« Er kannte die Geschichten von flüssigem Gestein, das mit enormer Hitze in den Gängen der Berge floss. »Womöglich befindet sich in der Nähe oder sogar hinter den Wänden eine Blase dieser feurigen Lava, die ihre Ausdünstungen in das Tal sendet.«

»Das wäre gefährlich.« Sinthoras bedachte den Felsen mit misstrauischen Blicken. »Wie schnell können diese Gase tödlich wirken?«

»Vielleicht geschah genau dies, und den Elben blieb gerade noch genug Zeit, nach Tark Draan zu flüchten?« Caphalor beschleunigte seine Schritte.

Sinthoras stach im Vorbeigehen mit seinem Speer nach einem Apfel und pflückte ihn vom Baum, nahm einen Bissen und aß mit Genuss. »Süßlich, aber auch mit Säure versehen. Er mundet ausgezeichnet.« Er schüttelte den Kopf. »Und das umgeben vom Eis.« Er zog den Helm ab und riss sich die Haube vom Kopf.

Sie erreichten den Boden und untersuchten die Behausungen, denen man aus der Nähe deutlich ansah, dass sich schon lange nicht mehr um sie gekümmert wurde. Die Verwitterung setzte den Fugen und dem Holz zu, das Reet war löchrig geworden, und die Spinnweben im Innern spannten sich so dick und dicht, dass sie die Gespinste mit Feuerstein und Zunder erst abfackelten, ehe sie einen Fuß in die Häuser setzten.

In der Nähe der Kaskade entdeckten sie verlassene Schmieden, Scheunen und Werkgebäude, deren Hämmer, Dreschflegel und Webstühle durch die Wasserkraft angetrieben worden waren. Aber die Umlenkrollen waren überwiegend auseinandergebrochen, die Zahnräder abgeschliffen und die Seile zerrissen.

Doch nirgends fanden sich Skelette oder Leichenteile oder Gräber.

Die Albae setzten sich unter das Vordach einer Weberei, an den Rand des Sees, um den hohes Schilf wuchs, und warfen ihre schweren Mäntel und Felle ab. Gelegentlich wehte etwas erfrischende Gischt zu ihnen, das Rauschen fiel weniger laut aus als erwartet, sodass sie sich unterhalten konnten, ohne zu schreien.

»Die Runen sind elbisch«, sagte Sinthoras und fuhr angewidert eine Schnitzerei an einem Stützbalken mit dem Finger nach.

»Alles ist elbisch, und doch unterscheidet es sich von dem, was wir in Tark Draan vorfanden«, steuerte Caphalor seine Gedanken bei. »Diese Werkstätten sind erbaut mit großem Wissen, das sich mit unserem messen kann.« Er blickte sich erneut um und hoffte, eine Kleinigkeit zu entdecken, die ihnen Aufschluss gab, warum die Todfeinde gegangen waren. »Sie verließen ihre Zuflucht anscheinend geordnet, nahmen ihre Sachen mit und ließen lediglich ihre Behausungen und die Einrichtung zurück.«

»Also rechneten sie mit einem Angriff.«

»Sie rechneten mit etwas, das über das Tal hereinbrechen würde.« Caphalor konnte keinerlei Bedrohung erkennen, die sich auch nur andeutungsweise abzeichnete. *Weder gefährliche Überhänge noch Moränen.*

»Eine Lawine von unbeschreiblichem Ausmaß vielleicht?« Sinthoras stieß den Speer in den See, um ihn vom Saft des Apfels zu reinigen. »Doch dann wären sie wieder zurückgekehrt«, überlegte er laut, »falls sie unterwegs nicht durch eine Fügung starben.«

Caphalor fiel es schwer, die Anzahl der einstigen Bewohner zu schätzen. Die gewaltigen Häuser boten Platz für zweihundert Köpfe. Sein Blick wanderte zu den Terrassen, wo das üppige Getreide wogte. *Es könnten mehr sein.*

Sinthoras zog die Klinge aus dem Nass und trocknete sie mit dem Saum seines schwarz-weißen Mantels. »Suchen wir die Felswände nach verborgenen Eingängen ab.«

»Die Elben sollen in den Berg geflüchtet und die Gefahr eingegangen sein, von den Unterirdischen aufgerieben zu werden?« Caphalor kam der Gedanke sehr weit hergeholt vor. »Die Feindschaft zwischen den beiden ist mit unserer zu den Spitzohren beinahe gleichzusetzen.«

»Eine Bergmade würde keinen Elb töten, wenn er mit einem Blag vor ihm steht. Ihre Fäuste mögen aus Stahl sein, aber die Herzen sind einfach zu weich.« Sinthoras erhob sich. »Das sind viele Terrassen und Wände. Es wird uns viele Momente der Unendlichkeit kosten, bis wir fertig sind.« Er wirbelte den Speer einmal herum. »Die köstlichen Äpfel werden uns den Aufenthalt versüßen. Und Mehl könnten wir uns auch selbst machen.« Er setzte sich in Bewegung. »Wir fangen mit dieser Ebene an.«

Ich werde sicherlich kein Getreide ernten und dir frisches Brot backen. Caphalor stand auf und übernahm die andere Seite, aufmerksam lauschend und sich immer wieder umschauend. Zwar glaubte er nicht mehr an einen Hinterhalt, weil die Siedlung zu lange schon aufgegeben war, doch Überraschungen lauerten in Tark Draan überall.

Solange der Grund nicht geklärt ist, weswegen sie verschwanden, darf ich nicht nachlässig werden. Er sah zum See, in den unaufhörlich der Strom plätscherte. Seine Brauen zogen sich zusammen. *Könnte sich darin vielleicht ein Scheusal verbergen, das die Elben aus ihrem Reich vertrieb?* »Sinthoras!«, rief er nach seinem Begleiter.

Gleich darauf erschien der blonde Alb lautlos. Knapp setzte Caphalor ihn über seine Vermutung in Kenntnis.

»Glaubst du das wirklich?«

»Ich kann es nicht ausschließen«, beharrte Caphalor. »Wer weiß, welchen Durchgang es in den See gibt. Das Becken muss einen Abfluss besitzen. Wo etwas hinausgeht, mag auch etwas hineingelangen.«

Sie kehrten an den Rand des Sees zurück und blickten in die klaren, finsteren Fluten. Danach prüften sie mit Holzlatten, die sie aus den Werkstätten herausbrachen, in welcher Tiefe sich der Grund befand.

Als sie die siebte Latte an die vorangegangenen banden und ein Gewicht anbrachten, damit der Auftrieb ausblieb, und sie immer noch nicht auf Widerstand trafen, blickten sich die Albae an.

»Das sind beinahe dreißig Schritte.« Caphalor lief in die Werkstatt mit den Webstühlen, verband einige übrig gebliebene Faserstränge und kehrte damit nach draußen zurück. Er befestigte den gewonnenen Faden am oberen Ende der Latte und ließ das Holz los, Sinthoras tat es ihm nach.

Der Messstab versank mit einem Gluckern im Wasser, der Faden surrte durch Caphalors behandschuhte Finger. Stumm überschlug er die Länge. »Fünfzig Schritt«, teilte er verwundert mit und musste den letzten Rest der dünnen Schnur aufgeben. »Kein Boden.«

»Bei den Unauslöschlichen! Darin kann alles mögliche leben oder plötzlich auftauchen.« Sinthoras sah zu, wie das ausgefranste Fadenbündel unter Wasser glitt und rasch im Dunkel verschwand.

»Oder eben nichts.« Caphalor überlegte, wie sie sich absichern könnten.

Rasch rammten sie weitere Latten in großen Abständen in den Boden, zwischen denen sie hauchdünne Fäden spannten; daran befestigten sie kleine Metallplättchen, die sie aus der Schmiede nahmen. Sobald etwas den See verließ und die Fäden berührte, würde das helle Klirren sie warnen.

Etwas beruhigt nahmen sie die Prüfung der Steinwände wieder auf.

Als die Sonne versank und die Nacht hereinbrach, wurde es im Tal nicht kühler. Der warme Wind, der aus den Felsenlöchern strömte, erlaubte es dem Winter nicht einmal in der Dunkelheit, Einzug zu halten.

Sinthoras und Caphalor wählten eines der größeren Häuser, das nicht zu weit entfernt vom See lag, um ihre Warnvorrichtung zu vernehmen. Sie machten es sich im zweiten Geschoss auf dem Boden bequem, betteten sich auf die Umhänge und nutzten die Rucksäcke als Kissen.

Caphalor lag auf dem Rücken, die Augen zur Decke gerichtet.

Das Brodeln des Wasserfalls drang leise zu ihm und machte ihn rasch schläfrig. Die warme Luft, die nach Äpfeln und Getreide roch, erinnerte unweigerlich an Sommernächte.

Man kann leicht vergessen, dass Winter ist. Eine Hand behielt er trotz der Idylle am Dolchgriff. Er schloss die Lider und dachte an seine Gefährtin. *Ihr würde es hier gefallen – sobald alle Hinweise auf die Spitzohren entfernt wären.*

Mit einem Lächeln schlief er ein – nur um gleich darauf von einem Rütteln geweckt zu werden. Im Aufwachen zückte er den Dolch, hielt aber inne, als er seinen Freund neben sich knien sah. »Der See?«, wisperte er.

»Nein«, erwiderte der blonde Alb. »Ein Scharren, oben, auf den Terrassen.« Er huschte davon, seinen Speer am langen Arm haltend.

Caphalor folgte ihm, verstaute das Schwert am Gürtel und griff sich den Bogen zusammen mit den langen schwarzen Pfeilen, die selbst auf größere Entfernung tödliche Wucht entwickelten und dicke Panzerungen durchschlugen.

Während es rings um das Tal schneite und die Flocken wie wahnsinnig wirbelten, verwandelten sie sich in Wassertropfen, sobald sie in den warmen Wind gerieten. Der leichte Nieselregen versorgte die Pflanzen mit benötigtem Wasser, um wachsen und gedeihen zu können.

Welch Schauspiel. Caphalor verschwendete nicht mehr als einen halben Herzschlag für den Blick hinauf, dann richtete er ihn auf die Terrassen. Das Licht des Mondes, der sich durch die Wolken kämpfte, reichte aus, um die Umgebung bestens erkennen zu können.

»Im Feld, auf der zweiten Ebene«, wisperte Sinthoras und blieb geduckt wie sein Freund. »Von dort kam es.«

Caphalor hielt den Bogen schussbereit und verfolgte die Bewegung der langen Halme genau, ob sich darin ein Umriss zeigte.

Doch so sehr sie lauschten und lauerten, es blieb still in der verlassenen Siedlung.

»Bist du dir sicher, dass …«, hob Caphalor an – als er einen wolfsgroßen Schemen im Getreidefeld erkannte, der die reibenden, raschelnden Stängel geschickt als Deckung nutzte.

Sinthoras hatte ihn ebenfalls wahrgenommen. »Jedenfalls kein Elb«, wisperte er.

Caphalor spannte ruckartig den Bogen und zielte dahin, wo er den Schemen als nächstes vermutete.

Die Finger gaben die dünne Sehne frei, der lange schwarze Pfeil sirrte davon – und huschte zwischen die Halme.

Ein lautes Aufjaulen erklang, dann hetzte das Wesen durch das Feld und über die zweite Terrasse, jagte und sprang die Treppe hinauf und hinkte über den Schnee davon.

Caphalor sandte ihm noch weitere Geschosse nach und war sich sicher, dass sämtliche Spitzen ihr Ziel getroffen hatten.

Doch das Wesen rannte noch immer und verschwand hinter einer Wehe.

»Das ist nicht möglich«, entfuhr es ihm. »Wie kann es das überleben?«

Sinthoras zeigte sich gleichfalls verwundert. »Für so eine vergleichsweise kleine Kreatur steckt es sehr viel ein. Ich sah Trolle nach einem deiner Treffer fallen.« Er schickte sich an, die Stufen zu erklimmen. »Ich schaue mir das Blut an. Vielleicht lässt sich daraus etwas Ungewöhnliches ableiten.«

Caphalor begleitete ihn die Hälfte des Weges, dann blieb er stehen und sicherte seinen Freund mit dem Bogen. *Ob sich noch eines verborgen hält?*

Es dauerte nicht lange, und der blonde Alb kehrte zu ihm zurück. »Es ist herkömmliches Blut, das ich auf der Treppe, an den Halmen und im Schnee fand«, erstattete er enttäuscht Bericht. »Es wird ein Raubtier gewesen sein, das Schutz vor der Kälte suchte.« Er ging zurück zur Hütte, wo sie ihr Lager errichtet hatten. »Auf unserem Rückweg finden wir es bestimmt verendet herumliegen.«

Jedenfalls reicht eines davon nicht aus, um Elben dazu zu bringen, ihre Be-

hausungen aufzugeben. Caphalor wollte nicht mehr länger in der Siedlung verweilen. Es schien, als rückten die Bergwände jedes Mal näher, sobald er nicht hinsah, und pferchten die Häuser mehr und mehr ein, um sie schließlich heimtückisch zu erdrücken. »Wir brechen morgen auf. Ein Feuer sollte dem Ganzen hier ein Ende bereiten.«

»Einverstanden.« Sinthoras betrat als erster das große Haus. »Ich hatte mir mehr von unserer Reise erhofft«, gestand er ein. »Wenn ich an die Plackerei des Aufstiegs denke – für nichts!«

Caphalor lächelte vieldeutig, weil er genau wusste, worauf sein Freund gesetzt hatte. »Wir können den Unauslöschlichen sagen, dass wir eine weitere Bleibe der Todfeinde vernichtet haben. Du wirst es sicherlich auszuschmücken wissen, sodass man glaubt, es wäre eine Heldentat gewesen.«

»Spotte nur«, erwiderte Sinthoras. »Ich mag es bis zu einem gewissen Grad verdient haben, doch sobald wir wieder in Dsôn sind, erwarte ich, dass du fortan darüber schweigst.«

»Das kann ich dir nicht versprechen«, gab Caphalor erheitert zurück.

Sie betraten den hallengleichen Hauptraum, in dem bei allem Geruch nach Staub, Sommer und Holz auch die Reste von verbranntem Kräuterwerk haftete.

Caphalor fiel es zum ersten Mal auf. *Sie haben etwas ausgeräuchert. Eine Krankheit? Einen bösen Dämon?* Er sah zu Sinthoras, der schon auf die Treppe zuhielt, um zum Lager zu gelangen. Dabei fiel sein Blick auf die Wandvertäfelung, die einen Spaltbreit aufklaffte. *Sieh an … Kommt der Geruch von dort?*

Er ging näher und fand eine verborgene Doppeltür, die er behutsam öffnete.

Dahinter kam eine schreinähnliche Einbuchtung zum Vorschein.

Darin erhob sich ein präparierter Óarco.

Das Scheusal steckte in voller Rüstung, die von ihrer Beschaffenheit und Herstellungsweise alt und äußerst überholt wirkte und nichts mit den gegenwärtigen Harnischen der Bestien gemein hatte. Die Augen waren durch Glas ersetzt worden, der Geruch von Leder wallte gegen Caphalor. Einen Arm hatte die Bestie erhoben, in der linken Klauenhand hielt sie ein Schwert in Zackenform, wie der Alb noch nie eines gesehen hatte, in der rechten Hand lag ein Beil mit Doppelklinge.

Woran der Óarco gestorben war, ließ sich mit einem Blick erkennen: In der Brust steckten zwei weiße Pfeilschäfte mit hellem Gefieder, im Unterleib sowie im Hals eine Axt; den Abschluss bildete ein dritter Pfeil in der Stirn, der wiederum von einem Wurfbeil gespalten worden war.

Caphalor lehnte sich nach vorne. *Das sind … Runen der Unterirdischen auf den Axt- und Beilklingen, die in der Bestie stecken!* »Sinthoras?«, rief er seinen Freund und zeigte ihm seinen Fund. »Wie lautet deine Einschätzung?«

Der blonde Alb betrachtete den ausgestopften Óarco eindringlich. »Gute Arbeit. Und ich deute es so, dass die Spitzohren und die Bergmaden ihn gemeinsam zur Strecke brachten.« Er wandte sich um, musterte den Raum. »Dieser Schrank ist so errichtet, dass man darauf zugeht, sobald man die Halle betritt.« Er drehte sich wieder zum Schrein und besah sich die Runen, die auf der Innenseite eingraviert waren. »Eine Mischung aus Elbisch und Zwergisch, richtig?«

»Eingeritzt in Holz und Stein«, fügte Caphalor nachdenklich hinzu. In seinem Verstand schossen die Gedanken durcheinander. *Sollte es die Erklärung sein?* »Ich denke«, sprach er nach einer Weile verblüfft, »dass es sich um eine Freundschaftssiedlung handelte.«

»Sie versuchten eine Annäherung.« Sinthoras' Augen wurden schmal, dann schüttelte er sich angewidert. »Dieser Óarco ist so etwas wie das Symbol für die neue Gemeinschaft und Verbrüderung, sollte ich deuten, was ich vor mir sehe.«

»Wie gut, dass dieser Versuch scheiterte.« Caphalor schloss den Schrein wieder, deren Schriftzeichen er zu gerne übersetzt wüsste. *Ich werde sie morgen früh abzeichnen und Carmondai mitbringen. Soll er sich damit herumschlagen.* Er ging die Treppe hinauf. »Wie gesagt: Wir übergeben bei Sonnenaufgang alles dem Feuer. Dann wird die Erinnerung getilgt.«

Sinthoras nickte und blickte sich nachdenklich im Raum um. »Ob es noch mehr Geheimnisse gibt?«

»Sie interessieren mich nicht. Wir haben Tark Draan zu erobern, und das kostet uns schon genug Kraft.« Caphalor schritt weiter Stufe um Stufe nach oben.

Sinthoras folgte ihm erst viel später, als der schwarzhaarige Alb bereits in den Schlummer glitt.

Die Nacht verging ohne Störung, und so bereiteten die beiden Freunde nach erholsamem Schlaf den Aufbruch vor.

Sie durchsuchten auf Sinthoras' Drängen in aller Eile erneut die Häuser und stießen auf weitere Hinweise, dass Elben und Zwerge Hand in Hand gearbeitet hatten, was auch die unterschiedlichen Höhenmaße der Einrichtungen in den Schmieden erklärte. Doch überragende Erkenntnisse blieben aus.

Das Einzige, was nach Sinthoras' Meinung noch von Interesse war, war eine drehbare metallische Vorrichtung von zwei Schritt Durchmesser, die von der Decke des kleinsten Hauses an drei Ketten herabhing. Das Gebäude erinnerte Caphalor an einen Tempel.

Auch hier waren die Beschriftungen an den Stein- und Holzwänden eine Mischung aus elbischen und zwergischen Runen.

Die über und über mit Symbolen und Zahlen versehene Vorrichtung war kreisrund und aus Ringen zusammengesetzt, die sich drehen ließen, und zwar ebenso senkrecht wie – nach dem Aufklappen – waagerecht. Das Material schien eine Legierung zu sein, die golden und je nach Lichteinfall perlmuttgleich schimmerte.

Weder Caphalor noch Sinthoras wussten dieses Ding einzuordnen. Es stand mit nichts in Verbindung, löste keine weitere Maschine aus oder diente zur Steuerung von irgendetwas.

»Es könnte ein Spielzeug oder ein besonderes Kunstwerk sein.« Sinthoras berührte es mit der Speerspitze. Ein heller, wunderschön reiner Klang entstand. »Ein Instrument gar?«

»Vielleicht ein Hilfsmittel, um den Lauf der Gestirne zu berechnen«, sprach Caphalor seine Gedanken laut aus und schob die Ringe wieder zurück in ihre aufrechte Form. »Wir sollten es ebenfalls abzeichnen. Carmondai kann sich damit beschäftigen. Er kommt eher auf die Lösung als wir.« *Und zudem fehlt mir die Geduld für so etwas.* Ihn beschäftigten bei allen Wundern dieser Siedlung die Überlegungen zu den Botoikern und dem Ghaist, das vor dem Steinernen Torweg aufgetaucht war. *Eine aufgegebene Siedlung bedeutet keinerlei Gefahr.*

»Dann male, mein Freund.« Sinthoras schlenderte hinaus. »Ich fange in der Zwischenzeit damit an, die Häuser in Brand zu stecken.

Du solltest dich sputen.« Er warf ihm die Karte zu. »Nutze die Rückseite. Der Platz wird ausreichen.«

Caphalor bemerkte, dass der blonde Alb die Lust an seiner eigenen Entdeckung verloren hatte und sie auslöschen wollte. Als kleine Genugtuung, etwas Elbisches vernichtet zu haben, selbst wenn es keiner vermisste.

Caphalor nahm die Karte, dazu einen Stift aus gepresstem Kohlestaub, wie ihn Carmondai nutzte. Damit war er nicht auf Tinte angewiesen und konnte sogar bei tiefster Kälte schreiben. Er machte sich eilends ans Zeichnen und hoffte sehr, dass die Genauigkeit ausreichte, mit der er vorging.

Nach langem Sitzen und Striche ziehen hatte er sein Werk beendet und verließ den kleinen Tempel.

Den Geruch nach Rauch hatte Caphalor schon zuvor bemerkt, nun sah er, dass das halbe Tal bereits lichterloh in Flammen stand und das Feuer sogar die Werkstätten sowie die durchfeuchteten Mühlenräder erfasst hatte.

Schwarze und graue Qualmwolken stiegen auf und wurden von dem taleinwärts strömenden Wind verwirbelt. Der beständige Luftstrom aus dem Berg wirkte wie ein Blasebalg und fachte die Feuer an. Es knackte und prasselte sehr laut.

Sinthoras wartete vor dem Tempel und reichte Caphalor seine dicke Wäsche. Er hatte seine bereits angelegt und die schwarze Tioniumrüstung darübergeschnallt; lediglich den Mantel trug er lose über der Schulter. Die ohnehin herrschende Wärme des Tals wurde durch das Inferno ins Unerträgliche gesteigert. »Wir müssen los.«

Hastig stieg Caphalor in die zusätzliche Kleidung, legte den Harnisch sowie die Schienen an, dann legte er Feuer im Tempel und erklomm mit seinem Freund die Stufen.

Sie näherten sich der Grenze, wo die Kälte des Grauen Gebirges auf sie wartete und sie mit Schneetreiben empfing. Immer wieder hüllte sie der Rauch ein, und bei jedem zufriedenen Blick zurück stand mehr von der Siedlung in Flammen. Durch den Funkenflug fingen sogar die Felder auf den Terrassen Feuer. Das Getreide und die Apfelbäume verbrannten knisternd in lang gezogenen Lohen.

Eine Siedlung weniger. Caphalor zog sich die Haube über das schweißnasse Antlitz, legte Mantel und Wolfsfell um, setzte den

Helm auf und stellte den Fuß in den ersten Schnee. *Vergehe mit deinem Geheimnis.*

Nach nur wenigen Schritten herrschten die eisigen Temperaturen, die er vom Aufstieg kannte, und die Böen warfen sich gegen ihn mit Eiskristallen, die leise auf dem Helm knisterten. Der Schweiß schien ihm schlagartig am Leib zu gefrieren.

Er sah zu Sinthoras, der mit einem Zeichen andeutete, dass ihm bitterkalt war.

Sie kämpften sich den Berg hinauf bis zum gezackten Gipfel. Dort wandten sie sich ein letztes Mal zum Tal um, das nun ausschließlich aus dichtem Rauch und hell züngelnden Flammen samt Funkenwolken bestand.

Weder sah man das Grün noch die Bauten oder den Wasserfall, während der Schnee an den Hängen oberhalb bereits durch die Hitze taute.

Eine Lawine ging ab und warf sich brüllend in den Einschnitt; der Qualm wandelte sich zu hellem, aufbegehrendem Weiß – doch die Brände am Boden erloschen nicht.

Ausgezeichnet. Caphalor gab das Signal zum Weitergehen und übernahm dieses Mal die Führung. Er hatte sich an die Höhe gewöhnt und schien vom Marsch nicht mehr ganz so mitgenommen zu werden. *Ich habe keine Zeit zu verlieren.*

Tark Draan (Geborgenes Land), Graues Gebirge, Steinerner Torweg, 4372. Teil der Unendlichkeit (5202. Sonnenzyklus), Winter

Sinthoras starrte Caphalor an. »Du willst mir sagen, dass wir uns verliefen?« Dann sah er aus der engen Höhle hinaus, vor der der Sturm die Schneewehen vor sich her trieb. *Ich fasse es nicht.* Das kleine Feuer vor ihnen hatten sie mit alten, ausgetrockneten Gebeinen eines Scheusals entfacht. Es spendete ihnen die notwendige Wärme, sodass sie nicht erfroren. »*Du* wolltest die Karte«, sagte er und zwang sich zur Ruhe.

»Ich bin sehr wohl in der Lage, Karten zu lesen. Wie sonst hätte ich als Nostàroi den Feldzug führen können?«, erwiderte Caphalor kalt.

»Aber als ich diese Scheibe in der Siedlung abmalte, müssen die Linien auf der anderen Seite verwischt sein.«

»Sicherlich.« Du willst nicht zugeben, dass du einen Fehler begingst. Sinthoras stieß die Luft aus. »Wir wissen demnach nicht, wo wir uns befinden?«

Caphalor schüttelte den Kopf. »Nein. Wir wanderten durch den anhaltenden Sturm, sodass ich den Stand der Sonne und der Nachtgestirne nicht sehen konnte.« Er blickte auf die Karte. »Dabei war ich so sicher.«

»Oh, das hörte man in der Vergangenheit öfter, dass sich Albae sicher mit ihren Annahmen seien. Und dennoch ging Dsôn Faïmon unter«, hielt Sinthoras ätzend dagegen. Mit einem knappen Blick entschuldigte er sich bei seinem Freund, der wiederum knapp nickte und ihm den Hohn verzieh. »Wie lange liefen wir falsch?«

»Ich fürchte, seit wir den Gipfel hinter uns ließen.« Caphalor sah ebenfalls ins Gestöber. »Allerdings können wir nicht warten, bis sich das Unwetter legt. Unsere Rationen werden bald zur Neige gehen.«

Innerlich pflichtete ihm Sinthoras bei. »Aber marschieren, bis wir durch eine Fügung auf Barbaren oder einen Weg stoßen, erscheint mir in Anbetracht der Umstände nicht sonderlich ratsam.«

»Das ist Verhungern auch nicht.« Caphalor seufzte. »Vielleicht finden wir Wild, das wir erlegen können. Irgendwelche Steinböcke oder … einen Eingang ins Reich der Unterirdischen. Das wäre eine große Verbesserung.«

Sinthoras nahm den Blick nicht von den fliehenden Flocken, die durch Menge und Geschwindigkeit zu einer weißen Wand wurden.

Vor seinem inneren Auge sah er brüchige Eisflächen, über die sie wanderten, einstürzende Felswände, unter denen sie begraben wurden, Lawinen, unter denen sie erstickten …

Die Endlichkeit schien ihm plötzlich zum Greifen nah, und sie sah in keiner Spielart schön aus.

Da war die Siedlung der Elben das reinste Vergnügen, ganz gleich, was diesem See entstiegen wäre. Sinthoras stemmte sich in die Höhe und fühlte jeden Knochen im Leib. *Aber das wird sicherlich nicht mein Ende sein,* dachte er entschlossen. *Ich will Tark Draan unterwerfen und nicht zu einer Eisstatue werden.*

Caphalor reckte noch einmal die Hände gegen die wärmenden

Flämmchen, bevor er aufstand und seinem Freund folgte. Der Tausch der Führerschaft war wortlos vonstatten gegangen.

Die Böen bliesen so stark, dass das Atmen schwerfiel und Sinthoras gelegentlich auf die Zehenspitzen angehoben wurde. *Wir schaffen höchstens zwei bis drei Meilen in einem Moment der Unendlichkeit,* dachte er und suchte nach einer Lösung, wie sie trotz des grausamen Sturms schneller vorwärtskämen.

Der blonde Alb orientierte sich an den schwarzen Schatten, die nichts anderes als Berghänge waren, und erkor den am besten sichtbaren als nächstes Ziel der Wanderung. Sobald er nahe genug heran war, suchte er sich eine neue Wand, um darauf zuzuhalten und zu vermeiden, dass sie im Kreis liefen. Spuren hinterließen sie wegen des Windes keine.

So verlief die Wanderung von Sonnenaufgang bis Sonnenuntergang.

Zwischendurch legte sich der Sturm, aber der wolkenverhangene Himmel verhinderte einen Blick auf Tag- und Nachtgestirne.

So blieb ihnen nichts anderes übrig, als schnurgeradeaus zu gehen und zu hoffen, auf Barbaren oder einen Pfad nach Tark Draan zu stoßen.

Doch es schien nichts als Stein und Schnee zu geben.

Kurz vor dem Ende ihrer Kräfte schoss ihnen Caphalor einen Bock, den sie roh verzehrten. Sie würgten die zähen Bissen hinab, tranken das Blut des Tieres und setzten gestärkt ihren trotzigen Marsch gegen die Elemente fort.

Niemand sonst könnte das durchstehen, kam es Sinthoras in den Sinn, als sie in einem ruhigen Moment, den ihnen der Winter gewährte, einen weiteren der unzähligen Gipfel des Grauen Gebirges erklommen hatten.

Sie blickten schwer atmend auf das Meer aus Schluchten, Höhen, Steilhängen und Abgründen, das sie von allen Seiten umschloss. Wolken zogen über und unter ihnen hinweg, vereinzelt stachen trübe Lichtlanzen nieder und beleuchteten willkürlich Flecken am Boden, ohne dass sich eine Besonderheit dort befand.

»Schnee, Schnee und nochmals Schnee«, murmelte Caphalor. »Kein Baum, kein Haus. Es gibt nichts in dieser Ödnis.«

»Es gibt *uns.* Damit erfährt dieses Gebiet eine unvergleichliche

Aufwertung«, versuchte Sinthoras einen Scherz. *Es wäre beinahe schön zu nennen, wenn es nicht um unsere Leben ginge.* Der ranzige Geschmack des alten Bocks lag ihm noch immer im Mund. Er suchte den grauen Himmel nach der Sonne ab, doch die Lichtlanzen waren verschwunden. *Denke nach. Dem Winkel des Einfalls nach sind wir …*

Ein heißer Schauder durchlief seinen abgemagerten Körper. »Wir gingen nach Norden«, raunte er. »Bei den Unauslöschlichen! Ich lotste uns tiefer in die Abgeschiedenheit.«

Caphalor blieb ganz ruhig. »Dies aber sehr zielstrebig«, kommentierte er trocken. »Ich vermute, dass niemand außer uns jemals so weit ins Graue Gebirge vorstieß. Weder Barbar noch Scheusal vermögen solche Anstrengung auf sich zu nehmen.«

Sinthoras war erleichtert, dass ihm Vorwürfe erspart blieben. »Wohl wahr.« Er wollte noch etwas hinzufügen, während er den Kopf behutsam drehte und den Blick wandern ließ – da machte er eine Bewegung im Weiß aus. »Siehst du das?« Er steckte den Speer in die Richtung, um seinem Freund einen Hinweis zu geben, während er selbst die Augen verengte und sich auf die aufrecht laufende Gestalt konzentrierte. *Es ist kein Tier.*

Sinthoras erkannte, dass es sich um einen kräftig gebauten Läufer handelte, auf dessen Rücken eine lange Stange befestigt war, an der die zerfetzten Reste einer weißen Standarte flatterten, auf der sich wiederum Symbole befanden, die er aufgrund der Entfernung nicht zu deuten vermochte. *Ein Óarco? Hier?*

Es konnte eine dunkelbraune Rüstung aus Leder sein, die um den muskulösen Leib lag und wiederum weiße Symbole auf sich trug; der schlichte Helm schimmerte rötlich golden. Aber die Art, wie sich der Läufer bewegte, deutete nicht auf eine Bestie hin.

»Er bewegt sich in nördlicher Richtung«, stellte Sinthoras fest, »und es hat den Anschein, als wisse er, wohin er will.« Er blickte zu seinem schweigenden Freund, dessen Augen plötzlich voll Hass und Wut waren. »Was ist? Kennst du ihn?«

»Ein neues Ghaist«, antwortete Caphalor gepresst. »Die Botoiker sandten einen weiteren Späher, der seinen Weg nach Tark Draan fand. Absichtlich oder nicht.«

»Dieses Wesen, das am Steinernen Torweg erschien und in der Detonation verging?« Sinthoras verfolgte mit Blicken den einsamen

Läufer, der sich unbeirrt durch das Weiß kämpfte, die Arme wie Schaufeln einsetzte, um sich aus dem Tiefschnee zu befreien und nicht einmal nachließ, um Kräfte zu schonen. »Dann sollten wir ihm folgen.«

»Das sehe ich ebenso. Es darf keinesfalls zu seinem Herrn zurückkehren, denn wer weiß, was es alles herausfand, was uns schaden könnte.« Caphalor eilte los.

Sinthoras folgte in seinen Fußstapfen. »Wie erledigen wir es?«

»Es wird uns schon etwas einfallen.«

»Sagtest du nicht, dass das Ghaist mit seinem Botoiker verbunden ist?« Sinthoras sah den Läufer in etwa einer Meile vor ihnen, der nicht ein einziges Mal einen Blick zurück warf. Der Kupferhelm leuchtete auf, als plötzlich ein schwacher Sonnenstrahl darauf traf.

»Ich weiß nicht, über welche Entfernung ihnen das möglich ist. Bedenke, wie weit wir vom Reich der Magier entfernt sind«, gab Caphalor zurück. »Ich wusste, dass man die Botoiker nicht unterschätzen darf.«

Sinthoras stimmte zu. *Es würde den Feldzug gegen Tark Draan erschweren, sollte sich eine Heerschar unter der Führung eines Botoikers in das Land ergießen. Wir haben bereits ohne die Magier einen Krieg an vielen Fronten zu führen.* »Können wir sie nicht als Verbündete gewinnen?«

Caphalor lachte auf. »Das Ghaist vor meiner Festung sah nicht nach Unterhändler aus. Es ging darum, das Bollwerk auszukundschaften.«

»Es muss aber nichts mit uns zu tun haben«, gab Sinthoras zu bedenken. »Womöglich sind die Botoiker auf der Suche nach neuem Material für ihr Heer und finden nichts Passendes mehr in Ishím Voróo? Und nachdem sie wissen, dass die Pforte offen steht ...« Er beließ es bei seiner Andeutung.

Caphalor erwiderte nichts, sondern folgte dem Ghaist, das um eine Biegung verschwand. Die Spuren, die es im Schnee hinterließ, machten es sehr einfach, dem Wesen zu folgen.

Ohne die schweren Tioniumharnische hätten die Albae keinerlei Abdrücke hinterlassen, doch die Rüstungen sorgten für Sohlenumrisse im pulvrigen Schnee. Wenigstens sanken sie nicht bis zur Hüfte ein, so wie es dem Ghaist gelegentlich erging und das sich jedes Mal herauswühlte, um seinen Weg unaufhaltsam fortzusetzen.

Fortan meinte es das Wetter besser mit den Albae und verschonte sie zunächst vor weiteren Stürmen oder Schneefällen.

Zwar blieb es grau und diesig, gelegentlich fielen Nebelschwaden über sie her und raubten ihnen die Sicht, doch sie fanden die Spuren des rastlosen Läufers stets wieder, sogar nach kurzen Unterbrechungen, die sie einlegen mussten, um zu Kräften zu gelangen.

Auch nach dem Sprung des Ghaists von einer Klippe dreißig Schritte nach unten in tiefen Schnee hielten Sinthoras und Caphalor nach anstrengender Kletterei den Anschluss.

Wie viele Momente der Unendlichkeit sie dem kupfernen Helm folgten, vergaßen sie recht schnell. Sie waren zu beschäftigt mit Laufen und gelegentlichem Jagen von Wild. Das rohe, warme Fleisch bedeutete selten einen Genuss, doch es ging nicht anders.

Das Gute war: Vor sämtlichen Gefahrenstellen – von verwehten Eisgräben über Hangabbrüchen bis zu Lawinen – warnte sie das Ghaist unbewusst, indem es wie ein Späher vorauseilte So kamen sie unbeschadet voran. Weiter und immer weiter.

Wir haben es geschafft! Sinthoras konnte eines Nachmittags sehen, dass die Gebirgsketten in der Entfernung weniger wurden und das Land sich absenkte. Ihr Läufer hetzte über Schneefelder, die zusammenschrumpften und dem Grau des Gebirges wichen.

» Wir sind in Ishím Voróo «, rief er erfreut. » Oh, ich kann dir nicht sagen, wie sehr ich mich auf … «

» Erst schalten wir das Ghaist aus «, unterbrach ihn Caphalor. » Danach magst du in eine Wanne steigen, dich von wem auch immer salben lassen und dich erholen. « Er deutete nach vorne. » Bringen wir es zu Fall und entscheiden, was wir tun, um es zu vernichten. « Er verfiel in schnelleres Laufen, um das Wesen einzuholen. » Den Rest des Weges bestreiten wir auch ohne es. «

Sinthoras nahm hin, dass sich sein Freund an die Spitze ihrer kleinen Gesellschaft setzte. *Zu Fall bringen.* Er würde sich überraschen lassen, was sich der schwarzhaarige Alb einfallen ließ.

Das Ghaist erschien zwanzig Schritte vor ihnen, bewegte die Arme mit gleichbleibender Genauigkeit vor und zurück, hob und senkte die Beine, als befände sich in seinem Innern ein Räderwerk, das ihn ohne Unterlass antrieb.

Ein kräftiger Barbar, so hätte ich es eingeschätzt. Sinthoras sah, dass der Kupferhelm nur sehr schmale Schlitze für Augen, Mund und Nase hatte. *Aber ein normaler Mann wäre niemals in der dünnen Kleidung und mit nackten Armen durch Schnee und Eis gelaufen.*

Sinthoras warf den schweren Mantel ab, der ihn behinderte. Er schwitzte nun wieder und wollte nicht wissen, welcher Geruch von ihm ausging. Caphalor hatte Umhang und Wolfsfell ebenso abgestreift.

Das Ghaist setzte über eine kleine Steinmauer hinweg, ohne an Geschwindigkeit zu verlieren. Dahinter begann eine Wiese, auf der Schafe und Kühe weideten.

»Wieso schießt du nicht?«, keuchte Sinthoras.

»Das würde es nicht stören«, gab Caphalor zurück. »Ich sagte, wir müssen es zu Fall bringen.« Er ergriff den Bogen, nahm Schwung und schleuderte ihn nach dem Läufer. »Und wirf deinen Speer zwischen seine Beine.«

Sinthoras nickte und lief etwas seitlich versetzt zu ihrem Gegner.

Der Bogen flog rotierend durch die Luft und verfing sich an der rechten Wade, der linke Fuß verhedderte sich.

Das Ghaist geriet ins Stolpern, der Bogenkorpus wurde hin und her geschleudert, knirschte zwischen den Unterschenkeln und drohte zu zerbrechen, als Sinthoras seinen Speer schleuderte.

Er hatte auf einen Punkt vor den Füßen des Läufers gezielt, wo sich seine Waffe in die Wiese bohrte.

Der linke Fuß des Ghaists blieb am wippenden Schaft hängen. Es stürzte und überschlug sich mehrmals, wobei der Bogen zerbrach und der Speer davonflog, aber es fing sich mit mehrmaligem Rollen über die Schultern ab.

Verflucht! Es kommt gleich wieder auf die Füße! Sinthoras zog seinen Gürtel aus, drückte sich ab und sprang mit den gestreckten Beinen voran in das Ghaist. Von hinten hechtete Caphalor heran und drückte den Oberkörper des Gegners nieder; in der linken Hand hielt er ein Bündel dicker Fäden, die aus der Weberei der Elbensiedlung stammten.

In einem Knäuel rollten Albae und Ghaist über die Wiese, Gras und Erde verfingen sich in den Tioniumrüstungen.

Jetzt! Sinthoras bekam die Beine zu fassen und umklammerte sie, hielt sie gepresst und schnürte sie mit dem Gürtel zusammen.

Caphalor rang das Ghaist derweil nieder, drückte die Arme zusammen und wickelte zunächst die Fäden darum, ehe auch er seinen Gürtel nahm.

Keuchend saßen sie auf dem stummen Wesen, das sich aufbäumte und bockte. Die Lederriemen knarrten unter dem Zug, der auf ihnen lastete, doch sie hielten.

»Hol die Mäntel, rasch!«, wies Caphalor seinen Freund an. »Ich halte ihn solange.«

Sinthoras fragte nicht nach, sondern tat, wie ihm aufgetragen wurde. Blitzschnell wickelten sie das Wesen eng in die dicken Stoffe, um es vollständig unbeweglich zu machen; mit der falsch herum aufgesetzten Kapuze des Umhangs raubten sie ihm die Sicht.

Danach schleppten sie das Ghaist, das erstaunlich leicht war, zu einem Unterstand, der für die Tiere gemacht worden war. Daneben hatte sich der Schäfer einen kleinen Raum mit einem Ofen errichtet, falls das Wetter ihn zu einem längeren Aufenthalt am Rand des Grauen Gebirges zwang.

Das Wesen legten sie auf dem gestampften Boden ab. Sie hörten das leise Knirschen von Stoff und Leder. Der Widerstand war nicht gebrochen.

»Die Asche ist erkaltet«, meldete Caphalor nach einer knappen Überprüfung des Ofens.

»Aber wir haben trockenes Holz.« Sinthoras machte ihn auf den Stapel aufmerksam. »Wird es ausreichen, um es zu vernichten?«

Caphalor überlegte nicht lange und errichtete daraus einen Stapel mitten im Raum. Unter dem Reisig und den Scheiten kamen noch Kohlestücke zum Vorschein. »Bestens! Sie brennen heiß genug«, schätzte er. »Es kommt nun darauf an, dass die Fesseln lange genug halten, damit es nicht entkommt.«

»Dann sollten wir ausharren, um sicherzugehen, dass es darin vergeht.« Sinthoras wusste, dass es gefährlich war. Er hatte die Schilderung der vernichtenden Explosion noch genau in Erinnerung.

»Und dann müssen wir rennen wie niemals zuvor.« Caphalor entzündete das Feuer, in das sie Stück um Stück des Unterstandes gaben und die Kohlestücke hineinstreuten.

Die Hitze in der kleinen Kammer wurde bald unerträglich. Erneut schwitzten die Albae in ihrer dicken Kleidung.

»Gut. Wagen wir es.« Caphalor packte das Ghaist am Kopf, Sinthoras nahm die Füße, dann betteten sie das Wesen genau auf die lang gezogene Bahn aus lodernder Kohle. Kaum hatten sie es abgelegt, fächelten sie dem Feuer zusätzlich Luft mit dem Wolfsfell zu.

Prasselnd brannte die Kohle, die Flämmchen wandelten sich von rot zu weiß.

Damit sie nicht erstickten, öffnete Sinthoras hustend ein Fenster, woraufhin sich die Flammen noch höher reckten. »Das sieht gut aus«, rief er Caphalor zu.

Sein Freund ließ die Augen nicht von ihrem gefesselten Gegner. Die Mäntel brannten rauchend und qualmend, sodass das Ghaist zum Vorschein kam. Es glühte bereits von innen heraus, und aus den Helmschlitzen fiel weißes Licht, das gelegentlich flackerte.

Doch anstatt sich gegen die vernichtende Hitze zu wehren, schienen die Bewegungen zusehends zu erlahmen.

Caphalor erwähnte, dass ein Ghaist eine Kreatur der Kälte sei. Je heißer es wird, desto mehr scheint es gelähmt zu werden. Sinthoras hielt seinen Speer bereit, um den Gegner auf sein heißes Lager bannen zu können.

Die Lohen leckten über Wände und Decke des kleinen Raumes und setzten das Holz in Brand, während das Licht aus den Helmschlitzen greller wurde, zugleich schneller zuckte. Ein leises metallisches Pfeifen erklang, das schrill in den Ohren der Albae tönte und sich steigerte.

Ein heftiges Beben durchlief das Ghaist, zu dem hohen Ton gesellte sich ein dumpfes Fauchen. Die Mäntel und Ledergürtel waren verbrannt, die Schnallen glühten zwischen den Kohlen. Langsam zersprangen die Nähte seiner Lederrüstung, die Haut an den Armen löste sich auf. Darunter kam eine milchige Schicht zum Vorschein, unter der sich schwarze und graue Schlieren bewegten.

Das müsste man in einem Bild festhalten. »Caphalor, wann genau ist der Zeitpunkt gekommen, an dem wir gehen sollten?«, fragte Sinthoras beunruhigt.

Sein Freund biss die Zähne zusammen. »Noch nicht«, knurrte er und wich vor den Lohen zurück, mit denen eine Harzblase fauchend verging.

Sinthoras sah so gut wie nichts mehr, seine Augen tränten, und das Husten endete beinahe nicht mehr. *Wie sollen wir da noch gegen das Wesen kämpfen können?* »Raus«, befahl er und packte den Arm des schwarzhaarigen Albs.

Widerstrebend ließ sich Caphalor mitziehen – als ein lautes, hohes *Tick* erklang; gleichzeitig endete das Pfeifen und Brummen.

Die Albae rannten blindlings vorwärts, hetzten über die Wiese und kamen keine zehn Schritte weit, als die Explosion hinter ihnen erklang.

Die Druckwelle hob sie an und wirbelte sie durch die Luft. Sinthoras sah sich in seinem Flug von weißlichen Flammen umspielt, die Hitze drängte sich unter seinen Helm, doch verbrannte ihn nicht.

Hart schlug er auf dem Gras auf, rollte mehrere Schritte weit und prallte gegen das Mäuerchen, über welches das Ghaist vorhin gesprungen war. *Inàste, ich flehe dich an.* Instinktiv kauerte er sich zusammen und wartete.

Der heiße Wind und das Brüllen des magischen Feuers endeten nach einigen Herzschlägen.

»Sinthoras?«, vernahm er Caphalors Stimme, die von weit weg zu kommen schien.

Er hob langsam den Kopf, um sich umzublicken. Es piepste leise in seinen Ohren, das Krachen der Detonation hatte seinem Hörsinn stark zugesetzt.

Sein Freund lag schräg vor ihm, Rußspuren zeichneten sein Antlitz. Die Rüstung und die dicke Kleidungsschicht hatte sie vor schweren Verletzungen und Brandwunden bewahrt.

»Mir geht es gut.« Schräg hinter dem schwarzhaarigen Alb und kaum zwanzig Schritte weit entfernt machte er einen Krater aus, wo sich einst der Unterstand befunden hatte.

Die Trümmer waren über der Weide verteilt; Kühe und Schafe lagen verwundet oder tot auf dem Gras, die Überlebenden rannten blökend und muhend davon. Rauch stieg in einem großen Umkreis aus dem Rasen und erinnerte an Nebel.

Der weiche Boden nahm die meiste Wucht auf. Auf felsigem Untergrund hätte uns die Druckwelle zerfetzt. Sinthoras benötigte mehrere Anläufe, um sich aufzurichten, Blut lief ihm aus der Nase. *Deswegen fiel die Detonation am Steinernen Torweg sicherlich ungleich heftiger aus.*

Caphalor erhob sich ebenfalls und wankte strahlend auf ihn zu. »Wir ...« Abrupt schwieg er, die Augen wurden groß.

Etwas befindet sich hinter mir. Da Sinthoras seinen Speer verloren hatte, tastete er nach dem Dolch, zog ihn und drehte sich, die Spitze emporgereckt.

Doch beim Anblick dessen, was sich jenseits des Mäuerchens erhob, wusste er, dass er mit dieser Waffe nichts ausrichtete. Auch sein Speer würde nichts taugen. *Es sei denn, Samusin lässt mir hundert Arme wachsen und gibt mir hundert Speere.*

Er wich zurück und begab sich neben Caphalor. »Wir waren zu langsam«, raunte er.

»Es scheint so«, erwiderte sein Freund und zog sein Schwert. »Stell dich an meinen Rücken, und danach entscheiden die Götter, was aus uns wird.«

Sinthoras nahm seinen zweiten Dolch und begab sich hinter Caphalor. *Wir waren zu sehr vom Ghaist abgelenkt. Das hätte nicht geschehen dürfen.*

Wohin er auch sah, sie waren umzingelt von einer unermesslich großen Horde aus Barbaren, Óarcos, Gnomen und Scheusalen, die aus ganz Ishím Voróo stammen mussten.

Die Menge war nicht zu überblicken. Sie knurrte und geiferte die Albae an, kam Schritt um Schritt näher; die dreckigen Hände, schmutzigen Pranken und verkrusteten Klauen zuckten, öffneten und schlossen sich, vorfreudig, sich ins Fleisch der Feinde schlagen zu dürfen.

In sicherer Entfernung sah Sinthoras eine gewaltige, geschlossene Sänfte, die von zahllosen Schultern getragen wurde. Er drehte sich etwas, sodass sein Freund sie auch sah. »Sitzt darin der Botoiker, der sie kommandiert?«

»Ja.«

»Dann sollten wir uns nicht damit aufhalten, das wertlose Fußvolk abzuschlachten.« Sinthoras sah, wie dicht die Bestien und Barbaren nebeneinanderstanden. »Wir kommen spielend bis zur Sänfte, wenn wir über Schultern und Köpfe rennen«, gab er die Anweisung.

»Das sehe ich genauso«, erwiderte Caphalor grimmig und schnellte davon.

Sinthoras sprang los und wählte einen anderen Weg als sein Freund, um die Sänfte von einer anderen Seiten aus anzugreifen.

Die Bestien heulten und kreischten, Hände grabschten nach den Albae, die sich aber geschickt jedem Zugriff entzogen.

Sie werden uns niemals bekommen. Mit einem dämonischen Lächeln rannte Sinthoras über sie hinweg und näherte sich wie Caphalor auf fünf Schritte der Sänfte. *Gleich wirst du meine Dolche …*

Aus der Masse flogen plötzlich Netze von allen Seiten heran, legten sich gleichermaßen sowohl auf die Horde als auch auf die Albae.

Die enorme Anzahl machte es unmöglich, den Maschen zu entgehen, die mit Drähten gegen Klingenschneiden verstärkt waren.

Sinthoras wurde aus der Luft gefischt und nach unten gezogen, wo er sich zusammen mit stinkenden Scheusalen und Barbaren gefangen sah.

Noch bevor er etwas unternehmen konnte, erhielt er einen Schlag gegen die Schläfe und wurde ohnmächtig.

Tark Draan (Geborgenes Land),, 4372. Teil der Unendlichkeit (5202. Sonnenzyklus), Winter

Sinthoras kam zu sich, doch er sah nichts von der Umgebung. Eine Augenbinde verhinderte, dass er sich orientierte.

Überall an sich spürte er Hände, entlang des Rückens, an seinem Becken, an den Beinen und auch im Nacken und am Kopf, die ihn stützten.

Ich werde getragen. Wie die Bestien die Sänfte schleppten, so transportierten sie auch ihn; dabei gelang es ihnen, dass sein Körper fast waagerecht blieb und nicht hin und her wackelte.

Seine Arme und Beine waren nicht gebunden, wohl aber von Fingern und Klauen umfasst, sodass er sie nicht einsetzen konnte.

Um ihn herum scharrten zahllose Füße, die sich in schnellem Lauf befanden. Metall und Stoff rieb aneinander, der Atem der Barbaren und Scheusale erklang, doch ansonsten herrschte seltsame Stille, als wäre es der Horde verboten worden, auch nur ein Geräusch zu von sich zu geben.

Wohin bringen sie mich? Wieso töteten sie mich nicht? Sinthoras wagte nicht, nach Caphalor zu rufen, und hoffte einfach, dass sie ihn ebenso am Leben gelassen hatten.

Versuchsweise setzte er die albischen Kräfte ein und ließ zuerst Furcht auf seine unmittelbare Umgebung los, anschließend umgab er sich mit Schatten, falls sie ihn fallen ließen und er sich verbergen konnte.

Doch außer einem Aufstöhnen und einigen kleineren Wacklern geschah nichts. Manche Hände schwanden und wurden sofort durch neue ersetzt, die Geschwindigkeit des Marsches änderte sich nicht einmal für die Dauer eines halben Herzschlags.

Die Macht der Botoiker ist meiner Kraft überlegen. Sinthoras wusste, dass ihm nicht das gleiche Schicksal wie der Horde blühte. Die magische Veranlagung seines Volkes verhinderte, dass die Zauberer sie kontrollierten, hieß es. Da er nicht hechelnd und keuchend als Teil der Streitmacht zwischen den Bestien rannte, ging er davon aus, dass er tatsächlich nicht anfällig war.

So verlief seine Reise ins Ungewisse, und zwar ohne Unterbrechung.

Zwischendurch döste er, während ihn die Masse durch Ishím Voróo trug. Im Halbschlaf glaubte er, mal auf Wasser, dann auf Luft dahinzugleiten. Die Temperatur und die Helligkeit um ihn änderten sich gelegentlich, und so nahm er an, dass sie ihn durch Tag und Nacht immer weiter voranbrachten.

Dann änderte sich der Geruch.

Aus der kalten, klaren Luft wurde dumpfer, muffiger Dunst, der sich klebrig in Sinthoras' Nase legte und am Gaumen wie widerspenstiger Dreck haftete.

Wo mögen wir sein? Angewidert versuchte er, den Geschmack durch Schlucken zum Verschwinden zu bringen, aber die Umgebung brachte unaufhörlich mehr davon hervor.

Die Füße und Stiefel der Horde hasteten nun durch Matsch, der bestialisch stank und mit gärenden Exkrementen durchsetzt sein musste. Der Dreck spritzte hoch bis zu ihm, Sinthoras hätte sich beinahe übergeben.

Um ihn herum wurden Geräusche einer Stadt vernehmbar, vom Klirren eines Schmiedehammers bis zum Knarren von Wagenrädern und dem Rufen verschiedener Stimmen, die mal anpriesen, mal stritten.

Der fürchterliche Gestank ließ langsam nach.

Endlich wurde er auf den Boden hinuntergelassen, man stellte ihn aufrecht hin. Die Finger blieben weiterhin um seine Arme, um seinen

Hals und um seinen Oberkörper gelegt, um ihn festzuhalten. Dann fiel die Augenbinde, und er sah, wohin man ihn verschleppt hatte.

Er befand sich am Rand eines Sumpfs, in dem sich schimmelnde Bauten verschiedenster Größe dicht an dicht drängten, mal aus Stein, mal aus Holz errichtet, und sicherlich nicht für die Unendlichkeit gedacht.

Dazwischen lagen Planken, damit sich die Bewohner und die Karren über den schlickigen Untergrund bewegten konnten, ohne einzusinken. Hier und da sackte ein Gebäude in dem faulenden Morast ein, woanders schauten verrottende Gliedmaßen aus dem gelblichen Wasser heraus. Mückenschwärme schwirrten umher, manche Bestien waren unter den Insekten gar nicht mehr zu erkennen. Niemand kümmerte sich um die Missstände.

Richtig auffallend dagegen waren die weißen, rätselhaft geformten Türme, die sich viele Schritte hoch über das Elend erhoben und unfassbar makellos wirkten. Die Symbole darauf waren Sinthoras fremd.

»Wir sind in einem neuen Dhaïs Akkoor«, hörte er Caphalor neben sich flüstern.

Erleichtert drehte er den Kopf ein wenig zur Seite, aber die Finger zwangen sein Antlitz sofort wieder nach vorne; wenigstens hatte er seinen Freund kurz erblicken dürfen. *Er lebt! Dann hege ich keinen Zweifel, dass wir dem Botoiker entkommen.* Er grinste. *Nein, wir töten ihn.* »Du warst schon mal hier?«

»Nicht hier. Aber es ist der gleiche Moloch, wie ich ihn schon einmal sah«, erklärte er.

»Wir nennen sie Tr'hoo D'tak«, vernahmen sie beide eine weibliche Stimme, die in der Gemeinsprache von Ishím Voróo redete. »Ich vermute, dass ihr eben über die Stadt spracht?«

Die Botoikerin befand sich in ihrem Rücken und bewegte sich langsam auf die Lücke zwischen ihnen zu, wie Sinthoras an den Schritten vernahm. Schmuck klirrte silbern, Steinchen rieben aneinander. *Sie muss leicht und zierlich sein.*

Dann erschien sie in seinem Blickfeld, gekleidet in fließende Gewänder in Dunkelgrün und Weiß. Sie sah sehr jung aus, trug ihren Schädel geschoren, mit eintätowierten weißen Schriftzeichen in der glatten Haut. Eine Kette aus Silber, versehen mit bunten Edelsteinen, prangte um ihren schlanken Hals, kleinere Kettchen gingen als Ausläufer zu den Armreifen um die Handgelenke. Das gab ihr ein wenig den Anschein einer Marionette.

»Mein Name ist Fa'losôi aus der Familie der Nhatai«, verkündete sie und blickte zuerst Caphalor, dann Sinthoras aus ihren hellgelben Augen an. Der Diamantsplitter, der auf der Nasenwurzel inmitten eines schwarzen Ovals haftete, funkelte auf. »Und dich«, sie zeigte mit ihrem dünnen Zeigefinger auf den schwarzhaarigen Alb, »sah ich schon einmal, auch wenn es bereits viele Monde her ist.«

Sinthoras wunderte sich im Stillen. *Was hat sie mit uns vor? Umbringen wohl nicht.*

»Du täuschst dich nicht?«, fragte Caphalor.

Fa'losôi schloss die Augen, als müsse sie nachdenken. »Nein. Ich sehe dein Gesicht genau vor mir«, antwortete sie leise. »Ich sehe *jedes* Gesicht der Krieger vor mir, die nach Dhaïs Akkoor kamen und die Gastfreundschaft meines Onkels in Anspruch nahmen, um ihn dann zu köpfen.« Sie hob die Lider und wandte den Kopf zu Sinthoras. »Du warst nicht dabei, aber das wird dich nicht retten.«

Die Botoikerin ging langsam nach rechts, und die Albae wurden von den zahlreichen Händen so geschoben, dass sie sahen, wohin die Barbarin schritt: vor einen der nadelgleichen weißen Türme. Sinthoras entdeckte eine große Tür in der Höhe von etwa fünf Schritt.

»Gerade, als meine Familie den Tod verkraftet hatte, kam vor nicht allzu vielen Monden ein einzelner, blonder Alb, ein Assassine«, erzählte Fa'losôi weiter, »und schnitt beinahe vor meinen Augen den Kopf meines Großvetters ab, um ihn mitzunehmen.« Sie legte die rechte Hand an die Kette und berührte den schwarzen Stein. »Damit nahm mir euer Volk geliebte Menschen, die sich durch nichts ersetzen lassen.« Sie schwieg und bedachte die Albae mit verächtlichen Blicken. »Was glaubt ihr, welche Empfindungen ich für jeden von euch hege?«

Sinthoras hielt seine Zunge im Zaum, Caphalor atmete tief durch.

»Ihr versucht, mich nicht wütend zu machen, indem ihr eine gönnerhafte oder herablassende Erwiderung unterlasst«, sagte ihnen Fa'losôi auf den Kopf zu. »Tut euch keinen Zwang an. Lacht mich aus, schmäht mich. Es stört mich nicht. Weil ich weiß, dass die Zeit der Schonung vorüber ist.« Ihre Hand wanderte von der Kette zur Schläfe und berührte eine tätowierte Rune.

Ohne dass sie etwas sagte, stürmten Bestien und Barbaren herbei. Sie fügten sich artistengleich zu einer Treppe, indem sie aus ihren Körpern Stufen bildeten, welche die Botoikerin hinauf zum Eingang schritt.

Sinthoras und Caphalor wurden vorwärtsgeschoben, dann ging es auch für sie die lebendige Treppe hinauf und Fa'losôi hinterher.

»Sie sprach nicht, als sie ihrer Horde Befehle gab«, flüsterte Caphalor entsetzt. »Damals musste das ihr Onkel noch. Wir schossen ihm einen Pfeil durch den Hals, damit er sie nicht mehr kontrollieren konnte.«

Sinthoras fluchte. D*as wird es schwerer machen, sie aufzuhalten.* »Reicht am Ende pure Gedankenkraft?«

»Das wäre fatal.« Caphalor redete schnell und leise. »Sh'tu Nhatai ließ seine Horde alles ausführen, wonach ihm der Sinn stand. Er konnte sie sich selbst umbringen lassen, nur durch seine Willensmagie und sein Wort. Sollte Fa'losôi auf Worte nicht mehr angewiesen sein …« Er bekam einen Schlag in den Nacken und geriet ins Torkeln, aber die zahlreichen Hände hielten ihn aufrecht.

Man brachte die Albae durch einen Vorraum, schaffte sie zu einer offenen Fahrstuhlplattform, mit der es senkrecht nach oben ging.

Sinthoras bemerkte den intensiven Geruch von Weihrauch, mit dem die Bewohner gegen den Gestank des Sumpfes und des Unrats ankämpften. Es war angenehm warm und roch nach Holz. Er hatte mit seinen Blicken erfasst, dass die Türme nur massiv wirkten, im Innern aber aus zusammengesteckten und verbundenen Holzlatten und -planken bestanden; lediglich einige wenige Bauteile waren aus Stein.

Die Fahrt nach oben währte lange, dann hielten sie an.

Fa'losôi ging voraus, die Albae wurden durch den Gang bugsiert und landeten in einem von Petroleumlampen beleuchteten, abgeschotteten Raum, an dem Ketten von der Decke hingen. »Willkommen«, sagte sie freundlich. »Dies ist eure Bleibe.«

Sinthoras und Caphalor wurden mit den Schellen an den Ketten befestigt, diese wurden anschließend stramm gezogen, sodass die Gefangenen nicht anders konnten, als aufrecht zu stehen.

Die Botoikerin wartete, bis die Vorbereitungen beendet waren, dann trat sie näher an die Albae heran. »Ich beging damals, nach dem Tod meines Vetters, einen Fehler«, eröffnete sie. »Mit seiner Horde durchkämmte ich die Ödnis, wie von Sinnen und ohne Plan, weil ich dachte, ich könnte den Assassinen noch einholen und ergreifen.« Fa'losôi hatte die Finger jetzt um einen gelben Stein geschlossen und wirkte, als wollte sie zum Gebet niedersinken. »Mein größtes Anliegen war es, ihn zu fassen. Doch eines Morgens erwachte ich und wusste: nein.« Sie schüttelte sachte den Kopf, der Diamant auf ihrer Nasenwurzel glitzerte im Lampenschein. »Nein, das wäre zu wenig. Denn die Albae würden wegen seines Todes wieder ein Heer entsenden, dann wieder einen Assassinen und so weiter, um uns in Angst vor ihnen zu halten.« Sie schaute zwischen den Freunden hin und her. »Also sagte ich mir, dass ich einen Weg finden muss, euch meiner Familie vom Hals zu halten. Und das wiederum gelingt am ehesten und sichersten, wenn« – sie legte einen Zeigefinger gegen ihre tätowierte Schläfe – »ich euch *beherrsche*. Wie die niederen Barbaren und Orks und Scheusale.«

Caphalor lachte auf. »Du weißt, dass daraus nichts wird. Wir sind ...«

Fa'losôi winkte ab. »Natürlich. Die angeborene Magie, die unseren Kräften entgegenwirkt. Doch ich forschte. Ich forschte lange an der Natur meiner Macht.« Sie kam zu Caphalor. »*Ihr* werdet mir dazu dienen, mich mehr mit *eurer* Macht zu beschäftigen. Das versuchte noch kein Botoiker vor mir, aber ich bin guter Dinge, zu Erkenntnissen zu gelangen.«

Sinthoras schwieg, sah sich um und suchte nach einem Weg, die Ketten zu lösen. Die Schellen lagen eng um die Handgelenke, die Finger wurden durch den Zug nach oben gebogen. *Ich könnte mich daran hochziehen, meine Beine um ihren Hals legen und ihr Genick brechen.*

Caphalor lachte sie aus. »Du wirst scheitern!«

»Und doch höre ich verborgene Furcht in deiner Stimme«, erwiderte Fa'losôi lächelnd. »Man stelle sich vor, ich hätte doch Erfolg und dringe in euren Verstand, um euch zu beherrschen. Denkt daran, dass ein Botoiker seine Macht über ein Wesen auszuüben vermag, solange er lebt.«

Wir müssen sie töten. Sinthoras nahm für seinen Angriff heimlich Maß, aber noch stand Fa'losôi zu weit entfernt. *Sie kann uns gefährlicher werden als die gesammelten Streitkräfte von Tark Draan.*

»Ihr seid nicht die Ersten, die mir als Anschauungsobjekte dienen, sollte es deine Angst sein, zum Verräter an deinem Volk zu werden«, sprach die Botoikerin heiter. »Ich fand schon einiges heraus. Doch leider ist die Todesrate derer, die ich prüfe, sehr hoch. Glaubt mir, es würde mir sehr gut gefallen, euch lebend zu euresgleichen zurückzuschicken, nur um euch zu steuern wie meine anderen dienstbaren Marionetten.« Sie lachte. »Wer weiß? Möglicherweise seid ihr diejenigen, bei denen es mir gelingt, und dann« – Fa'losôi berührte Caphalors Stirn behutsam mit der Kuppe des kleinen Fingers – »befehle *ich* deinen teuren Unauslöschlichen und den Albae, was sie tun und lassen!«

»Jetzt«, rief Sinthoras.

Caphalor ahnte, was er vorhatte. Er versetzte der unachtsamen Barbarin einen harten Tritt gegen die Schulter, sodass sie seitlich davontaumelte.

Genau das wollte ich! Sinthoras drückte sich vom Boden ab, schwang auf Fa'losôi zu und hob die gestreckten Beine, um sie am Hals zu packen und den Nacken mit einer Ferse zu brechen – doch schon sprangen Óarcos in seinen Weg und hielten ihn auf.

»Nein!«, schrie Sinthoras wütend und brach einer Bestie anstatt der Botoikerin den Hals, versetzte einer zweiten einen harten Tritt, sodass der Unterkiefer blutend in Trümmern aus der Fratze hing. Dann hatten sie ihn gepackt und hielten ihn fest.

Fa'losôi stand wieder weiter weg von ihnen. »Ich unterschätze einen Alb erneut«, sagte sie ärgerlich. »Es wird nicht wieder vorkommen. Aber bevor ich mich um eure Magie und euer Innerstes kümmere, muss ich noch etwas erledigen.« Sie wandte sich zum Ausgang. »Da ihr mein letztes Ghaist vernichtet habt, werde ich mir ein neues erschaffen müssen. So lange werdet ihr noch … sagen wir … die Annehmlichkeiten meines Turms und die Gastfreundschaft der Nhatai-Familie genießen.«

Fa'losôi ging mit den Scheusalen zur Tür hinaus, die leise ins Schloss fiel und mehrfach abgesperrt wurde. Auf Wachen im Raum verzichtete die Botoikerin. Der Ort schien ausbruchssicher zu sein.

»Entweder uns gelingt die Flucht«, sprach Caphalor, »oder wir müssen uns selbst töten, bevor sie uns Geheimnisse entlockt.«

»Ich stimme dir zu. Die Vorstellung, dass unser stolzes Volk dem Gedanken einer Botoikerin gehorchen muss, sich zwischen Barbaren und Ungeheuern auf den Schlachtfeldern aufreibt, ist nicht zu ertragen.« Sinthoras wackelte probehalber an den Ketten, die in der Dunkelheit über den Lampen verschwanden. Das Licht reichte nicht bis hinauf. *Die neuen Kräfte der Barbaren würden die Unauslöschlichen unvorbereitet treffen. Was will man gegen sie unternehmen, wie abwehren, wie diese Übernahme des freien Willens verhindern?*

»Beeilen wir uns, aus Tr'hoo D'tak zu entkommen.« Caphalor stieß sich ab und pendelte vor und zurück, bis er mit den Stiefeln an die Wände gelangte. Rumpelnd krachten die Sohlen dagegen, aber mehr richtete er nicht aus.

»Wir sollten Fa'losôi umbringen.«

»Behalten wir es als zweites Ziel im Auge. Unsere Flucht ist wesentlich wichtiger.« Caphalor schwang sich nun auf den Ausgang zu. Auch bis dahin reichten die Ketten. »Da wir die Botoiker nicht vernichten können, sollten wir sie ganz in Ruhe lassen. Zumindest bis Tark Draan uns gehört.«

»*Das* wird dein Rat an die Herrscher sein? Sie zu schonen?« Sinthoras war eine Eingebung gekommen. Er zog sich nach oben und machte eine Rolle vorwärts an den ausgestreckten Armen, wickelte Kettenglied um Kettenglied um seine Unterarme. »Fa'losôi tötete bereits mehrere von uns!«

»Wenn man deinen Onkel und deinen Großvetter umbrächte, würde ich deine Reaktion gerne sehen. Die Unauslöschlichen forderten die Botoiker heraus, und das muss aufhören – solange wir nicht genug Truppen haben«, konterte Caphalor, der ihm zusah. »Hast du vor, mich in deinen Plan einzuweihen, oder willst du mich überraschen?«

»Dieser Assassine wurde vielleicht von den Unauslöschlichen geschickt, um die Bedrohung zu beenden.« *Das ist der richtige Abstand.* Er fasste die Kette mit beiden Händen und versetzte sich in Schaukelbewegungen, pendelte hin und her, vor und zurück.

»Dann misslang es gründlich. Und zudem kommt es mir seltsam vor, dass der Mörder dann nicht sämtliche Oberhäupter der Familien tötete, um Verwirrung zu stiften«, warf Caphalor ein. »Und was, bei den verbotenen Infamen, tust du?«

Sinthoras lachte und hatte genug Schwung, um bis zu den Lampen zu pendeln, die den Raum erhellten. »Sieh genau hin!«

Mit Tritten beförderte er sie aus den Halterungen, sodass sie zu Boden fielen. Manche erloschen, manche brannten weiter, und zwei setzten die Bohlen in Brand.

Das trockene Holz entzündete sich sehr rasch, die Flammen fraßen sich vorwärts und züngelten an den Wänden hinauf.

»Wollten wir nicht zuerst versuchen zu entkommen, bevor wir uns umbringen?«, warf Caphalor ein und blickte misstrauisch zum Feuer. »Ich glaube, ich hätte mich lieber an den Ketten erwürgt als zu Garen wie das Ghaist.«

»Warte es ab.« Sinthoras sah zu, wie sich der Brand qualmlos nach oben arbeitete. Er ließ sich wieder auf den Boden herab. »Das Feuer darf nur nicht zu früh bemerkt werden, sonst ist mein Plan dahin.«

Caphalor schwieg, weil er begriffen hatte, dass sein Freund ein Geheimnis aus seinem Vorhaben machte.

Im Schein der Flammen sahen sie, dass die Ketten auf einer Walze aufgewickelt waren, welche über ein dickes Seil bedient wurde. Die Lohen verbrannten das Tau, die Aufhängungen der Walze hatten sich bereits schwarz verfärbt.

»Jetzt verstehe ich.« Caphalor beobachtete die Fortschritte des Brands. »Meinst du, wir können es schon versuchen?«

»Auf drei springen wir hoch und lassen uns in die Ketten fallen«, erwiderte Sinthoras und grinste. »Gib zu, dass es ein guter Plan ist.«

»Sobald wir lebend entkommen sind, ja.«

Auf Sinthoras Anweisungen sprangen sie mehrmals hintereinander, während die geschundenen Halterungen über ihnen ächzten, bis es ein lautes Krachen gab und die Trommel aus den heißen, verbogenen Metallösen glitt.

Die Albae sprangen zur Seite, als das schwere Stück nach unten rauschte – doch anstatt auf den Bohlen aufzuschlagen, durchbrach es den Boden mit lautem Getöse und riss die langen Ketten klingelnd hinter sich her.

»Spring«, schrie Caphalor. »Spring und achte darauf, dass dich die Kette nicht zu ihrem Spielball macht.« Dann verschwand er in der Tiefe.

Sinthoras wusste sofort, was er damit meinte. *Wir hüpfen von Geschoss zu Geschoss, bis die Walze zum Erliegen kommt.* Er sprang durch das gezackte Loch, während hinter ihm die Tür zum Gefängnis aufflog und Óarcos hereinstürmten. *Die Ketten sind lang genug, sodass wir nicht hinterhergezogen werden, solange wir dicht an der Walze bleiben.*

Die Trommel durchbrach ein Stockwerk nach dem anderen. Splitter flogen umher, Möbelstücke wurden zertrümmert, Scherben und Besteck segelten abwärts, die Albae wurden mit kalten und heißen Flüssigkeiten überschüttet.

Vor Sinthoras hüpfte Caphalor von Ebene zu Ebene, wich den größten Trümmern aus und achtete darauf, dass sich seine Kette nicht verhedderte. *Das ist Wahnsinn!* Die Sprünge verlangten dem blonden Alb alles ab, denn ein einziger Fehler und die Walze würde ihn an der Kette hinter sich her zerren. Er verlor die Übersicht, durch wie viele Böden und Decken sie sich schon geworfen hatten.

Irgendwann reichte der Schwung nicht mehr aus: Das schwere Stück bohrte sich zur Hälfte in die Dielen und steckte fest. Ihre Reise endete.

Durch das häufige Aufprallen war die Walze größtenteils zerborsten, sodass es den Albae gelang, die Ketten zu lösen. Dennoch steckten die Handgelenke in den Schellen fest.

»Siehst du einen Nagel, den wir nutzen können?« Sinthoras blickte sich um.

»Nein.« Caphalor zeigte auf eine Tür. »Es muss so gehen.«

Die Albae wickelten sich die Ketten um den Leib, so gut es ging, und auch so, dass die Arme und Hände genug Bewegungsfreiheit hatten, um sich gegen Attacken wehren zu können. Dann liefen sie zur Tür hinaus – um sich auf einem Außenbalkon wiederzufinden.

Unser Glück scheint aufgebraucht. Sinthoras schätzte, dass sie sich etwa dreißig Schritte über dem Boden befanden. Um sie herum breitete sich die Stadt der Botoiker aus, hässlich und widerwärtig, stinkend und zerfallend, wimmelnd und voller Abscheulichkeiten.

Sofort duckten sie sich, um nicht von unten gesehen zu werden. Durch die Querstäbe des Geländers blickten sie sich um.

»Da drüben«, machte Caphalor seinen Freund aufmerksam. »Fa'losôi ist schon dabei, sich ein neues Ghaistwesen zu erschaffen!«

Sinthoras sah, wie die Botoikerin auf dem Dach ihrer Sänfte stand und einen runenverzierten Kupferhelm mit beiden Händen in die Höhe hielt. Sie schien von den Vorgängen in ihrem Turm nichts mitbekommen zu haben, ihre Lider blieben geschlossen. Um sie herum drängte sich ihre Horde. *Das mögen … dreihundert, vierhundert sein. Eher mehr*, überschlug er die Zahl. »Weißt du, wie das geschieht?«

»Nicht genau. Ich las in einem Buch, dass es viel Kraft und viele Leben kostet, um ein Ghaist zu erschaffen. Sie wird dazu die Seelen ihrer Sklaven entnehmen und sie durch einen Zauber zusammenpressen, um damit das Wesen zu erschaffen und ihm seine Gestalt zu verleihen.« Caphalor sah zur Tür, durch die sie gekommen waren. »Obacht!«

Sinthoras blickte über die Schulter.

Ein Barbar trat heraus, der ein Schwert in der Hand hielt, um nach dem Rechten zu schauen. Ein Krieger schien er nicht zu sein, denn er trug nicht mal eine Rüstung.

Sinthoras sprang gegen ihn, warf ihn nieder und nahm ihm das Schwert mit einer raschen Bewegung ab, um ihn gleich darauf damit zu erstechen. *Du wirst uns nicht verraten.*

Hastig suchte er den Toten ab und fand zwei Dolche. *Die kann ich brauchen.* Er trennte die Gürtelschnalle ab und kehrte geduckt im Schutz der Balustrade zu Caphalor zurück. »Her mit deiner Hand. Ich befreie uns von den Fesseln.« Der metallene Dorn diente dazu, die Schlösser der Schellen zu öffnen; klirrend fielen die Ketten ab. Er reichte Caphalor einen Dolch. »Und jetzt die Botoikerin?«

»Mit einem Dolch gegen diese Übermacht?« Der Alb holte tief Luft. »Gib mir noch den anderen und behalte das Schwert.«

Fa'losôi reckte den Helm noch höher, während einer nach dem anderen aus der Horde zusammensackte und sich ein helles Licht aus seinem Mund löste. Es schwebte empor zur Botoikerin, die noch immer die Augen geschlossen hatte, und verschwand im Innern des geschlossenen Kopfschutzes.

»Denkst du, sie und ihre Sklaven sind abgelenkt genug?«, erkundigte sich Sinthoras angespannt. »Wir könnten verhindern, dass sie sich das Ghaist erschafft und sie zudem noch umbringen.« Er deutete nach unten. »Die Ketten sind lang genug, um uns auf den Boden zu bringen.« Er hielt Caphalor anbietend das Schwert hin. »Ich nehme die Dolche.«

»Versuchen wir unser Glück.«

Sie machten jeweils ein Ende der Ketten am Geländer fest und warfen das andere darüber, um daran hinabzugleiten.

Sinthoras erschien selbst das kleinste Klirren unsäglich laut. *Samusin, verschaffe uns einen Vorteil. Nimm unsere Leben, aber erlaube uns vorher, die Barbarin zu töten.*

Die Albae erreichten den morastigen Grund, eilten auf die andächtig zu Fa'losôi starrende Horde zu, deren Reihen sich bereits zur Hälfte gelichtet hatten. Ihre Seelen oder ihre Lebensenergie, oder was immer ihnen die Botoikerin raubte, befanden sich bereits im Kupferhelm.

»Mitten hindurch«, wisperte Sinthoras, dem aufgefallen war, dass sich dieses Mal größere Lücken in den Reihen auftaten, »und nicht springen. Das macht sie aufmerksam.«

Caphalor nickte und huschte zwischen die Linien der Horde, sodass er aus dem Blickfeld geriet.

Gleich darauf wand auch Sinthoras sich an den Óarcos und Gnomen, an den Barbaren und unbekannten Scheusalen vorbei, so schnell, wie es ging, und vollkommen lautlos.

Die Horde beachtete sie nicht. Ohne die Steuerung durch Fa'losôi wurden sie zu einer stumpfsinnigen Masse.

Oder es ist ein Zauber, mit dem die Botoikerin sie bannte, damit sie willig in den Tod gehen. Sinthoras trennten nur noch fünf Reihen von der Sänfte, auf der sie stand.

Plötzlich sirrte es, und ein Barbar sackte ächzend neben ihm zusammen. Aus seinem Rücken ragte ein Pfeil.

Schon flog das nächste Geschoss zischend heran.

Zu früh! Sinthoras zog den Kopf ein, um gänzlich hinter den breiten Rücken zu verschwinden. Dieses Mal ging ein Óarco zu Boden.

Der Pfeilschauer wurde dichter, die gefiederten Schaftenden ragten unvermittelt überall aus dem Boden, als seien sie gewachsen und nicht eingeschlagen.

Sie stehen auf dem Balkon und decken uns von dort aus ein. Für Sinthoras war das kein Grund, das Unterfangen abzubrechen. Es wurde lediglich gefährlicher.

Sinthoras sah, wie Fa'losôi das Gesicht verzog und die leuchtenden Punkte rascher aufstiegen, um sich in den Helm zu stürzen. *Sie weiß, dass wir hier sind.* In die Scheusale um ihn herum kam Bewegung. Sinthoras tauchte unter einem herabzuckenden Beil weg und erstach den Barbaren, der es gegen ihn geführt hatte, schlitzte einem Óarco die Kehle auf und trieb das Messer in den Bauch eines Gnoms, der eine Keule gepackt hatte und angreifen wollte. *Dann tue ich es!*

Sinthoras hetzte durch die letzten beiden Reihen – und spürte, wie ihn ein Pfeil in den Rücken traf. Aber die Tioniumrüstung bewahrte ihn vor der Endlichkeit. *Das soll dir nicht widerfahren*, dachte er und schleuderte das Messer nach der Botoikerin, riss einem der Toten den Dolch vom Gürtel und schleuderte die zweite Klinge direkt hinterher. *Stirb!*

Mit Genugtuung sah Sinthoras, wie das Messer Fa'losôi unter der Achsel traf und tief eindrang. Aufschreiend senkte sie die Arme, als sein Dolch heranschoss und ihr in den Hals fuhr. Die Botoikerin kippte zur Seite und fiel von der Sänfte.

Irgendwo weiter hinten klirrten unvermittelt Schwerter gegeneinander. Die Menge war auf die Albae aufmerksam geworden, Caphalor musste sich anscheinend gegen die Attacken zur Wehr setzen, die von allen Seiten auch auf ihn einprasselten.

Ich muss sichergehen, dass sie tot ist. Sinthoras sprang aus vollem Lauf gegen die Wand der Sänfte und durchbrach sie, während die Pfeile um ihn herum zischten. Im Innern der Kabine landete er auf weichen Kissen, rollte sich herum, weg von dem einsehbaren Loch, das er geschaffen hatte, und krabbelte auf der anderen Seite hinaus.

Sinthoras sah Fa'losôi einen Schritt neben der Sänfte liegen, die Augen aufgerissen und gebrochen. Der Kupferhelm ruhte leuchtend neben ihr.

»Ich habe sie«, rief er, um Caphalor wissen zu lassen, dass sie Erfolg hatten. Er kniete sich neben die Magierin und betrachtete ihren kahlen, tätowierten Schädel, das Gesicht und die geweiteten, entspannten Pupillen. »Dein Tod heißt Sinthoras«, sprach er. »Möge deine Seele …«

Ein leuchtender Ball fegte aus ihrem Mund und verschwand sogleich im Helm wie alle anderen leuchtenden Punkte vorher.

Sinthoras lachte auf. *Das ist nach meinem Geschmack. So ergeht es dir wie deinen Sklaven. Dein eigener Zauber wurde dir zum Verhängnis.*

Plötzlich stand Caphalor neben ihm, das Blut von mehreren Bestien rann über die Rüstung. »Sie ist tot!«, freute er sich keuchend. »Gut gemacht.« Sein Blick richtete sich alarmiert auf den rotgoldenen Kopfschutz. »Wieso leuchtet er noch?«

»Ich weiß nicht. Ihre Seele« – Sinthoras nickte zur Leiche – »wurde ebenso angezogen wie die der Geopferten.« Er glaubte, ein leichtes Kribbeln am ganzen Körper zu spüren.

»Hörst du das? Der Beschuss endete.« Caphalor sah um die Sänfte herum. »Die Bogenschützen, sie ... bei den Unauslöschlichen!«

»Was ist?« Sinthoras erhob sich und sah zum brennenden Turm, in dem Fa'losôi einst gelebt hatte.

Überall aus den Luken, Fenstern und noch so kleinen Öffnungen stiegen die schimmernden Punkte wie farblose Glühwürmchen und bewegten sich zielstrebig auf den Helm zu, um sich hineinzuwerfen.

Das Kribbeln ... ich spüre ihren Zauber. »Die Beschwörung wirkt über ihren Tod hinaus und greift um sich.«

»Ich merke es auch. Ist es nicht herrlich, dass eine Formel der Botoiker dafür sorgt, dass mehr von ihnen sterben?« Caphalor zog sich zurück. »Lass uns gehen. Fa'losôi tat uns einen enormen Gefallen.«

»Was mein Verdienst ist«, fügte Sinthoras stolz hinzu.

»Die Unauslöschlichen werden dich dafür belohnen. Am Ende wirst du doch wieder Nostàroi«, sagte Caphalor spöttisch und trieb ihn zur Eile an.

Sie stiegen über die Leichen der Horde hinweg und schritten nach Westen, wo sich der Steinerne Torweg befinden musste, auch wenn ihnen bis dorthin etliche Meilen Wanderung bevorstanden.

Wohin Sinthoras auch blickte, brachen Scheusale einfach zusammen und spien ihre Seele aus. Die Luft war angefüllt mit den Lichtern der Botoiker und ihrer Sklaven, die Opfer von Fa'losôis Zauber wurden.

Zu Hunderten und Tausenden umschwirrten sie die Albae. Manche Punkte versuchten sich an einer Flucht, doch die Beschwörung zwang sie in den Helm, um mit den anderen Lebenslichtern zu verschmelzen.

Derweil brach der brennende Nathai-Turm auseinander, neigte sich und krachte in einen benachbarten Turm, um das Feuer wie von einer Fackel zur nächsten zu geben.

Wir waren besser als jedes Heer und sogar als die Goldstählernen. Sinthoras fing an zu rennen, weil es Sümpfe gab, deren Gase sich durch einen Funken entzünden konnten. Caphalor hetzte auf gleicher Höhe neben ihm her.

Erst als sie sich eine geschätzte Meile von dem Morast, den Fa'losôi als Stadt bezeichnet hatte, entfernt wähnten, blieben sie stehen und blickten zurück.

Leuchtende Punkte gab es keine mehr, zwei Türme brannten noch immer. Die ersten Aasvögel zogen am Himmel ihre Kreise und suchten nach den fettesten Bissen.

»Wir haben es geschafft«, stieß Sinthoras triumphierend aus. »Caphalor, sagte ich dir nicht, dass wir zu Helden werden? Wir schlugen die Botoiker!«

»Das taten wir, wenn auch mit dem Beistand der Götter.« Der schwarzhaarige Alb lachte leise. »*Das* nenne ich ein Abenteuer. Carmondai wird es gefallen.«

»Allen wird es gefallen.« Sinthoras wandte sich um und ging weiter. Sein Ansporn, möglichst schnell nach Dsôn zu gelangen, überwog das brennende Hungergefühl, die Müdigkeit und die Schmerzen in seinem Körper. *Ich habe mir einen Ehrenempfang wahrlich verdient.*

»Wir sollten rasten.«

»Wir sollten in Dsôn rasten. Und uns bejubeln lassen«, gab er zurück und blieb nicht stehen.

»Die nächste Unterkunft, die sich uns bietet, wird die unsere sein«, beharrte Caphalor hinter ihm und folgte ihm. »Sonst verhungern wir beim Marschieren.«

»Meinetwegen«, räumte Sinthoras ein. »Aber nur, weil ich unsere Kleidung waschen lassen möchte. Unser Aufzug soll Helden gerecht werden und nicht an ein Lumpenpack erinnern.« Vor seinem geistigen Auge sah er sich vor den Unauslöschlichen stehen, die ihn einmal mehr auszeichneten und ihm zahllose Ämter sowie Belohnungen antrugen.

Und ich werde sie alle annehmen, dachte Sinthoras grinsend.

Die alte Festung dort am See,
liegt lang verfallen schon.
Inmitten ihres Burges Hof,
vergrub man einen Sohn.

Der junge Alb, zu früh er starb,
weil er die Wahrheit sprach.
Verweigert wurde ihm ein Grab,
weil gar zu groß die Schmach.

Iphàlor, so hieß er wohl,
ein Krieger immerdar,
doch weil sein Herz war übervoll
kam bald der Tod ihm nah.

Entbrannt war er und höchst entflammt
für eine Albinfrau.
Doch musste mit dem Heer er zieh'n,
das wusste er genau.

Sein Herz hatte nur eins zum Ziel,
nach Tark Draan wollt' es nicht.
Und auf den Kampf gab er nicht viel;
er widersetzte sich.

Iphàlor reiste heimlich ab,
zurück ins alte Dsôn.
Die Albin wies ihn zornig ab,
da war der Mann verlor'n.

Er nahm sich die Unendlichkeit,
warf sich ins eig'ne Schwert.
Niemandem tat es wirklich leid,
sein Tod war gar nichts wert.

Ein Sklave verscharrte Iphàlor,
sonst wollt' es niemand tun.
Den Festungshof man auserkor,
mag sein Gebein dort ruh'n.

Iphàlor, so meint die Mär
folgte nicht seiner Pflicht,
wer weiß, wo er sonst heut wär'?

Liebe allein
taugt eben nicht.

Glossar

Acïjn Rhârk: Eigenbezeichnung der Dorón Ashont (Wandelnde Türme)
Âlandur: Elbenreich
Asfámchai: Schwertkämpfer der Goldstählernen Schar

Barbaren: Bezeichnung der Albae für jegliches Menschenvolk
Benàmoi: albischer Offizierstitel
Bhaqij-Pferde: pferdeähnliche, geschuppte Jagdtiere
Botoiker: magisch begabte Menschen in Ishím Voróo

Cêtchi-Echse: Reptil von bis zu fünf Schritt Länge
Cîanai/Cîanoi; Cîani (pl.): magisch begabte Albae
Cûithonen: Menschenrasse, lebt weit südlich in Ishím Voróo; bewegt sich überschnell.

Daajerhûn: besonders große Exemplare der Acïjn Rhârk
Dhaïs Akkoor: Hauptstadt des Botoiker-Reiches
Drî-Seide: besonders kostbar
Dsôn Aklán: die Drillinge Tirîgon, Firûsha und Sisaroth
Dsôn Balsur: das erste Albae-Reich im Geborgenen Land
Dsôn Bhará: das Wahre Dsôn
Dsôn Faïmon: altes Albaereich in Ishím Voróo, besteht aus dem Mittelpunkt Dsôn und den Strahlarmen
Dsôn Sòmran: Albae-Reich im Grauen Gebirge, entstanden nach dem Untergang von Dsôn Faïmon

Elria: Wassergöttin der Menschen

Fendònistai: Steinschleuderer der Goldstählernen Schar
Fflecx: Gnomvolk, begabte Giftmischer
Frekorier: Meeres-Söldner in Ishím Voróo

Gardant: albischer Offizierstitel
Ghaist: magisches Kunstwesen

Goldstählerne Schar: Eliteeinheit der Albae
Gryton-Schlange: seltene, extrem giftige Wasserschlange
Güldenwand: Menschenstadt

Hangenturm: Menschenstadt

Idoslân, Gauragar und Urgon: drei Menschenreiche
Inagsàri: Einheit von Nagsar Inàste zur Bekämpfung des Glaubens an die Infamen
Inàste: Göttin und Schöpferin der Albae (laut Legende)
die Infamen: alte Götter, herrschten vor den Unauslöschlichen
Isconi: Elbenvolk im südlichen Jenseitigen Land
Ishím Voróo: Jenseitiges Land
Ishmanti: Menschenvolk
Istèndun: Menschenstadt in Weyurn

Ji'Osai: Anführer einer Hundertschaft der Acïjn Rhârk
Jomoniker: Menschenvolk

Kaderier: Gestaltwandler
Kân Thalay: der Zustand des vollkommenen inneren Friedens, sobald zwischen den Scheusalen Gleichgewicht hergestellt ist
Kashagòn: Strahlarm Dsôn Faïmons
Kâsha'Lo: Infamer
Kelaïn: Stadt auf dem weyurnischen Festland
Kordrion: gewaltiges Scheusal, das sich im Norden des Geborgenen Landes für eine lange Zeitspanne einnistete
Krò-Katze: Raubtier
Kwaitoo: Menschenvolk

Lesinteïl: einstiges Elbenreich
Lohasbrand: Drache

Magus/Maga; Magi/Magae (pl.): oberste Magiekundige des Geborgenen Landes
Medicus: Heiler

Nostàroi: höchster albischer Offizierstitel
Nro'tai: erste Welle in einem großen Kriegszug
Ntîstai: Speerwerfer der Goldstählernen Schar

Óarco/Órco/Ork: Scheusal
Ocitrêion: Handwerkerstadt im Strahlarm Ocizûr
Ocizûr: Strahlarm Dsôn Faïmons
Oîrn-Gries: Gries mit besonders schmackhaftem und feinem Grundaroma
Oudwen: menschenähnliches Volk

Pestbringer: gestaltenwandlerische Wesen, welche tödliche Krankheiten, in erster Linie die Pest, verbreiten
Phaiu Su: blutsaugende Gespinstwesen
Phondrasôn: unterirdischer Ort der Verbannung
Pt'rai: Stadt der Oudwen

Ríodh'ogîs: Infamer
Rònke: Dreimaster, benutzt von frekorischen Söldnern
Ru'Osai: Anführer eines Heeres der Acïjn Rhârk

Saaj-Salz: Salz mit leicht pfeffriger Note
Samusin: Gott des Windes und des Ausgleichs
Sâr-Eiche: Eiche, die mit gewaltiger Krone wächst
Shëidogîs: Infamer
Shiimāl: Strahlarm Dsôn Faïmons
Simīnia: Zauberreich
Sontèra: Stadt im Strahlarm Wèlèron
Srai G'dàmá: die Heilige Kaisermutter, Befehlshaberin der Acïjn Rhârk
Stjarfô-Baum: Baum mit besonders tiefen, stabilen Wurzeln
Sytràp: albischer Offizierstitel

Tark Draan: Geborgenes Land
Tharc: albisches Strategiespiel
Tion: Gott des Unheils und der bösen Geschöpfe
Tionium: schwarzes Metall, schwer und härter als Stahl

Traîi-Strauch: Gewächs, in dessen Blättern belebende Substanzen lagern
Tr'hoo D'tak: Stadt der Botoiker
Try'palakis: Infamer
Tyvoi: Diebesvereinigung in Dsôn

Ubari: Volk der Untergründigen
die Unauslöschlichen: das Geschwisterpaar Nagsar und Nagsor Inàste
Urgon: Menschenreich

Vena-Katzen: gefährliche Wildkatzen

Wèlèron: Strahlarm Dsôn Faïmons
Weydenwog: schwimmende Stadt in Weyurn
Weyurn: Menschenreich in Tark Draan, das überwiegend aus Seen besteht

Xotai: Bogenschützen der Goldstählernen Schar

Zhadár: magisches, zwergenähnliches Volk
Zhartài: albischer Meistermörder, der auch Albae zu Zielen erklärt

Danksagung

Die Überraschungen lauern überall. Auch im Vorfeld des Werks.

Da verkündet man, mit dem Piper Verlag zusammen eine E-Book-Kurzgeschichtenreihe zu den Albae an den Start zu bringen – und die erste Frage eines Lesers lautete tatsächlich, nachdem sich das Vorhaben herumsprach: »Wann kommt denn das gedruckte Buch?«

Ich musste innerlich sehr grinsen, nicht zuletzt aus Freude darüber, dass das Medium Papier alles andere als tot ist.

Das Universum der Albae wurde um viele Facetten erweitert: Märchen, Legenden, Gedichte und Weisheiten; dazu Einblicke in die Psyche der Albae und Ausblicke auf das Kommende. Viele bekannte und neue Charaktere durften einen Akt lang im Mittelpunkt stehen.

Mir machte es extrem viel Spaß, Schlaglichter auf meine Bösewichte zu werfen. Mal sehen, ob es ein ähnliches Projekt nochmals geben wird, die Resonanz jedenfalls stimmt mich zuversichtlich.

Mein Dank geht zuerst an den Piper Verlag und Fantasy-Cheflektor Carsten Polzin. Es gab nicht einmal ein Zögern, als ich mit dem Experiment kam, die zehn Kurzgeschichten in der elektronischen Version anzubieten. Das hätte sicherlich nicht jeder Verlag aus dem Stand getan und in der kurzen Zeit koordiniert.

Danke auch an Lektorin und Redakteurin Hanka Jobke, die sich nicht nur inhaltlich mit den Schwarzaugen herumschlagen durfte. Sie hat das gedruckte Buch in die vorliegende Form gebracht.

Wieder ein wunderschönes Cover zauberte Anke Koopmann mit der Agentur Guter Punkt! Alles griff bestens ineinander.

Natürlich ein Dank an die Mutigen, die gleich zu Beginn dabei waren und sich ans E-Book wagten.

Nicht zuletzt an alle, die nach dem gedruckten Werk verlangten. So ist denn für mich der Beweis erbracht, dass Papier und Elektronik sich wunderbar ergänzen.

Markus Heitz im Herbst 2013